POLICY
RESEARCH

정책
연구

이동수 · 최봉기

박영사

머리말

　　강의를 시작하면서 수업교재를 소개할 때면 잊지 않고 수강생들에게 요구하는 한 가지는, 사용하는 교재의 머리말을 필독하라는 것이다. 널리 알려진 '여섯 장님과 코끼리(*Six Blind Men and An Elephant*)' 이야기처럼, 특히 사회현상은 '장님 앞의 코끼리'와 같아서, 독자는 이를 다루는 책의 저자가 어떤 입장에서 내용을 구성하고 기술하는가를 파악하는 것이 선행될 필요가 있다. 머리말이 그 책의 기본적인 시각과 전반적인 내용을 가늠할 수 있는 정보를 제공해 주기 때문이다. 그럼에도 불구하고 대부분 읽지 않고 건너뛰는 것을 수강생들로부터 확인할 수 있는데, 이는 성급함에 익숙하여 잘못 길들여진 독서습관 또는 종종 독자들의 생각에 지나치게 많아 보이는 분량 때문인 것으로 파악된다. 독자가 읽기에 부담스럽지 않을 정도이면서도 이 책에 대한 저자의 의도와 기본 구성을 이해할 수 있도록 간략히 소개한다.

　　「정책연구」라는 제목의 이 책은 정책이론을 처음으로 접하는 학생들을 주요 대상으로 하고 있으며, 나아가 정책현장에 종사하는 공무원 및 정책관련 연구자는 물론 일반국민에게도 도움이 될 수 있기를 기대한다. 오늘날 정책은 국가공동체구성원 모두의 일상사이고 관심사인 반면, 그에 대한 이해 및 대응에 있어서는 상당한 수준의 전문성과 책임성이 요구되고 있다. 따라서 이 책은 공공부문에 종사하기를 희망하여 정책관련 수업을 수강하는 학생은 물론 정책담당자 및 정책연구자들 그리고 정책에 관심을 지닌 일반국민들에게 '정책의 본질과 과정' 전반에 대한 이론적 이해와 실제적 활용에 요구되는 필수적 사항들을 제공하고자 한다.

　　이를 위해, 이 책은 크게 2개의 편(篇, volume)으로 구분되고 각각의 편은 5개의 장(章, chapter)으로 구성되어 있다. 제1편에서는 '정책의 본질'이라는 제목으로, 정책이란 무엇인가? 정책은 왜 필요한가? 정책의 주체와 대상 그리고 영향요인들

은 무엇인가? 정책은 어떤 절차를 거치며 관련자는 누구인가? 정책에 대한 접근과
연구는 어떻게 이루어지는가? 등과 관련한 기본적인 개념 및 이론을 이해하도록
한다. 그리고 제2편에서는 '정책의 과정'이라는 제목으로, 정책이 진행되는 절차
를 5개의 단계로 구분하고 각 단계별로 해당 이론 및 기법을 제공함으로써, 정책
실제에 대한 전반적인 이해는 물론 정책 현실에 참여할 수 있는 역량을 지니도록
한다. 보다 구체적으로, 제1편에서 제1장은 정책의 의미, 제2장은 정책의 필요성,
제3장은 정책체제와 환경, 제4장은 정책과정과 참여자, 제5장은 정책연구 등이,
그리고 제2편에서 제6장은 정책의제설정, 제7장은 정책결정, 제8장은 정책집행,
제9장은 정책평가, 제10장은 정책종결 등이 각각 소개된다.

　　이 책은 지난 40여년 정책이론은 물론 지방자치 분야에서 여러 저서와 논문
을 집필하고 강의해 온 선배교수와 20여년을 함께 학과동료로 지내오면서 정책분
석평가를 강의해 온 후배교수가 함께 뜻을 모아, 후배교수는 선배교수의 정년퇴
임을 기념하고 선배교수는 뒤를 이어서 정책이론을 강의할 후배교수와 그 학식을
공유하고자 하는 취지의 결실이다. 끝으로, 이 책이 계획대로 출판이 될 수 있도
록 도움을 주신 박영사 관계자 여러분과, 특히 편집과 교정을 맡아 수고한 김효선
선생에게 감사의 마음을 전한다.

2015년 2월
와룡산 자락에서

차   례

제 1 편　　정책의 본질

제 1 장　정책의 의미 ·· 3

　제 1 절　정책의 개념과 성격 ··· 3

　　Ⅰ. 정책의 개념 ··· 3
　　　1. 외국학자들의 개념정의 / 4
　　　2. 국내학자들의 개념정의 / 5
　　　3. 정책의 개념규정 / 6

　　Ⅱ. 정책의 성격 ··· 7
　　　1. 가치함축성 / 8
　　　2. 미래지향성 / 8
　　　3. 변화지향성 / 9
　　　4. 정치성 및 강제성 / 9
　　　5. 행동지향성 / 9
　　　6. 합리와 절충의 양면성 / 10
　　　7. 변화가능성 / 10
　　　8. 문제해결지향성 / 11

　제 2 절　정책의 구성요소 ·· 11

　　Ⅰ. 정책목표 ·· 11

　　Ⅱ. 정책수단 ·· 13

　　Ⅲ. 정책대상 ·· 14

　　Ⅳ. 정책의 관련 개념 ·· 15

1. 의사결정과 정책결정 / 15

2. 정책결과 / 15

3. 가치판단 / 16

4. 유사 용어 / 16

제 3 절 정책의 유형과 기능 ·· 17

Ⅰ. 정책의 유형 ·· 17

1. 정책분류의 필요성 / 17

2. 정책의 분류 / 18

Ⅱ. 정책의 기능 ·· 22

1. 규범실현 기능 / 22

2. 지침제공 기능 / 23

3. 문제해결 기능 / 23

4. 변동유발 기능 / 24

5. 사회안정화 기능 / 24

6. 정치적 기능 / 25

제 2 장 정책의 필요성 ·· 28

제 1 절 정부와 시장 그리고 정책 ·································· 28

제 2 절 시장실패와 정부의 개입 ·································· 30

Ⅰ. 공공재 ·· 31

Ⅱ. 외부효과 ·· 33

Ⅲ. 자연적 독점 ·· 34

Ⅳ. 정보의 비대칭성 ·· 35

Ⅴ. 시장의 외재적 결함 ···································· 37

1. 가치재의 공급 / 37

2. 소득 재분배 / 38

제 3 절 정부역할에 대한 전망 ···································· 39

제 3 장 정책체제와 정책환경 ·· 42

제 1 절 정책체제와 환경 ·· 42

Ⅰ. 정책체제의 개념 ·· 42

Ⅱ. 정책환경의 개념 ·· 43

Ⅲ. 정책체제와 정책환경의 관계 ·································· 44

  1. 투   입 / 45

  2. 정책체제 / 46

  3. 산   출 / 46

  4. 환   류 / 47

제 2 절 정책체제와 환경의 상호작용 ···························· 47

Ⅰ. 정책이 환경에 미치는 영향 ································· 48

Ⅱ. 환경이 정책에 미치는 영향 ································· 49

  1. 직접적 영향 / 49

  2. 간접적 영향 / 51

제 3 절 정책환경의 유형과 내용 ································· 51

Ⅰ. 자연환경과 사회환경 ·· 52

  1. 자연환경 / 52

  2. 사회환경 / 53

Ⅱ. 무형의 환경과 유형의 환경 ································· 54

  1. 무형의 환경 / 54

  2. 유형의 환경 / 55

제 4 절 정책환경의 변화와 대응 ································· 59

Ⅰ. 국내외적 환경변화와 예측 ··································· 59

  1. 국내적 환경과 변화 / 59

  2. 국제적 환경과 변화 / 61

Ⅱ. 환경변화에 대한 정책대응 ··································· 62

제 4 장 정책과정과 정책참여자 ······························· 65

제 1 절 정책과정의 의미와 성격 ································ 65

Ⅰ. 정책과정의 의미 ··· 65

Ⅱ. 정책과정의 유형 ··· 66

  1. 정책의제설정 / 68

  2. 정책결정 / 68

  3. 정책집행 / 69

4. 정책평가 / 69
5. 정책종결 / 70

Ⅲ. 정책과정의 특성 ·· 70
1. 동태성 / 70
2. 순환성 / 71
3. 정치성 / 71
4. 시간성 / 72

제 2 절 정책과정의 참여자 ·· 72
Ⅰ. 공식적 참여자 ·· 73
1. 대통령 / 73
2. 정무관 / 74
3. 고급공무원 / 75
4. 국회의원 / 76
5. 법 원 / 77
6. 지방정부 / 77

Ⅱ. 비공식적 참여자 ·· 78
1. 정 당 / 78
2. 이익집단 / 80
3. 전문가와 지식인 / 81
4. 일반시민 / 82
5. 시민단체 / 83

제 5 장 정책연구 ·· 86

제 1 절 정책연구의 필요성과 역할 ··· 86
Ⅰ. 정책연구의 필요성 ·· 86
1. 국가목표의 달성수단 / 87
2. 국가자원의 동원과 배분 / 87
3. 국민생활에 대한 영향 / 88
4. 공익적 가치의 표현 / 89

Ⅱ. 정책연구의 역할 ··· 89
1. 정태적 사회에서 동태적 사회로의 변화 / 89
2. 집권적 사회에서 분권적 사회로의 변화 / 90
3. 관리중심사회에서 문제해결중심사회로의 변화 / 91
4. 통제사회에서 협력사회로의 변화 / 91

제 2 절 정책연구의 배경과 목적 ·· 92

Ⅰ. 정책연구의 배경 ··· 92
   1. Lasswell의 정책연구 주창 / 93
   2. 후기행태주의와 신행정론의 대두 / 94
   3. 1960년대 후반의 새로운 출발 / 95

Ⅱ. 정책연구의 목적 ··· 97
   1. Lasswell의 주장 / 97
   2. Dye의 주장 / 97
   3. 전문직업적 목적과 학문적 목적 / 98

Ⅲ. 정책연구의 패러다임 ·· 99
   1. 문제해결지향적 연구 / 99
   2. 가치지향적 연구 / 100
   3. 공익지향적 연구 / 100
   4. 학제적 연구 / 101
   5. 처방적·맥락적 연구 / 101

제 3 절 정책연구의 방법과 유형 ·· 102

Ⅰ. 정책연구의 대상 ··· 102

Ⅱ. 정책연구의 방법 ··· 104
   1. 연구방법의 다양성 / 104
   2. 경험적·실증적 연구방법 / 104
   3. 규범적·처방적 연구방법 / 106

Ⅲ. 정책연구의 유형 ··· 106
   1. 규범적·처방적 정책연구 / 107
   2. 실증적·기술적 정책연구 / 108
   3. 정책과정에 관한 연구 / 109
   4. 정책내용에 관한 연구 / 110
   5. 연구유형의 조합 / 110

제 4 절 정책연구의 한계와 과제 ·· 112

Ⅰ. 정책연구의 위상 ··· 113

Ⅱ. 정책연구에 대한 비판 ··· 114

Ⅲ. 정책연구의 한계 ··· 115
   1. 정책의 한계 / 116
   2. 정책연구의 한계 / 117

Ⅳ. 정책연구의 과제 ·· 120

제 2 편

정책의 과정

제 6 장   정책의제설정 ··· 127

제 1 절   정책의제설정의 의미와 유형 ··· 127

Ⅰ. 정책의제설정의 개념과 특성 ··· 127

1. 정책의제의 개념 / 127

2. 정책의제설정의 중요성 / 128

3. 정책의제설정의 특성 / 129

Ⅱ. 정책의제의 양상과 유형 ·· 131

1. 정책의제의 양상 / 131

2. 정책의제의 유형 / 136

제 2 절   정책의제설정의 접근이론 ·· 138

Ⅰ. 일반체제이론 ··· 139

Ⅱ. 의사결정이론 ··· 140

1. Simon의 입장 / 140

2. Lindblom의 입장 / 141

Ⅲ. 집단이론 ·· 142

Ⅳ. 엘리트이론 ·· 143

Ⅴ. 제도이론 ··· 144

Ⅵ. 무의사결정이론 ··· 145

1. 무의사결정이론의 개념 / 146

2. 무의사결정의 발생원인 / 146

3. 무의사결정의 수단 / 147

제 3 절   정책의제설정의 과정 ··· 149

Ⅰ. Jones의 모형 ·· 150
1. 사건인지 및 문제정의의 단계 / 150
2. 결집과 조직화의 단계 / 151
3. 대표의 단계 / 151
4. 의제채택의 단계 / 152

Ⅱ. Eyestone의 모형 ·· 153
1. 사회문제의 인지단계 / 153
2. 사회적 쟁점화 단계 / 154
3. 공중의제화 단계 / 154
4. 공식의제화 단계 / 155

Ⅲ. Cobb & Ross 등의 모형 ·· 155
1. 문제의 접근경로 / 156
2. 의제설정과정 / 157

제4절 정책의제설정의 전략 ·· 159

Ⅰ. 사회집단의 정책의제설정전략 ··· 160
1. 억제전략 / 160
2. 역량증진전략 / 161
3. 확산전략 / 161
4. 접근전략 / 162

Ⅱ. 정책기관의 정책의제설정전략 ··· 162
1. 사회문제에 대한 대응전략 / 163
2. 내부문제에 대한 수용전략 / 165

Ⅲ. 공통전략 ·· 168
1. 적극적 의제설정추진전략 / 168
2. 소극적 의제설정억제전략 / 169

제5절 정책의제설정의 변수 ·· 172

Ⅰ. 정책의제설정의 촉매변수 ·· 172
1. 촉매변수의 의의 / 172
2. 촉매변수의 측정 / 173
3. 촉매변수의 종류 / 175

Ⅱ. 정책의제설정의 일반변수 ·· 178
1. 정책체제의 내부적 변수 / 178
2. 정책체제의 외부적 변수 / 180

제 7 장 정책결정 ·· 187

제 1 절 정책결정의 의미와 기준 ··· 187

Ⅰ. 정책결정의 개념과 성격 ··· 187

Ⅱ. 정책결정과 의사결정 ·· 188

1. 의사결정과의 관계 / 188
2. 일반적인 의사결정의 유형 / 189
3. 정책결정과 의사결정의 차이 / 191

Ⅲ. 정책결정의 유형 ··· 191

1. 정형적 결정과 비정형적 결정 / 192
2. 전략적 결정과 전술적 결정 / 192
3. 개인적 결정과 집단적 결정 / 193
4. 단독결정과 공동결정 / 193
5. 관례적 결정과 위기적 결정 / 194

Ⅳ. 정책결정의 변수 ··· 194

1. 결정변수의 의미 / 194
2. 변수의 유형과 내용 / 195

Ⅴ. 정책결정의 기준 ··· 196

1. 결정기준의 의미 / 196
2. 규범적 기준 / 197
3. 현실적 기준 / 199

제 2 절 정책결정의 과정 ·· 202

Ⅰ. 결정과정의 의미 ··· 202

Ⅱ. 문제의 파악과 정의 ·· 203

1. 문제의 파악 / 203
2. 문제의 정의 / 205

Ⅲ. 정책목표의 설정 ··· 208

1. 정책목표 설정의 의미 / 208
2. 문제정의와 목표설정의 관계 / 208
3. 목표의 우선순위 결정 / 210
4. 정책목표의 명확화와 변동 / 212

Ⅳ. 정책대안의 탐색과 개발 ·· 214

1. 대안의 탐색과 개발의 의미 / 214

2. 정책대안의 원천 / 215
3. 정책대안의 예비분석과 스크린 / 218

Ⅴ. 정책대안의 결과예측 ··· 220
1. 결과예측의 개념 / 220
2. 정책대안의 결과예측방법 / 221
3. 정책대안의 결과예측과 불확실성 / 224

Ⅵ. 정책대안의 비교·평가 ··· 226
1. 대안 비교·평가의 의미 / 226
2. 대안 비교·평가의 기준 / 226

Ⅶ. 최적대안의 선택 ··· 233

제 3 절 정책결정의 이론모형 ··· 234

Ⅰ. 산출지향적 이론모형 ··· 235
1. 합리모형 / 235
2. 만족모형 / 237
3. 점증모형 / 239
4. 혼합모형 / 242
5. 최적모형 / 243

Ⅱ. 과정지향적 이론모형 ··· 245
1. 엘리트모형 / 245
2. 집단모형 / 246
3. 체제모형 / 247
4. 제도모형 / 248

Ⅲ. 기타 이론모형 ··· 249
1. 회사모형 / 249
2. 쓰레기통모형 / 250
3. 공공선택모형 / 252
4. Allison모형 / 254

제 4 절 합리적 정책결정의 제약 요인 ··· 259

Ⅰ. 인간적 요인 ··· 260
1. 정책결정자의 가치관 및 성취동기 / 260
2. 정책결정자의 관료주의적 행태 / 260
3. 자기경험에 의존 / 260
4. 미래예측의 한계 / 261
5. 선입관의 작용 / 261

6. 인지능력의 차이 / 262

Ⅱ. 구조적 요인 ·· 262
   1. 정보 및 자원의 제약 / 262
   2. 선례와 표준운영절차의 중시 / 263
   3. 의사전달의 장애 / 263
   4. 권한의 집중화 / 263
   5. 집단적 사고방식 / 264
   6. 정책결정체제의 구조적 특성 / 264

Ⅲ. 환경적인 요인 ·· 265
   1. 시간적 긴급성 / 265
   2. 문제와 목표의 다양성 / 265
   3. 외부압력에 대한 취약성 / 265
   4. 매몰비용의 문제 / 266
   5. 정치적 반대 / 266
   6. 급격한 환경변화 / 267

Ⅳ. 정책결정방법의 한계 ··· 267
   1. 결정의 비용과 효과 / 267
   2. 분석 이론과 기법의 약점 / 267

제 5 절 정책분석 ·· 268

Ⅰ. 정책분석의 의의와 특징 ·· 269
   1. 정책분석의 개념 / 269
   2. 정책분석의 목적 / 269
   3. 정책분석의 특성 / 270

Ⅱ. 정책분석의 기법 ··· 271
   1. 비용-편익분석 / 272
   2. 비용-효과분석 / 274
   3. 선형계획법 / 276
   4. 게임이론 / 278
   5. 회귀분석 및 상관관계분석 / 280
   6. 델파이 기법 / 281

Ⅲ. 정책분석의 절차와 역할 ··· 282
   1. 정책분석의 절차 / 282
   2. 정책분석의 역할 / 285

Ⅳ. 정책분석의 오류 ··· 287

1. 정책분석 오류의 의미 / 287
2. 정책분석 오류의 유형 / 287
3. 정책분석 오류의 발생원인 / 288
4. 정책분석 오류의 최소화 / 290

Ⅴ. 정책분석의 제약 ·· 291
1. 정책문제에 대한 정의의 곤란 / 291
2. 문제해결의 복잡성 증대 및 정보의 제약 / 292
3. 목표와 가치에 대한 합의의 곤란 / 292
4. 대안의 효과 및 영향에 대한 예측의 곤란 / 293
5. 분석의 객관화에 의한 제약 / 293
6. 정책분석에 대한 저항 / 294

제 8 장   정책집행 ··· 299

제 1 절   정책집행의 의의와 연구 ··· 299
Ⅰ. 정책집행의 개념 및 의의 ··· 299
1. 개   념 / 299
2. 의   의 / 301
Ⅱ. 정책집행과 행정 ··· 302
Ⅲ. 고전적 행정이론과 정책집행연구 ··· 303

제 2 절   정책집행자와 참여자 ·· 305
Ⅰ. 행정기관 ··· 305
1. 의   미 / 305
2. 집행기관의 구성 / 306
3. 집행기관의 태도 / 307
Ⅱ. 국   회 ··· 307
Ⅲ. 법   원 ··· 308
Ⅳ. 지방정부 ··· 309
Ⅴ. 압력단체 ··· 310

제 3 절   정책집행의 과정 ·· 311
Ⅰ. 의   미 ··· 311
Ⅱ. 정책집행의 과정 ··· 312

1. 집행계획의 작성 / 313
2. 집행기관의 조직화 / 314
3. 자원의 동원과 배분 / 315
4. 실행 및 성취동기부여 / 316
5. 통제와 정책수정 / 318

Ⅲ. 정책집행의 성격 ·· 319
1. 상호적응과정으로서의 성격 / 320
2. 순환과정으로서의 성격 / 321
3. 새로운 정책결정과정으로서의 성격 / 322
4. 정치과정으로서의 성격 / 323
5. 복합적 과정으로서의 성격 / 324

제4절 정책집행의 유형 ·· 324

Ⅰ. 정책결정자와 집행자의 관계 ·· 325
1. 고전적 기술자형 / 325
2. 지시적 위임형 / 326
3. 협상형 / 327
4. 재량적 실험형 / 327
5. 관료적 기업가형 / 328

Ⅱ. 정책집행조직에 대한 관점 ·· 329
1. 체제관리모형 / 329
2. 관료과정모형 / 330
3. 조직발전모형 / 330
4. 갈등협상모형 / 331

제5절 정책집행의 변수 ·· 332

Ⅰ. 정책 자체의 요인 ·· 333
1. 정책의 성격 / 333
2. 정책목표의 명확성 / 334

Ⅱ. 정책집행체제의 내부적 요인 ·· 337
1. 재 원 / 337
2. 집행기관의 특성 / 337
3. 정책집행자의 리더십 / 339
4. 외부인의 참여정도 / 340

Ⅲ. 정책집행체제의 외부적 요인 ·· 341
1. 사회·경제적 요인 / 341

2. 관심과 지지의 정도 / 342

3. 관련 단체의 지원 / 343

4. 통치기관의 지원 / 343

Ⅳ. 대상집단의 성격과 태도 ································· 344

1. 대상집단의 성격 / 344

2. 요구되는 행태변화 정도 / 345

제 6 절 정책집행의 순응과 불응 ····························· 345

Ⅰ. 순응과 불응의 의미 ······························· 345

1. 순응과 불응의 개념 / 345

2. 순응의 주체 / 346

3. 유사 개념 / 347

Ⅱ. 순응과 불응의 발생요인 ····························· 348

1. 순응의 발생요인 / 348

2. 불응의 발생요인 / 351

Ⅲ. 주체별 불응형태 ································· 352

1. 정책집행자의 불응형태 / 352

2. 정책대상집단의 불응형태 / 353

Ⅳ. 순응확보의 전략과 수단 ····························· 354

1. 순응확보의 전략 / 354

2. 순응확보전략의 유형 / 355

3. 순응확보의 수단 / 358

제 7 절 정책집행과 정책변화 ····························· 360

Ⅰ. 정책변화의 형태 ································· 361

1. 정책의 부분수정 / 362

2. 정책목표의 변동 / 362

3. 정책혁신 / 365

4. 정책의 중단 / 365

5. 정책유지 / 366

Ⅱ. 정책변화의 원인 ································· 367

1. 정책환경적 요인 / 367

2. 정책집행의 요인 / 367

3. 정책 자체의 요인 / 368

4. 관련집단의 요인 / 368

5. 정치체제의 요인 / 368

Ⅲ. 정책변화의 저항과 전략 ·· 369
1. 정책변화에 대한 저항 / 369
2. 합리적 정책변화를 위한 전략 / 371

제9장 정책평가 ·· 376

제1절 정책평가의 의의와 필요성 ··· 376

Ⅰ. 정책평가의 연구배경 ··· 377

Ⅱ. 정책평가의 관점 ·· 378
1. 상식적 평가 / 379
2. 체계적·과학적 평가 / 379

Ⅲ. 정책평가의 개념 ·· 380

Ⅳ. 정책평가의 필요성 ··· 381
1. 실패원인의 규명 / 381
2. 관련변수의 증대 / 381
3. 정부활동의 효율성 강조 / 382
4. 책임확보 요구의 증대 / 382
5. 자료 및 정보의 필요성 / 382

제2절 정책평가의 목적과 기준 ·· 383

Ⅰ. 정책평가의 목적 ·· 383
1. 정책결정과 집행에 필요한 정보제공 / 383
2. 정책과정상의 책임성 확보 / 384
3. 이론형성을 통한 학문적 기여 / 384
4. 비합리적 의도 / 385

Ⅱ. 정책평가의 정치성 ··· 386

Ⅲ. 정책평가의 기능 ·· 386

Ⅳ. 정책평가의 기준 ·· 387
1. 효과성 / 387
2. 능률성 / 388
3. 적절성 / 388
4. 형평성 / 388
5. 대응성 / 388
6. 적합성 / 389

제3절 정책평가의 종류와 방법 ·· 389

Ⅰ. 정책평가의 종류 ··· 389

1. 평가유형의 다양성 / 389

2. 분류기준별 평가유형 / 390

3. 기타 평가유형 / 392

Ⅱ. 정책평가의 방법 ··· 394

1. 정책평가의 타당성과 신뢰성 / 394

2. 정책평가의 방법 / 395

제4절 정책평가의 절차 ·· 398

Ⅰ. 평가절차에 대한 견해 ·· 398

Ⅱ. 정책평가의 절차 ··· 400

1. 정책목표의 파악 / 400

2. 평가기준의 설정 / 400

3. 인과모형의 작성 / 401

4. 연구설계의 구축 / 401

5. 측정과 표준화 / 401

6. 자료수집 / 402

7. 자료의 분석과 해석 / 402

제5절 정책평가결과의 활용 ·· 403

Ⅰ. 결과활용의 방식 ··· 403

Ⅱ. 결과활용의 제약요인 ··· 404

1. 신뢰성과 적실성 부족 / 404

2. 전달 및 표현 방식의 난해성 / 405

3. 이용자의 부정적 태도 / 405

4. 평가결과의 악용 / 406

Ⅲ. 결과활용의 활성화 방안 ·· 406

제6절 정책평가의 한계 ·· 407

Ⅰ. 정책평가의 한계 ··· 408

1. 목표파악과 효과측정의 곤란 / 408

2. 통제집단 설정의 한계 / 409

3. 관리도구로서의 비효율적 활용 / 409

4. 규범적 평가의 불가피성 / 409

5. 방법론상의 불일치 / 410

6. 정책영향의 광범위성 / 410

제 7 절 한국정부의 정책평가 ··· 411

Ⅰ. 정부업무평가기본법의 의의 ··· 411

Ⅱ. 정부업무평가기본법의 목적과 체제 ································· 412

1. 정부업무평가기본법의 제정목적 / 412

2. 통합적 정부업무평가제도의 구축 / 412

3. 성과관리체계의 구축 / 412

Ⅲ. 정부업무평가제도의 주요내용 ··· 414

1. 정부업무평가의 원칙 / 414

2. 정부업무평가기본계획의 수립 / 414

3. 정부업무평가위원회의 설치와 운영 / 415

4. 권한의 위임 / 415

Ⅳ. 정부업무평가의 종류 및 절차 ··· 416

1. 자체평가 / 416

2. 특정평가 / 417

3. 국가위임사무 등에 대한 평가 / 418

4. 공공기관에 대한 평가 / 418

Ⅴ. 정부업무평가 기반구축과 결과활용 ··································· 419

1. 정부업무평가기반의 구축 / 419

2. 평가결과의 활용 / 420

제10장 정책종결 ··· 425

제 1 절 정책종결의 의미와 필요성 ··· 425

Ⅰ. 정책종결 연구의 배경 ··· 425

1. 정책종결에 대한 관심 / 425

2. 정책종결 연구의 배경 / 427

Ⅱ. 정책종결의 개념과 필요성 ··· 430

1. 정책종결의 개념 / 430

2. 정책종결의 원인 / 432

제 2 절 정책종결의 접근방법과 유형 ··· 435

Ⅰ. 정책종결의 제안자와 접근방법 ··· 435

1. 정책종결의 제안자 / 435

　　　　2. 정책종결의 접근방법 / 436

　　Ⅱ. 정책종결의 유형 ·· 437
　　　　1. 대상별 유형 / 438
　　　　2. 범위별 유형 / 439
　　　　3. 기간별 유형 / 441

제 3 절　정책종결의 기준과 전략 ······································ 443

　　Ⅰ. 정책종결의 기준 ·· 443
　　　　1. 경제적 효율성 / 443
　　　　2. 정치적 필요성 / 443

　　Ⅱ. 정책종결의 전략 ·· 444
　　　　1. 종결 전략 / 445
　　　　2. 사후관리 전략 / 448

제 4 절　정책종결과정의 역동성과 저항극복 ····················· 450

　　Ⅰ. 정책종결과정의 역동성 ··· 450
　　　　1. 정책종결의 주장자 / 450
　　　　2. 정책종결의 반대자 / 451

　　Ⅱ. 정책종결에 대한 저항과 극복 ······························ 452
　　　　1. 정책종결에 대한 저항의 원인 / 452
　　　　2. 정책종결에 대한 저항의 극복전략 / 454

참고문헌 ·· 461

찾아보기 ·· 477

정책의 본질　제1편

제 1 장　정책의 의미
제 2 장　정책의 필요성
제 3 장　정책체제와 정책환경
제 4 장　정책과정과 정책참여자
제 5 장　정책연구

제1장

정책의 의미

제1절 정책의 개념과 성격

Ⅰ. 정책의 개념

'정책'의 개념은 사용자의 관점이나 목적, 그리고 기본가치에 따라 다양하게 규정되고 있다. 이렇게 다양하게 규정되고 있는 개념들이 상호 모순적이거나 배타적인 것은 아니다. 다만 어떤 측면을 포함시키거나 배제시키느냐, 아니면 특별히 무엇을 강조하거나 소홀히 취급하느냐 등으로 인해 나타나는 차이에 지나지 않는다. '정책'은 정책연구의 핵심 대상이며, 이 책의 중심 주제이기도 하다. 따라서 정책을 보다 명확하게 표현하고 이해하기 위해서는 '무엇이 정책이다'라는 정책에 대한 개념 정의와 보편적 인식이 선행되는 것이 필요하다.

원래 정책이라는 말의 'policy'는 'polis'라는 그리스어를 그 어원으로 하고 있으며, 이 polis의 원래의 뜻은 도시국가를 의미하는 말이었다. 이 말이 후에 라틴

어에 와서 국가를 뜻하는 'politia'라는 말로 변화되었으며, 중세영어에서는 "공공문제의 처리" 또는 "정부의 행정관리"를 의미하는 'policie'라는 말로 변화되었다.[1] 그러나 이 말은 근래에 들어와 더욱 그 의미가 다양해짐으로써 "공·사(public and private)문제에 대한 신중하고 지혜로운 관리", "정부, 단체, 개인 등이 선택한 일정한 행동경로 내지는 방법으로써 현재와 미래의 지침"의 뜻으로 사용되기도 하며,[2] 국민 복리를 증진시키려고 행하는 "시정의 방향", "정치상의 방책"이라는 뜻으로 사용되기도 한다.

요컨대 정책이라는 말은 어원적으로는 도시국가(polis), 경찰(police), 정치(politics)와 같은 뜻을 가지고 있다. 이것은 정책이 정치의 영역에 속하는 것임을 말해주는 것이며, 정치가 국가 또는 정부의 활동이라는 점을 감안할 때, 정책 역시 국가나 정부의 활동이라고 할 수 있을 것이다. 다음은 학자들이 정책의 개념을 규정한 내용을 간략히 소개함으로써 정책의 개념을 이해하는데 도움을 받기로 한다.

1. 외국학자들의 개념정의

첫째, Lasswell은 정책이란 "사회변동의 계기로서 미래탐색을 위한 가치와 행동의 복합체"[3] 혹은 "목표와 가치 그리고 실제수단을 담고 있는 예정된 계획"[4]이라고 정의함으로써 정책의 미래지향성, 목표체계, 가치함축성, 실제수단함축성 등을 강조하고 있다.

둘째, Easton은 정책을 "사회 전체를 위한 제반 가치의 권위적인 배분"[5] 혹은 "정치체제가 내린 권위적인 결정"[6]이라고 규정하고, 이 경우 정치체제의 산출(output)과 효과(outcome)를 분명히 구별할 것을 강조한다. 체제의 산출은 공식적으로 표명된 정책, 또는 의도한 정부활동의 결과를 의미하며, 효과는 그러한 정책으로부터 발생한 2차적인 성과 내지 실제 사회에 대한 정책의 영향을 의미한다.[7] 따라서 Easton은 정책의 정치적 성격, 권위적 성격, 가치함축성, 그리고 사회지향성 등을 강조하며 정책과 그 정책으로 인한 영향을 분명히 구분하고 있다.

셋째, Dror는 정책을 "매우 복잡하고 동태적인 과정을 통하여 정부기관에 의해 만들어지는 미래지향적인 주요 행동지침이며, 가능한 최선의 수단을 통하여 공익을 증진할 것을 목적으로 하는 것"[8]이라고 규정한다. 이러한 점에서 Dror는 정책의 미래지향성, 공익지향성, 하위결정에 대한 지침적 성격 등을 강조하고 있다.

넷째, 정책결정에 관한 점증주의를 주장한 Lindblom은 정책을 "여러 사회집단이 상호타협을 거쳐 도달한 결정"[9] 또는 "정책결정자 상호간에 이루어진 정치적 타협의 산물"[10]이라고 규정함으로써 정책의 과정적 성격, 타협적 성격을 부각시키고 있으며, 전체적으로는 점증적, 점진적 성격을 강조하고 있다.

다섯째, Dye는 정책을 "정부가 행하기로 또는 행하지 않기로 선택한 모든 것"[11]이라고 규정한다. 정부가 사회 내 갈등을 규제하고 구성원들에게 다양한 상징적 혹은 물질적 서비스를 배분하며, 사회로부터 세금이라는 형태로 돈을 갹출하는 등의 활동과 관련하고 있다. 따라서 Dye는 정책개념의 특징적 성격으로서 정책에 대한 정부의 주체적 성격, 정부의 선택행위를 강조한다.

이외에도 Anderson은 정책을 "문제 또는 관심사를 다룸에 있어 개인 또는 집단에 의해 추진될 목적지향적인 행동경로"[12]로, 그리고 Lowi는 "조직의 권력구조와 관련하여 강제력행사의 목적, 방법, 그 주체와 대상 등에 관한 윤곽을 나타내보이려는 표현의 일종"[13]으로 파악하고 있다.

2. 국내학자들의 개념정의

정책의 개념을 정의하는 국내 학자들의 입장도 크게 다르지 않지만 다음과 같이 약간의 차이는 있는 것으로 보인다. 첫째, 박동서는 정책을 "많은 이해관계의 대립을 조정하고 타협시켜 나가면서 정부가 당면한 어떤 문제를 해결하려는 데서 이루어지는 정부의 중요활동"[14]으로 파악한다. 둘째, 김광웅은 정책을 "내용과 과정 및 요소간의 역동적 교호작용이라는 틀 속에서 당위성에 입각하여 변화의 가치가 내재된 목표를 지향하는 행동의 집합체"[15]라고 정의한다. 셋째, 정정길은 정책을 "정치체제, 즉 권위 있는 정부의 공식적 결정의 산물이며, 주로 국민생활을 그 대상으로 하는 것"[16]이라고 규정한다. 넷째, 허범은 정책의 개념을 크게 2분하여 일반적 관점과 정책학적 관점으로 나누고, 일반적 관점은 이를 다시

4분류하여 상식적, 정치적, 행정적, 기획론적 의미의 정책개념으로 나누어 설명하고 있다. 정책학적 관점에서 정책이란 "당위성에 입각한 사회가치체계의 변화를 통하여 형성되는 행동지향적 기도"라고 정의한다.[17] 다섯째, 강민은 정책을 "정부의 제반활동을 의미하며, 그 속성이 미래를 규정하고 현재를 규제하는 행위"로 본다.[18] 그 외에도 여러 학자들이 정책의 개념을 정의하고 있으나 대체로 이미 소개한 국내외의 학자들의 개념들과 그 맥락을 같이하고 있으며 유사하게 정의하고 있다.

3. 정책의 개념규정

이상에서 정책의 개념에 관한 여러 학자들의 정의 내용들을 간략히 검토한 바와 같이 학자들은 각자 연구의 목적, 연구자의 가치 및 관점, 분석방법 등에 따라 다양하게 정의하고 있음이 확인된다. 그러나 이처럼 다양하게 개념을 규정하고 있지만 그 핵심적인 내용에 있어서까지 상호 모순적인 것은 아니며, 어떤 측면을 포함시키느냐, 배제시키느냐, 아니면 특별히 강조하느냐, 소홀히 하느냐 등에 따른 차이에 지나지 않는다. 따라서 여러 학자들의 견해를 상호 배타적인 것으로 파악하기보다는 상호 보완적인 것으로 보아야 한다.[19] 따라서 이상의 여러 개념에 근거하고 우리나라의 현실을 감안하여, 정책의 개념을 "문제해결 및 변화유도를 위해 정책목표와 정책수단에 대하여 권위 있는 정부가 결정한 기본방침"이라고 규정한다. 정책의 개념을 이와 같이 규정할 때 그 속에 내포되는 속성들은 다음과 같다.

첫째, 정책은 기존 문제의 해결뿐만 아니라 장래의 예견되는 문제에 대한 예방이나 변화를 유도하고자 하는 것으로, 임기응변적인 조치나 우연한 행위가 아니라 의도를 가진 정부당국의 목표지향적 활동이라는 점을 내포하고 있다. 따라서 정책은 궁극적으로 공익 및 국가의 목표를 실현하기 위한 것으로 사회의 공동선을 추구하는 가치함축적인 공적 수단으로 파악된다.

둘째, 정책은 일반적으로 미래지향적인 성격을 지니고 있다. 물론 과거나 현재의 당면 문제를 해결하기 위한 정책이 다수이지만, 정책을 통해서 구현하고자 하는 것은 어디까지나 미래의 바람직한 상태이다. 따라서 비록 현실문제의 해결을 위한 정책이라 하더라도 그 정책이 실현하고자 하는 상태는 미래에 나타나기 때문이다.

셋째, 정책의 주체는 개인이나 사적 집단이 아닌 정부의 공공기관이라는 점이다. 물론 경우에 따라서는 정부당국으로부터 권한을 위임받은 집단도 정책의 주체가 될 수는 있겠지만 최종적인 정책의 주체는 정부기관이라는 것이다. 비록 문제를 제기하거나 주도하는 것은 정부의 정책결정체제 외부에 있는 개인 및 집단이 될 수도 있지만 궁극적으로 그 문제에 대해 정책을 결정하는 것은 국민으로부터 권위를 부여받은 정부기관이다. 원칙적으로 국회와 대통령 및 장관 등이 이에 해당하며, 비록 정책결정에 실질적인 영향력을 행사한다 하더라도 정당이나 언론기관 또는 이익집단 등은 해당되지 않는다.

넷째, 정책은 지향하는 목표와 달성을 가능하게 하는 수단으로 구성되는데, 이들 정책목표와 정책수단은 정책의 집행과 평가에서 요구되는 하위결정이나 판단의 지침 또는 기준으로서의 성격을 갖는다. 따라서 세부결정이나 계획 또는 목적 등에 비해 추상적이고 거시적이며 총체적이라는 점에서 기본방침으로서 기능한다. 정책의 실질적인 내용 결정은 내용의 전문적이고 기술적인 특성으로 인해, 국회에서 행정부로 그리고 행정부의 상부에서 하부로 위임이 이루어지고 정책집행과정에서 세밀하게 구체화되어 실천된다.

다섯째, 이러한 정책은 사회의 여러 이익과 가치들이 복합적인 상호경쟁과 타협·조정을 통해 수렴 및 반영되는 매우 복잡하고 동태적인 과정을 거치므로, 수많은 변수들이 다양하게 작용하며 영향을 미친다. 따라서 산출되는 정책의 내용과 결과에 못지않게 과정의 진행 방식과 절차 또한 중요시 되고 있다.

II. 정책의 성격

정책은 내용이나 유형에 따라 다양한 성격을 지닌다. 사회 내의 수많은 이해 및 갈등 관계를 조정·해결하는 기능을 수행한다는 점에서 정치적 성격을 강하게 띠고 있다. 또한 당면 과제에 대한 접근과 진단 그리고 대응의 과정 및 내용에 관련 당사자는 물론 사회 공동체가 추구하는 사회가치가 반영된다. 뿐만 아니라 산출된 정책의 집행을 통한 정책목표의 달성이 정책의 존재이유라는 점에서 실천지향적 성격을 지닌다. 모든 개별 정책들이 각각의 서로 다른 성격을 갖기도 하지만, 대부분의 정책들은 일정한 공통적인 속성을 지니고 있다. 따라서 정부에 의해 형성·집행되는 정책들이 지니는 보편적인 성격을 찾아내어 유형화하면 다음과 같다.

1. 가치함축성

어떠한 정책이든 간에 궁극적으로는 특정한 가치를 실현하고자 하는 성격을 지니고 있다. 그 가치가 상징적인 것이든 실질적인 것이든 정책은 특정시대나 특정국가 또는 특정사회가 추구하는 규범적이고 공익적인 가치를 실현하고자 한다. 따라서 정책은 "마땅히 있어야 할 것", "당연히 바람직한 것"은 물론 "다수의 사회구성원이 요구하거나 기대하는 것"들을 구현시키고자 하는 가치를 함축하고 있다. 현실적으로도 정부는 동원 가능한 여러 가치를 국민들에게 공정하게 배분하려고 노력하는데, 정책이 바로 정부가 가치를 배분하는 공식적인 수단이 되는 것이다.[20]

2. 미래지향성

정책은 만족스럽지 못한 현실의 개선을 통해 미래의 보다 바람직한 상태를 구현하고자 하는 인위적이고 의도적인 노력이다. 즉 정책은 그것이 추구하는 가치와 현실행동을 미래에 맞추고 변화를 추구한다는 적극적인 미래지향성을 그 기초로 하고 있다. 그리고 정책에 따라서는 그 미래가 가까운 것일 수도 있고 장구한 세월을 요하는 먼 미래의 것일 수도 있으나, 모든 정책은 그 목표를 미래의 특정 시점에 두고 그 시점을 향해 노력을 집중시켜 나가는 것이다.

3. 변화지향성

정책은 현재와는 다른 변화된 미래의 상태를 추구한다. 정책을 통해 자연현상이든 사회현상이든 간에 반드시 현실의 변화를 도모하거나, 사회제도나 질서의 변경을 의도하기도 하고 사고나 행동의 변화를 시도하기도 한다. 다시 말해, 정책은 현실이나 예측되는 미래에 있어 바람직하지 못한 상태를 개선하여 보다 바람직한 상태로의 변화를 의도하는 정부의 활동방침이므로, 그 속성상 정책은 변화 내지 변동을 지향하고 있다.

4. 정치성 및 강제성

정책은 국민의 요구와 지지에 대한 정치체제의 반응결과이다. 정책의 질은 정치체제의 역량을 나타내며 정책의 성패는 정치체제의 존폐를 좌우할 수도 있다. 이처럼 정책은 정치체제와 밀접한 관계를 가지므로 정치적 요소를 내포하고 있으며 따라서 정치상황에 매우 민감하다. 그러므로 정책과정에서 정치적 실현가능성, 정치적 합리성, 정치적 책임성 등은 중요한 요소이다. 한편 정책은 공권력에 의해 합법적으로 인정된 공식적인 행동수단이기 때문에 강제성이 부여되어 있다. 정책의 유형에 따라 그 정도에 차이는 있으나, 정부가 시행하는 대부분의 정책은 공권력으로부터의 강제성을 내포하고 있다.

5. 행동지향성

정책은 그 목적이나 내용을 실현시키기 위해서는 실제로 집행되어야 하며, 정책을 집행한다는 것은 그것을 행동으로 실천한다는 것을 의미한다. 아무리 좋은 내용을 담고 있는 정책이라 하더라도 실제 행동으로 연결되지 않는다면 아무런 소용없는 것이 되고 만다. 물론 정책의 종류에 따라서는 정부의 일회적 선언이나 공식적인 의지 표명만으로 집행이 종료되는 극히 예외적인 경우도 있지만, 대부분의 정책은 구체적이고 실질적인 집행 활동과 절차를 수반하게 된다. 이처럼 대다수의 정책은 인간의 실제적인 실천적 행동을 전제로 하고 있으며, 이러한 점에서 정책은 행동지향적인 속성을 지니고 있다고 할 수 있다.

6. 합리와 절충의 양면성

정책은 보다 바람직한 사회상태의 실현이라는 목표를 달성하고자 하는 것이기 때문에 대안 선택의 합리성이 강조된다. 따라서 정책은 합리성을 토대로 대안의 탐색과 개발 그리고 분석 활동이 이루어지며, 비교 및 평가를 통한 대안의 선택과 결정 역시 합리성에 의거한 최적의 결과물로 간주된다. 그러나 다른 한편으로는 정책이 사회적 가치를 실현하고 배분하는 것을 목적으로 하기 때문에 정책의 내용에 따라서 이익과 손해 또는 편익과 비용을 향유하거나 부담해야 하는 이해관계를 달리하는 집단이 존재한다. 따라서 정책은 이들 집단간 협상과 타협의 상호작용을 통한 절충의 산물이도 하다.

7. 변화가능성

정책은 사회상태에 대한 대응이라는 점에서 상황에 따라 언제나 변화할 수 있으며 변화되는 것이 오히려 바람직할 수도 있다. 정책은 결정 당시의 상황과 집행 당시의 상황이 서로 다를 수 있기 때문에 성공적인 집행을 위해서는 시공간적 상황에 따라 적절히 조정 또는 변화되어야 한다. 정책은 환경에 영향을 미치기도 하지만 환경으로부터 영향을 받기도 하기 때문에 환경의 변화에 민감하게 반응하지 않을 수 없다. 정책은 결정되면서 집행되고 집행되면서 결정된다는 말이 있다. 이는 정책이 언제나 변화할 수 있음을 잘 대변해 주고 있다. 정책의 변화가 정책의 목표까지도 바꾸어 궁극적으로 새로운 정책의 형성을 초래할 수도 있지만, 대부분의 경우 정책의 변화란 정책의 부분적 수정을 의미한다고 하겠다.

8. 문제해결지향성

정책은 국가나 사회가 현재 당면한 갈등이나 문제는 물론, 당장은 문제가 없으나 앞으로 야기될 것으로 예측되는 갈등이나 문제 등을 해결하기 위한 수단으로서 기능한다. 현재의 바람직하지 못한 현상이나 상태를 미래의 바람직한 현상이나 상태로 바꾸려는 내용을 담고 있다. 오늘날 정책이 사회이슈에 대한 사후처방적 차원뿐만 아니라 사전예방적 차원에서도 기능을 수행하고 있다. 그러나 처방적이든 예방적이든 궁극적으로는 발생했거나 발생할 수 있는 문제의 해결이라는 점에서 정책은 문제해결지향적 성격을 지니고 있다.

제2절 정책의 구성요소

앞에서 살펴본 바와 같이 정책은 공통적으로 몇 가지 중요한 요소들을 내포하고 있다. 정책을 통해 달성하려는 정책목표와 그 정책목표를 달성하기 위해 이용될 정책수단, 그리고 사회 내 특정 지역이나 계층, 혹은 집단 등과 같이 정책이 적용되는 정책대상으로 구성된다. 이들을 흔히 정책의 3대 구성요소라 한다.

Ⅰ. 정책목표

정책목표(policy goal)란 정책을 통해 달성하고자 하는 미래의 바람직한 상태를 의미한다. 따라서 정책목표는 시간적으로는 미래의 특정 시점에 맞추고 있기 때문에 미래에 대한 비전으로 표현되기도 한다. 또한 정책목표는 현재 상태대로 방치한다면 결코 도달할 수 없는 바람직한 상태를 정책을 통해서 실현시키고자 하는 의지의 방향성을 내포하고 있다. 따라서 정책목표는 정책 그 자체의 존재이유이며 정당성의 근거가 되기도 한다.

한편, 정책목표의 설정과 관련하여 무엇이 바람직한 상태인가는 당사자의 가치판단에 의존하기 때문에 정책목표는 주관적이고 규범적인 속성을 지니게 된다. 다양한 집단이나 계층 또는 지역 등에 의해 협상과 타협의 상호과정을 거쳐 공동의 가치로 수렴되면서 대부분의 정책목표는 포괄적이고 추상적이며 모호한 형태로 표현되거나 제시되고 있다. 그럼에도 불구하고, 정책수단의 선택은 물론 정책의 집행 및 평가 활동이 효율성을 확보할 수 있고 궁극적으로는 목표실현의 성공가능성을 높일 수 있기 위해서는 정책목표가 명확하고 구체적일수록 바람직하다.

오늘날 정책이 지향하는 정책목표는 크게 소극적 목표와 적극적 목표로 구분된다. 소극적 목표는 발생된 문제상태를 그 이전의 상태로 회복하거나 보다 바람직한 상태로 전환시키고자 한다는 점에서 치유적 목표이며, 상황발생 이후의 대응이라는 점에서 사후적 목표이다. 한편 적극적 목표는 문제상태가 발생하지 않았지만 발생할 수도 있는 위험성을 차단하거나 경험하지 않은 보다 나은 미래상태를 구현하고자 한다는 점에서 예방적 또는 창조적 목표이며, 상황발생 이전의 대처라는 점에서 사전적 목표이다. 정책목표는 정책과정에서 정책수단의 선택기준, 정책집행의 활동지침, 집행과정 및 정책결과의 평가기준 등과 같은 기능을 수행한다.

정책은 다양한 정책목표를 내포하고 있는데, 이들 정책목표는 내용적 성격에 따라 상호 모순·충돌·보완관계로 구분되거나 인과적 수준에 따라 목표-수단의 계층(hierarchy)관계로 구분된다. 목표-수단의 계층적 상호관계에서, 하나의 정책목표는 해당 목표를 구체화하기 위한 수단으로서의 하위목표와 해당 목표의 달성을 통해 이루고자는 상위목표를 지니고 있다. 더 이상의 상위목표가 없는 최종목표인 경우를 제외하고, 대부분의 정책목표는 상위목표를 지니는 동시에 정책수단에 대해서는 목표의 역할을 하는 도구적 목표(instrumental goal)이다. 정책목표의 이와 같은 피라미드식 계층구조에서 상위목표-하위목표 또는 목표-수단은 상대적 상호관계로 파악될 수 있다. 따라서 하나의 정책목표는 보다 상위목표에 대해서는 하위목표 또는 정책수단으로서 기능을 수행하는 한편, 보다 하위목표 또는 정책수단에 대해서는 상위목표로서의 기능을 수행한다.

II. 정책수단

정책수단(policy instrument)이란 정책목표를 달성하기 위해 사용되는 인적·물적 자원은 물론 지식, 기술, 정보, 전략, 신뢰, 시간 등과 같은 무형의 자원을 의미한다. 이러한 정책수단은 관련 집단은 물론 일반국민들에게도 직접 영향을 미칠 수 있기 때문에 이해관계에 따라 상당한 갈등이 야기될 수 있다. 예컨대, 대기오염 감소라는 정책목표를 성취하기 위해 차량배기가스의 통제라는 정책수단을 실시하게 되면 노후차량은 폐차 또는 수리되어야 하고 그만큼 노후차량의 소유자는 손실을 보게 된다. 따라서 이러한 정책수단에 대해 노후차량소유자는 자신들이 피해를 입기 때문에 반대하는 반면, 차량 생산업자, 판매업자, 수리업자 등은 그로 인해 자신들이 편익을 향유할 수 있기 때문에 이러한 정책수단을 지지하게 된다.

정책목표의 달성을 위해 어떤 정책수단을 사용할 것인가의 문제는 정책결정 과정에서 가장 핵심적인 사항이며, 이와 같은 이유에서 정책수단은 능률성, 효과성, 형평성 등의 다양한 가치기준을 만족시킬 수 있어야 한다. 정책수단은 대부분 복수로 다양하게 나타나는데, 가치기준과 인과관계에 따라 우선순위가 설정되고 그 순위에 의해 집행이 이루어진다. 이러한 정책수단은 정책목표의 달성을 위한 실질적 정책수단과 실질적 정책수단을 작동시키기 위한 보조적 정책수단으로 구분될 수 있다.

실질적 정책수단은 상위목표에 대한 도구적 기능을 수행하며, 정책의 구체적 내용에 따라 실질적 수단이 결정된다. 이를 테면, 쌀가격 급등에 따른 쌀가격 안정이라는 정책목표를 성취하기 위해서 쌀공급 증대, 쌀수요 감소 등과 같은 실질적 정책수단이 사용될 수 있다. 또한 쌀공급 증대를 구체화하는 실질적 정책수단으로는 민간보유미 방출이나 정부보유미 방출 등이 있다. 가령, 민간보유미 방출이라는 실질적 정책수단은 쌀을 보유하고 있는 민간인이 쌀시장에 쌀을 방출하지 않으면 현실적으로 불가능하다. 따라서 실질적 정책수단을 실현하기 위해서는 그에 대한 순응확보가 필요한데, 이를 위해 설득, 유인, 강압 등의 보조적 정책수단이 사용된다. 이외에도 정책집행을 가능하게 하는 다양한 정책수단이 동원되는

데, 정책을 담당하는 기구와 인력, 자금과 공권력, 제도와 기법 등은 실질적 정책수단과 보조적 정책수단에서 모두 사용되고 있다.

III. 정책대상

정책은 정책목표와 정책수단 이외에도 특정 정책의 적용을 받게 되는 사람이나 집단, 지역 혹은 계층 등 또한 정책의 주요 구성요소가 된다. 이들을 정책대상집단(policy target group)이라고 하는데, 이들은 정책으로부터 편익이나 혜택을 향유하는 수혜집단과 그 정책 때문에 손해나 희생을 감수하는 비용부담집단으로 구분된다. 이들은 정책의 전 과정을 통해 정책기관이나 담당자들에게 지지와 반대를 표명함으로써 해당 정책으로 인한 수혜의 극대화나 부담의 극소화를 위해 노력한다. 이처럼 정책대상집단은 자신들의 입장을 정책과정에 투입하기 위하여, 정치권력을 동원하거나 매스컴을 통해 여론을 조성하기도 하며 때로는 집단적 시위를 통해 지지 또는 순응과 반대 또는 저항의 의사를 표시한다.

사회의 균형적 발전을 위한 정부당국의 권위적 결정으로 이루어지는 정책에 의해 피해를 입게 되는 집단과 혜택을 받게 되는 집단이 생기는 것은 자연스런 현상이다. 따라서 특정 집단이 정책으로 인해 희생을 당해야 하는 경우에는 반드시 정책내용에 그 사항을 미리 밝혀두는 것이 바람직하다. 그 이유는 정책집행 과정에서 특정 정책대상집단에게 정책담당자가 임의로 희생을 요구하지 못하도록 하기 위해서 이다. 또한 일반국민들이 이러한 희생에 대하여 예측할 수 있고 나아가 이를 회피하거나 예방할 수 있는 선택의 기회를 갖도록 하는 것이 바람직하기 때문이다. 한편, 이러한 특정 집단의 희생이 비록 윤리적 혹은 규범적으로 당연하다고 간주되는 경우라 할지라도 가급적 이를 줄이거나 회피하는 것이 바람직하며, 불가피한 경우에는 희생에 대해 국가의 적절한 보상이 뒤따르는 것이 바람직하다.

Ⅳ. 정책의 관련 개념

1. 의사결정과 정책결정

　　정책결정과 의사결정은 정책과 관련하여 종종 혼동되는 개념이다. 의사결정이 추구하는 특정의 가치나 목표를 실현시키기 위해, 주어진 조건 하에서 가장 바람직스러운 결과를 가져올 수 있는 최적의 대안을 선택하는 행위이다. 따라서 의사결정은 공적·사적은 물론 개인적·집단적 차원에서 문제의 확인과 목표의 설정, 대안의 탐색 및 개발, 대안의 결과 비교 및 평가, 최적 대안의 선택 등의 절차로 이루어지는 일련의 행위이다. 한편 정책결정은 공공정책에 대한 의사결정행위로서, 정책과 관련하여 의사결정의 주체, 차원, 성격 등에서 구분될 수 있다. 사회 공동체가 추구하는 가치, 즉 질서유지, 공익 증진, 삶의 질 향상, 국가발전 등을 실현하기 위해 권위 있는 정부에 의해 이루어진다. 따라서 일반 의사결정에 비해 그 주체가 권위 있는 정부로 한정되며, 규범성, 강제성, 공공성 등의 성격을 강하게 지니고 있다.

2. 정책결과

　　정책결과는 정책집행을 통해 나타나는 상태변화를 의미한다. 이와 관련하여 정책산출, 정책성과, 정책영향, 정책효과 등의 개념이 구분되어 정책평가 및 정책집행 연구에 사용된다. 첫째, 정책산출(policy output)은 정책집행으로 단기간에 나타나는 일차적인 현상으로서 관찰 또는 측정 가능하며 실질적으로 정책대상자에게 전달되는 인적·물적 산물을 의미하는데, 가령 복지프로그램의 집행에 따른 수혜자의 수가 그 예에 해당한다. 둘째, 정책성과(policy outcome)는 정책대상자에게 장기적으로 나타나는 변화로서 정책을 통해서 정부가 의도한 결과를 의미한다. 측정이나 관찰이 불가능한 경우도 포함된다는 점에서 정책산출보다 더 포괄적인 개념이며, 복지프로그램의 집행에 따른 대상자의 영양상태 개선이 한 가지 예이다. 셋째, 정책영향(policy impact)은 정책성과보다 더 장기적이며 사회에 나타나는 변화로서 정부가 의도하지 않은 결과도 이에 포함된다는 점에서 정책성과와 구분된다. 예를 들자면, 복지프로그램의 실시로 사회적 생활만족도가 향상되는 의도한 결과 외에도 사회복지 혜택을 받기위해 비영세민이 영세민화되는 의도하지 않은 결과 역시 정책영향에 포함된다. 마지막으로, 정책집행이 초래한 상태변화가 의도한 정책목표의 달성에 기여하는 현상을 정책효과(policy effect)라고 하며, 정책목표의 달성 정도를 정책의 효과성(effectiveness)이라 한다.

3. 가치판단

정책결정을 흔히 가치판단 작용으로 표현하며, 정책 관련 부문을 가치판단 영역으로 일컫는다. 이는 정책에 내재된 가치 때문인데, 가치(value)는 바람직스러운 유·무형의 모든 것을 의미하며 가치판단은 가치, 즉 바람직스러움의 유무 및 정도를 결정하는 활동을 의미한다. 정책목표, 정책수단, 정책과정 등에는 정책관련자는 물론 사회구성원의 가치가 내재되어 있으며 이를 통해 가치를 실현하고자 하는 것이다. 정책목표를 설정하고 정책수단을 선택하며 정책을 결정하고 집행하는 일련의 활동에 그들의 가치가 투영되고 수렴되어지게 마련이다. 정책결과와 정책비용 역시 정책으로 인해 획득되거나 희생되는 가치에 해당된다. 이처럼 정책에 내재된 또는 정책으로 인해 획득되거나 희생되는 가치는 서로 다른 흔히 대립되고 경쟁되는 가치들 가운데 어느 것이 얼마나 더 바람직한 것인가를 판단한 결과이다.

4. 유사 용어

정책과 유사한 의미로 사용되는 용어들 가운데 대표적으로는 법률, 프로그램, 프로젝트 등이 있다. 법률은 정책이 법의 형태로 표현된 경우인데, 이러한 현상은 국가의사의 형성이 입법부에 의해서라기보다는 행정부에 의해서 이루어지고 있다. 오늘날 행정부의 정책의지가 입법부를 통과하면서 법률이라는 형식을 갖추기 때문에, 많은 법규가 정책 자체의 표현이기도 하고 정책의 시행을 보장하는 방편이 되기도 하며 정책의 지침이 되기도 한다.[21] 정책은 종종 프로그램으로 표현되기도 하지만, 프로그램과 정책을 구분하여 사용하기도 한다. 정책과 프로그램이 정부나 조직에 의해 설정된 목표를 달성하기 위해서 사용된다는 점에서 동일하다. 그러나 프로그램은 서비스 제공에 초점이 주어지는 반면, 정책은 서비스 제공은 물론 강제적인 제재(sanction)를 포함하는 보다 포괄적인 개념이다. 프로젝트는 목표달성을 위한 단위사업으로서 프로그램을 구성하는 경우가 대부분인데, 영종도신공항건설프로젝트와 같은 대단위 프로젝트는 그 자체가 하나의 정책인 경우도 있다.[22]

제3절 정책의 유형과 기능

Ⅰ. 정책의 유형

1. 정책분류의 필요성

초기의 정책학자들은 정책의 내용은 정책과정에 의해 결정되고 정책의 질도 정책의 과정에 의해 결정되는 것으로 간주하고 정책의 과정에 관한 연구에 주력하였다. 이는 당시의 정치학이 정치과정을 연구하여 그 산출물로서의 정책을 설명하고자 하였기 때문이다. 그러나 정부의 정책 영역과 활동이 점차 복잡하고 광범해짐에 따라, 이들을 체계적으로 파악하고 설명해야 할 필요성이 대두되면서 정책내용의 유형화에 관심을 가지게 되었다. Lowi(1972), Riply & Franklin(1980) 등과 같은 연구자들은 정책의 유형이 달라짐에 따라 정책의 형성과정은 물론 정책의 집행과정도 달라지는 것으로 파악하고 있다. 이들은 정책을 독립변수로 그리고 정책과정을 종속변수로 간주하고 정책을 설명한다. 따라서 정책의 내용이 달라짐에 따라 정책의 과정이 달라질 뿐만 아니라 정책의 유형을 알면 그 정책이 어떠한 과정을 거쳐서 결정될 것인지를 예측할 수도 있다는 것이다.

정책의 분류는 복잡한 정책현상을 단순화시켜서 보다 쉽게 총괄적으로 정책을 이해하기 위한 일종의 인위적 재구성 노력이다. 이처럼 정책의 내용을 유형화시켜 연구함으로써 정책에 대한 보다 체계적이고 명확한 이해를 도모할 수 있고 나아가 과학적 관심의 대상으로 정책현상을 조작할 수 있게 된다. 정책을 분류함에 있어서 분류의 기본적 요건, 즉 포괄성과 배타성 등이 충족될 수 있도록 주의가 필요하다. 현실에 존재하는 모든 정책들이 그 유형에 의해서 포함될 수 있어야 하며, 각 유형은 동일한 기준에 따라 범주로 분류되어야 하고, 각 범주는 상호 뚜렷하게 특징적으로 구별되어야 한다는 것이다.[23]

그러나 제시되고 있는 대부분의 정책분류들이 정책 전체를 포괄하지 못하거나 각 유형들이 상호배타성을 확보하고 있지 못하다는 약점을 지니고 있다. 현실적으로 많은 정책이 둘 이상의 목적이나 기능을 지니는 경우가 많으며 그에 대한 명확한 구분이 쉽지 않기 때문이다. 그럼에도 불구하고 정책유형의 분류는 정책을 보다 명확하게 이해하는데 도움을 제공하고 있다.

2. 정책의 분류

1) 정책유형의 다양성

정책은 목적, 이유, 그리고 기준 등에 따라 다양하게 분류될 수 있다. 수많은 학자들이 정책의 분류를 시도하였으며, 그에 따른 다양한 정책유형이 제시되고 있는데, 몇 가지 예를 살펴보면 다음과 같다. Lowi는 정부의 강제력(coercion)이 적용되는 대상(applicability)과 가능성(likelyhood)에 따라 정책의 유형을 분배정책, 규제정책, 재분배정책, 구성정책 등으로,[24] Almond & Powell은 정치체제의 기능적 특성을 중심으로 추출정책(extractive policy), 규제정책(regulative policy), 분배정책(distributive policy), 상징정책(symbolic policy)으로[25] 분류하고 있다. 한편, Mitchell & Mitchell은 정책결정자가 해결, 개선, 방지하려는 문제의 특징에 따라 자원의 동원 및 배분정책, 규제 및 통제정책, 분배정책, 비용분담정책, 적응 및 안정정책, 정치적 분업 및 역할분담정책 등을 제시하고,[26] Salisbury는 요구패턴의 통합성과 분산성, 그리고 정책결정체제의 통합성과 분산성을 기준으로,27 Riply & Franklin은 정부관료제가 달성하려는 사회적 목적의 특성을 기준으로28 각각 정책유형들을 제시하고 있다.

이처럼 정책의 유형은 무엇을 기준으로 하느냐에 따라 다양하게 분류될 수 있기 때문에 현실세계의 모든 정책들을 일정한 수의 한정된 정책유형으로 분류한다는 것은 거의 불가능에 가깝다. 따라서 먼저 정책을 가장 상식적이고 보편적으로 분류하는 기능적 분류방식에 의거한 정책유형을 살펴보고, 그 다음으로 정책자체의 특징 및 정책의 목적을 기준으로 분류된 정책의 유형을 소개한다.

2) 기능별 정책유형

정책의 유형을 기능에 따라 분류한다는 것은 주로 정부의 부처별 기능과 관련하여 정책을 분류하는 것으로서 가장 전통적이고 보편적인 분류방식이다. 즉 정책의 유형을 안보정책, 노동정책, 교통정책, 복지정책, 농업정책, 통일정책, 상공정책, 건설정책 등으로 분류하는 방식을 말한다. 이러한 분류방법은 이미 우리가 잘 알고 있는 입법부(국회 내의 각 상임위원회)나 행정부(행정 각 부처)의 조직을 반영하는 것으로서 우리의 경험과 상식을 정리하는 분류방법이다.

그러나 정책에 따라서는 그 기능이 정부의 어느 부처에 속하는지 알 수 없는 것이 있을 수 있음은 물론, 실제로 처음부터 2가지 이상의 다목적 기능을 수행하도록 의도한 정책들이 증가하고 있기 때문에, 정책의 유형을 이렇게 기능별로 분류하는 경우 정확한 유형화가 용이하지 않다.

3) 정책의 여러 유형

(1) 구성정책

구성정책(constituent policy)이란 정부기관의 신설 및 변경 등과 같은 정치체제의 구조와 운영에 관한 정책을 말한다. 따라서 정부의 부처를 신설하거나 선거구의 조정, 중앙과 지방 혹은 정부부처 상호간의 역할배분 등 정부기구의 구조나 기능의 구성 및 조정과 관련된 정책유형이다. 정책유형의 분류에서 구성정책을 제시한 Lowi는 그러나 그 개념이나 내용 등에 관해서는 뚜렷한 설명을 하지 않고 있다.

(2) 추출정책

추출정책(extractive policy)이란 정부가 민간부문으로부터 조세나 병역, 그리고 노역 등과 같은 각종의 인적·물적 자원을 동원하거나 추출하는 것과 관련된 정책을 말한다. 따라서 추출정책은 정부가 동원하거나 추출하는 추출물의 종류와 양, 그리고 추출의 대상은 물론 그 방법 및 절차 등을 포함하고 있다.

(3) 상징정책

상징정책(symbolic policy)이란 국민들이 다른 정책에 보다 순응하도록 하기 위해서 정부에 대한 심리적 신뢰감을 증진시키는 활동과 관련된 정책을 말한다. 따라서 정부에 의한 미래비전 제시, 국기게양, 국경일 제정, 군대 및 관공서의 각종 의식, 외국에 대한 합법적 정부의 인정, 정치지도자에 의한 정책의 천명 등을 말한다.

(4) 규제정책

규제정책(regulatory policy)이란 개인이나 집단에 대해 정부가 직접적으로 가하는 통제, 간섭 등과 관련된 정책을 말한다. 이러한 정책의 내용은 규제받는 행동의 종류와 수, 규제대상의 특성, 시행상의 절차적 제약, 집행상의 처벌의 유형과 강도 등에 따라 특징지어 진다. Riply & Franklin은 이러한 규제정책을 경쟁적 규제정책과 보호적 규제정책으로 구분하여 제시하고 있다.[29]

▶ 경쟁적 규제정책

경쟁적 규제정책은 정부가 수많은 잠재적 혹은 실제적 경쟁자들 중에서 특정한 개인이나 집단을 지정하여 특정한 재화나 서비스를 제공할 수 있는 권리를 부여하는 대신 공공의 이익을 위해 일정한 측면을 규제하는 정책을 말한다. 경쟁적 규제정책의 대상이 되는 재화나 용역은 그것이 지니는 희소성과 그것의 할당 방식에 관한 이해관계 대립으로 정부의 개입이 요구되기 때문이다. 정부가 특정의 방송 주파수나 채널을 배정하거나 항공노선의 취항을 허가해주는 것이 그 예이다. 이와 같은 경쟁적 규제정책은 특정 재화나 서비스를 제공할 수 있는 권리를 갖는데 필요한 일정한 자격이나 기준과 그 권리를 향유할 수 있는 일정 기간을 설정한다. 따라서 잠재력을 지닌 집단과의 경쟁을 정례화하고 선정된 개인이나 집단에 대해서는 정부가 정기적으로 감사를 실시한다.

▶ 보호적 규제정책

보호적 규제정책은 다수의 국민을 보호하기 위해 개인이나 집단의 특정 행위나 권리행사를 제한하는 정책을 말한다. 노동자를 위한 최저임금제, 소비자를 위한 소비자보호법, 그리고 식품 및 의약품에 대한 사전허가제 등이 그 예인데, 사회활동에 대해 특정의 조건을 설정하여 국민의 생활을 보호하는 것을 목적하는 대부분의 규제정책이 이에 해당한다. 따라서 대기오염, 위험한 작업조건, 불공정한 작업조건, 불공정한 노동쟁의 등과 같이 국민에게 해로운 것으로 여겨지는 활동 및 조건을 금지한다. 보호적 규제정책의 경우, 규제대상인 소수의 비용부담집단은 부담최소화를 위해 조직화를 통해 적극적 반대활동을 전개하는 반면, 혜택을 보는 다수의 수혜집단은 무임승차 심리로 인해 지지활동이 미약하며 관련 시민단체나 공익단체 등이 지지활동을 전개함으로써 정부의 정책결정에 영향을 미치는 경우가 많다.

(5) 분배정책

분배정책(distributive policy)은 정부가 국민들이 필요로 하는 각종의 재화나 서비스를 분배하는 것을 내용으로 하는 정책이다. 정부에 의한 철도, 고속도로, 항만 등의 사회간접자본(SOC: Social Overhead Capital) 구축이나 기업에 대한 수출보조금, 융자금지원, 농어촌소득증대사업지원, 무의촌에 대한 보건진료, 국공립학교를 위한 교육서비스의 제공 등이 모두 여기에 해당된다. 대부분 국민의 세금으로 충당되는 자원을 여러 대상에게 분배하므로, 정책결정이 '갈라먹기(pork-barrel)방식'이나 '상호지원(log-rolling)방식'으로 이루어지는 경우가 많다. 분배정책은 그 효과가 주로 경제적이라는 점에서 재분배정책과 유사하지만, 요구를 하는 모든 개인이나 집단에게 혜택을 준다는 점에서, 한쪽에서 받아 다른 한쪽에 주는 재분배정책과는 다르다. 또한 수혜자나 비용부담자가 직접적인 대결이 발생하지 않는다는 점에서 규제정책이나 재분배정책과 구분된다.

(6) 재분배정책

재분배정책(redistributive policy)은 불우계층을 위한 직업훈련사업, 실업자 구제사업, 누진세제도의 실시, 생활보호대상자들을 위한 의료보호 등과 같이 사회내의 주요 계급이나 계층 혹은 집단 간에 나타나 있는 부(wealth), 재산, 소득, 권리 등의 분포상태를 변화시키고자 하는 정책을 말한다. 이러한 정책은 어떤 집단의 희생 하에 다른 집단에게 가치를 이전하는 정책이므로 일반적으로 고소득층의 부나 소득을 저소득층에게 이전시켜 주거나 저소득층에 유리한 각종의 사회적 가치를 제공해 줄 것을 목적으로 하는 경우가 많다. 재분배정책은 다른 어떤 종류의 정책보다 사회적으로 강한 갈등이나 이해관계의 대립을 야기할 가능성을 내포하고 있다. 이러한 정책은 기존의 권리 또는 재화의 손실을 비용부담집단에게 직접적으로 요구하는 정책이기 때문이다.

II. 정책의 기능

정책은 특성에 따라 다양한 기능을 수행하는데, 대부분의 경우 하나의 정책이 두 가지 이상의 기능을 수행하고 있다. 따라서 어떤 정책이 어떠한 기능을 수행한다고 단적으로 말할 수는 없다. 또한 정책은 그 유형에 따라서도 기능이 다르기 때문에 정책이 수행하는 모든 기능들을 전부 검토하기란 쉽지 않다. 여기서는 정책의 여러 기능 중에서 몇 가지 중요한 기능들만을 소개한다.

1. 규범실현 기능

모든 정책은 비록 그 형태나 내용은 다르다고 하더라도 그것을 통해서 사회의 가치체계와 규범을 실현하고자 한다. 일반적으로 정책결정의 규범적 기준으로 공익을 중시한다. 그뿐만 아니라 정책집행과 평가의 기준이나 목적도 역시 공익의 실현을 강조하지만 공익이란 것도 궁극적으로는 사회의 가치체계와 규범에 의하여 형성된다고 볼 때, 정책의 규범적 기능이야말로 정책의 본질적인 기능이라고 할 수 있다. 그러나 현실에서는 정책의 집행가능성, 정책의 성공 등 정책의 행동지향적인 측면을 지나치게 강조한 나머지 정책의 규범적인 기능을 간과하는 경우가 많다. 사회가 올바른 방향감각을 가지고 변화와 발전 그리고 안정을 지속하기 위해서는 정책의 규범적 기능이 중시되어야 할 것이다.

2. 지침제공 기능

정책은 그 속에 미래에 대한 정부의 활동방침을 제시하기 때문에 정책을 구체화하기 위한 계획이나 활동에 대한 방향과 지침으로서의 기능을 한다. 정책을 집행하기 위해서는 집행계획이 작성되어야 하며 계획이 구체적 현실로 나타나기 위해서는 행동으로 옮겨져야 한다. 그러나 이때 계획이나 행동은 정책이 의도하는 방향과 내용에 합치되어야 하므로 계획을 작성할 때나 집행활동에 임할 때는 항상 정책이 내포하고 있는 정책의 방향과 목표, 내용 등에 충실해야 하는 것이다. 대체로 모든 정책들은 비록 구체적이지는 못하다고 하더라도 집행을 위한 계획이나 활동에 대해 그 범위와 한계를 규정하고 있다는 점을 유의해야 한다.

3. 문제해결 기능

정책은 사회 속에 존재하는 수많은 문제들 중에서 특히 정부가 그 해결을 위해 조치를 취한 문제해결의 수단이다. 물론 정책에 따라서는 기존의 사회문제가 아니라 미래에 예측되는 문제를 예방하기 위한 것도 없진 않지만 대부분의 정책들은 정치체제가 당면하고 있는 기존문제의 해결을 위해 결정된 것들이다. 정책으로 결정만 되면 모든 문제가 저절로 해결되는 것은 아니지만 문제의 상당 부분이 해결되는 경우도 많다. 따라서 정책은 사회문제의 해결을 위한 정부의 의지와 노력의 산물인 것이다. 한편, 정부가 정책을 통하여 공공문제를 해결하려는 노력은 정치체제의 이데올로기나 시대정신에 따라 많은 차이가 있다. 즉 자유방임주의 사상이 지배하던 야경국가 하에서는 이러한 정부의 노력이란 사실 거의 전무

하였다. 그러나 오늘날과 같이 적극적 국가관이 지배하는 시대에는 정부가 사회
문제의 해결에 전적으로 책임을 떠맡게 된 것이다.

4. 변동유발 기능

정책을 통하여 사회문제를 해결한다는 것은 정책을 수단으로 사회현실에 변
화를 일으키려는 것이다. 문제를 해결한다는 것 자체가 현재의 상태에 변화를 일
으킨다는 것을 의미하며, 그런 의미에서 모든 정책은 변동의 발생을 궁극적인 목
표로 삼고 있다고 하겠다. 그러나 이러한 변동은 사회의 근본적인 변화를 지향하
는 것은 아니며, 대개의 경우 체제의 유지와 발전이라는 범위 내에서 이루어진다.
따라서 근본적인 사회체제의 안정 속에서도 크고 작은 수많은 변동이 끊임없이
지속되고 있는 것이다.

5. 사회안정화 기능

정책이란 끊임없이 발생되는 수많은 문제들 중에서도 정부의 공식적 개입이
요구되는 경우에 대해서만 그 해결책을 강구한다. 따라서 정부는 복잡하게 얽혀
있는 사회 속의 제반 갈등과 이해관계의 대립을 정책이라는 공적 수단을 통해 조
정하고 조화시킴으로써 궁극적으로는 전체 사회의 안정을 확보해 나간다. 사실
정책의 사회변동 기능이라는 것도 엄밀히 보면, 기존의 사회갈등 상황을 조정을
통하여 변화를 유발하고 그리하여 현재 상태의 붕괴를 방지함으로써 새로운 안정
을 추구하고자 하는 것이다. 그러나 만일 정책이 해결을 의도한 사회문제를 만족
스럽게 해결하지 못하는 경우에는 문제의 심각성이 더욱 악화될 위험성이 있다.
그러므로 정책을 결정할 때는 가능한 정확한 문제 진단을 토대로 다양한 이해관
계가 충분히 조정 및 조화될 수 있도록 최선을 다해야 한다. 안정 속의 변화와
발전을 추구하고자 하는 정부의 여러 정책들은 대부분 이러한 근거에 기초를 두
고 있다고 하겠다.

6. 정치적 기능

정책이란 정치체제에 의한 권위적인 결정으로서 정치적 기능을 수행하고 있다. 일반적으로 정책은 정부활동에 대한 정당성의 근거가 되며, 따라서 정치·사회적 설득력은 물론 구속력을 가지게 되고 국민들에게는 합리적인 것으로 받아들여지게 된다. 정치적 쟁점으로 부각된 중요한 사회문제의 해결이 궁극적으로는 정책적 수단을 통해 이루어진다는 점은 정책이 곧 정치적 문제해결 기능을 수행하는 명백한 증거라고 하겠다. 그 외에도 정책의 질이나 정책형성능력은 정치체제의 통치능력으로 평가되기 때문에 정치적 민감성을 갖게 된다. 이러한 정책의 정치적 기능은 정책의 본질에서 유래되는 가장 기본적인 기능이다.

01 ‹‹‹ Notes

1 William N. Dunn, *An Introduction to Public Policy Analysis* (NJ: Prentice Hall, 1991), pp. 7-8.

2 Robert Presthus, *Public Administration*, 6th ed. (NY: The Ronald Press Company, 1975), p. 15.

3 Harold D. Lasswell, "The Policy Orientation" in Daniel Lerner(ed.), *The Policy Sciences* (Stanford: Stanford University Press, 1951), pp. 11-13.

4 Harold D. Lasswell & Abraham Kaplan, *Power and Society* (New Haven: Yale University Press, 1970), p. 71.

5 David Easton, *The Political System* (NY: Alfred A. Knopf, Inc., 1953), p. 129.

6 David Easton, *A System Analysis of Political Life* (NY: John Willey & Sons, 1965), p. 32.

7 *Ibid.* pp. 351-352.

8 Yehezkel Dror, *Public Policy Making Reexamined* (San Francisco, CA: Chandle Publishing Co., 1983), p. 12.

9 Charles E. Lindblom, *The Intelligence of Democracy: Decision Making through Mutual Adjustment* (NJ: The Free Press, 1965), p. 121.

10 Charles. E. Lindblom, *The Policy Making Process*, 2nd ed. (NJ: Prentice Hall, 1980), p. 5.

11 Thomas R. Dye, *Understanding Public Policy*, 4th ed. (NJ: Prentice Hall, 1984), p. 1.

12 James E. Anderson, *Public Policy-Making*, 3rd ed. (NY: Halt, Rinehart, and Winston, 1984), p. 3.

13 Theodore J. Lowi, "Decision Making vs. Policy Making: Toward an Antidote For

Technocracy," *Public Administration Review*, Vol. 30 No. 30 (May/June 1970), pp. 314-325.

14 박동서, 「한국행정론」 (서울: 법문사, 1984), p. 271.

15 김광웅, 「행정과학서설」 (서울: 박영사, 1983), p. 377.

16 정정길·김명수, "정책학개론," 「한국행정학보」, 제19권 제2호 (1985), p. 72.

17 유훈 외 공저, 「정책학개론」 (서울: 법문사, 1978), pp. 33-39.

18 강민, "한국공공정책 결정의 갈등 모형 시론," 「한국행정학회보」, 제8권, pp. 199-216.

19 안해균, 「정책학원론」 (서울: 다산출판사, 1998), p. 38.

20 David Easton, *op. cit.*, p. 129.

21 최송화, "법과 정책에 관한 연구: 시론적 고찰," 「서울대학교 법학」, 제26권 제4호 (1985), pp. 81-95.

22 노화준, 전게서, p. 11.

23 안해균, 전게서, p. 57.

24 Theodore J. Lowi, "Four Systems of Policy, Politics and Choice," *Public Administration Review*, Vol. 32 (July/August 1972), pp. 298-310.

25 Gabriel A. Almond & G. Bingham Powell, Jr., *Comparative Politics: System, Process and Policy,* 2nd ed. (Boston: Little Brown and Company, 1978), pp. 286-321.

26 Joyce M. Mitchell & William C. Mitchell, *Political Analysis and Public Policy* (Chicago: Rand McNally, 1969), pp. 41-56.

27 Robert A. Salisbury, "The Analysis of Public Policy: A Search for Theories and Roles" in Austin Ranney(ed.), *Political Science and Public Policy* (Chicago: Markham, 1968), pp. 151-175.

28 Randall B. Ripley & Grace A. Franklin, *Policy Implementation and Bureaucracy* (Chicago: Dorsey Press, 1986), pp. 74-79.

29 *Ibid.*

제2장

정책의 필요성

제1절　정부와 시장 그리고 정책

　　정책과 관련하여 그 주체로서의 정부에 대한 논의는 자유민주주의 국가를 전제로 이루어지고 있다. 자유민주주의(liberal democracy)는 인간 존엄성을 토대로 개인의 자유와 권리를 보장하고 민주적 절차와 방법에 따라 국가 의사를 결정하고 실행하는 자유주의와 민주주의가 결합된 국가운영원리이다. 자유민주주의 국가는 자유시장 메커니즘에 의한 자원의 효율적 배분을 통해서 경제주체인 사회구성원의 욕구가 가장 바람직한 상태로 충족될 수 있으며, 이를 위해서는 시장의 질서유지가 요구되는데 민주정부로 하여금 이를 담당하게 하는 체제이다. 따라서 바람직한 사회 상태는 '보이지 않는 손(invisible hand)'인 시장에 의해 가능하며, 다만 시장의 질서유지를 위해서 '보이는 손(visible hand)'인 정부의 역할이 필요하다는 것이다.

　　역사적으로, 중세사회의 보통사람들은 신(God)과 교회 그리고 전제군주에 의해 정신적·육체적으로 사실상 구속되어 왔다. 그러나 르네상스, 종교개혁, 산업혁명 등 일련의 역사적 대변혁은 종교와 정치에 억압되었던 사람들로 하여금 이들의 구속으로부터 벗어나 인간으로서의 존엄과 가치를 깨닫게 함으로써 인간성을 회복하는 소중한 계기를 마련해 주었다. 이처럼 인간성을 회복하게 된 인류는 개인주의, 자유주의가 풍미하는 근대국가를 출현시켰다. 그리하여 18세기와 19세기의 서구사회는 개인을 사회의 기본구성단위로 파악하는 개인주의와 개인생활에 대한 정부의 간섭을 최소화시킴으로써 '가장 적게 간섭하는 정부가 최선의 정부'라는 소위 자유방임주의 사상에 기초를 둔 야경국가를 탄생시키게 되었다.

시장과 정부의 역할에 대한 자유방임주의 사상은 사회변화에 따라, 또는 통치이념이나 지도자의 특성에 따라 각기 다르게 변화해 왔다. 근대에서 현대사회로 이행해 오는 동안 각각의 시대에 따라 통치이념이 바뀌게 되었고, 그에 따라 정부의 기능도 다양하게 변천해 왔다. 사회변화에 따라 시장이 바람직한 사회 상태를 실현하고 유지하는 기능을 적절하게 수행하지 못하는 원인과 현상이 출현하게 되고, 이에 대한 대응으로서의 정부의 역할이 다양한 정책의 형태로 나타나고 있다. 따라서 이른바 시장실패 현상, 자본주의 약점 등과 같은 시장의 불완전성은 정부의 시장개입이라는 정책의 필요성의 근거가 되고 있다.

정책은 바람직하지 못한 사회상태, 즉 사회문제를 해결하기 위한 정부의 시장개입으로 시장실패에 대한 처방적 대응이라 할 수 있다. 오늘날 그 대응 방식과 수준 그리고 내용에 있어서는 각기 처한 현실과 그에 대한 입장에 따라 다르게 나타난다. 그럼에도 불구하고 한 가지 논란의 여지가 없는 것은 시장에 대한 정부의 정책적 개입은 불가피하다는 점이다. 다만, 정부의 개입에 있어서 그 범위와 정도는 여전히 사회공동체가 추구하는 이념과 가치 그리고 공동선 등에 따라 차이를 보일 수 있다.

한편 오늘날의 현실은, 세계화로 인해 국제사회는 이미 국경 없는 무한경쟁의 현장이며, 역사상 유래 없는 변화의 소용돌이 속에서 각국은 변화와 경쟁에 대응할 수 있는 새로운 국가발전 전략을 구축하지 않을 수 없게 되었다. 그러나 국가간 이해관계와 정부와 기업 그리고 국민간의 갈등과 마찰로 모든 나라들이 고통과 어려움을 겪고 있다. 국내외 환경이 바뀔수록 각국 정부는 자국의 이익과 발전을 위한 새로운 전략과 정책 추진에 고심하고 있다. 변화에 대응하기 위한 대응 전략과 수단이 다시 변화를 유발하여 결국은 변화가 변화를 초래하는 변화의 증폭현상이 나타나고 있다.

이러한 국내외 환경 속에서 정부는 국가발전의 주체로서 그 역할을 적극적으로 수행하고 있다. 국가발전은 한 국가가 사회 전반에 걸쳐 추진하는 바람직한 변동을 말하는데, 질적 변화와 양적 성장을 내포하는 가치지향적이고 목표지향적인 개념으로서 결국 국가의 문제해결 능력의 향상을 의미한다.[1] 오늘날 어떠한 정부든 간에 국가발전을 위한 정부의 역할은 점차 확대·강화되고 있다. 이러한 국가발전을 위한 정부의 역할은 결국 적극적이고 창도적인 정부정책으로 나타나고 있다. 결국, 보다 바람직한 사회상태를 실현하기 위해서 정부는 문제해결을 위한 소극적이고 처방적인 정책에서 적극적이고 창도적인 정책에 이르기까지 매우 광범위하고 다차원적으로 정책활동을 수행하고 있다. 이들 정책들은 정부의 역량에 따라 성패가 좌우되며, 그것은 곧 국민의 삶과 국가발전을 좌우하고 있다.

제2절 시장실패와 정부의 개입

자원의 배분적 효율성이 극대화된 상태에서는 어느 누구에게 손해가 가도록 하지 않고서는 다른 누구에게도 이득이 되는 변화를 만들어낼 수 없다. 이처럼 더 이상 개선이 불가능한 상태인 이른바 파레토최적(Pareto Optimum)은 완전경쟁조건이 충족된 시장 메커니즘 하에서 가능해지며 각 경제주체의 효용이 최대화가 달성된다고 한다. 따라서 완전경쟁조건을 시장이 유지하지 못하는 경우, 시장에 의한 자원 배분이 최선의 상태에 이르지 못하는 시장실패(market failure) 현상이 초래된다.

시장실패는 사회가 시장의 자율적 기능에 의해 바람직한 방향으로 변화되지 못하거나 바람직한 상태를 유지하지 못하게 되는 상황을 말한다. 시장과 정부가 국가운영의 두 축으로서 흔히 공익 또는 공동선으로 표현되는 사회적 가치를 추구하는 역할을 담당한다는 점에서 시장의 불완전성은 정부가 정책의 형태로 시장에 개입하는 근거가 되고 있다. 결국 정책을 통한 정부의 대응은 시장실패를 보정함으로써 보다 바람직한 사회상태를 실현하는데 목적이 있다. 이때 바람직한 사회상태란 민주주의국가에서는 국민의 대표자로 구성된 권위있는 정부에 의해 설정되고 추구되어진다.

공공재(public goods), 외부효과(externality), 자연적 독점(natural monopoly), 정보의 불완전성 등의 요소들이 자원의 효율적 배분을 불가능하게 함으로써 정부의 정책적 대응을 필요로 하는 시장실패의 대표적 원인이다. 이와 같은 시장의 내재적 결함 외에도 불황이나 실업문제 등과 같은 시장의 기능장애, 그리고 시장의 외재적 결함이라고 일컬어지는 소득 불균형, 실업발생, 가치재(merit goods)의 존재 등이 있다. 이처럼 자원배분의 효율성에 대한 시장의 실재적 및 잠재적 실패뿐만 아니라 내재적 및 외재적 결함이 정부의 시장개입에 대한 정당성의 근거가 되고 있다.

Ⅰ. 공공재

완전경쟁시장조건을 충족하기 위해서는 배분되는 자원이 경합성(rivalry)과 배제성(excludability)을 동시에 지니는 사유재(private goods)여야 한다. 여기서 경합성이란 자원에 대한 한 사람의 소비가 다른 사람의 소비를 방해하는 것으로, 대부분의 자원은 양이 한정되어 있어 한 사람이 차지한 만큼 다른 사람의 몫이 줄어들기 때문에 배분에 있어서 경합이 존재하게 된다. 이처럼 이미 소비된 자원은 다른 사람이 소비할 수 없게 되지만 어떤 자원은 소비가 이루어지더라도 다른 사람의 소비가 제한되지 않는 상황이 나타나는데, 이러한 경우를 비경합성(non-rivalry)이라 한다.

한편 배제성은 자원에 대해 비용을 지불하지 않으면 사용이나 편익을 향유할 수가 없는 것으로, 시장에 의한 자원의 배분이 가능해지려면 해당 자원에 대해 비용을 지불하지 않은 사람이 그 자원의 사용에서 물리적으로나 법적으로 배제될 수 있어야 한다. 이처럼 비용을 지불해야만 한다는 점이 개인이나 기업이 자원을 공급하는 이유가 된다. 그러나 어떤 자원은 비용을 부담하지 않은 사람에게 그 자원의 사용을 금지시킬 수 없는 상황이 발생하게 되고, 따라서 합리적 개인은 그 자원에 대해 무임승차(free-riding)를 하려고 하게 된다. 이러한 상황을 비배제성(non-excludability)이라고 한다.

경합성과 배제성의 두 가지 특성 가운데 하나 또는 둘 다를 상대적으로 덜 가지고 있는 자원을 공공재라 한다. 따라서 공공재는 비경합성과 배제성, 경합성과 비배제성, 그리고 비경합성과 비배제성 등의 특성을 지닌 세 유형으로 구분된다. 먼저 비경합성과 배제성의 특성을 지니는 자원은 어느 정도의 시장성이 있는(marketable) 공공재인데, 유선방송, 일기예보, 디지털 음악파일 등이 그 예에 해당하며 과소공급의 문제가 발생한다. 한편 경합성과 비배제성의 특성을 가진 자원은 출근길 도로, 바다 물고기, 공원 등과 같은 공동소유자원으로서, 과다소비와 과소투자의 문제가 존재한다. 그리고 비경합성과 비배제성을 지닌 자원을 순수공공재라 하는데, 공기, 국방, 등대 등이 그 예이며 과소공급의 문제가 발생한다.

시장성이 있는 공공재는 그 자원이 지니는 배제성으로 인해 시장을 통해 일정 가격에 공급되기도 한다.[2] 그러나 자원의 비경합적 특성 때문에 시장가격에 해당하는 비용을 부담하지 않거나 소비하려 하지 않는 사람이 존재하게 된다. 한편 공동소유자원의 경우, 공동삼림지대를 예로 들자면, 자신이 소비하지 않으면 다른 사람들이 차지하게 된다는 이유로 땔감에 대한 비효율적 과다소비가 야기될 수 있다. 뿐만 아니라 적정가격 이하로 땔감을 확보할 수 있다는 점 때문에 소비자는 땔감이 보다 적게 드는 난로를 구입하려는 적절한 노력을 하지 않는 것은 물론 나무를 다시 심거나 가꾸려는 노력 또한 게을리 하는 등의 자원관리에 대한 과소투자의 문제가 발생할 수도 있다. 순수공공재의 경우, 국방을 예로 들자면, 비용을 부담하지 않은 사람이라도 국가 내에 체류하는 한 그에게 국방의 편익을 향유하지 못하도록 하는 것이 사실상 불가능하다. 또한 일정 양의 국방이 일단 제공되면, 그 사람이 추가되거나 제거되어도 국방의 양이나 그 편익의 증감 없이 동일한 혜택을 향유할 수 있다.

이처럼 공공재는 과다소비나 과소공급 등의 이유로 인하여 시장이 효율적으로 작동할 수 있는 조건이 충족되지 못하는 시장실패가 초래되는 내재적 결함 가운데 하나에 해당한다. 따라서 이러한 시장실패를 보정하기 위해, 특히 공동소유 자원의 경우 지하수이용부담금, 낚시면허제, 삼림안식년제 등과 같은 정부의 정책적 개입이 정당화되고 있다.

‖. 외부효과

어떤 경제주체, 즉 사람이나 기업이 소비나 생산 활동이 그와 직접 관련 없는 다른 경제주체에게 편익이나 비용을 초래하는 외부성이 발생하기도 하는데, 편익을 제공해 주는 것을 긍정적 외부효과(positive externality)라고 하며 비용부담을 초래하는 것을 부정적 외부효과(negative externality)라고 한다. 긍정적 외부효과로는 과수제배업자가 과수목을 심고 가꾸어 꽃을 피우는 것이 양봉업자에게 벌꿀을 채취할 수 있는 편익을 가져다주는 경우이다. 목재회사의 육림활동 또한 다른 사람들에게 아름다운 자연경관과 공기정화라는 편익을 제공하기도 한다. 뿐만 아니라 노숙자에게 적선을 하는 행위는 굶주림으로 인한 범죄행위를 예방함으로써 사회안전에 기여하는 긍정적 효과를 얻게 된다. 한편 부정적 외부효과로는 공장에서 배출되는 오염물질로 인하여 인근 주민에게 공기오염이나 수질오염 등의 피해를 발생시키는 경우이다. 또한 공공장소에서 흡연을 하는 행위는 타인에게 불쾌감이나 간접흡연으로 인한 질병유발이라는 부정적 결과를 야기하기도 한다.

이처럼 긍정적 외부효과는 발생되는 편익에 대한 대가를 받지 못하기 때문에 경제주체가 의도적으로 외부경제(external economy)를 더 창출하고자 하는 필요성을 갖지 못하게 된다. 다시 말하자면, 긍정적 외부효과는 당사자의 개별적 편익이 사회적 편익보다 작아서 과소공급의 문제가 발생하게 된다. 따라서 사회적 편익 향상을 위해 정부가 장려 또는 유인 등을 통해 시장에 개입을 하게 된다. 한편 부정적 외부효과는 타인에게 손해를 입히고도 그에 대한 비용부담을 하지 않기 때문에 당사자가 외부불경제(external diseconomy)를 최소화하기 위한 노력을 게을

리 하게 된다. 즉 해당 주체의 개별적 비용이 사회적 비용보다 작아서 과다공급
되는 문제가 나타나게 된다. 가령, 도로에 운행차량의 증가에 따른 발생비용의 증
가분을 혼잡통행료로 부과하면, 운전자는 자신의 편익과 비교하여 해당 도로의
통행 여부를 결정하게 되는데, 이처럼 비용부담으로 통행을 제약함으로써 교통
혼잡으로 인한 사회적 편익의 감소를 최소화할 수 있게 된다. 따라서 사회적 비용
을 줄이기 위한 규제나 벌금부과 등과 같은 정부의 개입이 불가피하다.

Ⅲ. 자연적 독점

특정 자원의 생산에 드는 고정비용이 변동비용에 비하여 상대적으로 매우
높은 경우 기업이 해당 자원의 시장에 진입하지 않으려 하기 때문에 자연적 독점
(natural monopoly)이 발생하게 된다. 특히, 해당 자원의 생산량이 증가함에 따라 평
균비용이 감소하는 규모의 경제가 있어야 하는 것은 물론 요구되는 산출량이 일
정 규모이어야 한다는 조건이 충족될 때 비로소 자연적 독점이라고 할 수 있다.
그 결과 특정 기업이 독점권을 행사하게 되는데, 그로 인하여 사회적 손실(dead
weight loss)이나 X-비효율성(X-inefficiency)이 발생하기도 한다.

사회적 손실은 사중손실 또는 자중손실이라고도 하는데, 그 원인으로는 독점
가격, 과세의 초과부담이나 보조금 등이 있다. 독점기업이 더 높은 이윤을 위해
완전경쟁시장과 비교하여 더 높은 가격을 부과하면 높아진 가격으로 인해 구매를
포기하는 소비자가 발생하게 된다. 이때 발생하는 소비자의 희생된 효용만큼 독
점기업의 이득이 증가하지 않고 일부가 손실되는데, 사회적 차원에서 볼 때 어느
누구의 후생도 증가시키지 못한다는 점에서 사회적 손실이라 할 수 있다. 이처럼
독점시장의 경우, 공급자의 효용손실은 거의 없고 사회전체의 효용손실은 대부분
소비자의 효용손실에 해당한다. 한편 정부가 거두어야 할 적정수준 이상의 세금
을 거두는 경우, 세금의 초과부담으로 인해 상실되는 납세자의 구매력이 모두 정
부로 이전되지 않고 증발됨으로써 발생하는 경제적 손실 또한 사회후생의 손실에
해당한다. 한편, 완전경쟁시장에서는 개인이나 기업이 이윤의 극대화나 생존을

위해 원가절감이나 기술혁신 등을 통한 경영의 효율성을 추구한지만, 자연적 독점시장에서는 기술적으로 비용의 절감이 가능하더라도 이에 대한 노력을 게을리하는 X-비효율성이 나타난다.

이와 같은 자연적 독점시장 역시 정부의 개입이 필요하게 되는데, 정부가 독과점 자원의 가격을 가능한 한 최저수준으로 유지하게 하거나 독점기업의 이윤을 직접 규제하기도 한다. 또한 불가피한 경우에는 공기업으로 전환하기도 하며, 독점화된 시장을 몇 개의 독립된 부문으로 나누어 부분적으로 제한적 경쟁을 유도하는 정책을 사용하기도 한다.

Ⅳ. 정보의 비대칭성

자원 배분이 이루어지는 시장에서 거래의 당사자 가운데 해당 자원과 관련한 정보를 어느 한 쪽이 상대에 비해 적게 가지고 있거나 갖기 어려운 상황을 정보의 비대칭(information asymmetry)이라 한다. 이를 정보비용(information cost) 또는 불완전 정보(imperfect information)라고도 표현하지만, 정보의 경우 비경합성의 특성을 지니고 있으며 경제주체에 따라 해당 자원에 대해 서로 다른 양의 정보를 가질 수 있다는 점에서 정보의 비대칭이 보다 적절한 표현이라는 주장이 제기된다.[3] 이를 테면, 중고차 시장에서 중고차에 대한 정보, 고용계약에서 근로자의 생산성에 대한 정보, 보험시장에서 근로자의 실업가능성에 대한 정보, 의료서비스에서 질병이나 약품에 대한 정보 등과 같은 경우에는 거래 당사자 간에 정보의 질과 양에 있어서 비대칭성이 존재하게 된다.

한편, 정보의 비대칭의 원인을 설명하는데 있어서, 자원의 특징에 대한 정보의 양이나 질이 경제주체마다 다르다는 점에 착안하여 분류된 탐색재와 경험재 그리고 후경험재가 사용되기도 한다.[4] 탐색재(search goods)는 소비자가 구입하기 전에 해당 자원에 대한 관심 특성을 미리 알 수 있는 것을 일컫는다. 의자가 탐색재에 해당하는데, 그 이유는 소비자가 그것을 사기 전에 검사를 통해 그 질을 판단할 수 있기 때문이다. 경험재(experience goods)는 소비자가 소비를 하고 난 후에

라야 그 특성을 알 수 있는 자원을 말한다. 식당의 음식이나 미장원의 머리스타일, 공연장의 연주회, 자동차시장의 중고차 등은 소비를 통해서 그 특성을 알 수 있게 된다. 그러나 소비자가 관심을 갖는 정보의 내용이 무엇이냐에 따라 탐색재도 될 수 있고 경험재도 될 수 있다. 탐색재의 예로 제시된 의자의 경우라 하더라도 그 의자에 대한 관심 특성이 의자의 디자인에 있다면 쉽게 확인될 수 있는 정보이기 때문에 탐색재로 분류되지만, 의자의 편리성이나 견고성의 정도가 원하는 정보의 내용인 경우라면 경험재에 속한다고 할 수도 있다. 그리고 후경험재 (post-experience goods)라 함은 소비자가 소비를 하면서도 그 특성을 확인하기가 어려운 경우를 의미한다. 소비의 효과가 상당 기간이 경과한 후에 나타나는 약품의 경우, 약복용의 효과나 나타난 효과와 복용한 약과의 인과성을 확인하기가 쉽지 않기 때문이다. 자원이 갖는 이러한 유형별 특성으로 인해 경제주체 간에 정보의 비대칭이 발생하게 된다.

정보의 비대칭은 역의 선택과 도덕적 해이 등을 초래하기도 한다. 역의 선택 (adverse selection)은 시장에서 의사결정에 필요한 정보가 충분하지 않아서 불리한 선택을 하게 되는 상황을 말한다. 예를 들어, 보험회사가 보험가입대상자의 위험 발생 가능성에 대한 충분한 정보를 확보하기 어려운 반면 보험가입대상자가 보험 회사보다 자신의 위험발생 가능성에 대한 더 많은 정보를 갖고 있는 경우, 사고가 발생하여 보험금을 받을 가능성이 높은 가입대상자들은 해당 보험을 집중적으로 구입하고, 결국 보험회사가 보험지출부담이 많아지게 되면 이익을 남기기 위하여 높은 보험료를 부과하게 된다. 높은 보험료의 부과로 인하여 위험발생 가능성이 상대적으로 낮다고 판단되는 대상자은 가입을 회피하게 되고, 위험발생 가능성이 매우 높은 대상자만 가입을 하게 되어 보험회사는 보험료를 더욱 높게 책정해야 하는 악순환이 계속된다. 이러한 악순환은 결과적으로 시장에서 해당 보험상품의 공급을 불가능하도록 만드는데, 그 대표적인 예가 실업보험이다.

도덕적 해이(moral hazard)는 이해당사자들이 상대를 배려하지 않고 자신의 책임을 다하지 않은 채 상황변화에 따라 자신의 이익만 추구하여 타인에게 피해를 주는 일종의 기회주의적 행동으로, 이처럼 숨겨진 행동이 문제가 되는 상황에서 자신의 이러한 성향에 대해 정보를 가지지 못한 상대의 이익에 반하는 행동을 취하는 현상을 말한다. 도덕적 해이라는 용어는 보험가입자의 비도덕적 행위를 지칭하는 것으로 사용되기 시작하였다. 보험가입자가 보험약관을 악용하거나 또는 사고방지에 주의를 게을리 하여 보험사고의 발생빈도가 높아지는 경우, 또는 주인과 교대로 근무하는 종업원이 주인이 없을 때 근무를 소홀하게 해서 주인에게 손실을 입히는 경우 등이 도덕적 해이에 해당한다.

이처럼 자원이 갖는 특성으로 인해 해당 자원에 대한 정보가 이해당사자에게 비대칭적으로 확보되는 경우, 시장을 통한 자원의 배분이 왜곡되는 시장실패 현상이 발생한다. 따라서 정보의 비대칭으로 인한 문제해결을 위해 다양한 대안들이 강구되고 있다. 자동차 보험회사가 숨겨진 특성을 찾아내고 그 특성을 보험료에 반영하여 가입대상자의 특성에 따라 보험료에 차등을 두거나 자동차 도난 경보장치 설치여부에 따라 보험금에 차등을 두고 피해액 가운데 일부를 가입자의 부담으로 하는 기초공제 방식을 적용하고 있다. 그 외에도 각종 전문인들의 면허제, 상품의 KS마크제, 사회보험법, 제조물책임법, 유해식품회수제 등이 정부가 시장에 개입하는 대표적인 예이다.

V. 시장의 외재적 결함

앞에서 논의한 요인들은 시장을 통한 자원 배분이 효율성을 달성하지 못하기 때문에 정부의 시장개입이 정당화되는 것이다. 그러나 가치재나 소득불균형 등과 같은 시장의 외재적 결함은 비록 배분의 효율성이 달성된다 하더라도 정부의 개입이 요구되는 경우이다.

1. 가치재의 공급

개인의 욕구가 대부분 자유경쟁시장을 통해서 충족될 수 있지만, 정보의 부족이나 합리적 판단의 결여 등으로 개인의 선호에 맡겨서는 최적의 양이 생산 또는 소비되지 않는 자원이 존재한다. 이처럼 시장을 통한 생산이나 소비수준이 사회에서 기대하는 적정수준에 미달하게 되는 자원을 가치재(merit goods)라 일컫는 다. 이러한 자원의 경우, 사회적인 가치가 개인적 가치보다 더 크기 때문에 흔히 정부가 시장에 개입하여 가치재의 생산과 소비를 장려하게 된다. 교육서비스, 의료서비스, 학교급식제 등이 가치재에 해당한다.

한편, 비록 의사결정에 필요한 정보가 주어진다 하더라도 각 경제주체가 자신에게 가장 유익한 선택을 하지 않고 여전히 잘못된 결정을 내리고 행동하는 경우가 발생한다. 예를 들자면, 건강에 해롭다는 사실을 알면서도 계속적으로 반복되는 흡연이나 음주 그리고 마약복용 등이 대표적이다. 담배, 술, 마약 등과 같이 그 효용은 과대평가되는 반면 폐해는 과소평가되는 자원을 비가치재(demerit goods)라 하며, 정부가 온정주의(paternalism)적 입장에서 이와 같은 행위를 제한하는 규제조치를 취하는데, 이러한 활동이 가치재의 공급에 해당한다.

가치재와 공공재는 정부예산에 의해 공급되고 있다는 점에서 공통점을 갖지만, 경합성과 배제성의 측면에서 가치재는 이들 특성을 지니는데 반해 공공재는 두 특성을 지니지 않는다는 점에서 서로 구분되는 차이점을 갖는다. 가치재의 공급이 시장의 효율성과 전혀 무관한 것은 아니지만 가치재의 공급이라는 정부의 개입으로 개인의 자유를 제한할 수도 있는 근거는 온정주의에 있다. 따라서 경합성과 배제성을 지니고 있음에도 불구하고 가치재의 공급에 정부가 개입하는 것은 시장실패보다는 온정주의적 차원에서 정당화될 수 있다. 정부가 온정주의적인 면에서 국민에게 가치재를 소비하도록 강제하는 것이 소비자주권과의 상충이라는 논란의 소지를 가지고 있다.

2. 소득 재분배

자유경쟁시장에서 달성될 수 있는 파레토최적은 자원배분의 효율성의 문제이지 소득분배와는 관련이 없기 때문에 자유경쟁시장의 경제주체 간에는 불균형적인 소득분배가 야기될 수도 있다. 자유경쟁원리의 자본주의 시장에서는 경제주체로 활동할 수 없는 장애인이나 고아 등과 같은 사회적 약자와 낮은 소득으로 최저생계수준에도 이르지 못하여 인간의 기본적인 존엄성마저 위협받는 빈곤계층이 발생할 수 있는 것은 물론 계층간 또는 지역간 등의 소득 불균형도 발생할 수 있다. 이 외에도 '빈익빈 부익부'라는 자본주의 시장메커니즘이 지니는 약점은 자유경쟁원리에 의해서 시장이 정상적으로 작동하더라도 자율적으로 극복되기 어려운 문제이다. 따라서 소득 재분배를 가능하게 하는 다양한 제도적 장치들을 통해 소득의 불균형을 줄이고 사회적 형평성을 추구하는 정부의 인위적 노력이 필요한 이유이기도 하다. 오늘날 대부분의 국가들이 실시하고 있는 최저임금제, 누진세 등이 소득 불균형이라는 시장메커니즘의 결함을 극복하기 위한 정부의 정책적 개입에 해당한다.

제 3 절 정부역할에 대한 전망

야경국가가 지니는 문제점과 다양한 시행착오를 경험하게 되면서, 국민의 진정한 자유는 정부의 보호 하에서만이 가능하다는 인식을 하게 되었다.[5] 그 결과 19세기 말에 이르러서는 국민의 진정한 자유와 평화를 위해서는 '요람에서 무덤까지 국가가 국민의 삶을 보장해야 한다'는 복지주의 국가관을 발전시키게 되었다. 그리하여 20세기 복지국가관은 '가장 많이 서비스해 주는 정부가 최선의 정부'라는 새로운 통치이념을 가지게 되었던 것이다. 이러한 복지국가관에 입각하여 대부분의 자유민주국가는 '정치사회의 모든 영역에 대한 국민복지의 구현'을 위해 국민생활에 대한 정부개입의 범위를 확장시켰고, 상대적으로 국민에 대한 정부의 통제범위도 확대되었다. 국방과 같은 순수공공재의 공급은 물론 교육이나 보건과 같은 준공공재의 공급, 환경규제와 같은 각종의 규제업무, 그리고 사회복지사업과 같은 이전지출의 관리 등에 이르기까지 정부의 기능이 증대된 만큼 그 영향력 또한 강화되었다.

국민복지의 구현을 위한 정부활동의 증대는 결과적으로 행정부 우위의 행정국가를 초래하였고, 행정국가의 행정부는 강력한 권한을 가지고 국민사회 전체를 규제하고 관리하게 되었다. 이처럼 국민생활에 대한 정부의 권한과 책임이 확대되고, 정부의 영향력이 증대된 만큼 상대적으로 정부의 활동에 대한 국민의 관심과 비판 또한 높아지게 되었다. 또한 국민복리 증진을 위한 정부기능의 확대와 팽창은 결국 국민의 수동화, 관료의 특수이익옹호, 행정권의 집중화와 시민 자유의 제약이라는 여러 가지 문제점을 야기하게 되었다.

뿐만 아니라 자유경쟁시장의 불완전성을 보정하려는 정부의 시장개입이 본래 의도한 결과를 가져오지 못하거나 더 악화시키는 정부실패(government failure) 현상을 초래하기도 하였다. 1980년대 이후에 와서는 정부의 불완전성에 대한 회의가 증가하고 신뢰가 감소하면서 정부개입에 의한 새로운 비효율성과 불공정성이 창출될 수도 있음을 인식하기 시작하였다.6 사적 목표의 설정, X-비효율성의 발생, 예측하지 못한 파생적 외부효과, 권력의 편재 등이 정부실패의 원인으로 간주되고 있다.

이처럼 정부실패가 발생하는 경우, 이를 개선하기 위하여 정부가 담당해오던 역할을 다시 시장으로 환원하는 것은 또 다른 시장실패를 유발할 수도 있다. 따라서 정부실패의 문제와 관련하여 시장실패와 정부실패를 함께 보완할 수 있는 새로운 제도로서 네트워크 또는 네트워크 거버넌스가 제시되고 있다.7 이는 시장과 정부를 완전히 대체하는 전혀 새로운 메커니즘이라기보다는 시장과 정부가 상호 신뢰와 협력을 토대로 기능적으로 보완하는 관계로 파악된다. 따라서 정부의 역할이 공공서비스의 생산자 및 공급자에서 네트워크의 조정자로 바뀌고 있다.

오늘날 국제사회가 하나의 생활공간으로 변해가는 세계화 시대와 이러한 시대의 특징으로 나타난 무한경쟁의 현상은 한편으로는 작고 강한 정부를 요구하면서도 다른 한편으로는 세계적 경쟁에 대응하기 위한 전략적 국가관리를 요구하고 있다. 이러한 국가간의 관계변화와 경쟁상황의 심화는 정부가 추진하는 정책활동의 종류나 범위를 더욱 확대·강화시키고 있다. 그러나 현대와 같이 변화가 일상화되고, 한정된 자원으로 팽창하는 국내외적 행정수요에 효율적으로 대처하기 위해서 정부는 사전에 치밀한 계획을 수립한 후, 사업을 추진해 나가는 일련의 의도적이고 계획적인 활동을 추진하지 않을 수 없게 되었다. 요컨대 국가간 장벽이 허물어지고 세계화 현상이 심화되고 국가간, 지역간, 기업간 경쟁이 치열해질수록 정부의 정책적 대응은 더욱 강화되고 그 중요성은 커지게 된다.

02 ‹‹‹ Notes

1 발전이란 절대적 개념이 아니라 상대적 개념이고, 비교적 가변적 개념이며, 다음과 같은 몇 가지 특징을 내포하고 있다. 첫째 발전은 구조적 분화 내지 체제자체의 변동을 의미한다. Riggs는 발전을 양적 성장과 질적 변동으로 파악하고 양적 성장을 좌우하는 질적 변동의 변수로서 사회체제의 구조적 분화와 통합을 들고 있다. 둘째 발전은 정치·행정·경제·사회체제들이 계속적 변동을 흡수하면서 체제를 향해 제기되는 요구를 충족시킬 수 있는 능력과 자율성을 증진하는 과정이다. 셋째 발전은 계획적인 변동과 목표지향성을 내포하고 있다.

2 이와 같은 이유에서 다수의 경제학자들은 시장성이 있는 공공재를 시장실패로 간주하지 않기도 한다. Robert E. Hall & Marc Lieberman, *Microeconomics: Principles and Applications* (Mason, HO: Thomson Learning, 2008), p. 483.

3 David Weimer & Aidan R. Vining, *Policy Analysis: Concepts and Practice* (NJ: Prentice Hall, 1992), p. 69.

4 *Ibid.*, pp. 71-77.

5 18세기 개인지상주의와 19세기 자유방임주의적 국가관은 결국 공공서비스를 시장에 맡기게 되었으나, 독점자본과 제국주의 자본 등의 횡포로 19세기 말에 이르러서는 시장기능이 실패로 돌아갔다. 그리하여 20세기는 이에 대한 반동으로 정부기능을 확대·강화하는 복지국가관이 대두하게 된 것이다.

6 박세일, 「법경제학」 (서울: 박영사, 2000), pp. 734-735.

7 송희준·박기식, "지식정보사회의 정부 역할: 시장과 정부, 그리고 네트워크 거버넌스," 「지식정부 구현을 위한 전략과 과제」 (한국행정학회 2000년도 발표 논문), p. 194.

제 3 장

정책체제와 정책환경

Ⅰ. 정책체제의 개념

    정책체제(policy system)라는 용어는 정책 관련 문헌에 흔히 사용되고 있으나 학문적으로 엄격하게 정의되어 있지는 않다.[1] 그럼에도 불구하고 정책현상을 분석하고 설명함에 있어서 사고양식 또는 논의기준으로서 정책체제라는 개념과 그에 대한 이해가 필요하다. 먼저 '체제(system)'[2]의 의미를 살펴보자면, 체제는 특정 목적을 달성하기 위하여 상호작용하는 각 구성요소 혹은 부분이 전체와 유기적으로 관련되어 조화롭게 기능하는 관계의 집합체를 의미한다.[3] 따라서 체제는 외부와 구분되는 일정한 경계를 지니며, 분명하게 설정된 성취하고자 하는 목표를 가지고, 부분과 부분 또는 부분과 전체가 상호 관련성을 가지고 하나로서 기능을 수행하고, 외부로부터 투입(input)을 받아 전환(conversion)과정을 거쳐 산출(output)을 내고 산출은 다시 환류(feedback)되는 등의 일반적 특성을 지닌다.

정책체제는 바람직한 사회상태를 실현하기 위해 정책의 형성과 집행 등의 정책활동을 수행하는 집합체로서 국민으로부터 요구를 받아 이를 정책으로 전환해 내는 정부당국을 말한다. 정책체제는 체제를 구성하는 구별되는 하위체제(subsystem) 또는 구성요소들이 활동과 상호작용을 통하여 전체체제의 활동에 도움이 되는 기능(function)을 한다. 이러한 기능을 담당하는 정부의 조직 또는 기관이 정책체제의 구성요소이며 국회, 행정부, 대통령실 등이 그에 해당한다. 정부의 각종 기관은 담당업무를 수행하는 과정에서 다양한 정책을 수립하고 집행하며, 이러한 정책추진은 사회의 요구와 지지 등 여론에 따라 많은 영향을 받는다. 그리고 이들 기관들은 개별적으로 활동하지만 내부적으로는 모두 밀접히 상호 연관되어 있다. 그리하여 정부의 정책체제는 정책을 추진하는 정부의 기관이나 기구 혹은 조직을 각각의 별개 기관이 아니라 사람, 제도, 자원 등이 상호작용하는 하나의 집합체로 파악할 때 정부의 정책과 정책과정을 가장 잘 이해하거나 설명할 수 있다.

II. 정책환경의 개념

일반체제이론에서 설명하고 있는 바와 같이, 모든 체제는 환경과 부단하게 상호작용을 한다. 환경이란 어떤 유기체를 둘러싸고 있는 일체의 외부적 여건으로서 유기체와 상호작용하는 자연적, 사회적, 문화적 여러 조건들을 의미한다. 여기서 자연적 조건이란 지형, 기후, 풍토, 강수량, 부존자원 등을 비롯한 제반 요소들을 의미하고, 사회·문화적 조건이란 역사와 전통, 윤리와 규범 등을 비롯한 정치, 경제, 사회, 문화적 요소들을 의미한다.

이러한 맥락에서 볼 때, 정책환경(policy environment)은 정부의 정책체제를 둘러싸고 이와 지속적으로 상호작용을 하고 있는 일체의 요소들을 말한다. 이러한 정책환경은 정책체제에 대한 도전과 자극의 근원이 되며 동시에 응전과 반응의 대상이 되기도 한다. 오늘날 정책환경은 사회 구조 및 현상의 복잡성과 다원성에 따라 그 양상이 급속하게 변화되어 가고 있다. 이러한 변화성, 복잡성, 다원성 등과 같은 특성들이 개인적·사회적 차원은 물론 국내외적 차원에서도 공통적으로 나타나고 있다. 이처럼 지속적으로 급격하게 변화하고 있는 정책환경은 이른바 소용돌이의 장이라 일컬어지고 있으며, 이러한 변화는 사회구성원들의 사고방식과 삶의 양식 및 범위 그리고 상호작용을 더욱 다양하고 복잡하게 만들고 있다. 정책환경의 이러한 특성은 정책체제에 대해 지속적이고 다양한 정책적 대응을 요구하는 요인이 되며, 따라서 정책체제의 모든 활동은 정책환경의 특성과 직접적으로 연관되어 있는 것이다.

정책체제의 환경으로는 유형의 환경과 무형의 환경은 물론 국제적 환경과 국내적 환경 등 다양한 환경들이 직접 혹은 간접적으로 정책체제에 대해 영향을 미치게 된다. 이러한 정책환경은 정태적인 안정상태의 환경일 수도 있고, 동태적인 혼란상태의 환경일 수도 있다. 또한 정책체제에 긍정적일 수도 있지만 부정적일 수도 있고, 정책촉진적일 수도 있지만 정책방해적일 수도 있다. 이러한 환경의 성격은 궁극적으로 사회문제와 관련하여 정책체제에 투입되는 각 요소들의 특성을 좌우하게 된다.

Ⅲ. 정책체제와 정책환경의 관계

정부의 정책담당기관을 하나의 체제로 간주할 수 있으며, 이러한 정책체제는 환경과 부단하게 상호작용을 한다. 이처럼 개방적인 정책체제는 환경으로부터 요구와 지지, 반대와 저항, 무관심 등의 투입(input)을 받아, 체제 내부의 목표와 구조, 제도와 규범 그리고 자원 등에 기초하여 정책을 결정하고, 이를 체제 밖의 환경으로 산출(output)함으로써 체제로서의 기능을 수행한다. 그리고 정책, 법률, 지원, 규제, 서비스, 보상 등 다양한 형태로 나타나는 산출은 환경과 상호작용을 통해 문제를 해결하거나 변화를 유도해 나간다. 그리고 그 결과는 욕구충족의 정도에 따라 다시 정책체제에 투입요소로 환류(feedback)되기도 한다.

1. 투 입

정책환경으로부터 정책체제로 들어가는 투입은 일반적으로 국민들의 요구 (demands)와 지지(supports), 반대와 저항 혹은 무관심 등과 같이 다양한 형태로 나타나지만, 요구와 지지가 가장 대표적인 투입의 유형이다. 여기서 요구란 정부에 의해 해결되기를 바라는 국민들의 바람이며, 지지는 정부가 추진하는 정책과 각종 활동에 대한 국민들의 동의와 순응을 의미한다. 특히, 정책체제가 환경으로부터의 요구를 실현하는데 필요한 인적·물적 자원, 즉 병역의무, 조세납부 등의 수행과 공권력의 발동, 즉 정부의 규제나 처벌 등에 대한 수용과 순응이 지지에 해당한다.

사회의 민주화 정도가 높고, 국민의 정치적 의식이나 경제적 발전의 정도가 높은 곳에서는 정책체제에 대한 국민적 요구의 수준이나 정도 또한 높은 것으로 나타난다. 반면에 사회가 권위적이고 국민의 의식수준과 정치경제적 발전정도가 낮은 곳에서는 국민들의 정부나 정책체제에 대한 요구 정도 또한 낮은 것이 일반적이다. 그러나 지지의 경우는 그 반대인 경우가 나타나는데, 권위주의적 체제가 동의와 지지를 강요함으로써 조작되거나 강요된 지지가 적지 않기 때문이다. 정치경제의 발전정도와 정치의식수준이 높으면서도 자율적 지지가 높은 것이 바람

그림 3-1   정책체제모형

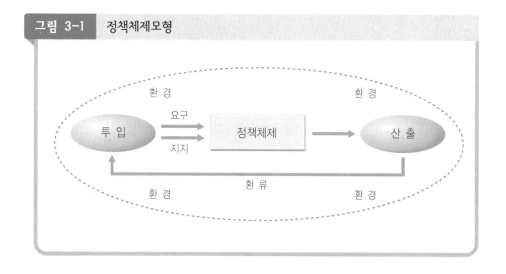

직하지만 현실은 그렇게 나타나지 않는 경우가 많다.

2. 정책체제

환경으로부터 제기된 요구가 정책체제로 투입되면, 체제내부에서 이에 대응하여 정책을 결정하고 집행하여 다시 환경으로 내보내는 전환기능을 한다. 이때 환경으로부터 투입되는 요구와 지지들이 모두 정책체제 내부로 투입되는 것이 아니라 그 중 일부만 투입된다. 요구와 지지가 정책체제 내부로 투입되어 정책으로 바뀌고 추진되는 단계에 따라 정책의제설정, 정책결정, 정책집행 등의 정책활동으로 구분된다. 요구가 정책체제로 투입되어 정책적 대응이 필요한 안건으로 채택될 때 정책의제의 지위를 갖게 되며, 이와 관련한 일련의 활동을 정책의제설정이라 한다. 그리고 정책의제를 받아 그에 대한 대응방안을 강구하여 정책대안을 선택하면 정책결정이 이루어진다. 이처럼 국민의 요구가 정책체제 내부로 투입되어 정책으로 변화되는 과정은 정책체제 내부의 다양한 요소들로부터 영향을 받게 된다. 다시 말하자면, 정책체제 내부의 구조와 절차, 이념과 문화, 정책담당공무원, 체제의 자원, 체제의 영향력 등 다양한 요인들이 어떻게 작용하느냐에 따라 정책의 내용이 달라진다. 특히 정책결정을 직접 담당하는 정책담당공무원들의 성향과 지적 수준, 그리고 가치판단 등은 특히 정책결정에 많은 영향을 미친다. 결국 정책체제의 환경으로부터 투입된 요구와 지지는 정책체제, 정책담당자, 해당 문제와 관련된 이해관계집단 등이 지니는 다양한 요소들의 복합적인 상호작용을 통해 정부의 정책이 결정되고 구체화되어 집행된다.

3. 산   출

산출이란 환경으로부터 투입된 요구와 지지가 정책체제의 활동과정을 거쳐 최종적으로 나타난 결과물로서 정책, 법률, 서비스, 규제, 보상 등 다양한 형태 및 내용으로 나타난다. 따라서 요구와 지지 등의 투입이 정책체제의 결정과정을 거쳐 도출된 산출물은 조세정책, 부동산 투기억제정책, 주5일근무제, 도로, 항만 등의 건설사업, 의약분업정책, 대북햇볕정책, 대미외교정책 등과 같이 나타난다. 정부당국의 정책결정이 있고 이것이 다시 환경으로 산출되면 이 정책에 대한 환경으로부터의 수용, 반대, 저항 등 다양한 형태의 반응이 나타나게 되며, 이러한 과정 속에서 정책은 집행된다. 요컨대 환경으로부터 정부당국을 향해 투입된 요구와 지지가 정부당국의 정책결정기관에 의해 정책으로 결정되고, 결정된 정책이 환경으로 산출되면, 이것은 다시 환경과 상호작용하면서 집행되는 것이다.

4. 환 류

환류란 정책이 집행되는 과정에서나 집행된 이후 그 결과가 또 다른 요구나 지지로 투입되는 것을 의미한다. 예컨대 의약분업정책이 집행되는 과정에서 이해관련자들의 반대에 부딪혀 정책을 수정하거나 중단하라는 요구로 다시 정부의 해당 정책기관으로 투입되는 것이다. 전북 부안군 위도에 건설하기로 하였던 핵폐기물처리장이 정부의 정책집행이 되기도 전에 지역주민들의 반발로 정책수정의 위기에 처하게 된 것이나, 새만금간척지조성공사가 집행과정에 야기된 환경단체 등의 반대로 몇 차례 공사 중단을 겪어야 했던 것은 정책이 집행되는 과정에서 야기된 환류에 해당한다.

제2절 정책체제와 환경의 상호작용

어떠한 정책이든 간에 그 시간상의 전후와 장단의 차이는 있을지 모르지만 정책과 환경은 상호 영향을 주고받는다. 정부에 의한 특정 정책의 시행은 그 환경에 변화를 가져오고, 그러한 정책이 시행되는 환경은 정책에 대해 긍정적인 영향은 물론 부정적 영향도 미치게 된다. 이와 같은 정책과 환경의 관계는 크게 두 가지로 나누어 검토할 수 있다. 정책이 환경에 영향을 미치는 경우와 환경이 정책에 영향을 미치는 경우이다. 다음에서는 이 두 가지에 대해 간략히 소개한다.

Ⅰ. 정책이 환경에 미치는 영향

　　정책은 수립과 집행을 통해 현재의 사회문제를 해결할 수도 있고, 그것이 의도하는 바람직한 미래의 사회상태를 구현할 수도 있다. 물론 그러한 정책목표 혹은 정책의도의 달성정도는 각기 다를 수밖에 없다. 그리고 이러한 정책의 수립과 집행에는 그만큼 비용과 노력 등 많은 자원이 수반되어야 한다. 이처럼 정책이 환경에 미치는 영향은 정책집행에 소요되는 정책비용(policy cost)과 집행결과 나타나는 정책효과(policy effectiveness)로 구분된다.

　　먼저 정책비용은 정책수단의 실현을 위해서 지불된 사회적 희생, 즉 인적·물적 지원 및 기타 각종 자원의 동원과 배분을 의미하는데, 정책비용의 내용이나 성질, 규모는 정책수단과 정책집행의 내용에 의해서 주로 결정된다. 예컨대 강력범죄를 감소·퇴치하기 위한 정책의 추진은 반드시 정책집행을 위한 사회적인 희생이 뒤따르기 마련인데, 이때 범죄퇴치를 위한 경찰력의 증대, 계몽교육, 각종 장비의 증대·보강 등이 정책비용인 것이다.

　　정책효과는 그 정책이 의도한 효과와 의도하지는 않았지만 나타난 부수적인 효과가 있다.[4] 전자는 좁은 의미의 정책효과로서의 정책의 핵심적 내용이 된다. 정책효과는 정책이 집행되어 정책목표가 달성됨으로써 나타나는 바람직한 결과이다. 그리하여 정책목표가 사회문제를 해결하는 것일 때는 사회에 존재하던 문제가 어느 정도 해결되는 것으로 나타나게 되고, 새로운 상태를 창조하는 것일 때는 바람직한 새로운 상태가 이루어지는 것으로 나타난다. 예컨대 물가안정을 목표로 하는 경제정책을 추진한 결과 물가가 안정되는 것이나, 범죄증가율억제를 목표로 하는 범죄예방 및 추방정책의 추진결과로 범죄율이 낮아지는 것과 같은 것이다.

II. 환경이 정책에 미치는 영향

1. 직접적 영향

환경이 정책에 대해 직접적인 영향을 미치는 것은 정책체제를 향한 국가국성원의 요구를 통해서 이루어진다. 국민으로부터의 요구나 지지는 정책환경에 의존하게 되고 이들 투입의 내용에 따라 정책의 내용도 달라진다. 환경으로부터의 투입을 통해서 직접적으로 정책에 영향을 미치는 경우는 투입이 정책체제 내부에서 정책으로 전환되는 과정에서 정책체제의 구조나 운영방식에는 영향을 미치지 않고 정책의 내용에만 영향을 미친다는 의미이다. 그러나 실제에 있어서는 이렇게 정책체제에 대해서는 전혀 영향을 주지 않고 정책에만 영향을 미치는 투입의 경우는 거의 없다.[5] 정책환경이 정책에 영향을 미치는 것은 주로 정책체제에 대한 투입을 통해서인데, 이는 요구와 지지로 나누어서 생각할 수 있다.

1) 정책환경의 요구와 정책

일반적으로 정책은 정부의 정책체제를 둘러싸고 전개되는 제반 환경으로부터 투입되는 요구를 받아 그 내용을 정책으로 결정하는 경우가 많다. 그런데 이러한 정책체제에 대한 환경으로부터의 요구는 주로 공적인 사회문제의 해결에 관한 것들이다. 즉 사회문제해결에 대한 요구와 주장이 강화될수록 정책체제가 그 문제해결을 위한 정책을 추진할 가능성은 높아진다. 이러한 문제들이 구체적으로 누구에 의해, 어떻게 인지되어, 어떤 경로를 타고 정부의 정책체제로 투입되느냐 하는 것도 환경이 정책에 미치는 과정을 연구하는데 도움이 된다. 그러나 여기서는 그보다도 환경으로부터 투입되는 이들 각종 사회문제들의 근본적인 원인이 무엇인가에 관한 이해와 인식이 더욱 중요하다. 원인을 정확하게 파악하지 않고서는 문제해결은 불가능하기 때문이다. 오늘날 정책체제의 업무를 과중시키고 있는 사회문제의 발생 원인에 대해서는 다양한 이견들이 존재한다. 오늘날 사회문제를 발생시키는 가장 중요한 원인으로 산업사회로부터 정보사회로의 전환, 정보기술의 보편화와 삶의 방식의 변화, 개방화와 세계화, 지방화 등을 들 수 있다. 이러한 사회문제의 발생 원인들에 의해 고용과 노동문제, 사회보장문제, 환경보호와 공해문제, 주택·교통·범죄·보건위생문제, 재해 및 재난 등 수 많은 사회문제가 끊임없이 야기되고 있는 것이다.

2) 정책환경의 지지와 정책

환경으로부터 문제해결에 대한 요구가 아무리 강력하더라도 정책체제가 그 문제를 해결할 능력이 없으면 적절하게 대응할 수가 없게 된다. 이를 테면, 환경으로부터 실업문제해결에 대한 강력한 요구가 있다고 하더라도 만일 정부가 그 문제해결에 소요되는 방대한 자원을 동원할 수 없다면 문제해결을 위한 정책을 추진할 수가 없다. 이처럼 정책체제가 환경에 대해 서비스나 정책을 제공하고자 할 때, 정책체제는 환경으로부터의 각종 자원의 지지에 의존하게 되고, 지지가 충분히 확보되지 않으면 정책을 추진할 수 없게 된다. 때문에 지지의 정도를 좌우하는 환경적 요소가 정책을 크게 제약하기도 하는데, 이처럼 환경으로부터 지지가 좌우되는 요인을 흔히 정책의 제약요소라 부른다.

정책체제에 대한 환경으로부터의 지지를 세 가지로 나누어 설명할 수 있다. 첫째는 정책체제에 대한 국가사회의 순응이며, 둘째는 정책체제에 대한 국가사회로부터 인적 자원의 공급이고, 셋째는 정책체제에 대한 환경으로부터 물적 자원의 제공이다. 정책체제는 정책을 추진하는 과정에서 국가사회로부터 정책에 대한 순응과 지지가 있어야 하고, 그 다음은 정책을 산출하기 위해 체제를 운영하는 인적 요소인 구성원이 있어야 하며, 끝으로 문제해결을 위한 정책을 집행하는 데에는 방대한 자금과 기술 등 다양한 자원이 동원되어야 한다.

무엇보다도 성공적 정책추진을 위해서는 환경으로부터 이들 자원의 지원과 조달이 가능해야 한다. 이러한 자원들 중에 가장 중요한 것이 조세, 수수료 등 정부의 재정수입이다. 조세 등의 재정수입이 증가하면 정부는 여러 가지 사업이나 정책을 추진할 수 있지만, 반대로 재정수입이 적으면 여러 가지 사업을 포기해야 한다. 일반적으로 국민소득수준은 정책을 좌우하는 가장 중요한 변수로 인식된다. 그것은 국민소득증가가 재정수입의 증대를 가져와서 정책을 추진하기 위한 정부보조금을 증가시킬 수 있기 때문이다. 그러나 국민소득이 일정한 높은 수준에 도달하면 소득이 정책에 미치는 영향은 저하되는 반면, 소득 이외의 다른 요소의 영향이 커지게 된다.

2. 간접적 영향

정책환경이 정책체제의 특성에 영향을 미치는 것은 정책에 대한 직접적인 영향 이외에도 정책체제의 구성방법, 구조적 특성, 체제구성원인 정책담당자 등을 통해 정책에 간접적인 영향을 미치기도 한다.[6] 정책체제의 구조는 정책과정에서의 활동뿐만 아니라 정책의 내용에도 큰 영향을 미친다. 정책체제의 분위기는 사회·경제적 환경의 변화에 따라 크게 영향을 받을 뿐만 아니라 사회·문화적 요소에 의해서도 좌우된다. 정책담당자의 능력이나 성향은 정책의 내용과 추진방법에 큰 영향을 미치는데, 이들은 정책체제의 분위기, 구조적 특성에 의해서도 영향을 받는다.

제 3 절 정책환경의 유형과 내용

정책환경의 유형은 매우 다양하며 그 내용 또한 간단하지가 않다. 때문에 그것을 파악하는 방식도 학자에 따라 다양하게 제시되고 있다. 이처럼 다양한 분류에도 불구하고 일반적으로는 정책환경을 자연과 사회, 유형과 무형, 국내와 국제라는 기준을 통하여 크게 3가지로 분류하는 경우가 많다. 따라서 여기서도 이러한 분류기준에 따라 살펴 보기로 한다.

첫째, 자연환경과 사회환경으로 대별할 수 있는데, 자연환경의 구성요소로는 기후, 지형, 풍토, 천연자원 등의 지리적 특성을 들 수 있고, 사회환경의 구성요소로는 인구, 사회구조, 이념과 문화, 사회경제적 여건 등을 들 수 있다.

둘째, 형태의 유무에 따라 무형의 환경과 유형의 환경으로 나눌 수 있으며,

무형의 환경으로는 공익, 이념과 문화, 사회경제적 여건 등을, 그리고 유형의 환경에는 정당, 이해집단, 시민단체, 언론기관, 전문가단체 등을 들 수 있다.

셋째, 국내적 환경과 국제적 환경으로 나눌 수 있으며, 국내환경에는 국내의 정치, 경제, 사회, 문화 등이 그 내용을 이루고 있고, 국제적 환경에는 국제기구와 외국과의 관계를 통해 국방, 외교, 금융, 노동, 통상, 문화 등이 그에 해당한다. 이처럼 정책체제의 환경에는 매우 다양한 환경들이 있는데, 특히 앞에서도 언급한 바와 같이, 국내정책에 대한 국제환경의 영향력은 점차 증대될 것으로 예상된다.

Ⅰ. 자연환경과 사회환경

1. 자연환경

자연환경이란 우선 그 정책체제가 처해있는 지정학적 위치와 지리적 특성을 들 수 있고, 다음은 강수량, 기온, 계절변화 등의 기후조건을 들 수 있으며, 자연자원의 종류, 규모, 범위 등을 들 수 있다.

첫째, 정책체제가 처해 있는 지정학적 위치와 국토의 지형과 형태 등이 정부의 국가통치에 많은 영향을 미치고 있다. 대륙에 위치하고 있는가, 해양에 위치하고 있는가, 강대국들에 인접해 있는가, 국토의 면적과 경작가능성 정도와 지형 및 지세는 어떠한가 등이 대표적인 자연환경에 속한다.

둘째, 강수량과 기온 등, 기후조건 역시 정책체제의 정책운용에 많은 영향을 미치고 있다. 기후조건, 즉 4계절의 변화정도, 강수량과 기온조건 등도 중요한 자연환경이다. 이들은 바로 식량 등 각종 식품자원의 공급을 좌우하는 중요한 변수가 되기 때문이다. 아무리 광대한 영토를 가지고 있다고 하더라도 기온과 강수량 등 기후조건이 적합하지 않으면 황무지에 불과하다.

셋째, 자연자원의 정도로 예컨대 석유와 석탄 등 에너지자원이나 철과 금, 은다이아몬드 등 각종의 금속자원과 보석 등의 자원이 어느 정도 매장되어 있는가도 중요한 자연환경이 된다. 천연자원이 풍부한 국가와 그렇지 못한 국가 간에는 정책을 추진하는 전략에 있어서도 그 차이가 커질 수밖에 없을 것이다.

2. 사회환경

정책체제에 영향을 주고받는 한 국가의 사회환경에는 다양한 요소들이 있다. 전통과 역사, 관습과 문화, 예절과 습속, 경제 및 사회 구조, 가족체계와 인구 등 매우 다양하다. 그러나 여기서는 정책체제에 대해 보다 직접적인 영향을 미치는 정치적 환경, 경제적 환경 그리고 사회인구학적 환경에 대해서만 간략히 소개한다.

1) 정치적 환경

정치적 환경은 정책체제의 기능에 직접적인 영향을 미치는 강력한 환경요소 중의 하나이다. 국민의 정치문화, 정치의식 등에서 정당, 이익집단, 사회단체 등에 이르기까지 모든 정치적 요소들이 직접적으로 정책체제에 영향을 미치기 때문이다.

2) 사회인구학적 환경

사회인구학적 환경에는 사회구조, 엘리트의 특성, 인구구조와 교육수준 등이 대표적인 요소이다. 첫째, 사회구조적 특성과 가치분화의 정도 등을 들 수 있다. 즉 사회구조와 사회적 가치의 분화와 다원화 정도에 따라 정책체제에 대한 영향력 정도가 달라진다. 예컨대 직업의 분화와 다양성, 노동구조, 국민의 가치관의 분화정도와 의식수준 등 다양하다.

둘째, 지배계층의 특성과 국가구성원들의 성향을 들 수 있다. 지배계층과 국민들의 지향하는 가치와 이념적 특성 등이 그 예이다. 보수적 안정지향적인가, 개혁적 변화지향적인가? 정치적으로 우파적 속성을 가지는가, 좌파적 속성을 가지는가? 능률성과 형평성, 성장과 분배 등에 있어서의 우선순위 차이 등에 따라 정책의 지향점과 내용이 좌우된다.

셋째, 인구구조와 교육적 수준을 들 수 있다. 인구규모와 인구밀도, 경제활동인구와 노인 및 취학인구 등의 인구구조는 정책결정에 중요한 변수로 작용한다.

그리고 국민의 교육수준 정도와 거주지역과 거주형태 등도 주요한 요인으로 작용한다.

3) 경제적 환경

현대사회와 같이 자본주의 정치체제에서는 정부의 정책체제에 대한 경제적 환경의 영향은 그 어느 것보다도 강력하다. 경제적 환경은 경제에 대한 전통적 국민의식, 경제발전을 향한 국민적 의지 등은 물론, 자원의 부존정도와 자본의 형성정도, 산업화의 정도와 산업의 유형, 경제발전을 추진하는 주체, 경제규모와 시장운영방식 등이 경제적 환경으로 작용할 수 있다. 특히, 정보사회의 진전에 따라 정보기술의 발전과 활용 정도 또한 주요한 경제적 환경으로 작용한다. 최근 정부의 정책지향점이 경제발전과 더불어 부의 배분을 강조하는 복지구현을 추구함에 따라 경제적 환경은 더욱 복잡해졌다.

II. 무형의 환경과 유형의 환경

1. 무형의 환경

1) 정치행정문화

정치행정문화란 사회 속의 일반문화의 하위문화로서 정치행정체제에 보편적으로 내재하는 규범, 가치, 신념, 태도, 관습 등을 뜻한다. 일반문화의 한 부분을 이루어 정치행정문화는 개인으로서의 사회구성원들이 사회화 과정에서 습득하게 되는 정치행정과 관련된 가치, 신념, 태도 등이며, 한 세대로부터 다음 세대로 전승되어 가는 역사적 형성물이다. 그리하여 정치행정문화는 넓게 보면 정부가 무엇을 하여야 하며 어떻게 운영되어야 하는가에 대한 국민과 정부와의 관계를 규정하는 규범이고 신념이다.

따라서 정치행정문화는 정책체제의 목표와 구성원들의 상호작용 그리고 정책의 내용 등에 중대한 잠재적 영향력을 미친다. 그러나 이것은 정치행정문화가 정책체제의 성격을 완전히 확정적으로 결정한다는 의미는 아니며, 단지 특정의 정치행정문화가 특정한 정책활동을 야기할 가능성이 높다는 의미이다. 정책환경으로서의 정치행정문화는 일반사회로부터는 영향을 받지만 정책체제에 대해서는 영향을 미친다. 그러나 반드시 정책체제가 정치행정문화에 의해 수동적으로 영향을 받는 것만은 아니다. 정책체제가 막강한 힘을 가지고 국가발전의 주도적 역할을 담당하고 있는 국가에서는, 정책체제가 오히려 정치행정문화는 물론 일반사회문화에까지도 상당한 영향을 미칠 수가 있다.

2) 사회경제적 여건

정책은 상호 이질적인 이해관계와 욕구를 지닌 서로 다른 집단 간의 경쟁이나 갈등으로부터 제기된다. 현대사회에 있어 이들 갈등의 주요 근원 중의 하나는 사회경제적 활동이며 그 결과 사회경제적 여건은 종종 정책문제의 단초가 되기도 한다. 과거에는 전혀 문제시되지 않았던 인구감소, 사회구조 및 산업구조의 변화, 경기침체와 물가불안정, 국민소득 및 GNP의 증감 등은 물론 고용자와 피고용자, 채권자와 채무자, 생산자와 소비자, 도매상과 소매상 등의 상호 간에 각자의 이익을 둘러싸고 일어나는 경쟁과 갈등이 오늘날 정책체제에게는 주요한 정책환경으로 대두되고 있다. 현대사회에서 나타나는 중요 사회적 갈등요인 중의 하나가 자원의 희소화, 특히 경제적 측면의 희소성이라면, 한 사회에 나타나는 사회경제적 여건은 확실히 정책문제를 야기하는 중요한 정책환경의 한 요소라 하겠다.

2. 유형의 환경

지금까지는 정책환경으로서의 무형의 환경적 요소들을 살펴보았다. 그러나 정책환경에는 이러한 무형의 환경 이외에도 정책활동에 실질적인 영향을 미치고 있는 유형의 활동주체들 또한 무수히 많다. 여기서는 이들 중 정책체제에 대한 압력의 주요 주체에 해당하는 정당, 이익집단, 언론집단, 일반국민 등에 관해서 소개한다.

1) 정 당

민주주의 국가에서의 정당(political party)이란 국민의 이익을 위하여 책임 있는 정치적 주장이나 정책을 추진하고, 공직의 후보자를 추천 또는 지지함으로써 국민의 정치적 의사형성에 참여함을 목적으로 하는 국민의 자발적 정치조직을 말한다. 정당은 동일한 정견을 가진 일단의 사람들이 정강과 정책을 내세우고 선거를 통해 정권의 획득 또는 유지를 도모해 나가고자 하는 자주적이고 계속적인 정치집단인 것이다. 따라서 대의민주주의를 통치이념으로 하고 있는 국가에서 정당은 국민사회의 여론을 기초로, 이러한 여론의 조직화, 통일화를 도모해 나가며, 대립되는 이익을 조정 및 대표하는 등 수많은 국민의 요구에 정치적으로 부응하고 있다. 즉 정당은 국민사회의 이익결집은 물론 그렇게 결집된 이익에 대한 대리적 표명으로서 관련국민이나 이익집단들의 요구들을 정책체제 내부로 투입하는 것이다.

집권당인 여당은 정권의 유지를 위해서 국민 또는 관련이익집단의 요구나 주장을 정책대안으로 정부의 정책결정과정에 반영시키려고 노력하게 된다. 한편 야당은 차기의 정권획득을 위해서 그리고 현재의 여당에 대한 경쟁력의 제고를 위해서 국민 또는 관련 이익집단의 요구를 정책대안으로 행정부와 집권여당에 제시하고 그것의 채택을 주장함으로써 압력을 행사하는 것이다. 이처럼 정당이 정책체제에 미치는 영향력의 비중은 그 나라의 정당제도가 양당제냐 아니면 다당제냐에 따라 다르겠지만 실제로 이들 정당들이 그들 나름대로 자기의 기반으로 삼고 있거나 관련을 맺고 있는 사회 내의 여러 분야와의 관계여하에 따라서도 크게 달라진다. 요컨대 민주주의 국가에서의 정당은 국민의 여론과 이익집단의 요구 등을 결집하여 조직화하고 각종의 공식·비공식 통로를 통해 이들을 정부의 정책체제로 투입함으로써 정책체제에 대한 유형의 환경이자 강력한 압력주체로서 기능하게 되는 것이다.

2) 이익집단

현대사회는 다원화된 여러 사회집단들이 끊임없이 출현하고 있고, 이들 집단들은 상호 견제와 균형 내지 갈등과 경쟁을 통해 스스로의 목적을 달성해 나가고 있다. 그리고 정부의 사회문제해결을 위한 정책결정은 주로 이러한 이익집단들의 경쟁과 갈등이 균형상태에 달한 점에서 이루어진다. 더구나 현대사회는 고도의 구조적 분화와 기능적 전문화로 인하여 점차 동질성은 와해되고 이질성이 심화되어 사회구성원들 상호간의 복잡하고 다양한 갈등이 야기되고 있다. 따라서 이익표명은 더욱 치열해지고 이들 이익집단의 정치적 발언권이 급격히 증대되어 흔히 '의회의 제3원(the Third House)', 혹은 '비공식 정부'로 일컬어질 정도다. 사실 오늘날의 이익집단들은 자신들의 요구를 관철시키기 위해 다양한 수단과 방법을 동원하여 정부의 정책과정에 영향력을 행사하고 있다. 이들은 의회에 대한 로비활동을 통해서나 정당에의 정치후원금 제공, 언론기관의 동원은 물론 고위정책결정자와의 접촉을 통해서도 그들의 이익을 정책에 반영시키려고 하는 것이다.

3) 대중매체와 언론기관

현대의 고도화된 과학기술은 정보통신기술의 혁명적 발전을 가져왔고, 그 결과 인터넷과 SNS, TV, 라디오, 신문, 잡지 등 대중매체들이 급격하게 발전하게 되었으며, 이들이 정책에 미치는 영향은 매우 강력해지고 있다. 이러한 각종의 대중매체를 통하여 일반국민들의 여론이 형성되어 나갈 뿐 아니라 정책결정자들에게까지 직접 정보를 전달해 주고 있다.

최근 인터넷과 SNS는 정치적 의사소통, 여론형성, 집단결성 등에 있어서 중요한 매체로 등장하면서 정책환경을 크게 바꾸고 있다. 인터넷과 SNS를 통해 매우 적은 비용과 노력으로 정치적 정보를 획득하고 정치적 토론을 벌이며 그러한 정보를 주변에 확산시킬 수 있기 때문이다. 따라서 수많은 사람들을 불러내어 한데 모을 수 있는 정치적 동원력을 지니고, 사회이슈의 생산과 유통하고 이슈를 선도하는 역할을 하는 것으로 평가되며,[7] 일부 국가에서는 인터넷을 투표에 활용하기도 한다. 인터넷이 정당, 국회, 언론, 시민단체 등 보다 정치참여의 수단으로 선호되는 것으로 나타난다.[8]

한편, 언론기관은 우선 보도할 사건의 선별 및 그에 대한 해설, 그리고 정보제공과 여론형성을 담당하는 여론지도자(opinion leader)로서, 또한 보도와 비판을 통해 각종 사회문제의 해결을 위한 강력한 압력주체로서 그 역할을 담당한다. 시민사회의 등장 및 민주정치의 성숙과 함께 언론은 보다 적극적으로 사회생활의 방향을 결정하게 하는 기능을 하게 되었으며, 사회문제를 정책화시키는데 중요한 역할을 담당하게 되었다. 따라서 정책체제에 대한 유형의 환경으로써 언론기관은 다른 어떠한 환경요소 보다도 더욱 강력한 영향력을 행사하고 있다. 그러나 자칫 언론이 지나치게 강화되어 통제장치 없이 방만해지거나, 입법·사법·행정부에 이은 이른바 제4부 권력이 되어 그 영향력을 부당하게 행사할 경우 언론으로부터의 수혜보다는 피해가 더 커질 우려가 있다. 특히 언론이 정권과 결탁하여 정책에 대한 비판력이 무디어지거나, 반대로 맹목적인 비판으로 여론을 오도할 경우 그 피해는 사회전반에 걸치게 되므로 언론의 자유 못지않게, 국민들의 언론에 대한 감시와 통제가 제도화될 필요가 있다.

4) 일반국민과 시민단체

조직화되지 못한 개인으로서의 일반국민도 정책체제에 영향을 미치는 주요한 환경요소이다. 비록 정책관련 업무와 그 권한이 보편적으로는 관료들에게 부여된다고 하더라도 여러 가지 방법으로 국민이 정책당국의 의사결정에 영향을 미치고 있기 때문이다. 물론 정책체제의 성격이나 민주화의 정도, 국민의 정치의식 수준 등 여러 요인들이 작용하겠지만 국민들이 정책과정에 투표 및 사회·정치 활동 등의 다양한 방법으로 영향을 미치고 있다.

먼저, 일반국민은 투표를 통해 정책체제에 영향을 미친다. 대통령과 국회의원을 선출하거나 헌법의 제정, 개정 등 국가의 중대사를 결정하는 선거에서 투표를 통해 정책과정에 영향력을 행사함으로써 자신들의 요구와 주장을 관철해 나가는 것이다. 또한 직접 이익집단의 구성원이나 정당의 당원이 되지 않더라도 이익집단구성원의 활동을 돕거나 정보 및 자원을 제공하며 정당이 공천한 후보자의 선거운동을 돕고 자금을 자원하는 방법 등을 통해서 이들 이익집단이나 정당들이 국민들의 입장에서 정부의 정책결정에 영향력을 행사하게 함으로써 간접적으로 영향을 미친다. 그리고 국민들이 개별적 또는 사회적 활동을 통해서 새로운 아이디어나 정책대안을 개발하고 이를 정책결정자에게 제공하거나, 당면문제나 정책에 관련되는 정보나 자료 등을 여론이나 대중매체에 호소하여 정책에 영향을 미치기도 한다. 특히, 국가권력을 가지고 있지 않는 조직으로서 공공의 이익 또는 공동선을 추구한다는 점에서 이른바 제3영역으로서의 시민단체(Non-Governmental Organization, NGO)가 사회전반에 걸쳐 다양한 역할을 수행하고 있다. 자발성, 자율성, 전문성 등으로 특징되는 시민단체는 이미 시장과 정부의 불완전성을 경험한 오늘날의 시민사회에서 정책체제에 영향을 미치는 주요한 정책환경으로서의 기능을 담당하고 있다.

제4절   정책환경의 변화와 대응

현대사회는 인류역사상 그 유래가 없을 만큼 변화가 격심하여 내일에 일어날 변화를 예측하기란 거의 불가능에 가깝다. 그럼에도 불구하고 정부가 정책을 추진함에 있어서 미래예측은 불가피한 작업이다. 따라서 분야에 따라 변화의 양상은 다르겠지만, 국내외적 변화와 그에 대한 정책적 대응 방향을 살펴본다.

Ⅰ. 국내외적 환경변화와 예측

1. 국내적 환경과 변화

정치민주화의 진전, 지방자치제도의 정착, 남북관계의 불확실 등 일련의 상황변화는 정부에 대한 역할기대를 상당히 높이고 있다. 정부의 역할증대는 정치발전을 촉진시키기는 하지만 기대와 현실의 차이 때문에 갈등과 진통을 심화시킬 수도 있다.

민주주의의 발전은 국민의 정치적 역량을 강화하여 정치참여를 증대시킬 뿐만 아니라 정치적 영향력을 가중시켜갈 것이다. 정보기술의 발달은 국민의 정보획득역량을 향상시키고 정치행정에 대한 국민의 참여는 물론 정치, 사회, 경제 등의 민주화를 촉진시키게 될 것이다. 그리하여 정보매체와 정보관련 기술발달은 정부의 성격을 바꾸고, 대의민주주의체제를 상당 부분 직접참여민주체제로 전환시킬 수도 있을 것이다. 남북통일문제는 시시각각 변화를 겪어 남북 당사자간의 직접적인 관계변화는 물론 주변 강국의 대외관계변화에 따라서 급진전될 가능성이 증대되고 있다. 한일 또는 중일의 영토분쟁, 북핵개발, 6자회담 등은 한반도를 둘러싼 국가 간의 관계에 많은 변화를 초래할 수도 있으며, 이에 따른 우리 정부의 대응 전략도 점차 어려워질 것이다.

국내외적으로 급속한 변화의 과정에서 정치체제는 다양한 어려움에 직면하게 될 것이다. 사회·경제적 갈등, 특히 집단간 또는 지역간 이기주의가 빚어내는 갈등을 조정 및 통제하는 문제 등이 정책체제의 주요 과제가 될 것이다. 경제규모는 더욱 커지고 경제구조의 고도화가 지속되면서 거대, 획일, 집중 등의 특징을 가진 자원낭비형 또는 환경오염형의 공업부문은 점차 도태되고, 산업의 정보화에 따라 지식기술집약형, 고부가가치형, 에너지절약형, 바이오형 등의 산업으로 변모해 갈 것이다. 경제발전에 따른 지속적인 소득증대는 양적 욕구추구로부터 질적 욕구향상으로 수요가 변화되어 가고, 물질적 풍요로부터 정신적 풍요를 찾는 탈물질의 가치가 점차 부각될 것이다. 반면에 경제가 성장할수록 소득격차에 따른 빈부격차가 커지고 사회양극화 현상이 야기되고, 모든 분야에서 형평성 욕구가 강해져서 경제의 복지화, 민주화, 인간화를 위한 노력이 강조될 것이다. 경제의 개방화가 가속되어 지구전체를 하나의 시장으로 하는 세계화가 확장되는 한편, 국제간 정보격차, 기술격차, 자본격차로 인한 종속의 문제, 다원화·다극화와 국제적 경쟁 등이 심화될 수 있으며 신보호주의의 문제, 무역불균형의 문제가 심각해 질 수 있다.

사회의 구조 및 기능은 분화와 통합을 통해 다원화와 복잡화가 촉진될 것이다. 사회의 구조는 고령화사회, 고학력사회, 여성화사회 현상이 더욱 심화될 것이다. 정부와 기업 등 조직사회는 구조적으로는 분산화, 소규모화, 적응적 구조, 그리고 네트워크사회가 도래할 것이고, 기능적으로는 컴퓨터 활용의 증가, 전산화, 자동화의 촉진 등으로 일상의 업무처리뿐 아니라 역할기능과 행태에 많은 변화가 야기될 것이다. 사회적 유동을 요구하는 각종 동인들이 많아지고 유동 또한 용이해지며, 이러한 사회적 유동성의 증가는 영역간 경계를 약화시켜 사회구성원들의 횡적 이동과 교류를 증대시킬 것이다. 급속한 사회변동으로 이질적 문화가 혼합됨으로써 문화충돌, 문화지체 또는 가치혼란 등이 발생할 수 있다. 새로운 사회관계의 분화와 유동성의 증대는 인간적 소외와 아노미 현상, 비인간화, 공동체의식의 상실, 스트레스와 같은 정신적 갈등, 컴퓨터범죄 등을 증대시킬 수도 있다.

2. 국제적 환경과 변화

국제사회에 세계화 현상과 무한경쟁의 현상이 나타난 것은 이미 오래전의 일이다. 따라서 지구촌 여러 국가와 정부는 국제사회로부터의 영향을 더 크게 받게 되고, 국가경영을 위한 각종 정책이나 방침의 결정에도 국제적 요인이 중요한 변수로 등장하고 있다. 그리고 이러한 무한경쟁의 상황에서 살아남기 위한 다양한 정책을 개발하고 있다. 우리나라와 같이 자원이 빈약한 국가에서는 원자재수출국가의 정책변화가 직접적으로 우리 정부의 정책변화를 유발시키게 되며, 환율변동은 즉시 우리 상품의 수출전략에 변화를 가져오게 하고 있다. 현재의 세계는 표면적으로는 경쟁보다는 협력을 추구하고 있다. 그러나 내면적으로는 각자 자국의 실리를 확보하기 위하여 나름의 힘을 키우고 있다.

이와 같은 상황의 전개로 인해 국제사회는 다음과 같은 변화가 초래될 것으로 예견된다. 첫째, 지구촌 사회에는 새로운 국제정치구도가 정립될 것이다. 장기적으로 국제관계 설정에 중요하게 작용할 수 있는 변수는 경제력과 기술력이다. 소련을 중심으로 하는 사회주의체제의 몰락이 단기적으로 미국의 헤게모니[9] 강화를 가져왔으나, 장기적으로는 거대한 경제규모와 인구를 배경으로 중국이 미국에 버금가는 초강대국으로 성장할 것이다. 특히 우리나라를 비롯하여 중국과 일본, 싱가포르 등 아시아 국가들의 영향력이 점차 강화되어, 국제관계구도가 미국과 유럽중심에서 미국과 아시아중심으로 전환될 것이다. 둘째, 세계경제 질서도 점진적으로 재편되어 나갈 것이다. 세계 각국은 자국의 산업보호라는 명분 아래 블록화를 추구하고 있다. EU, NAFTA, APEC, ASEAN, ASEAN+3 등이 대표적인 예이다. 장기적으로는 아시아를 중심으로 하는 환태평양의 공동체가 상당한 영향력

을 행사할 것이다. 셋째, 환경오염 및 지구온난화로 환경문제에 관한 국제기구의
역할이 증대되고 각종 환경보호협약이 체결되며, 환경대책에 관한 각종 단체 및
조직이 구성되어 활동하게 될 것이다. 따라서 해양개발, 우주개발, 시베리아와 남
극개발, 아마존강 개발 및 아프리카 사막화 방지 등 지구환경보전을 위한 국제기
구의 역할이 더욱 활발해질 것이다. 넷째, 국제사회의 경쟁적인 과학기술개발은
지구촌 국가들 간에 기술패권주의를 등장시키게 될 것이다. 국제사회는 기술의
독과점화 현상이 심화되고, 기술주권국과 기술속국으로 양분될 가능성이 크다.
특히 통신기술과 컴퓨터기술의 급속한 발달은 미래를 예측할 수 없을 정도로 변
화시키게 될 것이다. 이에 따라 인간생활의 전 영역에서도 급격한 변화가 야기될
것이다.

Ⅱ. 환경변화에 대한 정책대응

현대사회에서는 중앙정부와 지방정부는 물론 기업과 주민들도 급변하는 환
경의 소용돌이에 적절히 대처해 나가지 못하면 생존 그 자체가 위협을 받게 된다.
따라서 우리를 둘러싸고 시시각각 변화해 나가는 환경변화의 내용과 범위 속도와
특성 등을 파악하고 미래의 방향을 예측함으로써 변화에 대응할 뿐만 아니라 당
면하는 변화를 극복 혹은 활용하는 적극적인 발전전략을 추진해 나가야 할 필요
가 있다. 이를 위해서는 국내외적 환경변화에 민감하게 반응해야 하며, 변화에 효
율적으로 대응할 수 있는 창조적 전략탐색에 최선을 다해야 한다. 따라서 정부와
기업은 이러한 변화에 적절히 대응할 수 있도록 구성원들에 대한 지속적인 교육
훈련을 실시해야 하며, 정보수집 및 처리기구와 정책전담기구 등을 설치 및 운영
할 필요가 있다.

소수의 선진국들에 의해 주도되는 세계화 정책이 다수의 개별 국가들에게는
힘겨운 도전적인 환경으로 다가옴으로써 그것에 대처하기 위한 새로운 정책들이
개발·추진되고 있다. 특히, 국제사회가 세계화의 물결에 합류하면서 국내적으로
는 세계화에 부응 및 대응하기 위해 지방화와 개방화에 박차를 가하고 있다. 따라

서 중앙 및 지방 정부의 세계화에 대한 적극적이고 체계적인 정책적 대응이 그 어느 때보다도 절실히 요구되고 있다. 이처럼 정책변화가 환경변화를 가져오고, 변화된 환경에 대응하기 위한 새로운 정책들이 개발되는 소위 '정책변화와 환경변화의 순환과정' 속에서 정부의 기능과 인간의 삶은 지속적으로 불가분의 관계를 유지하고 있으며, 과거에 비해 오늘날은 정책이 환경에 미치는 영향이 점차 증대되고 있다. 정책을 인간의 의도된 행동계획이라고 볼 때 인간의 무한하고 다양한 욕구가 존재하는 한 정책으로 인한 환경변화는 부단히 진행될 것이다. 지금 이 순간에도 정부의 정책적 대응을 요구하는 사회적 욕구들은 끊임없이 생성되어 정부로 투입되고 있기 때문이다.

03 ‹‹‹ Notes

1 이종수, "정책체제의 특성을 기준으로 살펴본 한국 정책 60년,"「한국정치학회·한국행 정학회 2008년도 합동 기획세미나」(2008. 9), pp. 203-232.

2 이는 다양한 기능을 수행하는 단위가 구성요소들 사이에 조직된 관계를 의미하는 그리 스어 'systema'에서 유래한다(한국교육심리학회, 「교육심리학용어사전」, 학지사, 2001).

3 자세한 내용은 서울대학교 교육연구소, 「교육학용어사전」(하우동설, 2011), 한국교육 심리학회, 「교육심리학용어사전」(학지사, 2000); 이철수, 「사회복지학사전」(Blue Fish, 2009); 이태규, 「군사용어사전」(일월서각, 2012) 등에서 찾아 볼 수 있다.

4 부수적인 효과(side effect) 외에도 역효과(by-effect)도 있을 수 있다.

5 이외에도 정치체제의 구조나 운영방법 자체를 변경시키기 위한 투입도 있는데 Lowi가 말한 구성정책이 이것이다.

6 정치체제의 여러 가지 특성이 그 체제가 위치하고 있는 사회의 여러 가지 특성에 의하 여 좌우된다는 것은 틀림없는 사실이다. 그러나 정치환경의 어떤 부분이 구체적으로 정 치체제의 어떠한 특성을 초래하는지에 대한 체계적인 연구는 그렇게 많지 않다.

7 박상호, "SNS의 여론형성과정과 참여행태에 관한 고찰,"「한국언론정보학보」, 제58권 제2 호 (2011), pp. 55-73.

8 강원택, 「한국의 선거정치: 이념, 지역, 세대와 미디어」(서울: 푸른길, 2003), p. 403.

9 헤게모니는 연맹 등 사이에서의 주도권, 맹주권 혹은 일반적으로 지도권(우위, 지배, 패 권) 등을 일컫는 말이다.

제 4 장

정책과정과 정책참여자

▶▶ 제 1 편 정책의 본질

제 1 절   정책과정의 의미와 성격

Ⅰ. 정책과정의 의미

　　정책이란 정부의 정책결정체제 내외로부터 제기된 기존 혹은 예측되는 문제를 해결하기 위한 정부의 활동지침이다. 사회문제가 정책체제로 투입되어 정책으로 결정되고 집행을 거쳐 의도된 목적을 달성하기까지는 복잡하고 다양한 절차를 거치게 되는데, 이와 관련된 모든 단계의 전반을 정책과정이라고 한다. 다시 말하자면, 정책은 문제의 발생단계에서부터 정책의제의 채택을 거쳐 정책의 결정과 집행, 집행과정 및 결과에 대한 평가, 평가결과의 환류 등과 같은 일련의 복잡하고 동태적인 과정을 거치는데, 이러한 일련의 연속적인 순환과정을 정책과정이라고 하는 것이다. 현실적으로 하나의 정책이 출발에서부터 결과에 이르기까지 밟게 되는 단계는 그렇게 간단하거나 식별이 용이한 것이 아니며 전후가 분명한 순

- 65 -

차적 과정을 거치는 것도 아니다. 정책과정은 그 정책의 유형이나 내용에 따라서
또는 참여자나 환경적 여건에 따라서도 상당히 달라질 수 있다. 이처럼 정책과정
은 개별 정책에 따라 그 과정의 양상도 현저하게 달라질 뿐 아니라 그 내용이나
성격도 달라질 수 있는 것이다.

II. 정책과정의 유형

정책과정은 여러 가지 성격을 내포하고 있어 그 내용 및 실체를 명확히 파악
하기가 매우 어렵다. 따라서 정책과정을 파악하는 학자들의 견해는 극히 다양하
며 합일점을 찾지 못하고 있는 것이 현실이다. 그럼에도 불구하고 현실에서 나타
나는 정책과정의 실제를 보다 정확하게 분석하고 이를 논리적으로 설명하며 미래
에 대한 발전적 정책연구를 위해 정책과정을 보다 체계적으로 검토할 필요가 있
다. 여러 학자들이 제시하고 있는 정책과정의 내용들을 모두 열거하여 설명할 수
는 없으나, 관련 자료에서 자주 언급되는 학자들이 제시한 정책과정의 모형들을
간략히 소개하면 다음과 같다.

Dror는 상위정책결정단계(meta-policy making stage), 정책결정단계(policy making
stage), 정책결정이후단계(post-policy making stage)로 구분하고 이를 다시 세분하여
모두 18단계의 과정으로 파악하고 있다.[1] Anderson은 정책과정을 분석적으로 구분
할 수 있는 몇 개의 기능적 활동카테고리로 파악하여, 문제인지와 의제설정, 정책
형성, 정책채택, 정책집행, 정책평가의 5단계로 구분하고 있다.[2] Dye의 경우는 문
제의 인지, 의제설정, 정책형성, 정책의 합법화, 정책집행, 정책의 평가 등의 6가지
과정으로 제시하고 있고,[3] Hogwood & Peters는 의제설정, 정책형성, 합법화, 조직
화, 집행, 평가, 종결 등의 7단계 과정으로 파악하고 있다.[4] 그리고 Palumbo는 의제
설정, 정책결정, 정책집행, 정책평가, 정책종결 등의 5단계 과정으로 보고 있다.[5] 특
히, Jones는 문제의 인지와 정의, 결합, 조직화, 대표, 의제설정, 정책결정, 합법화,
예산배정, 정책집행 평가와 조정, 종결 등의 11단계의 과정으로 파악하였다.[6]

한편, 국내학자들의 경우도 정책과정에 대한 인식이 다양하여 각각 다르게

제시하지만, 대체적으로 정책의제형성, 정책결정, 정책집행, 정책평가 등의 4단계 과정으로 이해하고 있다. 정책종결의 경우 중요한 정책과정의 하나인 것만은 사실이나 모든 정책이 정책종결의 과정을 거치는 것은 아니기 때문에 대부분 과정 구분에서는 이를 제외시키고 있다.

정책과정에 대한 이처럼 다양한 모형들은, 첫째 정책결정과정까지의 일련의 활동들을 정책의 형성과정과 정책결정과정의 구분여부에 따라 다르게 표현하고 있으며, 둘째 정책결정과정을 보다 더 세분하고 있느냐 아니면 크게 통합해서 파악하느냐에 따라 다르고, 셋째 정책종결을 따로 독립된 과정으로 분류하느냐 않느냐에 따라 다르게 제시되고 있다. 따라서 이를 모형들 간에는 근본적인 관점이나 시각의 차이가 있는 것은 아니라고 하겠다. 특히 국내학자들의 경우, 외국학자들에 비해 정책과정을 파악하는 관점이 상당히 유사하여 견해의 차이를 좁히고

그림 4-1	정책과정

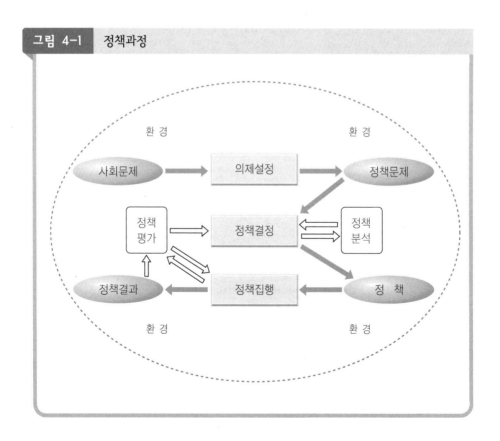

있다. 최근 국내외 많은 학자들이 구분하고 있는 4단계, 즉 정책의제형성, 정책결정, 정책집행, 그리고 정책평가를 기본 정책과정으로 설정하고 여기에 정책종결단계를 덧붙여 단계별 내용을 살펴보기로 한다. 정책과정을 정책활동과 투입 및 산출의 관계에서 도식화하면 〈그림 4-1〉과 같다.

1. 정책의제설정

정책의제설정(policy agenda setting)이란 수많은 사회문제들 가운데 특정 문제들이 정부의 정책적 조치를 필요로 하는데, 정부의 관심대상으로 부각된 사회문제 가운데 정책체제의 정책적 고려 대상으로 선정 혹은 채택하는 일련의 활동을 의미한다. 정책의제설정은 정책과정 중에서 가장 첫 번째 단계이며, 정치와 정부의 정책체제가 접합되는 연결점이다. 특히 정책의제설정은 사회문제의 정책화를 요구하며 그 문제를 주도해 나가는 주체가 다름에 따라 그 과정의 양상도 현저하게 달라진다. 민간이 주도집단인 민간주도형의 의제설정은 문제의 제기, 사회문제화, 사회논제화, 공중의제화, 공식의제화 등의 하위과정을 거치는 반면, 관료가 주도집단인 정부주도형 의제설정은 정책제안, 공식의제 채택, 의제의 확산, 공중의제형성, 의제확정 등의 하위과정으로 진행된다. 요컨대 의제형성은 다양한 사회문제들이 정부의 정책적 조치에 의해 처리 또는 해결되기를 요구하면서 정책체제로 투입되어 가는 과정을 의미한다.

2. 정책결정

정책결정(policy making)이란 정책의제형성에 의해 채택된 정책문제를 진단하고 문제해결에 적합한 대안을 탐색하여 최적의 대안을 정책으로 채택하는 일련의 활동을 의미한다. 이 단계는 공식 및 비공식의 참여자와 다양한 압력주체들이 상호 영향을 주고받는 매우 동태적 과정이며 정치권력의 영향력이 함께 작용하는 정치적 과정이기도 한다. 또한 이해관계를 달리하는 수많은 개인 및 집단들이 보다 자기들에게 유리하게 정책이 결정될 수 있도록 갖가지 전략과 수단을 동원하는 경쟁과 타협의 속성도 나타난다. 정책결정은 문제의 정의, 정책목표의 설정,

정책대안의 탐색, 정책대안의 결과예측, 대안의 비교 및 평가, 대안의 선택 등의
하위과정으로 구분된다.

3. 정책집행

정책집행(policy implementation)이란 정책체제가 결정한 정책을 관련 집행기관
이 구체화하여 현실에 실현시키는 활동을 뜻한다. 이 활동은 준비단계와 실행단
계로 구분될 수 있는데, 준비단계에서는 집행계획의 수립, 집행담당조직의 구성,
인사 및 예산의 배정, 기타 관련 자원을 확보하며, 실행단계에서는 주어진 자원을
활용하여 수립된 집행계획에 따라 정책내용을 실천으로 옮기게 된다. 한편 정책
집행이 정규화된 집행과정과 비정규화된 집행과정으로 분류되기도 하는데, 정규
화된 과정은 행정관리적 집행과정으로 그리고 비정규화된 과정은 일종의 정치과
정으로 파악되고 있다. 집행과정 역시 집행담당자와 다양한 이해관계자들, 그리
고 편익수혜집단과 비용부담집단들 간의 경쟁과 대립 그리고 타협과 조정이 활발
히 전개되는 동태적 과정이다.

4. 정책평가

정책평가(policy evaluation)란 개인이나 집단 혹은 정부의 기관이, 정책의 내용
을 포함하여 정책의 형성과정과 집행과정은 물론 집행결과로 나타난 정책의 성과
등을 탐지하고, 일정한 평가기준에 따라 검토 및 평가하며 시정조치를 취해 나가
는 일련의 활동을 의미한다. 정책평가는 평가주체에 따라 내부평가와 외부평가로
구분되기도 하는데, 평가의 대상, 시점, 방법, 횟수 등 분류기준에 따라 다양하게
유형화되어 제시된다. 각각의 평가유형은 분류기준에 차이가 있을 뿐 그 세부과
정에는 큰 차이가 없으며, 정책평가는 대체로 정보자료의 수집, 평가기준설정, 평
가 및 시정조치, 환류 등의 과정으로 이루어진다.

5. 정책종결

정책종결(policy termination)이란 정책집행을 통해 정책목표를 달성함으로써 지금까지 추진해 오던 정책의 집행을 종료시키는 것을 말한다. 물론 정책을 종결시키는 것이 반드시 정책목표를 달성했기 때문에 종결하는 것은 아니다. 경우에 따라서는 정책목표가 달성되지 않아도 종결시키는 경우가 있는가 하면, 목표가 달성되었거나 목표달성이 불가능함에도 종결시키지 않고 계속 추진되는 경우도 있다. 정책종결 역시 정책당국은 물론 기존 정책과 관련된 수많은 이해관계자들이 찬성과 반대를 통해 복잡하게 얽히는 동태적이고 매우 정치적인 과정이다. 따라서 종결을 추진하는 정책당국은 사전에 종결에 필요한 전략과 수단을 면밀하게 준비해야 한다.

III. 정책과정의 특성

정책과정은 사회문제의 정책의제채택으로부터 발단되어 정책결정, 정책집행, 정책평가 등으로 연결되어 상호작용하는 매우 복잡하고 동태적인 과정이다. 따라서 정책과정은 그 의미나 성격을 일원적으로 규정하기 어려운 매우 다양하고 역동적이며 가변적인 속성을 지니고 있다. 그럼에도 불구하고 정책과정의 대표적인 특성으로 다음과 같이 제시할 수 있다.

1. 동태성

정책과정은 그 시작과 더불어 끝이 명확하지 않고 경계도 불확실한 지극히 복잡한 과정이며, 수많은 이해관계자와 제도, 절차, 규범, 여건 등이 함께 어우러져 작용한다는 점에서 동태성, 불확실성, 복잡성, 다양성 등으로 특징될 수 있다. 외교정책, 국방정책, 교육정책, 복지정책 등 정책의 유형에 따라 특징을 달리하는 정책과정이 전개되기도 한다. 또한 동일 유형의 정책이라고 하더라도 정책의 내용이나 정책체계의 이념, 구조 등 체제의 성격에 따라서도 정책과정이 달라질 수 있는 것이다.

2. 순환성

정책형성, 정책집행, 정책평가 등 정책과정의 여러 단계들이 단일방향의 순차적 과정이라기보다는, 각 단계가 상호 영향을 주고받는 순환적 관계에 있다. 즉 정책과정이 정책형성, 정책집행, 정책평가 등과 같이 순서적으로 진행되는 과정이 아니라는 것이다. 정책형성과정에서는 이미 집행과정의 문제점을 예상함으로써, 그리고 집행과정에서는 정책형성과정의 의도와 뜻을 이해함으로써 상호 영향을 주고받으며, 집행과정에서 정책의 수정이나 변경을 통해 정책의 재결정이 불가피한 경우도 있다. 또한 집행과정은 평가과정에 그 대상을 제공하며, 평가의 방법이나 유형에 따라 정책집행의 내용이나 형태에 영향을 미치게 된다. 이처럼 정책과정의 각 단계는 상호 영향을 주고받으면서 순환관계에 있는 것이다.

3. 정치성

정책 자체가 지니는 정치적 속성으로 인하여 정책과정 또한 정치성을 면할 수 없다. 정책은 종종 정책문제의 내용에 부응해서 결정되기보다는 여러 세력 간의 정치적 타협(political compromise)에 의해 결정되는 경우가 많다. 대체적으로 정책결정에 참여하는 자들은 해당 정책문제의 당사자로서 고통을 받고 있는 자들이 아니라 그 문제와는 상대적으로 독립적인 제3자의 위치에 있는 자들이 많다. 또한 정책결정과정에 대한 이익집단들의 정치적 압력과 영향력의 작용 등은 해당 문제의 내용이나 당사자들의 기대와는 동떨어진 정책을 산출해 내는 결과를 초래하기도 한다. 뿐만 아니라 경쟁적 이해관계의 당사자들은 정책집행이나 평가과정에까지 개입함으로써 정책과정은 정치활동의 무대와 같은 정치적 성격을 갖게 되는 것이다.

4. 시간성

정책과정에는 언제나 시간성 차원이 중요한 요소로 작용한다. 정책의제의 채택은 물론이고 정책결정에 있어서도 시간이 경과함에 따라 정책문제의 내용이 바뀌기도 하고 우선순위도 바뀔 수 있으며 새로운 대안도 개발될 수 있는 것이다. 그리고 어떠한 정책이 결정되었다고 하더라도 시간이 경과함에 따라 정책의 수정이나 변경이 불가피한 경우가 있으며 정책이 집행과정에서 중단되는 경우도 있다. 다시 말하자면, 정책은 시간적 선후나 경과에 따라 정책결정자나 대중의 관심도가 다르며 문제 자체의 심각성 정도에도 변화가 나타나게 된다. 문제에 따라서는 시간이 경과함에 따라 더욱 악화되거나 반대로 저절로 해결되어 버리는 경우도 있는 것이다.

제2절   정책과정의 참여자

정책은 국민생활의 모든 영역에 영향을 미치며 삶의 방향까지 바꾸어 놓게 된다. 따라서 국민은 누구나 자신의 이익이나 요구를 관철시키기 위해 정책과정에 참여하고자 하며, 민주정치 하에서는 그것이 당연하고 바람직한 것으로 인식되고 있다. 그러나 정책과정에 누가 참여하느냐에 따라 정책의 내용이 달라질 수도 있기 때문에 참여자의 문제는 가볍게 다룰 수 없는 중요한 사항인 것이다.

일반적으로 정책과정에 참여하는 자들은 결정권을 가진 자들 또는 법적 자격을 가진 공식적 참여자들과 그렇지 않은 비공식적 임의적 참여자들로 구분될 수 있다. 전자의 예로는 대통령, 국무총리, 장·차관, 고급공무원, 그리고 국회의원 및 사법기관의 법관 등을 들 수 있고, 후자의 예로는 정당, 이익집단, 시민단체, 전문가, 학자, 언론기관, 일반국민, 이해관계가 있는 기타 개인 및 집단 등을 들 수 있다. 정책은 이들 참여자들이 지닌 가치관, 개성, 지식, 기술, 정보 등의 성격 및 내용에 따라 현격하게 달리 결정이 될 수도 있다. 따라서 정책과정에 참여하는 자들에 대한 사전 교육과 이들의 사회적 책임을 강조하고 인식하도록 하는 노력이 필수적이라 하겠다.

Ⅰ. 공식적 참여자

정책과정에의 공식적 참여자란 정책의제형성에서부터 정책결정, 정책집행 등에 공식적이고 제도적인 권한을 가지고 참여할 수 있는 기관이나 사람들을 의미한다. 즉 대통령과 행정수반, 장관과 차관 등의 정무관, 고급공무원, 국회의원 등은 물론 법원도 여기에 해당된다.

1. 대통령

대통령중심제에서의 대통령은 행정부 수반으로서의 지위와 국가원수로서의 지위를 동시에 지닌다. 한편 내각책임제 하에서는 행정수반으로서의 지위는 수상에 속하고 국가원수로서의 지위는 대통령 또는 국왕에 속한다. 행정수반으로서 대통령이 지니는 권한은 크게 정책결정에 관한 권한, 정책집행에 관한 권한으로 나눌 수 있다. 정책결정에 대한 권한에는 법률을 거부하거나 정책안을 국회에 제안하는 권한과 국회의 의결을 요하지 않는 정책을 결정하는 권한으로 나눌 수 있다. 그리고 정책집행을 위하여 대통령은 행정수반으로서 행정기관을 지휘하며 모든 정책의 집행을 감독하여야 하는 권한과 책임을 지니고 있다. 또한 국가긴급 또는 위기 시에 대통령은 국군통수권을 장악하고 외교·국방정책의 결정 및 집행에서 의회의 견제를 받지 않는 상당한 특권을 지니고 있으며, 국가적 위기의 관리를 담당할 책임과 이에 따르는 비상대권을 가지고 있다. 근래 국제사회의 환경이 격변하고 갈등과 위기가 상존함에 따라 국가보위와 발전을 위한 국가원수로서의 대통령과 행정수반의 정책결정과 집행에 관한 지위와 권한은 점차 확대되고 있다.

동일한 대통령중심제라 하더라도 정책과정에서 나타나는 대통령의 역할은 국가 간에 상당한 차이가 난다. 미국과 같은 경우를 들어보면 정책의제설정에서는 대통령의 역할이 중시되고 있으며 정책결정에서는 정책의 유형에 따라 대통령의 역할이 많이 달라진다. 즉 외교국방정책과 같은 위기 시의 정책은 대통령이 결정적인 역할을 하게 되지만 국내정책의 경우에는 대통령의 역할이 비교적 약한 편이다. 정책집행과정에서의 대통령의 역할도 미국에서는 크게 제약을 받고 있다. 한편 우리나라의 경우는 정책의제설정에서부터 정책집행에 이르기까지 대통령이 강력한 영향력을 미치고 있다. 정책의제설정에 있어서도 정치권력의 핵심으로서 대통령이 압도적인 영향력을 행사하며, 특히 정책결정에서 대통령이 가장 강력한 힘을 발휘한다. 이와 같이 강력한 대통령이 정책과정을 지배하게 되면, 일관성 있고 혁신적인 정책을 결정할 수 있고 일단 결정된 정책은 강력하게 집행할 수 있는 반면, 정책과정이 비민주적이고 비타협적이 되어 불합리하고 무모한 정책이 등장할 수도 있다.

2. 정무관

정책과정의 공식적 참여자로서 정책결정에서 최종의 권한을 갖는 사람들은 정부의 정무관들이다. 정무관은 보통의 경우 정책에 대한 정치적 책임을 지는 장·차관을 의미하나, 실질적으로는 대통령, 국무위원, 장·차관을 비롯한 고위직공무원을 포함하는 것으로 볼 수가 있다. 수많은 정부의 활동과 업무에 대하여 기본지침이 되는 주요 정책결정은 이들 정무관의 가장 중요한 임무이며 그 결과에 대한 정치·행정적 책임을 져야 하기 때문에 진지한 노력과 충분한 검토가 이루어져야 한다. 경우에 따라서는 대통령이나 국무총리가 직접 참여할 수 없는 정책결정도 있을 수 있으나, 이 경우에도 실질적으로는 고위공무원들의 임명권을 통하여 간접적인 영향을 미치게 된다.

정책결정의 합리성을 높이기 위해서는 정무관이 정책에 대한 전문지식을 가지고 그것을 충분히 연구·검토한 고급공무원들의 참여와 정책건의를 가능하도록 하여야 한다. 일반적으로 정무관들은 고급공무원들 보다 전문성은 떨어지나 정책문제에 관한 인식과 그 문제에 대한 연구 지시 또는 개략적인 해결 방향을 제시해야 한다. 또한 정무관들은 고급공무원들에 의해 건의된 여러 대안들 중에서 최종적으로 최적의 대안을 선택하여야 한다. 특히 정무관의 역할로 중시되는 것은 행정관인 고급공무원들이 상관들의 의도나 관료상호 간의 눈치만 살피지 않고 합리적이고 전문적인 정책건의를 할 수 있도록 분위기를 조성하는 것이다.

이와 같은 역할을 수행하기 위하여 정무관은 다양한 능력과 자질을 갖추어야 한다. 보다 구체적으로 제시하자면, 고도의 정치적 판단력과 창의력 및 직관, 타인의 의견을 광범하게 경청하고 정책결정에 부하의 참여를 권장하는 태도, 새로운 정책제안을 가능케 하는 쇄신적 분위기의 조성능력, 정책추진에 대한 적극성과 성실성 그리고 책임성, 불확실성을 극복할 수 있는 미래예측능력, 복잡한 상황을 분석·정리하고 이를 체계화할 수 있는 능력 등이 요구된다.

3. 고급공무원

정책과정의 공식적인 참여자로서 행정부에는 정무관 이외에 고급공무원을 들 수가 있다. 흔히 고급공무원들을 장·차관으로 이해하는데, 이는 옳지 않으며 원칙적으로는 '전문지식을 가진 것으로 간주되고 법령에 의하여 임용된 직업공무원'을 의미한다. 따라서 각 부처의 5급 이상 2급까지의 직업공무원이 고급공무원에 해당된다. 그러므로 직업공무원의 핵심체가 되는 이들 고급공무원들은 정책에 관한 경험이나 전문지식을 가지고 정보 및 자료를 수집하여 분석하고 정책대안을 탐색 및 개발하는 등의 활동을 통해 정책결정은 물론 정책집행을 지휘 감독하는 등 정책과정에 광범하게 관여하고 있다.

그러나 우리나라에서 중간관리층을 형성하는 이들 고급공무원들이 여전히 정책문제에 대한 전문성이나 경험이 낮은 수준에 머물고 있기 때문에 정책과정의 합리성을 높이는데 충분히 기여하지 못하고 있으며, 그 결과 정무관이나 외부참여자들의 취약성을 보충하지 못하고 있다. 특히, 이들 고급공무원들은 담당직책이 빈번히 바뀌고 있으며 어떤 특정 직책에 있더라도 시간을 다투는 과중한 업무량에 시달리고 있기 때문에 합리적인 정책활동에 주력하기가 어려운 실정이다. 따라서 고급공무원들의 정책관련 지식과 문제해결 능력의 강화를 위한 지속적이고 체계적인 교육과 훈련이 절실히 요구된다.

고급공무원은 정책과정에서 정무관을 보좌할 뿐만 아니라 보다 중요한 것은 사회적으로 대립 또는 경합되는 여러 가지 이해를 조정하고 궁극적으로는 공익에 합치되도록 수렴할 수 있는 능력을 갖추어야 한다. 이처럼 고급공무원의 정책과정 참여는 그 의미가 크지만, 이들에 대한 효과적인 통제장치가 확립되지 못하거나 스스로의 책임성과 윤리성을 확보하지 못할 때는 오히려 이들로 인하여 국민의 의사가 왜곡되거나 무시될 위험성도 있다.

4. 국회의원

국회의원이 정책과정에 참여하는 것은 선거에 의해 선출된 국민의 대표이므로 정책문제의 해결에 이해당사자인 국민의 민의를 가장 충실히 반영할 수 있다는 논리에 따른 것이다. 국회의원은 국민의 요구나 각종 사회문제, 그리고 선거과정에서 제시한 공약을 의회 내의 법률제정이나 정책결정에 참여함으로써 수행하게 된다. 이처럼 국회의원은 입법활동이나 정책결정과정에 참여하여 민의를 반영하고 정책에 영향을 미칠 수는 있으나 독자적인 정책결정권은 없다.

국회의원의 정책과정 참여나 민의의 반영정도는 기본적으로 그 나라의 정치와 행정 등의 발전 정도에 따라 다르게 나타난다. 이러한 측면에서 우리나라의 국회의원이 선진제국에 비해 정책과정에의 참여나 민의의 반영기능 등이 상대적으로 저조한 실정이다. 학자들의 시각에 따라 다를 수 있지만, 대략 다음과 같은 몇 가지 원인들 때문이라고 하겠다. 의원들의 정치적인 경험이 많지 않으며 민의의 대변자적 역할인지가 잘못되고 있다는 점, 여야를 불문하고 의원후보로 출마하기 위해서는 정당의 공천이 필요요건이며 따라서 민의보다는 정당의 방침을 우선시 한다는 점, 정치자금 조달의 경로가 행정부에 의해 제약되어 있기 때문에 행정부와 정면충돌을 기피한다는 점, 의원 자신이 정책문제에 대한 전문성을 확보하지 못하고 있을 뿐 아니라 일단 선거에서 당선만 되면 유권자를 의식하기보다는 자신의 정치생명의 유지나 정치적인 출세에 지나치게 치중한다는 점 등을 들 수 있다.

5. 법 원

법원은 다른 공식적 참여자들에 비해 덜 활발하지만 그럼에도 불구하고 정책과정에 중요한 참여자로 역할을 수행한다. 법원은 그 성격상 재판이 전제가 된 사항에 대하여 판결로 행위를 나타냄으로써 정책결정보다는 주로 집행과정에 많이 참여하게 된다. 그러나 외국인의 귀화절차나 기업의 파산절차 또는 이혼과 가족관계에 관련된 각종 법률 관련 정책결정에는 직·간접적으로 참여하기도 한다. 특히 우리나라의 경우 정치적 갈등을 겪을 때 헌법재판소나 대법원의 판결로 문제해결의 가닥을 잡게 된다는 점에서 정책결정기능을 수행한다고 보아야 할 것이다.

이처럼 헌법재판소를 포함하여 법원은 재판을 통하여 정책결정은 물론 정책집행에 참여하기도 한다. 여기서 재판이란 법규의 적용에 대해 개인이나 집단 간에 분쟁이 발생하였을 경우, 이들 분쟁 당사자로부터 제기된 소송을 전제로 그 소송에 대해 법원이 내리는 가부나 처분 등의 판결을 말한다. 법원에 대한 소송은 주체에 따라 민사소송, 형사소송, 행정소송, 헌법소송 등으로 구분된다. 특히 헌법소송의 경우, 헌법재판소는 위헌법률심사, 탄핵결정, 정당해산결정, 기관간 권한쟁의심사, 헌법소원심사 등을 통해 재판으로서 중앙정부의 정책과정에 참여하고 있다.

6. 지방정부

지방자치가 실시됨에 따라 중앙정부의 주요 정책과정에 지방정부의 참여가 점차 활발해지고 있다. 과거 중앙집권적 행정제도 하에서는 중앙정부가 정책을 결정하면 지방행정기관은 수동적으로 집행만 담당하였다. 그러나 지방자치제 하에서는 자치단체를 운영하는 지방정부의 요구와 주장이 중앙정부의 각종 정책결정에 투입되고 있으며, 지방정부의 이와 같은 정책참여는 앞으로 다양화되고 점차 확대될 것이다. 특히 선거 시에는 지방정부들이 자신들의 요구가 선거공약 및 중앙정부의 정책으로 채택되도록 노력하고 있다.

한편, 아직도 중앙정부는 지방자치사무에 대해서까지 일일이 간섭하고 있고, 지방정부의 공무원들은 지역주민들의 요구보다는 중앙정부의 지시와 명령에 더욱 민감하게 반응하고 있다. 고시출신 고위공무원들의 친중앙집권적 성향과 지방자치에 대한 부정적 편견 및 지역사정에 대한 이해부족, 그리고 수도권집중억제정책을 완화하려는 중앙정부의 방침에 대한 전국 지방정부의 반대 등과 같은 근래의 현상들은 지방자치단체의 정책과정 참여에 대해 많은 의미를 시사해 주고 있다. 중앙집권의 수준, 계층간 격차, 중앙과 지방간의 격차, 관료의 부정부패 등이 여전히 높은 수준을 점하고 있는 우리나라의 경우 중앙정부에 대한 지방정부의 정책요구와 참여욕구는 사회경제적 및 정치행정적 발전과 더불어 점차 강화될 것으로 예견된다.

II. 비공식적 참여자

정책과정의 비공식적 참여자란 정책의제설이나 정책결정 그리고 정책집행과정 등에 공식적으로 참여할 수 있는 제도적 권한은 없지만, 해당 정책과 이해관계를 가지거나 성격상 정부정책결정과정에 영향력을 행사할 수 있는 지위에 있거나 혹은 의도적으로 영향력을 행사하기 위하여 정책과정에 간접적으로 참여하는 사람이나 기관을 의미한다.

1. 정 당

현대의 대의민주정치제도 하에서 정당은 국민에 대한 정치교육을 담당하고 사회의 여론을 형성 및 조직화하며 선거를 통해 정치지도자를 양성하고 선택할 뿐만 아니라 정권획득을 통하여 정부를 조직하는 등 다양한 기능을 수행한다. 정당의 궁극적인 목표는 선거를 통하여 정권을 장악하는데 있으며, 이를 위해서는 선거에서의 정책대결이 불가피하게 된다. 따라서 정당은 국민의 정치적 요구를 정책대안으로 제시하여 정부의 정책으로 채택하도록 정치적 협상을 벌이는 동시에 정부의 정책결정체제에 다양한 영향력을 행사한다. 우선, 정당은 국민사회의 다양한 요구와 주장을 결집하여 그것을 정부의 정책의제로 채택되도록 활동하는 이익결집기능 뿐만 아니라 자체의 요구와 주장을 정부에 직접 투입하는 이익표명 기능을 수행한다.

또한 정당은 정책결정과정에서도 상당한 역할을 한다. 원칙적으로 정책결정은 공식적인 정부의 기관인 국회, 대통령, 행정부가 담당하지만 실질적으로 정당이 큰 역할을 하고 있다. 물론 여당과 야당 간에 그 영향력의 대소 차이는 분명하지만, 국회의석이 여소야대의 상황인 경우에는 오히려 야당의 역할이 현저히 강력해진다. 선거과정에서 제안된 정책대안은 해당 정당이 집권당이 되었을 경우에는 바로 정책으로 구체화되거나 수정 또는 보완되어 정책으로 결정되는 경우가 많다. 비단 선거에서 공식적으로 제시된 것이 아니더라도 집권당은 국민의 정치적 지지를 확보하기 위하여 평소에도 당의 방침에 따라 정책대안을 선정하고 이를 국회에 제출하여 법률로 가결하거나 행정부에 제시하여 정책화하도록 함으로써 정책결정에 실질적인 영향력을 행사한다.

정당은 정책의 집행과정이나 정책평가에도 영향력을 행사할 수 있다. 우선 집권정당은 정책집행을 자신들이 원하는 방향으로 추진되도록 행정부의 정책집행담당자들에게 영향력을 행사한다. 한편 야당은 주로 정책에 대한 비판적 평가나 집행과정에서의 실패나 오류 또는 행정의 부정부패 등을 지적하고 비판함으로써 정책과정에 개입한다. 정책과정에서 야당의 가장 중요한 기능은 비판, 통제, 감시기능이며, 정부정책에 대한 야당의 정치적 평가에 따라 정책과정의 수정은 물론 정책내용까지 수정이 이루어지기도 한다.

한편, 정당의 정책결정에 대한 역할은 정치체제의 성격에 따라 달라진다. 일당독재체제에서는 행정부에 대하여 독재정당의 결정이 곧 정부의 결정이 되므로 당의 정책결정기능은 매우 강하다. 또한 일당독재가 아니라도 내각책임제를 채택하는 국가에서는 집권당의 결정을 내각에서 그대로 받아들이는 것이 보통이므로 당의 영향력은 상당히 강력하다. 그러나 철저한 삼권분립에 의한 대통령중심제를 채택하고 있는 국가에서는 물론, 소수의 강력한 지도자가 삼권분립의 상위에서 영도적 지도를 행하고 있는 개발도상국, 그리고 정당제도가 제대로 정착하지 못한 후진국 등에서는 정당의 정책결정에 대한 영향력은 제한적일 수밖에 없다.

2. 이익집단

특정 사회문제에 대하여 직·간접적인 이해관계 및 관심을 공유하는 사람들이 자발적으로 결집된 이익집단은 특정 국가의 정치체제나 정치문화의 특징과 국가발전의 정도에 따라 수, 성격, 기능 등이 다르겠지만, 오늘날 민주주의 사회에서는 실질적으로 정책결정과정에 중요한 역할을 담당하고 있다. 그러나 이익집단이 정책결정에 참여한다고 해도 공식적인 결정권이나 법적 권한을 지니고 참여하는 것이 아니므로 정책과정에 영향력을 행사하는 압력단체인 비공식적 참여자에 해당한다. 이익집단이 정책결정에 참여해야 하는 주요 이유는, 정책결정과정에서 이해관계 및 관심사항에 관한 의견을 제시함으로써 정책결정자로 하여금 정책문제에 관한 보다 정확한 실정을 파악 및 조정할 수 있도록 하며, 궁극적으로 보다 실현가능성이 있는 합리적인 정책수립을 가능케 한다는 점과 국민들의 입장에서는 그들의 의견이 정책에 반영됨으로써 정부에 대한 강한 일체감을 가질 수 있고 나아가 책임있는 정부를 만들 수 있다는 점 등을 들 수 있다.

공식적 정책결정자라고 하더라도 그들 자신의 관심이나 이해관계만으로 정책을 결정하는 것은 아니며 공식적 결정권을 가지고 있지 않는 사람들의 요구나 주장도 정책결정에 중요한 영향을 미치게 되는 것이다. 따라서 특정 문제에 관해 이해관계나 관심을 가진 이익집단들이 정부의 정책결정과정에 투입하는 각종의 요구나 주장, 지지나 반대들은 공식적 정책결정권을 갖는 사람들의 결정행위에 상당한 영향을 주게 된다. 이익집단이 특정 문제에 대한 이익표출을 통해 정책결정에 영향력을 행사하고자 할 때 그 영향력은 여러 변수의 유형과 내용에 따라 다르게 나타난다. 대표적 변수로는, 이익집단의 구성원 수와 구성원의 분포범위, 집단이 가진 재정적 능력과 각종 자원의 규모, 집단의 응집성과 조직력, 지도자의 능력과 사회적인 능력과 사회적 지위 그리고 조직에의 열성도, 경쟁집단의 규모 및 유무, 집단에 대한 관료의 태도, 정책결정체제에의 접근가능성 및 용이성의 정도 등을 들 수 있다.[7]

행정국가화의 심화와 함께 정부의 주요한 정책결정기능을 행정부가 수행하고 사회변동에 대한 다각적인 대응조치 또한 행정부가 담당함에 따라 이익집단의 주요 활동대상도 점차 입법부로부터 행정부로 옮겨가고 있다. 그 결과 프랑스, 영국, 한국 등은 행정부가 압력활동의 주요대상이 되고 있으며, 일본은 정당이 주요 대상이 되고 있지만 미국에서는 여전히 입법부가 주요대상이 되고 있다. 물론 이러한 이익집단의 활동이 가장 활발한 국가들은 다원적 민주제도를 발전시켜온 미국과 서구의 선진국가들이라고 할 수 있으며 발전도상국에서는 여전히 그 활동이 미약한 실정이다.

3. 전문가와 지식인

국가적 차원에서 해결되어야 하는 각종 사회문제의 복잡성과 그에 따른 전문적 분석 및 대응의 필요성이 급격하게 심화되고 정책결정의 중요성이 증대됨에 따라 사회 각 분야의 전문가와 지식인들의 정책과 관련한 영향력이 강화되고 있다. 즉 이들은 기존 정부정책에 대한 비판과 평가를 통해서 뿐 아니라, 제기된 문제에 대한 분석결과나 정책대안을 제시하고, 때로는 정부에 의해 외면당한 문제나 사람들의 관심에서 멀어진 문제들을 새로이 검토하여 그 심각성을 지적 또는 경고하기도 한다. 또한 이들은 전문지식을 근거로 문제해결을 위한 정책대안을 제시하고 정책으로 추진될 경우에 나타날 결과를 예측하기도 한다.

우리나라의 경우, 행정관료가 아닌 외부전문가로서 정책결정에 영향을 미치는 전문가나 지식인은 연구기관에 종사하는 전문분야 연구원, 대학교수 등 학자들이다. 최근에는 중앙정부와 지방정부에서 자문위원 내지 각종 위원회위원으로 학자와 전문가들을 참여시키고 있다. 이처럼 전문가와 지식인들을 정책결정을 비롯한 정책과정에 참여시키는 이유는 정책에 그들의 전문지식을 반영시키고 정책의 공정성을 기하며 정책에 권위를 부여하는 효과를 유발함으로써 정부의 정책결정에 대한 국민의 불신을 제거하고자 하는 점 등을 들 수 있다.

정책과정에 전문가나 지식인을 참여시키는 것이 긍정적인 장점 이외에도 그에 따른 문제점도 없지 않다. 이들의 정책결정 참여가 갖는 장점으로는 정책결정에 고도의 다양한 전문지식을 반영할 수 있으며, 관료이익이나 기득권에 집착하지 않고 객관적인 정책을 결정할 수 있고, 공사를 불문하고 의사전달에 유익하고, 필요시에만 일시적으로 참여시키게 되므로 예산절약에 도움이 된다는 것이다. 하지만 이들을 참여시키지 않을 때보다는 시간과 비용이 많이 소모되며, 외부인이기 때문에 정책결정에 대한 책임이 없어서 정책담당공무원의 입장을 충분히 고려하지 않으므로 실정에 맞지 않을 염려가 있고, 정책결정체제 외부의 관료들 간에 형성된 이해관계를 알지 못해 관료들 상호간의 갈등을 조장할 가능성이 있다는 단점도 있다.

4. 일반시민

민주주의를 통치이념으로 하고 있고, 국민의 뜻에 따른 통치를 기본으로 함으로써, 전체로서의 국민은 물론 개인으로서 일반시민 역시 통치행위의 일부인 정책결정에 당연히 참여할 수 있다. 따라서 조직화되지 못한 일반시민들도 정책과정에 여러 방법으로 참여할 수 있고 또 참여할 수 있어야 한다. 하지만 현실적으로는 일반시민들의 정책참여는 관료의 부정적 시각, 시민의 참여의식 부족, 행정에 의한 시민의 포섭, 비밀행정과 정보의 비공개 등의 여러 가지 이유로 인해 많은 제약을 받고 있어 참여의 기회나 빈도가 높지 않으며, 참여한 경우에도 그들의 주장이 결정적인 영향을 미치는 경우가 그렇게 많지는 않다. 물론 이들의 정책참여는 정치체제의 성격, 사회의 민주화 정도, 정책체제의 구조적 특성, 민주주의수준 등 여러 가지 변수들이 어떻게 작용하느냐에 따라 그 빈도나 영향력에 차이가 있겠지만, 체제의 정통성이나 민주성이 높을수록 정책과정의 공통성이 높고 일반시민의 정책참여도 높아진다고 볼 수 있다.

일반시민이 정책결정에 참여할 수 있는 기회가 흔하지는 않지만, 그럼에도 불구하고 경우에 따라서는 직접적으로 참여할 수 있는 때도 있으며 혹은 간접적으로 영향력을 행사할 수도 있다. 일반시민이 직접 정책결정에 참여할 수 있는 경우로는 정책대안에 대한 국민투표 또는 주민투표에 의한 참여이다. 국민투표는 국가의 중대사를 결정하는 경우에 국민의 한 사람으로 참여하는 것이며, 주민투표는 예컨대 지방자치단체의 정책결정에 주민의 한 사람으로 참여하는 것이다. 또한 중앙정부 및 지방자치단체의 각종 위원회의 위원으로 참여함으로써 위원회의 정책결정에 참여하게 되는 경우도 있다. 그리고 일반시민들이 그들 나름의 지적 활동을 통해서 새로운 아이디어나 정책대안을 개발하여 이를 직접 정책체제에 투입하여 채택되는 경우이다.

　일반시민이 간접적으로 정책결정에 참여하는 방법으로는 정당을 통해 참여하는 것이다. 이는 일반시민들이 정당원이나 당직자가 되어 일하지 않더라도 특정 정당이 지지하는 후보자의 선거운동을 도와주거나 정당자금의 지원을 통하여 자기들의 주장을 당의 정책수립에 투입함으로써 정부의 정책결정에 참여하게 되는 것이다. 또한 이익집단을 통하여 참여하는 방법이 있다. 시민들은 자기들의 이해관계를 반영하는 이익집단의 형성과 활동에 참여하여 이익집단으로 하여금 자기들의 주장을 정책결정에 반영시키도록 함으로써 정책결정에 간접적으로 참여하기도 한다. 그리고 매스컴을 통한 여론형성으로 정책결정에 참여할 수 있다.

5. 시민단체

　선진 외국에서의 시민단체(NGO)들은 그 구성원들의 경력과 전문성, 자발성과 자율성 등을 근거로 정부에 공익추구를 요구하는 강력한 단체로 기능을 하고 있다. 그리하여 오늘날 대부분 의식있는 시민들은 이들 시민단체를 통해서 자기들의 요구를 정책에 반영시키려고 노력한다. 우리나라의 경우, 권위주의적 군사정권이 퇴진하고 문민정부인 김영삼 정부가 들어선 이후 시민민주주의의 발전은 많은 시민단체를 탄생시켰다. 이들은 언론과 시민들의 강력한 지지 위에서 국회를 통제할 만큼 강력한 영향력을 행사할 수 있게 되었다. 특히 김대중 정부와 노무현 정부에서는 정권차원에서 시민단체들과 협력함으로써 시민단체출신 인사들이 직접 국회에 들어가 정치인으로 변신하거나 정부의 공직을 맡음으로써 일부 시민단체가 정치집단으로 변모하기도 하였다. 따라서 한국의 특정 시민단체들은 순수하게 공익을 추구하는 시민단체와는 상당히 다른 성격을 지니기도 한다. 그럼에도 불구하고 시민단체들이 다양화 되고 있으며 그들의 정책과정 참여 또한 점차로 활발해지고 있다. 민주정치제도의 허구성을 보완하고 공직자의 부도덕성을 통제 및 감시하며 보다 수준 높은 전문성을 토대로 정책대안을 제시할 수 있는 진정한 시민단체의 탄생과 활동이 더욱 활발해질 필요가 있다.

04 ‹‹‹ Notes

1 Yehezkel Dror, *Public Policy Making Reexamined* (San Francisco, CA: Chandle Publishing Co., 1983), pp. 160-196.

2 James E. Anderson, *Public Policy-Making*, 3rd ed. (NY: Holt, Rinehart, and Winston, 1984), pp. 18-21.

3 Thomas R. Dye, *Understanding Public Policy*, 10th ed. (Uppers Saddle River, NJ: Prentice-Hall, 2002), pp. 14-15.

4 Brian W. Hogwood & B. Guy Peters, *Policy Dynamics* (NY: St. Martin's Press, 1983), pp. 7-9.

5 Dennis J. Palumbo, *Public Policy in America: Government in Action* (San Diego, CA: Harcourt Brace Jovanovich Publishers, 1988), pp. 7-18.

6 Charles O. Jones, *An Introduction to the Study of Public Policy*, 3rd ed. (Belmont, CA: Wadsworth, 1984), p. 29.

7 김규정, 「행정학원론」 (서울: 법문사, 1998), p. 181.

제 5 장

정책연구

제1절   정책연구의 필요성과 역할

Ⅰ. 정책연구의 필요성

국가의 기능을 담당하고 있는 정부는 국민의 일상생활이나 이해관계에 결정적인 영향을 미칠 수 있는 권한과 능력 그리고 지식과 정보 등 다양한 수단을 가지고 있다. 그리고 정부가 추진하는 정책은 대부분 국가 공동체의 방대한 자원을 동원하고 배분한다. 따라서 정부가 추진한 정책이 실패할 경우 국민에게는 물론 국가의 존립 및 발전에도 심각한 피해를 가져올 수 있는 위험을 안고 있다. 특히 국가 간의 경쟁이 첨예화되고 있는 무한경쟁의 세계무대에서 국가경쟁력의 제고나 국가발전의 목표와 과제는 모두 정책을 통해 추진된다. 따라서 당면한 문제를 어떻게 파악하고 대안을 어떻게 선택하며 정책을 어떻게 결정하고 집행을 어떻게 하느냐 하는 문제는 국가운영의 성패를 좌우하는 관건이 될 수 있다. 또한 오늘날

에는 정부의 정책이 해당 국가의 국가발전과 국민생활은 물론 다른 국가의 정책
에까지도 영향을 미치고 있는 실정이다. 우리나라 60~70년대의 경제개발정책이
오랜 가난의 굴레를 벗어나게 했던 사실이나 미국의 대 이라크정책이 세계 여러
국가의 국방외교와 경제정책에 커다란 영향을 미치고 있는 현실을 보면 정책이
미치는 영향이 얼마나 지대한지 쉽게 이해할 수 있다.

  이처럼 정책의 기능과 역할이 더욱 중대해지고 광대해짐에 따라 정책 자체
에 대한 관심은 물론, 어떻게 하면 보다 합리적인 정책결정과 효율적인 정책집행
그리고 타당한 정책평가를 가능하게 할 것인가의 문제가 주요 관심대상이 되면서
정책연구의 필요성이 부각되었다. 요컨대 정책연구는 다음과 같은 이유로 그 필
요성이 강조되었고 앞으로도 점차 증대되어 나갈 것이다.

1. 국가목표의 달성수단

  현대사회에서 국가발전은 정부가 수행하는 정책의 성패에 좌우된다고 해도
과언이 아니다. 정책이란 정부가 국가 공동체의 목표달성을 위해 선택하는 영역
별 문제 및 과제 해결의 전략과 수단을 의미한다. 물론 모든 정책이 반드시 목표
달성의 일환으로 추진되는 것은 아니지만, 전체적으로 보면 정부가 추진하는 대
부분의 정책은 영역별 발전을 위한 전략수단으로 기능한다. 정부는 가만히 내버
려두면 결코 도래할 수 없는 바람직한 미래를 구현하기 위해 바람직한 목표를 세
우고, 설정된 목표의 달성을 위해 다양한 정책적 수단을 강구함으로써 희망하는
미래를 현실로 구현하고자 노력한다. 따라서 보다 바람직한 목표설정과 합리적
정책수단을 모색하는 정책연구가 요구된다.

2. 국가자원의 동원과 배분

  정책에 따라서는 정책선언 그 자체만으로도 집행되며, 집행을 위해 특별한
자원의 동원과 배분이 필요 없는 경우도 있다. 예컨대 통행금지를 폐지한다거나
교복을 자율화한다거나, 국제사회에서 국가적 지위를 인정받지 못했던 나라에 대

해 그 국가를 국제사회에서의 국가적 지위를 인정한다고 선언하는 등과 같은 정책들이 그것이다. 그러나 대부분의 정책은 그 목적을 달성하기 위해서는 사전에 철저한 집행계획과 준비가 요구되고, 엄청난 인적·물적 자원이 동원 및 투입되어야 한다. 예컨대 고속전철건설정책, 금융구조조정정책, 각종 사회간접자본건설정책 등은 엄청난 공공자금을 투입하지 않고서는 결코 그 목적을 달성할 수가 없다. 따라서 자원의 동원 및 배분과 관련하여 비용부담과 편익수혜의 대상 및 정도 등에 대한 형평성과 결정과정 및 방법에 있어서의 민주성 등이 신중하게 고려되어야 한다. 이와 관련한 보다 체계적이고 전문적인 분석이 정책연구를 통해 이루어질 필요가 있다.

3. 국민생활에 대한 영향

정부의 정책은 국민의 삶은 물론 운명까지도 좌우할 만큼 국민생활에 지대한 영향을 미친다. 1960년대부터 실시된 가족계획정책이 우리나라 가정과 사회변화에 미친 영향은 말할 나위도 없고, 경제개발정책, 대학입시정책 등은 국민개인의 삶에는 물론 사회전체에 대해 엄청난 영향을 미쳤다. 고속도로가 건설된 이후 전국이 일일생활권으로 되면서 국민들의 의식과 생활에 엄청난 변화를 가져왔고, 더욱이 최근 고속전철의 완공으로 전국은 반나절 생활권으로 바뀌면서 그 변화양상은 더욱 급속하게 전개될 것이다. 고교평준화정책은 소득계층에 따라 젊은이들의 운명을 좌우하는 결과를 초래하고 있고, 토요휴무정책은 국민의 일상생활의 모습은 물론 산업에도 지대한 영향을 미치고 있다. 저출산·고령화 사회의 도래에 대비한 정부정책의 변화는 21세기 국가정책의 근본이 될 정도로 개인과 가정이라는 사회의 뿌리를 변화시키고 있다. 이처럼 정책은 그 내용으로 국민의 정신과 생활에 많은 영향을 미치게 된다. 따라서 합리적 정책대안의 탐색과 최적의 대안선택이 가능하도록 정책연구가 수행될 필요가 있다.

4. 공익적 가치의 표현

정부가 추진하는 정책은 특정 시대, 특정 국민의 공통된 지배적 가치관과 국가이념을 대변해준다. 예컨대 특정 정부가 추진한 교육정책, 안보정책, 경제정책, 사회간접자본건설정책 등은 그 정부의 통치이념을 설명하고 있을 뿐 아니라 그당시 국민적 요구와 지지를 반영하고 있는 공익적 가치를 구현하는 수단인 것이다. 1950년대 우리나라 정부정책은 전쟁으로 황폐화된 국토를 건설하기 위한 건설정책이 중심이 되었고, 60~70년대의 정책은 경제개발정책, 80~90년대에는 민주화정책이 중심을 이루었던 것도 이러한 맥락에서 이해할 수 있다. 따라서 국가구성원이 공통적으로 추구하는 공동선의 파악과 이를 구현할 수 있는 최선의 정책적 수단들을 도출하기 위한 정책연구가 요구된다.

II. 정책연구의 역할

현대사회와 같은 지식정보사회, 상상력과 꿈의 사회(dream society)의 다양한 변화와 그 속도 및 특성으로 인하여 정책연구는 그 어느 때보다도 그 역할의 중요성이 더 높아가고 있다. 변화하는 사회에 성공적으로 적응하거나 적절하게 대응하기 위해 정책연구는 불가피해지고 있다. 학문적 차원에서는 물론 정부의 실무적 차원에서도 정책연구의 역할은 날로 증대되고 있다. 한편 정보통신기술의 급속한 발달에 힘입어 지식과 정보를 저장하고 창출하는 능력이 발전함에 따라 정책을 연구하는 것이 점차 용이해지고 있다. 따라서 정책연구 영역에서는 국내외적 환경변화에 대응하고 무한경쟁 현장에서 국가의 지속적인 발전을 유도 및 관리하기 위하여, 기존 정책에 대한 평가와 새로운 정책의 창조를 강조하고 있다.

1. 정태적 사회에서 동태적 사회로의 변화

과학기술의 발명은 교통·통신의 혁명을 가져왔고, 교통·통신기술의 비약적 발전은 인간의 활동영역을 확장시켜왔다. 즉 과학기술의 역사는 거리단축의 역사라고 할 만큼 교통·통신기술의 발달을 가져와 서로 떨어져 소원하였던 국가와 국가 간의 관계를 이제는 바로 수시간 내에 도달할 수 있는 이웃으로 만들고 있다. 따라서 국가간의 거리개념이 물리적 개념에서 시간적 개념으로 바뀌게 되었고, 국가간, 기업간, 개인간의 접촉이 빈번해지게 되었으며 궁극적으로는 국경이 무의미하게 되는 세계화현상이 초래되고 있다. 개인이나 기업은 물론 중앙정부와 지방정부도 각각 자신의 이익을 위하여 세계무대 속에서 끊임없이 경쟁하지 않을 수 없게 된 것이다. 이처럼 급변하는 지구촌 환경과 무한경쟁 상황에 적절히 대응하고 생존하기 위해서는 개인이나 기업 그리고 정부를 막론하고 창조적 사고와 혁신적 아이디어의 개발이 요구된다. 정책연구는 공직자들에게 이를 가능하게 하는 자질함양에 기여할 뿐만 아니라 정부로 하여금 정태적 사회에서 동태적 사회로의 변화에 보다 능동적이고 체계적으로 대응 및 유도를 가능하게 하는 이론 및 방법 등을 제공한다.

2. 집권적 사회에서 분권적 사회로의 변화

국가마다 다소간 차이는 있겠지만 정부는 가능한 적은 예산으로 가능한 빠른 기간 내에 목표달성을 이루기 위해 초점을 맞춰왔다. 이러한 과정에서 능률과 효과에 대한 지나친 강조는 집권화의 논리로 이어져 권력과 권한의 집권적 사회를 초래하였다. 이러한 집권화의 구체적 현상은 민간부문에서 공공부문으로의 집권이며, 입법 및 사법부로부터 행정부로의 집권이고, 지방정부로부터 중앙정부로의 집중과 하부로부터 상부로의 집권 등이 그것이다. 이러한 집권화현상은 민간에서 결정할 일까지 정부에서 결정하고, 지방에서 결정할 것을 중앙이 결정하는 결과를 야기하였던 것이다. 그러나 1980년대의 정치민주화와 경제발전에 따른 소득수준의 향상과 교육수준의 상승으로 사회 각 부문에서 자율과 자치에 대한 요구와 주장이 증가되기 시작하였고, 그 결과 능률성과 효과성에 대한 집착에서 벗어나 인간의 존엄과 가치 내지 민주성을 강조하게 되었다. 다시 말하자면, 집권적 능률구조는 분권적 민주구조로 바뀌기 시작했으며 이러한 변화의 구체적인 표현이 지방분권화와 지방자치제도의 확대 실시 등으로 나타났다.

정책연구는 이러한 지방자치와 분권형 사회에서 강조되는 자율적 문제해결 능력 향상과 이를 기반으로 창조적 정책개발을 가능하게 한다. 따라서 정책연구는 주민자치형 지역사회를 발전시켜 나가는데 필요한 지식, 정보, 기술 등을 제공할 수 있다.1 정책학은 정확한 문제인지능력과 창조적 문제해결능력의 향상을 그 중요 연구목적으로 하고 있다. 그리하여 정책학은 문제가 없어 보이는 곳에서 문제를 찾아내는 능력을 기르고, 해결책이 없어 보이는 문제에 대해 창조적이고 혁신적인 대안을 찾아내는 역량을 함양시키는데 기여하는 학문인 것이다.

3. 관리중심사회에서 문제해결중심사회로의 변화

변화가 단순하고 적은 정체된 시기의 이른바 자유방임주의를 지향하던 사회에서는 정부가 국가기능을 수행함에 있어서 질서유지와 조직관리 등에 필요한 최소한의 지식과 역할이 필요하였다. 그러나 변화가 일상화되고 복합적이고 다원적인 문제가 시시각각 발생되는 현대사회에서는 상식수준의 지식만으로는 현상유지도 어려운 실정이다. 무수하게 발생하는 다양한 사회문제를 효율적으로 적절하게 해결하고 새로운 가치를 창출하며 보다 적극적이고 능동적인 서비스를 제공하기 위해서는 전문적 지식의 고도화와 창조적 아이디어의 개발 그리고 이를 통한 문제해결능력의 향상이 절실히 요구된다. 정책연구는 관리중심에서 문제해결중심으로 변화된 행정현장에서 이처럼 시시각각 발생하는 다양하고 복잡한 사회문제에 합리적으로 대응할 수 있는 문제해결능력을 향상시키는데 도움을 줄 수 있다.

4. 통제사회에서 협력사회로의 변화

오늘날의 사회는 단일통제장치에 의해 조종되는 관리사회가 아니다. 이미 현대사회는 민간영역과 공공영역은 물론 흔히 시민단체로 대표되는 제3영역이 협력하여 국가를 통치하는 거버넌스(governance)시대로 접어든지 오래다. 우리 사회

는 그동안 통제중심의 피라미드형 사회로부터 태스크포스(task force)나 프로젝트
팀(project team) 그리고 위원회(committee) 등과 같은 과업과 상황중심의 애드호크
라시(adhocracy) 조직의 시대를 거쳐 왔다. 오늘날의 사회는 통치영역을 비롯하여
사회의 모든 영역에서 필요한 사람, 기관, 조직, 단체들이 서로 파트너십을 형성
하여 협력함으로써 함께 문제를 해결해 나가는 네트워크 사회(network society)로
진화되어 가고 있다. 더 이상 과거와 같은 단일주체에 의한 정책추진이나 단편적
정책수단을 통한 문제해결방식으로는 현재와 미래 사회가 당면하는 문제를 해결
할 수가 없게 되었다. 네트워크사회에서는 문제해결에 필요한 대안개발, 정책결
정, 정책집행, 기타 모든 일들이 다양한 국가구성원들과의 협력을 통해서만이 비
로소 원만하게 해결될 수 있기 때문이다. 따라서 사회패러다임의 이전에 따른 정
책적 대응방식의 변화에 대한 적절한 방안의 모색과 제시가 정책연구를 통해서
가능할 것이다.

제2절 정책연구의 배경과 목적

Ⅰ. 정책연구의 배경

근대사회의 출발 이후 20세기 중반에 이르기까지 사회과학이 전반적으로 공
공정책이나 정치적 현실문제에 대하여는 별로 관심을 갖지 않는 방향으로 전개되
었으며, 그 결과 비록 부분적으로는 정치학, 사회학, 심리학, 인류학 등에서 때때
로 정책수립가를 위한 자료는 제공했지만 정책대안의 제시나 대안에 대한 예측,
평가 등은 하지 못했다. 특히 행태주의, 즉 가치와 사실의 문제를 엄격히 분리하
여 사실의 영역만을 과학의 대상으로 간주하던 접근방법은 이러한 경향을 더욱
촉진시키게 되었다.

정책에 대한 관심이 체계적으로 정리되고 이론화되기 시작한 것은 Barnard

이후 행정학 분야의 연구에서 비롯되었으며, 정책학이란 용어가 처음 사용된 것은 제2차 세계대전 이후의 일이다.[2] 정치로부터 행정의 독립을 주장했던 Wilson 이후 Urwick, White 등에 이르기까지 관리론적 행정학이 성숙되어 가는 동안 전통적 행정학은 제도화된 법규나 선례 등에 안주하였다. 따라서 실질적인 행정현상을 파악하지 못하고 단순히 행정과정과 행동을 효율적으로 성취시키는 관리방법을 규명하는 데에 치중하였다. 그러나 Barnard는 행정현상은 결정과 집행의 두 가지 측면을 공유하고 있는 데 당시의 학자들이 집행의 측면에만 집착하고 있음을 지적하였다. 나아가 과학적 관리론에 지배되어 업무체제의 개선과 집행능률의 극대화에만 급급해 오던 행정학 연구방법에 비판을 가하고 '집행과정중심의 연구'에서 '결정과정중심의 연구'로 전환할 필요성을 주장하였다. 이러한 Barnard의 주장은 그 이후 Simon이 의사결정론을 집대성하는데 지대한 영향을 미쳤으며, Barnard로부터 Simon을 거쳐 Dror로 연결되는 이론적 진화과정에서 많은 학자들이 행정의 핵심은 결정 혹은 정책이라는 점에 착안하고 관심과 노력을 기울였다.

1. Lasswell의 정책연구 주창

오늘날과 같은 체계적이고 분석적인 정책연구는 1951년 Lasswell의 「정책지향」(The Policy Orientation)이라는 논문이 발표된 이후에 출발되었다. 비록 오늘날의 정책연구와는 상당한 거리가 있지만, 정책에 대한 인간의 관심과 연구는 인류가 공동체를 형성하여 운영하기 시작하면서부터 존재해왔다고 할 수 있다.[3] 현대적 정책연구는 Lasswell이 주창한 이후 미국적 환경 속에서 특히 정치학자와 행정학자들이 주도적으로 개발시킨 것이다. 따라서 오늘날의 정책연구는 정치·행정적 시각에서 여러 사회과학 및 자연과학의 이론과 연구방법을 원용하고 발전시킨 것이다.

Lasswell은 그의 논문에서 당시 "여러 분야의 연구에서 정책학적 연구가 진행되고 있다"고 지적하면서 정책연구의 방향을 크게 두 가지로 지적하였다. 하나는 정책과정에 관한 것으로서 정책형성이나 집행에 대한 체계적이고 경험적인 연구이다. 다른 하나는 정책에 필요한 지식에 관한 것으로서, 정책결정자들이 이용하는 지식과 정보의 구체적 내용과 해석을 개선시키는 것으로서 정책과정의 합리성을 향상시키기 위한 연구이다.[4] 또한 Lasswell은 1956년 미국정치학회 회장연설에서 동료정치학자들에게 인간사회의 근본문제, 예컨대 원자탄의 위협, 에너지부족, 정보통신혁명의 가능성과 위협 등에 관해 보다 적극적인 관심을 가지고 연구할 것을 촉구했다.[5] 그러나 그의 이러한 주장은 당시의 미국정치학계를 휩쓸고 있었던 행태주의적 연구경향에 밀려나고 말았다. 그리하여 행태주의적 연구경향이 열병처럼 풍미하고 난 이후, 그 위세가 약화되었던 1960년대 말에 와서야 비로소 정책연구는 재개되었다.[6]

2. 후기행태주의와 신행정론의 대두

이처럼 현대적 정책연구가 1960년대 말에 와서 발전하게 된 계기는 그동안 미국학계를 풍미했던 행태주의가 당시 미국사회가 당면한 여러 국내외적 문제들을 해결하는데 별로 도움을 주지 못했다는 약점을 인식했기 때문이었다. 1960년대는 미국사회가 수많은 국내외적 문제로 극심한 진통을 겪었는데, 특히 극심한 인종차별이 빚어낸 흑인폭동사건과 월남전 참전을 거부하는 대학가와 젊은층의 저항은 사회적 혼란을 야기하였다. 이러한 혼란을 극복하기 위하여 연방정부는 흑인폭동의 원인을 규명하고 그 해결책을 모색하게 되었으며 이를 위해 정치행정학자들의 도움을 요청하게 되었다. 그러나 당시까지 행태주의적 학문연구를 추구하던 학계는 이러한 정부의 당면문제해결에 실질적인 도움을 제공하지 못하였다. 사회문제의 정확한 파악과 그에 대한 해결방안의 수립을 위해서는 인간행태중심이 아니라 사회문제중심의 연구를 필요로 하며, 사실판단에만 국한된 논리실증적 접근이 아니라 사실판단과 가치판단을 종합한 처방적 지식이 필요하였던 것이다.

1960년대 중반에 집권한 Johnson정부는 '위대한 사회(The Great Society)의 건설'이라는 슬로건을 내걸고 흑인을 비롯한 저소득층의 복지향상을 위하여 사회복지정책을 대대적으로 추진하였다. 그러나 정부의 이러한 정책추진에 학계가 별다른 지적 지원을 못하게 됨에 따라 젊은 소장학자들 간에 비판이 일어나기 시작하였다. 이러한 상황에서 1960년대 말 Easton은 정교한 과학적 방법이 적용가능한 연구대상보다는 현재의 급박한 사회문제해결에 의미 있는 적절한 연구가 필요하고, 가치에 대한 연구와 새로운 가치의 개발도 연구대상이 되어야 하며, 인류의 가치를 보호하고 사회를 개혁하는데 관여하는 것이 정치학에 요구된다는 주장과 함께, '정치학에 대한 새로운 혁명'으로서 후기행태주의(post-behavioralism)가 시작되었음을 선언하였다.7

한편 이 시기에 행정학계에서도 "종래의 행정학이 정치 내지 정책결정에 만족할 만한 이론적 지원을 제공하지 못했다"는 Waldo의 주장에 기반을 두고, Marini를 중심으로 한 소장학자들 사이에서 기존의 행정학 연구방법에 대한 반성이 제기되었다. 소장학자들과 행정실무가들이 가진 Minnowbrook회의 이후 '신행정학(New Public Administration)'이라는 종래와는 다른 시각에서 행정학을 연구하기 시작했으며, 이러한 움직임은 후기행태주의를 지향하는 정치학계의 변화움직임과 그 맥을 같이하고 있다. 신행정학의 주요 내용은 사회문제해결을 위한 적실성 내지 대응성, 사회적 형평성의 실현, 행정에 대한 주민참여와 행정책임, 가치중립적 연구가 아니라 가치관련적 연구, 새로운 변화를 추구하는 변동지향성 등을 강조하였다. 그러나 행태주의에 대한 비판으로부터 발단된 후기행태주의는 행태주의적 연구방법을 완전히 배제하자는 것은 아니며, 오히려 가능한 범위 내에서 사회문제 및 정치문제의 해결에 적용하자는 것이다. 다시 말하자면, 현실을 도외시한 '학문을 위한 학문'이 아니라 현실문제의 해결에 이바지할 수 있는 학문연구를 추구하자는 것으로서 정책지향적 연구를 강조하였던 것이다.

3. 1960년대 후반의 새로운 출발

1960년대 후반 미국은 당면한 수많은 사회문제를 해결하기 위해 다양한 정책이 연방정부에 의해 추진되었고, 이와 관련하여 정부정책에 대한 지원과 정책학 교육을 위한 대학원이 설립되는 등 정책연구가 급속하게 성장을 시작하였다. 1970년대에 와서 한층 심화되는 도시문제, 환경문제, 공해문제, 에너지 문제 등에 대한 문제중심의 정책연구가 더욱 급속하게 발전하였다. 이러한 과정에서 Lasswell은 1971년 「정책학서설」(Preview of Policy Science)이라는 새로운 저서를 발간하였다.8

이 책에서 그는 정책학이 추구해야 할 세 가지 속성을 제시하였는데, 문제해결에 관심을 가져야 한다는 문제지향성(problem orientation), 이러한 문제해결을 위한 의사결정이 관련 영역이나 학문간의 경계를 초월하는 보다 큰 사회적 과정의 부분에 해당됨을 의미하는 맥락성(contextuality), 정책연구를 위해 이용되는 방법이나 기술의 다양성(diversity) 등이 그것이다. 또한 정책과정에 대한 경험적 지식과 정책과정에 필요한 지식의 제공을 정책연구의 목적으로 제시하고 있다.

　　1960년대 후반부터 정책연구에 대한 관심이 이처럼 급격히 증폭되었지만, 정책연구에 대한 보편적인 분석틀이 마련된 것은 아니었으며 따라서 연구의 내용이 학자들마다 매우 다양하였다. 이러한 과정에서 Dror를 비롯하여 여러 학자들 간에는 정책연구의 학문적 체계를 정립하기 위한 노력이 있어 왔다. 특히 Dror는 정책연구에 관한 세 권의 책을 통해 정책연구의 패러다임(paradigm)을 제시하고자 하였으며, 정책에 대한 체계적 연구와 학문적 발전에 크게 기여하였다.[9] 주요내용으로는 정책결정체제에 대한 이해를 증진시키고 이를 개선하는 것이 정책연구의 목적이고, 특히 정책결정에 대한 정책(policy how to make policy 또는 policy on policy-making)을 'meta-policy', 'mega-policy' 개념을 소개하였다. 'meta-policy'는 행태적 차원에서 정책결정체제의 구조, 절차, 인력, 투입과 산출 등의 실제 현상을 기술하고 설명하는데 사용될 수 있는 개념으로, 이러한 행태분석을 통해 보다 나은 분석틀과 모델을 제시함으로써 실제 정책결정에 대한 지식을 개선시킬 수 있다는 것이다. 뿐만 아니라 규범적 차원에서도 사용될 수 있는데, 전략, 상위목표, 기본가정, 개념적 틀, 정책수단 등을 의미하는 'mega-policy'를 설정함으로써 보다 나은 정책결정이 가능할 수 있다는 것이다.[10] 모든 규범적 주장이 부분적으로 행태적 지식에 근거한다는 점에서 이들 두 차원은 상호보완적이며, 그는 합리성(rationality)에 대한 불신을 토대로 정책결정에 대한 최적모형(optimum model)을 주장하였다.

II. 정책연구의 목적

정책은 정부의 기관이 현재 당면하고 있거나 미래에 직면하게 될 것으로 예측되는 공공문제의 해결을 위한 중요한 전략수단이다. 이러한 공공문제의 해결은 국민에 대한 양질의 정치행정적 서비스를 제공하는 데 있다. 따라서 정책연구의 목적은 정부활동의 궁극적 목표가치를 강조하느냐 아니면 현실적 수단가치를 중시하느냐에 따라 달리 주장될 수 있다. 정책연구의 목적에 관한 여러 학자의 주장 가운데 대표적인 Lasswell과 Dye의 주장을 검토하고 이를 요약함으로써 정책연구의 목적을 제시하기로 한다.

1. Lasswell의 주장

Lasswell은 정책연구의 궁극적 목적을 다음과 같이 제시하고 있다. 첫째는, 인간사회의 근본적인 문제들을 해결함으로써 '인간의 존엄과 가치(human dignity and value)를 실현하는 것'이다. 둘째는, 이러한 정책을 효율적으로 실현하기 위한 '정책과정의 합리성을 제고'하는데 그 목적이 있다. 정책과정의 합리성을 제고하기 위해서는 그것에 필요한 지식을 제공해야 하는데, 그러한 지식이 바로 '정책과정에 관한 지식'과 '정책내용에 관한 지식'이라고 주장하였다.

2. Dye의 주장

Dye는 정책연구의 목적을 다음과 같이 세 가지로 나누어 설명하고 있다.[11]

첫째는, 사회에 관한 사실적 지식을 얻기 위한 학문적 이유(scientific reasons) 때문이라고 주장하고 있다. 정책연구를 통하여 정책결정의 원인과 결과 등을 이해함으로써 사회에 관한 우리의 지식을 증진시킬 수 있다. 그리고 정책은 그것이 어떠한 사회경제적 요소와 정치체제의 특성에 의해 영향을 받게 되는 종속변수로 파악될 수도 있고, 혹은 사회와 정치체제에 어떠한 영향을 미치는 독립변수로 파악될 수도 있다. 이러한 정책연구를 통해 우리는 사회경제적 영향력과 정치과정 및 정책의 상관관계를 이해할 수 있는 역량을 증진시킬 수 있고, 이러한 상관관계를 이해함으로써 사회과학의 범위, 중요성, 신뢰성, 이론적 발전 등을 도모할 수 있다고 주장하였다.

둘째는, 이와 같은 우리의 지식을 문제해결에 적용하기 위한 전문직업적 이유(professional reasons) 때문이라고 한다. 우리가 정책연구를 통해 정책의 원인과 결과를 잘 이해하게 되면 이러한 지식을 실제문제의 해결에 활용할 수 있게 된다. 다시 말해서, 현실문제에 관한 실제적인 지식은 각종 사회문제의 해결을 위한 정책처방의 전제가 된다. 따라서 일정한 바람직한 상태가 제시되면 어떠한 정책이 이러한 상태를 가장 잘 구현할 수 있을 것인가 하는 것은 위의 학문적 연구를 통해 획득된 지식을 어떻게 잘 이용할 수 있을 것인가 하는 문제로 귀결되는 것이다. 그리하여 정책연구는 바람직한 목표를 구현할 수 있도록, "만일 … 하다면 … 하라"는 식으로 직업적 조언을 가능하게 한다는 것이다.

셋째로는, 올바른 목표를 달성하는데 필요한 올바른 정책을 선택하기 위한 정치적 목적(political reasons)을 위해 정책을 연구한다는 것이다. 학문, 특히 정치학과 행정학 등은 중대한 사회문제나 정치적 위기 등에 대하여 침묵을 지키고만 있거나 무능하게 아무런 도움을 주지 못해서는 안 된다. 그리고 학자들은 구체적이고 다양한 정책을 개발하고 정책의 질적 발전을 위해 노력해야 하는 도덕적 의무를 지고 있다. 정책연구는 학문적 혹은 직업적 목적뿐만 아니라 정치적 토론의 내용을 알리고, 정치적 이해의 수준을 제고하며, 정책의 질을 향상시키기 위해서도 수행되는 것이다. 물론 무엇이 올바른 목적이고 무엇이 올바른 정책인가에 대해서 모든 사람들이 항상 동의하는 것은 아니지만, 그래도 우리 모두는 무지보다는 지식을 더욱 선호하기 때문에 정책을 연구하는 것이라고 주장하였다.

3. 전문직업적 목적과 학문적 목적

결국 정책연구의 목적은 궁극적으로는 '인간의 존엄과 가치를 구현'하기 위한 것이라고 볼 수도 있다. 그러나 정부의 여러 활동 중에 어느 것 하나 인간의

존엄과 가치구현을 위한 것이 아닌 것은 없을 것이다. 따라서 인간의 존엄과 가치
구현이라는 목적은 지나치게 추상적이고 포괄적이다. 그럼에도 불구하고 사실상
정책연구의 목적은 이러한 인간의 존엄과 가치를 구현하기 위해 가장 바람직한
목표를 설정하고 그것을 달성하기 위한 최선의 수단들을 찾는 데 있다고 할 것이
다. 따라서 바람직한 목표설정과 올바른 수단선택을 위한 각종 사실과 지식을 탐
구하고 이를 이해시키는 '학문적 목적'과 정부기관의 공공문제 해결능력을 제고
하기 위한 '전문직업적 목적'을 정책연구의 대표적인 목적으로 제시할 수 있을 것
이다.

Ⅲ. 정책연구의 패러다임

패러다임(paradigm)이라는 용어는 미국의 과학사학자이자 철학자인 Khun이
그의 저서 「과학혁명의 구조」(The Structure of Scientific Revolution, 1962)에서 처음 사
용하였다.[12] 패러다임은 '사례, 예제, 실례' 등을 뜻하는 그리스어에서 유래한 개
념이지만 사회과학에서는 원형(으뜸꼴), 전형(표준꼴), 특징 등을 뜻하는 개념으로 사
용되고 있다. 여기에서는 정책연구의 주요 특징을 의미하는 뜻으로 사용하기로
한다. 즉 정책을 연구하는 이유나 목적, 체제와 방법 등은 매우 다양하지만 이들
을 전체적으로 종합하여 파악할 때 정책연구의 대표적인 특징이라고 할 수 있다.

1. 문제해결지향적 연구

앞에서 언급한 바와 같이 정책의 궁극적인 목표는 사회문제의 해결을 통해
인간의 존엄과 가치를 실현시키는데 있다. 따라서 정책을 연구하는 것은 사회문
제를 해결하는 데 도움을 줄 수 있는 사실, 자료 및 정보와 전략이나 대안을 탐색
및 연구하는 것이다. 인간사회는 어디에서나 시시각각 수많은 사회문제들이 끊임
없이 발생하고 있다. 정책학자들은 자신들의 연구가 이러한 현실문제의 해결에
도움을 줄 수 있어야 한다고 강조한다. 따라서 정책연구는 사회문제의 인지에서

출발하여, 문제의 성격규명, 해결대안의 탐색 그리고 선택에 이르기까지 주로 문제의 바람직한 해결에 관심과 노력을 집중한다.

2. 가치지향적 연구

인간의 존엄과 가치 실현이라는 정책의 목적을 달성하기 위하여 정책연구는 어떤 문제를 정책으로 해결할 것이며, 어떻게 해결하는 것이 바람직한 것인가에 초점을 둔다. 그리하여 현재대로 방치하면 결코 달성할 수 없는 미래의 바람직한 상태를 추구하기 위해, 무엇이 바람직한 상태이며, 그것을 가능하게 하는 최적의 대안은 무엇인가를 연구한다. 정책을 통해 추구되는 바람직한 사회상태는 매우 가치함축적이고 가치지향적이기 때문에 각기 다른 가치를 가진 사람들의 다양한 의견이 모두 존중되고 수렴되어야 한다. 따라서 민주주의 이념에 따라 다수가 추구하는 가치를 보다 우선시한다. 현실적으로 정책과정의 모든 단계 특히 정책의 제설정이나 정책대안의 선택과정에서는 정책결정자와 이해관계집단들 간의 가치갈등이 야기될 수 있다. 이 때문에 정책연구는 정책당국과 이익집단들의 민주적 양식을 지키는 최후의 보루를 설정하는 주관적 가치의 객관화에 많은 노력을 기울일 필요가 있다. 어떤 문제해결에 대한 기준으로서의 공익적 가치는 지역과 시간, 경제적 여건, 정치적 상황 등에 따라 다를 수 있기 때문에 이것을 객관화시키기 위한 지속적인 정책연구가 이루어지고 있다.

3. 공익지향적 연구

정책연구는 사회의 불특정 다수의 국민들이 처한 고통이나 그들이 해결하지 못하고 있는 곤란, 즉 공공문제의 해결을 연구하는 학문이다. 따라서 특정한 개인이나 집단이 사적으로 처한 문제상황에 대해서는 관심을 가지지 않는다. 이처럼 공공성을 지닌 문제를 해결하기 위해 노력하면서도 그 목표나 결과는 항상 불특정 다수의 국민들에게 이익이나 혜택을 제공할 수 있는 공익의 구현이라는 점을 중요한 기준으로 삼는다. 공익의 개념에 대해서는 다양한 학설이 대립되어 있지만, 일반적으로는 '불특정 다수인의 이익' 혹은 '개인 및 집단의 특수이익을 초월한 사회전체에 공유된 가치로서의 사회일반의 공동이익'으로 정의할 수 있다. 따라서 정책은 그것을 통해 사회에 보편화된 가치, 공동체의 이익, 사회적 약자의 이익 등을 추구한다. 그러므로 정책연구는 언제나 공공성과 공익성을 연구의 기본 바탕으로 삼는다.

4. 학제적 연구

정책연구는 사회가 당면한 문제의 해결을 지향하는 특성으로 인하여 문제해결에 필요한 이론이나 연구방법들은 여러 다양한 학문분야로부터 받아들이고 이를 적극 활용한다. 따라서 정책연구는 자연히 학제적(interdisciplinary) 혹은 범학문적(multidisciplinary) 성격을 지니게 된다. 정부가 해결하고자 하는 문제는 사회 속의 다양한 분야로부터 야기되며, 이러한 다양한 문제들은 해당 학문영역에서 전문적으로 연구되고 있다. 따라서 정책연구자들이나 정책담당공무원들은 문제의 바람직한 해결을 위해 이들 학문영역으로부터 이론과 기술 및 연구방법을 도입하고 적극 활용하고 있는 것이다. 결국 정책연구는 문제해결지향적인 접근을 강조하기 때문에 다양한 학문영역 간의 학제적 연구를 수행하게 된다.

5. 처방적·맥락적 연구

이처럼 학제적 연구를 강조하는 당연한 결과로 각 학문영역으로부터 다양한 연구방법도 도입 및 적용하게 된다. 더욱이 정책결정기관이 해결하고자 하는 정책문제에 따라서는 문제 그 자체의 성격이 두 가지 이상의 복잡한 사회적 성격을 띠게 되는 경우도 많다. 따라서 자연히 그 해결을 위한 방법론적 다양성을 띠게된다. 그럼에도 불구하고 정책연구의 연구방법론상의 특징은 주로 가치판단을 통한 규범적 접근과 사실판단을 통한 실증적 접근을 융합한 처방적 연구를 시도한다는 것이다. 그러나 정책연구의 대부분이 처방적 연구의 속성을 지니는 것은, 정책연구 그 자체가 공공문제에 대한 효율적인 해결책을 찾아 제시하는 것이 그 궁극적인 목적이기 때문이다. 뿐만 아니라 정책연구는 시간적 및 공간적인 상황성 내지 역사성을 강조하는 맥락성을 지니고 있다. 문제란 본래 그 자체 독자적으로 존재하는 것은 없으며, 특정한 지역, 사회, 제도, 사람들과의 상호관련 속에서 야기되기 때문에 문제상황의 분석과 판단은 물론 정책대안의 탐색과 선택에도 이러한 상황성 내지 맥락성의 관점을 강조하지 않을 수는 없다.

제3절 정책연구의 방법과 유형

Ⅰ. 정책연구의 대상

정책연구의 대상은 정부의 정책은 물론 정책과정상의 여러 활동과 정책체제 및 그 체제를 둘러싸고 야기되는 여러 현상을 포함한다. 즉 정책연구의 주요 대상은 정책의 의제설정과 결정 및 집행과 관련된 정책활동, 정책활동의 합리성을 제고하기 위한 정보를 산출 및 제공하는 지적 활동인 정책분석 및 정책평가, 그리고 정책활동에 직·간접적인 도움을 주는 이론, 철학, 가치 등의 지적 작업을 포함한다.

수많은 사회문제 중에서 정부의 정책적 해결이 요구되는 문제를 채택 또는 방치하기로 결정하는 정책의제설정 뿐만 아니라 그러한 사회문제를 야기한 사회구조와 제도 그 자체도 정책연구의 대상이 될 수 있다. 그리고 〈그림 5-1〉에 도식화하여 제시하고 있듯이, 정책체제 내에서 문제해결을 가능하게 하는 정책목표를 설정하고 그 목표를 달성할 수 있는 대안을 탐색 및 개발하여 최적의 대안을 채택하는 일련의 활동이 정책결정이며 그 결과물이 정책이다. 이때 정책결정이 보다 합리적으로 이루어져 바람직한 정책이 산출되도록 필요한 정보를 산출하여 제공하는 작업이 정책분석이다. 또한 결정된 정책을 구체화하여 실천 가능한 계획을 수립하고 현실에 적용하는 정책집행과 그에 따른 정책결과, 그리고 집행활동의 과정과 내용을 검토하고 결과의 효과성을 판단하여 정책결정, 정책집행 등

> **그림 5-1** 정책과정에 대한 정책연구의 대상

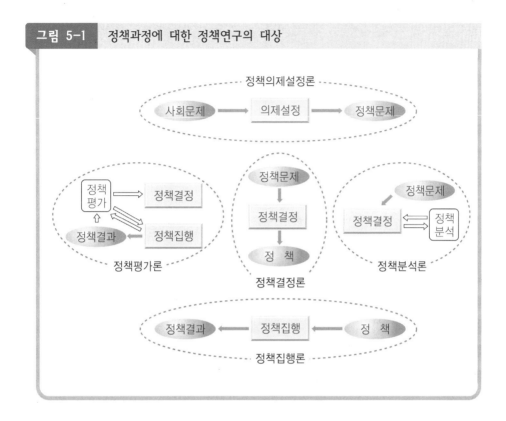

의 정책활동에 해당 정보를 제공하는 작업이 정책평가이다. 이러한 활동과 작업이 모두 정책연구의 주요 대상이 된다.

위에서 살펴본 바와 같이 정부의 정책활동 외에도 정책활동의 합리성 제고를 위한 지적 작업, 정책활동과 지적 작업을 촉진시켜주는 이론과 방법론, 그리고 정책의 가치와 철학의 영역도 정책연구의 대상이 된다. 이처럼 정책연구의 대상은 정부에 의한 공적인 문제해결이 요망되는 영역은 물론 바람직한 정책활동을 돕거나 추진시킬 수 있는 여러 요소를 그 대상으로 포함하고 있다.

이 책은 정책과정의 내용을 제2편에서 자세히 소개하고 있는데, 크게 5개의 장으로 구분하여 다룬다. 먼저 제6장에서는 '정책의제설정'을, 그리고 제7장에서는 '정책결정'을 다루는 데, 특히 '정책분석'이 정책결정활동과 병행하여 이루어진다는 점에서 따로 구분하지 않고 함께 포괄하여 소개한다. 이어서 제8장에서는

'정책집행'을, 제9장에서는 '정책평가'를, 그리고 마지막 제10장에서는 '정책종결'을 각각 다룬다.

II. 정책연구의 방법

1. 연구방법의 다양성

정책연구의 방법은 정책의 수나 종류만큼 다양할 수 있다. 즉 정책연구의 방법은 정책문제의 영역이나 성격만큼 다양하고 복잡하다. 이처럼 정책연구의 방법이 다양할 수밖에 없는 것은 정부가 해결해야 하는 정책문제 그 자체가 다양하기 때문이며, 하나의 문제라고 하더라도 관련되어 있는 문제의 요소나 사회적 측면이 다양하기 때문이다. 따라서 정책연구의 방법은 문제해결을 위해 관련되는 여러 기법을 모두 이용하고 있다. Lasswell, Dror 등의 정책학자들도 모두 정책연구의 방법이 다양함을 강조하였으며, 그 다양성으로 인하여 정책연구의 방법들을 체계적으로 분류 및 정리하는 것이 간단하지 않다.[13] 다양한 연구방법이 이용되고 있는데 주로 다음과 같은 두 가지 접근방법이 지배적인 정책연구의 방법으로 간주되고 있다. 그 두 가지 접근방법, 즉 경험적·실증적 접근방법과 규범적·처방적 접근방법에 대해 간략하게 검토해 보기로 한다.

2. 경험적·실증적 연구방법

정책연구에서 경험적·실증적 연구란, 정책에 관한 법칙 또는 이론의 과학적 연구방법에 의한 정립뿐만 아니라 과거와 현재의 경험과 사실, 그리고 그러한 경험과 사실에 관한 기술적 묘사(description) 등을 중심으로 하는 존재(sein)에 관한 연구를 말한다.[14] 주로 정책분석이나 평가 등과 관련된 연구들이 이러한 연구방법을 이용하고 있다.

정책에 관한 경험적·실증적 연구의 한 가지 대표적 형태는 경험한 사실에

관한 정확한 기술(description)과 객관적인 자료를 찾아내는 연구이다. 특정 정책에
관한 경험적·실증적 연구를 위해서는, 정책문제의 내용과 그 문제로 인하여 고통
을 받고 있는 사람의 수, 피해의 심각성 정도, 해결을 요구하며 제시한 대안의 내
용, 최종적으로 선택된 대안, 즉 정책의 내용, 정책의 집행과정 등에 관하여 가능
한 정확하고 객관적으로 기술된 자료를 활용할 수 있어야 한다. 이처럼 특정 정책
의 정책활동을 중심으로 하는 정책과정에 관한 연구는 문제해결을 위해 정책과정
에서 취해졌거나 야기된 조치나 사실들을 반드시 필요로 하고 있다.

　경험적·실증적 연구의 또 다른 한 가지 형태는 과학적 연구방법에서의 법칙
정립과 같이 정책연구에서도 일정한 법칙성, 즉 제한된 일반화 혹은 중범위이론
등을 찾아내는 연구방법이다. '온도의 상승은 기체의 부피를 팽창시킨다'는 자연
법칙과 같이, 수출증대나 국민교육수준의 향상과 정부정책 간의 관련성을 찾아내
는 연구를 말한다. '국민소득이 향상되면 정부의 사회복지정책이 강화된다'거나
'정책의 내용이 바뀌면 정책결정의 참여자가 달라진다'는 등이 여기에 해당된다.
그러나 정책연구에서 이러한 인과법칙성의 연구는 자연과학에서와는 달리 여러
가지 어려움과 제약이 따르기 때문에 그 연구대상이 극히 한정된 분야에 국한되
고 있다.

　과학적 연구방법에서 법칙성의 연구는 먼저 가설을 설정하고, 각종 자료와
정보를 통해 그 타당성을 검증하며, 검증결과 타당성이 인정되어야 하나의 법칙
으로 정립된다. 그리고 이러한 과정을 거치기 위해서는 관련된 가능한 모든 현상
들을 계량화해야 한다. 그러나 정책연구에서는 특히 계량화할 수 있는 변수들이
제약되어 있기 때문에 이러한 법칙성연구에는 한계가 있다. 요컨대 경험적·실증
적 연구의 경우, 엄격한 과학적 연구방법을 적용할 수 있는 예산정책이나 정책분
석, 정책평가 등의 영역에서 그 유용성이 높다. 한편 정책과정상의 정책활동을 연
구하는 영역에서나 정책참여자에 관한 연구영역에서는 그 유용성이 다소 미약하
다고 하겠다.

3. 규범적·처방적 연구방법

규범적 연구란 무엇이 옳고 무엇이 그른지에 관한 것을 연구하거나, 바람직한 가치판단을 추구하는 당위(sollen)에 관한 연구를 말한다. 이 연구방법은 과학적 연구나 특히 계량적 접근이 곤란한 분야의 정책연구에서 가장 보편적으로 사용되고 있으며, 대부분의 정책연구가 여기에 해당된다. 예컨대, '실업을 완화시키기 위해서는 어떠한 정책을 추진해야 한다'거나, '국민의식을 민주화시키기 위해서는 어떻게 해야 한다'라는 식의 접근방법을 의미한다. 특히 정책과정과 연관시켜 보면, 다양한 사회문제들 중에서도 어떤 문제는 정책적으로 해결해야 한다거나, 그 것을 해결하기 위해서는 무엇을 정책목표로 삼아야 한다는 식의 접근법이다.

처방적 연구란 규범적 연구에 의해 목표가 설정되면 그 목표를 달성하기 위한 최선의 수단을 탐색·제시하는 연구방법이다. 즉 규범적으로 설정된 정책목표를 가장 효율적으로 달성할 수 있는 수단인 정책대안을 찾아내는 것이다. 다양한 정책대안들 중에서 최선의 대안을 찾아내기 위해 각 대안에 대한 분석 및 평가를 수행하고 최종적으로 하나의 대안을 선택하여 정책으로 처방하는 일은 매우 어려운 작업이다. 그리고 이러한 처방적 연구를 위해서는 앞에서 설명한 과학적 연구방법에 의존해야 하는 경우도 많다. 즉 처방적 연구는 실제 규범적 연구방법과 과학적 연구방법이 혼용될 때가 많다. 정책목표를 달성하기 위한 최선의 정책수단을 찾아낸다는 것은 그 수단과 정책목표 간에 상당한 인과법칙을 찾아내는 것과 같다. 그리고 이러한 인과법칙을 발견하기 위해서는 과학적 연구방법의 도움을 받아야 한다.

Ⅲ. 정책연구의 유형

정책연구를 정책과정이나 정책과정으로부터의 지식산출이라는 광범한 개념으로 이해한다면, 그 기원은 그러한 지식을 의도적으로 창출하기 시작했던 시대까지 거슬러 올라가게 된다. 그리고 이러한 관점에서 볼 때, 정책연구의 기원을 정확히 언제부터라고 단정하기는 어렵지만, 대체적으로는 고대의 도시국가시대에까지 소급될 수도 있다. 이렇게 보면 정책연구는 매우 오랜 역사적 뿌리를 지니고 있다고 하겠다. 그럼에도 불구하고, 정책 그 자체를 대상으로 하여 과학적이고 학문적인 연구를 시작한 것은 20세기 후반부터였다는 것은 이미 앞에서 언급하였다.

1950년대 초반부터 Lasswell에 의해 시작된 현대적 의미의 정책연구는 그 후 오늘에 이르기까지 특히 미국을 중심으로 비교적 다양하고 활발하게 진행되어 왔다. 이제는 명실상부한 사회과학의 독립된 학문영역으로 자리 잡게 되었으며, 학문으로서의 정책학뿐 아니라 정부의 공공정책영역에 대한 실무적 지식과 정보제공에도 커다란 역할을 담당하고 있다. 오늘날 정책연구는 정책학(policy sciences), 정책분석(policy analysis), 공공정책연구(public policy studies) 등으로 불리는 일단의 연구분야를 포괄적으로 지칭하는 뜻으로 사용되고 있다.[15] 이러한 일련의 연구활동 가운데 지금까지 진행되어온 국내외의 정책연구의 유형은 부분적 혹은 미시적으로 보면 지나치게 다양하여 산만하기까지 하다. 그러나 진행된 많은 정책연구들을 거시적 입장에서 파악해보면 거기에는 다음과 같은 일정한 연구유형을 발견할 수 있다. 즉 연구의 방법 측면에서 규범적·처방적 연구와 실증적·기술적 연구, 연구의 대상 측면에서 정책과정에 관한 연구와 정책내용에 관한 연구가 그것이다. 물론 이외에도 이러한 분류에 포함되지 않는 다양한 연구유형이 있을 수 있지만 여기서는 이들 4가지 연구유형에 대해서 고찰해 보기로 한다.

1. 규범적·처방적 정책연구

규범적·처방적 정책연구에서는 정치체제가 선호하는 특정의 가치 내지 규범을 실현하고 현실세계의 문제를 해결하기 위한 실제의 행동을 중시한다. 따라서 특정한 가치나 규범을 실현시킬 수 있고, 원하는 방향으로 문제를 해결할 수 있는 정책대안을 연구하게 된다. 즉 어떤 문제가 해결되어야 하며, 그것을 정책적으로 해결하기 위해서는 무엇을, 어떻게 해야 하는가에 대한 해답을 찾기 위해서 행해지는 연구로서 '정책과정에 필요한 지식'을 제공한다. 예컨대, 수많은 사회문제 중에서 어떠한 문제를 해결해야 하며, 그 문제를 해결하기 위해서는 무엇을 어떻게 해야 하는가에 대한 답을 찾는다는 것은 다음과 같은 의미를 지니고 있다. 첫째, 그 문제를 해결하면 어떠한 사회적 가치를 획득할 수 있는가에 대한 답을 찾는다. 다시 말해서, 그 문제를 해결하지 않고 그대로 방치하면 어떠한 사회적 가치를 희생하게 되는가를 분석해 내어야 한다. 둘째, 그 문제를 해결함으로써 혜택을 받는 자와 방치함으로써 피해를 받는 자가 누구인가를 알아야 한다. 셋째, 어떠한 문제를 정부가 정책적으로 해결하는 것이 바람직하다고 판단될 경우, 그 문제를 정책의제로 채택하기 위한 전략을 수립해야 한다. 규범적·처방적 정책연구란 바로 이러한 것들에 대한 답을 찾거나 여기에 도움을 주는 연구들이라 하겠다. 물론 정책대안의 작성과 선택과정에서나 수립된 정책의 집행과정에서도 항상 무엇이 바람직한가에 대한 규범 및 가치판단을 통해 해결책을 찾아내는 연구방법을 취한다.

2. 실증적·기술적 정책연구

실증적·기술적 정책연구는 앞에서 소개한 경험적·실증적 연구방법을 통한 연구를 의미하며, 행태론적 접근법을 신봉했던 다수의 정치행정학자들이 가장 많은 관심을 가지고 수행한 연구형태이다. 이러한 연구형태가 취하는 방법론상의 특징은 그것이 가치중립적 입장에서 사실의 파악과 검증에 중점을 두고 있다는 것이다. 즉 '어떤 문제가 있는가', '현재상태는 어떠한가', '그 문제를 야기한 사건 간의 인과관계는 어떠한가' 등과 같이 현상이나 사실에 대한 존재와 상태의 객관적인 기술 내지 묘사, 그리고 그들 간의 인과관계의 파악에 관심을 가진다. 따라서 정책결정과정이나 정책분석, 정책평가 등에 관한 연구들이 주로 이러한 연구경향을 지니는데, 이는 '정책과정에 관한 지식'을 제공한다. 예컨대, 개인으로서의 정책결정자가 문제해결을 위하여 현실적으로 어떻게 행동하는가에 대한 의사결정, 의사결정과정에서의 역할, 정책대안에 관한 계량적 분석, 성과자료를 토대로 한 정책의 사후평가 등에 관한 여러 연구들이 모두 이러한 연구에 속한다. 따라서 실증적·기술적 정책연구에서는 연구자의 경험에 기초한 사실기술이나 사례분석, 실증적 분석에 의한 사실 혹은 인과관계의 입증, 그리고 그것에 의한 미래예측

등이 중시된다.

3. 정책과정에 관한 연구

정책과정에 관한 연구는 정책의제설정에서부터 결정, 집행, 평가, 종결, 환류 등에 이르기까지 정책의 전 과정을 대상으로 각각의 단계나 절차에서 야기되는 문제들을 연구하거나 이들을 해결하는데 요구되는 지식을 탐구 또는 규명하는 활동을 의미한다. 이러한 연구는 '과정을 알아야 전체를 알 수 있다' 또는 '과정이 좋으면 결과도 좋다'는 일정한 가정을 전제로 하고 있는 것이다. 그러나 학자에 따라서는 이러한 정책과정에 관한 연구가 정책내용에 관한 연구와 분리시켜 논의하기 어렵고, 사실 정책과정이라는 것도 정책의 성격, 유형, 내용에 따라 각기 다양한 과정을 가질 수 있기 때문에 정책과정에 관한 연구는 이들과의 관련 하에서 연구되어야 한다고 주장하는 사람들도 있다.[16] 그럼에도 불구하고 현실적으로는 물론 논리적으로도 정책과정에 관한 독자적 연구는 충분히 가능하며, 상호 이질적이고 다양한 정책들의 정책과정을 비교하고 유형화함으로써 보편적인 정책과정모형을 정립할 수 있는 이점도 지니고 있다.

정책에 관한 체계적인 연구가 활기를 띠기 시작했던 1960년대 이후부터 학자들에 의해 수행된 많은 연구는 대부분이 이러한 연구형태에 속한다고 할 수 있다. 그리고 정책과정에 관한 연구로 특히 주목할 만한 것은, 1960년대 후반부터는 정책의제설정 분야가 새로이 정책연구자들의 관심을 끌게 되었으며, 1970년대에 들어와서는 정책집행 분야의 연구에도 큰 관심을 가지게 되었다는 점이다. 그런데 이러한 연구경향의 변천은 미국의 국내사정 변화와 밀접한 관계를 가지고 있다. 즉 전자의 경우 1960년대의 미국 내 흑인폭동사건과, 후자의 경우 연방정부에서 추진했던 여러 정책들이 거의 집행되지 못했거나 소기의 성과를 거두지 못한 것과 관련되어 있다.

4. 정책내용에 관한 연구

위에서 언급한 바와 같이 1950년대 이래 미국을 중심으로 대부분의 정책연구는 정책과정에 대한 연구가 주류를 이루어 왔다.[17] 그런데 이러한 연구형태가 활발했던 이면에는 '정책과정이 달라짐에 따라 정책의 내용도 바뀐다'는 가정이 전제되어 있었던 것이다. 그러나 1960년대 말에 Lowi, Froman 등은 이러한 연구형태에 비판을 가하고, 오히려 '정책의 내용이 달라짐에 따라 정책의 과정도 달라진다'는 당시까지의 통상적인 생각과는 정반대의 주장을 제기하였다.[18] 다시 말해서, 정책의 내용과 유형을 알면 그 정책이 어떠한 과정을 거쳐서 결정될 것인지를 예측할 수 있다는 것이다. 정책을 보다 합리적으로 결정하고 집행하기 위해서는 정책내용에 대한 충분한 이해가 필요하다는 시각이 근래에 와서는 상당한 지지를 얻어 정책내용에 관한 연구가 활성화되고 있다. 여기서 정책의 내용은 그 정책이 지니고 있는 특정한 혹은 일련의 목표, 행동대안, 의도나 언명(declaration), 조치(actions) 등을 말하며,[19] 정책의 유형은 기능적으로 국방, 상공, 보사, 노동 등의 정책이나 성질별로 구성정책, 추출정책, 규제정책, 분배정책, 재분배정책 등과 같이 정책을 특정한 기준에 따라 분류한 것을 말한다.

5. 연구유형의 조합

위에서 살펴본 바와 같이 정책연구의 유형이 크게 4가지로 분류되어 제시되고 있지만, 현실에서 수행되고 있는 연구유형의 실상은 대부분 이들 4가지의 연구유형이 서로 혼합되어 이루어지고 있다. 다시 말해서, 위에서 소개한 4가지 연구유형이 실제적으로는 〈표 5-1〉과 같이 연구방법과 연구대상의 두 측면이 서로 혼합적으로 이루어지는 경우가 많다는 것이다.

1) 정책내용에 관한 규범적·처방적 연구

정책내용에 관한 규범적·처방적 연구는 〈표 5-1〉에 나타나 있는 '유형 Ⅰ'에 해당한다. 이러한 연구유형은 정책에 관한 과정이나 절차에 관한 연구보다는

표 5-1	정책연구의 유형		
연구대상 ＼ 연구방법	규범적·처방적 연구	실증적·기술적 연구
정책내용에 관한 연구	유형 Ⅰ	유형 Ⅱ
정책과정에 관한 연구	유형 Ⅲ	유형 Ⅳ

정책의 실질적 내용을 다루는 연구를 말한다. 이러한 연구는 특정 정책을 분석하고 비판하며 현재정책의 개혁 또는 새로운 정책을 제안한다. 그리고 현재정책의 분석과 비판에는 언제나 정책의 개선방안에 관한 처방을 제시하며, 이때 정책의 평가기준으로는 연구자 자신들이 그렇게 생각하거나 마땅히 그렇게 되어야 할 것으로 판단하는 일정한 정책의 공식목표를 그 기준으로 한다. 이러한 연구의 주요 관심은 주로 현재의 정책이 중요한 목표나 가치로부터 어느 정도 이탈되어 있는가를 찾아내는데 있다. 또한 현재정책의 결과나 그러한 결과로 인해 나타날 미래의 적절한 정책에 관해서도 연구한다. 특히 현실의 인구, 군비축소, 핵전략, 자연 및 인력자원 등에 관심을 가지고 분석하며, 과거의 실패한 정책에는 별로 관심을 갖지 않는 것이 보통이다. 일정한 가설적 경향이 주어졌을 때 그러한 상황에서 미래에 발생될 수 있는 문제를 규명하는 데 관심을 갖는다.

2) 정책내용에 관한 실증적·기술적 연구

정책내용에 관한 실증적·기술적 연구는 〈표 5-1〉에서 '유형 Ⅱ'에 해당한다. 이러한 유형의 연구에서는 정책내용에 관한 하나 또는 그 이상의 속성들을 종속변수나 가끔은 독립변수로 설정하고 정책과정과 관련하여 연구한다. 예를 들자면, 정부의 정책체제적 특징이 정책내용에 미치는 영향을 조사하는 것과 같은 연구이다. 그리고 여기서 정책속성이란 실질적인 정책영역, 제도적 형태, 목표유형, 시기, 이념 및 가치유형, 지지의 범위, 정부의 수준 등을 뜻한다.

3) 정책과정에 관한 규범적·처방적 연구

〈표 5-1〉에 나타난 '유형 Ⅲ'의 연구는 정책과정에 관한 규범적·처방적 연구를 의미한다. 이것은 기존의 정책과정 혹은 절차의 개혁이나 전혀 새로운 과정이나 절차를 제안하고자 한다. 이러한 연구의 최근 형태를 보면, 능률성이나 형평성 등과 같은 규범적 원리에 따라 의사결정을 최적화하기 위해 체제분석, OR, PPBS, 전략분석 등과 같은 합리모형의 원리에 따르는 경향이 나타나고 있다.

4) 정책과정에 관한 실증적·기술적 연구

'유형 Ⅳ'에 해당하는 이 정책연구는 정책과정에 관한 실증적·기술적 연구를 의미한다. 이 유형은 소위 정책주기(policy cycle)라고 불리는 정책과정의 각 단계에 대해 연구하는 것이다. 비록 정책과정이나 과정 속의 각 단계 혹은 절차 등은 학자들에 따라 서로 다르게 분류하고 있지만, 앞 장에서 살펴본 바와 같이, 대부분의 연구는 정책과정을 정책의제형성, 정책결정, 정책집행 그리고 정책평가단계로 분류하고 있다. 따라서 정책과정의 각 단계에서 이루어지는 문제의 특징, 참여자의 특성, 환경의 영향 등과 더불어 정책결과에 대한 성과평가, 효과평가 그리고 비용편익분석 등에 집중적인 연구가 이루어지고 있다.

제4절   정책연구의 한계와 과제

정책연구가 사회문제의 해결과 국가발전이라는 연구목표와 관련하여 소기의 성과를 달성하기도 하였지만, 그 발전과정에서 본래의 목적을 충분히 달성하지 못하였다는 비난도 받고 있다. 뿐만 아니라 오히려 반인간적인 목적을 위한 공적 도구로 전락하고 있다는 비난을 받기도 한다. 국가마다 정책을 추진하거나 활용하는 철학과 가치가 다르기 때문에 정책과 정책연구의 가치와 의미에 대한 생각과 판단 역시 나라마다 학자마다 다를 수 있다. 이와 같은 정책연구의 특성을 정확히 이해하는 것은 정책연구를 올바르게 공부하는데 많은 도움이 될 뿐 아니라, 정책적 지식의 올바른 활용을 위해서도 반드시 필요하다. 이러한 맥락에서 우리나라의 정책연구가 현재 처하고 있는 위상과 정책연구에 대한 비판, 그리고 정책연구의 한계를 간략히 살펴보고자 한다.

물론 여기에 제시되는 정책연구에 대한 현재적 판단과 비판들이 모든 학자들이 수긍하는 사항은 아니며, 이러한 내용이 정책연구의 모든 영역에 해당되는 것도 아니다. 이들 중에는 특히 정책분석이나 평가영역과 그 기법을 중시한 비판들도 적지 않다. 따라서 정책연구의 특정 영역에 대한 비판을 정책연구 전반에 대한 비판으로 오해하지 말아야 할 부분도 적지 않음을 유의해야 할 것이다.

Ⅰ. 정책연구의 위상

정책연구가 현재 어떠한 상태에 있는가에 대해서는 다양한 의견들이 있을 수 있으나, 초기 정책연구의 개척자들이 설정했던 '사회과학의 지혜로운 활용을 통한 보다 더 바람직한 정부구현'이라는 약속은 이행되지 못하고 있는 것으로 보인다.[20] 특히 민주주의에 헌신하겠다는 규범적인 도전은 거대한 기술관료 중심의 행정을 지원하는 도구로 전락할 위험에 처해 있으며, 정책결정자들에 의하여 활용되어야 하는 연구결과들은 대부분 정책결정 이후 그것을 정당화시키는 정도에 지나지 않는다. 오늘날 정책연구가 당면하고 있는 가장 큰 제약으로는 정책연구가 지나치게 수단적 합리성에 의존하고 있다는 점, 문제상황이 매우 복잡하다는 점, 그리고 점차로 기술관료 지향으로 되어가고 있다는 점 등을 들 수 있다.

정책연구가 학제적 연구라는 패러다임을 통해 다학문적 접근을 표방하고 출발하였으나 점차 미시경제이론과 체제분석, 운영과학(OR) 등에 치우친 경향을 보여 주고 있다. 논리적 실증주의에 토대를 두고 지나친 이론적 정교성과 분석적 편리성을 강조하여, 정치적 현실을 간과함으로써 실제 정책과정에서는 크게 활용되지 못하는 결과를 초래하고 있다. 이러한 관점에서 볼 때, 정책연구의 학문적 위치를 재검토해야 할 필요가 있다고 하겠다. 그리고 전문가시대에 정책분석에 종사하고 있는 분석가들이 점차로 심각하게 느끼고 있는 현실인식 중의 하나는 정치적 현실세계가 당면하고 있는 문제들이 우리가 상상하고 있는 것보다 훨씬 더 복잡하고 변화에 저항적이며, 또한 모형으로 묘사하고 설명할 수 있는 정도를 훨씬 넘어서고 있다는 것이다. 많은 경우 현실정치의 문제들은 그 변수나 영향요인들이 지나치게 많고, 그들 간의 관계가 너무나 복잡해서 분석가들이 이해하고 처방하기가 매우 곤란하다는 것이다. 그 외에도 정책연구가 당면하고 있는 학문적 취약성은 정책연구가 정책건의에서 그 이면에 깔려 있는 인과관계를 설명할 일관성이 있는 이론적 줄기가 없다는 점이다. 즉 정책에 대한 연구와 탐구를 가이드할 일련의 명제들은 있으나 가정들을 검증하고 타당화시키거나 재형성하기 위한 독자적인 이론 틀이 없다는 점이다.

II. 정책연구에 대한 비판

지금까지 제기된 정책연구에 대한 비판은 대체로 네 가지로 요약될 수 있다. 첫째, 정책연구가 정부 내에서 권한의 집중화 현상과 국회에 대한 행정부의 우위 현상을 심화시킴으로써 관료들의 전문적 권위가 국회의 민주적 권위를 침해한다는 것이다. 이러한 비판은 계획예산제도 등과 같은 포괄적·분석적 정책결정을 위한 정부의 제도적 장치들이 유발한 중앙집권화와 행정부우위 현상에 기인한다고 볼 수 있다.

둘째, 정책연구가 국민에게 봉사하기보다는 정부의 입장을 지지함으로써 권력의 시녀역할을 한다는 비판이다. 정책연구가 가치판단을 회피하고 논리실증주의를 지향함으로써 지배계급의 이익에 봉사하고 있다는 것이다. 물론 이러한 비판은 민주적인 통제가 잘 되어 있지 않은 국가일수록 더 큰 설득력을 가질 것이다. 따라서 이를 극복하려면 정책과정에 다양한 이해관계의 당사자들은 물론 소외되기 쉬운 사회적 약자를 참여시키는 등의 제도적 장치를 강구하는 것이 필요하다.

셋째, 정책연구가 정치경제적으로 소외되어 있는 사회계층이 아니라 상류사회의 기득권층의 이익을 보호해 주기 위해 오용된다는 비판이다. 이것은 정책연구가 정책목표에 대한 비판적 검토나 가치기준에 대한 평가 없이 이들을 주어진 것으로 받아들이고 최선의 수단만을 강구하는 등, 주로 수단적 합리성을 추구하는 도구주의(instrumentalism)적 성향을 보여 왔기 때문이다. 따라서 정책연구에 관련된 가치문제를 깊이 검토하여 연구의 내용에서 밝혀야 할 것이고, 나아가 정책철학이 정책연구의 중요한 한 분야로서 위치를 점할 수 있도록 학문적 분위기를 조성해 나가야 할 것이다.

넷째, 정책연구는 종합학문적인 성격을 지니고 있어 그 이론구성이나 기법 등은 인접한 다른 학문들로부터 원용해 왔다. 그런데 이들 이론이나 기법 등이 정책연구에서 종합적으로 정리되지 못하고 있을 뿐 아니라 실질적인 내용 면에서도 다양하고 이질적인 정책연구들을 하나의 체계로 구성하지 못하고 있어 정책연구의 독자성이 문제가 되고 있다. 따라서 정책연구를 위해 다른 분야로부터 원용한 이론, 기법, 논리 등을 종합적으로 체계화하여 통일된 논리와 체계적인 이론 틀을 만들어 나가는 것이 독자적인 학문영역을 구축하는 길이라고 하겠다.

III. 정책연구의 한계

정책연구는 초합리적 요인을 인정하고 혁신과 창의를 존중하며, 당위적이고 규범적일 뿐만 아니라 문제해결을 지향하는 처방적이고 실용적이며 종합학문적이라는 특징을 지니고 있다. 그러나 정책연구에 대한 비판이 시사하는 바와 같이, 정책연구는 여전히 여러 약점과 한계를 내포하고 있다. 이와 관련하여 제기되는 여러 관점들을 살펴보면, 정책연구의 한계는 다음과 같이 요약될 수 있다. 첫째, 가치의 문제를 만족스럽게 해결하기 어렵고, 체제분석의 기본모형에서 크게 벗어나지 못하고 있다. 둘째, 합리성을 지나치게 강조함으로써 엘리트 집단에 의한 비민주적 정책결정을 초래할 우려가 있다. 셋째, 정책연구의 활용이 정치적 가치에 대한 합의와 높은 자질을 갖춘 정치적 리더십에 의존하고 있다. 넷째, 복잡한 정

책상황을 정확하게 분석한다는 것은 사실상 곤란하다. 다섯째, 여전히 우리 사회
는 정책연구의 발전과 이용을 가능하게 하는 정치사회적 기반이 취약하다는 점
등이다. 이들 한계는 정책 그 자체가 갖는 한계와 정책연구가 갖는 한계로 구별할
수 있을 것이다.

1. 정책의 한계

1) 국민기대와 정책현실 간의 격차

국민의 기대는 항상 정부의 능력을 앞지르는 속성을 가지고 있다. 따라서 설
령 어떤 특정 분야에서 정책을 통한 발전이 현저하게 이루어졌다고 하더라도 국
민적 기대는 이보다 더 앞서기 마련이다. 이처럼 국민적 기대상승의 폭이 정책현
실을 지나치게 앞지르고 있다는 문제가 정책의 한계라고 할 것이다.

2) 정책의 상대성과 불완전성

다원적 사회에서는 사회의 특정 집단이나 계층이 당면하고 있는 문제를 해
결하기 위한 특정 정책은 다른 집단에 대하여 문제를 야기할 수 있다. 예컨대, 누
진과세정책은 사회의 불평등문제해결을 위한 소득재분배를 지향하게 되지만, 저
소득층을 위한 해결방안이 고소득층에 대하여는 심각한 경제적 부담이나 조세저
항문제를 초래할 수도 있게 된다. 상호 배타적인 목표를 동시에 충족시킬 수 있는
정책은 존재하지 않는다. 더구나 사회문제란 그 특성상 완전한 해결은 처음부터
있을 수 없다는 것이다.

3) 정책의 사회변동기능의 한계

정부가 추진하는 의도적 사회변동에는 한계가 있다. 정책에 소요되는 재정적
혹은 시간적 그리고 기술적 자원의 한계로 인한 것은 물론 문화적, 규범적, 정서
적 제약 때문에도 인위적 사회변동에는 여러 가지 어려움이 상존함을 유의해야
한다. 더욱이 사회적, 지역적 여건에 따라 오랜 세월에 걸쳐 형성되어 온 주민의
의식구조, 가치관, 생활방식 등을 정부가 의도적으로 바꾸려고 하여도 불가능하

거나 수용하지 않는 경우가 많기 때문이다.

4) 사회문제의 복잡성과 가변성

시시각각 발생소멸하고 있는 수많은 사회문제는 그 속에 내포된 다양한 원인들이 복합적으로 작용함으로써 야기되고 있다. 따라서 한두 가지의 원인이나 변수를 통제하는 특정한 정책에 의하여 그 문제를 완전하게 해결할 수는 없다. 뿐만 아니라 어떤 문제의 해결에는 문제 그 자체보다 더 큰 불이익, 비용, 희생 등이 수반되는 정책이 요구될 수 있다. 다시 말하자면, 특정 문제에 내포된 다양한 원인들은 그 중 어느 한 가지를 해결하고 나면 또 다른 새로운 문제가 나타날수 있다는 것이다. 한 가지 문제의 해결은 다른 문제의 발생을 야기시킬 가능성은 항상 존재하며, 경우에 따라서는 문제를 해결하려 하기보다는 방치하는 것이 사회적 비용이 적게 소모될 수도 있다.

5) 과중한 자원의 소요

사회문제에 따라서는 그것을 해결하는데 막대한 비용과 인력 그리고 시간을 필요로 하는 경우가 적지 않다. 따라서 정책을 결정한다고 하더라도 정부의 자원 동원능력이 부족하면 성공적인 정책집행이 불가능하고 집행이 이루어지지 않으면 문제해결이라는 정책의 목표실현도 불가능하게 된다. 정부가 문제의 심각성을 인지하고서도 그 해결을 위한 정책을 결정하지 않는 것은 이러한 과중한 자원을 동원할 여력이 없는 경우도 있기 때문이다.

2. 정책연구의 한계

1) 정책문제 정의의 주관성

사회문제는 그에 대한 정의방법이나 내용에 따라 문제의 심각성 정도가 달라진다. 즉 사회문제는 어떻게 정의되느냐에 따라 해결이 불가능할 수도 있다. 이는 사회문제에 대한 정의가 주관적 관점에 따라 다루어질 수 있기 때문이다. 예를 들자면, 사회빈곤문제와 관련하여 빈곤수준이나 소득 불균형을 어떻게 정의하느냐에 따라 빈곤문제의 심각성과 해결가능성의 정도가 다를 수 있다는 것이다. 정책연구는 이러한 사회문제를 어떻게 규정하느냐에 따라 정책의 내용이나 성격이 현저하게 다른 정책들을 산출해 낼 수가 있다.

2) 연구설계와 유용성에 대한 회의

정책이란 그 속성상 매우 다양한 요소들이 복잡하게 얽혀있을 뿐만 아니라 그에 대한 인식 및 해결방안에 있어서도 이해당사자와 해당 분야의 전문가 및 정책담당자가 관련되어 있다. 따라서 어떠한 정책연구이든 정책의 결정과 집행 등에서 해당 문제와 관련된 모든 요소들을 모두 포괄하여 고려하는 것은 사실상 불가능하다. 또한 정책분석에서 일반적으로 이용되는 모형의 작성이나 정책평가의 방법 등은 여러 가지 한계를 지니고 있다. 이러한 이유로 정책연구의 질이 기대하는 수준에 미치지 못하며 그 내용 또한 문제해결에 부적절한 경우가 적지 않다. 그리고 연구결과를 활용하는 과정에서 충분한 의사전달이 되지 않거나 정책담당자의 이해관계나 정치적 이익과 충돌하는 경우에는 이를 정책에 반영하지 않는 경우도 많다.[21] 이러한 경우 정책연구의 결과가 정책의 결정과 집행에 도움을 주지 못하게 됨에 따라 정책연구의 유용성에 대한 의문이 나타나게 된다.[22] 이에 대한 해결책은 정책연구가 제공하는 지식의 질과 연구자의 능력을 향상시키는 것이다.

3) 정책결정의 제한된 합리성

어느 시대, 어느 곳을 막론하고 전적으로 합리적인 정책결정을 가능하게 하는 구조를 갖춘 정책체제는 찾기 어렵다. 사회문제의 해결에는 일반적으로 합리모형이 바람직하지만 정부는 합리적 방식으로 정책을 결정할 능력이 없다. 현실의 정책결정과정에는 합리주의 이외에 엘리트의 선호, 환경적 요인, 각종 집단의 이해관계 혹은 점증적 변동이 반영될 수밖에 없다. 엄격히 통제된 합리적 정책체제에 의한 정책결정이라고 하더라도 그것은 그 체제의 구성과 운영상에 내재하는 비합리성 때문에 어디까지나 제한된 합리성만을 가질 뿐이다. 정책연구가 아무리 진척된다고 하더라도 정책현실의 이러한 문제가 완전하게 해결되기에는 한계가 있다.

4) 정책연구의 정체성 문제

정책연구는 인접한 많은 다른 학문분야로부터 정책과정상의 활동을 합리화할 수 있도록 이론이나 논리, 기법 등을 원용하여 왔다. 그런데 이러한 여러 분야의 이론, 논리, 기법들이 정책연구의 논리체계 내에 포괄되거나 통일되지 않고 오히려 정책연구가 차용한 학문분야로 귀속되려는 현상이 부분적으로 나타나고 있다. 또한 정책연구가 연구대상인 실질적 정책이 매우 다양하고 이질적이어서 이들 잡다한 연구들의 단순한 집합체로 간주되기도 한다. 이러한 사실들 때문에 정책연구가 하나의 독립된 학문으로서의 지위를 지니고 있는가라는 정체성(identity)에 대한 의문이 제기되는 것이다. 따라서 핵심적인 연구대상인 정책을 중심으로 원용한 이론, 기법, 논리 등을 재정리, 수정, 보완하여 하나의 통일된 논리와 체계를 지닌 틀을 만들어 독자적인 학문으로 완성시키는 것이 요구된다.

5) 정책연구에 대한 인식부족

창의적인 정책개발은 국가나 사회에 대해 유·무형의 사회적 가치를 창조한다. 따라서 정책은 무에서 유를 창조하거나 빈에서 부를 창출하는 효율적인 사회적 도구로 활용된다. 그러나 효율적이고 창의적인 정책개발은 그만한 정책연구가 선행되어야 하고 정책에 관한 지적 자산이 축적되어야 한다. 그리고 이러한 것이 가능하기 위해서는 정책연구의 정치적 가치에 대한 국민적 합의가 뒷받침되어야 하고 나아가 높은 자질을 갖춘 정치지도자의 리더십이 이를 이끌어야 하며, 정책연구의 발전과 이용을 가능하게 하는 사회문화적 기반이 조성되어야 한다. 그러나 정치사회적 현실은 이를 뒷받침해 주지 못하고 있는 실정이다.

Ⅳ. 정책연구의 과제

주지하는 바와 같이 한국에서의 정책연구는 대부분 계량적 접근방법에 의존하는 분석적 또는 평가적 연구가 주류를 이룬다. 한국 정책연구의 실상은 정책연구의 일부분에 지나지 않는 방법론이나 기술, 즉 계량적 분석이나 평가기법에 지나치게 치중하고 있다. 이와 같은 분석이나 평가위주의 연구들은 그 중요성에도 불구하고, 정부나 사회는 물론 개인이나 집단의 정책에 대한 사고나 행태를 발전시키는데 크게 기여하지 못한다. 이러한 방법으로는 현실진단이나 측정 혹은 판단은 가능할지 모르지만, 그것이 국가와 사회발전에 어떠한 의미를 가지며 어떻게 연결되는지에 대한 규범적이고 처방적인 방향제시가 어렵다. 따라서 가치를 추구하고 이상을 구현하고자 하는 정책연구의 근본적 취지를 위축시키고 단순한 도구적 수단으로 전락시킴으로써 정책연구의 학문적 가치를 저하시키는 결과를 초래하고 있다.

정책연구가 당면하고 있는 이러한 약점들을 극복하기 위하여 여러 가지 다양한 방안이 제시될 수 있다. 최근에 대두되고 있는 대표적인 두 가지 경향으로는, 먼저 정책연구가 본래 주창하였던 정책문제에 대한 진정한 의미의 학제간 접근방법을 추구해 나가는 것이다. 지나치게 계량적, 분석적, 평가적 연구에서 벗어나 그동안 소외되었던 정책의 설계와 집행에 보다 더 광범위하고 다양한 사회과학자들의 스펙트럼을 조명하자는 것이다. 예컨대 사회심리학자들에 의한 행태적 패턴, 정치학자들에 의한 정치제도, 행정학자들에 의한 공공관리와 정부간 관계 등에 대한 탐구와 사회학자들에 의한 사회문화적 분석이 그러한 노력들이다. 다음으로 정책연구는 의존도가 높았던 기존의 자연과학적 패러다임과 합리모형 이외에도 여러 가지 다른 접근방법들을 적용한 연구가 수행되어야 한다는 것이다. 동시에 정책과정에는 현재보다 더 많은 수의 정책행위자들이 포함될 수 있도록 한 차원 높은 민주적 이념이 반영되어야 한다는 것이다.

정책연구의 패러다임은 어떤 하나의 학문적 관점이나 점증주의와 같은 현실적 실제에 지나치게 편중되는 것을 지양하고 진정한 의미의 다학문적 접근방법을 지향하는 노력이 요구된다. 또한 정책연구는 가치판단적 분석과 참여적 분석을 도입함으로써 그 과정을 보다 더 민주적인 것으로 발전시켜 나가야 한다. 이는 민주사회에서 토론과 논쟁, 설득과 타협, 조정과 수렴 등이 필수적으로 요구되기 때문이다. 참여적 정책분석의 목적은 새로운 공공정책을 설계함에 있어서 정책에 의하여 영향을 받는 시민들에게 충분한 정보를 가지도록 할 뿐만 아니라 그들을 정책설계과정에 통합시키는 것이 필요하다. 참여적 정책분석의 핵심은 시민들이 정책과정에 대한 정보를 더 잘 알 수 있도록 하고, 직접적인 시민참여를 통하여 시민들로 하여금 그들의 목소리를 더 잘 반영시킬 수 있도록 하며, 정치시스템과 정책과정에 더욱 충실하게 하자는 데 있다.

결국 정책연구는 여러 학문들로부터 발전된 기법을 도입하여 실용적이고 창조적인 학문으로 발전시켜 나가야 한다. 정책연구가 Lasswell의 주장대로 인간의 존엄과 가치를 구현하는데 그 목적을 두는 인문사회적 가치와 규범지향적 접근을 지향하며, 나아가 중요한 국가문제의 해결에 기여하고 국민과 정부가 추구하는 민주적 가치와 공익실현에 기여할 때 그 위상은 자연스럽게 제고될 것이다.

05 ‹‹‹ Notes

1 박호숙, "지방자치, 경쟁과 협력의 조화가 관건," 「지방자치」, 통권 제65호 (서울: 현대 사회연구소, 1994. 2), pp. 92-93.

2 Harold D. Lasswell, "Policy Science" in David E. Sills(ed.), *International Encyclopedia of Social Sciences*, Vol. 12, (NY: Macmillan, 1968), pp. 182-183.

3 William N. Dunn, *Public Policy Analysis* (NJ: Prentice Hall, 1981), pp. 7-31.

4 Harold D. Lasswell, "Policy Orientation," in Daniel Lerner & H. D. Lasswell(eds.), *Policy Sciences* (Stanford CA: Stanford University Press, 1951), pp. 3-5.

5 Harold D. Lasswell, "The Political Science of Science: An Inquiry into the Possible Reconciliation of Mastery and Freedom," *American Political Science Review*, Vol. 50 (Dec., 1956), pp. 961-979; 정정길, "정책학의 내용과 한계(I)," 「행정논총」, 제24권 제1호 (서울대학교행정대학원, 1986), p. 132.

6 Garry D. Brewer & Peter DeLeon, *The Foundation of Policy Analysis* (Homewood, IL: The Dorsey Press, 1983), p. 8.

7 David Easton, "The New Revolution in Political Science," *American Political Science Review*, Vol 63, No. 4 (Dec., 1969), pp. 1051-1061.

8 Harold D. Lasswell, *A Preview of Policy Sciences* (NY: American Elsevier Publishing Co., 1971).

9 Yehezkel Dror가 발간한 세 권의 책은 다음과 같다. *Public Policy-making Reexamined* (1968); *Ventures in Policy Sciences* (1971); *Design for Policy Sciences* (1971).

10 Yehezkel Dror, *Design for Policy Sciences* (NY: American Elsevier Publishing Co., 1971).

11 Thomas R. Dye, *Understanding Public Policy*, 4th ed. (Englewood Cliffs, NJ: Prentice-Hall, Inc., 1984), pp. 3-5.

12 Thomas S. Khun, *The Structure of Scientific Revolutions* (Chicago: University of Chicago Press, 1962).

13 정정길, "정책학의 내용과 한계(Ⅰ)," 「행정논총」, 제24권 제1호 (서울대학교행정대학원, 1986), p. 141.

14 상게서, p. 142.

15 정정길, "한국에서의 정책연구," 「한국정치학회보」, 제13집 (1979), p. 138.

16 Austin Ranney, "The Study of Policy Content: A Framework for Choice," in Austin Ranney(ed.), *Political Science and Public Policy* (Chicago: Markham Publishing Co., 1986), p. 7.

17 *Ibid.*, p. 3.

18 Theodore J. Lowi, "Four Systems of Policy, Politics and Choice," *Public Administration Review*, Vol. 32, No. 4 (July/August 1972), pp. 298-310; Lewis A. Froman, Jr., *The Congressional Process: Strategies, Rules, and Procedures* (Boston, MA: Little Brown & Co., 1967).

19 Austin Ranney, *op. cit.*, p. 8.

20 노화준, 「정책학원론」 (서울: 박영사, 1998), pp. 30-31.

21 Edward C. Banfield. "Policy Science as Metaphysical Madness," in Robert A. Goldwin(ed.), *Bureaucrats, Policy Analysts, Statesman: Who Leads?* (Washington DC: American Enterprise Institute for Public Policy Research, 1980), p. 10.

22 Garry D. Brewer & Peter deLeon, *The Foundations of Policy Analysis* (Homewood, IL: The Dorsey Press, 1983), pp. 8-9; Brian W. Hogwood & Lewis A. Gunn, *Policy Analysis for the Real World* (London: Oxford University Press, 1984), pp. 33-40.

정책의 과정　제 2 편

제 6 장　정책의제설정
제 7 장　정책결정
제 8 장　정책집행
제 9 장　정책평가
제10장　정책종결

정책의제설정

제 1 절   정책의제설정의 의미와 유형

Ⅰ. 정책의제설정의 개념과 특성

1. 정책의제의 개념

현대사회는 그 유래를 찾을 수 없을 만큼 많은 문제들이 시각을 다투며 발생되고 있는 복잡하고 동태적인 사회다. 비록 문제들이 사회마다 그 양상이나 정도는 다르다고 하더라도 현대국가의 모든 정부는 국민과 사회에 대해 이들 문제를 해결해야 할 의무를 지고 있다. 이러한 '수많은 사회문제들 중에서 정부가 그것에 대한 정책적 해결을 의도하여 공식적으로 채택한 사항'을 정책의제(policy agenda)라 한다. 물론 정책의제라는 말은 다양한 의미로 사용되거나 해석되고 있다. 즉 "어떤 특정한 정부기관에 의하여 진지하게 고려될 일련의 구체적이고도 특수한 사회문제 또는 사안들의 목록"[1]을 의미하는 것으로 사용될 수도 있고, "해결의 필요성을 정부 스스로가 인식한 문제, 또는 정부 밖의 사람들에 의해 제기된 문제들 중에서 정책적 해결을 의도하여 정부가 채택한 문제"[2]를 뜻하는 것으로도 사용될 수도 있다. 또한 "수많은 요구들 중에서 정책결정자가 어떤 대책을 강구하지 않을 수 없다고 느끼거나 선택하게 되는 것"[3]을 의미하는 개념으로도 사용될 수 있다.

사회문제 중에는 이미 사회에 부각되어 경쟁이나 갈등을 야기하고 있는 문제도 있고, 잠재되어 있어 장차 심각한 문제를 야기할 수 있는 문제도 있으며, 사회로부터 정부를 향하여 그 해결을 요구해 오는 문제도 있고, 정부가 미리 예측하여 적극적으로 처리하는 문제도 있다. 그리고 이들 문제는 그 성격에 따라 순전히 개인적 문제도 있을 수 있고, 사회 전체에 중대한 영향을 미치는 공공문제도 있으며, 이들의 중간적 영역에 위치한 문제도 있을 수 있다. 그러나 이처럼 많은 문제들 중에서 정부가 나서서 그 문제의 해결을 시도하는 문제는 사실 얼마 되지 않는다. 그것은 문제 그 자체의 성격이 사사로운 것이거나 지엽적 또는 국부적이어서 전체 사회에 미치는 영향이 미약하므로 정부의 정책체제가 관심을 갖지 않기 때문이고, 정부의 정책체제를 지배하고 있는 소수의 엘리트들이 그들의 이해관계와 관련하여 의도적으로 문제를 방치하는 무의사결정 때문일 수도 있으며, 정부의 자원 및 예산 부족 등 해결능력의 한계 때문일 수도 있다.[4]

2. 정책의제설정의 중요성

대두되는 사회문제들 중에서 단순한 사적인 문제로 취급되거나 심각성을 평가받지 못해서 방치되는 경우가 있는가 하면, 그 영향력의 심각성이 인정되는 공공문제로 취급됨으로써 정부가 그 해결을 위하여 공식적으로 채택하는 경우도 있다. 이와 같이 사회문제들 중에서 정부가 그 해결을 위해 공식적으로 채택한 문제를 정책의제라 하며, 이와 같이 정책의제를 채택하는 일련의 활동을 정책의제설정이라고 한다. 앞에서 논의하였던 이른바 정책과정으로 대별되는 정책결정, 정책집행, 정책평가 등의 과정은 이 정책의제설정으로부터 발단된다. 즉 정책의제설정은 정책과정을 태동시키는 과정이며 기능적으로는 정책체제에 대해 환경으로부터 이루어지는 요구 및 지지의 투입과정이 된다. 또한 정책의제설정은 정책체제의 입장에서 보면 정책환경으로부터의 요구와 지지를 수용하는 과정이기 때문에 결국은 환경과 정책체제가 상호 접목하는 과정이 되는 것이다. 그런데 종래의 정책연구는 정책의제설정을 정치체제에 의해 수행되는 것으로 간주함으로써 이 영역에 관해서는 그 연구를 등한시하였다. 이러한 경향은 정치와 행정이 이분법적으로 구분되는 정치행정이원론적 입장이나 행태주의 접근방법에 근거하기 때문인 것이다. 그러나 오늘날 거버넌스로서의 행정 현실에서는 이 영역이야말로 정치영역과 행정영역을 연결해주는 가장 핵심적인 부분이며, 정책과정의 최초단계로서 정책의제설정은 다른 어느 단계에 못지않게 중요한 것으로 인식되고 있다.

3. 정책의제설정의 특성

이처럼 정책의제설정은 사회 속의 무수한 개인이나 집단들이 자기들의 이익을 확보하기 위하여 정책체제로 하여금 해당 문제를 해결하게 하거나 방치하게 하기 위하여 정치적 여러 가지 수단을 동원하여 서로 경쟁하는 정치적 성격을 지닌다. 그러나 정책과정을 실증적으로 연구하는 정책학자들의 입장에서 보면 정책의제설정은 다음과 같은 특성을 갖는다.

1) 정치적 경쟁과정

정책의제설정은 정책과정에 작용하는 정치세력들이 처음으로 등장하는 과정이다. 이들 정치세력은 정책의제설정에서 시작하여 결정, 집행, 평가 등의 전 과정을 추적하면서 자신들의 이익을 옹호하려고 활동한다. 예컨대, 특정 사회문제가 이슈화되고 정책의제화되는 것에 대해 찬성하는 세력과 반대하는 세력이 있을 때, 그 문제가 의제로 채택되면 후자가 정책과정의 첫 단계에서 패배한 것이 된다. 패배세력은 다음 단계인 정책결정단계에서 또는 정책집행단계에서 자신의 입장을 계속 주장하게 된다. 그런데 여기에서도 다시 실패했을 경우, 다시 평가과정에서 그 정책이 문제가 있다거나 부작용을 가져왔다는 평가가 나오도록 노력한다. 이처럼 정책의제설정은 정책과정 전반을 통해 서로 경쟁하게 되는 정치세력들이 처음으로 등장하는 단계로서의 성격을 지니고 있다.

2) 민주적 정책참여

공중의 광범한 참여에 기초를 두는 통치제도인 민주정치의 중요한 특징은 정책의제설정에 공중의 참여 및 투입이 높은 비율을 차지하게 되며, 이러한 과정을 통하여 정부의 정책체제에 요구되는 문제들이 밝혀지게 된다. 물론 정책의제로 채택되는 문제가 모두 공중의 정치참여에 의한 것이 아니겠지만, 대의민주주의를 그 핵으로 하고 있는 정치체제에서는 공중의 정책참여에 의한 정책의제설정이 그 근간을 이루고 있다. 공중이 정책과정에 참여하는 방식은 매우 다양하나 정책의제설정에의 참여는 민주적 정치참여의 성격을 띠는 가장 활발한 참여과정이라고 하겠다.

3) 문제의 우선순위 결정

정책의제는 정부의 정책결정체제에 의해 특정화된 공식의제이며 따라서 정책의제설정은 정책문제의 우선순위를 결정하는 성격을 지니고 있다. 사회에서 일어나는 사건이나 전개되는 사항으로 말미암아 제기되고 있는 모든 공공문제를 정부기관이 다루는 것은 아니며, 다룰 수 있는 능력도 없다. 설령 모든 문제를 다룬다고 하더라도 동일한 입장이나 관심을 가지고 고려하는 것은 결코 아니라, 정부에 의한 검토와 해결을 필요로 하는 많은 정책문제들이 상호간 대립과 갈등과 경쟁관계에 있으므로 이를 다루는 데는 우선순위가 정해져야 한다. 정책의제설정은 이러한 정책문제들 중에서 정부가 처리할 문제들의 우선순위를 결정하는 성격을 띠고 있다.

4) 정책대안의 사전탐색

정책의제설정 단계에서는 다음 단계인 정책결정단계에서 찾아내어야 할 정책대안들이 제시되는 경우가 많다. 특정한 사회문제가 아무리 심각한 피해를 주고 있다고 하더라도 그 문제를 해결할 수 있는 대안이 없을 때는 그러한 문제는 정책의제로 채택되기 어렵기 때문이다. 따라서 어떤 문제를 정책의제로 채택해

주기를 요구하는 집단은 대부분 그 문제의 해결방안을 가지고 있기 마련이다. 이때 그 해결방법이 다른 집단에게 피해를 주는 경우에는 반대집단이 등장하게 된다. 그러므로 정책의제채택을 두고 벌어지는 경합은 보통 그 문제해결방안을 염두에 두고 벌어지게 된다. 그러나 경우에 따라서는 찬성집단과 반대집단이 타협을 하게 되는데, 이때의 타협은 본질적으로 문제해결책에 관한 타협인 것이다. 물론 이 해결책은 정책결정단계에 가서는 바뀔 수도 있지만 정책의제로 채택되는 과정에서 그 문제해결을 위한 정책대안에 관하여 정치집단들 간에 일정한 타협이 있을 수도 있는 것이다. 이러한 사실은 정책결정단계에서 정책대안을 탐색할 때 정책의제설정과정을 면밀히 검토하여 이미 타협된 대안들이나 정치적 지지를 받았던 대안들을 우선적으로 고려하는 것이 필요하다.

5) 후속정책과정에 영향

정책의제설정은 정책의제화의 양상에 따라 후속정책과정에 커다란 영향을 미친다. 전술한 의제설정단계에서의 찬성집단이나 반대집단은 후속되는 정책과정의 전 과정을 통해 경쟁과 대립을 지속하게 된다. 이처럼 의제설정단계에서 경쟁 또는 대립하는 집단들 간의 원만한 타협여부, 문제를 주도한 집단, 의제채택의 방법 등에 따라 후속 정책과정에 큰 영향을 받게 된다. 이 경우 나머지 후속정책과정을 담당하는 자들은 계속적으로 충돌하는 정치세력의 가운데서 활동을 하게 된다.

II. 정책의제의 양상과 유형

1. 정책의제의 양상

정책의제는 그것이 사회 속에서 하나의 사건이나 사태로 발생하여 다수 국민들의 관심과 지지를 받음으로써 사회문제(social problem), 사회적 쟁점(social issue), 공중의제(public agenda) 등 다양한 양상을 띠게 된다. 그러나 결국 정책체제가 그 문제를 해결할 의도를 가지고 공식적 의제로 채택함으로써 비로소 정책의제의 지위를 얻게 된다. 정책의제의 본질을 연구하는 것은 이처럼 하나의 사건이나 사태가 정부의 공식적인 의제로 채택되기까지의 전 과정을 분석함으로써 정책의제의 성격과 실체를 파악하는 것을 의미한다.

정책의제가 민간영역으로부터 요구되어 정부로 진입하는 것과 정부 내에서 정책담당기관이 자발적으로 선택하는 것은 그 내용이 다르다. 따라서 여기서 설명하는 정책의제의 본질은 일반적인 사회문제가 정부의 정책의제로 진입하는 과정에서 변화하는 성격을 설명하는 것이다. 정책의제의 본질에 대한 이해는 뒤에서 다루게 되는 정책의제설정과정에 대한 이해에 도움이 될 것이다.

1) 사회문제

특정한 시대, 특정한 사회에 따라 다소간 정도의 차이는 있겠지만, 다양한 문제에 당면하게 되고 그것을 해결하기 위해 나름의 노력과 자원을 동원하고 있다. 그러면 과연 흔히들 '문제'라고 하는 문제는 "해결책이 요구되는 인간의 욕구",[5] "사람들로부터 구제나 해결욕구를 불러일으키는 불만스런 상황 내지 조건",[6] "실제의 상태와 선호하는 상태간의 차이",[7] "어떤 일에 대한 현재상황과 요구되는 상태와의 차이"[8] 등과 같이 정의되고 있다. 이들 개념정의를 종합해 보면, '문제'란 어떤 사건이나 사태로 인하여 당사자에게 그것에 대한 해결욕구를 유발시키는 불만스런 상태나 조건으로 정리할 수 있다.

이러한 문제의 발생은 인간과 자연의 활동에 의해 야기되는 갖가지 사건과 그 사건에 대한 당사자의 인식이라는 두 가지 요소가 함께 작용함으로써 이루어지게 된다. 다시 말하자면, 아무리 많은 사건이 연속적으로 발생한다고 하더라도 당사자가 그것을 불만스럽게 느끼지 않는 한, 사건은 있으나 문제는 존재하지 않게 되며, 설령 불만스럽게 느낀다고 하더라도 그것을 해결하고자 하는 욕구가 없다면 해결과제로서의 문제로 진전되지 못한 채 잠재되고 만다. 이처럼 문제란 사건에 대한 인간의 인식을 통해 야기되지만 반드시 사건의 당사자에 의해서 인식되어야 하는 것은 아니다. 즉 사건의 당사자는 그것을 전혀 문제로 인식하지 못하는 데도 불구하고 다른 사람이 그것을 문제로 인식할 수도 있다. 그리고 동일한 사건에 대해 문제를 인식한다고 하더라도 문제인식의 내용이나 문제에 대한 심각

성의 정도 등에 대해서는 개인마다 차이가 날 수도 있다.9

이와 같이 어떤 사건에 대해 개인이 인식한 문제를 개인문제라 하고, 그 사건에 직·간접으로 연관되어 있는 불특정 다수인들이 공동으로 인식한 문제가 사회문제 혹은 공공문제이다.10 예컨대 어떤 학생이 대학입시에 불합격하여 재수를 한다고 할 때, 재수라는 하나의 사건은 재수생 자신과 그의 부모형제들에게 문제가 되는 사적 차원의 개인문제이다. 그러나 이러한 재수생의 숫자가 수십만 명에 이르거나 대학입학생의 수보다 재수생의 수가 많은 경우, 이것을 불특정 다수의 사람들이 문제로 인식하게 된다면 대학입시와 재수생의 문제는 사회문제로 전환되는 것이다. 이때 욕구충족의 기대수준과 현실 간에 격차가 있다고 해서 항상 문제가 발생되는 것은 아니며, 잠재되어 있는 문제인식을 표면화하거나 다수의 관심사로 만드는 계기를 촉발장치(triggering event)라고 하며, 이는 사회문제의 이슈화와 정책의제설정에 중요한 의미를 지닌다.

2) 사회적 쟁점

여러 연구문헌과 사례연구들은 사회적 쟁점(social issue)의 생성과 확산이 정책의제설정과정의 중요 국면임을 제시하고 있다. 사회적 쟁점은 "지위나 자원 등의 분배와 관련되어 있는 실질적 혹은 절차적 문제에 대하여 두 개 이상의 집단들 간에 일어나는 갈등"11을 뜻하는 것으로, '사회이슈'라고 부르기도 한다. 사회문제는 사회이슈화 되어 다수의 대중에게 확산되어 갈 때 정책의제로 채택될 가능성이 훨씬 높아진다. 이 과정에서 일반대중과 달리 사회적 쟁점에 대해 비판 및 해결책을 제시하는 적극적인 태도를 지닌 공중, 이른바 이슈공중(issue public)의 역할이 중요하다.12

사회적 쟁점은 대체로 문제와 관련된 대중이 정부의 조치를 바라거나 요구하는 문제와 그 문제에 대한 최선의 해결책에 합의를 이루지 못할 때 발생한다. 그러나 사회적 쟁점이 생성되는 데는 보통 4가지의 방법 또는 동기가 있다.13 첫째는 지위나 자원분배가 불리하게 편재되어 있다고 지각한 경쟁적 당사자들 중의 어느 한 편이 쟁점화하는 것이며, 둘째는 자신들의 이익을 위해서 쟁점을 찾아 만들어 내는 방법이고, 셋째는 예기치 못한 사건에 반응하는 사람들이 쟁점을 만드는 것이며, 넷째는 특정 개인이나 집단이 불리한 입장에 처한 다른 사람들의 이익을 위해 쟁점을 만들어내는 것이다. 그런데 이들 4가지는 어떤 개인이나 집단이 특정한 행위를 하기 위한 동기라고 할 수 있는데, 하나의 개인이나 집단이 하나 이상의 동기를 가질 수 있기 때문에 이들 방법이 상호 배타적인 것은 아니다.

사회적 쟁점은 그것이 지속적이며 다수의 대중들에게 확산됨으로써 그 영향의 범위와 강도가 보다 크게 확대 및 강화될 때, 정책담당자의 관심을 끌게 되어 정책의제로 채택될 가능성이 높아지게 된다. 사회적 쟁점으로서의 사회이슈가 지속적으로 보다 많은 대중에게 확산되기 위한 조건은 다음과 같다.

첫째, 촉발장치(triggering mechanism)의 작용을 들 수 있다.[14] 즉 사회적 쟁점화가 완만하게 진행되고 있거나 특정 계층 혹은 집단들이 잠재된 갈등상태에 머무르고 있을 때, 이와 관련된 새로운 사건이 발생함으로써 해당 쟁점이 크게 부각되고 다수의 공중에게 확산되는 경우, 바로 그 사건이 촉발장치의 역할을 한 것이다. 이러한 촉발장치가 작동하면 다수의 국민들로부터 관심과 지지를 받아 사회적 쟁점이 공중의제화 될 가능성이 높아진다.

둘째, 사회적 쟁점이 지속적으로 확산되기 위해서는 그것이 명시적이든 묵시적이든 간에 어떻게 규정되느냐에 따라 달라진다. 즉 하나의 쟁점이 구체성의 정도, 사회적 유의미성, 시간적 적합성, 복잡성의 정도, 범주적 선행성의 정도 등의 관점에서 그것이 어떻게 규정되느냐에 따라 그 쟁점의 시간적 지속성과 대중에의 확산 정도가 크게 달라진다는 것이다. 따라서 쟁점이 모호하게 규정될수록 대중에게 확산될 가능성이 더욱 커지며, 그것이 보다 사회적으로 유의미하다고 규정될수록 더 많은 대중으로 확산될 가능성을 가지게 되는 것이다. 또한 그 쟁점의 시간적 적합성이 높을수록, 복잡성의 정도가 낮을수록, 명백한 선례가 없는 것으로 규정될수록 더욱 광범위하게 대중으로 확산될 수 있다.

셋째, 사회적 쟁점의 주창자들이 매스미디어에의 접근능력이나 사람들의 마음을 움직이는데 필요한 자원을 가지고 있어야 한다는 것이다. 권력과 재력은 물론 상징조작이나 과장된 행위 등 가능한 모든 것이 여기에 포함될 수 있다. 이와 같이 어떤 사회문제가 그 해결책에 대하여 공중의 합의점을 찾지 못하고 사회적

쟁점으로 부각될 뿐만 아니라, 그 해결책을 정책당국에 요구해 올 때, 정책의제로
부각된다.[15]

넷째, 문제해결의 결과에 대한 경제적 유인이 희소하여 민간부분의 투자유인
력이 저조한 것이어야 한다. 예컨대 환경오염문제나 청소년문제 같은 것은 그대
로 방치할 경우 모두가 피해자가 될 수 있는 것임에도 불구하고 그 해결 결과로부
터 직접적인 경제적 이익이 기대되지 않기 때문에 민간부분의 자원동원이나 해결
노력을 기대하기 매우 어려운 문제인 경우에 의제화될 수 있는 것이다.

다섯째, 체제유지나 정책정당성의 유지와 직결되는 문제와 같이, 그 문제가
고도의 정치성을 가진 경우에도 그것은 정책의제로 바뀌게 된다. 여기서 주의를
요하는 것은 이들 5가지의 모든 조건을 다 갖추어야만 의제화 되는 것은 아니며,
하나 혹은 그 이상의 조건들이 복합될 때 가능하게 된다.

3) 공중의제와 정책의제

공중의제란 사회 내의 수많은 사회적 쟁점들 중에서 일반대중의 주목을 받
아서 정부의 정책적 개입의 대상으로 인정되는 사회문제를 말한다. 다시 말해서,
공중의제는 사회적 쟁점이 되는 사회문제들 중에서 민간의 노력으로 해결하기보
다는 정부의 정책으로 해결되는 것이 정당하다고 다수의 대중이 공감하는 문제를
의미한다. 한편, 정책의제란 이러한 공중의제들 중에서 실제의 구체적인 해결대
상으로 다루기 위해 정부의 정책체제가 공식적으로 채택한 사회문제를 말하며,
정책의제로 채택된 사회문제를 정책문제라 한다.

정책의제설정과정의 경로가 〈그림 6-1〉에서 보는 바와 같이 사회문제에서
출발하여 반드시 사회적 쟁점, 공중의제, 공중의제, 정책의제 등의 단계를 순차적
으로 거치는 것은 아니다. 정책의제설정의 과정이 사회문제에서 사회적 쟁점, 공
중의제, 정책의제 등의 단계를 모두 거치기도 있는 반면, 사회문제의 단계에서 바
로 정부가 정책의제로 채택하기도 한다. 또한 사회문제에서 사회적 쟁점단계를
거친 후 공중의제단계를 거치지 않고 정책의제단계로 전환되거나, 사회문제에서
사회적 쟁점단계를 거치지 않고 공중의제단계를 거쳐 정책의제로 채택되기도 한
다. 그러나 정책의제로 채택되었다고 하여 반드시 정책으로 입안되어야 하는 것

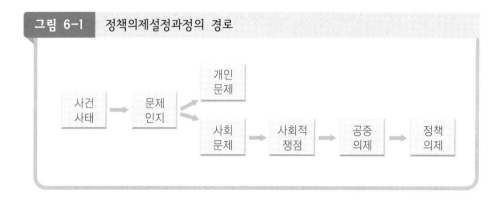

그림 6-1   정책의제설정과정의 경로

은 아니며, 한번 우선순위가 정해졌다고 하여 그 우선순위가 확정되는 것도 아니다. 물론 의제목록(agenda list)에 올라와 있는 기록상에는 우선순위가 정해져 있을 수 있지만 그것은 항상 유동적인 것이며 불변의 것은 아니다.

2. 정책의제의 유형

사회문제가 일단 정책의제로 채택되었다고 하더라도 불변의 확고부동한 것은 아니며, 우선순위가 정해져 있는 것도 아니다. 시간의 경과에 따라 문제 자체의 성격이 변화함으로써 정책의제로서의 지위를 잃는 것이 있는가 하면, 새로운 의제의 채택으로 인해 그 상대적 중요성이 떨어져 순위가 뒤로 밀려나기도 한다. 이와 같이 그 성격이 다양함에 따라 정책의제의 유형도 각양각색이다. 이러한 정책의제의 유형은 학자에 따라 각각 다른 기준이나 관점에 입각하여 분류하고 있을 뿐 아니라 그 명칭 또한 매우 다양하게 제시되고 있다.

1) 의제화의 주체를 기준으로 한 분류

의제화의 주체를 기준으로 분류한 의제의 유형으로는, Cobb & Elder의 체제의제(systematic agenda)와 제도의제(institutional agenda), Eyestone의 공중의제(public agenda)와 공식의제(official agenda), Anderson의 토의의제(discussion agenda)와 행동의제(action agenda), 안해균의 환경의제와 정부의제 등을 들 수 있다. 여기에서 대체

로 전자는 사회문제가 사회 속의 개인이나 집단에 의해 공중의 관심을 끌어 그 해결책을 정부에 요구하는 의제이며, 후자는 정부의 정책체제에 의해 설정된 의제이다. 따라서 전자는 공중의제이며, 후자는 정책의제라고 함이 타당할 것이다.

2) 정책결정자의 재량권의 정도를 기준으로 한 분류

정책결정자의 의제채택재량권의 정도를 기준으로 선택의제(chosen agenda)와 강요의제(pressing agenda)로 분류할 수 있다. 실제 Hirschman은 정책문제를 강요된 정책문제와 선택한 정책문제로 구별하고 있다.[16] 여기서 강요의제란 정부의 각종 제도나 절차에 의하여 정책결정자가 재량의 여지없이 의무적으로 고려하도록 규정된 정책의제를 말하며, 선택의제란 각종 사회정책이나 조세분야 등에서 볼 수 있는 것과 같이 의제선택에 정책결정자의 재량권을 행사할 수 있는 의제를 뜻한다.

3) 정책결정의 기능적 활동을 기준으로 한 분류

정책결정의 기능적 활동을 기준으로 Jones는 문제정의의제, 제안의제(proposal agenda), 협상의제(bargain agenda), 지속의제(continuing agenda)로 분류했다.[17] 문제정의의제는 적극적이고 신중한 연구와 정의의 대상이 되는 의제이고, 제안의제란 문제정의의 단계를 지나 그 해결책과 관련이 되는 의제이며, 협상의제란 그것에 대한 지지가 적극적이고도 강력하게 전개되고 있는 정책적 제안들을 지칭한다. 그리고 지속의제란 정규적인 검토의 대상이 되는 관례적 사항들(habitual items)을 의미한다. 그러나 정책의제의 유형들이 이와 같은 방식으로 분류되는 것은 정책의제의 이해나 연구에 큰 보탬이 되지 못하며 분류의 실익도 적다고 하겠다.

4) 기타 분류

Cobb & Elder가 제시하는 가의제(pseudo agenda)와 Eyestone이 제시한 운영의제(operational agenda)가 있다. 여기서 가의제란 정책결정자가 어떤 요구나 주장의 가치를 구체적으로 검토하지 않고 형식적으로 기록하거나 인정한 거짓의제를 뜻한다. 정책결정자들은 선거구민집단들의 좌절을 완화시키고 이익집단들을 회유

시키기 위한 수단으로 현실적으로 조치가 취해질 가능성이 전혀 없는 이러한 가
의제를 이용하는 수가 있다. 그리고 운영의제란 특정한 의제를 처리해 나가는 방
법이나 절차에 관한 정책을 말하며, 따라서 이것은 의제에 관한 의제라고 할 수
있다.

제 2 절   정책의제설정의 접근이론

정책의제설정에 관한 접근이론이란 하나의 정책의제가 채택되는 정책의제
설정의 현상을 기본적으로 어떠한 시각에서 파악하느냐에 관한 이론이다. 이것은
또한 정책의제가 어떠한 사회적 배경과 상황아래서 생성되며, 그것에는 어떠한
원리와 역학관계가 지배하는가에 대해 기본적으로 어떤 입장을 취하느냐를 의미
한다. 그러나 정책연구 그 자체가 길지 않은 역사를 가지고 있는 데다 그나마 대
부분의 정책연구자들이 정책의제를 정치체제에 의해 이미 주어진 것으로 간주해
왔기 때문에 지금까지 의제설정에 관한 연구는 저조한 실정이었다. 그 결과 정책
의제설정이라는 현상을 파악하는 연구들의 기본시각인 접근이론 또한 개발에 적
극적이지 않았다.

따라서 여기서는 그동안 정치학과 관련 사회과학의 관련이론들을 정책의제
설정이라는 현상을 파악하는 입장으로 진전시켜 다루기로 한다. 다행히 그동안 정
치학에서는 공공문제와 쟁점창출 또는 의제설정의 문제를 주로 정부의 정책결정
과정과 연계시켜 논의해 왔으며, 사회적 여러 과정들이 정치적 의사결정(정책결정)
의 소재(정책의제)를 제공해 왔다는 것을 묵시적으로 인정함으로써 이 분야의 연구
에 길을 트이게 하였다. 그러나 사회적 과정과 정부의 정책결정과정이 어떠한 방
법으로 서로 연계 또는 관련되어 있는지 구체적인 실체에 관해서는 연구가 활발
하지 않았다. 그럼에도 불구하고 의제가 채택되는 사회적 · 정치적 과정 중에 실
제 쟁점을 정책의제로 누가 채택하는지에 착안하여 정책의제설정에 관한 엘리트

나 정책결정자들의 권력관계에 관심을 가지고 연구한 관련 이론을 간략히 소개한다.

Ⅰ. 일반체제이론

체제이론(systems theory)은 연구하고자 하는 대상이나 해결하고자 하는 문제를 체제(system)라는 개념을 기반으로 해서 파악하는 것을 말한다. Easton은 정치체제를 전체적인 사회체제를 구성하고 있는 몇 개의 하위체제(sub-system)들 중의 하나로 파악하고, 이때 정치체제의 주요 기능은 전체 체제를 위한 가치의 권위적 배분이라고 보았다. 그리고 이러한 가치의 권위적 배분은 사회로부터의 요구와 지지를 받아 전환과정을 거쳐 결정된 산출을 뜻하며, 이것은 다시 환경적인 상호작용 결과, 다음 단계의 투입으로 환류되는 것으로 설명하였다. 특히 그는 정치체제에 대한 투입의 성격을 명확히 제시하고, 이러한 투입, 특히 요구가 체제 속에 진입되는 메커니즘을 상세히 설명함으로써 사회문제가 정치체제로 투입되는 소위 정책의제형성과정을 처음으로 연구한 학자라고 할 수 있다.

이와 같은 체제이론의 관점에서 정책의제설정과정을 검토해 보기로 하자. 정책체제의 환경인 사회로부터 투입되어 오는 수많은 요구가 있으나 모든 요구가 바로 정책의제화하는 것은 아니며, 그것이 사회문제화하고 쟁점으로 부각됨으로써 더욱 용이하게 정책의제화될 수 있다는 것이다. 왜냐하면 쟁점으로 확산됨으로써 그 쟁점에 대한 가시성(vasibility)이 높아지고 관련되는 공중이 증가하기 때문이다. 즉 요구가 쟁점화 될 때 많은 공중들에게 그 요구가 확산되고 중요성의 비중이 높아져 결과적으로 정책결정자들의 관심을 끌게 됨으로써 정책의제화될 수 있다는 것이다.

그러나 요구가 쟁점화된다고 해서 모든 것이 정책의제로 채택되는 것은 아니다. 쟁점들이 정책의제화되기 위해서는 체제의 문지기를 통과해야 한다. 이때 체제문지기(gate keeper)란 쟁점들이 체제 내로 진입하는 데 있어 성공과 실패를 결정하는 사람이나 기관 또는 집단을 의미한다. 이들 체제문지기들은 외부로부터의 투입과 내부로부터의 투입을 선별적으로 제한함으로써 체제의 전반적인 부담을 감소시켜 주는 역할을 수행한다. 수많은 요구나 쟁점들 중에서 일부는 정책의제로 채택되고 일부는 방치되는데, 체제문지기들이 이렇게 정책의제채택을 제한하는 이유는 정치체제 내지 정책체제도 기계체제나 유기체와 같이 능력상 한계를 갖기 때문이다. 즉 체제의 과중한 부담을 피하기 위하여 소수의 사회문제만을 정책의제로 채택하고, 체제의 문지기들이 선호하는 문제들을 의제로 채택한다.

Ⅱ. 의사결정이론

의사결정이론(decision making theory)은 Simon을 중심으로 1940년대 중반 이후 발전된 이론이며, 행정학에서는 주로 조직문제해결과 관련된 여러 가지 대안들 중에서 결정자가 의도하는 미래의 상태를 실현하기 위하여 하나의 대안을 선택하는 과정을 설명하는 이론으로 발전하였다. 즉 의사결정은 어떤 문제의 해결을 위해 두 개 이상의 대안을 놓고 그 중에서 하나를 채택하는 대안선택과정을 연구하는 이론으로, 대안의 선택방법에 따라 합리모형, 만족모형, 점증모형, 혼합모형, 최적모형 등의 다양한 모형으로 분류되고 있다. 여기에서는 Simon의 의사결정론과 Lindblom의 점증주의 입장을 정책의제설정과정과 관련하여 살펴본다.

1. Simon의 입장

Simon은 사람들의 의사결정활동을 주의집중활동, 설계활동, 선택활동 등의 3가지 국면을 지니는 것으로 파악하였다. 이들 3가지 국면 중에서 선택활동이 합리적 의사결정론자들이 주로 관심을 가지고 연구한 국면으로 가장 중시되었지만, 반면에 주의집중활동과 설계활동이 상대적으로 소홀히 취급되었다고 주장하면서, 이 세 가지 국면들을 함께 연구하여 동태적 이론을 수립하고자 하였다. 특히 그는 인간들이 의사결정을 할 때 맨 처음 단계에서 어떤 문제에 주의를 집중하는가에 대한 분석이 중요하다고 주장했다. 인간은 사물을 인지하는 능력에 한계가 있기 때문에 동시에 많은 문제에 대하여 주의를 기울일 수 없기 때문에 의사결정자도 여러 문제에 직면하게 되면 그 가운데 몇 가지만을 우선적으로 고려하게 되는데, 이는 조직체가 정치체제에서도 마찬가지라는 것이다.

그리고 설계활동 국면에서도 비슷한 제약 때문에 모든 대안을 동시에 고려할 수 없고, 먼저 머리에 떠오른 대안을 고려한 후에 그것이 큰 무리가 없다고 생각되면 그것에 만족하고 더 새롭고 합리적인 대안을 탐색하려고 하지 않는다는 것이다. 이와 같은 이론을 정책의제설정의 입장에서 보면, 수많은 문제들 중에서 정책결정자들의 관심을 끌고 그들이 채택한 소수의 문제들만이 의제로 채택된다는 것이며, 그러한 문제의 해결노력 또한 그들이 평소 생각하는 범위를 벗어나지 못하는 것으로 볼 수밖에 없다. 이러한 Simon의 의사결정이론은 결국 무수한 사회문제 중에서 일부만이 정책의제로 채택되는 이유에 대한 부분적 설명은 되지만, 어떤 문제는 의제로 채택되고 다른 어떤 문제는 제외되는지에 대한 설명은 하지 못하는 것이다.

2. Lindblom의 입장

Lindblom에 따르면, 지적 능력의 한계성과 정보의 제한성을 지니고 있는 인간은 의사결정을 함에 있어서는 점증적 의사결정과 당사자 상호간의 조절에 의한 조정에 의존한다. Lindblom의 점증주의 입장은 인간이 의사결정을 함에 있어서 가장 합리적이고 최적 또는 최선의 대안을 선택할 수 있는 것이 아니고, 기존의 의사결정에 비하여 약간 점증적이며 보다 더 향상된 결정에 관심을 갖는다는 것이다. 이러한 점증주의적 의사결정을 의제설정의 맥락에서 살펴보면, 첫째, 수많은 문제들 중에서 기존정책과 유사한 문제나 약간 향상된 것들만이 정책의제로 채택될 수 있다고 봄으로써 의제의 수를 극히 제한시키는 결과를 초래한다. 둘째, 점증주의에 따르면 새로운 정책을 수립하기 위한 의제채택은 거의 불가능해지며 기존의 정책이 바람직해야만 한다는 모순이 발생한다. 따라서 현대사회와 같이 변동의 정도가 극심하고 예기치 못한 문제가 빈번하게 발생하고 있는 곳에서는, 극히 부분적 적합성 밖에 가질 수 없는 이론인 것이다. 셋째, 점증주의에 의하면 어떤 문제가 아무리 중요한 것이라고 하더라도 의사결정자들의 관심이 없거나 자기들과 관계가 적은 문제, 가치를 평가하기가 곤란한 문제, 잘 이해되지 않는 문제들은 제외될 것이다. 그러나 현실은 정책결정자들이 그들의 이익과 배치되는 문제라도 의제로 채택하고 있으며, 관심이 없어도 가져야 할 때가 있고 평가도 사회가 내리는 경우가 허다한 것이다.

Ⅲ. 집단이론

집단이론(group theory)의 기본시각은 사회란 근본적으로 집단으로 구성되어 있는 것이기 때문에 사회적 여러 과정에 관한 연구는 집단간의 상호작용과정으로 파악되어야 한다고 보고 있다. 이때 집단이란 어떤 목적을 달성하기 위해서 구성원들 간에 상호작용을 하며, 이를 통하여 이해를 함께 나누는 조직체라고 한다. 집단이론은 집단간의 갈등이나 대결을 중재하고 해결해야 하는 의사결정자들을 인정하고 있는데, 이것은 정부의 정책결정자들이 여기에 해당된다. 한편 집단들이 정부의 정책결정체제에 접근할 수 있느냐 없느냐의 성패는, 집단의 규모와 집단구성원의 응집력, 집단의 사회적 지위, 집단의 정치·경제적 힘으로 대표되는 집단의 자원 등에 영향을 받는다고 본다.

그 외에도 집단갈등을 사회의 기초적인 과정으로 간주함으로써, 이러한 갈등으로부터 사회가 붕괴되지 않고 균형을 유지할 수 있게 해 주는 것이 무엇인가라는 문제도 규명하고 있다. 즉 각종의 집단들이 서로가 서로를 견제함으로써 일종의 동태적 균형을 이루거나, 여러 집단에 중립적으로 소속된 구성원들에 의해 집단활동의 강도가 완화되기 때문이라든가, 집단갈등에 한계를 설정하거나 활동을 규제 등에 합의함으로써 사회는 안정되고 유지된다고 한다. 이렇게 볼 때 집단이론은 정치를 사회 속의 무수한 집단들이 서로 자기들의 이익을 추구하기 위하여 갈등과 경쟁을 하게 되고, 그것을 정부의 정책결정자들에게 해결해 주도록 요구하며, 정부는 그러한 요구를 받아들여 조정 및 해결해 주는 과정으로 본다.

이와 같은 집단이론의 시각을 정책의제형성의 입장에서 보면, 사회의 모든 문제는 집단과정에 의한 갈등과 대립으로 발생된다고 보며, 이렇게 생성된 갈등이 사회문제나 쟁점들의 소재를 제공하는 것으로 본다. 그리고 이들의 갈등정도나 쟁점의 강도가 증대하여 갈등관련 집단들이 그 해결을 요구해 올 때 정책결정자들이 이들 문제를 조정 또는 해결해 준다는 것이며, 그렇게 해서 정책결정자들이 채택한 의제는 집단 간 경쟁이 균형상태에 도달한 것으로 보는 것이다.

Ⅳ. 엘리트이론

엘리트이론(elite theory)은 정치과정 속에서 일어나는 많은 정치적 행위 중에서 특히 지배엘리트들의 권력작용에 관심을 두고 이를 분석한 이론이다. 엘리트이론의 시각은 정책이란 지배엘리트의 선호와 가치를 표현한 것이지 흔히 보통사람들이 막연히 생각하고 있는 것과 같이 일반국민의 요구를 반영한 것은 결코 아니라는 것이다. 즉 우리는 흔히 다원론자들의 논지와 같이 정치적 영향력 내지 권력은 사회의 각 계층에 골고루 분산되어 있어, 권위적인 정책결정자들은 유리한 위치에 있기는 하지만, 자신들의 정치적 지위를 계속 유지하기 위해서는 자기들을 지지해 주는 일반국민의 요구에 민감해야 한다. 따라서 공식적으로는 소수의 엘리트가 정책을 결정하는 것처럼 보이지만, 실질적으로는 다수의 일반국민들의 영향력에 의해 정책이 결정되는 것으로 믿고 있다. 그러나 실제는 소수의 지배엘리트들에 의해서 모든 것이 이루어진다는 것이다.

이러한 엘리트이론을 정책의제채택이라는 관점에서 살펴보면 다음과 같은 논리가 성립된다. 첫째, 이들 소수의 지배엘리트들이 정책과정의 전 국면을 주도할 뿐만 아니라 특히 정책의제의 채택과정에서 그들의 권력을 충분히 행사한다. 둘째, 정책의제를 채택하는 것은 여러 사회집단의 영향에 의해서가 아니라 소수의 엘리트들인 정책결정자들이 그들의 가치나 선호에 따라 채택하며, 이들 엘리트들은 보수주의적 성향을 띠고 있으므로 채택되는 정책의제는 기존의 정책현실과 유사하거나 점진적인 성격의 것들이 대부분이다. 셋째, 엘리트들은 사회문제 중에서 어떤 것이 공개적으로 쟁점화하거나 정책의제화하고 나면, 자기들의 통제

범위를 벗어나게 되므로 자기들에게 불리한 결과를 가져올 문제는 정책의제로 채택되지 못하도록 비밀리에 막아 버리려고 한다. 넷째, 경우에 따라서는 엘리트가 대중을 위해 정책의제를 채택할 수도 있다. 그러나 그것은 대중의 요구에 의한 것이 아니라 엘리트가 대중을 위한 시혜적 조치이며 엘리트의 가치나 필요에 의해서 이루어진다. 다섯째, 대중은 수동적이고 정책의제설정에 무관심하여 왜곡된 정보를 가지기 쉽다. 그 결과 엘리트들에게 이용당하기 쉬우며 정책의제설정에 기껏해야 간접적인 영향밖에 미치지 못하게 된다는 것이다.

Ⅴ. 제도이론

정부구성과 제도는 오랫동안 정치학과 행정학의 주요 관심사가 되어 왔으며 전통적으로 이들 두 문제는 정부의 제도나 기구를 그 연구의 대상으로 삼아 왔다. 이처럼 제도이론(institutional theory)은 연구의 대상이나 접근방법을 정부의 구조나 제도를 중심으로 그들의 구조, 조직, 절차, 기능 등을 기술하는 것에 국한하고 구조나 제도 상호 간의 관계는 소홀히 하였으며 정책문제 또한 등한시했다. 간혹, 정책문제를 취급할 때도 분석적·경험적인 것이 아니라 기술적 방법에 의존했다.

제도이론이 정책연구에 기여하게 된 것은 Lowi, Ripley, Salisbury, Heinz, Schooler 등 소위 신제도론자들이 고전론의 주된 연구대상이었던 정부기관을 정책결정의 하위체제에 포함시켜 다루기 시작하면서부터이다. 제도론적 관점에서 보면 정책이란 정부기관에 의해 권위있게 결정되고 집행 및 강제되는 것으로, 정부제도 내지 기관과 밀접한 관계를 맺고 있다는 점이 강조된다. 특히 정책은 정부기관에 의해 채택, 결정, 집행되었을 때, 그 정부기관이 정당성, 보편성, 독점성, 강제성 등을 부여하기 때문에 제도라 할 수 있다는 것이다. 제도이론은 엘리트이론과 다원론의 내용을 부분적으로 수용하고 보완함으로써 두 이론 간에 가교적 역할을 하는 중간이론으로도 볼 수 있다. 즉 정책을 결정하는 것은 사회 내 여러 집단의 영향력이나 엘리트의 권력작용 중 어느 일방에 의해서만 결정되는 것이 아니라, 이들 양자로부터 같이 영향을 받는 정부의 기구나 제도라는 것이다.

　이러한 제도이론의 시각을 정책의제설정의 관점에서 파악하면, 첫째, 정책의제는 정부의 제도나 기관이 채택하며 그들은 자기들과 관련된 문제만을 의제로 채택한다. 둘째, 정부의 제도나 기관에 구조적 혹은 기능적 변화가 생기면 정책의제채택에도 그 영향을 미친다는 것이다. 셋째, 정책의제는 이들 정부의 기관들이 채택했을 때 비로소 정책으로 입안될 수 있고 집행되거나 강제될 수 있다. 넷째, 아무리 중요한 문제라도 관련 기관이나 제도가 없을 경우에는 방치되거나 의제채택이 지연된다. 다섯째, 어떤 문제가 정부의 여러 기관에 공통적으로 관련되는 것일 때는 의제채택을 서로 경쟁하거나 회피하게 됨으로써 기관간의 권력문제가 발생하게 된다. 여섯째, 정책의제채택에 관련 정부기관이나 관련 사회집단의 기능과 작용만을 고려하고 특수한 분야의 의제채택은 그 분야에 가장 이해관계가 깊거나 직접적으로 개입된 참여자들에게 맡겨 버리게 됨으로써 일반대중의 공공의사를 반영하지 못한다고 본다.

VI. 무의사결정이론

　정부의 정책체제가 어떤 문제를 정책의제로 채택한다는 것은 그 문제를 공식적으로 해결하기 위하여 어떤 정책수단을 마련하겠다는 의지의 표현이다. 반면에 어떤 문제를 정책의제로 채택하지 않는 것은 그것에 대한 정책대안을 마련하지 않겠다는 결정과 같은 것이다. 어떤 문제에 대해 정책대안을 마련하지 않겠다는 것은 그 문제가 정책체제로 접근하는 것을 방치하거나 방해하는 것을 의미한다. 무의사결정은 이처럼 정책의제로 채택되기를 요구하는 문제를 방해하거나 방치하는 일체의 행위를 포함하는 결정이다. 즉 사회 속에 존재하는 기존의 특권과 편익배분에 대한 변화요구가 표면화되거나 관련 정책기관에 접근하기도 전에 미리 그것을 봉쇄해 버리는 수단을 의미한다. 이러한 무의사결정이론(non-decision making theory)의 개념과 발생원인, 수단 및 유형들을 간략하게 살펴본다.

1. 무의사결정이론의 개념

어떤 문제가 왜 정책의제로 채택되느냐는 질문은 어떤 문제는 왜 정책의제로 채택되지 못하느냐는 질문과 표리의 관계에 있는 것이다. 전자에 관한 연구를 강조하는 것이 정책의제설정에 관한 연구라면, 후자에 관한 연구를 강조하는 것이 무의사결정에 관한 연구이다. 어떤 문제를 정책의제로 채택한다는 것은 정부가 그 문제를 공식적으로 해결하기 위하여 어떠한 정책수단을 마련하겠다는 의지의 표현인데 반해, 어떤 문제를 정책의제로 채택하지 않는 것은 그것에 대한 정책대안을 마련하지 않겠다는 결정과 같은 것이다. 무의사결정은 이처럼 정책의제로 채택되기를 바라는 문제를 방해하거나 방치하는 일체의 행위를 포함하는 결정이라고 하겠다.

무의사결정이론의 개념을 최초로 구성한 Bachrach & Baratz는 무의사결정을 정책결정자의 이익과 가치에 대한 도전을 억누르거나 방해함으로써 사전에 이를 봉쇄하는 결정을 보고 있다.[18] 다시 말하자면, 사회 속에 존재하는 기존의 특권과 편익배분에 대한 변화에의 요구가 표면화되거나 관련 정책결정기관에 접근하기도 전에 미리 그것을 봉쇄해 버리는 수단을 의미한다.[19] 요컨대 무의사결정이란 현상의 유지에 의해 이익을 얻고 있는 개인 및 집단들이 그들 때문에 피해를 입고 있는 다른 개인 및 집단들로부터 제기되는 현재의 가치배분에 대한 변화의 요구를 사전에 억제하는 것으로써, 정부가 정책결정의 범위를 편견의 동원(mobiliztion of bias)을 통해서 자기들에게 유리한 문제로 제한하려는 것이다.[20] 이것은 권력의 양면성에 기인하는 것으로써 체제를 위협하는 문제가 정책결정단계에 이르지 못하도록 하거나, 그것이 실패하면 계속해서 그 다음 단계인 결정 및 집행단계에서 그 문제의 해결을 방해 또는 억제하는 현상으로써 주로 현존의 가치배분상태로부터 이익을 얻고 있어 변화를 원하지 않는 개인 및 집단에 의해 행해지는 것이다.

2. 무의사결정의 발생원인

무의사결정의 원인에 관해서는 여러 학자들이 다양한 측면을 제시하고 있다.

Dye는 무의사결정이 발생하는 경우를 3가지로 분류하고 있는데,[21] 하나는 지배엘리트들이 어떤 문제에 공중의 주의가 집중된다면 발생하게 될 어떠한 사실을 두려워하거나 이미 발생한 사실들이 그들에게 이익이 되지 않을 것을 두려워하여 공개적으로나 은연 중에 그러한 문제를 억압할 때 발생하며, 다음은 정치입후보자들이나 행정관료들이 그들의 상관인 엘리트들이 어떤 독특한 아이디어를 좋아하지 않을 것이라고 예측함으로써 그러한 아이디어를 기각시켜 버릴 때 무의사결정이 발생된다고 보았고, 끝으로 정치체제는 그 자체가 특정 문제에 대해서는 해결을 촉진하고 다른 종류의 문제에 대해서는 방해하도록 구조화되었기 때문에 일어난다는 것이다. 즉 정치체제 내에는 체계적이고 일관적으로 특정한 사람들의 희생 하에 타 특정 집단의 이익을 위해 작용하는 일련의 지배적인 가치, 신념, 관례 등인 이른바 '편견의 동원'이란 것이 있기 때문이라고 한다.

　Schattschneider는 모든 정치체제는 정도의 차이는 있겠지만 체제유지를 위한 편견을 가지고 있기 때문에 이 편견과 일치하지 않는 문제는 발생과 확산이 저지당하게 되고 정책의제화를 방해받는다는 것이다. 정치세계 속에서 갈등이 일정한 위치를 점하고 있고, 갈등의 결과는 매우 심각할 수 있기 때문에 어떤 체제든지 갈등관리를 통해 체제유지를 위한 노력 없이는 생존해 나갈 수 없다. 따라서 모든 지도자나 조직들은 정치적 생존이라는 관점에서 그들의 기득권이나 이익을 위협할 가능성이 있는 문제에 대해서는 그것이 정치영역으로의 접근이나 유입이 허용되지 않도록 조치를 취하게 된다는 것이다.[22] 한편 정정길은 정부가 어떤 문제는 의제로 채택하고 어떤 문제는 방치하는 이유를 크게 두 가지로 분류하는데, 하나는 그 문제를 정부에서 해결해야 된다고 주장하는 자가 아무도 없기 때문이며, 다른 하나는 그 문제를 정부에서 해결해야 된다고 요구하는 사람은 있으나 반대에 부딪혀서 정책결정기관이 문제를 공식적으로 거론하지 않고 방치하기 때문이라고 분석하고 있다.

3. 무의사결정의 수단

무의사결정이 앞에서 언급한 바와 같이 기존의 특권과 편익배분에 대한 변화에의 요구가 표면화되거나 관련 정책결정기관이 접근하기도 전에 그것을 억압하거나 봉쇄해 버리는 결정을 의미한다. 그렇다면 다른 행위자가 영향력을 행사하려는 시도나 행동을 실패로 돌아가게 하는 방법 내지 수단에는 폭력의 사용, 권력의 행사, 위장합의, 편견의 동원, 협박과 회유 등이 있다.

먼저, 폭력의 사용은 현존질서의 변화를 요구하는 문제나 기득권을 가진 사람들을 위협하는 갈등이 공중이나 정부의 정책결정기관에 도달하는 것을 물리적인 힘이나 강제에 의해 이를 저지하는 것을 말한다. 폭력에 호소하는 가장 극단적이고 직접적인 무의사결정의 예는 미국의 남부 흑인민권운동가들에 대한 백색테러리즘(White Terrorism)을 들 수 있다. 그러나 폭력을 사용한다는 것은 권력을 행사할 수 있었던 사람의 패배를 뜻하며, 자칫 잘못하면 오히려 권력마저 상실할 수 있는 화근이 될 수 있으므로 매우 신중하여야 한다.

둘째, 권력, 즉 타인이 소유하거나 추구하는 가치를 빼앗거나 빼앗겠다고 위협함으로써 타인의 행동양식을 통제할 수 있는 능력을 행사하는 방법이다. 따라서 무의사결정의 수단으로써 권력을 행사한다는 것은 현재 권력을 가진 자나 기득권 내지 편익을 누리는 자들이 그들을 위협하는 갈등을 방해하거나 억제하기 위해 갈등을 주도하거나 주도하려는 자들에 대하여 실제 합법적인 제재를 가하거나 제재를 가하겠다고 위협함으로써 이들의 행동을 통제하는 것을 말한다.

셋째, 위장합의는 정책결정자들이나 기득권자들의 새로운 갈등주도자들에 대한 일종의 기만행위에 속한다. 형식적으로는 현존 가치배분의 변화요구에 동조하는 것처럼 행동하나 실질적으로는 그것을 이용하여 현재상태를 더욱 확고히 하기도 한다. 즉 일단은 요구에 응함으로써 문제제기집단의 강도를 완화시키나, 뒤에서 설득과 강제, 가치주입 등을 통해 이를 무산시켜 나가기도 하고, 우선 요구를 들어주는 것처럼 위장하고 시간을 끌어 무산시켜 나가는 방법 등 다양한 방법을 구사할 수 있다. 그러나 이러한 방법을 자주 사용하면 오히려 반대세력의 영향력을 키워 주고 그 강도를 높여 역효과를 발생시킬 수도 있다.

넷째, 편견의 동원은 무의사결정의 간접적인 수단으로 볼 수 있는 것으로 기존의 편견을 동원하여 변화에의 요구를 억압해 버리는 것이다. 예컨대, 기존의 편견을 가치배분에 대한 변화요구를 비민주적, 비도덕적이라든가, 혹은 확립된 절차나 규칙을 침해한다는 이유를 들어 억압해 버리는 방법을 말한다. 그 외에도 정밀한 조사나 연구를 필요로 한다는 명목으로 특정한 위원회에 회부하거나 시간을 지연시킴으로써 변화요구를 저지하기도 하고, 체제의 규범을 기초한 상징적 호소를 통해서 위협적인 요구를 자기들에게 유리하게 변형 또는 왜곡시키기도 한다.

마지막으로, 문제를 주장하거나 제기하는 자들에 대해 협박을 하거나 회유함으로써 그 문제가 정책의제로 채택되지 못하도록 하는 방법이다. 여기서 협박이란 문제를 제기하는 개인이나 집단에 대해 물리적 혹은 정신적 위협을 가하는 것이며, 회유란 특정한 조건이나 협박 등을 이용하여 그들의 주장을 취소 혹은 철회하거나 다른 방향으로 돌리게 하는 것을 말한다. 이처럼 정책결정자 혹은 정책결정체제의 문지기들은 자기들의 능력을 능가하는 문제나 자기들에게 불리한 문제가 정책의제로 채택되는 것을 막기 위하여 다양한 수단과 방법을 동원하게 된다.

제3절 정책의제설정의 과정

하나의 사회문제가 정책결정자에 의해 정책의제로 채택되기까지는 수많은 우여곡절을 겪게 되며 다양한 단계를 거치게 된다. 문제의 성격에 따라서, 문제를 정책의제화하려는 주도집단에 따라서 그리고 문제를 대하는 정책체제의 시각과 입장에 따라서 각각의 문제가 정책의제로 형성되는 과정도 상이해지는 것이다. 특히 정책의제설정과정은 각종의 정치세력들이 치열하게 경쟁하는 정치의 장이며, 여기서부터 시작되는 집단들 간의 투쟁과 경합은 전 정책과정을 통해 끊임없이 계속되므로, 그 열기가 더욱 가열되는 현실적 정치활동의 무대인 것이다. 따라서 중도에서 경쟁력을 상실하여 소멸되어 버리는 문제가 있는가하면 정책담당자들의 관심을 끌어 정책의제로 채택되는 문제도 있고, 경우에 따라서는 무의사결정에 의해 방치되는 문제도 있는 것이다.

이처럼 정책의제설정과정에는 수많은 사건과 사태 등의 복잡한 변수들이 시시각각 다양한 모습으로 작용함으로써 그 실상을 파악하기 어려우며, 설사 동일한 문제라고 하더라도 때와 상황, 관련된 사람들 등에 따라 그 양상을 달리함으로써 의제설정과정을 명확하게 파악하기란 여간 힘든 일이 아니다. 더구나 이 분야에 관한 연구가 체계적으로 시작된 것은 최근의 일이다. 그러나 앞의 접근이론에서 논의되었던 것처럼, 비록 부분적이긴 하지만 Easton의 체제이론이라든지 Simon의 의사결정이론, 그리고 다원론자와 엘리트론자들 간의 논쟁 등은 모두가 정책의제설정과정에 관한 이론구성에 토대를 제공해 왔다고 할 수 있다. 그리고 최근 여러 학자들이 이 분야에 관한 집중적인 연구를 해왔기 때문에, 정책의제설정과정을 연구하는 데 큰 도움을 주고 있다. 전자에 관해서는 이미 앞에서 검토했으므로, 본 절에서는 후자에 관한 학자들의 모형을 중심으로 정책의제가 설정되는 과정을 소개한다.

I. Jones의 모형

Jones는 정책의제형성과정을 문제의 정부귀속(problem to government)과정으로 파악하고, 이 과정을 기능별로 분류하여 사건인지 및 문제정의, 결집 및 조직화, 대표, 의재채택 등의 4가지 단계로 나누어 설명하고 있다.23

1. 사건인지 및 문제정의의 단계

Jones는 정책의제형성과정의 가장 최초의 단계를 사건에 대한 인지로 본다. 이때 인지는 '일어난 어떤 일에 대한 이해 또는 인식'을 의미한다. 따라서 어떤 사건을 인지한다는 것은 그것에 대한 발견, 정보수집 및 파악, 그리고 그것을 해석한다는 것을 말한다. 어떤 사건에 대한 인지의 결과는 문제의 존재유무로 나타난다. 어떤 사건에 따라서는 인지한 사람에게 아무런 불만이나 긴장, 갈등 등을 유발시키지 않은 것도 있지만, 어떤 사건은 그 해결을 필요로 하는 인간적 욕구를 불러일으키기도 한다. 동일한 사건에 대한 여러 사람들의 인지의 결과도 그와 같이 다르게 나타날 수 있다. 이처럼 인지를 통해 '해결을 필요로 하는 인간적 욕구'를 야기하는 상태를 문제인지라고 한다. 문제인지가 이루어지고 나면 그 문제를 정의해야 하는데, 이때 문제정의란 그 문제를 초래한 사건을 분석 및 진단하여 문제의 내용을 명확히 밝히는 것을 말한다.

2. 결집과 조직화의 단계

이 단계는 앞에서 정의된 문제들이 그 문제와 관련되는 많은 사람들의 이해관계가 얽힌 문제로 전환되고, 그리하여 많은 사람들이 공통적으로 인식하는 문제로 부각됨으로써, 그러한 문제의 관련 당사자들이 그 문제를 정책의제화 되도록 조직적 활동을 행하는 단계이다. 다시 말하자면, 인식된 사건이 문제로 규정되면 그것은 다수의 사람들에게 확산되고, 그 문제에 대한 이해득실이 비슷한 사람들은 해당 문제가 정책의제로 채택되도록 서로 힘을 합하게 된다. 그리하여 일단 공통적인 이해관계를 가진 사람들이 모이면 자신들의 문제를 효과적으로 정부에 귀속시키기 위해 조직을 형성한다. 이렇게 형성된 조직들은 모든 자원과 역량을 동원하여 자신들의 문제를 정부에 귀속시키기 위해 노력한다는 것이다. 오늘날 사회에 존재하는 많은 이익집단들은 이러한 결집과 조직화의 과정에서 발생하게 된 것이라고 볼 수 있다.

3. 대표의 단계

이 단계는 관련 대중이나 집단들이 자신들의 문제를 정부에 귀속시키기 위하여 행하는 모든 활동과 노력이 이루어지는 단계이다. 대표라는 용어가 갖는 의미에는 여러 가지 측면이 있으나, 여기서 대표는 '문제를 갖고 있는 사람들의 대정부 접근로'로서의 의미이며, 관련 대중 및 집단이 그 문제와 정부를 연결하는 연계활동을 의미하는 것이다. 어떤 문제가 대표되는 것은 여러 가지 통로를 통해서 이루어지는데, 이때 그 통로를 대표자 혹은 대표담당기관이라고 하고 이들 대표자 또는 대표담당기관으로는 국회의원, 의회, 신문방송 등의 언론기관, 지식인, 개혁가 등을 그 예로 들 수 있다. 그러나 이들 대표자들은 모든 문제를 대표하지는 않으며, 어떤 문제는 대표하나 다른 문제는 대표하지 않는 경우가 많다.

4. 의제채택의 단계

의제채택의 단계란 문제가 정부에 귀속하여 의제의 지위를 얻고 의제목록에 오르는 것을 말하며, 전술한 3가지 단계는 모두 이 의제채택이라는 마지막 단계를 위해 이루어진다. 문제가 정부에서 처리하게 될 주요 쟁점들의 의제목록에 오름으로써 그 지위를 갖게 되지만, 의제로 채택된다고 해서 모두 정책으로 수립되어 해결되는 것은 아니다. 언제든지 새로운 문제가 발생할 수 있으며 의제목록상의 우선순위 또한 유동적인 것이다. 따라서 일단 의제의 지위를 얻은 문제라고 하더라도 그 문제가 사회의 해결과제로서 문제성이 지속되어야 하며, 의제로서의 지위를 박탈당하지 않기 위해 그 지위를 유지하기 위한 지속적인 노력이 요구된다. Jones의 정책의제설정과정을 도표화하면 〈그림 6-2〉와 같다.

그림 6-2 Jones의 정책의제설정과정 모형

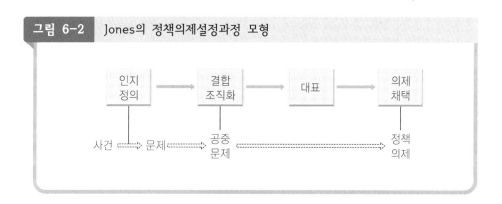

II. Eyestone의 모형

Eyestone은 정책의제설정과정을 특정한 쟁점(issue)이나 사회 속에서 공중의
제(public agenda)로 전환되는 과정과 정부 내에서 공식의제(official agenda)로 전환되
는 두 개의 과정으로 나누어 설명하고 있다. 이처럼 정책의제설정과정을 쟁점으
로의 전환과정으로 파악하고 있지만, 그의 논리에 따른다면, 정부가 그 해결을 위
해 관심과 행동을 집중하게 되는 공식의제가 여기서 의미하는 정책의제에 해당된
다고 보아야 할 것이다. 그는 정책의제설정과정을 사회문제의 인지, 문제의 사회
쟁점화, 쟁점의 공중의제화, 쟁점의 공식의제화 등의 4가지 단계로 나누어 설명하
고 있다.[24] 그가 제기하고 있는 의제설정의 전 과정은 정책결정이라는 최후 과정
까지 포함하며 5개의 과정으로 되어 있으나, 마지막의 정책결정과정은 논리적으
로 볼 때 다음 단계에 해당되므로, 실질적으로는 위에서 언급한 바와 같은 4개의
과정으로 볼 수 있다.

1. 사회문제의 인지단계

사회문제(social problem)의 인지단계란 어떠한 문제가 관련된 개인이나 집단에
의해 사회문제로 인식되는 것인데, 즉 상당수의 집단이나 사람들로부터 사회적
표준(social standard)에 어긋나거나(deviate) 사회조직의 중요한 어떤 측면이 제대로
작동하지 않는다고 인식된 상태를 말한다. 사회문제는 사회적 맥락 속에서 발생
되며 다수의 사람들이 관련되어 있지만, 그 기초는 사회적 존재로서의 개인적 문
제에 두고 있는 것이다. 개인들의 문제가 다수의 사람들로부터 공감을 얻게 되고,
그리하여 공감을 가진 많은 사람들의 문제로 인식될 때 그 문제는 사회문제로 전
환되는 것이다. 사회문제는 사회적 존재로서의 개인문제를 기초로 하여 생성된
사회의 불특정 다수인이 관련된 문제일 뿐 아니라, 문제의 상태가 시간적으로 계
속성을 가져야 하는 것을 그 기본속성으로 하고 있음은 이미 언급한 바와 같다.
그러나 사회문제는 대부분 그 문제로부터 직접 영향을 받지 않는 많은 사람들을

포함하여, 실제 관련되는 많은 사람들이 함께 인지한 문제이며, 보통은 점진적이
고 부지불식간에 사회문제로 발전되는 경우가 많다.

2. 사회적 쟁점화 단계

사회문제의 사회적 쟁점(social issue)화 단계란 그 사회문제에 대한 인식이나
해결방법에 다른 견해를 갖는 다수의 개인이나 집단이 나타나서 그 문제와 관련
하여 합의점을 찾지 못하고 논쟁이 야기되는 단계를 뜻한다. Eyestone은 "해결책
에 합의를 찾지 못하고 논쟁을 야기하고 있는 사회문제"를 사회적 쟁점으로 규정
하고, 이와 같이 그 해결방법에 대해 각자 다른 견해를 가진 여러 집단들이 참여
하는 과정을 사회적 쟁점화 과정으로 보고 있다. 이처럼 어떠한 사회문제를 놓고
다수의 사람들이 논쟁을 벌인다는 것은 그 문제에 대한 명확하고도 공감을 얻을
수 있는 정의를 내리지 못하기 때문인 경우가 많다. 즉 사람들은 각기 다른 정보
를 가지고 있을 뿐 아니라, 그 문제를 인지하는 방법이 다르며 가치관도 다르기
때문에, 당연히 다양한 견해를 제시하게 되는 것이다. 따라서 이러한 논쟁의 과정
은 사회적 토론의 과정이며 쟁점의 정의를 규정하기 위한 과정으로 볼 수 있다.

3. 공중의제화 단계

Eyestone은 공중의제를 "그것에 대한 해결조치가 취해져야만 한다고 대중이
믿고 있는 쟁점들의 집합체"라고 규정하고, 이러한 공중의제가 형성되어 가는 과
정을 공중의제화 단계라 한다. 공중의제는 그 내용이 얼마나 지속적이고, 현실세
계의 정치적 상황변화와 얼마나 논리적으로 연결되며, 그 문제에 대해 많은 대중
들 간의 합의정도를 반영하느냐 등에 따라 타 쟁점들과 구분될 수 있다. 그리고
이를 측정하기 위해 투표나 정기적인 여론조사 등이 유용하게 이용될 수 있다고
설명하고 있다. 따라서 공공의제화의 단계란 정부가 어떤 논제에 대해 관심을 보
이고 결정을 하게 되는 단계가 아니라, 단지 그것에 대해 정책결정자들의 관심을
불러일으키는 중요한 사회적 쟁점으로 부각되는 단계인 것이다.

4. 공식의제화 단계

이 단계는 여러 가지 공중의제들 중에서 정부가 그 해결을 위해 관심과 행동을 집중하는 정부의 의제로 선별되는 단계를 말한다. 공중의제가 공식의제(official agenda)화되는 과정을 분명하게 구분하기란 매우 어렵지만 일단 공식의제로 된다는 것은 빠른 시일 내에 그것에 대한 해결책이 강구됨을 뜻하며, 나아가 어떠한 조치를 취할 것인가, 정부의 어느 기관에 의해 그 조치가 취해질 것인가를 적시해 주는 효과를 지닌다고 한다. 그리고 그는 정책의제가 형성되는 과정을 논리적으로는 단계별 과정으로 구분할 수 있지만 현실적으로는 앞에서 제시한 모든 단계를 모두 거치지 않고 일부의 단계만 거쳐 공식의제로 성립되는 경우도 있음을 지적하고 있다. Eyestone의 의제형성과정을 그림으로 나타내면 〈그림 6-3〉과 같다.

그림 6-3   Eyestone의 정책의제형성과정 모형

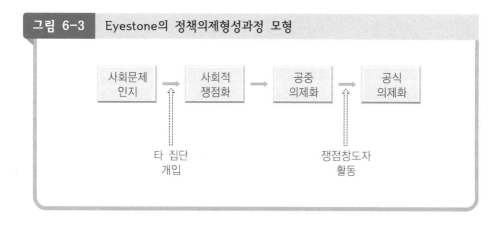

Ⅲ. Cobb & Ross 등의 모형

Cobb & Ross 등은 정책의제의 형성과정을 쟁점이나 정책제안(policy proposal)의 제기(initiation)단계로부터 출발하여, 그것에 관한 구체화(specification)단계, 확산(expansion)단계, 그리고 정부에의 진입(entrance)단계 등의 4가지 과정으로 이루어진다고 주장한다.[25] 이들은 또한 쟁점이나 정책안의 성격 및 그것이 공식의제로 채택되는 접근양상의 차이에 따라 외부주도모형(outside initiative model), 동원모형 (mobilization model), 내부접근모형(inside access model)과 같이 3가지 모형으로 나누고 있다.

1. 문제의 접근경로

1) 외부주도모형

외부주도모형은 공식적 정부구조의 외부, 즉 정부의 외부환경으로부터 비정부집단에 의해 쟁점이 제기되어 공중에게 확산됨으로써 일차적으로는 공중의제가 되고, 최종적으로는 공식의제(formal agenda)로 채택되는 정책의제형성과정을 거치는 모형을 말한다. 이 모형은 민주적이고 평등한 사회에서 지배적으로 나타난다고 지적하고 있다.

2) 동원모형

동원모형이란 어떤 쟁점이 정부내부에서 제기되었을 때, 거의 자동적으로 공식의제로 채택되는 과정과, 그것이 정책으로 입안되고 난 후 성공적인 집행을 위해서 공중의 지지와 협조가 필요함에 따라, 이를 위해 공식의제를 역으로 공중의제화시키는 과정을 함께 설명하는 모형이다. 정책결정자들은 이러한 노력을 통하여 정책집행에 필요한 재정적 자원이나 제도적 자원을 동원하지 않으면 효과적 정책집행과 목적달성에 많은 어려움이 따른다는 것을 잘 알고 있기 때문이다. 그리고 이 모형은 지도자와 추종자간의 거리가 먼 계층적인 사회에서 흔히 볼 수 있다고 지적하고 있다.

3) 내부접근모형

내부접근모형은 불만이나 정책제안(policy proposal)이 정부영역 내부에서 제기되어 공식의제로 채택되는 경우를 설명하는 모형이지만, 앞의 동원모형과 달리 주창자들이 그 쟁점을 정부영역 밖의 일반대중에게 확산시키기를 바라지 않기 때문에 공중의제화의 단계를 거치지 않고, 바로 공식의제로 채택하도록 하는 경우

를 설명하는 모형이다. 이때 자기들이 제기한 문제가 공식의제로 채택되느냐의
여부는, 그 주창자들이 정책결정자들에게 압력이나 영향력을 행사할 수 있는 능
력에 달려있다. 따라서 불만이나 정책제안의 주창자들은 공중에게 확산을 배제하
는 대신, 그 정책의 결정이나 집행과정에 중요한 영향력을 행사할 수 있는 특정한
집단들에 한정된 확산을 통하여 자기들의 주장이 관철되도록 노력하는 것이다.
그리고 이러한 모형은 부나 사회적 지위가 고도로 집중된 사회에서 흔히 나타난
다고 지적하고 있다.

2. 의제설정과정

1) 제기단계

이 단계는 외부주도모형의 입장에서 볼 때는 공식적 정책구조외부에 있는
개인이나 집단들에 의하여 어떤 불만이나 고통이 매우 포괄적이고 일반적인 용어
로 표출되는 단계를 말하며, 동원모형에서는 정치주도자에 의해 새로운 정책이나
프로그램이 발표되는 단계를 의미한다. 이때 정책이나 프로그램은 발표와 동시에
자동적으로 공식의제로 성립되는 것이 보통이며, 대부분의 정치체제에서는 이러
한 발표는 그 자체가 공식적 의제설정국면의 종결을 의미한다. 새로운 프로그램
이 발표되기 전에 정부 내에서는 그것에 관한 많은 논쟁들이 벌어지기도 하지만,
일반대중은 그것에 대한 깊은 관심이나 지식이 거의 없는 경우가 대부분이다. 또
한 내부접근모형에서 이 제기단계란 정부내부에 있는 집단이나 기관, 또는 정부
의 지도자들과 밀접히 연결되어 있는 집단에 의해 불만이 표명되거나 새로운 정
책제안이 제기되는 단계를 뜻한다.

2) 구체화 단계

구체화 단계란 외부주도모형에서는 앞 단계에서 표출된 불만이나 고통이 다
양한 방법을 통해 구체적인 요구로 전환되는 단계를 말한다. 이 단계는 주로 각종
의 이익집단이나 여론지도자, 정당 등 이익표출기관에 의해 이루어지며, 그 과정
에서는 동일한 불만에 대해서도 다양한 요구가 나올 수 있으며, 하나의 집단에서

도 다양한 구성원에 의해 여러 가지 요구가 제기될 수 있는 것이다. 따라서 이 단계는 하나의 불만에 대해 다양한 집단의 서로 다른 요구가 표출되는 단계인 것이다. 동원모형에서 이 단계는 정치지도자에 의해 발표된 새로운 정책이나 프로그램에 대한 공중으로부터의 반응을 통해 구체적인 세목을 탐색하고 결정하는 단계에 해당된다. 이러한 구체화 단계를 통해서 지도자들은 공중에게 해당 정책이나 프로그램을 보다 분명하게 밝혀주며 동시에 이를 지지하게 하는 것이다. 내부접근모형에서 이 단계는 불만이나 정책제안을 제기한 집단이 자기들과 밀접한 관련이 없는 타 지도자와 관련 정책결정자들을 상대로 자신들의 정책제안을 보다 구체적인 제안으로 전환시키는 단계를 의미한다.

3) 확산단계

확산단계란 외부주도모형에서는 쟁점을 제기한 집단들이 그 쟁점을 정부의 공식의제로 성립시키기 위하여 정책결정자들의 관심을 끌고, 그들에 대해 압력을 창출하기 위하여 사회 내의 다른 새로운 집단들에게 그 쟁점을 확산시켜나가는 단계를 말한다. 물론 쟁점에 따라서는 공중에게 확산되지 않은 채 바로 정책결정자의 관심을 끌어 정부의 공식의제로 채택될 수도 있으나, 대부분의 쟁점들은 관련 집단이나 공중에게 확산되어 공중의제화됨으로써 보다 용이하게 공식의제로 성립될 수 있는 것이다. 동원모형에서는 정부가 발표한 새로운 정책이나 프로그램을 관련 집단이나 공중에게 확산시키는 것을 의미한다. 그러나 내부접근모형은 이 단계가 없다.

4) 진입단계

외부주도모형에서 진입단계는, 확산에 성공한 쟁점이 공중의제가 되고 많은 사람들의 관심을 끌게 되면 정부의 정책결정자들이 공식적으로 그것에 대해 진지한 관심을 보이고 고려하게 됨으로써 공식의제(기관의제 혹은 정부의제)로 전환하는 단계를 말한다. 이 모형에서 진입단계는 정치체제의 성격에 따라 매우 다양하게 나타난다. 공중의제화의 과정과 공식의제화의 과정이 거의 동시에 이루어져 양자의 구분이 모호한 경우가 있는가 하면, 공식의제화의 과정에 장시간을 소요함으로써 뚜렷이 구분이 되는 경우도 있고, 공중의제에서 공식의제로의 전환이 이루어지지 않는 경우도 있다. 또한 공중의제들 중에는 정부가 그것을 다룸에 있어, 집단간의 이해관계가 상충됨으로써 강력한 반발을 야기시킬 우려가 있기 때문에 정책결정 자들이 진지하고 적극적인 관심을 표명하지 않고 장기간 방치하는 경우도 있다. 동원모형에서의 진입단계는 정부가 주도한 확산단계가 성공함으로써 공식의제가 공중의제로 전환하는 단계를 의미하는 것이다. 내부접근모형에서 진입단계는 공식의제로 성립되는 것을 말하는데, 이 모형에서는 쟁점 그 자체가 정부내부에서 제기된 것이므로 진입이라는 용어를 사용하는 것이 적합하지 못하다. 그 논제를 정책으로 결정하는 공식적 기관의 주요 정책의제로 상정되는 단계로 보아 소관 담당기관으로 진입되는 것으로 이해하여야 할 것이다.

제 4 절   정책의제설정의 전략

어떠한 사회문제가 정책의제로 채택되는 과정은 문제 그 자체나 집단의 성격에 따라 차이가 있을 뿐 아니라 수많은 변수들이 작용하고 다양한 절차를 거쳐야 하는 복잡한 과정이다. 그러나 모든 사회문제가 이러한 과정을 거쳐 정책의제로 바뀌는 것은 아니다. 이러한 과정을 거치지도 못하고 방치되는 문제도 있고, 그 과정을 거친다 하더라도 의제로 성립되지 못하는 문제도 많다.

사회문제가 정책의제로 성립되는 과정은 사회집단과 정부라는 두 주체들 간의 상호작용에 의해 이루어지는 것이기 때문에 이들 상호간의 관계나 작용 여하에 따라 그 과정은 다양한 형태로 나타난다. 때문에 어떠한 사회문제를 정책의제로 만들기 위해서 혹은 정책의제가 되는 것을 막기 위해서 사회집단들과 정부는 각자의 입장에서 나름대로 최선의 방법을 동원하게 된다. 이처럼 사회문제를 보다 효과적으로 정책의제로 만들기 위해 동원하는 노력이나 방법을 정책의제설정의 전략이라고 한다.

그러나 이러한 전략은 활동주체인 사회집단의 성격이나 문제를 대하는 정부의 입장에 따라 다르며, 문제 그 자체의 성격이나 그 문제가 의제로 형성되어 가는 과정에 따라서도 다를 것이다. 여기서는 정책의제설정의 전략을 사회집단의 전략, 정부의 전략, 이들 두 주체에 공통적으로 적용되는 공통전략 등의 3 가지로 분류하여 소개한다.

Ⅰ. 사회집단의 정책의제설정전략

사회집단의 정책의제설정전략이란 특정한 사회문제를 정부의 정책의제로 성립시키기 위해 개인이나 사회집단이 그 문제를 제기하고 확산시켜서 정부가 그것을 공식적으로 채택하도록 하기 위한 전략이다. 정부와의 상호작용 속에서 특정한 사회문제의 정책의제설정을 위해 사회집단이 고려할 수 있는 전략은, 그 집단의 성격이 어떠한가에 따라 또는 자신들이 주도한 문제가 의제로 설정되어 가는 단계에 따라 서로 달라야 하는 것이다. 아래에서는 사회집단의 의제설정과정에 관한 단계별 전략에 대하여 소개한다.

1. 억제전략

이 유형의 전략은 사회문제의 정책의제화에 필요한 각종의 접근방법을 확보하고 있을 뿐만 아니라, 조직화의 정도도 높기 때문에 자신들의 문제를 정부의 정책의제로 채택케 하는데 매우 효과적이다. 미국의 의료협회(American Medical Association)나 우리나라의 전국경제인연합회 등과 같이 주로 정부를 상대로 자기들의 요구를 실현해 온 경험을 가진 집단들이 여기에 해당된다. 따라서 이들은 구성원들의 응집력도 좋고 자원동원력도 뛰어나다. 그리고 이들이 추구하는 목표는 간결하고 분명하며 일관적일 뿐 아니라 정치적 접촉의 경로나 기회가 확보되어 있으므로 의제설정전략도 상당히 단순화되어 있다. 정책결정자들에 대해서는 자기들의 문제를 이해 또는 설득시키는 전략을, 타 집단이나 일반대중에 대해서는 그 문제에 대한 반대를 억제하는 전략을 취하게 되지만, 보통은 전자보다 후자에 그 전략의 비중을 더 두게 된다. 특히 그 문제가 정책으로 입안되어 집행될 때, 그 정책으로 인해 피해를 입게 될 개인이나 집단들의 적대감을 완화시키거나 무마시키는 전략을 중시하게 된다.

2. 역량증진전략

역량증진전략은 정부에의 접근에 있어서는 명백한 이점을 가지고 있지만, 그들의 문제를 분명하게 정의하는 데는 제한된 능력밖에 갖지 못하는 농민집단의 경우와 같이, 정책결정자들에 대한 접근수단은 이미 확보해 놓고 있으나 집단의 조직화의 정도가 낮아 그 수단들을 효과적으로 이미 활용하지 못하고 있는 집단들이 주로 활용하는 전략이다. 따라서 이들의 전략은 자기들의 문제를 분명하게 인지하고 정의하며 문제의 우선순위를 결정하는 것과 같은, 집단자체의 조직역량 배양에 큰 비중을 두게 된다. 만일 이러한 조직역량이 배양되지 않는다면, 그들의 문제를 정책결정자들이 대신 정의하게 되며, 그렇게 결정된 정책은 결국 자신들에게는 부적합하다든가, 자신들의 주장과는 거리가 먼 정책이 되어 버리게 된다.

3. 확산전략

이것은 정치체제의 아웃사이더들로서, 사회·경제적으로 불리한 입장에 처해 있는 자들로 구성되어 있는 집단들이 이용하는 전략이다. 자기들의 문제를 정책의제화시키는 데 필요한 정부에의 접근수단도 확보하지 못하고, 집단의 조직화 정도도 아주 낮은 집단들이기 때문에 자신들의 문제를 정책의제로 성립시키기 위한 아무런 수단도 갖지 않는다. 따라서 이들은 자신들의 문제를 정책의제화시키기 위해서 자기의 문제를 다른 집단들에게 확산시켜 다수의 지지를 확보함으로써, 정부로 하여금 그들의 문제에 관심을 기울이도록 하는 전략을 추진하게 된다. 즉 이들 집단의 정책의제형성전략은 자신들의 문제를 타 집단이나 일반공중으로 확산시키고 사회논제화시키는 데 많은 비중을 두게 된다. 이러한 확산전략의 극단적인 형태로는 집단시위를 들 수 있다. 이처럼 확산전략의 실제수행을 통해서 그 문제가 사회의 논제화되고, 그 논제에 관련되거나 관심을 가지는 사람들의 수가 많을수록 정부의 공식적 정책의제로 접근될 가능성이 많은 것이다.

4. 접근전략

이 전략은 자신들이 추구하는 고유의 목적을 달성하기 위해서 조직화는 잘 되어 있으나 정부에 접근할 필요성을 느껴본 적이 없어, 정부에 대한 접근 경로나 수단을 확보하지 못한 집단들이 주로 사용하는 전략이다. 그러나 어떠한 목적을 위해서든 간에 어떤 집단이 조직화의 정도가 양호하다는 것은 그들의 요구를 관철하기 위해 필요한 각종 수단이나 자원을 동원할 능력이 있다는 것을 뜻한다. 따라서 이러한 집단들이 정책의제설정을 위해 1차적으로 가장 큰 비중을 두는 전략은, 조직의 힘을 이용하여 정부의 정책결정자들에게 접근할 수 있는 방법을 찾고 접근통로를 확보하는 것이다. 그리고 일차적 전략이 성공을 거두면 이차적으로는 정책결정자들을 이해시키고 설득함으로써, 자기들의 문제를 정책의제로 채택케 하는 전략을 취하게 되는 것이다.

II. 정책기관의 정책의제설정전략

정부의 정책담당기관이 의제설정을 위해 취할 수 있는 전략은 의제로 채택하고자 하는 문제가 체제외부의 사회집단으로부터 제기된 것인가, 아니면 정부내부에서 인지되고 제기된 것인가에 따라 큰 차이를 보인다. 사회집단으로부터 제기되어 정부로 투입되어 오는 문제에 대한 전략은 정책결정체제가 그 문제에 대하여 어떠한 입장이나 태도를 취하는가에 따라 달라진다. 한편, 정부내부에서 제기된 문제에 대한 전략은 그 문제를 의제로 채택한 후 일반대중에 대한 확산활동이 필요한가, 아니면 필요치 않은가에 따라 달라질 것이다. 전자는 문제를 대하는 정책결정체제의 기본입장에 따른 전략으로 문제에 대한 대응전략이라 할 수 있으며, 후자는 정부 내 문제제기집단의 성격과 문제 자체의 특성에 따른 전략으로 의제설정을 위한 문제의 수용전략이라고 하겠다. Jones의 이론[26]과 Cobb 등의 설명[27]을 기초로 하여 이를 두 가지 전략으로 정리해 보기로 한다.

1. 사회문제에 대한 대응전략

Jones는 정책체제 외부에서 제기된 사회문제에 대하여 정부의 정책체제가 취할 수 있는 태도를, 방관적(let it happen), 후원적(encourage it to happen), 주도적 (make it happen) 태도 등의 3가지 유형으로 분류하고 있다.[28]

1) 방관적 전략

방관적 전략은 정책의제화를 요구하며 사회에서 제기되어 정부로 투입되어 오는 사회문제에 대하여, 정책담당기관이 아무런 조치도 취하지 않고 관심까지 기울이지 않는 수동적 역할을 수행하는 전략을 말한다. 정책기관은 사회문제의 접근경로와 의사전달통로를 현재의 상황대로 계속 유지함으로써, 영향 받는 사람들이 정보에 접근할 수 있고 의견이나 문제를 교환할 수 있도록 한다. 그러나 문제에 관련된 개인이나 집단이 그 문제를 정의하고 조직화하는 일을 도와주지는 않으며, 정책기관 자신도 스스로 그 문제를 정의한다거나 그 문제의 우선순위를 설정하는 일 따위는 하지 않는다.[29]

이러한 전략을 취할 경우 정부의 정책담당기관은 사회의 개인이나 여러 집단 간의 갈등에 전혀 개입하지 않고 수동적 입장을 취하며, 집단갈등의 결과 최종적으로 정책담당기관에 도달하게 되는 사회문제에 대해서만 공식적으로 정책적 관심을 기울인다. 이러한 전략은 민주주의 정치제도가 잘 발달된 다원주의사회 속의 정책결정체제가 취하기에 적합한 전략이라고 볼 수 있지만, 정치체제의 능력에 따라서는 사회문제가 정책의제화 되는데 상당한 어려움을 겪게 될 수 있는 전략인 것이다.

2) 후원적 전략

이것은 사회의 개인과 집단들이 자신의 문제를 정의하고 표출하는 것을 정부의 정책체제가 뒤에서 도와주는 전략이다. 정부는 약육강식의 모순이 지배하는 사회의 약점을 인식하고 자원의 평균화를 통하여 의제설정과정이 어떤 특정한 집단이나 타 집단의 이익을 위해 유리하게 이루어지지 못하도록 노력하는 것이다. 정부가 후원적 전략을 택할 때 나타나는 대표적 행태는 사회적으로 불이익을 받고 있거나 기회를 부여받고 있지 못하다고 판단되는 사람들이 정책과정에 참여할 수 있는 각종 제도적 장치를 마련해 주는 것이며, 정부 스스로가 그들을 위해 문제를 인지하고 정의하지는 않는다. 예컨대, 가난한 사람들이나 불이익을 받고 있는 사람들에게 갖가지 자원을 제공함으로써 그들로 하여금 정치와 정책결정에 참여할 수 있게 하는 것이다. 따라서 사회 내에서 누가 불이익을 받고 있으며, 누가 기회를 부여받지 못하고 있는지를 정부의 정책결정체제 내에 있는 사람들이 결정하게 된다.

그러나 이러한 판단 내지 결정권을 행사할 수 있다는 지위 때문에 또 다른 문제가 발생되는 것이다. 즉 정부가 도움을 필요로 하는 사람을 결정함에 있어 편견이 개입될 여지가 있으며, 그러므로 어떤 특정한 집단에게 특혜를 줄 수 있다는 것이다. 만일 정부가 특정 집단에게 도움을 주는 것이 진정한 사회적 형평을 실현하기 위한 것이 아니고 그것을 통해 정부자신의 문제를 정책의제로 채택하려는 속셈이 내포되어 있다면, 이 전략은 그 성공을 보장받을 수 없을 뿐 아니라 민주주의 기본이념에 배치되는 심각한 재난을 불러일으킬 위험을 갖는다. 그러나 방관적 전략보다는 사회문제의 정책의제화가 훨씬 용이하며 그 가능성도 높은 것이다.

3) 주도적 전략

주도적 전략은 사회문제가 정책의제로 채택되는 과정에 정부가 적극적으로 개입하여 전 과정을 정부의 의도대로 이끌어 나가는 것을 의미한다. 정부가 주도적 전략을 취한다는 것은 제기된 사회문제를 정의하고 목표를 설정하는데 정책체제 내부의 사람들이 적극적인 역할을 수행해 나간다는 것이며, 경우에 따라서는 정부내부의 사회문제에 대한 문제정의나 우선순위까지 결정함으로써 사회집단들로 하여금 특정 문제에 대한 요구를 유도하기도 한다. 앞의 두 가지 전략은 궁극적으로는 사회집단들이 스스로 제기한 것이든 정부의 후원에 의해 제기된 것이든 간에 여러 가지 요구나 압력들 중에서 어느 것에 더 큰 비중을 두어야 할 것인가를 결정하는데 관심의 초점이 집중되지만, 이 주도적 전략은 사회집단으로부터 요구가 나올 때까지 기다리는 것이 아니라, 사회 내 각종 사건 및 문제를 전반적으로 검토하고 난 후 그 중에서 어떤 것을 정부의 정책의제로 설정하는데 주요 관심과 활동의 비중이 주어지는 것이다.

그러나 사회문제에 대하는 정부의 전략이 주도적 전략의 형태를 취한다는 것은 그 사회가 침체되어 정부에 대한 민간으로부터의 요구가 적거나, 그렇지 않으면 정부가 권위적이라서 사회집단의 요구보다는 자기들의 주장이나 권리에 더 비중을 두게 된다는 것을 말한다. 특히 이러한 전략을 취하게 될 경우에는 여러 면에서 정부의 부담이 과중하게 되어 많은 문제점이 나타날 수 있는 것이다.

2. 내부문제에 대한 수용전략

정부내부에서 제기된 문제에 대해 정부가 취할 수 있는 전략으로는, 정부내부에서 제기되어 이미 정책결정체제의 공식의제로 채택된 이후 그 결정 및 집행의 효율화를 위해 공중의제화의 과정이 필요한 경우와, 정부내부에서 제기되었으며 공중의제화의 과정을 거칠 필요는 없지만, 아직은 공식의제로 채택되지 못함으로써 정책의제화의 노력이 계속적으로 요구되는 두 가지 경우를 가정할 수 있다. 전자는 공식의제의 확산을 위한 공중의제화 전략이며, 후자는 정부 내부접근집단들이 정책결정자들의 공식의제 채택을 자극하고 유도하는 전략이라 하겠다.

1) 공중의제화 전략

정부의 입장에서 보면, 공중의제화 전략은 이미 정책체제의 공식의제로 채택된 문제에 대하여 관련 대중이나 사회로부터 지지와 협력을 확보해 나가는 공식의제의 확산전략을 의미한다. 이러한 공중의제화를 위한 노력의 성패를 좌우하는 요인으로는 문제의 성질, 물질적 자원, 계획과정, 조직구조 등을 들 수 있다.30

첫째, 문제의 성질을 통한 확산방법은 우선 정부의 공식의제가 과거에도 그러한 선례가 있으며 그것과 유사하다는 점을 강조해야 하고, 그러면서도 동시에 관련공중이나 사회의 흥미를 유발시킬 수 있는 것으로 규정되어야 한다. 장기 지속적으로 보다 많은 사람들에게 가까운 시일 내에 편익을 제공할 수 있는 문제로 정의될수록, 훨씬 그 확산속도는 빨라지고 범위는 넓어질 것이다. 또 확산과정에 있어서도 이미 그 사회에 잘 알려지고 거부감 없이 수용되어 있는 감정적 상징(emotional symbols)과 연결시킴으로써 바라는 효과를 충분히 달성할 수 있을 것이다.

둘째, 계획과정의 성격 여하에 따라서도 의제확산의 성패가 좌우될 수 있다. 보통사람들은 물론 정부의 여러 부문에서 일하고 있는 공무원들까지도, 정책결정체제가 공중의제화를 위해 확산시키고자 하는 문제에 대해서는 충분한 정보를 갖고 있지 못하며 그 관심도 적다. 뿐만 아니라 관료들이란 자신들의 이익과 힘을 위해 노력하는 속성을 가지고 있으므로, 정부는 이들에 대한 충분한 정보교환과 설명을 할 필요가 있다. 특히 그 정책이 집행됨으로써 지방정부 차원은 물론, 관료 자신들의 이익에게도 크게 도움이 된다는 것을 납득시키지 못하면 확산노력은 실패할 가능성이 크다.

셋째, 조직구조가 어떤가에 따라서도 확산노력의 성패에 영향을 미친다. 정부의 정책결정자들과 사회 내의 여러 집단들의 관계가 서로 개방적이며, 양자 간의 접촉이 활발할 때는 그렇지 못할 때보다 훨씬 확산노력이 쉬워진다. 즉 평소 정부의 관료조직이 비권위적이고 개방적으로 운영됨으로써 민과 관의 관계가 밀접히 연결되어 있을 때는, 정부는 정책발표와 그것에 대한 공중의 인식 사이의 간격을 줄일 수 있기 때문에, 정부의 확산활동이 상당히 용이해진다는 것이다. 따라서 평소 대민활동을 활발히 해야 하겠으나, 지금까지 그렇지 못했다면 확산활동은 보다 많은 시간을 요하기 때문에 점진적으로 수용되어야 한다.

넷째, 물질적 자원이 정부의 의제확산활동에 도움이 된다는 것은 자명한 사실이다. 그리고 이 물질적 자원만큼은 다른 사회집단보다 정부가 훨씬 더 풍부하다. 그러나 맹목적으로 물질적 자원을 많이 동원하고 배분한다고 해서 반드시 좋은 것은 아니다. 자칫 잘못 사용하면 오히려 사회집단으로부터 오해를 야기시킬 우려도 있다. 따라서 풍부한 물질자원을 적절히 사용할 수 있는 노력이 강구되어야 할 것이다. 그러나 정부의 성격에 따라서는 공무원들이나 소수 지식인, 특정사회집단 등을 설득 혹은 매수하여, 이들을 통해 정부정책에 대한 확산과 국민들의 호의적 반응을 유도하는 전략을 사용하는 경우도 있다.

2) 공식의제화 전략

이 전략은 정부의 기관이나 정책결정자들과 접촉이 가능한 집단에 의하여 정부내부로 문제가 제기되었으나, 아직은 공식의제로 채택되지 못하고 있으며, 문제의 성격이나 주도집단의 특성 때문에 대중으로의 확산을 바라지 않는 경우에 사용되는 전략을 말한다. 그러나 확산활동을 전적으로 배제하는 경우도 있지만, 경우에 따라서는 이해관계를 가진 소수의 일부 사회집단에 대하여 제한적으로 그것을 확산시킴으로써 정부로 하여금 그 문제를 정책의제로 채택하도록 압력을 행사할 때도 있다.

이것이 Cobb 등의 내부접근모형에 관한 전략에 해당된다. 이것은 관련 고위 관료들이나 국회의원 등에게 접근, 이들을 설득시켜 이들로부터의 지원과 협력을 받음으로써 당해 정책결정자들에게 영향력을 행사하는 전략을 사용할 수도 있고, 제한적이나마 관련 사회집단에게 확산활동을 벌이게 된다면 자기들 문제의 정책의제화를 지지하는 개인이나 집단들에게 구체적인 보상(tangible rewards)을 제공하겠다는 것을 강조하는 전략을 사용할 수도 있다. 요컨대, 이러한 전략을 위해 사용할 수 있는 방법은, 정부내부의 해당 기관에 직접 접근하여 설득하는 방법, 관련기관에 접근하는 방법, 정치적 역량을 동원하는 방법, 관련 사회집단에 제한적으로 확산하여 지지를 확보하는 방법 등이 있겠지만, 그 공통적인 수단은 주로 타협과 협상, 설득과 보상을 그 수단으로 하는 경우가 대부분이다.

III. 공통전략

정책의제형성을 위한 공통전략이란 사회 내의 집단과 정부의 정책체제가 공통적으로 어떠한 상황 속에서든지 자신들의 문제를 효율적으로 정책의제화하기 위해 사용할 수 있는 전략을 말한다. 그런데 정책의제설정전략은 그것을 다른 각도에서 보면 정책의제설정에 관한 무의사결정전략으로도 볼 수 있다. 자신들의 문제를 정책의제화하겠다는 것은, 자신들에게 불이익한 문제를 정책의제화하지 않겠다는 의미가 되므로 이것은 곧 무의사결정전략을 포함하는 의제설정억제전략으로 볼 수 있는 것이다. 따라서 공통전략에서는 적극적 의제설정추진전략과 소극적 의제설정억제전략으로 구분하여 살펴본다.

1. 적극적 의제설정추진전략

자신들의 문제를 정책의제로 만들기 위해서 사회집단이나 정책체제가 사용할 수 있는 전략으로는, 문제의 명확화, 자원의 동원, 정확한 상황분석, 지도자와의 유대강화, 매스컴의 활용 등을 들 수 있다.

첫째, 문제의 명확화 전략은 자신들이 정책의제화를 요구하는 문제가 구체적으로 무엇이고 어떻게 해줄 것을 바라는지 그 내용을 명백하게 밝히는 것을 말한다. 그리고 문제의 목표를 분명히 하고 사회적 유의성을 부각시키며, 사회대중의 공통관심사로 확대시켜나가는 작업도 함께 병행한다. 이를 통해 자신들이 원하는 정책의제화나 공중의제화라는 1차적 목표를 달성할 수 있게 된다. 문제가 분명히 정의되지 못하면 반대자들로부터 오히려 설득당할 가능성도 있다.

둘째, 자원의 동원전략이란 문제의 정책의제화를 위한 활동에 필요한 각종의 인적·물적 자원은 물론 제도적 자원, 정치적 지원, 시간적 여유 등을 확보하고, 이들을 최대한 효율적으로 배분하는 것을 의미한다. 사실 어떠한 전략보다도 현실 세계에서 그 영향력이 가장 현저한 것이 바로 이들 자원의 동원과 배분이라는 점을 부인할 수 없다. 그러나 앞에서도 강조한 바와 같이, 자원의 동원도 중요하지만 그것을 어떻게 적재, 적소, 적시에 배분하고 사용하느냐 하는 것이 더 중요하다.

셋째, 상황분석전략은 사회집단이나 정부의 정책담당자들이 주어진 상황 속에서 자신들의 문제와 관련된 각종의 정보를 최대한 확보하고 이를 종합 및 분석함으로써 주변의 상황변화를 정확하게 파악하는 것을 말한다. 다시 말해, 문제와 관련한 정보의 수집과 분석을 통해 현황에 대처하고, 미래예측을 통해 장차 전개될 미래의 상황변화에 충분한 지식과 대응방안을 강구한다는 것이다. 이러한 전략은 과학적 지식을 기반으로 하여 그 설득력과 논리성이 높기 때문에 적대집단의 반대를 완화시킬 수 있는 고차적 전략이 될 수도 있다.

넷째, 지도자와의 유대강화전략은 정부나 사회집단들은 자신들의 문제를 정책의제화하여 나가는 과정에 참여하게 되는 수많은 개인 및 집단들 중에서 핵심적 영향력을 가진 자를 파악하고 그들과 긴밀한 유대관계를 견지하는 것을 말한다. 정부는 물론 사회집단들 속에는 사실 엄격한 권력관계가 존재하고 있어 이것을 정확하게 파악하여 권력의 핵이나 집단의 실질적 리더들과 우호적 관계를 유지하는 것 역시 실속 있는 전략이 되는 것이다.

다섯째, 매스컴의 활용전략이란 문제를 가진 주도집단들이 자신들의 문제를 다수에게 알리고 확산시킬 수 있는 수단으로 대중전달매체를 이용하는 것을 말한다. 사회집단의 입장에서 보면, 자신들의 문제를 일반대중에게 알려서 그들로 하여금 자기들의 문제를 적극 지지하도록 하고, 정부의 정책결정자들에게는 그 문제를 정책의제로 채택하도록 함으로써, 결국 매스컴은 대 정부압력의 확보수단이 되는 것이다.[31] 그러나 정부의 입장에서 매스컴을 활용한다는 것은, 정책의 효율적 집행을 위해 대중으로부터의 지지와 동의를 확보하기 위한 수단으로 매스컴을 이용한다는 것이다. 오늘날에는 정부가 채택한 공식의제를 공중의제로 전환시킴에 있어 매스컴의 활용은 필수 불가결한 전략이라고 할 수 있다.

2. 소극적 의제설정억제전략

앞에서 살펴본 의제설정추진전략과는 반대로, 어떤 문제의 정책의제설정을 억제하기 위해서는 상대방이 사용하는 적극적 의제설정추진전략을 전도시키는 전략을 구사함으로써 가능해진다. 상대방이 주장하는 어떤 문제의 의제형성을 제한하는 전략에도, 상대방을 공격하거나 상대방이 제기한 문제를 비난함으로써 의제화을 억제하는 전략과 정부로 하여금 상대방이 제기한 문제를 해결 않기로 결정하는 무의사결정전략으로 구분할 수가 있다.[32]

1) 의제화억제전략

상대집단의 문제가 의제화 되는 것으로부터 배제하기 위하여 사용할 수 있는 전략은 여러 가지가 있을 수 있다. 그러나 가장 중요한 전략은 그 문제가 관련대중이나 일반대중에게 확산됨으로써 쟁점화 되고 공공의제화 되는 것부터 억제하는 것이 우선적으로 고려되어야 할 전략인 것이다. 이러한 전략은 다시 문제를 주도하고 있는 상대집단에 대한 억제전략과, 문제에 대한 억제전략으로 구분되고, 이들 각각에 대해 다시 직접적 억제방법과 간접적 억제방법으로 나누어진다.

첫째, 집단지향적 전략에는 그 집단에 대해 직접적인 공격을 가하는 방법과 간접적인 공격을 가하는 방법의 두 가지 유형으로 구분할 수 있다. 우선 직접적 공격방법으로는 그 집단자체를 비난, 즉 그 집단이 추구하는 목적이나 집단구성과 운영에 관한 법적·윤리적 비난하는 방법과, 그 집단의 지도자들을 비난, 즉 지도자들의 과거경력을 왜곡하거나 개인적 사생활의 비리를 폭로하는 방법이 있다. 다음으로 그 집단에 대한 간접적인 공격을 가하는 방법에는 집단구성원들에 대한 비난이나 정부가 특정 집단구성원들의 자격을 규제하거나 등록을 강요하는 방법과, 집단의 지도자들에게 새로운 일자리를 제공해 줄 것을 약속함으로써 그 집단의 힘을 약화시키거나 무력화시키는 것과 같이 집단지도자들을 회유 영입하는 방법을 들 수 있다. 직접적 방법은 주로 한 사회집단이 타 집단에 대한 전략으로 쉽게 사용할 수 있는 방법인데 반해, 간접적 방법은 주로 정부의 입장에서 사회집단에 대한 방법이다.

둘째, 특정 집단이 주도하고 있는 문제의 확산 및 의제화를 억제하기 위한 문제지향적 또는 쟁점지향적 전략 역시 직접적인 방법과 간접적인 방법을 들 수 있다. 직접적인 방법으로는 상징적 보상이나 재인식, 전시행사나 명목상의 생색내기, 새로운 조직단위의 창설, 사전조치 등을 들 수 있고, 간접적인 방법에는 상징도입, 위장된 제약, 연기 등을 들 수 있다. 직접적인 방법은 문제에 대한 정당성은 인정하지만 그것의 절박성과 불가결성은 부인하는 전략이며, 간접적인 방법은 그 문제를 전적으로 회피하며 실질적인 불만을 해결하기 위한 어떠한 노력도 하지 않는 전략이다.

2) 무의사결정전략

정책의제설정을 억제하기 위한 무의사결정전략은 특정 문제의 의제화를 억제하고자 하는 반대집단이 정부에 압력을 행사함으로써 혹은 정부 스스로의 판단에 따라 정부가 그 문제를 정책의제로 채택하지 않겠다는 결정을 내리도록 하는 전략을 말한다. 무의사결정전략은 문제의 주도집단들이 그들의 주장을 포기 내지 자제하도록 하거나, 일반대중이나 관련 집단들로 하여금 그것에 대한 참여를 억제시키기 위해 취해지는 전략이며, 그것을 위한 방법으로는, 권력의 행사, 특혜지원, 사적 문제화 및 특수 이익화, 회피 내지 지연 등을 들 수 있다.

첫째, 권력의 행사란 문제의 주도집단 및 그 구성원들에 대하여 직접적으로 공권력을 행사하거나, 세무조사, 신원조회, 징병연기 거절, 공직임용 제한 등의 방법을 사용하는 것을 말한다. 둘째, 특혜지원이란 정부당국의 입장으로 보아 곤경에 처할 우려가 있는 어떤 문제에 대해, 그것이 다수의 일반대중에 확산되기 전에, 그 문제를 주도집단에게 정부가 어떤 특혜를 지원해 줌으로써 그들의 요구를 스스로 포기하도록 하는 것이며, 문제의 해결이 아니라 문제의 은폐를 위한 목적으로 사용된다. 셋째, 사적 문제화 혹은 특수 이익화란 제기된 문제가 공익을 위한 것이 아니고 사적인 특수 이익의 추구를 위한 것으로 보이도록 하는 것을 뜻하며, 예컨대 문제와 관련된 집단의 성격을 사적 집단으로 규정하거나, 어떠한 정책요구를 비국가적 또는 비공익적인 것으로 특징지움으로써 일반대중의 관심을 배제시키는 것 등이 여기에 해당된다. 넷째, 회피 및 지연이란 의도적으로 제기된 문제를 외면하고 다른 문제에 관심을 보이거나 연구검토라는 미명 하에 위원회에 회부시키는 것과 같은 방법을 통해, 그 문제와 직접 마주치지 않거나 의도적으로 시간을 지연시키는 것을 말한다.

제5절 정책의제설정의 변수

    정책의제설정의 변수라 함은 어떤 문제가 제기되어 그것이 정부의 정책의제로 채택되기까지 일련의 과정을 거치는 동안 정책의제설정과정에 직간접적으로 영향을 미치는 요인들을 의미한다. 특정 사회문제가 정책의제로 채택되기까지에는 그것을 방해하는 요인과 촉진하는 요인은 수없이 많다. 그러나 정책의제로 채택되기를 기대하며 제기된 문제들 중에는 정부의 권력구조상으로 보아 정부의 체제 내부적인 것도 있고 외부적인 것도 있으며, 국가를 기준으로 볼 때 국내적인 것과 국외적인 것도 있을 수 있고, 이들이 서로 혼합되거나 중복된 것도 있다.

    여기서는 변수의 유형을 일반변수와 촉매변수라는 2가지 유형으로 구분해서 검토하기로 한다. 먼저 일반변수라 함은 촉매변수의 개념에 대응하여 명명된 개념으로, 촉매변수를 제외한 변수들을 일반변수라고 한다. 이때 촉매변수는 '현실 사회에 이미 제기된 문제이든 아직 잠재되어 있는 문제이든 간에, 현재로서는 지엽적인 사회문제를 다수의 대중에게 확산을 촉발시키거나 정치적 쟁점으로 전환을 유발시켜 의제로 채택되도록 영향을 미치는 요인'을 말한다.

Ⅰ. 정책의제설정의 촉매변수

1. 촉매변수의 의의

    정부의 정책적 해결을 요구하는 사회문제는 개인의 사적인 어려움보다도 훨씬 광범한 영향력을 갖는다. 그러나 이러한 문제도 본래는 개인들의 일상생활 속에서 사적인 문제로 인식되어 오던 것들이, 어느 순간 다수의 사람들로부터 공통된 문제인식의 지위를 얻게 됨으로써 사회적 여론 내지 정치적 쟁점으로 전환된 것들이라고 하겠다. 그러면 과연 개인적인 문제를 이렇게 사회·정치적 쟁점으로 전환시키는 것은 무엇인가? 즉 무엇이 개인적 일상생활의 문제를 공공의 토론장으로 끌어들이는가? 이러한 의문에 대한 해답을 주는 것이 바로 촉매변수라고 하는 것이다. 촉매변수는 일상의 문제를 정부의 공식적 정책의제로 촉발시키는 장치(triggering device) 또는 그러한 장치를 발동시키는 요인을 의미한다.

촉매변수는 어떤 하나의 사건이나 요인에 의해서도 형성될 수 있으며, 일련의 관련된 사건이나 요인들이 서로 얽혀짐으로써도 발생할 수 있다. 예컨대 수해방지를 위한 댐 건설 정책이 강화된 것은, 집중호우로 인한 홍수가 그 촉매역할을 했기 때문이다. 이처럼 하나의 문제가 현재의 소극적인 상태에서 긴장을 야기하는 정치적 상황으로 구체화될 때, 그러한 사태의 변화는 문제를 정책적으로 해결해 줄 것을 요구하는 촉매적 작용 때문에 일어나는 것이다. 이 촉매변수가 평소에는 쉽게 관찰되지 않으며 예측되기도 어렵다는 점에서 일반변수와 다르다는 것이다.[33] 그 이유는 촉매변수가 일상생활 중에 일어나는 수많은 일들이 뒤에서 숨어 있는 힘으로 머물러 있거나 또는 그 존재 자체조차도 파악되지 않기 때문이기도 하다. 이러한 점에서, 촉매변수란 '기존의 개인적 혹은 소극적인 문제를 사회적 혹은 적극적인 쟁점적 문제로 전환시킴으로써 그 문제를 정책의제로 채택하게 하는 사건이나 계기'라고 하겠다.[34]

2. 촉매변수의 측정

촉매변수는 그것이 작용하는 동안에 발생되는 영향력의 정도에 따라 기존의 소극적인 문제를 정책의제로 채택케 할 수도 있고, 그렇지 못하고 소멸해 버릴 수도 있으며, 때로는 기존의 정책까지도 변경 취소시킬 수도 있다. 그러나 촉매변수의 측정은 사전에 파악하거나 예측하기가 어려우므로 그때까지 작용하지 않은 변수를 측정한다는 것은 불가능하다. 따라서 이러한 변수를 측정하기 위해서는 이미 발생되었던 과거의 사례를 중심으로 측정할 수밖에 없다. 그런데 이러한 촉매변수의 영향력을 측정하는 데는 보통 그 영향력의 범위와 강도라는 두 가지 차원을 통해 이를 측정할 수 있다.[35]

1) 범 위

여기서 범위(scope)란 그 변수로 인해 영향을 받는 사람들의 수를 말한다. 만일 촉매변수가 사회의 넓은 분야에 대해 광범한 영향력을 가진다면 해당 문제는 정책의제채택을 가능하게 하는 넓은 기반을 갖게 되지만, 소수의 사람들에게만 영향력을 갖는다면 그 문제는 의제로 채택될 가능성이 희박하게 될 것이다. 이와 같이 촉매변수의 힘은 예기치 못한 변화에 영향을 받은 잠재적 공공영역의 범위 정도에 따라 다르게 된다.

2) 강 도

촉매변수의 영향력을 결정짓는 두 번째 요소는 공공적으로 인지된 문제의 강도(intensity)이다. 여기서 강도란 그 변수로 인해 야기된 어떤 사건에 대하여 대중이 보이는 반응의 정도를 의미한다. 그 반응의 강약에 따라 문제의 의제채택에 대한 가능성이 좌우된다는 것이다. 이처럼 촉매변수의 영향력은 예기치 못한 사건에 대한 공공영역의 반응에 대한 강도에 따라 다르게 되는 것이다.

3) 범위와 강도의 결합

범위와 강도는 정책의제에 대한, 경우에 따라서는 공공정책 전 과정에 대한 촉매변수의 영향력을 측정하는 지표이다. 이 두 요소는 상호 결합된 형태에 따라 그 영향력도 달라진다. 즉 촉매변수는 범위는 협소하나 강도는 높을 수 있으며, 반대로 범위는 넓으나 강도는 낮은 경우도 있고, 범위도 넓고, 강도 또한 높을 수 있다. 그러나 범위도 협소하고 강도도 낮은 것은 촉매변수라고 할 수 없다. 물론 촉매변수는 그 영향력의 정도가 불변의 고정된 것은 아니며, 시간의 변화에 따라 그 영향력도 변화하는 것이다. 경우에 따라서는 범위, 강도, 시간 등을 함께 고려한다면 더욱 촉매변수의 영향력을 정확하게 측정할 수도 있을 것이다. 즉 범위도 넓고 강도도 높을 뿐만 아니라 시간적으로 장기간 지속되는 변수일수록 의제채택의 가능성은 높다고 할 것이다.

3. 촉매변수의 종류

문제를 정책으로 연결시켜 주는 촉매로서의 변수는 그 발생환경을 기준으로 하여 볼 때, 국내적인 것과 국외적인 것으로 나눌 수 있다. 국내적 촉매변수의 발동은 국내정책문제를 유발시키게 되고, 국외적 촉매변수의 발동은 외교정책의 문제를 유발시키게 되는 것이 보통이다. 그러나 종종 국외적 촉매변수가 국내적 촉매변수를 유발시키는 원인이 되기 때문에, 이들 양자를 모두 살펴볼 필요가 있다.

1) 국내의 촉매변수

첫째, 대규모의 자연재해(natural catastrophes) 등을 들 수 있다. 현대와 같이 과학기술이 발전된 사회에서는 심각한 국가적 공공문제를 초래하는 촉매적 사건이 될 만한 자연적 재난은 그렇게 빈번하지 않다. 근래 환경오염으로 인한 기후변화로 나타나고 있는 지구온난화현상은 언제 어디에서 어떠한 자연재난을 야기할지 예측하기가 어려운 변수이기도 하다. 그리하여 자연적 재난은 예측하기 어렵고, 빈번하게 발생되지는 않음에도 불구하고 일단 발생만 되면 매우 심각한 손실과 피해를 가져올 수 있으며, 심지어 많은 인명피해까지도 수반할 수 있다.

둘째, 비약적인 기술발전(technological breakthrough)을 들 수 있다. 현대를 기술혁명의 시대라고 부를 만큼 촌각을 다투며 과학기술은 발전하고 있다. 기술의 비약적인 발달이 정치영역에 대해 새로운 사회문제를 야기하고 그것에 대한 정책적 해결을 요구하게 된 예는 무수히 많다. 즉 반도체와 와이브로 같은 IT기술의 발전, 컴퓨터 소프트웨어의 발전, 바이오 기술의 발전, 자동차 관련 기술발전 등 기술의 비약적 발전은 기존 기술과 산업을 황폐화시키는 문제점을 야기시킨다. 이러한 기술발전은 정치, 경제, 사회의 전 영역에 걸쳐 수많은 변화와 문제들을 야기하고 있다.[36] 초고속인터넷접속 세계 1위라는 한국의 발전은 그 이면에 인터넷중독자와 인터넷도박중독자 그리고 온라인상의 각종 범죄들을 양산해 내고 있어 심각한 사회문제를 야기하고 있다.

셋째, 생태환경의 변화(ecological changes)를 들 수 있다. 오늘날 생태환경의 파괴로 인한 생태적 균형의 변화는 매우 심각한 문제를 야기하고 있다. 근래 생태계에 나타나고 있는 많은 문제들은 과학기술의 부산물이라고는 하지만 궁극적으로 볼 때 인구의 폭발적 증가와 끝없는 인간의 욕망 때문이다. 인간생존에 필요한 자원들은 원래 그 부존양이 제한되어 있는데다가 그나마 곧 고갈될 위협을 받고 있다. 대기오염, 수질오염, 쓰레기오염을 비롯하여 참기 어려운 진동과 소음공해 등은 생태계를 눈에 띄도록 파괴시키고, 레저 붐을 타고 일어난 등산, 낚시, 골프, 야외놀이 등은 그나마 남아 있는 마지막 자연까지 황폐화시키고 있다. 이러한 생태계의 변화는 천연자원의 손실과 고갈을 가져오고, 장래의 재화나 가치의 배분에 심각한 타격을 주고 있는 것이다.

넷째, 사회적 진화(social evolution)를 들 수 있다. 그런데 사회적 진화가 의제채택의 촉매변수로서 작용하는 예를 찾기란 그렇게 쉽지 않다. 그것은 사회적 진화라는 현상 자체가 비록 그 영향력의 정도는 매우 크지만, 그들의 성질상 서서히 점진적으로 전개되기 때문에 평상시에는 그들의 존재를 정확하게 발견해 내기가 어렵기 때문이다. 사회의 진화는 언제나 끊임없이 지속되고 있음에도 불구하고 우리들의 눈앞에 현저한 현상으로는 잘 나타나지 않는 경우가 많다. 그러나 역사적으로 볼 때 사회를 새로운 방향으로 밀고 나가는 새로운 가치나 사건들이 접근되는 시점이 있고, 그것 때문에 사회와 제도나 조직들이 재정비되어야 할 때가 있다. 시민단체의 활동에 대한 사회적 인식의 변화, 민원인에 대한 행정기관의 태도개선이나 교육기관의 수요자중심교육, 여성에 대한 차별금지와 호주제도의 폐지, 부부재산별산제 등과 같은 제도와 정책변화는 부지불식간에 서서히 진행되어 일정한 수준에 도달한 사회적 진화가 어떤 촉매적 사건을 통하여 기존의 제도와 정책에 대한 변화를 요구하게 되는 것이다.

2) 국제적 촉매변수

현대의 과학기술은 지구의 시간적 공간을 축소시켜 놓았고, 이러한 변화는 아울러 국가들 간에 분쟁의 가능성도 증대시켜 놓았다. 그리하여 모든 국가들은 다른 국가들로부터 상호 영향을 주고받는 상황에 처하게 되었고, 따라서 국가간의 관계에서 야기되는 사건들이 종종 국내적 정치문제와 정책활동을 자극하는 촉매변수로서 작용하게 된다.

첫째, 국가 간 야기되는 전쟁행위가 그것이다. 어떤 국가가 다른 국가를 군사적으로 침해하는 행위는 전쟁당사국들은 물론, 그 전쟁에 개입하지 않는 다른 국가들에게까지 영향을 미친다. 따라서 특정 국가들 간의 전쟁으로 인해 영향을 받는 국가들은, 그들의 외교정책은 물론 국내 공공문제들에 대한 광범한 정책적 조치를 취해야만 하며, 그 결과 수많은 국내문제들이 새로운 정책의제로 대두되는 것이다. 다시 말해 전쟁이라는 촉매변수로 인해 생각지도 못했던 많은 문제들이 외교 및 국내정책의 정책의제로 채택되는 것이다.

둘째, 간접적 분쟁(indirect conflict)을 들 수 있다. 간접적 분쟁이란 전쟁상태나 그것에 준하는 분쟁, 군사적 대립상태 등을 포함하여 특정 당사국들 간의 대립이 그 사태로부터 영향을 받는 제3국가들과 간접적인 대립·분쟁상태를 야기하는 것을 의미한다. 즉 제3국의 정책패턴에 영향을 미칠 수 있는 두 당사국의 능력을 대변하는 것이다. 이처럼 간접적 분쟁은 군사적 충돌, 물리적 손상 등을 직접 초래하지는 않을 수도 있으나, 관련되는 제3국들로 하여금 중대한 정책적 조치를 취하게 하고, 그 이외의 다른 국가들에게까지도 심각한 영향을 미칠 수 있는 것이다. 따라서 이러한 간접적 분쟁 역시 예기치 못했던 국내외적 공공문제들을 야기함으로써 새로운 정책적 해결을 요구하는 문제들에 대한 정책의제의 채택을 강요하게 되는 것이다.

셋째, 국가 간 경제적 대립을 들 수 있다. 국제사회에서의 경제적 부는 여러 국가들의 이익을 동시에 충족시켜 주지 못하는 경우가 허다하다. 한 국가의 경제적 이득이 타 국가의 경제적 손실이 될 경우, 이 양국 간에는 경제적 대립이 야기될 수 있다. 특히 국가 간의 무역량은 수출국과 수입국 간에 심각한 경제적 대립을 초래하는 경우가 많다. 특히 석유수출국가들과 석유수입국들 간의 경제적 대립 등이 세계경제에 미친 영향들을 감안해 볼 때, 국가 간의 경제적 대립현상은 어디서든지 찾아볼 수 있고, 그것으로 인한 공공문제의 증대나 국내외적 정책의 제항목의 증대현상도 쉽게 파악할 수 있다. 경제적 대립은 그 결과 발생될 경제적 보복조치보다 어떤 면에서는 더 중대할 수 있고, 경제적 보복조치는 종종 관계국가 간의 정치적·군사적 분쟁을 초래할 수도 있기 때문에, 시간이 지속됨에 따라 그 영향력의 범위는 넓어지고 강도는 높아질 수 있는 성질을 지니고 있다.

넷째, 신무기 개발과 국가 간 세력균형의 문제를 들 수 있다. 한 국가에서의 새로운 무기개발은 지금까지의 군사적 세력균형을 깨뜨릴 위험을 가져온다. 그 결과 상대국들은 그 대응조치로서 또 다른 새로운 무기의 개발을 서두르게 된다. 세계는 항상 새로운 위협과 불안에 대처하기 위한 군사적 무기증대방안에 고심하게 됨으로써 이 문제를 해결하기 위해 각국은 엄청난 경비를 지출하게 된다. 신무기가 개발되었을 때, 군부지도자나 정치지도자들은 그 무기의 적절한 사용을 위한 통제에 책임을 느끼게 되며, 나아가 무기의 해외수출 여부에 대해서도 결정을 해야 하고, 군사상의 전략·전술에 대한 재검토도 하게 된다. 그 결과 군사적 안정이나 불안은 국내 정치, 경제, 사회 등 여러 분야에 대해 직접 영향을 미치게 되는 것이다. 근래 북한의 핵개발과 이를 저지하려는 미국 등 선진제국의 외교는 관련 국가들로 하여금 다양한 정책변화를 요구하였다. 이처럼 세력균형을 이유로 신무기의 지속적인 개발은 자국 및 타국의 국방정책을 비롯한 여러 분야에 비상한 관심을 증대시키고, 그로 인해 예기치 못했던 문제나 여러 영역으로부터 새로운 정책적 조치를 취하도록 강요받게 되는 것이다.

II. 정책의제설정의 일반변수

많은 사회문제들 중에서 어떤 문제가 정책의제로 채택되는 과정에서 이들에게 영향을 미치는 요인들은 매우 많고 다양하다. 우선 검토해야 될 요인들을 단순화시키기 위하여, 정부의 정책체제를 기준으로 그 내부적 변수와 외부적 변수로 구분해서 살펴보고자 한다.

1. 정책체제의 내부적 변수

1) 정책체제의 이념

정책체제가 지향하는 이념(ideology)에 따라 사회문제를 보는 체제의 시각도 현저하게 달라진다. 즉 민주체제를 지향하는가에 따라서는 물론이고, 사회주의인가에 따라서도 사회 내에서 제반문제를 보는 차원이 달라진다. 예컨대 실업, 불경기 등의 경제문제를 국가의 정책대상으로 취급하지 않았던 때가 있었다.[37] 국가에 따라 다르기는 했겠지만 수정자본주의가 보편적인 것으로 받아들여지기 이전까지는 대부분의 자유방임주의 국가가 그러했다. 그러나 20세기에 들어와서 복지사상이 받아들여진 이후부터는 경제적 측면은 물론 사회적 측면에서의 여러 가지 문제들까지도 국가의 정책적 해결대상으로 취급하게 된 것이다. 이처럼 체제의 통치이념이 어떠한가에 따라서 정책적 시각이 달라지고, 그리하여 정책의제채택에도 중대한 영향을 미치는 요인으로 등장하게 되는 것이다.

2) 권력구조

정치체제의 권력구조가 권위적인가 또는 민주적인가 그리고 구조의 분화 정도 등도 정책의제채택을 좌우하는 중요한 요인이 된다. 미국과 같이 3권이 분립되고 사법부까지 정책의 전 과정에 중요한 역할을 부담하는 경우에는 사회문제가 정책의제화하는 경로를 아주 다양하게 해준다. 반면에 행정부가 입법부를 압도하는 행정국가적 권력구조 하에서는 이와는 다른 형태의 정책의제설정의 가능성이 있을 것이다. 즉 입법·행정·사법부의 상호관계, 이들 각부의 내부권력구조, 대통령과 이들 각부와의 관계, 행정관료와 이들 입법·사법부와의 관계, 중앙정부와 지방정부와의 관계, 지방정부의 권력구조 등 모든 것이 정책의제설정에 영향을 미친다. 권력구조가 사회변화에 적응할 수 있을 정도로 분화될수록 사회문제의 정책의제화의 가능성이 높아질 것이다.

3) 정책체제의 능력

정책체제의 능력 정도에 따라서도 사회문제의 정책의제 하에 많은 영향을 미친다. 즉 그 체제가 인적·물적 자원을 동원할 수 있는 능력이나, 개인과 집단의 행동 및 관계를 통제할 수 있는 능력이나, 재화, 명예, 지위 등과 같은 여러 가지 가치를 사회에 배분할 수 있는 능력, 상징을 효과적으로 조작할 수 있는 능력, 국민의 요구에 효과적으로 응답해 줄 수 있는 능력, 국내외의 문제를 조정할 수 있는 능력[38] 등이 어느 정도인가에 따라 정책의제설정과정은 달라질 수 있다. 정책체제가 충분한 전문적 기술과 인적·물적 자원을 가지고 있으며 국민의 요구에 효과적으로 응답해 줄 수 있는 능력을 가지고 있을 때는 보다 많은 사회문제가 정책의제로 채택되어 처리될 수 있을 것이다. 그러나 그러한 능력이 없는 경우에나 능력이 있다고 하더라도 개인과 집단의 행동통제능력이나 상징조작능력만을 가지고 있는 경우에는 많은 사회문제가 그대로 방치되거나 아니면 체제가 선호하는 소수의 문제만이 정책의제로 채택되는데 머무르게 될 것이다.

4) 정책결정자

사회문제를 정책의제로 채택할 것인가, 방치해 버릴 것인가, 아니면 의도적으로 그 사회문제를 제외시켜 버릴 것인가 하는 것은, 의제설정에 직·간접적으로 권력을 행사하는 정책결정자들에게 달려 있다고 해도 과언이 아니다. 다시 말해서, 이들이 가진 성분, 사회적 배경, 가치관, 동기 및 인지 등과 지식, 기술, 정보 등이 그들의 의사결정에 많은 영향을 미치게 되며,[39] 나아가 그 직무에서의 경험 정도에 따라서도 문제를 대하는데 많은 차이가 나게 된다. 이들이 사회문제를 발전지향적 차원에서 적극적인 사고와 강한 성취동기를 가지고 취급할 때, 보다 바람직한 정책의제의 형성이 가능할 것이며 그 빈도 역시 높아지게 될 것이다. 정치체제 내부에 이러한 관료들이 많을 때는, 그 체제의 쇄신성과 창의성도 높을 것이며 발전의 속도 또한 빨라지게 된다. 그러나 반대로 전통적인 권위의식이나 우월감에서 자기들의 위치나 장래문제에 연연할 때는, 중요한 사회문제들까지도 자기들의 이해와 상충된다는 이유로 혹은 그들과는 직접적 관련이 없다는 이유로, 방치되는 사례가 늘어날 것이다.

2. 정책체제의 외부적 변수

1) 문화환경적 요인

사회의 전통, 규범, 관습, 지배적인 가치관 등과 관련하여 사회문화가 권위적인가 또는 민주적인가 아니면 대중문화 또는 엘리트문화 어느 것이 지배적인가 하는 것에 따라, 문제가 정책의제로 채택되는 과정도 달라진다. 특히 대중문화가

지배적인 경우 대중매체의 영향력이 큰 비중을 차지하게 됨으로써, 결국 정책의
제설정과정에 있어서도 매스컴이 주요 변수의 지위를 차지하게 된다.[40] 또한 시
간에 대한 사회구성원의 정향(orientation)[41]이 어떠한가에 따라서 문제인식을 달리
할 수 있으므로 정책의제설정에 변화를 줄 것이다. 그 이외에도 사회의 경제발전
의 수준, 기술발달의 정도 등도 역시 주요한 영향변수가 된다. 그러나 특히 사회
구성원들이 정치·행정문화가 어떠한가 하는 것에 따라 정책의제화과정은 가장
많은 영향을 받게 된다. 정치·행정문화는 어떤 문제의 정책의제화에 직접 관련되
는 정책결정자들이나 국민들의 가치, 신념, 태도 등에 영향을 끼치기 때문이다.

2) 상황적 요인

정치체제가 처하고 있는 상황이 정책의제설정에 크게 영향을 미치는 요인으
로 작용할 수가 있다. 즉 그 체제가 처한 상황이 안정상황인가 아니면 위기상황인
가, 그 상황이 위기상황이라면 경제적 위기상황인가 정치적 위기상황인가 등에
따라서 하나의 사회문제가 정책의제로 채택될 수도 있고 방치되어 버릴 수도 있
는 것이다. 예컨대, 경제적 불황으로 실업과 범죄가 폭주하여 사회전체가 동요 내
지 침체되어 있는 경우나, 전쟁발발의 위기상황이나 체제도전에 의한 국내적 정
치혼란상태 등의 상황 하에서는 체제유지가 가장 시급한 것이므로 이것과 직접적
인 관련이 적은 각종 사회문제들은 의제화될 가능성이 희박해지기 마련이다. 그
러나 상황적 여건이 여러 방면에서 체제에 유리하게 작용될 때는 다소 중요성이
적은 문제라고 하더라도 쉽게 정책의제화 할 수 있을 것이다. 또한 그 상황으로부
터 가해지는 정치체제에 대한 압력(통제)의 정도 역시 정책의제설정에 큰 영향을
미친다.

3) 사회문제의 성격

정책적 해결을 요구하는 사회문제 그 자체의 성질에 따라서도 그것이 의제
로 채택될 수 있는 가능성이나 과정에 차이가 난다. 정책의제의 성격은 그것을
해결하기 위한 정책내용을 결정하게 되고, 정책내용은 역으로 그것이 결정되는
과정을 상이하게 하기 때문이다. 다시 말해서, 사회문제의 성격에 따라 의제로 채

택되었을 때의 정책의제의 성격이 달라지고, 정책의제의 성격에 따라 정책의 종류가 달라지며, 종류가 다름에 따라 정책의 전 과정이 달라진다는 것이다. 따라서 사회문제의 성격에 따라 의제채택의 가부는 물론 의제로 설정되는 과정이 달라지는 것이다.

문제가 보다 포괄적일수록 관련되는 이해관계자가 많아지므로 정책문제로 채택될 가능성이 높아지고, 문제가 사회에 주는 충격이 클수록 정책의제화 되기가 쉬워지며, 일시적으로 존속하는 문제보다 장기간에 걸쳐 고통을 주는 문제가 쉽게 정책의제로 채택될 가능성이 높다. 그리고 비슷한 선례가 있는 문제가 그것이 없는 것보다 의제로 채택될 가능성이 높고, 문제해결이 복잡하고 기술적으로 까다로운 경우에 비해, 비교적 그 해결이 단순하고 기술적으로 이해하기 쉬운 경우, 보다 많은 사람들의 주의를 끌고 지지를 얻을 수 있어 정책의제로 채택되기가 쉽다.

4) 주도집단의 성격

주도집단은 그 집단의 규모와 그 집단이 가진 자원의 정도에 따라 의제채택에 각각 다른 영향을 미치게 된다. 먼저, 주도집단의 규모가 다름에 따라 영향력이 달라진다. 즉 사회문제의 정책적 해결을 요구하고 있는 집단이나 계층의 규모가 정책의제채택에 큰 영향을 미치게 된다는 것이다. 사회문제는 그것이 방치되면 피해를 입는 사람들이 있기 마련이다. 예컨대 자동차배기가스가 시가지의 공기를 오염시키는 경우, 그로부터 피해를 입는 사람은 굉장히 많겠지만 감기로 시달리는 사람이 먹는 약이 불량품이기 때문에 받는 피해는 그 약을 먹는 감기환자에게만 미치게 되는 것이다. 이러한 사실은 다시 말해 다른 조건이 동일하다면, 그 문제를 방치함으로써 피해를 받는 사람들의 수가 많을수록 그 사회문제는 보다 쉽게 정책의제로 채택될 수 있는 것이다. 그러므로 이해집단의 크기가 정책의제채택의 여부를 좌우하는 중요한 변수로 작용할 수가 있다.

다음으로, 사회문제를 정책의제화시키려는 주도집단의 정치·경제적 자원이 강한 경우, 그 문제는 보다 쉽게 정책의제로 채택될 수 있을 것이다. 즉 집단성원들의 응집성이나, 사회계층적 지위 및 집단성원과 정치지도층과의 유대관계 등은 정책체제 내의 정책의제채택자 등을 매수하거나 위협하는 가장 중요한 정치적 자원이 된다. 집단의 경제적 역량이나 경제적 능력 등은 집단의 자원으로서 정치적 영향력을 더욱 강화시켜주는 역할을 한다. 이러한 정치적·경제적 자원이 풍부한 집단은 그렇지 못한 타 집단보다 그들의 문제를 한층 용이하게 정책의제화할 수 있다.

06 <<< Notes

1 Roger W. Cobb & Charles D. Elder, *Participation in American Politics: The Dynamics of Agenda-Building*, 2nd ed. (Baltimore: Johns Hopkins University Press, 1983), p. 14.

2 강근복, "한국에 있어서 사회경제적 쟁점의 정책의제형성과정에 관한 연구"(성균관대학교 대학원 박사학위논문, 1985), p. 7.

3 James E. Anderson, *Public Policy-Making*, 3rd ed. (NY: Holt, Rinehart, and Winston, 1984), p. 47.

4 최봉기, "정책의제채택에 관한 변수분석,"「한국행정학보」, 제19권 제1호 (1985. 6), p. 223.

5 Charles O. Jones, *An Introduction to the Study of Public Policy*, 2nd ed. (North Scituate, MA: Duxbury Press, 1977), p. 15.

6 James E. Anderson, *Public Policy-Making*, 3rd ed. (NY: Holt, Rinehart, and Winston, 1984), pp. 44-45.

7 C. H. Levine, R. W. Backoff, A. R. Cahoon, & W. J. Shffin, "Organization Design: A Post Minnowbrook Perspective for the New Public Administration," *Public Administration Review*, Vol. 35 (July/August 1975), pp. 426-427.

8 Iris Lloyd, "Don't Define the Problem," *Public Administration Review*, Vol. 38 (May/June 1978), pp. 283-286.

9 문제인지의 내용이 사람마다 차이가 나는 이유는 사건에 대한 경험의 유무, 문제인식주체의 역할인지의 차이, 사회화과정의 차이 때문으로 볼 수 있다.

10 John Dewey는 공사문제의 구별을 위해 "어떤 문제가 직접적으로 관련되는 사람들에게 영향을 미치는 문제와 직접 관련된 사람들 이외의 다른 사람들에게까지 영향을 미

치는 문제"로 나누고 있다. John Dewey, *The Public and It's Problems* (Denver: Alan Swallow, 1927), p. 12.

11 Roger W. Cobb & Charles D. Elder, *op. cit.*, p. 82.

12 Robert Eyestone, *From Social Issues to Public Policy* (NY: John Wiley & Sons, 1978), pp. 79-81.

13 *Ibid.*, pp. 82-84.

14 Larry N. Gerston, *Making Public Policy: From Conflict to Resolution* (Glenview, IL: Pearson Scott Foresman and Company, 1983), pp. 23-48.

15 James E. Anderson, *op. cit.*, pp. 47-48; Roger W. Cobb & Charles D. Elder, *op. cit.*, pp. 85-89.

16 Albert O. Hirschman, "Policymaking and Policy Analysis in Latin America-A Return Journey," *Policy Sciences*, Vol. 6, No. 4 (1975), pp. 388-391.

17 Charles O. Jones, *op. cit.*, pp. 40-41.

18 Peter Bachrach & Morton S. Baratz, "Two Faces of Power," *American Political Review*, Vol. 56, No. 4 (1962), pp. 947-952; Peter Bachrach & Morton S. Baratz, "Decisions and Nondecisions: An Analytical Framework," *American Political Review*, Vol. 57 (1963), pp. 632-642.

19 Peter Bachrach & Morton S. Baratz, *Power and Poverty* (NY: Oxford University Press, 1970), p. 44.

20 Frederick W. Frey, "Comment: On Issues and Non-issues in the Study of Power," *American Political Science Review*, Vol. 65, No. 4 (December 1971), p. 1100.

21 Thomas R. Dye, *Understanding Public Policy*, 4th ed. (NJ: Prentice Hall, 1984), p. 327.

22 Elmer E. Schattschneider, *The Semisovereign People: A Realist's View of Democracy in America* (Hinsdale, IL: The Dryden Press, 1975), p. 69.

23 Charles O. Jones, *An Introduction to the Study of Public Policy,* 3rd ed. (Belmont, CA: Wadsworth, 1984).

24 Robert Eyestone, *op. cit.*

25 Roger Cobb, Jennie-Keith Ross & Marc H. Ross, "Agenda-Building as a Comparative Political Process," *American Political Science Review*, Vol. 70 (March 1976), pp. 126-138.

26 Charles O. Jones, *op. cit.*, 3rd ed., pp. 62-65.

27 Roger Cobb, Jennie-Keith Ross & Marc H. Ross, *op. cit.*, pp. 134-136.

28 Charles O. Jones는 이를 전략이라고 하지 않고 정부의 선택권(option)이라고 하고 있으나, 이것은 곧 문제를 대하는 정부의 전략이기도 하며, 문제를 정책의제로 채택하는 형태이기도 한 것이다. 여기서는 정부로 향하는 사회문제에 대해, 정부가 취하는 기본전략의 하나로 대응전략이라는 이름으로 살펴본다.

29 Charles O. Jones, *op. cit.*, p. 63.

30 Roger W. Cobb, Jennie-Keith Ross & Marc H. Ross, *op. cit.*, pp. 134-135.

31 매스컴을 통한 전략으로 R. Cobb와 C. Elder는 각성(arousal), 도발(provocation), 만류(dissuasion), 참여력의 과시(demonstration of strength of committment), 확언(affirmation)을 들고 있다. Roger W. Cobb & Charles D. Elder, *op. cit.*, pp. 141-150.

32 Roger W. Cobb & Charles D. Elder, *op. cit.*, pp. 125-129.

33 Larry N. Gerston, *op. cit.*, p. 25.

34 촉매변수라는 개념에 관한 기본 아이디어는 Larry N. Gerston의 *Making Public Policy-From Conflict to Resolution*의 제2장 "Triggering Mechanism: Catalysts for Public Policy"에서 가져왔다.

35 Larry N. Gerston, *op. cit.*, pp. 25-29.

36 TV의 정치적 이용에 관해, 미국대통령 지명자들 간의 TV토론을 설명하고 있는 책으로는 Bernard Rubin, *Political Television* (Belmont, CA: Wadsworth Publishing Co., 1976) 등이 있다.

37 사회문제들 중에서 국가가 정책으로 해결을 시도하지 않는 문제에 관해서는, 김운태 외 공저, 「한국정치행정의 체계」 (서울: 박영사, 1982), p. 244; Dennis Pirages, *Managing Political Conflict* (NY: Praeger Publishing Co., 1976), p. 82 등 참조.

38 Gabriel A. Almond, "A Developmental Approach to Political System," *World Politics*, Vol. 17, No. 2 (1965), pp. 1183-214.

39 박동서, 「한국행정론」 (서울: 법문사, 1989), p. 62.

40 George C. Edwards Ⅲ & Ira Sharkansky, *The Policy Predicament* (San Francisco, CA: Freeman, 1978), pp. 61-79; Thomas R. Dye, *op. cit.*, pp. 350-354.

41 Karl W. Deutsch, *Politics and Government*, 2nd ed. (Boston, MA: Houghton Mifflin, 1974), p. 238.

제 7 장

정책결정

제1절   정책결정의 의미와 기준

Ⅰ. 정책결정의 개념과 성격

정책결정(policy making)이란 정부의 정책결정기관이 현재 및 미래의 문제를 해결하기 위하여 필요한 지침을 결정하는 것을 의미한다. 이는 국가의 목적이나 공익을 실현하기 위한 주요 방침을 결정하는 일련의 활동으로서, 복잡하고 동태적인 과정을 거쳐 최선의 대안을 선택하는 것이다. 그러나 '정책결정'의 개념을 보다 자세히 살펴보기 위해서는 '정책'과 '결정'을 따로 검토할 필요가 있다. 이미 정책의 개념규정에서 밝힌 바와 같이 정책의 개념은 학자에 따라 매우 다양하게 규정되고 있다. 그러나 이 책에서는 정책을 '문제해결 및 변화유도를 위한 공적 수단으로서, 미래에 관한 정부의 활동지침'으로 규정한 바 있다. 따라서 정책결정이란 이러한 정부의 정책을 선택하거나 결정하는 일을 의미한다. 그리고 여기서 선택 혹은 결정이라 함은 다수의 정책대안 중에서 최적의 실현가능한 대안을 택하는 것을 말한다. 결국, 정책결정이란 '문제해결 및 변화유도를 위한 공적 수단으로서 미래에 관한 정부의 여러 활동지침을 만들어 내는 것'을 말한다. 그런데 행정현장에서는 흔히 정책형성이나 정책수립이라는 용어를 사용하고 있는데, 정책결정이라는 말과 그 관계를 분명히 해야 할 필요가 있다. 학문적으로 아직 완전히 정립된 용어라고는 볼 수 없으나 일반적으로 정책형성 혹은 정책수립이라 함은 정책의제설정과 정책결정을 포함하는 말이다. 즉 정책의제를 설정하고 그 의제에 대한 정책대안을 결정함으로써 하나의 완전한 정책을 만들어 내는 것을 의미한다.

정책결정은 다음과 같은 몇 가지 특징을 갖는다. 정책결정은 공공성과 정치성, 복잡성과 역동성을 띠며 시간에 따라 변동하는 동태적 과정이다. 또한 정책결정은 공식적·비공식적 성격을 가진 하위구조가 관련되는 다원적 구조로 이루어지며, 의사결정의 한 형태로써 의사결정에 관한 이론이 적용되는 부분이 많다. 정책결정은 예측이 어려운 장래를 지향하는 활동으로, 세밀한 지시가 아니라 일반적 주요 지침을 결정하는 것이다. 그리고 정책결정은 주로 정부의 공공기관에 의해 이루어지며, 공익의 실현을 의도하고 가능한 최적·최선의 수단에 의한다.

II. 정책결정과 의사결정

1. 의사결정과의 관계

의사결정(decision making)이란 개인이 자신의 문제를 해결하기 위해서 여러 가지 대안 중에서 하나를 선택하거나 조직이 운영목표나 주요 계획의 달성을 위해 최선의 방안을 선택 또는 결정하는 것을 말한다. 정책결정도 일반적인 의사결정의 한 형태로서 인식될 수 있으며, 정부기관이 공공문제에 관하여 행하는 주로 정치·행정적 의사결정을 말한다. 행정에 있어서의 의사결정인 정책결정은 이윤을 추구하는 기업체나 특정 목적을 지닌 기타 조직에 있어서의 의사결정과 상당한 유사성을 띠고 있으나 그 차원이 다르다. 정책결정에서는 일반조직에 있어서의 의사결정과는 달리 가치선택이 문제되는 정치성, 공공성이 관련되며 국가발전목표의 달성전략으로서의 성격을 지니고 있다. 대부분의 의사결정이론은 단일기능적인 조직이나 제한된 특정 목표의 달성에 보다 적합하다. 다수의 상이한 조직이 관계되는 다기능적 조직의 의사결정에는 불충분할 뿐만 아니라, 그 획일적인 적용에는 한계가 있다고 보아야 할 것이다. 정책결정이든 의사결정이든 문제해결이나 목표달성을 위하여 여러 대안 중에서 하나의 대안을 선택한다는 점에서는 차이가 없다. 따라서 정책결정에도 의사결정에 관한 일반이론이 적용될 수가 있다.

2. 일반적인 의사결정의 유형

인간은 일상생활 속에서 매일 수많은 결정상황에 직면하게 된다. 이러한 결정상황 중에는 매우 긴박하고 중요한 것도 있을 수 있으며, 별로 중요하지 않은 것도 있을 수 있다. 이와 같이 인간은 복잡하고 다양한 결정상황에 수 없이 직면하면서 그 때마다 의사결정을 해 나간다. 이러한 경우에 인간이 내리는 의사결정의 방법은 대체로 다음과 같이 3가지 유형으로 나누어 볼 수 있다.[1] 이러한 개인의 의사결정유형을 정책결정자의 정책결정유형에 유추해 볼 수 있다.

1) 분석에 의한 의사결정

분석(analysis)이란 복잡하게 뒤엉켜 있는 것을 성질별로 분류해 내는 것을 의미하며, 여기에는 완전분석에 의한 의사결정과 불완전분석에 의한 의사결정이 있다.

완전분석에 의한 의사결정이란 의사결정이 합리적으로 되기 위해 거쳐야 할 절차를 빠짐없이 거치는 의사결정방법이다. 즉 문제제기, 대안탐색, 대안의 결과 예측 및 평가, 대안선택 등의 단계를 거쳐서 의사결정을 하는 것을 말한다. 특히 모든 가능한 대안을 탐색하고 나타날 수 있는 모든 결과를 예측한다는 의미를 지니고 있는데, 이러한 완전분석은 현실적으로 불가능하다고 할 수 있다. 그것은 사람들이 일상생활 속에서 부딪히는 결정상황, 즉 대체로 시간이나 정보 등의 각종 자원부족과 인간능력의 한계에서 오는 제약 때문이다. 따라서 이러한 완전분석을 행하기가 현실적으로는 거의 불가능하다고 하겠다.

불완전분석에 의한 의사결정이란 의사결정의 네 단계를 모두 적용하지만 완전분석과의 차이는 모든 가능한 대안을 탐색하는 것이 아니라 중요한 대안만 탐색하는 것을 말한다. 결과를 예측할 때에도 모든 결과를 다 예측하는 것이 아니고 중요한 결과만 예측한다. 따라서 현실적으로 가능한 것처럼 보이지만 불완전분석에 의한 의사결정조차도 실제 중요한 정책결정에서 활동이 잘 되지 않고 있는 실정이다.

2) 직관에 의한 의사결정

직관(intuition)이란 판단, 추리 등의 사유작용을 통해 현실의 대상을 더하거나 감하지도 않고, 있는 그대로 파악하는 방법을 말한다. 이 방법은 의사결정의 각 단계를 모두 거쳐 의사결정을 하지만 불완전분석에 의한 의사결정보다 질이 낮다. 그 이유는 머리에서 직관에 의한 순간적인 판단을 하기 때문이다. 예컨대, 운전 도중 갑자기 사람이 뛰어들 경우 순간적으로 머리에 스치는 대안으로는 그냥 지나간다, 급정거한다, 급회전한다, 뛰어 내린다 등 무수히 많다. 그리고 이러한 대안 각각에 대해 순간적으로 결과를 예상하여 대안을 선택하게 된다. 즉 의사결정의 네 단계가 일순간에 스쳐 지나간다. 이러한 결정의 질은 사람의 직관력에 달려 있는데, 이러한 직관력의 요소는 선천적·본능적 요소와, 후천적인 교육과 훈련 경험에 의한 요소로 나누어진다. 따라서 정책결정자의 교육훈련이 얼마나 중요한 것인가를 시사하고 있다.

3) 습관에 의한 의사결정

이 방법은 반복적으로 등장하는 문제의 해결에 주로 사용하는 방법으로, 처음 문제가 등장할 때는 분석이나 직관에 의한 방법 중 어느 하나에 의해서 문제를 해결하지만 그 다음 다시 동일한 문제가 등장할 때는 전례를 검토하여 그것에 따르게 된다. 계속 거듭하면 그 다음에는 그 문제에 대해 거의 자동적으로 인지하게 되고 인지를 하자마자 무의식적으로 전례에 따르게 되는 것이다. 흔히 프로그램화된 또는 관례화된 의사결정이 이것이다. 또 조직체의 표준운영절차(SOP, standard operating procedure)나 대안목록(program repertory)에 의한 결정도 여기에 해당된다. 습관적 의사결정이 좋은 결과를 가져다 줄 것인가의 여부는 과거에 채택했던 대안의 효과성 정도에 따라 달라진다.[2]

3. 정책결정과 의사결정의 차이

정책결정은 앞에서 이미 설명한 바와 같이 많은 부분을 의사결정의 이론과 원리에 의존하고 있다. 그럼에도 불구하고 정책결정은 다음과 같은 점에서 의사결정과는 차이가 있다.

첫째, 정책결정은 그 주체가 주로 정부의 정책기관과 정부관료라는 점에서 의사결정과는 다르다. 정부의 정책결정은 현재의 문제를 해결하기 위한 것이든 미래의 변화를 유도하기 위한 것이든 간에 결과적으로는 장래의 일반적인 정부활동의 지침을 결정하는 것이다.

둘째, 정책결정은 의사결정과는 달리 사회적·공공적 성격을 갖는다. 즉 정책결정은 사회적 관심의 대상이 되는 문제나 사회다수인의 이해관계가 개입되는 문제 혹은 자원의 배분문제 등에 관한 해결기능을 주로 담당하는 것이다. 또한 정책결정은 경제적 합리성뿐 아니라 정치적 합리성과 공공성을 추구하며 고도의 정치적 성격을 지닌다.

셋째, 정책결정은 그 과정의 동태성, 복잡성, 다양성 등으로 과정에서도 차이가 있을 뿐 아니라, 의사결정과 같이 최적대안을 탐색하려고 하지만 현실적인 대안선택은 정치행정체제의 발전정도에 의해 영향을 받는다.

III. 정책결정의 유형

의사결정이론과 정책결정의 이론은 서로 다른 점이 많기 때문에 의사결정이론은 정책결정이론에 바로 적용할 수 없는 부분이 많다. 반면에 의사결정의 이론을 정책결정에 응용할 수 있는 부분 또한 적지 않다. 다음의 정책결정유형은 의사결정의 유형을 도입하고 응용한 것이라고 보아야 할 것이다.

1. 정형적 결정과 비정형적 결정

정책결정은 반복적·관례적 성격을 가진 정형적 결정(programmed decision)과 쇄신적·비반복적 성격을 지닌 비정형적 결정(non-programmed decision)으로 나눌 수 있다. 물론 현실의 정책결정과정을 모두 이 두 모형으로 명확하게 구분할 수 있는 것은 아니며, 두 유형의 중간에 속하고 있는 경우도 있다. 먼저, 정형적 결정이란 과거에 선례가 있는 정책결정을 의미한다. 즉 어떤 특별한 새로운 조사활동이나 토론, 연구 등을 요하지 않고 과거의 선례나 경험에 따라 정책을 결정하는 것을 말한다. 따라서 문제해결을 위한 방법이 이미 밝혀져 있고, 그 방법을 실시했을 경우 발생될 결과도 알고 있는 경우, 기계적·반복적으로 결정하는 정책결정방법을 정형적 정책결정이라고 한다.

한편 비정형적 결정이란 과거에 그러한 정책을 결정한 경험 및 선례가 없는 결정을 말한다. 정책결정자들이 직면하는 수많은 문제들은 비록 경험한 문제라고 하더라도, 당면한 문제와 그 내용이나 성격에 있어 완전히 동일할 수가 없는 것이다. 이처럼 어떤 문제의 해결을 위해 새로운 조사, 연구 등의 활동이 요구되거나 선례가 없어 많은 토론과 숙고를 요하는 결정을 비정형적 정책결정이라고 한다. 정책결정자가 처리해야 할 문제가 전혀 새로운 문제거나 구조와 성격이 복잡한 문제 혹은 그 중요성이 큰 문제일 때, 그 문제는 비정형적 결정의 대상이 되며, 이러한 문제에 대해서는 미리 마련된 해결방안이 없거나 있어도 그것을 이용할 수 없기 때문에 그 정책결정과정은 비정형적인 것이다.

2. 전략적 결정과 전술적 결정

전략적 결정(strategic decision)이란 문제해결의 방안을 결정하는 것이며, '무엇을 할 것인가'에 관한 결정이다. 일반적으로 정책결정은 문제해결이나 목표달성의 방향 및 방안에 대한 지침의 결정이므로 전략적 결정이 보통이나, 경우에 따라서는 보다 구체적인 내용을 담고 있는 때도 많다. 이처럼 보다 포괄적인 것에 관한 결정을 전략적 결정이라고 하는 것이다. 이에 반하여 전술적 결정(tactical decision)은 '어떻게 할 것인가'에 관한 결정이며 전략적 결정을 실천에 옮기기 위한 수단 및 기술의 결정을 의미한다. 오늘날에는 과학기술의 비약적인 발전으로 어떠한 정책이든 간에 그것을 사용할 수 있는 수단은 고도로 발달되어 있다. 따라서 전술적 결정보다는 전략적 결정의 중요성이 훨씬 크게 부각된다고 하겠다.

3. 개인적 결정과 집단적 결정

개인적 결정이란 최고정책결정자나 정책담당자 등이 개인의 독자적인 판단이나 분석에 의해 정책대안을 단독으로 선택하는 것을 말한다. 고도로 집권화 된 체제 또는 극히 비밀을 요하는 문제의 해결에서 나타날 수 있으나 바람직한 결정 방식은 못된다. 이에 반해 집단적 결정이란 정책문제에 관련된 이해관계자, 전문가, 관련 공무원 등이 모두 참여한 가운데 정책대안에 관한 충분한 검토와 분석을 거쳐, 참여자들 간의 합의를 통해 정책을 결정하는 것이다. 민주주의 사회에서는 가능한 개인적 결정을 지양하고 집단적 결정방식을 장려함으로써 결정된 정책에 대한 오해나 반발을 최소화시켜 나가는 것이 요구된다.

4. 단독결정과 공동결정

단독결정이란 특정한 하나의 정부나 기관이 자신의 의사와 책임 하에 당해 정부의 관할범위 내에만 영향을 미치는 정책을 결정하는 것을 의미한다. 따라서 단독결정은 타 기관이나 정부의 정책에 영향을 미치거나 받지도 않는다. 반면에 공동결정은 중앙정부의 특정 부처와 지방정부 혹은 지방정부 상호간의 공동노력으로 정책결정이 이루어지는 것을 의미한다. 일반적으로는 2개 이상의 독립된 조직단위가 어느 일방이 결정권을 독점하거나 결정을 지시 혹은 통제할 수 없는 경우 공동정책결정을 하게 된다. 이러한 공동결정은 다시 수평적 공동결정과 수직적 공동결정으로 구분된다. 수평적 공동결정이란 공동결정에 참여한 정부나 기관이 상호 횡적으로 연결되어 있는 경우를 말하고, 수직적 공동결정이란 위계관계에 따라 종적으로 연결되어 있는 것을 말한다.

5. 관례적 결정과 위기적 결정

관례적(routine) 결정이란 일상적 문제의 해결을 위한 결정이며 특별한 주의를 기울이지 않고 반복적으로 이루어지는 경우가 많다. 그러나 위기적(critical) 결정이란 정책을 결정하는 기관의 발전과 관련된 중대한 결정을 의미한다. 즉 기관의 제도적 지위나 영향력이 한 차원 상승 또는 발전하는데 중요한 영향을 미치는 결정을 의미한다.

Ⅳ. 정책결정의 변수

1. 결정변수의 의미

하나의 정책을 결정하는 과정에는 다양한 이해관계를 가진 개인이나 집단들이 개입하게 된다. 정책결정의 변수란 정책결정과정을 통해 결정에 영향을 미치는 여러 가지 요소를 의미한다. 이들 요인에 관해서는 제시되는 여러 가지 이론들 가운데 몇 가지를 소개한다.

Nigro는 정보, 성격, 가치관, 교육훈련, 경력, 외부인 채용, 사회관습(community mores) 등 주로 정책결정자에게 영향을 미치는 변수를 중심으로 고찰하고 있다.[3] 한편, Sharkansky는 정치문화, 시민, 압력단체, 정당, 정부의 3부, 행정부 내의 상하·횡적 관계, 행정관의 성분, 기술, 가치관, 행정단위의 구조, 절차, 선례 등과 같이 매우 광범하게 변수를 제시하고 있다.[4] 반면, Robinson & Majak은 상황, 참여자, 조직, 과정, 결과 등의 비교적인 함축적인 변수들을 제시하고 있다.[5] 이처럼 학자마다 다소 차이가 있긴 하지만, 이들의 공통적인 요소들을 묶어 정리해 볼 필요가 있다. 즉 행정현상을 야기하는 변수인 인적 요소, 구조적 요소, 환경적 요소 등으로 구분하고 이를 정책결정과 연결시킴으로써 정책결정의 변수로 그 내용을 검토해 볼 수 있다.

2. 변수의 유형과 내용

1) 정책환경

상황 혹은 환경이란 정책결정자에게 여러 가지 문제를 제기하는 사회경제적·정치적 현상을 의미한다. 이러한 환경은 정책결정자가 문제를 해결하려는 노력에 도움을 줄 수도 있고 또한 이러한 노력을 방해하기도 하며 가변적이고 동태적인 성격을 띠고 있다. 특히 정치문화, 정치체제의 특징 등 정치적 요인과 경제적 하부구조, 자원, 경제발전계획 등 경제적 요인은 정책결정의 중요한 변수라 할 수 있다. 그 외에도 정책결정제가 처한 상황적 조건이 안정적인 상황인가, 위기 상황인가, 그리고 위기 상황이면 정치적 위기인가, 경제적 위기인가 등에 따라 정책결정에 영향을 미치게 된다.

2) 정책결정자

정책결정자의 개성, 가치관이나 사회적 배경 등이 정책결정에 영향을 미친다. 정책결정자의 태도, 감정이나 가치체계는 당면 문제의 인식, 즉 행정수요의 판단이나 정책의 선택에 중요한 영향을 미친다. 그 외에도 정책결정자의 지식, 정책결정자가 가진 기술 및 정보 등은 물론 정책결정자에게 주어진 자원으로서의 정치적 지지나 시간 등과 같은 요인들이 정책결정의 중요변수로 작용하는 것이다. 그리고 이때 정책결정자란 정책과정에서의 정책결정권자는 물론 보다 넓은 의미에서는 정책담당자도 포함된다고 보아야 할 것이다.

3) 정책체제

정책을 결정하는 정책체제의 구조적 특징이 정책결정에 중요한 영향을 미치며 나아가 그 내용에 제약을 가하기도 한다. 그리고 정책체제가 지닌 자원의 양과 질에 의해서도 영향을 받는다. 여기서 정책체제의 자원이란 체제가 가진 지식, 정보, 기술, 시간, 신용, 정치적 지지 등을 포함한 인적·물적 자원을 포함한다고 볼 수 있다. 오늘날 개인은 독립적 존재가 아니며 조직화되고 제도화된 개인이다. 조직의 구조, 절차, 관례 등은 정책결정자에게 강력한 영향력을 미치고 있으며, 조직의 규모, 계층구조와 기타 조직과의 관계도 영향을 미친다. 또한 정책을 결정하는 조직은 타 조직 및 조직내부의 요소에 의해서도 정책결정은 영향을 받는다.

4) 기타 변수

정책결정기관을 둘러싸고 기관이나 정책결정자 및 정책결정참여자에게 영향을 미치는 요인들로는 국민들의 여론, 정당의 활동, 대중매체의 기능, 이익집단들의 이익표출 및 투입기능, 정보나 자료 등 많은 요인들을 지적할 수 있다. 그러나 여기서는 이들을 따로 설명하지 않는 것은, 우선 이들 요인들이 정책결정의 환경적 변수에 포함되는 것으로 간주되기 때문이며, 둘째 이들은 비단 정책결정에만 영향을 미치는 것이 아니고 전 정책과정을 통해서 끊임없이 영향을 미치기 때문이다.

V. 정책결정의 기준

1. 결정기준의 의미

정책결정자가 정책을 결정할 때 고려하거나 준거하게 되는 기준은 무수히 많을 수 있다. 그것은 정책 자체의 성격과 관련된 것일 수도 있고, 그 정책과 관련되어 있는 정치적 또는 사회경제적 환경과 관련된 것일 수도 있다. 순수한 개인적인 의사결정과는 달리 다수의 사람에게 다양한 영향을 미치게 될 정책을 결정하는 결정자는 자신의 개인적 판단은 물론이거나 외부로부터 많은 요구와 압력에 당면하게 되므로 정책의 결정에 있어서는 여러 가지 기준을 동시에 고려하지 않을 수 없는 것이다. 그런데 이러한 기준에는 정책결정자라면 누구든지 당연히 고려해야 할 규범적·당위적 기준은 물론 때와 장소 또는 정책 자체의 성격 등과 관련하여 특히 고려할 수도 또는 하지 않을 수도 있는 실증적·경험적 기준이 있다.

2. 규범적 기준

1) 공 익

공익(public interest)은 정책의 전 과정에 걸쳐 참여자들이 항상 염두에 두고 행위나 판단의 기준으로 삼아야 하는 규범적 기준이다. 전 정책과정을 통해 준수해야 할 외형적인 제도나 절차를 적절히 구비하고 그것에 적합하게 문제를 분석하고 처리한다고 하더라도 정책과정의 참여자들 특히 그 중에서도 정책을 결정하고 집행하는 담당자들의 가치, 논리, 책임, 행위기준 등과 관련한 판단과 선택의 기준문제는 언제나 논란의 소지가 될 수 있다. 행정의 정책결정기능 강화에 따른 정책결정의 합리성에 관한 논의가 활성화되면서, 정책결정의 규범적 기준으로서 그리고 행정책임의 평가기준으로서 공익의 중요성이 크게 부각되었다.

공익이 과거에는 주로 철학의 영역에서 논의되었으나 오늘날에는 정치행정과 사회경제적 영역을 비롯한 사회과학에서도 점차 그 중요성에 대한 인식이 높아지고 있다. 공익은 정책의제설정과정과 정책결정, 정책집행 및 정책평가의 규범적 기준인 동시에 행정책임의 평가기준으로 기능한다. 또한 관료제의 가치중립성과 무도덕성이 비판되면서 그 이념적 가치로 중시되고 있다. 한편 과연 공익이라는 것이 무엇을 의미하는가라는 그 개념에 관한 견해는 매우 다양하여 논란이 되고 있다. 과연 공익이란 무엇이며 실재하는 것인가? 실제로 존재한다면 누가 그것을 결정하며 어떻게 파악할 것인가? 등과 같은 문제를 제기하고 있기 때문이다. 추상적 개념인 공익을 어떻게 구체적 혹은 현실적으로 파악할 것인가에 관하여 점차 학계의 관심이 높아지고 있다.

공익은 평등, 정의, 인간존엄, 공정성, 복지 등과 같이 사회일반의 기본적 가치를 의미한다. 이러한 가치는 선험적으로 존재하거나 그 어떤 곳으로부터 통치자나 국민에게 부여되는 것이 아니라, 사회구성원 일반의 경험을 통해 공유하게 되는 사회의 기본적 가치로서의 성격을 가진다. 정부에 대한 국민의 요구와 기대도 이와 같이 사회 전체에 공유된 기본적 가치를 근거로 형성되며, 역으로 시대적 상황에 따라 달라지는 국민들의 요구와 기대가 이러한 가치를 창조해 내기도 한다. 그리하여 공익은 행정의 이념적 최고 가치로서 정책결정자들이 정책을 결정하거나 집행할 때 가장 우선적으로 고려해야 하는 규범적 기준이다. 그러나 공익의 구체적인 개념과 내용에 대해서는 실체설, 과정설, 합의설, 공동체이익설, 공공재설 등과 같이 다양한 학설이 제시된다.

이처럼 공익의 개념에 관하여 합의된 바는 없지만, 공익을 '불특정 다수인의 이익, 즉 사회 전체에 공유된 가치로서 사회일반의 공동이익'으로 정의 할 수 있다. 요약하자면, 이념적 가치로서의 공익은 정책결정의 규범적 기준으로서는 물론이고, 행정이념, 행정책임의 평가기준으로서도 그 중요성이 인정되고 있다.

2) 정책철학

정책철학(policy philosophy)이란 '정부의 목적이나 그러한 목적을 달성하기 위해 가장 바람직하다고 생각되는 수단에 대한 제반 가치들의 총체'[6]라고 할 수 있는데, Bozeman은 그동안 존재해 온 정책철학을 보존철학, 합리주의, 중개주의, 실용주의, 이전주의, 이기주의 등으로 요약하고 있다.[7]

보존주의는 정책을 특정의 사람들을 다른 사람들로부터 자신들을 보호하기 위해 존재하는 것으로 보았으며, 합리주의는 개인의 이성을 신뢰하고 과학적 분석과 논리 및 체계적 연구를 통해 통치에서 발생되는 여러 가지 문제점들을 합리적으로 해결가능하며 정책은 그것을 실현할 수 있는 수단으로 간주했다. 중개주의는 사회를 여러 집단의 다양한 이익의 통합으로 보고 정부는 이익들 간의 균형을 유지시키고 단위사회를 통합하는 접착제와 같은 기능을 하는 것으로 파악한다. 실용주의는 공식적인 제도나 절차, 행동규칙 등이 존재하지 않아 관료의 재량권이 상당히 넓어질 경우, 형식에 구애받지 않고 특정 상황에 적절히 대처해야 하는데 정책결정에 있어서도 이러한 원리가 지배 될 수 있다고 보는 것이다. 한편 이전주의는 가진 자로부터 받아내어 갖지 못한 자에게 나누어 준다는 복지국가의 정책철학관이다. 반면에 이기주의는 행정조직이란 사회적 사명은 도외시하고 조직 자체의 목표달성에만 급급하거나 종사하는 공무원 역시 자신의 개인적 이익도모에만 열중하며, 정책을 개인의 본질적 지위를 최대한 높이고 자신이나 자기조직의 이익만을 증진시키는 수단으로 파악하고 있다.

그러나 오늘날 정책철학은 한편으로는 이들 모든 것들을 총체적으로 파악함으로써, 국가의 발전목표와 연관된 바람직한 방향에서 적용해 나가야 하며, 다른 한편으로는 정책의 유형이나 성질에 따라 그리고 때와 장소에 따라 적절한 정책철학을 재구성하거나 복합적인 입장을 견지해야 할 필요가 있다.[8]

3) 정책이념

정책이념은 정책이 구현하고자 하는 최고 가치 또는 지향점을 의미한다. 앞에서 언급한 정책철학이 정책의 실현을 위한 수단적 가치의 총체 혹은 정책을 보는 시각이라고 한다면, 정책이념은 정책과정을 통한 기능적 가치나 정책이 구현하고자 하는 궁극적 가치를 의미하는 것이다. 오늘날에는 정치와 행정을 일원적으로 파악함으로써, 행정을 '정치권력을 배경으로 한 공공정책의 결정 및 구체화'로 보고 있다. 다시 말해서, 행정이란 '공공정책을 결정하고 그것을 집행하는 인간의 합리적 협동행위'라고 할 수 있는 것이다. 따라서 행정은 많은 부분이 정책을 통하여 구현되고 있기 때문에 행정이념은 곧 정책이 실현하고자 하는 최고 가치로서의 정책이념이라고 할 수 있다.

이렇게 볼 때, 정책도 그것을 통해 실현하고자 하는 미래의 상태를 보다 효과적이고 능률적으로 달성하고자 하는 것을 그 지향적 가치로 삼아야 하며, 그 정책이 수행되어 가는 전체적 과정은 물론 정책이 실현하고자 하는 미래의 상태 역시 합법적이고 민주적이어야 함을 그 이념적 전제로 삼을 수밖에 없는 것이다. 그 외에도 정책을 통해 행정이 구현하고자 하는 이념은 곧 그 정책의 이념으로 보아도 무방할 것이다. 따라서 정책을 결정하는 정책결정자들은 이러한 정책이념을 항상 염두에 두고 있어야 하며 정책의 유형이나 성질에 따라 각기 다양하게 나타날 수 있는 정책이념들을 신중하게 고려해야 할 것이다.

3. 현실적 기준

1) 상황적 가치

상황적 가치(value)란 정책결정자의 가치 및 정책결정자에게 영향을 미칠 수 있는 사회적 가치를 뜻한다. 이러한 가치로써 가장 중요한 것은 물론 정책결정자 자신의 개인적 가치이겠지만 현실적으로는 그가 속하고 있는 입장이나 상황에 따라 다음과 같은 여러 가치의 영향을 받는다고 하겠다. 즉 정책결정자는 정책대안의 탐색·평가·결정과정에서 자신의 정치적 지지기반을 고려하게 된다. 따라서 정당이나 의원, 고객집단, 선거구 주민 등의 이익을 염두에 두게 되는 정치적 가치의 영향을 받게 된다. 또한 정책결정자는 자기가 소속하고 있는 조직의 가치에 많은 영향을 받는다. 조직의 발전과 쇠퇴는 곧 바로 자기의 발전과 관련되기 때문에 자신이 속한 조직의 발전이나 권력유지, 활동강화 등에 유리한 정책을 결정하게 된다. 그리고 정책결정자는 공익이나 도덕, 윤리 등 규범적 가치에 의해서도 영향을 받는다. 아무리 중요하고, 합리적으로 결정된 정책이라고 할지라도 그것이 기본적으로 정치적 윤리나 사회적 당위성에 어긋나는 것이라면 비난을 면할 수 없다. 그런데 정책결정자는 누구나 자기가 결정한 정책이 비난의 대상이 되기를 기대하지는 않기 때문이다.

2) 유권자 및 이익집단

선거에 의해 선출된 정책결정자들은 그들의 선거구민에게 이익이 되는 정책결정을 중시한다. 이것은 그들의 현재 위치와 공직생명이 유권자들의 마음에 따라 유동적이기 때문이다. 따라서 유권자들의 태도와 그들에게 영향을 미치는 단체나 집단들의 태도가 정책결정자들에게 영향을 미치게 되는 것이다. 한편 선거에 의해 선출되지 않은 행정관료들은 선거구민에 영향을 받지는 않지만 그들과 밀접한 관계를 맺고 있는 고객집단들의 이익을 반영시키려고 노력하는 경향이 강하다. 요컨대 정책결정자들은 그들에게 영향을 미치고 있는 개인이나 집단의 이익을 옹호하고자 하는 심리적 경향을 강하게 소유하고 있기 때문에, 이것들이 정책결정의 기준으로 역할하게 되는 것이다.

3) 여 론

여론(public opinion)은 정책결정과정에서 결정자의 행위에 영향을 미침으로써 정책결정자가 실제 정책결정 당시에 판단의 기준으로 삼거나 참고로 하는 중요한 기준 중의 하나이다. 그러나 여론이 정책결정자들에게 영향을 미친다는 것은 우리의 일반적 경험이나 추론에 의한 결론이지, 구체적으로 어떠한 방법과 어느 정도로 영향을 미치고 있는지를 분명하게 설명하기란 어렵다. 학자들에 따라서는 여론이 실제로 공공정책에 영향을 미치는 경우보다는 오히려 정책이 여론을 형성하기도 한다고 주장한다. 그러나 그것은 정책의 유형에 따라 다르며 일률적으로 그렇다고 단언할 수는 없다.

　민주주의 사회에서의 정치란 곧 여론정치라고 할 만큼 여론의 영향력이 큰 것이 사실이다. 이는 여론이 불특정 다수의 일반대중이 지닌 그리고 표출하는 견해라는 점에서 그 의미는 정치적으로 상당한 중요성을 지닌다. 따라서 여론을 무시한 정책결정은 어떤 결정자에게도 간단하거나 용이하지 않다는 것이다. 그러나 여론이 모두 올바르다는 것은 아니다. 조작된 여론, 오도된 여론도 있을 수 있기 때문이다. 여론이 정책결정에 별로 영향을 미치지 못하는 경우도 있는데, 그것은 정책결정자가 여론의 성질이 조작 또는 오도된 것임을 알고 있는 경우, 여론자체가 불안정한 경우, 정책결정자가 여론을 정확하게 인식하지 못한 경우 등이다. 요컨대 여론이 정책결정자들의 판단기준으로 중시되고 있음은 분명한 것이다.

4) 규칙 및 선례

　정책결정과정에서는 일정한 절차를 구체화하여 단계로 나누고, 각 단계나 절차에 있어 참여자나 결정자들이 준수해야 할 규칙이나 지침을 제시한다. 이를 통해 복잡하고 동태적인 결정의 단계나 절차를 단순화시키고 규칙화시키게 되는 것이다. 이때 정책결정자들은 이러한 규칙이나 절차를 그들의 판단기준으로 고려할 수도 있다. 그뿐만 아니라 경우에 따라서는 과거의 선례를 기준으로 정책을 결정할 수도 있고, 문제의 성격에 따라 관례대로 결정행위를 하게 되는 수도 있다.

제2절   정책결정의 과정

Ⅰ. 결정과정의 의미

정책결정과정이란 국가의 발전목표를 구체화하고 목표에 부합되는 정부의 활동지침을 결정하는 과정을 말한다. 그러나 실제의 정책결정은 반드시 국가의 목표를 구체화하는 것에만 국한되지 않으며 목표를 추진해 나가는 데 있어 부정적인 영향을 미치거나 방해요인이 되는 각종의 사회문제들에 대한 해결책을 결정해 나가는 경우가 많다. 일반적으로는 이와 같은 사회문제의 해결을 위한 정책결정이 오히려 더 많은 비중을 차지하게 된다. 이러한 맥락에서, 정책결정과정이란 이미 정책의제설정단계에서 채택된 정책의제를 대상으로 그 의제가 안고 있는 문제의 내용을 해결하기 위한 수단을 결정하는 것을 의미한다. 그러나 많은 경우 정책결정기관은 법규나 명령, 지시, 위임 등에 의해 처리해야 할 정책의제들은 물론, 때로는 정책의제목록에 있지도 않은 문제들까지 해결을 요구하며 투입되기도 한다.

이와 같은 정책결정과정은 〈그림 7−1〉에 제시된 바와 같이, 정책의제, 즉 해결해야 할 문제에 대한 정확한 파악 및 문제정의단계에서 출발하여, 정책문제 정의에 기초한 정책목표의 설정, 목표달성을 위한 정책대안의 탐색 및 개발, 정책대안들의 결과예측, 각 대안에 대한 비교 및 평가, 최적대안의 선택에 이르기까지 복잡하고 동태적인 과정을 거치게 된다.[9]

요컨대 정책결정과정은 궁극적으로 목표달성을 통한 문제해결을 위한 가장 바람직한 정책을 산출하는 과정인 것이다. 학자에 따라서는 정책결정과정을 보는 시각에 차이가 있어서, 정책결정과정을 정치과정의 하나로 보거나, 체제적 과정으로 보는 사람들도 있지만 여기서는 합리적·분석적 과정의 관점에서 살펴본다.

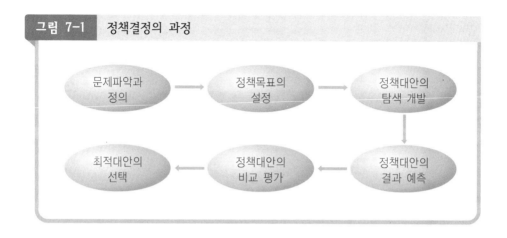

그림 7-1 정책결정의 과정

Ⅱ. 문제의 파악과 정의

1. 문제의 파악

정책결정의 대상이 되는 정책의제인 정책문제의 내용을 정확하게 진단 및 파악하는 것은 바람직한 정책결정을 위해서 우선적으로 수행해야 할 가장 중요한 과제이다. 문제의 파악이란 정책문제의 내용을 정확하게 진단하고 인지하는 작업을 말한다. 다시 말하자면, 문제의 파악은 정책적 해결을 시도하는 문제의 원인, 결과, 그리고 이들 간의 인과관계 등을 알아내는 것을 의미한다. 그러나 어떠한 문제이건 간에 문제의 내용을 정확하게 파악하는 일은 그렇게 간단하지가 않다. 그것은 하나의 문제는 대부분 다른 문제와 상호 의존 혹은 연결되어 있고, 문제를 파악하는 입장은 주관적이며, 그 해결방안도 다양할 수밖에 없기 때문이다.[10]

그럼에도 불구하고 문제의 정확한 파악은 정책목표의 바람직한 설정을 위해서는 물론 정책대안의 탐색과 개발을 위해서도 반드시 거쳐야 할 필수적인 단계이다. 비록 정책의제설정단계를 거치는 과정에서 충분히 논의 또는 검토되어 이미 파악된 문제라고 하더라도, 문제란 본래 시시각각 장소와 상황에 따라 그 내용이나 성격이 크게 변할 수 있기 때문에 정책결정과정에서 체계적으로 검토 또는 파악이 되어야 하는 것이다. 문제의 정확한 파악을 위해서는 다음과 같은 몇 가지 작업을 수행해야 한다.

1) 문제의 구성요소 파악

문제란 본래 단일요소로 이루어진 것은 거의 없으며 두 가지 이상의 복합적인 요소들로 구성되어 있기 때문에 이들 요소들 중에서 어느 것을 문제의 핵심으로 볼 것인가 하는 것은 관점에 따라 달라질 수 있다. 따라서 문제파악의 단계에서 가장 우선적으로 수행해야 할 일은 그 문제를 구성하고 있는 여러 요소들과 문제의 원인, 문제의 실태, 문제의 결과 등을 개략적으로 파악해 내는 것이다. 예컨대 인구증가 문제가 내포하고 있는 구성요소로는 출산율증가, 사망률감소, 이민의 증대 등 다양한 요소들이 있음을 파악해 내는 것과 같다.

2) 문제의 심각성 및 피해집단의 파악

문제가 야기할 수 있는 사태의 범위와 강도 등을 통해 예상되는 문제의 심각성을 파악하고, 그로 인하여 고통을 당하는 피해 집단, 계층, 지역 등을 알아내는 일이다. 정책문제의 심각성이란 그 문제로 인해 야기될 피해의 규모, 범위, 강도 등을 의미한다. 예컨대 위의 예에서 인구증가 문제가 그대로 방치할 경우 경제에 어떠한 영향을 미치게 될 것인가, 그러한 영향의 범위와 정도는 어떠하며, 그로 인해 피해를 입는 집단은 누구인가 등을 파악하는 것이다.

3) 문제의 원인과 결과 및 인과관계의 파악

문제의 발생 원인을 찾아내고 원인들 상호 간의 관계를 파악하며 나아가 이들 원인과 이로 인한 결과들 간의 인과관계를 찾아낸다. 특히 이러한 작업은 앞으로 수행해야 할 정책대안의 선택에 긴요한 작업이기도 하다. 구체적으로 어떠한 요인이 어떠한 문제를 야기하는지, 그리고 원인과 결과 간에는 어떤 관계가 있는지 등 인과관계를 밝혀야 한다.

4) 문제의 결과 예측

문제를 정확하게 파악하기 위해서는 정책문제가 야기할 미래의 결과를 예측해 보아야 한다. 지금 정책이 결정된다고 하더라도 그것이 집행될 때까지는 다소간 시간이 소요되기 마련이다. 따라서 결국 정책의 효과는 미래에 나타나게 된다. 그러므로 현재 정책수단을 강구하기 위해서는 정책문제가 가져올 미래의 상황을 예측할 것이 요구된다. 물론 많은 정책결정자들이 현재의 정책문제를 보고 그 심각성을 판단하여 이것의 해결을 정책목표로 내세우는 것은 문제의 심각성이 현재와 같이 미래에도 지속될 것으로 가정하고 있기 때문이다. 한편 현재의 상태로 방치하더라도 저절로 해결될 수 있는 사회문제를 정부의 공식적인 개입을 통해 해결하겠다고 정책을 결정할 필요는 없다. 결국 어떤 정책문제가 어느 정도의 심각한 사태를 야기할 것인지를 미리 예측하는 것은 정책문제파악의 중요한 부분인 것이다.

2. 문제의 정의

문제의 정의는 문제파악의 단계에서 밝혀진 내용을 구체적으로 구성하는 과정이다. 즉 정책문제의 구성요소, 원인, 결과 등의 내용을 규정함으로써 '무엇이 문제인가'를 밝히는 것을 말한다.[11] 아무리 문제의 내용을 자세히 파악한다고 하더라도 '무엇이 문제인가'를 규정하지 않고서는 바람직한 정책목표의 설정은 물론 정책수단의 개발도 불가능하다. 뿐만 아니라 문제정의의 내용에 따라 정책목표의 설정 및 정책수단의 개발이 좌우된다. 따라서 정책결정과정 중에서도 정책문제의 정의단계는 매우 중요하며, 다양한 이해관계자들이 대립·갈등 관계를 이루는 정치적 성격을 띠는 단계이다. 다음은 정책문제의 정의과정이 지니는 성격 및 내용을 살펴본다.

1) 문제정의의 특성

(1) 문제정의의 중요성

정책문제의 정의는 정책목표를 설정하고 정책대안을 탐색하는 등 1차적인 정책내용의 범주를 결정해 준다. 따라서 정책목표를 설정하고 수단을 탐색하는 것은 정책문제의 원인이 어떻게 규정되느냐에 달려있다. 즉 문제를 확정한다는 것은 정책목표를 설정한다는 것과 같으며, 문제는 그 정의 속에 스스로 그 자신의 해결책을 내포하고 있기 때문에 정책수단의 선택과도 연결되어 있다. 또한 문제는 정책목표 및 정책수단과 연계되어 있기 때문에 그것이 어떻게 정의되느냐에 따라 갈등 혹은 경쟁 관계에 있는 목표 및 수단의 우선순위를 가정하고 있다. 예컨대 공직자의 부정을 공무원의 문제로 볼 것인가 아니면 제도의 문제로 볼 것인가, 그리고 교통사고의 증가현상이 도로 때문인가 아니면 교통법규 때문인가 등은 문제정의를 어떻게 하느냐에 따라 전혀 성격이 다른 정책목표와 대안이 나올 수 있기 때문이다.[12]

(2) 문제정의의 정치성

정책문제가 어떻게 정의되느냐에 따라 그 문제와 관련된 수많은 이해관계자들 간의 정치적 갈등과 경쟁을 불러일으킬 수 있다. 따라서 '정책문제의 정의'는 정치적 타협의 대상이 되기도 한다. 즉 정책문제를 정의함에 있어 문제의 원인을 중심으로 정의하느냐, 아니면 문제의 결과를 중심으로 정의하느냐에 따라 정책수단을 강구하는 정책내용이 현저히 달라지며, 그로 인한 수혜집단과 부담집단 역시 정반대로 바뀔 수 있기 때문이다. 해결해야 할 문제를 무엇으로 보는가, 정책문제의 핵심적 원인을 무엇으로 보는가, 목표의 달성수준을 어느 정도로 책정할 것인가 등의 문제들은 모두 그 해결을 위해서는 끝없는 정치적 갈등을 유발하게 되는 것이다.

(3) 문제정의의 주관성

문제의 내용이 파악되었다고 하더라도 그것을 어떻게 인식하느냐하는 것은 사람에 따라 다르다. 이러한 문제인식의 주관성 때문에 현실적으로 정책문제의 정의는 극히 다양하게 된다. 다시 말하자면, 정책문제의 정의는 정의하는 사람의 주관에 따라 극히 다양하게 규정될 수 있다는 것이다. 그 이유는 개인의 주관에 따라 문제의 요소, 원인, 결과들 중 강조하는 부분이 다르며, 같은 요소들 중에서도 어떤 것을 더욱 핵심적인 것으로 보느냐 하는 것도 다르기 때문이다. 이처럼 개인에 따라 문제의 정의가 다르게 되는 근본적인 이유는 각자가 가진 이상이 다름에 따라 객관적으로 존재하는 현실의 상태를 인식하는 양상도 다르게 되며, 바람직한 이상과 현실 상태 간의 차이가 클수록 문제의 심각성은 더욱 크게 인식될 것이다. 환경오염 문제에 대한 환경론자들의 인식과 공장주인들의 인식 간에는 현격한 차이가 있는 것과 마찬가지이다.

2) 문제정의와 3종 오류

해결해야 할 문제를 가장 바람직하고 합리적으로 정의하는 것은 매우 중요한 일이지만, 현실적으로는 그것이 어렵기 때문에 가능한 바람직한 문제정의를 위하여 모든 방법을 다 강구해야 할 것이다. 정책문제에 대한 이해관계자들의 인식은 주관적이기 때문에 같은 문제라도 사람에 따라서 그것에 대한 정의의 내용도 달라진다. 사실 어떻게 하는 것이 가장 문제를 잘 정의하는 것인가에 대한 정답은 없다. 그러나 바람직한 문제정의를 위해서는 정책분석가나 전문가가 독자적으로 정책문제의 내용을 정의하기 보다는, 반드시 국가 및 사회 또는 국민 전체의 입장에서 정의되어야 한다.

이러한 관점에서 바람직한 문제정의를 위해서는 먼저 문제의 정확한 파악이 선행되어야 한다. 그리고 정책문제의 결과를 감안하여 중요하다고 판단되는 구성요소를 선정하고, 그것에 대한 원인과 결과 등을 규명해야 한다. 물론 이때 어떤 것이 중요한 구성요소라고 판단하는가는 정책결정자들의 가치판단에 속한다. 이러한 주관적 가치판단의 위험성을 배제하고 객관성을 높이기 위해서는 무엇이 중요한 구성요소인가에 대한 판단기준이 요구되는데 일반적으로는 소망성(desirability)과 해결가능성(feasibility)을 그 기준으로 제시하고 있다.[13] 정책문제를 구성하고 있는 중요한 요소들이 규정되고 이들의 원인과 결과가 명백해질 때 비로소 문제정의가 바람직스럽게 되는 것이다.

그러나 현실적으로 이러한 작업이 제대로 수행되지 못하고 문제의 구성요소들 중에서 해결되어야 할 것을 잘못 선택함으로써 문제를 잘못 정의하는 경우가 발생한다. 이처럼 문제의 구성요소 중에서 해결해야 할 문제를 잘못 파악하여 잘못된 구성요소를 선택하고, 그것에 대한 문제정의에 따라 정책이 결정되는 것을 정책결정의 3종오류라 한다.[14]

III. 정책목표의 설정

1. 정책목표 설정의 의미

정책의 내용은 주로 정책목표와 정책수단으로 구성되어 있으므로 정책을 결정한다는 것은 결국 정책목표와 정책수단을 결정한다는 것을 의미한다. 정책목표는 정책을 통해 구현하고자 하는 미래의 이상적인 상태이며 정책존립의 근거가 된다. 즉 정책목표는 시간상으로 볼 때 미래에 도달하고자 하는 바람직한 상태이며, 정책적 수단을 강구하지 않을 경우 도달할 수 없는 상태를 정책을 통해 실현하고자 하는 미래지향적 및 발전지향적 성격을 지닌다. 정책목표는 최선의 정책수단을 선정하는 기준이 되며 정책집행에 있어서는 지침이 되고 정책평가의 기준이 된다. 따라서 정책목표는 정책수단은 물론 정책활동 및 정책결과에 이르기까지 정책 전반에 영향을 미치게 된다. 이러한 정책목표의 설정은 정책문제의 정의를 어떻게 규정하느냐에 직결되어 있다.

2. 문제정의와 목표설정의 관계

1) 정책의 방향과 수준 결정

정책목표의 설정은 문제의 파악과 문제에 대한 정의를 근거로 하여, 그 문제에 대한 정책적 해결의 방향과 수준을 결정하는 것이다. 따라서 바람직한 정책목표를 설정하려면 무엇보다도 문제에 대한 정의가 정확하고 분명하게 규정되어야 한다. 그런데 정의된 문제의 내용 가운데 정책목표의 설정과 직접 관련되는 것은 정책문제의 구성요소에 대한 정의이다. 특히 문제의 구성요소를 정의하는 것은 정책목표의 종류를 결정하는 것과 같다. 즉 문제의 구성요소를 정의한다는 것은 문제의 심각성, 즉 문제의 결과로 인한 피해의 규모, 범위, 강도 등, 피해집단, 문제해결의 가능성 등을 모두 고려해야 한다. 여기서 '문제의 심각성'에 대한 정의는 정책목표달성의 효과를 어느 수준으로 결정해야 할 것인가를 설정하게 해주며, 피해집단에 대한 정의는 정책으로 인해 받게 될 혜택의 수혜집단을 어디에다 맞추어야 할 것인가를 설정하게 해 준다. 정책목표의 설정은 또한 정의된 문제를 해결하기 위해 부담해야 할 비용과 해결함으로써 얻게 될 정책효과도 함께 고려해야 한다. 이와 같이 정책목표의 설정은 문제의 정의와 불가분의 관계를 가지며, 목표설정의 작업도 문제의 인지, 문제의 정의, 정책목표의 종류 및 우선순위 결정, 목표달성의 수준결정 등의 단계로 진행된다.

2) 목표의 적합성과 적절성 제고

문제의 정의가 잘못되어 당연히 해결해야 할 문제의 중요한 구성요소를 빠뜨리게 되면 앞에서 언급한 3종오류를 범하게 되고, 결과적으로는 문제를 제대로 해결하지 못하는 정책목표를 설정하게 된다. 그리고 여러 가지 경쟁적 목표들 중에서 가장 바람직한 목표를 설정하지 못하면 정책목표는 적합성을 잃게 된다. 따라서 바람직한 정책목표를 설정하기 위해서는, 먼저 정책문제의 구성요소에 대한 충분하고 완전한 파악과 정의를 통하여 3종오류를 범하지 않도록 해

그림 7-2   정책문제정의와 정책목표설정의 관계

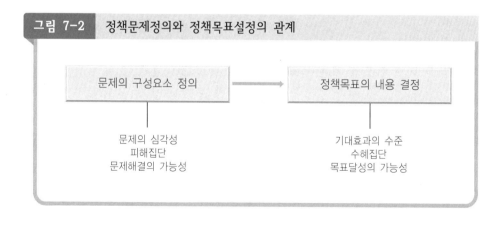

야 한다. 또한 가치 있는 여러 가지 목표들 중에서 문제해결에 가장 합당한 목표를 선택하여 정책목표의 적합성(appropriateness)을 제고하여야 한다. 그리고 정책목표가 달성하고자 하는 수준이 지나치게 높거나 낮지 않고 적당한 수준을 설정함으로써 정책목표의 적절성(adequacy)을 확보하여야 한다.

3. 목표의 우선순위 결정

1) 우선순위 및 목표달성수준의 결정

정책이란 흔히 2가지 이상의 목표를 동시에 추구하고자 하는 속성을 지니고 있다. 상위수준에서 추상적으로 표현된 정책목표는 그 수단선택을 위한 하위수준에서 보면 언제나 몇 개의 구체적인 목표를 동시에 내포하고 있게 된다. 그러므로 정책집행의 단계를 볼 때는 몇 개의 복수 목표들 중에서 어느 것을 먼저 우선적으로 달성해야 할 것인지를 결정하기 위해서 이들 목표 간에 우선순위가 결정되어야 한다. 물론 여러 가지 목표들을 동시에 달성할 수만 있다면 논란의 여지가 없겠지만 현실적으로 이들 목표는 서로 모순·대립·경쟁 상태에 있는 경우가 빈번하기 때문에 목표들 간의 우선순위 결정은 필수적인 작업이 아닐 수 없다. 물론 이 목표들이 반드시 대등한 수준에서 언제나 다른 목표들과 대립, 경쟁의 관계에 있는 것은 아니며 때로는 상하관계에 놓여있거나 보완관계에 있을 수도 있고, 모순 또는 충돌되는 관계에 있을 수도 있다.

목표들이 상하관계에 있을 경우는 하위목표가 상위목표의 수단적 성격을 지니므로 하위목표만 우선적으로 고려하면 된다. 그러나 정책목표들이 동일한 수준에 있으면서 상호 보완관계에 있거나, 모순·충돌 관계에 있으면서 경쟁관계에 있을 때에는 어느 목표를 얼마만큼의 수준으로 달성토록 해야 할 것인가를 결정한다는 것은 매우 어려운 것이다. 정책목표의 우선순위 결정이란 바로 이와 같이 상호 보완적이거나 모순·경쟁 관계에 있는 여러 목표들 중에서 가장 중점적으로 추진해야 할 목표들을 결정하는 것을 의미한다. 이와 함께 목표달성의 수준을 결정하여야 하는데, 목표달성수준의 결정이란 이들 목표를 각각 얼마만큼 달성하도록 해야 할 것인가를 결정하는 것을 말한다.

2) 바람직한 결정방법

여러 가지 정책목표들 간의 우선순위를 결정한다는 것은 그렇게 쉬운 것은 아니다. 따라서 일정한 기준이나 척도 등을 사용하여 그것에 적합한 목표부터 차례로 결정해 나가는 방법을 고려하지 않을 수 없다. 이러한 관점에서 여러 학자들이 일반적으로 정책목표의 우선순위나 목표달성순위를 결정하는 기준을 제시하고 있다. 예컨대, Hogwood & Gunn은 정책목표의 우선순위 결정수준으로서 내재적 기준(intrinsic criteria), 수요(demand), 필요(need), 사회경제적 순편익(net social or economic benefit)이라는 4개의 기준을 제시하고 있다.[15] 정정길이 제시하는 기준은 정책목표의 달성이나 정책문제의 해결로서 얻게 되는 효과, 정책목표달성이나 정책문제해결을 위한 비용, 정책효과와 정책비용의 배분, 정책목표의 달성가능성이나 정책문제의 해결가능성 등 4가지이다.[16] 전자가 정책목표의 우선순위 결정에 정치적 요인을 강조한 기준이라면, 후자는 합리적·분석적 측면을 강조한 것으로 볼 수 있다.

현실적으로 정책목표의 우선순위 결정에는 국민의 정책수요라든가 정치적 관심도와 정책대상집단의 정치적 영향력 등 정치적 요인이 더욱 크게 부각되는 경우가 많다. 그럼에도 불구하고 정책목표의 우선순위 결정기준으로서 합리적·분석적 입장의 요소들 또한 그것에 못지않게 중요한 것도 사실이다. 따라서 목표달성의 가능성, 정치·사회적 수요, 목표달성의 효과, 목표달성을 위한 비용, 정책효과와 정책비용의 배분 등 5가지의 기준을 통해 정부목표의 우선순위를 결정하는 것이 바람직한 것으로 판단된다.

3) 순위결정의 제약

이상과 같이 정책목표의 우선순위를 결정하는 방법은 매우 이상적이긴 하지만 현실적으로 이러한 기준들을 적용한다는 것이 그렇게 간단하고 용이하지가 않다. 첫째, 제시된 기준에 의해서 판단이 곤란한 목표들이 있을 수 있고, 기준 자체의 적용을 곤란하게 하는 목표들이 존재하기도 한다. 둘째, 기준들 상호간에 모순되는 결과가 나타나 판단을 어렵게 하는 경우도 있다. 즉 목표달성은 가능하나 그 효과가 작은 경우나, 효과는 크게 나타나지만 비용이 지나치게 많이 소요되는 경우, 그리고 수요는 크지만 달성가능성도 희박하고 많은 비용이 투입되어야 하는 경우 등 다양한 경우를 예상할 수 있다. 셋째, 우선순위 및 달성수준의 결정은 궁극적으로 사실판단과 가치판단의 복합적 요소로 구성되나 가치판단의 어려움이 합리적 결정을 제약하고 있다. 즉 누구의 가치를 기준으로 해야 할 것이냐 하는 문제와 무엇이 공익 내지 사회적 가치냐 하는 문제, 그리고 어느 가치를 우선해야 할 것이냐 하는 어려움이 이를 제약하고 있다.

4. 정책목표의 명확화와 변동

1) 정책목표의 명확화

정책목표는 내용 면에서는 바람직해야 하며 형식적인 면에서는 구체적이고 명확해야 한다. 정책 자체의 존립근거이며 정책집행의 지침이 되고 정책평가의 기준이 된다는 점에서, 정책목표는 후속되는 정책과정에서 일어나는 모든 정책활동의 기준이 된다. 따라서 정책목표가 정책활동의 기준으로서 실질적·형식적 기능을 충실히 수행하기 위해서는 가능한 구체화되고 분명하게 제시되어야 한다. 이를 테면, '경제안정'이란 목표보다는 '물가안정'이 더욱 구체화되고 그것보다는 '소비자 물가 상승률 연 3% 이내로 억제'라는 목표가 훨씬 더 구체적이고 분명한 것이다.

한편, 이러한 경제정책의 경우와는 달리 국내 상황에서 볼 수 있는 '사회불안의 문제'는 그것을 야기하는 부녀자 인신매매, 폭력, 유괴, 각종 강력 사회범죄들을 어떻게 규정하느냐에 따라 정책목표가 달라짐으로 정책목표를 구체적으로 밝힌다는 것은 쉽지 않다. 예컨대 이들 문제가 '법과 질서를 파괴한 것'으로 규정된다면 당연히 정책목표는 '법과 질서의 회복'으로 구체화 될 수 있지만, 사람들에 따라서는 치안부재, 공권력의 상실, 교육환경의 악화, 소비·오락문화의 만연, 윤리와 공중도덕의 부재 등으로 규정하는 경우도 많다.

따라서 정책결정자들은 목표를 명확히 하는 것이 바람직하지만, 실제로는 목표의 명확화에 실패하거나 혹은 그것을 의도적으로 회피하는 경우가 많다. 즉 정책목표의 명확화는 그 정책이 해결하고자 하는 정책문제의 정의와 관련되어 있기 때문에 정책문제의 정의를 분명히 하느냐 하는 문제와 그것에 대한 논란이나 문제제기, 저항 등이 있느냐 없느냐 하는 것과 연관되어 있다. 따라서 정책결정자들은 목표의 명확화를 생략하고 곧 바로 정책대안 탐색에 들어가는 경우도 많다. 특히 현실적 차원에서 볼 때, 정책목표의 명확화는 정책집행단계에 가서야 비로소 가능해지는 경우가 많으며, 정책목표가 명확화 될수록 목표의 수정, 변동에 대한 필요성이 더 커지고, 정치적 지지획득이 어렵고 오히려 반대가 강화될 가능성이 더 커질 수 있기 때문에 정책목표의 명확화는 어려움이 많다.

2) 정책목표의 변동

정책목표 역시 다른 목표들과 같이 시간의 경과, 여건의 변화, 과학기술의 발전 등에 따라 수정 또는 변화하게 된다. 이처럼 정책목표를 변화시키는 요인들은 무수히 많을 수 있으나 일반적으로 환경적 요인과 정책 그 자체의 요인 그리고 정책담당기관의 내부요인 등으로 볼 수 있다. 환경적 요인이란 경제여건의 변화, 정치상황의 변화, 기술발전, 문화변동 등을 말하고, 정책자체의 요인이란 정책문제의 자동해결, 정책문제의 부분해결, 문제해결 가능성의 소멸 등을 의미한다. 그리고 정책담당체제의 내부요인은 자원의 부족, 정치적 계약, 체제구조의 개편 등이다.

정책목표의 변동유형에는 상위목표를 버리고 하위목표를 채택하는 목표의 전환, 목표의 달성이 불가능한 경우 새로운 목표를 찾아 정책목표로 삼는 목표의 승계, 목표의 범위나 수를 덧붙이거나 축소하는 목표의 확대, 다원화, 축소 등이 있다. 이러한 유형은 조직목표의 변동유형과 유사하므로 자세한 설명은 생략하기로 한다. 문제는 정책목표와 조직목표의 관계를 어떻게 규정할 것인가 하는 것이다. 정책목표의 변동이 조직목표의 변동을 가져 올 경우가 있지만 여기서는 정책체제의 하위목표로서의 정책목표를 뜻하고 있기 때문에 일단은 정책목표의 변동이 당해 조직목표의 변동을 유발하지 않는 것으로 본다.

Ⅳ. 정책대안의 탐색과 개발

1. 대안의 탐색과 개발의 의미

정책문제가 분명히 파악되고 바람직스럽게 정의되면 그 내용에 따라 정책목표가 설정된다. 그리고 이 정책목표는 정책을 통해 실현하거나 달성하고자 하는 미래의 상태를 제시하고 있기 때문에 목표달성을 위한 각종의 정책수단이 강구되어야 한다. 정책대안의 탐색·개발이란 이러한 정책목표달성을 위해 필요한 일련의 정책수단의 조합을 개발하고 찾아내는 작업을 말한다. 정책목표에 따라서는 그것을 달성하는데 오로지 하나의 정책수단만을 필요로 하는 경우도 없지는 않겠지만, 대부분의 정책목표는 2가지 이상의 다원적 정책수단들로 구성되며 그러한 정책대안 역시 목표달성의 방향, 시간, 가치, 수준 등에 따라 여러 가지 대안이 작성될 수 있는 것이다. 그러므로 최선의 정책대안을 선택하기 위해서는 가능한 많은 대안들을 광범하게 탐색하고 개발해야 한다. 중요하고 바람직한 모든 대안들을 빠짐없이 찾아내고 개발하여 이들을 대상으로 서로 비교·평가함으로써 최선의 대안이 제외되지 않도록 하여야 한다.

대안의 탐색과 개발은 목표달성을 위한 가능한 모든 수단의 창출, 수단의 조합으로 대안의 구성, 구성된 대안의 세부적 설계, 대안의 작성 등의 단계로 진행된다. 그리고 이 과정에서도 정책수단을 창출해내는 아이디어의 창출 단계가 가장 핵심을 이룬다. 그러나 실제 작업과정에서 정책대안의 탐색·개발은 여러 가지 요인들에 의해 많은 제약을 받기 때문에 충분한 대안을 개발하지 못해 소수의 대안만 비교·평가되고 있다. 이러한 제약요인들에 관해서는 뒤에서 자세히 살펴보겠지만, 정책결정자 및 그 관련자들의 능력부족, 정치적 영향력 및 지지의 부족, 이해관계집단들의 압력 등이 있다. 그러나 환경적 요인들의 영향은 논외로 하더라도 정책결정자 및 관련자들의 능력부족은 훈련이나 학습, 연구 등을 통해 충분히 보완될 수 있으므로 정책학자들은 이들을 위해 가능한 많은 자료와 지식, 기술을 개발 및 제공하여야 한다.

2. 정책대안의 원천

정책대안의 탐색·개발을 통한 대안작성에서 가장 중시되는 것은 정책수단의 창출인데, 정책수단을 포함하여 다양한 아이디어와 기초자료들이 주어져야만 훌륭한 정책대안이 작성될 수 있다. 이러한 기초자료 내지 아이디어의 출처를 정책대안의 원천 또는 소스(source)라고 한다.

Hogwood & Gunn은 대안의 원천으로서 창의적 사고, 집단자유토의(brain-storming), 기업 혹은 지방정부의 과거경험, 과학기술의 발달 등을 제시하고 있다.[17] 또한 정정길은 과거의 정책, 타정부의 정책, 과학기술 및 모형의 활용, 주관적·직관적 방법 등을 들고 있다.[18] 이들이 제시한 것을 토대로 다음의 6가지를 소개한다.

1) 창의적 · 독창적 사고

정책대안의 개발을 위한 원천 중의 하나는 정책전문가나 정책결정자의 창의적·독창적 사고를 들 수 있다. 정책문제를 해결하고 정책목표를 달성하는 방법은 그 문제에 가장 적합한 독창적인 아이디어가 개발될 때 가장 바람직스럽게 문제를 해결할 수 있다. 사회에서 발생하는 문제는 비록 비슷한 문제들이 많다고는 하지만 정확하게 똑같은 문제는 있을 수 없다. 과거에 유사한 경험에 의해 문제의 해결책을 찾는 방법은 이러한 독창적·창의적 아이디어를 개발할 수 없을 때 차선책으로 사용된다. 문제는 제한된 인간의 능력으로 얼마나 창의적인 아이디어를 개발할 수 있는가라는 지적도 있지만, 창의적인 사고는 정책대안 작성에 훌륭한 기초자료를 제공할 수 있는 것이다.

2) 과거 및 현재의 정책

정책대안 개발의 또 다른 원천으로는 현실적으로 가장 많이 이용되고 있는 것으로서 과거 및 현재의 정책을 들 수 있다. 정책결정자들이 정책대안을 개발·탐색하고자 할 때 가장 우선적으로 고려하는 것이 과거의 정책경험과 현존하는 정책이며 그것으로부터 아이디어를 얻게 된다. 물론 이러한 정책들은 자신이 속한 조직의 정책뿐 아니라 외국정부의 정책이나 다른 기관, 다른 지방정부의 정책을 포함한다. 유사한 문제에 대처한 과거의 정책경험이나 외국 및 다른 정부의 경험들은 지금 찾고 있는 정책대안에 대한 충분한 자료와 수단을 제공해 줄 수 있기 때문이다. 즉 대부분의 정부기관이나 정책결정자들은 정책문제의 해결을 위하여 과거에 경험했던 정책들 중 비교적 만족할 만한 성과를 거뒀던 정책들을 기억 또는 기록하게 되는데 이를 정책목록이라고 한다. 이 정책목록 속에 포함되어 있는 정책들 하나하나가 그 이후에 발생하는 동일 혹은 유사한 문제에 대한 정책대안으로 사용될 수 있는 것이다. 이처럼 정책목록에 들어있는 정책들을 기초로 하여 정책대안을 작성할 때는 정책집행과정에서 야기될 여러 가지 결과를 예측할 수 있고, 정치적 세력의 활동양상을 짐작할 수 있으며, 집행과정에서 필요한 자원 및 세부활동 등을 계획할 수 있게 해줄 뿐 아니라 과거의 정책에서 문제되었던 점들을 개선할 수 있다는 이점이 있다. 그러나 정책담당자들로 하여금 과거와 현재를 동일시하게 한다든가 상황변화에 따른 새로운 대응을 간과하는 과오를 범하게 할 수 있다는 단점도 있다.

3) 과학기술 및 이론과 지식

정책대안 개발의 중요한 원천으로 과학과 기술, 이론과 지식 등을 들 수 있다. 원래 사회의 모든 문제는 과학과 기술에 관한 지식을 통해 해결되는 것이 가장 바람직하다. 물론 사회문제에 따라서는 관습, 전통, 규범 등에 의해서 해결될 수 있는 것도 많다. 그러나 오늘날 정책당국에 의해 해결되기를 바라는 많은 정책문제들은 2가지 이상의 요소들이 복합적으로 구성된 것들이 많기 때문에 과학적인 지식과 이론을 통하여 체계적으로 분류하고 원인과 결과를 파악하면서 대안을 개발·탐색하는 것이 요구된다. 기존의 이론과 지식은 당면 문제에 대한 해결책을 제시하는 것은 물론이고 유사한 다른 문제의 해결책도 알게 해 줌으로써 합리적이고 체계적인 대안작성의 원천이 되는 것이다.

4) 주관적 · 직관적 방법

정책대안의 개발을 위한 현실적으로 중요한 소재로서 정책문제에 대한 이해관계자들의 주관적·직관적 의견을 들 수 있다. 정책대안은 정책문제에 의하여 영향을 받을 것으로 예상되는 이해관계자들을 찾아내고 이들이 지닌 문제해결책을 정책대안 작성의 기초자료로 이용할 수 있다. 이 방법은 정책의 영향이 모든 국민에게 미치는 문제에 대해서는 별로 도움이 되지 않을 수도 있으나 특정한 소수집단에게만 특히 큰 영향을 미침으로써 특별히 고려해야 할 필요성이 있는 경우에는 상당히 효과적인 방법이 될 수 있다. 이와 같이 이해관계자들의 주관적·직관적 판단을 이용하여 정책대안을 개발·탐색하거나 정책대안의 결과를 예측하는 방법으로는 흔히 집단자유토의(brainstorming)와 정책델파이(policy Delphi) 등이 있다.

집단자유토의는 어떤 문제의 해결책에 대하여 즉흥적이고 자유분방하게 여러 가지 기발한 아이디어를 창안하는 활동이다. 집단자유토의는 가능한 많은 아이디어를 얻기 위하여 개발된 방법이기 때문에 여러 사람을 모아서 집단적 토의를 하게 된다. 이때 집단에는 전문가뿐 아니라 창의적인 사람 또는 정책에 직접 관련되는 사람들까지 포함시키는 것이 바람직하다. 아이디어를 얻는 방법은 처음에는 모든 아이디어들이 아무런 구애를 받지 않고 자유로이 제시되도록 하고, 충분한 생각이나 대안들이 제시되고 나면 그 다음 단계에 가서 아이디어와 대안들에 대한 종합 및 평가하여 몇 가지 대안을 선정하는 것이다.

한편 정책델파이는 대면적 토의가 지니는 약점을 극복할 수 있는 방법으로, 전문가들의 식견과 판단에 의한 미래예측을 통하여 의견을 제시토록 하고 그 의견들을 종합하여 보다 합리적인 아이디어를 얻으려고 하는 방법이다. 그런데 본래 전문가란 집단적 토의를 기피하는 경향이 있기 때문에 다음과 같은 독특한 의견 취합 방법을 사용한다. 첫째, 전문가들의 의견은 서면으로 제시하도록 한다. 즉 전문가들 상호간에는 누가 어떠한 의견을 제시했는지 모르도록 한다. 둘째, 제시된 의견들을 다른 모든 전문가들에게 제공한다. 전문가들은 다른 사람들의 의견을 검토하고 각자 다시 자신의 의견을 제시한다. 그리고 이러한 과정을 몇 차례 반복한다. 셋째, 몇 차례의 의견제시와 회람을 반복한 후에 결국은 전문가들이 합의하는 아이디어를 만들어 내도록 유도한다. 이상과 같은 두 가지 방법은 문제해결 및 목표달성을 위한 대안의 탐색에도 이용되지만 정책대안이 결과할 미래의 상태도 예측할 수 있는 미래예측방법으로도 이용된다.

5) 창조적 벤치마킹

그 외에도 정책대안을 탐색하고 개발하는 원천 또는 소스로는 흔히 유사한 선진모범정책을 벤치마킹(benchmarking)하는 방법이 있다. 선진국의 모범적 정책사례나 유사한 정책문제를 성공적으로 해결한 타 정부의 경험 등을 정책대안의 소재 내지 소스로 활용할 수 있다. 근래 후진국의 공무원들이 선진국의 정책문제해결에 관한 경험적 지식과 현장체험을 통해 산지식을 획득하기 위한, 이른바 벤치마킹을 위해 해외현장을 방문하는 경우가 있다. 이처럼 당면한 정책문제해결을 위한 창조적 정책대안의 개발은 이러한 벤치마킹을 통한 아이디어의 포착으로도 충분히 가능하다. 따라서 평소 벤치마킹을 통해 선진문물에 대한 학습과 경험을 축적함으로써 당면한 문제에 대한 창조적 대안개발이 가능할 것이다.

6) 정책네트워킹

현대는 민과 관 그리고 제3영역이 협력하여 통치하는 거버넌스(governance) 시대이고, 거버넌스를 위해서는 협력자 내지 파트너들 간의 네트워크가 필수수단이 된, 소위 네트워크 사회(network society)이다. 따라서 문제를 파악하고 정의하는 단계에서는 물론 문제해결을 위한 대안의 개발 그리고 집행 및 평가 등 정책과정의 전 부분을 통해 정책파트너들의 공동 노력이 요구되는 시대이다. 그러므로 평소 정책결정체제는 자기들의 정책과 관련하여 밀접한 관련이 있는 중앙정부와 타 지방정부 그리고 기업이나 대학, 시민단체 등과 정책네트워크(policy network)를 구축해 나가야 하며, 이들과 함께 정책을 추진해 나갈 때 더욱 효과적으로 정책을 추진할 수 있게 될 것이다. 특히 새로운 사회문제가 시시각각 대두되는 현대사회에서는 선진외국의 지방정부와도 정책네트워크를 구축함으로써 필요한 정보와 지식을 공유해 나가는 것 또한 필요하다고 하겠다.

3. 정책대안의 예비분석과 스크린

여러 단계를 거쳐 정책대안들이 작성되면 그 대안들 중에서 중요한 몇 개의 대안들만을 골라내는 작업이 수행되어야 한다. 대안의 개발·탐색 단계에서 작성되는 정책대안의 수는 매우 많을 수 있다. 그러나 많은 대안들을 모두 분석·평가한다는 것은 사실상 어려우며 그렇게 바람직하지도 않다. 따라서 많은 정책대안들 중에서 몇 개의 중요한 대안들만을 골라내어 그것들에 대해서만 집중적으로 분석할 필요가 있는 것이다. 이러한 작업을 수행하기 위하여 행하는 단계가 바로 정책대안의 예비분석과 스크린(screen)이다. 수많은 정책대안들 중에서 몇 개의 중요한 대안들만을 가려내기 위해서는 각 대안들에 대한 예비분석을 수행해야 하고 그 중에서 대안들을 골라내는 데 필요한 일정한 기준이나 척도를 개발해 내야 한다. 여기서 예비분석은 정책결정자들의 판단과 능력에 따라 다양하게 수행될 수 있지만 대안의 스크린에 이용되는 기준은 보통 실현가능성과 지배의 가능성을 들 수 있다.[19] 결국, 예비분석과 스크린을 통하여 정책대안을 선별함으로써 실현가능성이 없거나 열등한 대안은 제외시키는 것이 바람직하다.

1) 실현가능성

정책대안의 실현가능성(feasibility)이란 그 대안이 정책으로 채택되고 또 그것이 집행될 수 있는 가능성을 말한다. 즉 대안의 채택가능성과 집행가능성을 동시에 내포하고 있는 개념이다. 따라서 여러 대안들을 검토하여 실현가능성이 있는 대안만을 선택하여 중심적 분석의 대상으로 삼아야 한다.

2) 상대적 우월성

상대적 우월성(dominance)이란 하나의 정책대안이 다른 대안에 비해서 대안이 가져올 결과가 우월한 경우를 말하며, 상대적으로 열등한 대안은 배제되는 것이다. 이때 열등한 대안을 제외하는 것이 시간과 노력을 절약시켜 준다. 요컨대 수많은 정책대안들을 하나하나 세밀히 분석하여 모든 정책대안의 결과를 예측·평가한다는 것은 시간과 노력의 희생이 지나치게 크다. 따라서 상대적으로 우월한 대안을 선별하여 구체화시키는 것이 바람직하다.

V. 정책대안의 결과예측

1. 결과예측의 개념

정책대안의 결과예측은 선별된 정책대안들에 대하여 장차 그것이 정책으로 채택되어 집행 또는 구체화되었을 경우에 나타날 결과들을 미리 예측해 보는 것을 말한다. 정책대안이 초래할 정책결과를 예측하는 작업은 정책결정과정 중에서도 가장 어려운 작업에 속하며, 예측을 위한 각종의 기술과 방식들을 개발 또는 이용해야 하는 복잡한 단계이다. 따라서 정책대안의 결과를 예측과 관련하여 유의해야 할 점은 정책대안의 결과란 무엇을 의미하는지, 그리고 결과를 예측하는 방법에는 어떤 것들이 있는지 두 가지 의문이라고 하겠다.

첫째, 정책대안의 결과란 그 대안을 정책으로 결정하여 실제 집행했을 경우에 나타날 것으로 예상되는 모든 결과를 의미한다. 이러한 결과는 흔히 '바람직한 결과'와 '바람직하지 못한 결과'로 구분되는데, 이때 바람직한 결과를 '정책효과'라고 하며, 바람직하지 못한 결과를 '정책비용'이라고 부른다. 일반적으로 정책효과는 정책활동의 결과인 산출물(output)이나 정책활동으로부터 파생되는 바람직한 상태를 의미하며, 정책비용이란 정책을 집행할 때 희생되는 여러 가치를 말한다. 이러한 정책비용은 비용부담자를 기준으로 볼 때, 정책담당자가 정책집행을 위해 부담하는 인적·물적 자원과, 정책담당자가 아닌 정책대상집단이나 정책내용에서 의도하지 않았던 엉뚱한 사람들이 부담하게 되는 비용으로 나눌 수 있다. 둘째, 정책대안의 결과를 예측하는 방법에는 우선 정책결정자들의 직관적인 판단이나 과거의 정책경험들을 이용하는 비분석적 방법과 정책실험 혹은 이론과 모형에 의한 분석적 방법들이 있다. 이러한 예측기법들을 Dunn의 견해에 따라 좀 더 구체적으로 예시하면 〈표 7−1〉과 같다.

표 7-1		접근방법별 예측기법의 유형과 특징	
접근방법	예측의 기초	예측기법	결과
추정적 예측 (extrapolative forecasting)	경향추정 (trend extrapolation)	고전적 시계열분석(classical time series analysis) 흑선기법(black thread technique) 최소자승경향예정(least-square trend estimation) 지수가중법(exponential weighting) 자료전환법(data transformation) 파국법(catastrophe methodology)	투사 (projection)
이론적 예측 (theoretical forecasting)	이론적 가정 (theoretical assumption)	이론묘사법(theory mapping) 경로분석(path analysis) 투입-산출분석(input-output analysis) 선형계획법(linear programing) 회귀분석(regression analysis) 간격측정법(interval estimation) 상관관계분석(correlation analysis)	예견 (prediction)
직관적 예측 (intuitive forecasting)	주관적 판단 (subjective judgement)	전통적 델파이기법(conventional Delphi) 정책 델파이기법(policy Delphi) 교차충격분석(cross-impact analysis) 실현가능성평가(feasibility assesment technique)	추측 (conjecture)

2. 정책대안의 결과예측방법

정책대안의 결과예측이란 개발된 정책대안들이 각각 정책으로 채택되었을 경우 과연 정책목표를 달성할 수 있을지에 대해 미리 예측해 보는 작업을 말한다. 정책대안에 대한 결과를 정확하게 예측한다는 것은 사실상 불가능할 수도 있다. 아무리 과학기술이 발달된다고 하더라도 미래에 대한 인간의 예측능력에는 한계가 있으며, 정책대안이 해결하고자하는 정책문제나 목표는 항상 변화하고 있기 때문이다. 따라서 가능한 모든 방법을 동원하여 대안이 초래할 미래를 예측하는 데 많은 시간과 비용 및 고도의 기술과 능력이 요구된다. 지금까지 개발된 미래예측기법은 그 기준과 근거 등을 달리함으로써 매우 다양하다. 즉 이용할 수 있는 자료나 관련정보의 상태, 추론방식, 경향의 계속성 혹은 일관성 여부, 통계기법의 활용 등에 따라 다양한 방식으로 분류되고 있다. 그러나 일반적으로 미래예측방

법에는 주관적 판단에 의한 예측, 시계열자료에 의한 예측, 인과관계를 통한 예측
방법 등이 있다.

예측근거를 중심으로 Dunn이 제시한 3가지 예측방법, 즉 투사에 의한 예측,
예견에 의한 예측, 추측에 의한 예측 등을 살펴본다.[20]

1) 투사의 형식에 의한 예측

투사(projection)의 형식에 의한 예측이란 과거의 역사적 경향을 현재와 미래로
연장시켜 그 경향이나 추세를 보고 미래를 예측하는 귀납적 방법을 말한다. 이러
한 예측방법은 특히 과거나 현재에 관찰된 경향을 예측한다고 하여 경향외삽법이
라고도 한다. 이 방법에 의한 예측의 기본가정은 새로운 정책이나 예기치 못한
사건이 방해되지 않는 한, 과거에 일어난 일은 미래에도 일어난다는 것이다. 또한
이 방법은 시계열자료와 같은 특정한 관찰치로부터 일반적인 결론이나 주장을 도
출하게 되므로 귀납적인 추론에 입각하고 있다. 따라서 이 방법에서 중요시되는
것은 투사방법의 정교성과 정확성 그리고 예측대상인 사례와 관련 과거사례의 유
사성 등이다. 이러한 예측기법으로는 전통적 시계열분석, 흑선기법, 최소자승경
향추정, 비선형시계열분석, 지수가중법, 자료전환법, 파국(재난)법 등이 있다.

2) 예견의 형식에 의한 예측

예견(prediction)의 형식에 의한 예측이란 명확한 이론적 가정에 입각하여 일정
한 법칙이나 명제 혹은 유추(analogies)의 형태를 띤 '인과관계를 밝히는 진술'에 의
해 미래를 예측하는 방법을 말한다. 이 방법은 어떤 사건의 발생에 대해 체계적이
고 실증될 수 있는 일련의 법칙이나 명제의 형태로 예측하는 것을 의미한다. 그리
고 어떤 형태의 예언방식을 택하든 간에 예언의 핵심적인 특징은 원인과 결과 및
인과간의 관계를 명백히 하는 점이라고 하겠다. 이와 같이 이론적 가정을 이용한
예측방법은 일반적인 진술로부터 특정한 정보나 주장을 도출해내는 연역적 추론
에 입각하고 있다. 이러한 예측방법에 속하는 기법들에는 이론지도, 이론모형작
성, 인과모형작성, 선형계획, 투입산출분석, 회귀분석, 점 및 구간추정, 상관관계
분석, 경로분석, PERT, CPM 등이 있다.

3) 추측의 형식에 의한 예측

추측(conjecture)에 의한 미래예측방법은 추측자의 주관적 판단을 기초로 하여 이루어지는 미래 상태에 대한 예측을 말한다. 즉 이 방법은 경험적 자료나 과학적 이론을 전혀 사용하지 않으며, 예측자 자신의 통찰력이나 창조적인 지각력 등과 같은 직관(intuition)에 의존하는 예측방법의 한 형태이다. 또한 이러한 예측방법은 이론이나 경험적 자료가 없거나 부적합할 때 사용되며, 대개는 특정 문제에 대한 전문가나 지식인들에 의해 이루어진다. 예컨대 정책결정자 자신의 능력으로 한계가 있을 경우, 정책전문가 집단에게 질문하는 정책델파이(policy Delphi)방식이나 일단의 집단에게 질문하는 집단자유토의(brainstorming) 같은 방법을 이용하여 예측하기도 한다. 그리고 경우에 따라서 이러한 주관적 판단은 종종 역 논리에 입각한 추론방식으로 이루어지기도 한다. 즉 먼저 미래 상태에 대한 주관적 예측을 해놓고 그 예측을 뒷받침해주는 정보나 가정들을 찾아내는 형태를 취하는 것이다. 역 논리적 추론은 현재로부터 잠재적 미래를 초래하는데 매우 창조적인 방법으로 이용될 수도 있다. 그러나 앞의 두 방식이 취하고 있는 귀납적 혹은 연역적 추론방식은 잠재적 미래에 대한 예측의 폭을 제한시킬 수 있는 과거정보를 사용함으로써 다분히 보수적 성향을 지닌다. 이러한 예측기법으로는 델파이분석, 상호영향분석, 실현가능성평가기법, 유추, 패널토의, 자유토론, 비계량적 각본작성 등이 있다.

이상과 같은 3가지 방식 외에도 정책실험,[21] 모형의 작성과 이용, 시뮬레이션(simulation) 등 여러 가지 예측방식들이 있다. 그러나 어떠한 방법을 이용하든 간에 중요한 것은 '미래의 상황이 현실로 도래했을 경우, 과연 그 예측이 어느 정도 정확하였느냐' 하는 점이다. 정확하지 못한 예측을 기초로 정책대안을 평가하거나 선택하는 것은 자칫 잘못하면 엄청난 자원을 낭비하게 되며, 체제의 존립까지도 위협받을 수 있다. 따라서 정책결정과정의 여러 작업 단계 중에서도 정책대안이 초래할 미래 상태를 예측하는 작업이 가장 중요한 단계인 것이다. 정확한 예측은 정책결정자로 하여금 예기치 않았던 정책의 부정적 결과까지도 사전에 예방할 수 있게 해준다는 점을 명심해야 할 것이다.

3. 정책대안의 결과예측과 불확실성

1) 불확실성의 개념

불확실성(uncertainty)이란 '올바른 의사결정을 위하여 알아야 할 것과 실제로 알고 있는 것과의 차이'[22] 또는 '정책대안의 성공에 영향을 미치는 요소들에 대한 예측불가능성'[23] 이라고 정의할 수 있다. 정책의 올바른 결정을 위해서 알아야 할 요소들은 여러 가지가 있으나 정책결정에서 불확실하게 느끼는 대상을 기준으로 불확실성을 분류하면 대개 다음과 같다.[24]

첫째 정책문제의 내용이나 원인을 확실히 모르는 경우, 둘째 정책대안의 종류가 어떠한 것이 있는지 모르는 경우, 셋째 어떠한 정책대안이 가져올 결과가 어떻게 될 것인지 모르는 경우, 넷째 바람직한 정책목표가 무엇인지 모르는 경우, 다섯째 바람직한 정책대안의 비교·평가기준을 모르는 경우 등이다. 이들 5가지는 정책결정과정에서 우리가 알고자 하는 것이지만, 이것을 모른다는 사실을 불확실성으로 표현한 것이다.

일반적으로 무엇이 바람직한 것인지, 무엇이 옳고 그른지를 잘 모르는 경우는 불확실성에 포함시키지 않고, 사실에 대해서 잘 모르는 것을 불확실성이라고 본다. 이렇게 볼 때 위의 5가지 경우 중에서 넷째와 다섯째의 불확실성은 결국 어디로 갈 것인가에 대한, 즉 방향에 대한 불확실성을 의미한다. 따라서 위의 첫째에서 셋째까지의 불확실성이 불확실성연구의 주된 관심대상이 된다.

2) 불확실성의 발생원인

불확실성을 발생시키는 원인은 다양하게 분류할 수 있다. 불확실성은 그 발생원인이 다름에 따라 불확실성의 정도와 그것에 대한 대책도 달라질 수 있으므로 그 원인에 대해 살펴볼 필요가 있다.[25] Quade는 불확실성의 유형을 불확실성의 발생원인과 그 정도를 혼합하여 확률적 불확실성과 실질적 불확실성으로 구분하고 있다. 확률적 불확실성으로는 대안의 결과는 알고 있으나 그 발생확률을 모르는 경우(uncertainty)와 발생확률은 알고 있으나 어떤 특정 결과가 나올지 정확하게 알 수 없는 경우(risk)로 나눈다. 그리고 실질적 불확실성으로는, 어떤 개념 자체는 알려져 있으나 그것의 결과나 확률을 알 수 없는 경우와 인간의 의도적인 행동이나 또는 선호 행동의 가변성으로 인해 생기는 경우로 구분하고 있다. 실질적 불확실성으로는 첫째, 환경 특히 자연적 환경에 대한 무지가 불확실성의 원인이 되고, 둘째로 다른 인간들의 행동에 대한 무지가 불확실성의 원인이 된다.

불확실성의 발생원인을 우리가 불확실하게 인지하는 대상에서 찾을 때 대상이 인간의 행동인지 아니면 자연적 상태인지에 따라 구분할 수도 있다. 그뿐만 아니라 불확실성의 원인이 인지대상인 상황의 복잡성 때문인지 아니면 급격히 변동하는 상황의 동태성 때문인지 나누어 볼 수도 있다.[26]

종합하면, 의사결정에서의 불확실성을 발생시키는 일차적 원인은 문제상황에 대한 모형의 불확실성과 모형 속에 포함된 변수에 대한 자료의 부족으로 생각할 수 있다.

3) 불확실성의 대처방안

불확실성에 대처하는 방안은 논리적으로 보아 2가지가 있다.[27] 첫째는 불확실한 것을 적극적으로 확실하게 하려는 불확실성의 적극적 극복 또는 해소방안이며, 둘째는 불확실성을 주어진 것으로 전제하고 이 불확실성을 감안하여 정책을 결정하는 소극적 방법인데 현실적으로는 위의 2가지 종류의 방안들을 동시에 사용하게 된다.

먼저 불확실한 것을 확실하게 하려는 적극적인 불확실성 극복방안은 성질별로 보아 또 크게 두 가지로 나눌 수 있다. 첫째는 상황에 대한 정보의 획득이나 모형을 개발하는 방법이고, 둘째는 불확실성을 발생시키는 상황 자체를 통제하는 방법이다.

다음으로 불확실성을 주어진 것으로 보고, 불확실한 상태 하에서 정책대안의 결과예측이나 정책결정을 진행하여 불확실성에 대처하는 소극적 방법도 많이 있다. 이것은 적극적 방법에 보완적으로 사용되거나 또는 적극적 방법들이 적용될 수 없을 경우에 사용되는 방법이다. 그러나 소극적 방법이 적극적 방법보다 덜 중요하다는 것은 아니며 이 방법들이 훨씬 실용적인 장점이 있다. 소극적 방법에는, 첫째 최악의 결과발생을 가정하는 보수적인 접근방법, 둘째 가외성(redundancy)

을 확보하는 방안, 셋째 민감도분석(sensitivity analysis)방법, 넷째 분기점분석(break-even analysis)이나 악조건가중분석(fortiori analysis)방법 등이 있다.

Ⅵ. 정책대안의 비교·평가

1. 대안 비교·평가의 의미

정책대안들에 대한 미래의 결과예측이 끝나면 예측된 결과들이 정책문제의 해결이나 정책목표의 달성을 위해 얼마나 소망스러운지를 비교 및 평가하여야 한다. 그러나 정책대안들에 대한 결과예측이 끝났다고 하더라도 어떤 대안이 좋은 것인지는 비교평가자의 가치나 주관에 따라 다를 수 있기 때문에 이 또한 간단하지가 않다. 따라서 어떤 대안이 최선의 대안인가를 평가하기 위해서는 일정한 평가기준이 필요하게 된다. 그러나 평가기준 역시 어떤 것을 기준으로 삼아야할 것인지 정책결정자들의 합의를 구하기가 쉽지 않다. 정책대안의 평가기준으로 Mood는 우월성(dominance), 실현가능성(feasibility), 정치적 수용가능성(political acceptability), 범주의 일관성(consistence of category) 등을 제시하고 있다.[28] 물론 어떠한 기준으로 정책대안을 평가할 것인가 하는 대안평가의 기준은 정책문제의 성격에 따라 다르다. 즉 정책대안의 비교평가기준은 대안의 성격이나 내용에 따라 다른 기준을 적용해야 할 것이다.

2. 대안 비교·평가의 기준

일반적으로 대안의 비교평가기준으로는 크게 합리성과 실현가능성의 두 가지 기준을 들 수 있다. 모든 사회과학은 합리성의 문제를 다루고 있으며, 조직이나 사회체제에 대한 연구에서 흔히 찾아볼 수 있는 보편적인 개념이다. 합리성의 의미와 관련하여, Simon은 합리성을 "목표 성취를 이끌어 내는 행위에서 찾아볼 수 있는 일련의 기술(skills)이나 성향(aptitudes)"[29]이라고 정의하며, Watson & Buede는 "이미 채택된 규칙에 의해서 일관성 있게 진행되는 행위는 합리적"[30]이라고 언급하고, Waldo는 "합리적 행위란 주어진 목표를 성취하기 위해 최적의 수단을 선택하는 계산된 행위"31로 규정하고 있다. 합리성(rationality)으로는 기준에 따라 여러 가지로 분류되거나 설명될 수 있으나, 여기에서는 정치적 합리성, 법적 합리성, 경제적 합리성, 규범적 합리성 등을 소개한다. 정치적 합리성이란 민주성, 대응성, 형평성 등을, 법적 합리성은 합법성을, 경제적 합리성으로는 능률성, 효과성, 생산성을, 규범적 합리성으로는 공익을 들 수 있다. 그리고 실현가능성으로는 기술적, 경제적, 행정적 실현가능성과 법적, 정치적, 시간적 실현가능성 등을 들 수 있다. 다음에서는 경제적 합리성과 정치적 합리성, 그리고 실현가능성 등에 대해 간략히 소개한다.

1) 경제적 합리성

(1) 효과성

바람직한 정책대안이란 다른 대안에 비해 효과성(effectiveness)이 높아야 한다. 여기서 효과성이란 '대안이 초래할 목표달성의 정도'를 말한다. 특정 정책대안이 효과성이 높은 것으로 평가받기 위해서는 정책으로 채택되어 집행되었을 경우, 다른 대안들보다 정책의 목표를 더 많이 실현시킬 수 있는 것으로 평가되어야 한다. 효과성을 정책대안의 평가기준으로 사용하는 것은 이처럼 정책목표달성의 극대화를 위한 정책대안을 선택할 수 있다는 장점이 있다. 그러나 효과성이라는 기준은 목표의 달성정도만을 측정할 뿐이며, 실제 정책목표달성을 위해 부담해야 할 정책비용은 고려하지 않는다는 단점을 지니고 있다. 아무리 목표달성을 극대화시킬 수 있는 정책대안이라고 하더라도 다른 대안들에 비해 정책비용이 지나치게 많이 소요되어야 한다면 그것을 최선의 대안으로 평가하기는 어려운 것이다. 외교정책이나 국방정책 등과 같이 아무리 비용이 많이 들더라도 목표달성의 극대화를 추구해야만 하는 경우에는 효과성이라는 기준이 정책대안 평가의 좋은 기준이 될 수도 있겠지만, 일반 정책의 경우 목표달성의 극대화만이 최선이 아니며 정책비용도 함께 고려되어야 하므로 효과성만을 정책대안의 평가기준으로 삼는 것은 한계가 있다.

(2) 능률성

정책대안은 능률성(efficiency)의 측면에서도 좋은 평가를 받아야만 바람직한 대안이라고 할 수 있다. 여기서 능률성이란 '투입(input)과 산출(output)의 비율'을 의미한다. 다시 말해 능률성이란 가능한 적은 투입으로 동일한 산출을 만들어 내는 '절약'의 개념과, 동일한 투입으로 가능한 최대의 산출을 만들어 내는 '협의의 능률'이라는 개념을 동시에 내포하고 있는 것이다. 흔히 산출은 어떤 활동으로 인해 나타나는 직접적인 결과를 의미하며, 투입은 이러한 활동을 위해 사용되는 인적, 물적 그리고 기타의 자원을 의미한다. 투입은 보통 비용으로 표시되는데, 이때 비용은 산출을 위해 사용된 자원의 총량을 화폐가치로 표시한 것이다. 따라서 능률성을 기준으로 최선의 대안을 찾으려고 할 때는, 동일한 비용으로 최대의 산출을 내거나, 동일한 산출을 내는데 최소의 비용을 투입할 수 있는 정책대안을 선택해야 한다. 따라서 능률성을 기준으로 정책대안을 평가하면 자원의 최적배분을 가능하게 할 수 있는 장점이 있다. 그러나 효과성과 능률성은 정책의 효과나 비용이 어떻게 배분되어야 하는가, 즉 비용 및 효과 배분의 형평성을 고려하지 못하는 단점을 내포하고 있다.

(3) 생산성

생산성(productivity)은 효과성과 능률성이 복합된 개념이다. 즉 행정이 이루어지는 과정의 비용을 적게 한다는 의미의 능률성은 물론 결과의 질이나 내용을 중시한다는 의미의 효과성을 동시에 내포하는 개념으로 능률성과 효과성을 동시에 내포하는 것으로 이해할 수 있다. 행정에서의 생산성이란 투입에 대한 산출의 비율을 높일 뿐 아니라 그와 같은 산출이 가져온 목표의 달성정도까지 포괄해서 표현되는 개념이다.[32]

2) 정치적 합리성

(1) 민주성

민주성(democracy)이란 일반적으로 '국민의 뜻에 따라 행정하고 그 결과에 대해 국민에게 책임을 지는 것'으로 본다. 정책대안의 비교평가기준으로서 민주성도 그러한 관점에서 특정한 정책대안이 국민의 뜻에 부합하고 국민에게 책임을 질수 있는 대안인가의 여부를 판단하는 기준이라 하겠다. 본래 행정학에서의 민주성은 능률성, 즉 기계적·맹목적 능률에 반발하여 인간능률, 봉사능률, 규범능률, 발전능률 등을 강조함으로써 대두된 개념이다. 종래의 능률성이 지나치게 기계적으로 해석되었을 뿐만 아니라 목적을 잃은 감이 있어서 이를 시정하기 위해 '무엇을 위한 능률이냐?'라는 관점에서 민주화, 사회화, 인간화를 주장하게 되었다.[33]

(2) 대응성

대응성(responsiveness)이란 요구에 대한 대응 내지 반응의 정도를 의미한다. 따라서 특정한 정책대안이 국민 혹은 주민의 수요에 어느 정도 부응할 수 있는지를 평가하는 것을 말한다. 정부의 정책이나 행정이 국민들의 수요에 얼마나 부응하느냐 하는 정도를 나타내는 개념이다. 이러한 대응성은 채택대응성, 결정대응성, 집행대응성, 산출대응성 등으로 분류할 수 있다. 국민들의 요구에 효과적으로 부응할 수 있는 대응성 높은 정부가 유능한 정부일 것이다.

(3) 형평성

형평성(equity)이란 일반적으로 평등성, 공평성, 공정성, 정의 등을 의미하며, 그 내용은 '가치배분의 실질적 평등'을 의미한다. 형평성 개념의 내용에 관해서는 관점에 따라 그 해석을 달리할 수 있지만, 일반적으로는 '평등한 것은 평등하게 불평등한 것은 불평등하게 취급하는 실질적 평등'을 의미하는 것으로 파악되고 있다.

형평성의 개념을 '수직적 형평성'과 '수평적 형평성'으로 구분하여 좀 더 구체적으로 살펴볼 필요가 있다. 즉 형평성의 개념을 조작적으로 정의하여 '동일한 경우에는 동일하게 취급하고, 서로 다른 경우에는 다르게 취급하는 것'이라고 규정한다면, 전자를 수평적 형평성, 후자를 수직적 형평성이라고 할 수 있다. 이들 2가지 개념을 정책에 적용해 보면, 수평적 형평성이란 '모든 국민은 인간의 존엄과 가치 면에서 동등하기 때문에 정부의 정책도 모든 국민을 기계적으로 동등하게 취급해야 한다'는 것이며, 수직적 형평성이란 '모든 국민들은 인간의 존엄과 가치 면에서는 동등하게 취급되어야 하지만 각자가 갖는 능력이나 위치, 연령 등에 차이가 있을 경우에는 서로 다르게 취급해야 한다'는 것이다. 예컨대, 가난과 질병 등 열악한 상황 속에 있는 사회적 약자들이라고 하더라도 한 국가의 국민으로서 그들의 인격과 가치는 사회적 강자와 동등한 취급을 받아야 한다. 따라서 그들도 인간다운 생활을 보장받을 권리를 가지기 때문에 그들에 대한 정책의 혜택은 많이 주고 비용부담은 줄여서 궁극적으로는 사회적 강자들과 동등하게 만들어 나가야 한다는 것이 형평성의 내용인 것이다. 이렇게 볼 때, 결국 형평성이란 Aristotle의 '평균적 정의'와 '배분적 정의'의 개념이 복합된 내용으로 이해될 수 있다. 따라서 정책대안의 평가기준으로서 형평성은 경제적 측면만을 강조하는 효과성 내지 능률성이 평가할 수 없는 대안의 정치사회적 측면까지 평가할 수 있게 해준다. 즉 정책의 효과가 보다 많은 사람들에 파급되고 사회적 약자들에게는 보다 많은 혜택과 보다 가벼운 비용부담을 줌으로써 사회적 형평성을 향상시키게 된다면 그것은 그 자체로 바람직한 대안으로 평가될 수 있는 것이다.

3) 실현가능성

특정 대안이 바람직한 정책대안으로 평가되기 위해서는 정책으로 채택되고 집행될 수 있는 실현가능성(feasibility)을 지녀야 한다. 다시 말하자면, 실현가능성이란 정책대안이 장차 정책으로 채택될 수 있는 '채택가능성'과 채택된 이후 성공적으로 집행될 수 있는 '집행가능성'을 동시에 내포하는 개념이다. 아무리 바람직한 정책대안이라고 하더라도 그것이 정책으로 채택될 수 없거나, 채택된다고 하더라도 집행될 수 없는 것이라면 바람직한 대안이라고 평가할 수는 없다. 정책대안의 실현가능성은 정책집행을 제약하는 집행의 제약조건을 극복할 수 있는 것이어야 하며, 따라서 실현가능성이 높을수록 좋은 대안으로 평가받게 되는 것이다.

정책대안의 평가에서 실현가능성을 첫 기준으로 적용하여 실현가능성이 적은 대안을 평가대상에서 우선적으로 제외한다면 대안의 평가 작업을 훨씬 간소화할 수도 있을 것이다. 그러나 비록 실현가능성에 다소의 문제가 있다고 하더라도 그 대안이 목표달성에 매우 바람직한 대안이라면, 그것을 실현시키기 위해 다양한 노력을 통해 실현가능성을 높일 수도 있기 때문에 그렇게 일률적으로 단언할 수는 없는 것이다. 예산부족이나 다소의 정치적 장애요인 등과 같은 이유로 실현가능성 적다고 하여 처음부터 평가의 대상에서 제외시키는 것은 바람직한 평가라고 할 수 없다. 이러한 실현가능성의 유형으로는 기술적 실현가능성, 경제적 실현가능성, 행정적 실현가능성, 법적 실현가능성, 정치적 실현가능성, 시간적 실현가능성 등을 들 수 있다.[34]

(1) 기술적 실현가능성

기술적 실현가능성(technical feasibility)은 정책대안의 실현이 '현재의 기술을 활용하여 어느 정도 가능한가?'라는 의미이다. 이는 정책수단 자체의 기술적 실현가능성을 말한다. 한편 정책목표 달성과 정책수단 간에 인과관계가 존재하는 경우, 즉 정책수단의 효과성이 존재하는 경우 이를 정책의 기술적 합리성(technical rationality)이라고 한다.[35] 정책수단이 실현되었음에도 불구하고 정책목표가 달성되지 않으면, 이때 정책수단의 기술적 실현가능성이 없다고 한다. 정책수단의 기술적 합목적성과 관련한 정책수단의 기술적 실현가능성과 정책수단 자체의 기술적 실현가능성은 개념적으로 구별되어야 한다.

(2) 경제적 실현가능성

경제적 실현가능성(economic feasibility)은 정책의 집행에 요구되는 재원의 확보 가능성이 어느 정도인가를 말한다. 지나치게 거대한 재원을 요하는 정책대안은 바람직한 이상에 지나지 않기 때문이다. 예컨대 수십조의 예산이 투자되는 경부고속철도건설정책 등은 정치권의 이해관계가 우선적으로 반영되었기 때문에 가능한 것이다. 반면에 전국의 지하철을 중앙정부가 운영하도록 하는 지하철공사법안의 통과가 저지된 것은 투자되는 재원이 방대하다는 이유로 관계 정부부처가 반대했기 때문이다.

(3) 행정적 실현가능성

행정적 실현가능성(administrative feasibility)이란 정책의 집행을 위해 필요한 조직, 요원, 전문인력 등의 이용가능성을 의미한다. 정책집행을 위한 조직이 기존의 행정기구로서는 불가능하다거나 인력이 부족하여 집행에 제약이 예상된다면 행정적 실현가능성에 문제가 있다고 보아야 할 것이다. 앞의 경제적 실현가능성의 사례와 마찬가지로 행정적 실현가능성 또한 정치적 지지가 있으면 가능성이 높아진다.

(4) 법적 실현가능성

법적 실현가능성(legal feasibility)은 정책대안이나 정책내용이 기존의 다른 법률의 내용과 모순되거나 충돌되지 않아 그 집행과정에서 법적 제약을 받지 않을 가능성을 의미한다. 다른 법률과 모순되거나 상충되지 않아야 한다는 것은 법률이 정책의 한 형태이기도 하다는 점에서 다른 정책과의 모순이나 충돌이 없어야 한다는 의미이기도 하다.

(5) 정치적 실현가능성

정치적 실현가능성(political feasibility)이란 정책대안이 정책으로 채택되는 과정과 그 집행과정에서 정치적 영역으로부터 반발을 받지 않고 지원을 받을 가능성을 말한다. 즉 정책결정이란 정책대안의 선택이며 정치체제에 의한 정치적 결정이기 때문에 정치적 실현가능성은 그 대안이 정치영역으로부터 지지를 확보할 수 있는지 그 여부를 나타내는 중요한 관건이 될 수가 있다. 이러한 정치적 실현가능성은 현존하는 정치세력들의 지지나 반대에 의해 좌우되므로 그 결과 정책결정도 정치적 강자가 지배함으로써 정책결정의 합리성을 제약하기도 한다.

(6) 시간적 실현가능성(time feasibility)

시간적 실현가능성(time feasibility)은 정책대안이 정책으로 채택되고 집행됨에 있어서 소요되는 시간이 수용될 수 있을 정도인가를 의미한다. 아무리 좋은 정책대안이라고 하더라도 그 집행에 지나치게 긴 시간이 소요된다거나 반대로 당장 집행되지 않는다면 곤란한 대안은 정책으로 채택되기 어려운 것이다. 장시간을 소요해야 한다는 것은 정책비용을 무한히 증대시켜야 할 우려가 있고, 당장에 집행해야 하는 것은 집행준비를 위한 충분한 시간을 확보할 수 없어 시행착오를 야기할 수 있기 때문이다. 요컨대 정책대안의 실현가능성은 이상과 같은 여러 관점에서 그 가능성을 충분히 고려한 다음 신중하게 평가해야 할 것이다.

Ⅶ. 최적대안의 선택

이상과 같은 여러 단계의 작업들이 성공적으로 수행되고 나면, 정책결정과 정의 최종단계로서 정책대안의 선택문제가 남게 된다. 그리고 최종적인 대안선 택은 이미 작성되고 평가된 여러 대안들 중에서 가장 바람직한 것, 이른바 최적 의 대안을 선택함으로써 완료된다. 그러나 대안선택의 활동이 앞에서 진행된 작 업과정의 결과에 따라 기계적으로 이루어지는 순차적 단계만은 아니다. 이미 충 분히 예측·평가된 대안들이라고 하더라도 최종적인 대안선택의 단계에서는 선택 에 앞서 다시 한 번 관련 요소들을 고려해 보아야 한다. 특히 중요한 것은 어떠한 대안이든 간에 완전히 만족할 만한 결과를 가져오지는 못한다는 사실을 인식해 야 한다는 것이다. 그러므로 정책결정자들은 우선 선택된 대안의 집행에 따르는 여러 위험과 시행착오를 극복해 나갈 용기가 있어야 하며 정책의 대 국민적 효과 를 사전에 재검토해 보아야 하고, 이해관계자 및 정치세력들 간의 대립과 갈등을 조정·통제해 나갈 준비가 되어 있어야 한다. 이러한 사전검토와 정책결정자들의 준비가 충분히 이루어진 이후에야 비로소 지금까지의 평가결과에 따라 최적의 대 안을 선택해야 하며, 대안의 선택으로 정책결정과정은 일단락되는 것이다.

그러나 현실적으로 볼 때 완전한 정책결정이란 정책대안의 선택에서 완전히 종결되는 것은 아니다. 그것은 정책대안의 작성에 불과한 것이며, 정책대안이 완전 한 정책으로 성립되기 위해서는 집행을 위한 예산 조치 등 자원의 뒷받침이 있어 야 하고, 나아가 국민의 대표기관인 의회에서 의결 통과됨으로써 합법성을 인정 받아야 하는 것이다. 그렇지만 분석적인 정책결정과정의 측면에서는 일반적으로 최적의 정책대안을 선택하는 것으로 정책결정과정이 완료되는 것으로 보고 있다.

제 3 절   정책결정의 이론모형

정책결정은 해결하고자 하는 문제나 달성하고자 하는 목표를 가장 잘 구현해 줄 수 있는 정책대안이나 수단을 선택하는 매우 복잡하고 동태적인 과정이다. 따라서 그 과정을 규범적으로 처방하거나 실증적으로 기술하려는 이론모형 역시 매우 다양하다. 다양하고 각기 다른 특성을 지닌 이론모형들을 3개의 범주로 구분하여, 산출지향적·정책중심의 모형과, 과정지향적·참여자중심의 모형, 그리고 앞의 두 모형의 범주에 포함시킬 수 없는 몇 가지 기타 모형들을 소개한다.

산출지향적·정책중심의 이론모형이란 정책결정의 결과 내지 산출의 분석에 중점을 두는 모형으로서 처방적 성격이 강하며 보다 나은 정책결정을 위하여 정책결정 방법의 개선, 정책결정 내용의 분석 등에 초점을 맞춘다. 합리모형, 만족모형, 점증모형, 혼합모형, 최적모형 등이 여기에 속하며, 주로 의사결정론에 영향을 받은 행정학자들이 많은 관심을 두고 있다. 그리고 과정지향적·참여자중심의 이론모형은 정책결정이 이루어지는 과정을 분석하는데 중점을 두며, 처방적 성격보다는 기술적 성격을 그 특징으로 한다. 엘리트모형, 집단모형, 제도모형, 체제모형 등이 여기에 속하며, 주로 정치학의 영향을 받은 행정학자들이 관심을 보이고 있다.

이상과 같은 두 범주에 포함시키기 곤란한 몇 가지 모형들은 기타모형으로 분류하여 다루기로 한다. 이들은 정책결정의 과정을 보다 실제적인 사실에 가깝게 설명하려는 모형들이며, 회사(연합)모형, 쓰레기통(집합)모형, 공공선택모형, Allison모형 등이 여기에 속한다. 이러한 모형들은 주로 정치학자 및 정책연구자들에 의하여 연구되고 있다.

Ⅰ. 산출지향적 이론모형

1. 합리모형

1) 개념 및 특징

합리모형(Rational Model)은 인간을 이성과 고도의 합리성에 따라 행동하고 결정하는 전지전능한 존재로 가정하고 있다. 따라서 인간을 합리적 사고방식을 지닌 경제적 인간으로 전제하면서, 정책결정자는 '전지의 가정(assumption of omniscience)' 하에, 모든 문제나 목표를 완전히 파악하고 가능한 모든 대안을 포괄적으로 탐색·평가하여 가장 합리적인 최적대안을 선택할 수 있는 것으로 본다.[36]

이와 같은 합리모형에 따라 정책결정자가 정책을 결정하기 위해서는 다음과 같은 다섯 가지의 단계를 거친다. 첫째, 해결해야 할 문제나 달성하고자 하는 목표를 명확히 하고, 둘째, 문제를 해결할 수 있거나 목표달성이 가능한 모든 대안들을 광범하게 탐색하며, 셋째, 각 대안들이 실제로 추진되었을 때 나타날 결과들을 예측하고, 넷째, 각각의 예측결과들을 평가한 후, 다섯째, 각 대안들 중에서 가장 최선의 대안을 선택한다.

2) 합리모형의 유용성

현실적으로 볼 때 다양한 가치와 이해관계를 조정 및 조화시켜야 하고 정치적 협상과 타협이 불가피한 행정분야에서 합리모형을 적용하기에는 여러 가지 문제점이 있으나 그럼에도 불구하고 다음과 같은 유용성이 있음을 인식해야 할 것이다.

첫째, 합리모형은 최적대안이 선택될 수 있느냐 하는 가능성 여부에 상관없이 합리적인 대안선택이 이루어지도록 노력하는데 중점을 두고 있으며, 따라서 가능한 범위 내에서 최선의 정책결정이 이루어지는데 기여할 수 있다. 둘째, 합리성을 저해하는 여러 요인을 밝히는데 도움을 제공함으로써 정책분석에 매우 유용한 준거기준을 제공할 뿐만 아니라 정책대안의 선택결과에 대해 보다 현실적이고 객관적인 평가가 가능하다. 셋째, 정책결정체제와 특정 정책의 지지자와 반대자 간의 대립·갈등 등과 같은 상호작용이 빈약하고 정부에 대한 국민의 통제력이 떨어지는 개발도상국의 경우, 소수의 통치엘리트가 국가발전사업을 수행해야 하므로 이때 합리모형의 의의는 결코 과소평가될 수 없다. 왜냐하면 이런 경우 행정의 영역에 다양한 정치영향이 배제되어 정책대안선택에 합리성을 높일 수 있기 때문이다.

3) 합리모형의 한계

합리모형을 현실적인 정책결정에 적용하기 위해서는 우선 전체적인 사회가치에 대한 가중치가 정해져야 하고, 대안의 결과를 정확히 알 수 있는 예측능력이 있어야 하며, 또한 비용과 편익 혹은 비용과 효과의 비율을 정확하게 계산할 수 있는 지적 능력이 있어야 하고, 정책결정이 가장 합리적으로 이루어질 수 있는 정책결정체제가 존재해야 한다는 전제조건이 선행되어야 한다.

그러나 합리모형은 어디까지나 합리적인 정책결정을 위한 이상적·규범적 접근방법에 한하며 현실적으로는 그렇게 되기가 쉽지 않다는 것이다. 즉 현실적으로 인간은 전지전능한 존재는 아니며 항상 부분적인 지식, 제한된 능력만을 가지고 있을 뿐이다. 따라서 정책결정자 역시 사회목표의 달성보다는 권력, 지위 유지 등 자기의 이익을 극대화하는데 주력하는 경향이 있고, 대안탐색에 있어서도 최적대안을 찾을 때까지 대안탐색을 계속하는 것은 아니며 그나마 자신의 능력한계로 많은 제약을 받고 있다. 또한 합리모형이 그 전제조건으로 가정하고 있는, 일반적으로 합의를 본 사회가치와 목표는 없으며, 가치는 유동적이므로[37] 그러한 가치의 가중치를 정확히 밝힌다는 것도 정책결정자에 대한 정치권력이나 영향력의 작용으로 거의 불가능하다. 그 외에도 필요한 정보의 수집·분석이 언제나 그렇게 용이하지 못하며 정책대안의 결과에 대한 예측능력과 평가능력도 인간의 계산능력의 한계로 완전하게 이루어질 수는 없는 것이다.

2. 만족모형

1) 만족모형의 개념

만족모형(Satisficing Model)은 Simon, March 등이 주로 주장하는 행태론적 의사결정모형이며, 정책결정에 있어서 결정자의 사회심리적 측면을 중시하는 현실적·실증적 접근이론이다.[38] 인간은 '제한된 합리성(bounded rationality)' 하에서 의사결정이 이루어질 수밖에 없으며, 이와 같은 제한된 합리성 하에서 이루어지는 의사결정의 과정을 자세히 설명한 것이 만족모형이다. 즉 정책결정자는 인간으로서 인지능력의 한계, 시간과 경비의 부족 등으로 모든 가능한 대안을 탐색할 수가 없다. 그리고 상황에 대한 충분한 정보수집도 쉽지 않으며, 더구나 상황이 복잡하고 동태적이면 이러한 어려움을 더욱 악화시켜 극도의 불확실성 속에서 대안을 탐색, 예측, 평가, 선택해야 하기 때문에 최적의 대안을 선택할 수 없다. 따라서 어느 정도 만족스러운 대안이 나오면 그 수준에서 대안을 선택한다는 것이다. 요컨대 만족모형은 현실의 의사결정자가 한정된 능력만을 가지고 있다는 것을 전제로 하며, 의사결정과정을 지배하는 것은 최적화의 기준이 아니라 만족화의 기준이라고 인식한다.[39]

2) 만족모형의 내용

첫째, 만족모형을 따르는 정책결정자는 문제를 인지함에 있어 제약을 갖게 된다. 현실적으로 상황은 매우 복잡하고 동태적이어서 한정된 인간의 능력으로는 완전하게 인지할 수 없기 때문에 이를 단순화시켜 이미 관심을 가지고 있던 것에 대해서만 선별적으로 인식한다는 것이다. 이때의 인식(perception)이라는 것은 주관적이며 비이성적인 것이고 따라서 이성적인 측면이 강한 인지(cognition)와는 다른 것이다.

둘째, 만족모형에서는 목표를 고려함에 있어서도 모든 목표를 한꺼번에 달성하고자 하거나 목표달성의 극대화를 추구하지 않는다. 많은 목표 중에서도 정책결정자가 주관적으로 중시하는 일부의 목표만을 고려하거나 만족할 만한 수준의 목표달성을 추구한다.

셋째, 만족모형을 따르는 현실의 정책결정자들은 대안을 탐색하는 경우에도 모든 대안을 탐색하려고 하지 않는다. 대안의 탐색에는 비용과 시간이 소용될 뿐 아니라 인력투입이라는 귀중한 자원을 사용하게 되므로 모든 대안을 탐색하지 않고 몇 개의 대안만을 탐색한다. 이때 대안의 탐색은 무작위적(random)이고 순차적(sequential)으로 이루어진다. 즉 여러 가지 대안 중 먼저 머리에 떠오르는 대안에 대해 그 결과를 예측·평가해 보고 그 다음에 다시 다른 대안을 탐색하는 식으로 진행해 나간다.

넷째, 대안의 선택기준도 최적화의 기준이 아니라 만족화의 기준을 따르게 되므로, 만족할 만한 대안을 발견할 때까지만 대안을 탐색한다. 따라서 만족스러운 대안이 발견되면 그 대안을 선택하게 된다. 이때 만족의 여부는 정책결정자의 기대수준에 의존하게 된다. 만족모형은 최적화기준 대신에 만족화의 기준을 취하는 것이 의사결정에서 제한된 합리성의 원리를 구체화하는 필수적인 방법으로 보고 있다.

3) 만족모형에 대한 평가

만족모형은 의사결정에 있어서 현실적 상황이나 인간의 인지적, 감정적 요소를 중시함으로써 합리모형의 비현실성을 극복하고 보다 현실 상황에 적합한 이론모형을 개발하였다는 점에서 높이 평가된다. 즉 인간의 인지능력이라는 가장 기본적인 문제에서 출발하여 실제 의사결정이 이루어지는 과정에서 일어나는 현상들을 정확하게 설명하여 의사결정론에 대한 경험적·실증적 연구를 처음으로 도입하였다는 점에서 의의가 크다. 또한 만족모형은 규범적·처방적인 측면에서도 커다란 기여를 했는데, 그것은 바로 의사결정은 비용이 소요되는 과업임을 분명히 한 점이다. 즉 하나의 대안을 찾아내고 그것에 대한 결과를 예측하기 위해서는 많은 시간과 경비가 소모된다. 따라서 새로운 대안을 탐색하기 위해서는 그것에 필요한 비용보다 새로운 대안의 결과가 더 커야만 대안의 추가적 탐색이 바람직하게 된다는 논리가 성립되는 것이다.

그럼에도 불구하고 만족모형은 의사결정과정에 관한 조직 내 개인의 심리적 측면에 비중을 두었기 때문에 여러 약점을 지니고 있다. 첫째, 인간은 각자의 지식과 경험에 영향을 받으며 시간적·환경적 제약을 받으므로 대안선택의 만족화 기준에 일치되기 어렵다. 특히 만족의 수준을 주어진 것으로 파악하고 있으나, 만족의 정도를 결정지어 주는 객관적인 척도가 없다. 따라서 대안의 선택에 있어서도 지나치게 주관의 지배를 받기 쉽다. 둘째, 대안의 탐색이 현실에 만족하는 정도에서 중단되므로 보수주의에 빠지기 쉽고 혁신적이고 창의적인 대안의 탐색활동을 기대하기 어렵다. 셋째, 조직 내 개인의 의사결정행태에 초점을 두고 있기 때문에 정치행정체제를 충분히 고려하지 않고 있다.

3. 점증모형

1) 점증모형의 개념

점증모형(Incremental Model)은 만족모형과 함께 합리모형의 비현실성을 지적하고 정책결정이 이루어지는 현실적 상황을 보다 잘 설명하고 이해하기 위해 제시된 이론모형으로, Lindblom, Wildavsky 등이 주장하였다. 정책현실에서 정책결정은 기존의 정책이나 결정의 부분적, 점진적, 순차적 수정이나 약간의 개선 또는 향상으로 이루어지며, 그렇게 점증적으로 정책이 결정되는 것이 바람직하다고 강조한다. 합리모형이 추구하는 것과는 달리 점증주의자들은 현실적인 정책결정과정에서는 인간능력의 한계나 시간, 비용 등의 제약 때문에 합리성이 제약될 수밖에 없고 이렇게 제한된 합리성 하에서 정책결정자들은 과연 어떻게 정책을 결정해 나가는가에 관해 점증적 시각에서 설명하고 있다. 점증모형 역시 합리모형의 비현실성을 비판하는데서 출발하고 있다는 점에서 만족모형과 유사하다. 그러나 만족모형이 인간의 인지능력의 제약에 중점을 두고 개인적 의사결정행태에 관한 이론적 기초를 제공하는데 비해서, 점증모형은 정치적 결정에 관련된 가치판단과 사실판단의 문제, 정책결정상황의 복잡성, 정책결정의 정치적 의의 및 그로 인한 각종의 제약 등에 관심을 둠으로써 정책결정 자체에 연구의 초점을 둔다. 따라서 점증모형은 민주정치의 원리로 평가되는 정치적 다원주의의 입장을 취하며 경제적 합리성보다는 정치적 합리성을 더욱 중요시한다.

2) 점증모형의 특징

Lindblom에 따르면, 의사결정을 근본적 결정(root method)과 지엽적 결정(branch method)으로 나눈다면, 합리모형은 근본적·포괄적 결정방법인 반면 점증모형은 지엽적·제한적인 결정방법이다.[40] 따라서 합리모형이 해결하지 못하는 여러 가지 약점을 극복할 수 있는 전략으로서 정책결정의 점증주의를 주장하고 있다. 즉 정책결정자의 능력의 한계, 시간의 부족, 정보의 제약, 그리고 대안비교를 위한 가치기준마저 불확실한 현실상황에서 정책결정은 기존 혹은 종래의 정책에서 소폭적인 변화만을 대안으로 고려하여 이루어진다. 그리고 시간이 흐름에 따라 환류되는 정보를 수집하고 그에 따라 잘못이 있으면 수정 또는 보완함으로써 연속적인 정책결정을 행하는 것이 가장 바람직한 정책결정방법이라고 주장한다. 요컨대 점증주의는 규범주의가 지니고 있는 여러 가치의 비현실적인 집착을 포기함으로써 서로 다른 이해나 가치를 지닌 당사자 간의 상호조정을 용이하게 해 준다.

점증주의적 정책결정방법의 특징적 내용을 보다 자세히 소개하면 다음과 같다. 첫째, 대안탐색에 있어서는 기존의 정책을 중심으로 그것과 크게 다르지 않은 몇 개의 대안만을 추출하여 달라지는 부분을 토대로 하여 선택하게 된다. 둘째, 대안을 분석·평가할 경우에도 정보가 충분한 몇 개의 대안만을 대상으로 하며, 대안에 대한 예측결과도 몇 개만 한정시켜 분석·검토한다. 셋째, 점증주의방법에 따르면 일단 정립된 목표도 대안의 탐색과 그 선택과정에서 재조정 혹은 수정할 수 있다. 넷째, 목표설정에서부터 최종안의 선택에 이르는 일련의 분석·평가작업은 반복적·연속적으로 행해진다. 즉 일단 수립된 정책은 그 후에 제기되는 유사한 문제를 해결하기 위해 고안되는 약간씩 다른 대안들과 부단히 비교되면서 끊임없이 수정된다. 다섯째, 어떤 정책이 좋은 정책인가를 판단하는 기준은 정책에 관련된 자들의 합의에 달려있다. 목표달성에 관한 명확한 의사가 없거나, 적절한 정책에 대한 합의가 없다고 할지라도 정책대안선택에 대한 합의는 이루어질 수 있다. 여섯째, 유일한 결정이나 완전한 해결책은 없으며 순차적인 분석·평가에 의하여 당면문제를 계속적으로 검토한다. 마지막으로, 정책은 정책결정체제가 독

자적으로 만드는 것이 아니며 사회를 구성하고 있는 여러 세부적 구성단위에 의
해 분석되고 평가된다.

3) 점증모형에 대한 평가

점증모형은 합리모형의 비현실성을 비판하고 보다 현실성 있는 정책결정론
을 수립하는 기초이론을 제시했다는 점에서 높이 평가된다. 특히 정책결정의 실
상을 정확하게 기술하여 전달함으로써 합리모형의 가정이 현실의 정책결정과 동
떨어진 이상에 지나지 않은 것임을 적절히 지적하고 있다. 따라서 하나의 정책을
둘러싸고 전개되는 정치적·권력적 작용과 다양한 이해관계자들 간의 경쟁과 대
립 등 정책결정과정의 정치적 성격을 잘 설명함으로써 공공정책의 속성을 적절히
나타내고 있다.

그러나 현대사회와 같이 변화가 일상화되고 있거나, 또는 정치경제적 발전의
수준이 낮은 사회에서는 비정형적, 혁신적 정책결정이 불가피하게 요구된다는 측
면에서, 점증주의 그 자체가 갖는 이론적 모순의 약점을 내포하고 있다고 비판을
받는다. 점증모형의 약점을 구체적으로 제시해 보면 다음과 같다. 첫째, 점증모형
은 정책결정에 관한 계획성이 결여되어 있으며 정책결정에 관한 분명한 평가기준
이 없다. 둘째, 현존의 정책을 기본정책으로 보고 있으므로 기존정책이 없는 경우
점증적 결정은 방향 없는 행동이 된다. 셋째, 사회가치의 근본적인 재배분을 필요
로 하는 정책보다 항상 정치적으로 실현가능한 임기응변적 정책을 모색하는데 골
몰하게 된다. 넷째, 권력이나 영향력이 강한 개인 및 집단에게는 유리하나 사회적
약자에게는 불리한 정책을 산출할 가능성이 높다. 다섯째, 외부압력이 약하고 정
책결정자의 판단이 큰 비중을 차지하는 사회에는 그 적용이 제약되며, 과감한 정
책전환이 요구되고 경제사회적 발전이 시급히 요구되는 발전도상국에는 적절하
지 못하다. 여섯째, 단기적인 정책에만 관심을 갖게 되어 보다 합리적인 정책결정
방법을 탐색하지 않는 구실을 주며, 따라서 장기적·혁신적 정책결정을 등한시 하
게 된다. 마지막으로, 인간사회에 존재하는 친타성적·반혁신적 경향을 심화시킬
수 있다.[41]

4. 혼합모형

1) 혼합모형의 개념

혼합모형(Mixed-Scanning Model)은 정책결정방법에서 규범적·이상적 합리모형과 현실적·실증적 점증모형을 절충하여 상호보완적인 내용을 혼용함으로써, 현실적이면서도 합리적인 정책을 결정할 수 있다는 이론모형으로서 Etzinoi가 주장하였다. 즉 변증법적 논리에 따라 정(thesis)으로서의 합리모형과 반(antithesis)으로서의 점증모형의 약점을 보완한 것이 합(synthesis)으로서의 혼합모형이라고 한다. 혼합모형에서는 정책결정이 '기본적 결정'과 '세부적 결정'으로 이루어진다고 전제하고, 기본적 결정은 합리모형에 의하여 결정해야 하나 세부적 결정은 기본적 결정의 테두리 안에서 소수의 대안만 검토하는 점증주의의 방식을 따라 결정해야 한다고 주장한다. 즉 모든 정책결정이 동일한 성질이나 유사한 수준에 있는 것이 아니라고 보고 기본적 결정을 할 때는, 비록 합리모형에 비현실성이 있다고 하지만 합리모형을 따라 결정하고 세부적인 결정을 할 때는 합리모형의 테두리 안에서 점증적인 결정을 하게 되므로 합리모형의 약점과 점증모형의 문제점을 동시에 보완할 수 있다는 것이다.

2) 혼합모형의 특징

첫째, 해결해야 할 문제의 성격이 중요한 문제이거나 정책결정의 상황이 위기적 상황인 경우 포괄적 관찰을 통하여 중요한 대안을 탐색함으로써 기본적 결정을 내린다. 그리고 나머지 문제나 상황이 안정성을 회복하면 기본적 결정의 범위 내에서 세부적 결정을 내린다. 둘째, 기본적 결정에 따라 이루어지는 세부적 결정은 기본적 결정을 수정·보완하면서 점증적으로 진행되며 이러한 과정을 통해 다음 단계의 기본적 결정을 준비하게 된다. 즉 기본적 결정의 테두리 안에서 이루어지는 세부적·점증적 결정은 환경이나 사회의 중요한 변동, 해결대상인 문제나 그 해결수단의 변동, 잘못된 점증적 결정으로 인해 새로운 문제가 발생했을 경우, 재차 광범한 검토를 요구하는 포괄적인 관찰전략으로 전환된다. 셋째, 혼합탐사의 방법으로 진행되는 구체적인 4가지 과정은 기본적 결정과정, 집행이전의 과정, 집행도중의 재검토, 여러 가지 탐사수준에 대한 자원투입 원칙의 결정 등으로 구분된다. 이때 기본적 결정 이외의 과정을 세부적 결정이라고 말할 수 있다.

3) 혼합모형에 대한 평가

혼합모형은 우선 모든 결정을 동일한 수준으로 보지 않고, 기본적 결정과 세부적 결정을 구분하여 제시함으로써 의사결정간의 상관관계를 밝히고 있다. 따라서 기본적 결정이 중대한 영향을 미칠 뿐 아니라 후속적인 세부적 결정의 범주를 정하고 그 방향을 제시한다는 점에서 그 공헌을 인정할 수 있다. 특히 기본적 결정의 중요성을 지적한 것은 혼합모형의 공로이며 기본적 결정과 세부적 결정에 적용되어야 할 의사결정의 전략 혹은 방법도 달라야 한다는 점을 밝힌 것 또한 중요한 가치로 인정될 수 있다. 보다 중요한 것은 혼합모형이 합리모형과 점증모형의 약점을 극복할 수 있는 전략을 제시하였다는 점이다. 다시 말해서, 혼합모형은 합리모형의 지나친 지적 엄격성과 점증모형의 보수성을 동시에 극복할 수 있는 전략을 제시하였다는 것이다. 그러나 점증모형은 이론적 독자성이 없고 합리모형과 점증모형의 혼합 내지 절충의 성격을 띠고 있어 독립적인 이론모형으로 보기 어렵다는 비판을 받고 있다. 또한 합리모형과 점증모형의 결함을 완전히 극복하지는 못하고 있을 뿐 아니라, 현실적으로도 정책결정이 기본적 결정과 세부적 결정으로 확연히 구분되어 양자 간에 신축성 있게 상호작용하는지에 대해 의심스럽다는 비판을 면하지 못하고 있다.

5. 최적모형

1) 최적모형의 개념

최적모형(Optimal Model)은 공공정책에 관한 이론적이고 체계적인 연구를 통해 정책학의 학문적 발전에 커다란 공헌을 한 Dror가 주장한 이론모형이다. 최적모형은 정책결정에는 경제적 합리성과 함께 직관, 판단력, 창의력과 같은 초합리적 요소까지도 동시에 고려해야 한다고 주장한다. 만족모형과 점증모형에 불만을 나타내면서 특히 과거의 선례가 없는 문제이거나 매우 중요한 문제의 해결을 위한 비정형적 정책결정에 있어서는 경제적 합리성 이외에 정치적 합리성 등 초합리성도 중요하게 고려되어야 한다는 것이다. 즉 최적모형은 보다 나은 정책을 결정하기 위해서는 정책결정의 방법, 지식, 체제 등을 개선하는 것이 중요하다는 문제의식에 입각하고 있으며, 정책결정자는 자원의 부족, 불확실한 상황 등으로 정책결정의 합리성을 높이는데 여러 가지 제약이 따르기 때문에 초합리적 요소들까지도 고려해야 한다는 것이다. 점증주의적 정책결정방식에 불만을 가졌던 드로어에 의해 개발된 이 이론모형은, 얼핏 보면 포괄적 합리성을 추구하는 합리모형과 정치적 요인이 고려되는 점증모형이 혼합되고 있다는 점에서 혼합모형과 유사하다고 볼 수 있다. 그러나 최적모형은 합리성과 함께 초합리성도 고려하고 체제론적 입장에서 전체적인 정책결정체제의 합리적 운영에 의한 최적치를 추구하는 규범적 최적모형이라는 점이 혼합모형과는 다른 것이다.

2) 최적모형의 특징

최적모형은 다음과 같은 여러 가지 특징적 내용을 가진다. 첫째, 지금까지 제시된 여러 가지 이론모형이 주로 종전의 정책사례를 근거로 하여 논의되고 있지만 그것은 잘못된 것이며 모든 결정은 그때마다 정책방향이 새롭게 검토되어야 하는 것으로 본다. 둘째, 최적모형은 최적성을 추구하지만 계량적, 경제적 합리성의 측면은 물론 질적이며 초합리적 요소까지 함께 고려한다. 셋째, 최적모형은 정책결정의 방법과 체제에 주목하여 정책결정기구의 계속적인 검토와 개선을 강조함으로써 정책결정의 능력이 최적수준까지 향상될 수 있다는 가능성을 제시하고 있다. 넷째, 최적모형은 제한된 인적·물적 자원의 범위 내에서 가장 합리적인 대안을 탐색·선택하기 위해서는 정치적 합리성은 물론 경제적 합리성도 중시되어야 한다고 한다. 다섯째, 정책결정능력의 향상을 위해 정책집행 및 그 평가와 환류(feedback)작용에도 관심을 가져야 한다고 강조한다. 여섯째, 최적모형은 넓은 의미의 정책결정이란 정책결정을 위한 정책지침결정단계(meta-policy making), 당면문제에 관한 실제정책결정단계(policy making), 정책집행과 집행과정의 환류에 의한 정책변화에 해당되는 후정책결정단계(post-policy making) 등의 3단계로 이루어지는 것으로 본다.

3) 최적모형에 대한 평가

최적모형은 영감이나 직관, 가치, 통찰력 등과 같은 초합리적 요소가 정책결정에서 합리적 분석 못지않게 중요한 역할을 한다는 점을 강조한다. 그리고 정책결정과정에 정책지침결정단계와 후정책결정단계 등을 포함시킴으로써 거시적이고 종합적으로 체계화 하였다. 뿐만 아니라 최적모형은 집행이 끝난 후의 환류와 평가를 중요시하는 등, 정책결정의 이론모형으로서 상당히 발전된 내용을 제시하였다.

그러나 초합리성의 본질이 무엇이냐 하는 것과 그 달성방법, 그리고 합리와 초합리의 관계가 명확하지 않다는 문제점이 제기되고 있다. 또한 기본적으로는 경제적 합리성을 지향하고 있으므로 정책결정의 사회적 과정에 관한 고찰이 미흡하다는 점, 최적화를 추구하며 합리적 혹은 초합리적 수단에 의해 보다 나은 대안을 탐색·선택하려 하지만, 보다 나음의 정도가 얼마나 되며 최적화는 과연 무엇을 지향하는 것인지 분명치 않다는 비판을 받기도 한다.

II. 과정지향적 이론모형

1. 엘리트모형

엘리트모형(Elite Model)은 정책이 통치엘리트의 가치나 이해관계에 의해 결정된다고 보는 이론모형이다. 여기서 엘리트란 자기들의 이익을 위하여 권력구조를 조작하는 유력한 개인들의 소집단을 의미하며, 사회의 모든 정치적·비정치적 제도들은 불가피하게 이들 엘리트들의 지배 하에 놓여있다고 본다. 엘리트모형에서는 〈그림 7-3〉에서 보는 바와 같이, 정책은 엘리트에 의해 결정되어 대중으로 내려간다. 사회는 권력을 가진 소수와 권력을 갖지 못한 대중으로 구별되며 사회의 가치는 소수의 권력을 가진 자만이 분배할 수 있고 대중은 정책결정에 참여하지도 못한다. 정책은 대중의 욕구를 반영하는 것이 아니라, 오히려 엘리트의 지배적 가치관을 반영하는 것이며 정책의 변화는 혁신적이 아니고 점증적이다. 따라

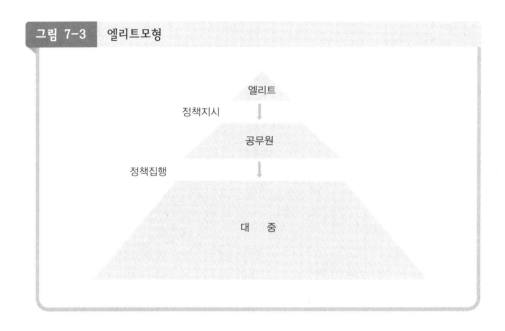

서 엘리트가 대중으로부터 영향을 받기보다는 대중이 엘리트로부터 훨씬 더 많은 영향을 받는다고 주장한다. 그러나 이러한 엘리트 모형은 자유민주주의적 선거제도나 정당활동 등의 설명에 맞지 않는 점이 많다.

2. 집단모형

집단모형(Group Model)은 정책결정이 집단 간의 상호작용이나 균형관계에 의해 이루어지며, 집단들은 직접적이든 간접적이든 간에 정책결정에 영향을 미치려 함으로써 정책결정자는 끊임없이 집단의 압력에 처하게 되고 이들 압력에 대응하는 것으로 본다. 여기서 집단이란 '어떠한 공통의 목적을 달성하기 위하여 결합된 상호 이해관계를 공유한 개인들의 집합체'이다. 따라서 집단이론은 정치를 집단들 간의 상호작용과정을 통해 나타나는 갈등과 경쟁상태로 간주한다.

집단론자(group theorist)들은 일정한 시점에서 결정되는 정책은 이들 집단들 간의 투쟁, 경쟁, 상호작용 등에 의해 이루어진 최종산물이며 집단 간의 균형으로 파악한다. 그리고 이러한 균형은 각 집단의 자원, 규모, 응집력 등에 의해 집단들

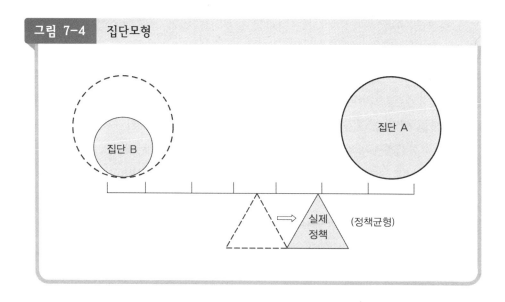

그림 7-4 집단모형

이 갖게 되는 상대적인 영향력에 따라 조정되고 결정되는 것이라고 본다. 또한 집단들이 갖는 상대적인 영향력의 변화는 공공정책의 변화를 야기하게 되며, 따라서 정책은 영향력이 강한 집단이 요구하는 방향으로 움직이게 되어 영향력을 잃은 집단 혹은 영향력이 약한 집단들이 원하는 방향과는 점차 멀어지게 된다는 것이다. 요컨대 집단모형에 의하면 정책결정자는 끊임없이 사회집단들의 요구와 압력에 대응하여야 하며, 따라서 정책결정과정은 결국 각자의 이익의 극대화를 위하여 대립, 투쟁, 경쟁하는 집단들 간의 계속적인 계약과 협상 및 타협의 과정 이다.

3. 체제모형

체제모형(Systems Model)은 정책결정기구를 하나의 체제로 보고, 정책을 이 체제의 산출물로 인식하는 이론모형이다. Easton은 정치체제를 전체사회체제를 구성하고 있는 몇 개의 하위체제들 중의 하나로 보고, 이때 정치체제의 주요 기능은 전체체제를 위한 '가치의 권위적 배분'이라 한다. 그리고 이러한 가치의 권위적 배분은 사회 환경으로부터 요구와 지지를 받아 전환과정을 거쳐 결정된 정치체제의 산출을 말하며, 이것은 다시 환경과의 상호작용 결과, 다음단계의 투입으로 환류되어 들어가는 것으로 설명한다. 따라서 체제모형에서는 정치체제를 정책결정체제로 보며, 정치체제에 의한 가치의 권위적 배분을 정책으로 파악함으로써 정책결정과정을 일련의 체제적 과정으로 간주하고 있다. 다시 말해서, 체제모형은 정책결정을 바라는 환경으로부터의 요구와 지지(input), 요구와 지지를 정책으로 전환하는 정책결정체제(conversion process), 정책결정체제에 의해 형성된 정책(output), 정책이 구체화되어 가는 사회적 환경(environment), 그리고 정책집행의 결과가 다음 단계의 요구나 지지로 투입되어 가는 환류(feedback) 등을 거시적인 정책결정과정으로 보고 각각의 단계에 깊은 관심을 가진다. 체제모형은 특히 정책결정체제의 특성에 따라 정책이 달라진다는 데 주의를 기울이고 체제의 정책담당자, 체제 내의 분위기, 체제의 구조 등을 자세히 검토한다. 즉 환경으로부터 요구와 지지를 받은 체제의 정책담당자들이 정책을 산출해내는 과정에서 그들이 지닌 성격, 성분, 지식, 기술, 정보, 가치관, 동기 등의 속성, 담당자가 활동하는 체제내부의 풍토, 관행, 문화 등의 분위기와 규범, 체제의 집권화 정도, 법제, 절차, 직제 등의 구조 등이 모두 정책내용에 영향을 미치기 때문에 이들에 관한 연구를 강조한다.

4. 제도모형

제도모형(Institutional Model)은 정책결정을 수행하는 유일한 합법적인 제도는 정부이며, 정부의 체계는 입법, 사법, 행정기관과 정당 및 선거기관 등 주요정책결정기구들을 포함하기 때문에 결국 정책을 이들 정부기관의 활동으로 파악한다. 따라서 제도모형이 중시하는 정책결정에 관한 연구는 이들 정부 각 기관의 조직, 법적 권한, 절차규정, 구조와 기능 등 주로 공식적 법적 측면에 관심을 집중시킨다. 즉 정책결정을 정부기관의 활동으로 보기 때문에 정부기관을 구성하고 있는 헌법, 정부조직법, 행정법규, 직제 등을 중시한다.

그러나 제도모형은 정부제도의 구조와 공공정책의 내용을 연결시키지는 못하였다. 다시 말해서, 제도적 연구는 제도적 특징들이 정책결정에 어떠한 영향을 미치는가에 대해서는 체계적으로 분석하지 못하고 단지 정부의 특정 제도, 즉 정부구조, 조직, 의무, 기능만을 서술하였다. 이처럼 전통적 제도모형에서는 정책에 관한 설명은 있었지만 제도적 구조와 정책내용과의 관계는 거의 경시해 왔다. 그렇지만 사실 '제도적 장치가 정책내용에 어떠한 영향을 미치는가'에 관해서는 충분한 연구의 가치가 있는 문제임에 틀림없다. 근래 제도개혁가들에 의해 주장된, '제도의 변화가 정책의 변화를 유발한다'는 논지는 비록 체계적인 조사·연구 없이 주장되고 있으나, 그것은 경험적으로 볼 때 상당히 타당성이 높은 주장이라 하겠다. 오늘날 제도모형은 정부기구의 변화와 정책의 유형, 내용이 어떠한 상관관계를 가지는가에 관한 연구가 활발해짐에 따라 새로운 관심을 끌고 있다.

Ⅲ. 기타 이론모형

1. 회사모형

회사모형(Firm Model)은 연합모형(Coalition Model), 조직과정모형 등으로 불리며, Cyert & March가 주장한 이론모형이다.[42] 이것은 집단적 의사결정론으로 앞에서 설명한 만족모형을 개인적 차원의 의사결정론에서 집단적 차원으로 한 단계 발전시켜 이를 조직의 의사결정에 적용시킨 이론모형이다.

일반적으로 기업의 의사결정은 완전경쟁시장 하에서 이윤의 극대화를 추구할 수 있는 가장 합리적인 방법에 의하여 이루어지는 것으로 믿어왔다. 그러나 Cyert & March가 실시한 실제 조사결과는 이러한 일반적인 가정과 다르다는 사실이 발견되었다. 실제로는 사기업도 정치체제와 유사한 속성을 가지고 있으며, 부하직원들이 손발처럼 움직여 주지도 않을 뿐 아니라 실제의 조직과정에서는 협상, 타협, 정략 등이 난무하고 있다는 것이다. 이러한 관점에서 회사의 행태를 경제학의 시장중심적 설명에서 벗어나, 조직의 구조와 목표의 변화, 기대의 형성, 욕구의 수준, 선택 등의 여러 측면에서 파악하려는 것이 회사모형인 것이다. 회사모형은 조직의 의사결정행태에 나타나는 몇 가지 특징을 다음과 같이 설명하고 있다.

첫째, 회사모형은 구조적인 측면에서 볼 때 합리모형과는 달리 조직이란 것을 '서로 다른 목표를 가진 하위조직의 연합체'로 파악하고, 각 하부조직 간에는 연계관계가 느슨하여 어느 정도 활동에 독자성이 인정된다고 한다. 따라서 각기 다른 독립적 목표를 지닌 하부조직 간에는 갈등이 불가피하게 되고, 각 조직들은 협상과 타협을 통하여 이를 해결하려고 하나 그것은 잠정적으로만 가능할 뿐 항상 갈등관계는 내재해 있다는 것이다. 다시 말해 갈등은 언제나 불완전한 해결 상태로 머물게 된다고 보는 것이다. 둘째, 회사모형은 조직을 둘러싸고 있는 환경을 유동적인 것으로 파악하며, 따라서 대안이 초래할 결과 역시 불확실한 것으로 본다. 따라서 조직은 결국 대안이 초래할 결과를 예측함에 있어서 단기적 전략과 환경과의 타협에 의한 장기적 전략 등으로 불확실성을 회피(uncertainty avoidance)하려는 경향을 갖는다고 한다. 셋째, 조직은 문젯거리를 항상 탐색하는 것이 아니라, 문제가 발생한 경우에만 비로소 탐색이 시작되고 그 문제에 적합한 해결방법을 찾으려고 한다는 것이다. 그리고 이러한 탐색도 해당 문제에 한하여 해결책을 탐색하는 문제중심적 탐색과, 단순인과관계로써 문제를 해결하려는 단순탐색, 그리고 편견이 개입되는 탐색 등의 형태를 취하는 것으로 본다. 넷째, 조직은 계속 존재해 오는 동안 경험적으로 터득하게 된 학습된 행동규칙과 표준운영절차(SOP)를 따라 결정하고 행동한다.

그러나 회사모형은 민간부문에서의 회사조직을 대상으로 하고 있으므로 공공부문에 이것을 그대로 적용시키는데는 한계가 있으며, 표준운영절차에 입각한 결정방식은 안정적 상황을 전제로 하므로, 급격한 사회변동이 이루어지고 있는 발전도상국에서는 그 적용이 어렵다는 비판도 있다. 뿐만 아니라, 회사모형은 권한과 책임이 배분되어 있는 민주적 조직을 전제로 하고 있으므로 권위주의적 조직이나 집권적인 정책결정체제에는 그 적용이 곤란하다는 비판도 받고 있다.

2. 쓰레기통모형

쓰레기통모형(Garbage Can Model)은 Cohen, March, & Olsen이 주장한 것으로 집합모형으로도 불리는데, 보다 복잡하고 혼란한 상황, 즉 조직화된 혼란상태

(organized anarchies) 속에서 조직이 어떠한 결정형태를 나타내는가에 관한 이론모형이다.43

쓰레기통모형은 조직을 급변하는 사회환경 속에 존재하는 불안하고 유동적인 것으로 파악하며, 이러한 조직들은 실제로 정책을 결정함에 있어 어떤 일정한 규칙에 따라 행하는 것이 아니라 쓰레기통처럼 뒤죽박죽, 불규칙하게 정책결정을 행하는 것으로 본다. 다시 말해서, 조직들은 정책결정에 필요한 요소들이 우연히 하나의 통 안에 들어와서 동시에 한 곳에 모여질 때 비로소 정책결정이 이루어진다는 이론이다. 앞에서 설명한 회사모형이 기업체조직의 내부에서는 타당할지 모르나, 입법부, 행정부, 사법부, 이익집단, 그리고 관련된 개인들이 뒤죽박죽 얽히고 설킨 조직에서는 그 적용이 곤란하며, 이러한 조직에 적합한 정책결정모형으로 쓰레기통모형이 제시되었다. 또한 쓰레기통모형은 이와 같은 조직에서의 의사결정은 결정의 합리성을 극도로 제약하는 3가지 전제조건과, 그러한 조건 하에서 의사결정에 필요한 4가지 요소가 우연히 결합되어서 결정이 이루어지는 경우가 많으며 이러한 형태의 의사결정에는 기존의 다른 의사결정모형에서는 볼 수 없었던 방식들이 많이 있음을 지적하고 있다.

여기서 3가지 전제조건으로 문제성 있는 선호, 불명확한 기술, 일시적 참여자 등을 들고 있다. 첫째, 문제성 있는 선호란 의사결정에 참여하는 자들은 서로 상이한 선호를 가지며 때로는 참여자들 스스로가 자신이 무엇을 좋아하는지조차 모르기 때문에 어떤 선호에 근거해서 의사결정을 하는 것이 아니라, 의사결정을 통해서 선호를 하게 된다는 현실적 문제점을 의미한다. 둘째, 불명확한 기술이란 이들 조직은 의사결정을 통해서 달성하려는 목표와 그 달성을 위한 수단 사이에 존재하는 인과관계를 완전히 파악하지 못하고 있기 때문에 여러 가지 시행착오나 과거의 경험을 통해서 비로소 이를 파악하게 된다는 것이다. 셋째, 일시적 참여란 이러한 조직에 있어서는 조직구성원이라고 하더라도 문제의 성질에 따라 의사결정에 참여하기도 하고 않기도 하며, 특정인이 같은 문제의 의사결정에 참여하는 경우에도 어느 때는 참여하고 다른 때는 불참할 수 있음을 나타낸다. 요컨대 이러한 조건들이 혼재하는 유동적이고 불안정한 조직에서는 쓰레기통모형의 정책결정이 이루어지고 있다는 것이다.

다음으로 의사결정에 필요한 4가지 요소는 해결해야 할 문제, 문제의 해결방법, 참여자, 의사결정의 기회 등이다. 이들 4가지 요소가 모두 구비되어야 의사결정이 이루어지지만 이들은 일정한 규칙에 따라 구비되는 것이 아니라 의사결정이라는 쓰레기통 속에 서로 따로 각자 다른 시간에 한 곳에 모이게 된다는 것이다. 첫째, 해결해야 할 문제란 의사결정의 전제이며 그 대상으로 일상생활에서 발견되는 무수한 사회문제가 여기에 해당된다. 둘째, 문제의 해결방법은 문제를 해결할 수 있는 수단, 즉 정책대안을 의미한다. 그러나 이 해결책은 문제가 발생한 이후에 만들어지는 것이 아니라 그 이전에 이미 누군가에 의해 발견된 것으로 이것이 오히려 해결대상인 문제를 찾는다고 본다. 셋째, 참여자란 의사결정에 관여하는 모든 사람들로서 항상 일정하지는 않으며 일시적, 부분적으로 참여한다고 본다. 넷째, 의사결정의 기회란 조직이 어떤 결정을 내리는 계기를 말하며, 개인적 결정의 경우 결정을 하는 순간을 말하며, 집단의 경우 정책결정을 위한 회의를 말하는 것이다. 즉 참여자들에 의하여 여러 가지 문제와 해결책이 통속에 뒤섞이게 되는 데, 이때 상호 관련된 요소끼리 만나게 되는 상태가 바로 의사결정의 기회라고 한다.

이와 같이 쓰레기통모형은 의사결정에 관한 다른 모형들이 갖고 있는 비현실적인 가정들을 수정하여 동태적인 현대사회 속의 공공조직, 교육조직, 불법조직 등의 조직에 적절한 의사결정모형을 제시했다고 하겠다. 그러나 조직화된 혼돈상태나 쓰레기통 속의 의사결정방식이 모든 조직에서 언제나 동일하게 발견되는 것은 아니며, 일부의 조직에서 또는 일시적인 의사결정행태를 설명한 것에 지나지 않는다는 비판을 받고 있다.

3. 공공선택모형

공공선택모형(Public Choice Model)은 Ostrom & Ostrom에 의해 체계화된 이론모형으로서, 주로 정치경제학적 관점에 입각하여 공공재와 공공서비스의 공급을 합리적으로 수행하는 것이 매우 중요하다는 전제 하에 이를 위한 정책결정방식과 조직 배열에 깊은 관심을 가진다. 이 모형은 오늘날의 행정은 집권적·계층적 구조를 강조하는 전통적인 행정관과는 달리 복합적 명령체계와 다기능적 상황 하의 다조직적 관리방식을 강조해야 한다는 새로운 행정관에 기초를 두고 제시된 이론이다.[44]

공공선택모형은 모든 다른 사회가치에 손실을 주는 일없이 특정 가치를 더 많이 성취하는 이른바 파레토 최적기준점(point of Pareto optimality)에서 가장 합리적인 정책결정이 이루어진다고 보며, 이러한 기준점에 의거하여 사회가치의 가중치를 과학적으로 부여할 수 있고, 이런 사회가치의 상호관계에 따라 공공정책의 최적 선택이 가능하다고 본다. 공공선택모형이 정책결정과 관련하여 갖는 주요 내용 및 개념들은 다음과 같다.

첫째, 공공선택모형은 분석의 단위로서 전통적인 경제적 인간이 아니라 정책결정자로서 개인을 강조하는 개인중심적 분석방법을 중시 여긴다. 그리고 이러한 개인은 개인마다 상이한 선호를 가진 이기적 인간, 정책대안의 우선순위를 측정·판단할 수 있는 능력을 가진 합리적 인간, 그리고 자기의 선호에 비추어 최대의 이익을 가져다 줄 대안을 선택하여 정책결정의 극대화 전략을 취할 인간 등으로 가정하는 개인관에 입각해 있다.

둘째, 이 모형은 정치경제학적 특성을 지니는데, 공공재와 공공서비스를 산출하는 정책결정에 민간경제 부문에서의 결정논리를 그대로 적용하는 것을 비판한다. 그것은 정책의 구체적 내용으로서 각종의 정부기관들이 산출해 내는 공공재화와 서비스는 사적 부문에서의 그것과는 성격이 다르기 때문이라고 한다. 예컨대 국민들이 낸 세금으로 공공재인 다리를 건설할 경우 세금을 낸 사람만 그 다리를 이용할 수 있게 하고 세금을 내지 않은 사람에게는 그것을 사용하지 못하도록 할 수는 없는 것이다.

셋째, 이 모형은 정책의 파급효과를 중시한다. 즉 하나의 정책이 산출되면 그것의 영향은 사회의 모든 부문에 영향을 미치며 이러한 파급효과는 긍정적, 의도적인 효과로 나타날 수도 있고 부정적·비의도적인 효과도 나타날 수 있다는 것이다. 따라서 공공정책의 결정은 그 파급효과를 감안하여 신중하고 합리적으로 결정되어야 한다는 것이다.

넷째, 이 모형은 공공재를 공급하는 정부조직체의 경우 특히 다조직적 배열의 유용성을 강조하고 있다. 여기서 다조직적 배열이란 다양한 공공재와 서비스를 제공하기 위해서는 다양한 조직배열이 있어야 한다는 것으로, 정부조직체는 각 기관이 공공재의 산출에 관한 권한을 가져야 하며, 비록 기관 간에 권한 및 기능이 중첩되어도 각 기관은 나름대로 이 수준이나 역할을 찾아 각자 기능을 수행할 수 있고 기관 상호간의 갈등도 조정할 수 있다. 따라서 권한을 위임·분산하고 관할권을 중첩시키더라도 이와 같은 다조직적 배열을 하는 것이 바람직하다고 보는 것이다.

이상과 같은 공공선택이론은 예컨대 고객의 선호, 권한의 분산, 다조직배열, 관할권의 중첩, 공공재와 공공서비스의 공급, 시장의 유추, 경쟁의 이용, 정책결정구조의 중시, 대응성, 사회적 능률성, 평등주의, 그리고 정치경제학적 접근방법 등을 중심개념으로 삼고 있다.[45] 물론 이러한 공공선택이론이 체계적으로 정리되고 학자들 간에 의견이 통일된 것은 아니다. 그러나 이러한 이론은 분명 하나의 새로운 관점이며 따라서 이러한 관점도 오늘날 정부가 당면한 문제해결에 하나의 좋은 대안이 될 수 있을 것이다. 요컨대 공공선택모형은 비록 규범적 성격에서 완전히 벗어나지는 못했으나 합리모형의 방법론적 엄격성을 유지하면서 동시에 상황적응적 행정구조를 강조함으로써 합리모형의 경직성과 비인간성의 난점을 극복할 수 있는 새로운 대안을 제시해 주었다는 점에서 높이 평가될 수 있다.

4. Allison모형

1) Allisonoh모형의 의미

Allison모형은 Allison이 제시한 이론모형으로서, 1960년대 초에 쿠바(Cuba)가 자국 내에 소련의 미사일 기지를 건설하려고 했을 때, Kennedy 대통령의 미국정부가 취한 해상봉쇄조치라는 외교정책결정과정을 면밀히 검토한 이후 제시한, '정부정책결정과정의 분석모형'이다. Allison은 정부의 정책결정과정을 설명할 수 있는 3가지 모형을 제시했는데 합리적 행위모형, 조직과정모형, 관료정치모형이 그것이다. Allsion은 기존에 논의되어 온 정책결정에 관한 이론모형들을 크게 두 가지로 분류하여 합리적 행위자모형과 조직과정모형으로 정리하고, 비교적 소홀하게 다루어왔던 정책결정의 정치적 요소들을 부각시켜 관료정치모형이라는 하나의 새로운 모형을 추가하였다. 합리적 행위자모형은 정부를 잘 조직된 유기체로 가정하고, 조직과정모형은 정부를 느슨하게 연결된 반독립적 하위조직들의 집합체로 간주하며, 관료정치모형은 정부정책의 주체를 상호 독립적인 참여자들의 집합체로 가정하고 있다. 요컨대 Allison모형의 특징은 기존의 이론모형들을 집단의 응집력과 정책결정권한을 중심으로 재정리한 것이라고 하겠다. 여기서는 Allsion의 설명에 따라 이들 3가지 모형을 차례로 소개한다.

2) Allison모형의 내용

(1) 합리적 행위자모형

이 모형은 정책결정의 주체를 단일체인 정부로 보며, 정부를 합리적인 의사결정행위자로 간주한다. 그리고 이때 정부조직은 유기체와 같이 두뇌조직에 의해서 완벽히 통제되고 조정된다. 따라서 정부의 정책결정행위는 개인의 잘 조정된 선택행위와 본질적으로 유사하다고 본다. 즉 정부는 국가목적이나 전략적 목표를 극대화시키는 합리적 대안을 선택하며, 그러므로 정부는 합리적 기준, 일관된 선호, 일관된 목표 및 평가기준을 지니는 것으로 본다. 따라서 정책결정에 참여한 사람들은 모두 개인적 이해관계를 떠나 오로지 국가의 이익을 위해 합리적으로 사고하고 행동한다는 것이다.

또한 이 모형은 정부조직의 우두머리는 유기체의 두뇌와 같이 움직이고 결정하며, 조직구성원들의 목표도 집단의 목표와 완전히 일치하는 것으로 가정한다. 따라서 조직구성원이나 참여자들은 합리적인 정책을 결정하기 위해서 최선의 노력을 다할 것으로 가정하는 것이다. 그리고 정책결정의 모든 권한은 조직의 상층부인 유기체의 두뇌에 있는 것으로 가정한다.

그러나 이러한 정책결정형태는 현실적으로 존재하기가 거의 어렵다. 특히 개인적 의사결정도 아닌 집단의사결정에 있어 이러한 합리적 정책결정양식이 존재하기란 쉽지 않기 때문인 것이다. 그러나 국방정책이나 외교정책결정에 있어서는 그 정책의 중요성 때문에 이와 같은 합리적인 정책결정에 보다 가까워질 때가 많다고 하겠다.

(2) 조직과정모형

이 모형은 정책을 조직과정의 산물로 간주한다. 그리고 정부를 느슨하게 연결된 하위조직들의 집합체로 보고, 정책이란 이들 하위조직들에 의해 작성된 정책대안을 최고지도층이 거의 수정하지 않고 정책으로 채택한다고 가정함으로써 정부의 하위조직들을 실질적인 정책결정자로 본다.

또한 정책에 의해 해결되기 바라는 대부분의 문제는 여러 가지 복잡한 측면을 내포하고 있기 때문에 각 하위조직들이 취급하기 좋은 정도까지 문제를 분할해야 하며, 이때 필요한 만큼 권력도 배분된다. 그리고 분할된 문제에 대해서는 각 하위조직들이 우선적으로 책임을 지기 때문에 문제해결에 관한 그들 나름대로 조직 내의 고유한 특성(parochialism)이 형성된다. 따라서 각 하위조직들은 조직마다 개성 있는 문제인식방법 및 대안에 대한 우선순위 결정기준을 갖게 된다. 이와 같은 조직과정모형은 하위조직들에 의해 결정되는 정책결정의 행태 및 절차 등을 다음과 같이 간주하고 있다.

첫째, 정책결정에 참여하는 하위조직의 구성원들은 국가목표보다는 하위조직의 목표에 더욱 집착한다. 그리고 서로 다른 목표를 가진 하위조직들이 참여하여 정책을 결정할 때는 이들 간의 갈등이 불가피하다. 이때 대부분 정책을 주관하는 하위조직의 주장대로 정책이 결정되고 다른 하위조직들은 그들의 관할권을 존중하려고 노력한다. 그러나 갈등의 내용이 중요하고 조직들 간의 이해관계가 현저할 때에는 상호 타협과 협상을 통해서 해결한다. 그러나 이러한 타협과 협상은 언제나 이해관계 당사자 상호 간의 양보가 전제되어야 하므로 갈등이 완전히 해결되지 못하고 미해결된 상태에서 정책이 결정된다.

둘째, 정부의 정책결정은 하위조직들의 목표에 의해서 크게 영향을 받는다. 하위조직들의 의사결정행태는 일반적으로 불확실성을 회피하려 하며, 학습과 경험, 관행 등을 통하여 습득 및 형성한 표준운영절차 및 프로그램목록(program repertory)에 의해 결정된다. 따라서 프로그램 목록이라고 하면 프로그램의 집합으로 볼 수 있고, 프로그램이란 특정한 정책문제에 대응하는 정책대안을 의미한다. 따라서 결국 프로그램목록은 하위조직들이 업무수행과정에서 직면하였던 문제들과 그 해결방안들을 기록 및 보관해 둔 것을 말한다.

셋째, 하위조직의 의사결정은 정책문제에 따라 새로운 프로그램을 개발하거나 기존프로그램을 수정하여 대안을 결정하는 것이 아니라 기존의 프로그램목록 중에서 가장 적절한 것을 대안으로 선택한다. 따라서 조직 내에 형성된 표준운영 절차에 따라 습관적으로 의사결정을 하게 된다.

(3) 관료정치모형

이 모형은 정책을 정치적 게임의 결과로 파악한다. 따라서 정책이란 문제에 대한 최선의 해결책으로 선택된 것이 아니라, 정책결정에 참여한 정부관료들 간에 이루어지는 협상, 타협, 경쟁, 다수형성, 권력적 지배 등의 결과, 즉 정치적 게임의 산물로 본다.

관료정치모형은 정부정책을 결정하는 주체를, 합리적 행위자모형과 같이 단일주체로서의 정부나 조직과정모형과 같이 하위조직으로서의 부처들의 집합체로 보지 않고, 정책결정에 참여하는 참여자들 개인이라고 본다. 그리고 참여자는 정부조직 내에서 특정한 정책의 결정과 관련된 공식적인 직위를 맡고 있는 관료들이며 개인은 이러한 직위를 차지함으로써 정책결정의 참여자가 될 수 있다고 한다. 또한 어떠한 참여자가 정치적 게임의 결과인 정책에 큰 영향을 미칠 수 있는 유리한 위치를 차지할 수 있느냐 없느냐 하는 것은 그의 개인적 특징이나 그가 맡고 있는 직위의 내용과 비중 등에 따라 달라진다. 또한 정책결정에 참여하는 참여자의 입장은 자기가 속한 조직 내의 목표, 문제인식이나 조직의 관행, 그리고 참여자 개인의 이해관계 및 역할인지에 따라 달라진다. 그리고 정책결정 참여자들은 모두 결정에 대한 자유재량을 가지고 있으므로 보다 권력이 강한 참여자가 자기에게 보다 유리한 쪽으로 정책결정에 영향을 미친다.

그리고 관료정치모형에서는 정책결정의 방식을 정치적인 게임의 규칙에 따라 참여자 개개인 상호간에 타협, 협상, 경쟁, 지배 등에 의해 이루어지는 것으로 본다. 여기서 정치적 게임의 규칙이란 정치적 게임에 필요한 헌법이나 법률, 판례, 행정명령, 관습 및 문화 등에 의해 결정되며 나아가 그것은 경우에 따라 명백하기도 하고 반대로 암시적일 수도 있으며, 어떤 것은 지속적이나 어떤 것은 변화하기도 한다.

요컨대, 관료정치모형에서 국가정책은 정부 내의 정책문제와 관련된 참여자, 즉 개인, 집단, 혹은 조직들 간에 이루어진 정치적 게임의 결과이다. 따라서 이 모형에 의한 정책결정의 설명이나 예측은 참여자와 그들이 지위, 이해관계, 영향력, 게임규칙, 행동경로(action channels), 그리고 게임의 진행과정을 확인함으로써 가능한 것이다.

3) 3가지 모형의 비교

Allison의 3가지 모형을 비교하기 위해 중요한 사항을 요약하여 정리하면 〈표 7-2〉와 같다. 이 표를 통해서 이들 세 가지 모형이 갖는 특징들을 보다 분명하게 파악할 수 있을 것이다. 요컨대, 이미 앞에서도 지적한 바와 같이, Allison의 3가지 모형은 기존의 정책결정에 관한 이론모형들을 종합하여 정리한 것이다. 그럼에도 불구하고 기존에 정책결정모형에서 비교적 소홀히 취급했던 관료정치모형을 새로이 구성했다는 점은 높이 평가된다.

표 7-2   Allison의 3가지 모형 비교

모형별 기준별	합리적 행위자모형	조직과정모형	관료정치모형
조직관	조정과 통제가 잘된 유기체	느슨하게 연결된 하위조직들의 집합체	독립성을 가진 개인적 행위자들의 집합체
권력의 소재	조직두뇌에 해당되는 최고 지도자 보유	반독립적인 하위조직들의 분할소유	독립적 자유재량을 가진 결정참여자들의 정치적 자원에 의존
행위자의 목표	조직전체, 즉 정부의 목표	정부의 목표와 하위조직들의 목표	정부의 목표와 하위조직들의 목표 그리고 개별적 행위자들의 목표
목표의 공유도	매우 강함	약함	매우 약함
정책결정의 행태	최고지도자가 조직의 두뇌와 같이 명령 지시 함	표준운영절차에 의거 프로그램의 목록에서 대안 선택	정치적 게임의 규칙에 따라 협상, 타협, 연합형성 지배에 의해 정책결정

제 4 절 합리적 정책결정의 제약 요인

　정부가 결정하는 정책은 그것이 갖는 공공성으로 인하여 가능한 최선을 다해 합리적으로 결정되어야 하고, 국가의 목표달성에 기여되는 것이 요구된다. 따라서 정책결정자들은 항상 합리적이고 공익실현에 기여할 수 있는 정책을 결정하고 이를 집행하기 위해 최선을 다해야 한다. 그러나 이것은 어디까지나 당위적이고 규범적인 의미에서 요구되는 것이며, 현실적으로는 여러 가지 제약조건들 때문에 언제나 이러한 요구에 부합되는 정책을 결정하지 못하는 경우가 많다. 전술한 모든 절차나 참여를 통해 정책결정을 하더라도 결코 완전한 정책을 결정하는 것은 어렵고 항상 여러 가지 제약에 직면하게 된다. 이러한 합리적인 정책결정을 제약하는 요인으로 지적되는 것들은 다음과 같다. 문제파악 및 목표의 내용이 불투명하거나 정확하지 못한 것, 정보나 지식의 부족으로 대안의 작성 및 평가가 완전하지 못하다는 것, 정책결정자의 가치관이나 성취동기로 인한 편견 또는 불합리한 요구의 개입 등이 많은 것, 행정적·규범적 요인과 절차적 요인 그리고 각종의 환경적 제약을 들 수 있다.

　이러한 요인들 때문에 현실적으로 완전히 합리적인 정책을 결정한다는 것은 거의 불가능하며 정책결정자로서는 달성할 수 없는 이상적 요구라고 할 수 있다. 여기서는 이들 제약조건들을 정책결정의 3가지 변수, 즉 정책결정자의 인간적 요인, 정책결정체제의 구조적 요인, 정책환경적 요인, 그리고 정책결정방법의 한계 등을 중심으로 살펴본다.

Ⅰ. 인간적 요인

1. 정책결정자의 가치관 및 성취동기

정책결정자의 행동은 자신의 성격이나 가치관에 영향을 받게 된다. 정책결정자도 감정과 성취동기, 가치관을 가지는 인간이며, 이러한 요소들이 정책결정에 관계되는 모든 근무행태에 영향을 미치게 되는 것이다. 정책목표나 정책수단의 선택에는 정책결정자를 비롯한 행정인의 개성이 크게 작용하며, 이들 개성이나 가치관의 개인적인 차이는 정책결정의 합리성을 크게 좌우한다. 특히 정책결정자의 강한 성취동기는 때로는 정책에 대해 과욕을 부리는 원인이 되기도 하며 정책을 문제해결이 아닌 새로운 문제의 도화선이 되기도 한다. 이처럼 정책결정자의 가치관이나 성취동기가 정책결정의 합리성을 제약하는 요인이 된다.

2. 정책결정자의 관료주의적 행태

정책결정자로서의 행정인은 은연중에 관료의 병리적인 일탈행위에 빠지는 경우가 많으며, 변동에 저항하거나 형식주의, 의식주의 그리고 부하나 수익자의 요구에 대한 무관심한 행태를 나타내기 쉽다. 현실적으로 볼 때도 이러한 행정인의 병리적 역기능적인 행태는 정책결정의 합리성을 제약하고 있다.

3. 자기경험에 의존

행정관료들은 그들이 경험했던 과거 활동경험이나 사무처리방식에 집착하는 경우가 많으며, 그러한 행태는 정책결정에 비합리적인 영향을 미친다. 예를 들면 어느 지역과 빈번하게 접촉을 가진 일선기관의 공무원들은 그 지역주민들의 권익을 옹호하는 경향이 있으며, 이와 반대로 일선기관과 떨어진 중앙부처의 공무원들은 현지사정으로 보아서는 극히 비현실적인 결정을 내릴 수 있다는 것이다. 또한 정책결정자는 자신의 과거 경험이나 개인적 판단을 지나치게 중시하는 경향이 있다. 물론 경험이 풍부한 행정인은 전적으로 경험이 없는 행정인에 비하여 보다 나은 결정을 할 수 있겠지만, 자기경험만이 결정에 대한 최고 지침이 될 수 없다는 것이다. 사실상 어떤 사항에서 과거에 거두었던 성공은 결정의 합리성 때문이라기보다는 단순한 우연이었을 수도 있는 것이다.

4. 미래예측의 한계

불확실한 장래에 나타날 결과를 정확하게 예측한다는 것은 매우 곤란하기 때문에 완전한 합리적 정책결정이란 불가능하다. 인간의 능력에는 한계가 있으며 설상가상으로 사회변동의 폭이나 빈도는 점차 확대되고 가속화되어감에 따라 미래를 정확하게 예측한다는 것은 극히 어려워진다. 더구나 정책대안의 결과예측에 대한 불확실성을 줄이려는 관료들의 노력이 부족하여 합리적인 정책결정을 더욱 어렵게 하고 있다.

5. 선입관의 작용

정부의 정책결정이 사실에 근거를 두고 합리적 분석에 의하여 결정된 것처럼 보이는 경우에도 실질적으로는 정책결정자들의 선입관이 반영된 것에 지나지 않는 것이 허다하다. 풍부한 자료가 제시되고 그로부터 합리적인 해결방안을 도출해 주는 훌륭한 정보를 얻을 수 있는 경우에도, 정책결자들은 처음에 자기가 원했던 정책대안을 정당화하기 위하여 때로는 이러한 자료들을 무시하거나 왜곡하는 경우가 많다. 이처럼 정책결정에는 관료들의 선입관이 상당히 미치게 되므로 방대한 자료를 처리하는 전자정보시스템 내지 관리정보체제를 이용할 수 없을 경우, 합리적인 정책결정은 이루어질 수 없을 것이다.

6. 인지능력의 차이

인간은 어떤 사물이나 어떤 현상을 인지하는데 있어 차이가 있는 것은 불가피하며 완전히 인지할 능력도 가지고 있지 않다. 따라서 동일한 현상이나 문제도 사람마다 다르게 파악할 수 있다. 더구나 인간은 지각능력에 한계가 있으므로 정책결정과 관련한 모든 상황적 요인을 파악한다는 것은 사실상 불가능하다. 따라서 이러한 문제인지의 차이와 인지능력의 한계로 인하여 합리적 정책결정을 추구하는 데 많은 제약이 따르는 것이다

II. 구조적 요인

1. 정보 및 자원의 제약

합리적인 정책결정은 문제를 구성하고 있는 환경적 또는 상황적 요소들을 신속하고 정확하게 파악할 수 있는 효과적인 정보관리체제와 결과에 대한 완전한 지식이 뒷받침되어야 한다. 행정의 계량화와 더불어 체계적인 정보관리는 합리적 정책결정에 필수불가결한 조건이 되었다. 따라서 정책결정에 관련된 모든 가치나 목표를 명확히 하고 가능성 있는 모든 정책대안을 탐색·개발하며 각 대안에 대한 예측결과를 평가하고 목표와 비교검토하기 위해서는 적절한 정보가 수집·분석되어야 한다.

그러나 현실적으로는 적절한 정보를 수집하고 그것을 정책결정에 활용하는데 다음과 같은 여러 제약이 있다. 첫째, 자료를 수집하고 그 의미를 분석·이해하는데 시간, 노동, 경비가 소모되며, 선택에 대한 지식이란 단편적인 것에 불과하다. 둘째, 정책결정자가 복잡한 문제해결을 위한 충분한 정보를 수집할 수 있다고 하여도 신속한 결정을 내려야 할 경우에는 정보분석에 많은 시간을 소비함으로써 결정을 지연시킬 수밖에 없다. 셋째, 정책결정자가 단시간 내에 여러 문제에 대한 정보를 처리하거나 특정 문제에 대한 방대한 양의 문제를 처리할 수 있는 능력에는 한계가 있다. 넷째, 정보수집으로 어느 정도 장래에 대한 불확실성을 제거할

수 있을지는 모르나 정책결정에는 항상 불확실성의 요인이 개입하게 된다. 다섯째, 현실적으로 정책결정에 기초자료가 되는 주요 통계가 정확하지 못하고 심지어 조작되는 사례까지 있다는 지적이 있다.

특히 현대사회는 정보와 자료가 시시각각 넘쳐흐르는 정보의 홍수시대이다. 따라서 정책결정자는 어떠한 정보들이 있으며, 어떤 정책결정에 어떤 정보를 활용하는 것이 가장 효율적인지 조차 파악하기 어려울 정도이다. 정책기관에서는 정책결정자가 적시에 적절한 정보를 활용할 수 있도록, 관련 정보의 수집과 분석을 효율적으로 관리할 수 있는 정보관리체제를 더욱 강화시켜나갈 필요가 있다.

2. 선례와 표준운영절차의 중시

행정기관에서 장시간 확립하여 온 선례나 혹은 표준운영절차를 무시하기 어렵기 때문에 새로운 대안의 탐색이 곤란하게 된다. 특히 보수적이며 경직화된 관료제적 조직인 행정조직에서는 혁신적 정책에 대한 결정이 어렵게 되어 있다.

3. 의사전달의 장애

행정조직의 상하계층간이나 횡적인 기관 간에 의사소통이 원활하지 않거나 정보가 신속히 전달되지 않을 경우 합리적 정책결정은 어려워진다. 물론 의사전달이 왜곡되어 의사나 정보의 내용이 전혀 엉뚱하게 바뀌어 버릴 때에도 합리적인 의사결정은 불가능하게 되는 것이다

4. 권한의 집중화

정책결정에 관한 권한이 상위계층이나 상급기관에 집중되는 경우 정책대안의 작성·평가에 대한 고급공무원 및 정책전문가들의 참가기회가 제한이 되고 그 결과 충분한 검토가 어려워지므로 자연적으로 정책이 비현실적이기 쉽고 질이 떨어지게 된다.

5. 집단적 사고방식

정책결정기관의 구성원들이 그들 상호간에 응집성이 강하고, 그 수가 적을수록 이른바 집단적 사고(group think)가 작용하여 중대한 실책을 범하는 일이 빈번하다. 즉 이들은 자신들의 결정이 언제나 옳다고 생각하기 쉽다는 것이다. 이러한 집단주의 사고방식은 합리적 정책결정을 방해할 뿐 아니라 정책결정에 위험요소를 내포할 우려가 높다. 집단사고의 징후로서 제시할 수 있는 것들로는, 집단의 결점은 올바르다는 생각, 경고를 무시하기 위한 집단적 합리화의 경향, 집단에 내재하는 윤리성의 전폭적 신뢰, 상대세력을 무시하는 안이한 태도, 집단 내 반대자의 충성을 요구하는 직접적인 압력, 집단적 합의로부터의 이탈을 기피하려는 태도, 다수의견에 따른 판단에 의하여 의견일치를 보고 있다는 환상의 공유, 집단적 안정감을 깨뜨릴 불리한 정보로부터 집단을 보호하려는 생각 등을 들 수 있다. 그리하여 이들은 집단의 결정은 언제나 정당하다는 잘못된 생각을 가지고 있으면서도 그것이 잘못되었다는 의식조차 갖지 못한다.

6. 정책결정체제의 구조적 특성

정책결정체제가 구조적으로 응집성이 강하고 계층제적 특성을 가진 행정기관과는 달리, 국회와 같이 구성원간의 응집성이 약하고 상호 대등한 지위와 권한 위에서 행동하는 개인들의 집합체에 지나지 않을 경우, 합리적 정책결정이 어려워진다. 그것은 모든 정책결정에 공통적인 합리적 분석적 결정 그 자체의 약점 때문이며, 응집성이 약한 개인들이 시간과 능력상의 차이 때문에 지니는 약점 때문이다. 특히 우리나라의 국회와 같이 정당의 지시에 따라 단순한 거수기역할에 지나지 않는 의원들의 결정은 합리성의 제약을 극대화시키고 있다.

Ⅲ. 환경적인 요인

1. 시간적 긴급성

현대사회문제는 그 자체가 복합적이고 단시일 내에 해결이 어렵기 때문에, 문제의 인지나 대안의 탐색 등에 많은 시간이 요구된다. 그러나 현실의 정치나 행정은 문제의 성격이나 내용에 불문하고 즉각적으로 해결하기를 요청하기 때문에 언제나 정책결정에는 충분한 시간적 여유를 갖지 못하는 것이 보통이다. 이러한 시간적 촉박이라는 요인이 정책결정을 형식화하고 그 결과 때로는 잘못된 정책을 결정하게 되어 오히려 더 많은 시간과 재원을 소비하게 되는 것이다.

2. 문제와 목표의 다양성

행정활동의 대상으로서 선택될 수 있는 문제의 성격과 목표의 다양성, 그리고 이들 문제나 목표에 대한 철저한 평가를 어렵게 하는 환경적 요인이 합리성을 제약한다. 문제 자체의 내용이 현재의 과학기술이나 정치적 실제로서는 이해가 어렵거나 해결이 곤란할 경우에는 합리적 문제해결방안을 찾을 수가 없게 되고, 따라서 정책결정의 합리성도 저하되게 된다. 그런데 문제나 목표가 명확해진다 하여도 정책결정기관이 설정한 목표에 대하여 외부로부터의 반대가 제기될 수 있으며 어떤 목표가 갖는 중요성도 상황이 바뀌면 그 비중도 달라질 수 있기 때문에 합리적인 정책결정이 곤란해진다.

3. 외부압력에 대한 취약성

정책결정기관에 대한 외부로부터의 압력을 행사하는 것으로는 언론기관과 여론, 전문가집단, 시민단체와 이익집단 그리고 정당과 국회 등이 있다. 우리의 경우 이들의 정책결정기관에 대한 압력이 과거보다는 점점 커지고 있지만 아직도 선진국에 비하면 약할 뿐 아니라 불균형이 심하며, 따라서 정책결정자에게 재량권을 허용하고 있다. 이러한 외부압력에 대한 취약성은 정책결정자들의 책임의식을 약화시키고 그로 인한 무책임한 형식적 결점을 더욱 조장시키고 있는 것이다.

4. 매몰비용의 문제

매몰비용(sunk cost)은 의사결정에 있어서 시간적 요인이 작용하는 것을 인정하는 것이다. 즉 이 개념은 경제 분야에 있어서의 고정비의 개념과 비슷한 것으로 어느 시기에 어떤 일에 착수하여 이미 경비와 노력, 시간을 들인 경우에는 불가피하게 장래의 대안을 선택할 수 있는 범위가 그것에 의해 제약을 받게 된다는 것을 말한다.

매몰비용의 예는 예산결정문제에 있어서 찾아볼 수 있다. 정권교체로 새로운 정부가 정부지출과 정부활동의 대폭적인 조정이나 규모의 축소를 단행하고자 하더라도 이미 진행되고 있는 계획이나 투입된 경비 또는 노력이 실질적으로 합리적 결정을 불가능하게 한다. 새로운 상황에 적응하는 데는 어떠한 타성이나 보수적 사고방식이 작용한다는 것을 인식할 필요가 있다. 어떤 사업계획에 거액이 투입되고 있는 경우 본래의 결정이 잘못되었고 변동되어야 한다는 증거가 나타나도 이를 고집하는 경우가 많다. 혹은 현재의 정책을 중심으로 오래 전부터 업무처리 방식이 확립되어 있을 때는 다른 정책을 채택하기란 매우 힘든 일이다.

5. 정치적 반대

합리적이고 분석적인 정책결정으로 인하여 자신들의 정치적 이익이 침해될 것으로 예상되는 경우, 해당 정치권력을 가진 사람들의 정치적 반대가 합리적 정책결정을 저해한다. 아무리 바람직한 정책대안이라고 하더라도 현존하는 강력한 정치세력들의 반대에 부딪히면 정책으로 채택될 가능성이 낮아진다. 정부의 정책이 민간기업의 정책과 차이가 날 수 있는 가장 대표적인 이유가 이것이다.

6. 급격한 환경변화

주지하는 바와 같이 20세기 말부터 진행되어 현재까지 지속되고 있는 지구촌 사회의 변화는 한치 앞을 내다 볼 수 없을 정도로 변화하고 있다. IT와 BT 등 첨단기술이 미래를 주도할 것이라는 예상도 IT산업의 위축으로 그 힘을 잃을 정도이다. 특히 변화에 대응하기 위한 사회구조의 혁신과 창조적 대응이라는 대응형태의 다양한 변화가 또 다른 변화를 야기하고 있다. 예외 없이 모든 것이 변동의 소용돌이에 휩싸여 있는 환경이 정책예측을 곤란하게 하고 그로 인해 정책결정의 합리성이 제약되고 있다.

IV. 정책결정방법의 한계

1. 결정의 비용과 효과

합리적·분석적 결정방법의 이용은 그 방법을 이용하는데 소요되는 비용보다 그 방법을 통해서 얻게 되는 이익이나 효과가 클 때 정당화된다. 그러나 현실적으로 합리적·분석적 결정은 그것을 위한 비용이 많이 든다. 이미 정책결정과정을 통해 파악한 바와 같이, 정확한 문제정의, 목표달성을 위한 대안의 개발, 그리고 대안의 결과예측 및 비교·평가 등의 과정에서 수많은 정보와 자료를 수집해야 하는데, 여기에는 엄청난 시간과 비용이 지출되어야 한다. 이러한 비용이 지불된 이후에도 그나마 정책효과가 비용보다 클 경우는 문제가 없지만, 그렇지 못할 경우 정책적 문제해결 그 자체에 대한 의문이 제기되게 된다.

2. 분석 이론과 기법의 약점

인간능력의 한계로 인해 문제의 합리적 해결을 위한 완전한 이론이나 기법을 개발할 수가 없고, 설사 그것이 가능하다고 하더라도 문제의 성격에 따라서나 상황의 변화에 따라 그 적용과 기법을 달리해야 하기 때문에 합리적·분석적 정책결정에는 제약이 따를 수밖에 없다. 특히 다양한 분석기법이 개발되어 활용되고 있음에도 불구하고 만족할 만한 정책결정이 어려운 것은 그러한 기법들 그 자체가 원천적으로 안고 있는 약점들 때문이다.

제 5 절 정책분석

　　정책연구의 여러 목적 가운데 한 가지는 합리적인 정책결정을 위해서 요구되는 여러 지식 및 정보를 산출하여 제공하는데 있다. 합리적인 정책결정을 위해 요구되는 지식을 크게 셋으로 구분해 보면, 정책결정자의 부족한 능력 및 지식을 보충하기 위한 정책의 실질적인 내용에 관한 지식과 정책결정방법에 관한 지식, 정책대안에 대한 정치 경제적 가능성에 관한 지식이 그것이다. 특히 정책결정방법에 관한 지식이란 정책목표를 명확히 하고, 목표의 달성을 위한 대안을 탐색하며, 각 대안들이 초래할 결과를 예측·평가하고, 최선의 대안을 선택하는데 필요한 지식을 의미한다.

　　이처럼 정책문제의 진단에서부터 문제해결을 위한 정책대안들 중에서 최선의 대안을 선택하기까지의 방법 및 정보 산출위한 분석적 연구를 정책분석이라 한다. 이를 위한 기법들로서 운영연구, 선형계획법, 체제분석, 비용편익분석 등이 있고, 이러한 기법들을 적용하여 정책대안들을 분석하는 것은 정책결정자들의 부족한 시간과 능력을 보충하기 위한 것이다. 요컨대 정책분석이란 합리적인 정책결정을 위해 정책결정에 필요한 정보 및 지식을 산출하는 일련의 활동을 의미한다. 본서에서는 정책분석을 합리적 정책결정을 위한 지식을 함양시키기 위한 분야로 간주하고 이를 정책결정 부문에 포함시켜 간략하게 그 요점만 검토하기로 한다.

Ⅰ. 정책분석의 의의와 특징

1. 정책분석의 개념

일반적으로 정책분석(policy analysis)이란 정책결정과정에서 정책대안에 대한 체계적인 탐색 및 분석과 평가로 규정된다. 정책분석에 관한 개념규정은 그것을 광의로 보느냐 협의로 보느냐에 따라서는 물론 학자들 간에도 다소간 차이를 보이고 있다. 우선 정책분석의 개념을 광의와 협의로 나누어 규정하면, 광의로는 '바람직한 정책결정을 위하여 정책결정자가 활용하는 판단의 모형을 질적으로 향상시킬 수 있도록 적절한 정보를 수집·제공해 주는 합리적이고 체계적인 활동'으로 정의할 수 있다. 협의의 정책분석이란 '바람직한 정책결정을 지향한 목표와 수단의 명확화, 수단의 탐색·창출을 위한 분석활동'으로 정의하거나 혹은 '정책이 결정되고 집행되기 전에 그 정책의 질(효과성과 능률성)을 미리 평가해 보는 정책의 사전적인 평가', 또는 '주어진 목표를 어느 정도 성취할 수 있는 여러 대안들 가운데서 가장 효과적이고 능률적인 것을 선택하는 과정'으로 정의하기도 한다.

여러 견해들을 통해 정책분석이란 '정책대안의 체계적인 탐색과 각 대안에 대한 평가와 분석'이라고 정의할 수 있다. 즉 정책분석은 주어진 최종의 목표를 달성하기 위한 합리적 수단의 탐색을 연구대상으로 하여 최선의 대안을 설계하고 선택하는 데 도움을 주는 접근방법을 말한다.[46] 정책분석은 합리성에 입각한 분석뿐만 아니라 정치적인 변수도 고려해야 하고 경제학, 수학, 관리과학 등이 주요 역할을 담당하지만 사회학, 행정학, 정치학, 조직이론 등의 다양한 원리도 수용되고 있다. 한편, 정책분석을 넓게 보면 정책결정이 이루어진 후에 정책집행이나 정책평가를 합리적으로 추진하기 위한 연구도 모두 포함시킬 수 있다.[47]

2. 정책분석의 목적

정책분석은 복잡한 정책결정을 개선하는 주요 처방으로서 이해관계자간의 논쟁의 질을 높이는데 불가결한 것으로 정책결정자의 판단근거를 질적으로 높인다. 따라서 정책분석의 기본목적은 정책문제를 인지하고 대안을 탐색하며 목표를 명확히 하는데 도움을 주어 정책결정체제에 보다 나은 정책대안의 선택을 위한 자기발견적 방법(heuristic method)을 제공하는 데 있다.[48] 정책분석이란 복수의 정책대안을 탐색하고 선택하는 전략이다. 또한 정책분석은 시간개념을 넘어 복잡하고 동태적이며 급변하는 사회문제를 파악해서 정책결정을 개선하는 처방이다. 그렇기 때문에 정책분석은 정책의 형태, 정책선택과 정책효과의 확인·평가에 관한 지식과 경험을 제공하는 목적을 갖고 있다.

3. 정책분석의 특성

정책분석은 사회과학인 행태과학이나 행정학, 법학, 철학, 윤리학, 체제분석, 관리과학 등으로부터 지식과 방법을 원용하고 있다. 공공정책의 선택문제에 과학적인 방법을 응용하는 일종의 응용과학이다. 정책분석은 광범한 지식과 탁월한 능력을 요구하기 때문에 한 사람의 분석가가 이들을 모두 통달한다는 것은 용이한 일이 아니다. 또한 이들 인접학문에 대한 지식과 기법들을 모두 이해한다는 것은 기대하기 어려운 일이라 하겠다. 따라서 정책분석은 여러 분야의 전문가들이 팀을 구성하여 협동적으로 수행하는 것이 보다 효과적이라는 것이다. 최소한 어느 한 분야의 실질적인 정책분야에 관한 지식과 경험을 가지는 것이 요망된다. 정책분석은 인접한 다른 분야의 학문(interdisciplinary)이나 전문 직종에 비해서 몇 가지 중요한 특징들을 가지고 있다. 이러한 특징들이 정책분석의 발전에 기여하고 있다.[49]

첫째, 정책분석은 광범위한 정책이슈들을 다루고 있다. 그렇기 때문에 경제학이나 OR 등에 비해 여러 학문분야의 관점에서 분석한다는 것이 중요하다. 정책분석은 다른 어떤 기존의 학문분야보다도 정치적, 조직적, 기술적, 경제적인 여러 가지 측면들을 복합적으로 고려한다. 둘째, 정책분석은 어떠한 문제를 전체와 부분의 상호 관련성 하에서 파악하고 분석한다. 즉 어떤 문제를 전체시스템과 그것을 구성하고 있는 하위시스템들의 상호작용과 관계라는 맥락에서 문제를 분석한다. 셋째, 정책분석은 정치학이나 행정학에 비해서 통계학이나 체제분석에서 개발한 계량기법들을 더 많이 사용한다. 정책분석가나 정책을 다루는 실무가들의 입장에서 보면 그들은 정책분석과정에서 보건, 사회복지, 노동, 주택, 범죄, 무역과 금융, 군사 등 여러 가지 관련 자료들을 수집, 분석, 검증하는 일에 점점 깊이 빠져들어 가고 있다. 넷째, 정책분석은 OR 등에 비해서 정책이 결정되고 난 이후의 집행이나 관리의 측면에 대해서도 관심을 가진다. 만일 정책분석이 정책이 집행되어 그릇된 결과를 가져올 경우까지를 명시적으로 고려하지 않는다면 그것은 올바른 정책분석이라고 하기 어려울 것이다. 다섯째, 정책분석은 여러 가지 대안의 구체화, 형평성의 고려, 논리적인 딜레마 등을 포함하는 규범적인 논쟁에 대해서도 경제학보다 더 많은 관심을 기울인다. 여섯째, 정책분석은 점점 더 기술, 공학, 에너지, 환경, 교통, 주택 등과 같은 쟁점의 문제들과 관련되는 경향이 높아져 가고 있다. 일곱째, 정책분석은 사회복지, 보건, 주택, 교육, 노동 등과 같은 정부 프로그램의 실험연구와 밀접한 관계를 가지고 있다.

II. 정책분석의 기법

정책분석은 의사결정분석에 이용되는 각종 기법을 활용하고 있다. 예컨대 선형계획법, 수송계획법, 동적계획법, PERT, 교체이론, 게임이론, 대기행렬이론, 흐름도표, 시뮬레이션 등의 각종 기법을 정책분석의 기법으로 활용한다. 그리고 가치와 전략의 검토, 정치변수의 고려, 광범하고 복잡한 문제취급, 정책대안의 쇄신, 사회현상에 대한 통찰력강화, 제도적 인지 등의 방법 등도 정책분석의 기법으로 사용한다. 그 외에도 정책분석은 비용-효과분석, 비용-편익분석, 의사결정분석, 정책평가를 위한 각종 기법 등을 활용하고 있다. 다음에서는 이들 중 몇 가지 기법들에 관해서 간략하게 소개한다.

1. 비용-편익분석

1) 의   의

비용편익분석(Cost-Benefit Analysis)은 대안에 대해 그것에 투입될 비용과 그 대안이 초래할 편익을 추정하여 비교하는 것을 말한다. 여러 대안들 간에 비용과 편익에 차이가 존재할 경우, 편익이 큰 쪽을 택하도록 유도하는데 그 의의가 있다. 비용편익분석은 원래는 경제학의 영역에서 개발되었으며, 따라서 화폐가치를 대상으로 하고 시장경제를 전제로 하였다. 그러나 오늘날에는 같은 기법을 공공 영역의 행정에도 적용하는 경우가 많다.

Prest & Turvey는 비용편익분석을 '하나의 사업에 관련된 모든 비용들과 편익들을 하나하나 열거하고 평가하는 것'이라고 하였다.[50] 그러나 많은 정책문제들에 대해서는 이윤이니 순편익이니 하는 전통적인 논리를 적용하는 데는 한계가 있다. 그렇다고 공공분야에 이윤극대화의 논리가 전혀 적용되지 않는다고 하는 것은 아니며, 다만 그런 제약점들이 있다는 것을 지적했을 뿐이다. 비용편익분석은 초기에는 댐의 건설과 수자원공급에 적용되어 수력, 발전, 홍수조절, 관개, 관광 등의 비용과 편익을 측정했다. 근래에는 교통, 보건, 인력개발, 도시재개발 등에까지 사용의 영역을 확장하고 있다.[51]

2) 특   징

비용편익분석기법을 공공영역의 정책분석에 이용할 때는 다음과 같은 특징들을 갖는다.[52]

첫째, 비용편익분석은 그 사업으로 인해서 사회에게 발생하는 모든 비용과 편익을 측정하려고 한다. 따라서 금액으로 측정할 수 없는 비가시적 요소까지도 측정하고자 한다. 둘째, 전통적인 비용편익분석은 경제적 합리성을 가장 중시한다. 따라서 경제성 또는 경제적 능률성이라는 기준을 가장 많이 사용한다. 특정 정책이 총편익에서 총비용을 제외한 순편익이 영(zero)보다 크거나 다른 정책보다 커야 경제적으로 합리성이 있는 것으로 본다. 셋째, 전통적인 비용편익분석은 민간경제시장을 정책건의를 위한 분석의 기준으로 사용한다. 기회비용도 민간경제

부문에 투자한다면 얻을 수 있을 순편익에 입각하여 계산한다. 넷째, 현행의 비용
편익분석들은 일명 사회비용편익분석이라 하여 재분배편익을 측정하는 데에도
사용된다. 그러므로 이때에는 비용편익의 기준으로 형평을 들고, 사회적 합리성
의 문제를 고려하게 된다.

3) 비용편익분석의 작업

비용편익분석에서는 목표의 규정, 대안의 발견과 분류, 정보의 수집과 분석,
대상집단의 규정, 비용과 편익의 할인, 위험부담과 불확실성의 추정, 건의를 위한
기준의 명시 등과 같은 작업들이 수행된다. 첫째, 목표의 규정은 목표를 직접적으
로나 간접적으로 측정할 수 있는 것으로 바꾸는 것을 말한다. 질적인 것을 양적인
것으로 바꾸는 작업을 의미한다. 둘째, 정책목표가 명확하게 규정되면 다음은 그
목표달성을 위한 수단으로서의 대안을 신중하게 찾아내고, 그 내용을 규정해야
한다. 그리고 이 과정은 처음부터 문제의 파악을 어떻게 형성했는가에 따라서 달
라진다. 셋째, 목적달성을 위한 수단으로서의 대안이 초래할 결과를 결정하게 된
다. 즉 각종의 비용과 편익을 예측하고, 유리한 정책에 대한 비용과 편익의 자료
를 수집하며, 또 자기가 내세운 안에 대한 타당성을 검토한다. 넷째, 각 대안에
의하여 영향을 받게 되는 모든 집단들을 열거한다. 이들 가운데 때로는 이익을
보고 때로는 손해를 볼 수 있다. 이익을 받는 집단을 수혜집단이라고 하고, 손해
를 보는 집단을 피해집단이라고 한다. 다섯째, 각 대안마다 시점의 차이에 따라서
비용과 편익도 달라진다. 지금부터 일정 기간 뒤의 비용이나 편익은 그동안의 인
플레이션이나 이자를 계산한다면 현재와 차이를 갖게 된다. 이와 같은 경우에
현재가치로 환산하는 것을 할인이라고 부른다. 여섯째, 대안에 수반하는 비용이
나 편익이 절대적으로 확실하다는 일은 많지 않다. 즉 위험부담과 불확실성을 측
정하지 않으면 안 된다. 한편으로 높은 비용과 편익, 다른 한편으로는 낮은 비용
과 편익을 뽑고, 그것들을 상호 비교하는 감수성분석을 하여야 한다. 또 더 강력
한 대안이지만 직관적으로 반대하는 대안과 직관적으로는 찬성하지만 더 약한 대
안을 비교함으로써 후자를 강화시키는 방법도 택할 수 있다. 일곱째, 분석가는 일
반적으로 다음과 같은 4가지 기준을 사용한다. 첫째, 파레토 개선이 되어야 한다.

이것은 어떤 집단도 손해보는 일은 없으면서도, 적어도 한 집단은 이익을 봐야 한다는 것을 의미한다. 둘째, 순능률의 증가가 있어야 한다. 이것은 순비용과 총편익을 현재가로 할인한 값이 영(zero) 이상이어야 한다는 것을 의미한다. 셋째, 현재의 이자율로 얻을 수 있는 수익보다는 더 큰 수익이 있어야 한다는 내부회수율을 적용한다. 넷째, 순능률상의 약간의 증가로 인하여 대상집단이 혜택을 받게 되어야 한다는 배분상의 개선이 이루어졌는가를 본다.

4) 비용편익분석의 장점

첫째, 비용과 편익이 함께 공통기준인 화폐가치에 의하여 표현되기 때문에 편익에서 비용을 뺄 수 있다. 둘째, 비용편익분석은 특정 정책의 경계를 벗어나서 사회전체의 수입으로 비중편익을 연결시킬 수 있게 한다. 셋째, 비용편익분석은 여러 가지 분야에 걸쳐서 정책을 상호 비교할 수 있게 한다.

5) 비용편익분석의 한계

비용편익분석은 첫째, 경제적인 합리성에만 치중하므로 형평성 등의 기준을 적용할 수 없다. 둘째, 단순한 화폐가치만으로는 그 가치에 대한 의미가 각기 다른 개인이나 집단의 유의한 반응성을 측정하기가 곤란하다. 셋째, 시장가격이 형성되어있지 않은 물건에 대해서는 잠재가격을 부과할 수밖에 없다. 그런데 잠재가격이란 시민들이 그 물건에 대하여 지불하리라고 생각되는 예상가격으로 분석가가 주관적으로 정하는 것이기 때문에 가격의 정확성을 기하는데 한계가 있다. 넷째, 비용편익분석은 언제나 소득 혹은 수입 등 화폐적 가치로 측정하기 때문에 화폐적 가치로 표현 혹은 측정할 수 없는 사업이나 대안에 대해서는 그만큼 효용가치가 줄어든다.

2. 비용-효과분석

1) 의   미

비용효과분석(Cost-Effective Analysis)이란 정책목표달성을 위한 대안의 선택과정에서 총비용과 총효과를 비교하여 여러 대안 중에서 하나를 선택할 수 있게 하는 기법이다. 비용편익분석에서는 편익도 화폐가치로 표현되어야 하지만, 비용효과분석에서는 효과가 화폐가치가 아니라 물건의 단위나 용역의 단위, 기타 측정가능한 효과로 나타낸다. 따라서 비용효과분석에서는 순효과나 순편익과 같은 개념을 사용하지 않지만, 비용과 효과간의 비율은 계산한다.[53] 비용편익분석은 후생경제학분야에서 개발되었지만, 비용효과분석은 1950년대에 미국 국방성의 재정업무와 관련하여 RAND연구소가 군사전략과 무기체계의 대안들을 평가하는 과정에서 개발된 것이다. 이러한 비용효과분석기법은 국방성 내의 사업예산을 편성하는데 사용되었고, 1960년대에 이르러서는 다른 정부부처들도 이 기법을 확대·적용하게 되었다.[54]

2) 특 징

비용효과분석은 편익을 화폐가치로 측정하는 문제를 회피하므로 비용편익분석보다 더 쉽게 사용하게 된다. 그리고 정책대안의 효용을 경제적 기준이나 사회복지의 총량과 같은 것으로 판정하는 것이 아니기 때문에 기술적 합리성을 대표하는 것이라 할 수 있다. 또한 시장가격에 의존하지 않으므로 민간경제 부문에서 사용하는 이윤극대화의 논리를 따르지 않는다. 즉 비용효과분석은 편익이 얼마나 비용을 초과한다든가, 같은 자원을 민간경제부문의 다른 대안에 투자하였더라면 얼마나 더 많은 이윤을 얻었을 것이라는 것과 같은 계산은 피하는 경우가 많다. 그 대신 비용효과분석은 외부경제와 측정이 어려운 가치의 분석에 더 적합하다. 그리고 비용효과분석은 고정비용의 문제유형과 고정효과의 문제유형의 분석에 사용되며, 가변비용과 가변효과의 문제유형에 적용하는 비용편익분석과 다르다. 또한 비용효과분석을 하기 위한 작업내용은 앞에서 본 비용편익분석의 경우와 같으나, 다만 두 가지는 예외로 취급된다. 즉 현재가치로 할인하는 대상은 비용뿐이다. 다음으로 적정성의 기준이 비용편익분석의 경우와는 다르다. 비용효과분석에서는 적정성의 기준으로 최소비용(least cost)과 최대효과(maximum effectiveness)가 가장 많이 사용된다.

일정수준이 희망하는 효과성수준을 정해 놓은 다음에는 이 수준에 도달하는 몇 개의 정책들의 비용을 서로 비교한다. 이 가운데서 가장 작은 비용이 드는 것을 선정하게 된다. 그리고 비용의 최고한도를 정해 놓은 다음에, 이 비용한계를 넘은 것은 제거하고, 나머지 가운데 최대효과성을 발휘하는 것을 택한다.

3) 약 점

비용효과분석의 장점은 현실에의 적용성이 높고, 집합재와 준집합재로서 시장가격에 없는 것을 다룰 수 있고, 외부경제와 측정 불가능한 가치를 다룰 수 있다는 장점이 있다. 반면에 다음과 같은 약점을 지니고 있다. 첫째, 비용효과분석에 의한 정책건의를 총체적인 사회복지와 연결짓기가 어렵다. 즉 주어진 문제, 관리지역, 대상집단 등에 한정되고, 공동체의 구성원들의 총만족을 순편익과 같은 개념을 사용해서 측정할 수가 없다. 둘째, 비용효과분석에서도 비용과 편익의 전부를 고려한다. 다만 편익을 화폐단위로 측정하지 않을 뿐이다. 앞에서 소개한 비용의 여러 가지 유형, 즉 내부적인 것과 외부적인 것, 직접 측정할 수 있는 것과 간접적으로만 측정 가능한 것, 원초적인 것과 이차적인 것 등의 구별을 계속해서 사용한다. 또 순편익들은 계산할 수 없지만 분배효과는 분석하게 되어 있다.

3. 선형계획법

1) 의 의

선형계획(Linear Programming)은 한정된 자원을 여러 가지 활동이나 목적에 최적으로 배분하는데 도움을 주는 기법의 하나이다. 선형(linear)이란 대수학적으로는 1차식을 이용하며 기하학적으로는 직선인 관계를 이용한다는 의미에서 선형이라고 한다. 이 기법의 본질은 주어진 여러 자원으로 여러 가지 제품을 생산하고자 하는 경우, 각 제품의 생산량을 어느 정도로 하면 최대이익을 가져올 것이냐하는 자원의 최적배분문제나 특정 요구를 충족시키기 위해 필요한 비용을 최소화하는 비용최소화 방법을 찾는데 있다. 다시 말해서, 선형계획의 목적은 일정한 제약조건 하에서 편익의 극대화나 비용의 극소화를 달성할 수 있는 자원간의 효율적 배분방법을 밝히는 데 있다. 따라서 선형계획법은 한정된 자원을 여러 가지

사업들에 배분할 때 개개의 사업을 어느 수준으로 할 것인가를 결정하는 데 도움을 준다. 또한 일정한 산출량을 생산하기 위해서 비용을 최소화하는 방법을 찾는데 도움을 준다.

그러나 선형계획법이 하나의 문제해결기법으로 적용되기 위해서는, 첫째 명확히 정의된 목적함수가 있어야 하고, 둘째 이러한 목적을 달성하기 위한 둘 이상의 복수 행동대안이 있어야 하며, 셋째 목적달성을 위해 이용가능한 자원의 정도와 제약조건이 명시되어야 한다. 넷째 달성하고자 하는 목적과 제약조건들이 선형의 방정식이나 부등식으로 표현되어야 문제해결이 가능하며, 다섯째 당면한 문제를 기술하는 변수들 간의 상호 관련성 등과 같은 여러 조건이 충족되어야 한다.

요컨대 선형계획법은 두 개 이상의 독립변수들과 한 개의 종속변수의 관계를 이들 변수들의 값에 대한 일정한 제약조건이 주어진 경우에 간결하게 나타내는 방법이다. 선형계획법은 1947년 최초로 개발되었고, 초기에는 주로 군사문제를 다루는 데 적용되었다. 선형계획법이 공공정책에서 사용되는 분야는 도시계획, 보건, 경찰 등이다.

2) 기본전제

선형계획에서는 독립변수와 종속변수 간의 변화를 인과관계로 파악하며 다음과 같은 여러 가정에 입각해 있다.[55] 첫째, 변수의 선형성이다. 즉 이 가정은 선형계획의 목적함수와 제약조건이 일차식으로 이루어져야 된다는 것이다. 둘째, 가산성이다. 즉 선형계획은 자원의 사용량이나 목적함수의 값을 표현할 때 그 단위의 총량은 항상 개별단위의 총합계와 일치한다는 가정 하에서 이루어진다는 것이다. 셋째, 분할성이다. 이 가정은 선형계획에 있어서 결정변수는 그 해에서 소수값을 취할 수 있다는 것을 의미한다. 실제로 어떤 경우는 자원이나 생산활동을 나타내는 단위를 소수로 표현해도 무방할 때가 있는가 하면, 어떤 경우는 소수로서 표현될 수 없는 것이 있기 마련이다.

또 다른 조건으로, 변수의 수와 대안의 유한성이다. 선형계획법은 보통 특정 목적을 달성하기 위하여 제한된 자원을 가장 적절하게 할당하는 문제를 해결하기 위해 사용되는 기법이다. 따라서 이 자원의 유한성을 수학적 모형으로 표현할 때 불가피한 가정이 따라야만 한다. 즉 선형계획법에서는 자원의 유한성을 제약조건으로 표시하는 것은 물론이며, 제약조건의 수도 유한한 것으로 가정한다.

그 외의 조건은 확실성과 정태성이다. 선형계획법에서는 또한 모든 결정변수의 계수가 확실한 여건 하에서의 의사결정만을 다루는 것으로 되어 있다. 즉 단위당 이윤, 단위당 비용 또는 생산시간의 소요량 등은 사전에 일정한 것으로 가정되어 있다. 또한 선형계획법은 어떤 특정 기간을 대상으로 하는 정태적 성격을 지닌다. 예컨대 생산계획문제를 선형계획법으로 달성하고자 할 때, 일정 시간만을 대상으로 다루기 때문에, 선형계획에서 얻은 해는 그 대상기간을 위한 생산계획만 제시하게 된다.

4. 게임이론

1) 의   의

일반적으로 게임이란 하나의 목표를 두고 둘 혹은 그 이상의 경합자들이 서로 목적을 달성하기 위해 서로 경쟁하는 현상을 가리킨다. 목적이 상충한다는 말은 모든 경기자의 목적이 동시에 실현될 수 없다는 것을 의미하며, 어떤 사람은 게임에 승리하여 목적을 달성함으로써 이익을 얻는데 비하여 다른 사람은 목적달성에 실패하여 게임에 패배함으로써 손실을 입게 된다는 것이다. 이러한 게임의 성격을 띤 경쟁상태는 개인 간, 기업 간 경쟁에서는 물론 지역 간, 국가 간의 경쟁에서도 흔히 볼 수 있다. 예컨대 작게는 도박, 장기, 바둑, 전자오락 등을 비롯하여 크게는 광고, 선거유세, 국가 간 전쟁 등이 이러한 게임에 해당된다.

이러한 경쟁상태 하에서 경쟁당사자가 상대방이 어떻게 행동할 것인가를 예측하기 위해 연구하는 것이 게임이론(Game Theory)이라고 한다. 즉 게임이론은 각 경기자들이 선택할 수 있는 전략과 그 결과로 나타나게 될 보상과의 관계를 나타낸 청산행렬(pay off matrix)은 알고 있으나, 상대방이 어떠한 전략을 사용할지 모르는 상태에서 행해지는 의사결정문제가 그 핵심을 이룬다.[56] 따라서 게임의 궁극적인 결과는 게임에 참여하고 있는 모든 이들이 사용하는 전략의 결합에 의존하고 있다. 게임이론은 이러한 경쟁적 상황의 일반적인 양상을 공식적이고 추상적

인 방법으로 다루는 수학적 이론이다.57

게임이론에서 추구하는 것은 다음과 같다. 첫째, 경쟁의 장을 지배하고 있는 요인을 추상화하여 그것의 구조를 분명히 한다. 둘째, 경기자가 상대방이 어떤 전략을 선택할지 모르는 상황에서 자신의 행동을 정해야 할 때 그가 취할 수 있는 최적의 행동방안이 무엇인가를 판정할 수 있는 이성적 기준을 개발한다. 셋째, 앞에서 최적행동이 있으면 구체적으로 그것을 어떻게 구할 것인가를 제시한다.

2) 게임의 종류

게임은 여러 가지 기준에 의해서 구분할 수 있다. 우선 전략의 선택이 경기자의 노력과 기술 등 인위적인 요소가 개입할 여지가 있는가, 아니면 전적으로 우연한 요소에 의해 좌우되는가에 따라서 전략적 게임과 우연적 게임으로 나눌 수 있다. 전자의 예로는 장기, 바둑, 포커 등을 들어 볼 수 있으며, 후자의 예로는 여러 사람에게 카드를 한 장씩 나누어서 그 중 제일 높은 숫자가 나온 사람이 얼마씩의 돈을 나머지 사람으로부터 받는 놀음 등을 들 수 있다.

또 참가자의 수가 몇 명이냐에 따라서 2인 게임, 3인 게임, n인 게임 등으로 구분할 수 있다. 그러나 2인 게임이라도 참가하는 사람이 반드시 2명일 필요는 없으며, 참가하는 측이 둘로 나뉘어 있다는 말이다. 예를 들어, 기업의 임금협상의 경우는 경영자측과 노동자측의 양당사자가 협상에 임하게 된다. 비록 협상에 임하는 사람의 수는 경우마다 달라서 때로는 수십 명이 될 수도 있지만 기본적으로 2인 게임의 성격을 갖는다.

게임은 영화게임(zero-sum game)과 비영화게임으로 구분할 수 있다. 전자는 참가자들이 어떠한 전략을 택하든지 간에 게임이 끝난 후 각 참가자들이 받는 보상의 합계가 일정한 경우이다. 반면 비영화게임이란 보상의 합계가 일정치 않은 게임을 말한다. 다시 말하자면, 영화게임에서 모든 참가자들에게 돌아가는 보상의 합계가 영(zero)이 될 경우 이를 영화게임이라고 부른다. 영화게임에서 참가자가 2명뿐이라면 한 참가자가 받는 보수는 다른 참가자가 받는 보수와 크기는 같으나 부호는 반대방향이다. 참가자는 상대방이 손실을 입는 경우에만 이익을 얻을 수 있다는 결론이 나온다. 또한 게임은 서로의 전략을 완전히 비밀로 하고 경

쟁을 하느냐, 아니면 상호 간에 의사소통과 타협을 하느냐에 따라 비협조게임과
협조게임으로 구분할 수 있다.

5. 회귀분석 및 상관관계분석

회귀분석(Regression Analysis)이란 둘 또는 그 이상의 변수들 간의 상관관계를
분석하는데 필요한 통계적인 방법 중의 하나이다. 회귀분석과 상관분석은 공히
첫째, 한 변수를 기초로 하여 다른 변수를 예측하고, 둘째, 두 변수 간의 밀접한
정도를 분석한다. 회귀분석이 한 개의 독립변수를 가지고 이루어질 때 이를 단순
회귀분석이라고 하고, 두 개 이상의 독립변수를 가지고 이루어질 때 이를 다중회
귀분석이라고 한다. 회귀분석에서 첫째로 요구되는 것은 어떤 이론에 근거하여
어떤 것이 독립변수이고 어떤 것이 종속변수인가를 결정해야 한다. 이 독립변수
에 의해 종속변수를 예측하려는 것이 회귀분석의 목적이기 때문이다.

그러나 회귀분석은 예측을 주로 하지만, 상관분석은 두 변수 간의 관계가 어
느 정도 밀접한지 그 정도를 분석하는데 중점을 둔다. 따라서 회귀분석은 변수
간의 관계분석을 토대로, 알고 있는 변수를 기초로 알려지지 않은 변수의 값을
예측할 수 있도록 두 변수 간의 관계를 함수식으로 만드는 일이 중요한 작업이
된다. 이때 함수관계식을 회귀식(regression equation)이라고 한다. 예컨대 자동차판
매대수와 국민소득과의 관계를 나타내는 적절한 함수식을 찾아내어 국민소득
이 증가함에 따라 자동차판매량을 예측하는 것이 회귀분석이다. 상관관계분석
(Correlation Analysis)이란 두 변수의 관계가 어느 정도 강한지를 분석하는 것, 즉 회
귀분석에서 변수간의 관계식이 어느 정도 신빙성이 있는가를 파악하는 것이라고
할 수 있다. 그러므로 회귀분석은 상관관계분석을 전제로 가능해 진다.[58] 회귀분
석이 한 개의 독립변수를 가지고 이루어질 때 이것을 단순회귀분석이라 하고, 두
개 이상의 독립변수를 가지고 이루어질 때는 다중회귀분석이라고 한다.

6. 델파이 기법

델파이(Delphi)는 여러 전문가로부터 식견을 모아서 교환하고 발전시키는 기법이다. 이 방법의 가장 중요한 특징은 어떤 분야의 전문가 한 사람이 아니라 일단의 전문가집단에게 문제해결을 위한 대안이나 대안의 미래예측을 묻는 것이다. 일단의 전문가들의 의견을 체계적으로 추출하게 되면 개인들이 갖고 있는 편견을 불식시킬 수 있고, 일정한 집단의 전문가들이 갖고 있는 지식이 그 집단 내 타인들의 무지를 보완해 줄 수 있다는 장점이 있다. 델파이 기법은 1948년에 RAND연구소에서 개발된 것으로서 군사, 교육, 기술, 판매수송, 매스미디어, 의료, 정보처리, 연구개발, 스페이스탐색, 주택, 생활의 질 등 광범위한 분야에서 사용되어진다.[59] 흔히 전문가들을 한 자리에 모아놓고 회의를 통하여 의견을 모으려면 여러 가지 예기치 못한 장애요인들이 발생하고 편견이 개입되기 쉽다. 따라서 델파이 기법은 이를 극복하기 위하여 다음과 같은 것을 강조한다. 누가 어떤 의견을 제시했는지 모르도록 익명성을 확보하며, 의견을 취합해서 다시 돌려줌으로써 먼저 의견을 수정할 수 있게 한다. 그리고 돌려주는 자료는 언제나 집계형식으로만 제시되며, 돌려주는 자료는 통계적으로 중위수, 확산도, 유도 등으로 표현한다. 마지막으로, 몇 차례의 회람 후에 전문가들이 합의하는 아이디어를 만들어 내도록 유도한다.[60]

그러나 델파이 기법은 다음과 같은 단점도 있다. 첫째, 어느 한 전문가에게 이용 가능한 잘못된 정보보다 더 많은 잘못된 정보가 전문가집단에게 이용될 가능성이 있다. 둘째, 한 전문가의 입장에서 볼 때 다수의 의견이 분명 잘못된 의견이라고 판단될 때에도 그 집단이 개인에게 사회적 압력을 가할 우려가 있다. 셋째, 한 두 사람의 강한 성격의 소유자가 그 집단의 결론에 큰 영향을 미칠 수도 있다. 넷째, 한 집단의 몇몇 구성원들이 예측하고자 하는 특정한 미래와 해결하고자 하는 문제의 바람직한 해결방식에 이해관계를 가지고 있는 경우에는 이들 전문가들은 자기들의 이익을 위해 잘못된 예측을 유도하거나 바람직하지 못한 대안을 바람직한 것으로 유도할 수 있다.

이와 같은 전통적 델파이 기법을 정책문제에 대하여 적용하는 경우 이를 정책델파이라 한다. 정책델파이는 정책목표달성수단인 정책대안의 개발과정에서와 개발된 각 대안의 미래결과예측과정에서 관련 분야의 전문가들로부터 회답을 얻고자 할 때 많이 사용된다. 일반적으로 정책델파이는 문제의 명확화, 전문가선정, 질문지설계와 배포, 1차 결과의 분석, 2차 질의서의 작성, 회의소집, 최종보고서의 작성 등의 절차로 진행된다.

Ⅲ. 정책분석의 절차와 역할

1. 정책분석의 절차

정책분석의 절차란 합리적인 정책결정을 위해 문제의 파악에서부터 정책결정에 필요한 정보를 산출하여 제시하는 일련의 과정에 해당된다. 정책분석의 절차는 학자들의 관점에 따라 다르게 구분될 수 있다. 예컨대 Dunn은 문제의 구조화, 예측, 제안, 모니터링, 평가, 실제적 추론 등으로 구분하였고,[61] Stokey & Zeckhauser는 맥락의 설정, 대안의 설계, 결과의 예측, 결과의 평가, 정책결정 등으로 구분하였다.[62]

Dror는 정책분석의 절차를 최선의 정책선택유형으로 보고 다음과 같이 6단계로 구분 설명하고 있다. 첫째, 검토해야 할 모든 정책목표들을 실질적이고 측정가능한 단위로서 규정하고, 동시에 검토필요 정도에 따라 각 목표에 대한 상대적 중요성을 측정가능한 단위로 표시하여야 한다. 둘째, 해당 정책목표와 관계있는 모든 다른 가치와 정치적 자원에 대해 총체적인 조사를 하고, 셋째, 당해 정책결정자가 실현가능하다고 생각하는 모든 정책대안을 탐색·조사한다. 넷째, 각 대안이 첫째로 정의된 정책목표들을 달성할 수 있는 정도와 그에 따른 비용과 편익을 예측해야 하고, 그 각 대안의 집행으로 인해서 두 번째 단계에서 지적한 관련 가치와 자원에 미칠 영향과 그 비용편익에 대한 타당한 예측을 해야 한다. 다섯째, 예측에 근거해서 각 대안의 집행에 의해 검토 가능한 목표달성의 순기대가치를 산정·비교하며, 여섯째, 그 순기대가치가 가장 높이 나타난 대안을 선정한다.

Dror의 이러한 분석절차가 비록 실험작업과정과 연결되어 있기는 하지만, 현실적으로 정책분석에 그대로 적용될 수는 없는 것으로 간주되고 있다. 따라서 오늘날 정책분석의 실무에 종사하는 사람이나 정책과정을 연구하는 학자들 간에는 Dror의 모형을 '순수합리모형'이라고 하고, 이러한 순수모형의 가치는 보다 현실적으로 적절한 정책분석모형을 발전시키기 위한 초석과 같은 역할을 하는 것으로 본다. 따라서 여기에서는 순수모형을 기초로 정책분석의 합리화를 도모할 수 있는 절차를 다음과 같이 설정하여 살펴본다.

1) 문제의 파악과 목표의 명확화

정책화를 요구하는 문제에 직면한 정치체계와 정책담당자는 이런 문제들을 이미 설정된 발전목표와 관련하여 범국가적 차원에서 명확히 분석·파악해야 한다. 그리고 관련 범위를 명시하고 한정하여 대두된 문제의 성격을 구체화해야 한다. 예컨대 실제 정책분석에 있어서 직면하게 되는 문제들을 살펴보면, 자원의 동원과 배분, 비용의 분담, 정치체제에 있어서 분업과 역할배분, 혜택의 배분, 통제, 체제의 적응과 안정 등이 있고, 그 외에도 측면을 달리 해보면 외교, 국방, 농업, 보건, 교육 등의 분야에 직면하게 된다. 그리하여 문제가 정확하게 파악되면 이 문제해결을 위해 추구해야 할 목표나 가치가 무엇인가도 명확하게 파악해야 한다.

2) 상황분석

앞의 문제파악은 목표 및 상황과 관련하여 재인식되어야 한다. 즉 이미 설정된 목표를 재인식하고 정치적 해결을 요하는 문제의 성격을 명확히 파악하기 위해서는 정책결정체제의 외부적 상황과 내부적 상황을 면밀하게 조사·분석하여야 하며, 이를 위해 적용되는 기법으로는 정보관리기법이 있다.

이러한 상황분석과정을 통하여 목표-수단의 합리적 연쇄라는 측면에서 정책분석의 효율화를 기할 수 있으며, 대두된 문제의 해결을 위한 새로운 대안을 창출할 수 있는 여건이 조성되는 것이다. 특히 상황분석의 효율화를 기하기 위해서는 정보관리체제(MIS)를 합리적으로 운영할 것이 요청되며, 장소적 변동요인을 감안하여 다각도연합분석방법을 사용할 필요가 있다. 또한 체제내외의 상황에 대한 불명확성의 검토는 물론, 시간변동에 따른 상황변화를 널리 분석·검토해야 한다. 왜냐하면 일정한 시점에서의 정책문제는 시간의 흐름에 따라 그 중요성이 달라질 뿐 아니라 전혀 새로운 문제로 부각될 수도 있기 때문이다. 시간의 변화는 상황을 변화시킬 뿐 아니라 그에 따라 정책문제의 성격도 변화되기 때문이다.

3) 대안탐색

발전목표와 관련, 당면된 문제가 명확히 파악되고 그에 따라 정책상황분석이 이루어지면 이러한 각종의 자료에 의해 명시된 목표를 달성할 수 있는 정책대안을 탐색해야 한다. 이러한 정책대안은 문제해결을 위해 효율성의 정도가 높을수록 좋으며 정치경제적으로 실행 가능한 것이어야 한다. 특히 대안탐색자는 양질의 다수 대안을 개발하기 위해 집중적인 노력을 기울여야 하고 이를 위해, 일반 정책결정자들이 고려하지 않는 것, 고려가 금지된 것, 혹은 고려가 불가능한 것까지도 대안탐색활동에 포함시켜야 하며 과거 정책집행의 결과나 평가까지도 고려할 필요가 있다.

4) 대안의 비교·평가

앞 단계에서 형성된 각 대안들에 대하여 각 대안이 초래할 것으로 예상되는 결과를 분석하고 예상되는 결과를 중심으로 각 대안 상호간에 비교·평가를 실시해야 한다. 이때 각 대안의 예상되는 결과를 분석하기 위해 정책분석이나 정책평가를 위해 사용되는 각종의 기법들이 활용된다. 나아가 도출된 각 대안의 예상되는 결과를 그 비용과 효과 측면에서 비교·평가해야 한다. 즉 비용을 극소화하고 효과를 극대화할 수 있는 원칙에 의거 대안을 비교하며 종합적 분석을 통해 각 대안간의 우선순위를 설정해야 한다.

5) 종합평가 및 대안선택

새로운 정보자료의 추가, 통찰력과 직관의 재투입, 정치적 변수를 고려하고 효과의 사회적 배분에 관한 검토 등에 의하여 대안의 우선순위에 대한 재평가를 실시한다. 나아가 최종적으로 설정된 목표 내지 당면한 문제를 해결하는데 가장 잘 부합되리라고 판단되는 최적·최선의 대안을 선택한다.

2. 정책분석의 역할

1) 일반적 역할

정부의 활동범위가 확대될수록 행정의 역할이 중요해지고, 행정역할의 정도가 높아질수록 더욱 정책분석의 역할이 중요시된다. 일반적으로 정책결정자는 가치판단과 사실판단 및 양자의 관계에 의한 판단에 따라 정책을 결정하게 되는데, 이때 정책결정자의 정책판단에 도움을 주는 것이 정책분석의 주된 역할이라고 할 수 있다. 물론 정책분석은 그 개념을 정의하는 과정에서도 논의된 바와 같이 문제의 파악과 정의단계에서부터 목표의 설정, 목표달성을 위한 새로운 대안의 탐색을 비롯하여 각 대안이 가져올 결과의 예측과 평가까지도 포함하는 것이기 때문에 그 역할을 한마디로 간략하게 정의하기 어렵다. 그러나 보다 넓은 관점에서 정의한다면 정책분석이란 '정책결정의 효과성제고를 위해 정책결정자에게 도움을 주는 것'이라고 하겠다.

효율적인 정책결정을 위해서는 정책문제가 정확하게 파악·정의되고, 정책목표가 명확하게 설정되며, 목표달성을 위한 수단으로서 정책대안도 효율성의 정도가 높을수록 좋다. 그러나 현실적으로는 목적을 명확하게 정의하거나 정책결정과정에의 참여자들 간에 그 목표나 목적에 대한 충분한 합의에 도달하기가 어려울 경우도 적지 않다. 따라서 정책분석의 역할은 이러한 불완전하기 쉬운 목표를 가능한 분명히 해주고, 그 달성을 위한 효과적인 정책대안을 탐색하고 개발하거나 그 방법을 연구하는 것이라고 할 수 있다.

2) 구체적 역할

(1) 분석대상의 모형화와 효과적인 대안설계

정책분석은 분석의 대상을 모형화함으로써 체계적이고 합리적인 연구를 가능케 한다. 구체적으로 정책분석의 역할을 고찰하기 위해 목표와 수단으로서의 대안을 관련시킴으로써 목표−수단적으로 정책분석의 관계를 좀 더 자세히 살펴

볼 필요가 있다. 이를 위해 우선 연구대상을 단순화시켜보면, 첫째, 목표라는 것 자체가 명확하냐 아니냐로 나눌 수 있고, 둘째, 대안의 효율성에 대한 지식의 가정도 완전한 경우와 불완전한 경우로 양분하여 볼 수 있으며, 셋째, 목표와 대안의 인과관계를 상호 결합시켜 보는 경우 등이 있다. 그리고 정책분석은 다양한 정책수단(policy instruments)을 각기 다르게 조합함으로써 효과적인 정책대안을 설계하는 데도 도움을 준다.

(2) 정책대안의 미래예측과 정책의 합리성 제고

정책분석은 초합리적, 비합리적 변수들을 포함한 정책대안들의 예측결과를 분석하며, 특히 비용편익의 기준에서 결과를 분석하는데 도움을 준다. 그뿐만 아니라 정책분석은 정책의 경제적·기술적 합리성을 높여주는 역할을 한다. 즉 기술적으로 가능하고 경제적으로 비용을 극소화시키며 이익을 극대화시키는 정책을 찾아내 주는 것이다. 이를 위해 사용되는 대표적인 분석기술로는 비용편익분석이 있다.

(3) 설득 및 새로운 정책대안의 창안

정책결정은 경우에 따라서는 정책결정자들 간에 상호조정에 의하여 결정될 수밖에 없고, 이러한 상호조정이란 부분적으로밖에 이루어질 수 없기 때문에 정책분석은 이와 같은 상호 조정과정에서 설득용으로 역할하기도 하며, 때로는 목표자체의 탐색과 새로운 정책대안의 창의에 기여하기도 한다.

(4) 정책결정에의 도움과 정책평가 및 재설계에 기여

정책분석은 정책결정자들이 정책대안의 가능한 결과들을 비교하는 데 도움을 준다. 그리고 정책분석은 정책대안에 대하여 논리적·분석적인 판단을 함으로써 정책결정자의 정책결정을 돕는다. 또한 정책분석은 환류와 평가설계에 도움을 주며, 정책을 재설계하는 방법에도 도움을 준다.

IV. 정책분석의 오류

1. 정책분석 오류의 의미

정책분석을 연구하는 데에는 여러 가지 목적이 있을 수 있지만 그 중에서도 가장 중요한 목적은 정책분석의 결과로 창출된 지식이나 정보를 정책결정과정에서 활용될 수 있도록 정책결정자들에게 유용한 지식과 정보를 제공하고, 이를 통해 그들로 하여금 정책판단의 기초를 넓히고 정책결정의 합리성을 제고시킬 수 있도록 하는 것이다. 물론 이러한 가정의 이면에는 정책분석의 결과로 창출된 지식과 정보에는 오류가 포함되어 있지 않을 것이라는 가정이 전제되어 있는 것이다. 만일 정책분석으로 창출된 지식과 정보에 오류가 내포되어 있다면, 이에 기초하여 내려진 정책결정에는 오류가 포함될 가능성이 높아질 것이라는 것이다. 여기에 정책분석의 오류와 그 극복방안에 대한 체계적 검토의 필요성이 있는 것이다.[63] 정책이 원래 의도했던 변화, 즉 정책효과를 가져오지 못하게 되거나 또는 기대했던 것과는 다른 변화를 가져오게 되는 것을 정책의 오류라고 한다. 흔히 정책오류라고 하면 정책결정의 오류, 정책집행의 오류, 정책평가의 오류 등을 통칭하는 경우가 대부분이다. 우리가 관심을 가지고 있는 정책분석의 오류란 정책결정자에게 제안된 정책문제의 해결방안에 대한 잘못된 지식과 정보의 산출이다.

2. 정책분석 오류의 유형

정책문제의 해결에 대한 잘못된 지식이나 정보가 산출되는 것은 정책문제의 구성 자체의 잘못에 기인되는 경우도 있고, 정책문제의 정의는 올바로 되었으나 주어진 목표를 효과적으로 달성하기 위한 행동대안의 탐색의 잘못에 기인된 경우도 있다. 이것은 마치 환자에 대한 의사의 처방이 잘못되는 것은 환자가 가지고 있는 병에 대한 진단(문제에 대한 정의)이 잘못되어 처방이 잘못되는 경우도 있고, 진단은 정확하게 되었으나 효과적인 치료방법의 선택, 즉 행동대안의 선택이 잘못되어 처방이 잘못되는 경우도 있다. 따라서 정책분석의 오류는 성격상, 정책문제의 구성과 관련된 제3종 오류와 정책대안의 식별과 관련된 제1종 오류 및 제2종 오류로 구분된다. 제3종 오류란 정책분석가가 해답을 구하려고 노력한 정책문제가 실제로 문제가 되는 상황을 제대로 반영하고 있지 않은데 따른 오류이며, 따라서 구성된 문제가 정책결정자가 해결하고자 하는 정책문제가 아닌 그러한 오류를 지칭하는 것이다.[64]

한편 정책문제의 정의가 바로 되어 정책목표설정은 제대로 되었으나, 목표달성을 위한 효율적인 대안을 탐색하거나 개발하는 데에 실패함으로써 정책문제의 해결방안이 잘못될 수 있다. 이처럼 목표달성을 위한 수단개발의 오류를 제1종 오류 및 제2종 오류라 부른다. 우선 제1종 오류란 정책대안이 실제로 효과가 없거나 또는 다른 대안과 그 효율성에 있어서 차이가 없는 데도 불구하고 효과나 차이가 있다고 보는 오류이다. 그리고 제2종 오류란, 어떤 대안이 실제로는 효과가 있거나 또는 다른 대안들보다 더 효율적인데도, 효과가 없다거나 또는 더 효율적이 아니라고 보는 오류이다.[65]

정책분석에 의하여 산출된 지식과 정보들 가운데에는, 이들 두 가지 성격이 다른 정책분석의 오류를 어느 한 가지도 내포하지 않는 경우도 있고, 어느 한 가지만 내포하고 있는 경우도 있으며, 이들 두 가지 오류들을 모두 내포하고 있는 경우도 있을 수 있다.

3. 정책분석 오류의 발생원인

1) 제3종 오류의 발생원인

구체화된 실제 문제가 문제상황을 잘못 나타내거나 공식화된 문제가 실제 문제를 올바로 나타내지 못할 때, 정책분석에 있어서 제3종 오류가 발생하게 된다. 그러면 왜 제3종 오류가 발생하는가를 좀 더 명백하게 이해하기 위해서는 먼저 정책문제가 지니고 있는 몇 가지 특성을 이해하지 않으면 안 된다.

첫째, 정책문제들은 상호의존관계를 가지고 있다. 예컨대, 에너지 문제는 제조업의 생산원가와 관련이 있고, 이것은 수출경쟁의 문제와 관련되어 있는 좋은 예이다. 둘째, 정책문제들은 문제상황이 선택적으로 정의되고 분류되며 설명됨으로써 주관적 성격을 내포하고 있다. 셋째, 사람들이 어떤 문제상황을 변경시키는 것이 바람직하다고 판단을 내릴 때 정책문제는 등장한다. 즉 정책문제는 인위성 (artificiality)을 가진다. 넷째, 정책문제의 정의가 어떻게 내려지느냐에 따라 주어진 문제에 대한 해결방안은 달라진다.

정책문제가 이와 같이 문제상황에 대한 주관적 선택과 개념화를 통하여 정의되므로 주관성과 인위성을 띤다는 것은 정책분석 오류와 관련하여 중요한 의미를 갖는다. 제3종 오류는 정책분석가가 사용하고 있는 자료가 왜곡되어 있거나, 정책분석가가 정책문제와 관련된 분야에 대한 전문지식이 결여되어 있는 경우에 발생한다. 그러나 만일 문제상황과 관련된 체계적이고 정확한 자료가 수집되어 있고, 정책분석가가 그 분야에 대한 전문지식을 충분히 지녔다 하더라도 문제상황과 관련된 자료들에 대한 해석은 정책분석가가 지닌 기본적인 세계관, 이념, 가정 등에 따라 다를 수 있다. 즉 정책분석가가 잘못 선택한 이념, 세계관, 인식 등이 제3종 오류의 원인이 될 수 있다. 요컨대 제3종 오류의 발생원인은 문제와 관련된 자료, 그 자체의 왜곡과 정책분석가가 문제를 보는 잘못된 시각이나 정책문제구성의 주관성과 인위성에 비추어 볼 때, 후자가 주된 원인이라 할 수 있겠다.

2) 제1종 및 제2종 오류의 발생원인

정책분석에 있어서 제1종 오류, 제2종 오류는 정책문제 해결을 위한 최선의 대안을 식별하는 과정에 있어서 올바르지 못한 결론을 내리는 것과 관련이 되어 있다. 정책분석에 있어서 이와 같이 올바르지 못한 결론에 도달하는 근원이 되는 것들이 바로 제1종 오류와 제2종 오류를 발생하게 한다고 할 수 있다. 제1종 및 제2종 오류를 유발시키는 중요한 원인으로는, 정책분석에 있어서의 부적절한 대안 평가기준의 적용, 대안탐색의 한계, 적절하지 못한 분석모형의 선택, 체계적으로 정리되지 못한 자료 등을 들 수 있겠다.

4. 정책분석 오류의 최소화

1) 제3종 오류의 최소화

　　제3종 오류가 최소화되도록 하기 위해서는 정책형성시스템에 적어도 다음과 같은 기본조건들이 충족되어야 한다. 정책문제와 관련된 이해관계당사자들은 물론 관련된 담당부서의 모든 조직성원들이 정책문제에 관한 의견을 충분히 개진할 수 있는 분위기가 조성되어야 한다. 또한 정책분석가들 자신이 기본적인 세계관의 가정들을 재구성할 수 있는 통합능력을 가지고 있어야 한다. 그러나 우리나라의 정책결정과정은 비밀지향적이고 폐쇄적인 성격이 강하며, 아울러 이해관계 당사자들의 참여 통로가 막힌 채 관료와 특정 이익집단에 독점되어 정책결정이 이루어지는 경향이 있다. 바꾸어 말하면, 우리나라에서는 정책분석의 제3종 오류를 범할 가능성이 높고, 이러한 분석을 기초로 한 정책결정 또한 메타오류를 범할 위험성이 있음을 시사하고 있다.

2) 제1종 및 제2종 오류의 최소화

　　정책분석의 제1종 및 제2종 오류를 최소화하기 위해서는 이들 오류의 근원들을 제거하거나 또는 오류의 근원의 작용을 최소화하도록 노력하여야 할 것이다. 이를 위한 방법에는 방법론의 개선, 행정행태의 변경, 제도적 개선 등이 있겠으나, 몇 가지 방안을 제시하면 다음과 같다. 첫째, 집단자유토의(brainstorming)와 같은 창의적인 대안탐색방법을 성공적으로 추진할 수 있는 자유로운 조직풍토의 조성, 둘째, 촉박한 분석의 시한에 맞출 수 있고 낮은 비용으로도 이용가능한 모형의 개발과 보급, 셋째, 유능한 정책분석가의 확보, 넷째, 장기적인 안목에서 체계적으로 분류된 자료시스템의 구축과 이러한 자료의 수집, 정비를 포함하는 행정제도의 개선 등을 들 수 있을 것이다.

　　요컨대, 매우 복잡하고 다양한 현대사회에서 발생된 정책문제 해결을 위한 정책결정과정은 정책분석에 의하여 산출된 지식이나 정보에 의존하는 경향이 높아져 가고 있다. 따라서 정책분석 오류의 최소화의 필요성은 이에 맞추어 점점 더 높아지게 되었다. 정책분석의 오류는 성격상 정책문제의 구성과 관련된 제3종

오류와 정책대안의 식별과 관련된 제1종 오류 및 제2종 오류로 구분된다. 정책분석의 오류는 앞에서 살펴본 바와 같이 성격이 다를 뿐만 아니라 그 오류의 근원 또한 서로 다르다. 그와 같은 정책분석 오류의 발생원인은 정책분석 오류의 유형에 따라 다르기 때문에 이들 정책분석 오류의 최소화를 위한 전략 또한 각기 달라지지 않으면 안 될 것이다.

Ⅴ. 정책분석의 제약

일반적으로 분석을 통해 어느 정도까지는 정책문제를 파악하거나 결론에 접근할 수는 있지만 분석 그 자체를 통해서 많은 쟁점인 문제들을 전적으로 해결해 주지는 못한다. 이와 마찬가지로 지금까지 살펴본 정책분석 역시 아직도 그 본래의 역할을 수행하는 데는 몇 가지 한계와 제약이 있다. 정책분석을 통하여 정책문제를 해결하려는 경우, 정책문제를 명확하게 정의하기가 곤란하며, 결정을 요하는 문제의 복잡성에 비하여 정보의 제약이 심각하며, 목표와 가치 등에 관한 정의 및 조직화가 곤란하고, 대안의 효과 및 영향력에 관한 정확한 평가 역시 쉽지가 않다. 나아가 정책분석 자체의 특성상 객관적 분석이 어렵고, 정책분석 자체에 대한 저항에서 오는 제약 등으로 여전히 정책분석에는 많은 제약점이 존재하고 있는 것이다.

1. 정책문제에 대한 정의의 곤란

정책분석 담당자들은 분석의 대상이 된 정책문제를 새로이 정의하고 명확히 파악하여야 한다. 정책문제는 국가의 전체적 발전목표와 환경과의 파악은 범국가적 차원에서 정의되고 명확히 밝혀져야 될 뿐 아니라 이를 가능하게 하기 위해서는 동 문제가 관련되어 있는 문제영역을 제한하고 명시해야 하며 나아가 문제의 성격을 체계화시켜야 할 것이다. 그러나 실제로는 정보 및 자료의 제약, 시간상의 제약 등으로 인하여 문제를 명확히 정의기가 쉽지 않다. 그리고 경우에 따라서는

문제영역의 광범위성이나 모호성 등 문제 자체의 성격으로 인하여 파악조차 할
수 없는 때도 있다.

2. 문제해결의 복잡성 증대 및 정보의 제약

하나의 정책문제 해결을 위한 과정에는 그것이 처해 있는 사회적 관련 속에
서 문제와 관련된 수많은 단계와 복잡한 요소들이 얽혀져 있다. 어떠한 새로운
기술이나 방법으로서 쉽게 해결될 수 없을 만큼 많은 문제들이 복잡하게 얽혀있
고, 이러한 문제의 복잡성은 사회의 변화와 더불어 더욱 가속화되고 있음은 주지
의 사실이다. 나아가 하나의 정책문제를 해결하기 위하여 요청되는 정보나 자료
에 대한 제약성은 더욱 정책분석을 어렵게 하고 있다. 즉 복잡한 정책문제의 해결
에 가장 적합하고 유사한 정보가 반드시 존재한다는 보장은 없으며, 많은 경우
정보는 그 자체가 타 정보와 상호 보완되어도 극히 미비하여 특정 문제 밖에는
도움이 되지 못한다. 또한 때로는 처음부터 정책문제와 관련된 정보를 찾기가 매
우 어려운 경우도 있고, 설사 유사한 정보라 하더라도 이들은 정리하여 이용 가능
한 상태로 체계화시키는 데에는 비용이나 시간상의 많은 제약조건이 뒤따르기도
한다.

3. 목표와 가치에 대한 합의의 곤란

정책분석상의 또 다른 뚜렷한 한계는 정책이 지향해야 할 여러 가지 목표들
과 그 목표달성을 위한 수단으로서의 여러 대안에 대한 가치들을 정확하게 찾아
내느냐 하는 점이다. 즉 정책분석을 통하여 정책문제를 해결하려는 경우, 우선 추
구하려는 정책목표나 가치가 명확히 정의되거나 정책담당자들 간에 가치의 일치
로서 합의가 이루어져야 한다. 그러나 실제 이것은 극히 어렵고 힘든 것이다. 그
것은 목표나 가치자체의 불일치뿐 아니라 각 분석가마다 각자 자기 자신의 가치
를 지니고 있기 때문에 생기는 곤란성으로 검증 불가능한 규범이나 가치는 논외
로 하고 증거 가능한 사실, 경험적 사실 등을 중심으로 연구를 진행한다. 따라서

사회과학의 과학화를 강조하고 있다는 사실은 미래에 대한 인간의 가치에 기반을 둔 정책문제를 명확히 정의하고 분석하는데 더욱 많은 어려움을 주고 있다.

4. 대안의 효과 및 영향에 대한 예측의 곤란

평가분석과정에서 가장 중시되는 것은 문제해결수단의 대안의 탐색과 대안을 실행했을 경우를 가정한 각 대안의 일차적 혹은 부차적으로 예상되는 효과와 영향을 미리 예측·평가해야 하는 작업이다. 그러나 이러한 작업은 각 대안에 관한 정보의 부족이나 불완전으로 둘째 정보처리능력의 부족 및 시간적 제약과, 정책분석담당자들의 계산능력의 한계성, 기타 여러 분석의 한계성 등으로 인하여 고려되어져야 할 수많은 복잡한 요인들 간의 관계 파악이 어렵기 때문에 사실 각 대안에 관한 정확한 효과나 영향을 예측하기가 곤란한 것이다.

5. 분석의 객관화에 의한 제약

흔히 일반적 분석이 그러하듯 정책분석에 있어서도 대개 객관적인 분석이 될 것을 요구하고 있다. 즉 적어도 어떤 사물의 상태를 실현시키기 위한 수단이 과연 원인 – 결과 면에서 실현성이 있느냐를 파악하려면 제삼자적인 객관적 분석을 통하여 결정해야 한다는 것이다. 그런데 실천적 성격을 갖는 대부분의 정책분석에 있어서는 이러한 객관적 분석이 힘들다는 것이다. 그 이유는 사실로서의 정보와 평가적 해석의 혼합물로 구성되어져 있는 사회적 지식의 구성이 정책결정자의 필요와 관점에 따라서 크게 영향을 받기 때문이며, 이러한 경우 정책결정에서 사용될 분석결과로서의 지식은 정책결정자의 필요에 따라 많은 영향을 받게 될 것이기 때문이다.

6. 정책분석에 대한 저항

이상의 분석의 한계는 특별한 경우에 한한다. 즉 그 한계는 사람들이 계속적인 노력만 기울인다면 어느 정도까지는 해결할 수 있음을 암시하고 있다. 그러나 다음과 같은 점들은 처음부터 정책에 대한 분석을 거부하는 것으로써 지금까지 논의된 정책분석의 한계나 제약조건보다 더욱 심각한 정책분석에 대한 저항요인으로 나타나 정책분석 자체를 위태롭게 하고 있다.

1) 비합리성

인간은 전적으로 합리적인 것만은 아니기 때문에 때로는 정책분석에 대해 무관심하거나 적의를 보이는가 하면 구체적으로 사고하기보다는 막연히 느끼기 쉽기 때문에 정책분석에 저항을 갖게 된다.

2) 외부공격에 대한 공포

분석의 결과가 대안과 달리 나타날 경우 결정된 대안을 지지하던 각종 이익집단들이나 자기를 조정하려는 정치가 등 많은 사람들로부터 받게 될 공격에 대한 공포로 인하여 정책분석을 꺼려하는 경우가 발생하는 경우이다.

3) 반대에 대한 합리적 근거 제시의 곤란

정책분석에 많은 관심을 가진 자들조차도 분석이 분석자의 편견과 무능력에 의해 영향을 받으며 따라서 그 결과를 항상 믿을 수만은 없다는 것이다. 대부분의 분석이 조직 내에서 행하여지므로 조직의 편견, 경직성 등 다른 무능력에 의해 항상 손상 받을 수 있음을 분석가 자신도 알고 있기 때문에 발생하는 저항요인이다.

07 <<< Notes

1 James W. Vaupel, "Muddling Through Analytically," in Stuart S. Nagel(ed.), *Policy Studies Review Annual*, Vol. 1 (Beverly Hill, CA: Sage, 1977), pp. 44-66.

2 정정길, 「정책학원론」, (서울: 대명출판사, 2002), p. 462.

3 Felix A. Nigro, *Modern Public Administration* (NY: Harper & Row, 1965), pp. 178-180.

4 Ira Sharkansky, *Public Administration: Policy Making in Government Agencies* (Chicago: Markham, 1970), p. 36.

5 James A. Robinson & R. Roger Majak, "The Theory of Decision-Making," in James C. Charlesworth(ed.), *Contemporary Political Analysis* (NY: Free Press, 1967), p. 180.

6 Barry Bozeman, *Public Management and Policy Analysis* (NY: St. Martin's Press, 1979), pp. 60-80.

7 안해균, 「현대행정학」 (서울: 다산출판사, 1982), pp. 117-127.

8 상게서, pp. 215-227.

9 정정길, 전게서, pp. 289-399.

10 이대희 역, 「정책분석론」 (서울: 대영문화사, 1984), pp. 148-150.

11 정정길, 전게서, p. 303.

12 상게서, p. 304.

13 상게서, p. 310.

14 William Dunn은 "잘못 선택된 문제를 해결하는 것(solving the wrong problem)"을 제3종오류라고 한다. W. Dunn, *Public Policy Analysis* (NJ: Prentice Hall, 1981), p. 109.

15 Brian W. Hogwood & Lewis A. Gunn, *Policy Analysis for the Real World* (NY: Oxford University Press, 1984), pp. 168-169.

16 정정길, 전게서, p. 317.

17 B. Hogwood and L. Gunn, *op. cit.*, pp. 172-173.

18 정정길, 전게서, pp. 331-339.

19 Alexander M. Mood, *Introduction to Policy Analysis* (NY: Elsever, 1983), pp. 33-34.

20 이대희, 「정책가치론」 (서울: 대영문화사, 1991), pp. 212-219.

21 정정길, 전게서, p. 367.

22 Ruth P. Mack, *Planning On Uncertainty: Decision Making in Business and Government Administration* (NY: John Wiley & Sons, 1971), p. 1.

23 Edward S. Quade, *Analysis for Public Decision*, 2nd ed. (NY: North Holland, 1982), p. 151.

24 정정길, 전게서, p. 355.

25 상게서, pp. 355-358.

26 조직론이나 행태론적 의사결정자들은 대부분 이런 식으로 불확실성의 대상을 분류한다.

27 Quade는 불확실성을 해소(resolve)하는 방법과 불확실성이 크게 문제가 되지 않도록 하는 민감도분석(sensitivity analysis), 상황조건분석(contingency analysis)등을 수행하는 방안을 들고 있으나 그 내용이 명확치 않다. Hogwood & Gunn은 불확실성에 대처하는 전략으로 점증주의, 단일안 채택, 신축성, 다단계의사결정을 지적하고 각각의 경우를 설명하고 있다.

28 Alexander M. Mood, *op. cit.*, pp. 33-34.

29 Herbert A. Simon, "Decision Making: Rational Nonrational, and Irrational," *Educational Administrative Quarterly*, Vol. 29, No. 3 (1993), p. 393.

30 Stephen R. Watson & Dennis M. Buede, *Decision Synthesis: The Principles and Practice of Decision Analysis* (Cambridge: Cambridge University Press, 1989), p. 12.

31 Dwight Waldo, "What is Public Administration?" in Jay M. Shafritz & Albert C. Hyde, *Classics of Public Administration* (Chicago: The Dorsey Press, 1987), pp. 232-233.

32 박동서, 「한국행정론」 (서울: 법문사, 1989), pp. 146-149.

33 상게서, p. 145.

34 Robert F. Baker, Richard M. Michaels, & Everett S. Preston, *Public Policy*

Development (NY: John Wiley & Sons, 1975), pp. 101-102; 정정길, 전게서, p. 495.
R. F. Baker *et al.*은 실현가능성의 종류를 기술적, 사회적, 경제적, 정치적, 시간적 실현
가능성의 다섯 가지로 분류하고 있으며, 정정길은 기술적, 재정경제적, 행정적, 법적, 정
치적, 윤리적 실현가능성의 6가지로 분류하고 있다.

35 정정길·최종원·이시원·정준금·정광호, 「정책학원론」 (서울: 대명출판사, 2011), p. 396.

36 김규정, 「행정학원론」 (서울: 법문사, 1998), p. 202.

37 Thomas R. Dye, *Understanding Public Policy*, 10th ed. (NJ: Prentice Hall, 2002), p. 32.

38 James G. March & Hebert A. Simon, *Organizations* (NY: John Wiley & Sons, 1958).

39 Herbert A. Simon, *Models of Man* (NY: John Wiley and Sons, 1957), pp. 204-205.

40 Charles E. Lindblom, *The Intelligence of Democracy: Decision Making Through Mutual Adjustment* (NY: The Free Press, 1965) 등 다수 문헌에서 점증주의를 설명하고 있다.

41 Yehezkel Dror, "Muddling Throuhg-Science or Inertia?" *Public Administration Review*, Vol. 24, No. 3 (September 1964), p. 154.

42 Richard M. Cyert & James G. March, *A Behavioral Theory of the Firm* (NJ: Prentice Hall, 1963).

43 Michael D. Cohen, James G. March, & Johan P. Olsen, "A Garbage Can Model of Organizational Choice," *Administrative Science Quarterly*, Vol. 17, No. 1 (March 1972), pp. 1-25.

44 Vincent Ostrom & Elinor Ostrom, "Public Choice: A Different Approach to the Study of Public Administration," *Public Administration Review*, Vol. 31, No. 2 (March/April 1971), pp. 203-216.

45 H. George Frederickson, *New Public Administration* (AL: The University of Alabama Press, 1980), p. 19.

46 Yehezkel Dror, *Ventures in Policy Science: Concepts and Application* (NY: American Elsevier Publishing Co., 1971), pp. 223-224.

47 김수영, 「정책학원론」 (서울: 법지사, 1992), p. 243.

48 상게서, p. 245.

49 노화준, 「정책분석론」 (서울: 박영사, 2003), pp. 13-14.

50 A. R. Prest & R. Turvey, "Cost-Benefit Analysis: A Survey," *Economic Journal*, Vol. 75 No. 300 (December 1965), pp. 683-735.

51 박성복·이종렬, 「정책학원론」 (서울: 영문화사, 1993), p. 266.

52 William Dunn, *op. cit.*, p. 244.

53 박성복·이종렬, 전게서, pp. 270-278.

54 David Novick, *Efficiency and Economy in Government Through New Budgeting and Accounting Procedures* (Santa Monica, CA: The Rand Corporation, 1954).

55 박성복·이종렬, 전게서, pp. 278-280.

56 김수영, 전게서, p. 253.

57 곽효문, 「행정학요론」 (서울: 백제출판사, 1991), p. 381.

58 박정식·윤영선, 「통계학개론」 (서울: 다산출판사, 1980), pp. 312-313.

59 Harold Sackman, *Delphi Critique* (Lexington, MA: D. C. Heath and Company, 1975), pp. 57-71.

60 W. N. Dunn, *op. cit.*, p. 414.

61 *Ibid.*, pp. 47-48.

62 Edith Stokey & Richard Zeckhauser, *A Primer of Policy Analysis* (NY: W. W. Norton and Company, 1978), pp. 5-6.

63 곽효문, 전게서, pp. 517-520.

64 제3종오류에 관해서는 '문제의 파악과 정의'에서 설명하고 있다.

65 김수영, 전게서, pp. 264-265.

제 8 장

정책집행

제 1 절 정책집행의 의의와 연구

Ⅰ. 정책집행의 개념 및 의의

1. 개   념

정책집행(policy implementation)이란 결정된 정책을 그 정책이 의도하는 목표달성을 위하여 이를 실천에 옮기는 것을 말한다. 그러나 사회과학에서의 많은 개념들이 그러하듯 정책집행에 관한 개념정의 역시 학자들에 따라 각기 다소 상이한 정의를 내리고 있다.

첫째, Pressman & Wildavsky는 "예견된 결과를 달성할 수 있는 능력"이라고도 하고 "목표의 설정과 이를 달성하기 위한 활동 간의 상호작용"[1]이라고 정의하였다. 둘째, Meter & Horn은 "정책결정에 의하여 미리 설정된 목표를 달성하기 위한 민간부문 및 정부부문의 개인이나 집단이 행하는 활동"[2]이라고 정의한다. 셋째, Nakamura & Smallwood는 정책집행을 "권위있는 정책지시를 실천에 옮기는 과정"[3]으로서 정의할 수 있지만, 이 과정은 순차적인 단일방향의 과정이 아닌 복잡하고 동태적인 순환과정으로 보아야 한다고 강조하였다. 넷째, Bardach는 정책집행을 "권위적으로 채택된 정책명령에 따라 이루어진 사회적 활동과정"이라고 정의하고 있다.[4]

그 외에도 여러 학자들이 각자 나름대로 정책집행의 개념을 규정하고 있다. 그러나 정책집행이 독자적으로 주어진 임무를 기계적으로 수행하는 단일적·순차적인 과정이 아니고 동태적 순환과정이며 정책결정자와 집행자, 정책집행의 주체와 대상, 환경과 조직, 그리고 인적·물적 자원으로서의 정책집행수단이 상호 복잡하게 얽혀 작용하는 복합적·동태적 과정이란 점을 감안한다면, 이들 정책집행의 개념들은 모두가 부분적인 타당성 밖에는 갖지 못한다고 하겠다.

그러나 여기에서는 이들 중에서도 집행과정의 속성을 가장 잘 설명해 주고 있는 Nakamura & Smallwood의 개념정의를 중심으로 정책집행의 개념을 규정하기로 한다. 따라서 정책집행의 개념을 '정책의 목표달성을 위해 취해지는 수단의 구체화(실천) 과정'이라고 규정한다. 이러한 개념은 정책집행이 정책목표의 달성을 위하여 환경의 조작이나 조직구조의 변화나 수단으로서의 인적·물적 자원의 동원과 배분을 가능케 하는 상호적응과정이라는 속성을 설명하고 있다. 뿐만 아니라 정책목표의 달성을 위해 때로는 정책집행자가 정책결정과정에도 참여해야 하며, 집행된 정책의 평가과정까지도 고려해야 하는 순환적 과정의 속성을 지닌다. 또한 정책과정의 초기단계부터 각종의 요구를 투입해 온 수많은 이익집단들과 의제설정과정에서나 정책결정과정에서 자기들의 이익을 충분히 반영시키지 못한 이해관계자들, 그리고 정책집행으로 인해 피해를 받게 된 또 다른 개인 및 집단들이 참여하여 서로의 이익을 대변하게 되는 정치적 과정의 성격도 동시에 내포하게 되는 광의의 개념이라고 하겠다.

2. 의   의

　정부에 의해 결정되고 집행되는 수많은 정책들이 사회생활에 미치는 영향력
이 증대됨에 따라 국민들의 정책에 대한 관심도 점차 커지게 되었다. 그렇지만
이렇게 정부가 추진하는 정책들이 모두 성공하는 것은 아니다. 오히려 처음 의도
한 정책목표를 달성하지 못하거나 집행도중에 폐기되어 버리는 경우도 적지 않
다. 또한 정책결정 당시에는 예기치 못했던 상황의 변동으로 정책이 표류하거나
수정되거나 변경되는 사례도 적지 않다. 이처럼 아무리 합리적이고 이상적인 정
책을 결정했다고 하더라도 그것을 제대로 집행하지 않는다면 그 정책의 진가가
나타날 수 없으며, 아무리 그 정책을 집행하려고 해도 집행가능한 상황이 조성되
지 않으면 집행할 수가 없다. 그렇다고 정책을 기계적으로 집행만 한다고 하여
소기의 성과를 거둘 수 있는 것은 더욱 아니다.

　이렇게 볼 때, 어떤 문제로 인하여 고통을 받는 사회나 집단을 위해 합리적
인 정책을 결정하는 것도 중요한 일이지만, 결정된 정책을 결정자의 의도대로 집
행해 나가기 위해 각종 어려움을 극복해야 하는 정책집행 단계는 더욱 중요한 과
정이라고 하겠다. 특히 이 단계에서는 정책결정자의 의도대로 집행을 하고서도
의도한 효과를 달성하지 못하고 실패로 끝나는 경우가 있는가 하면, 집행과정에
서 집행당사자들이 그 정책을 수정·변화시켜 집행했음에도 불구하고 훌륭한 결
과를 발생시키는 경우도 있다. Meter & Horn은 정책이 실패로 끝난 경우, 그 실패
의 원인은 정책결정 자체에 문제가 있는 경우도 있지만, 정책결정에서는 전혀 문
제가 없음에도 불구하고 집행이 효율적으로 수행되지 못했기 때문에 기인된 것도
있음을 밝히고 있다.[5]

　원래 정책결정은 어느 정도의 미래예측가능성과 정책의 지속성을 전제로 이
루어지는 것이지만 오늘날과 같이 사회변동의 속도가 급격한 사회에서는 미래예
측가능성이 극히 저하될 수밖에 없다. 그러한 불완전한 미래예측을 기초로 해서
결정된 정책이 장기간을 요하는 실제 집행과정에까지 그 타당성을 계속 확보할
가능성은 희박해지는 것이다.[6]

　이처럼 미래상황에 대한 불확실성과 집행과정에 참여하는 참여자들의 성분

의 차이나 변화로 인하여 결정과정에서 선택된 집행방향과 행동경로 등이 수정 또는 변화될 뿐 아니라, 때로는 그 정책의 목표까지도 변경됨으로써 결정자들이 처음 의도한 바와는 전혀 다른 결과를 초래하기도 한다. 따라서 정책집행과정은 정책의제설정과정이나 정책결정과정 못지않게 복잡하고 동태적인 과정임이 분명하다. 그리고 이 과정은 정책이 현실과 만나는 점이며, 이는 이론과 사유가 실제 세계와 접합되는 장이다. 그리하여 이론이 현실을 인도하거나 현실이 이론에 제동을 가함으로써 이율배반적 경험을 갖게 되는 갈등의 장이기도 하다.[7]

II. 정책집행과 행정

정치행정이원론, 즉 고전적 행정이론의 입장에서는 정책의 결정은 정치체계에서 행하고, 행정은 그 구체적 집행만을 담당하는 것으로 보았다. 그러나 행정수요의 급증과 함께 행정의 기능이 확대 및 강화됨으로써 정치행정일원론이 지배적인 오늘날의 상황에서 행정은 정책집행뿐만 아니라 정책의 결정까지도 포함하는, 즉 모든 정책과정을 통괄하는 정책지향을 그 요체로 하고 있다. 그러나 주지하는 바와 같이 정책결정에 관한 연구는 일찍부터 많은 학자들에 의해 수행되어 왔지만 정책집행에 관한 관심과 연구는 비교적 늦게 이루어졌다. 이에 대해서는 다음과 같은 몇 가지 이유를 제시할 수 있다.

첫째, 정책이란 일단 결정만 되면 집행되기 마련이고, 집행되면 정책결정자의 기대에 어느 정도는 부합될 것이라는 안이한 생각과 집행 자체에 무슨 큰 문제가 있겠느냐는 방만한 태도가 정책집행에 관한 관심과 연구를 등한시하게 한 주요 원인이었다.

둘째, 계획예산제도(PPBS) 때문이었다. 1960년대의 전위적 분석기법으로 받아 들여졌던 이 제도가 정책분석가들의 정책집행에 대한 관심을 경감시키는 결과를 초래했다. 계획의 묘를 살리려는 이 제도는 정책결정 자체에 초점을 두었을 뿐 집행에 책임을 지고 공적 봉사활동을 수행하고 있는 하층조직을 등한시했던 것이다.

셋째, 집행의 내용 자체가 지나치게 복잡하여 연구의욕을 감퇴시켰기 때문이었다. 집행은 우선 정책결정과 밀접히 연관되어 있으며, 사후평가와도 불가피하게 연결되어 있다. 그뿐만 아니라 집행계획의 작성, 집행기관의 구성, 자원의 동원과 배분, 집행자와 대상집단 간의 관계 등 연구과정에 고려해야 할 수많은 변수들이 체계적이고 과학적인 연구를 어렵게 하였다.

넷째, 정책집행의 연구에 필요한 정확한 정보와 자료를 구하는데 어려움이 많았던 것도 집행연구를 방해했던 주요 요인 중의 하나라고 보아야 할 것이다. 하나의 정책을 집행하는 데는 수많은 기관과 사람들이 연관되고 엄청난 자원과 시간을 요구하기 때문에 이들에 관한 정보와 자료를 어느 한 곳에서 체계적이고 종합적으로 정리한다는 일이 그렇게 간단하지가 않다. 이러한 이유에서 정책연구자가 원할 때 언제든지 정확한 정보와 자료를 제시할 수도 없었다.

III. 고전적 행정이론과 정책집행연구

고전적 행정이론에서는, 정책결정이란 보통은 합리적으로 이루어질 수 있고, 일단 정책이 결정되면 그 정책은 자동적으로 집행되며 정책의 집행결과 역시 처음 정책결정자들이 의도한 바와 큰 차가 없는 것으로 여겼다. 따라서 정책집행이란 정책결정자가 이미 수립된 정책을 집행할 집행담당자를 일정한 기준에 따라 선정하고, 선정된 정책집행자에게 정책집행에 대한 구체적인 지시를 하며, 정책집행자는 정책결정자로부터 지시 및 전달된 지침에 따라 이를 실천에 옮기는 것으로 간주하였다. 그 결과 정책집행은 정책결정과 반드시 구분되는 정책결정의 후속단계이며, 정책결정자와 정책집행자는 목표의 설정자와 그 실천자라는 점에서 명확히 구분될 수 있을 뿐 아니라, 정책집행자는 정책을 실천에 옮길 기술적 능력과 정책결정자에 대한 복종심과 의지도 갖고 있는 것으로 인식되었다. 그리고 정책집행과정에서 이루어지는 결정은 비정치적이고 기술적인 것이며, 정책을 중립적, 객관적, 과학적, 합리적으로 집행하는 것은 정책집행자의 책임으로 보았다. 따라서 고전적 행정이론에서는 정책집행의 문제는 정책의 주요 관심대상이 될 수 없었으며 그 결과 결정된 정책이 실제로 집행되기 위해 요구되는 지식이 무엇인가에 관해서도 연구되지 않았다. 결국, 정책집행을 기술적이며 간단한 절차로 보았던 것이다.

그러나 정책이란 언제나 합리적으로만 결정된다고 볼 수 없고, 정책결정과 정책집행의 구분도 반드시 명확하게 나타나는 것은 아니며, 정책이 결정되었다고 해서 언제나 자동적으로 집행되는 것은 더욱 아니다. 현실적으로 인간은 지식, 기술, 기억력, 계산력 등의 부족이나 정치·경제·문화적 환경의 조건 및 인적·물적 자원의 결핍 등에서 오는 수많은 제약들로 인해 언제나 완전히 합리적인 정책을 결정하는 것은 거의 불가능에 가까운 일이다. 또한 정책에 따라서는 정책결정 그 자체가 실행적인 것이 있어 정책의 결정 그 자체가 정책집행을 의미하는 것도 있다.[8] 그러나 대다수의 정책은 그 집행을 위해서는 전략기준, 절차, 자원의 동원, 조직화 등과 관련하여 사전에 많은 준비가 요구된다. 그러나 이상과 같은 고전적 논리는 정치행정일원론이 대두되고 행정의 정책결정기능이 증대되기 시작하면서 변화되기 시작하였다. Barnard, Simon, March 등에 의해서 정책집행에 관해 깊은 관심이 표명되었으며, 1973년 Pressman & Wildavsky가 공동 저술한 「집행(Implementation)」[9] 이라는 저서의 출간을 전후하여 본격적인 정책집행에 관한 연구가 시작되었다. 이처럼 정책집행에 관한 연구는 1970년대 미국을 중심으로 집중적으로 이루어지기 시작하였고, 1980년대부터 영국, 프랑스, 독일 등 유럽 각국에서 그 연구가 활발하게 추진되었다.[10]

정책집행에 관한 연구는 여러 방면으로 전개되었는데 그 주요 경향을 보면 다음과 같다. 우선 정책집행에 관한 연구가 정치과정적 접근(각종 정치적 요인에 대한 설명이 주요내용), 정책분석적 접근(집행에 대한 평가가 주요 내용), 사례분석적 접근(실제의 프로그램에 대한 연구가 주요 내용) 등으로 분류되거나,[11] 서열적 연구(정책집행연구의 중요성을 제기하기 위한 연구), 속성중심적 연구(정책집행의 본질에 대한 이해를 도모하기 위한 연구), 이론형성적 연구(정책집행에 대한 총체적 분석의 틀을 제공하기 위한 연구)으로 분류되기도 한다.[12]

정책집행자와 참여자

오늘날 국가의 정책집행은 대부분 정부 내의 여러 행정기관들이 협력하여 집행하는 복합체제에 의해 집행된다. 그리고 이러한 여러 행정기관들은 평소에는 정부의 일상 업무를 수행하게 되므로 이들의 행위는 다른 어느 정부단위(governmental units)보다도 시민생활에 직접적인 영향을 미친다. 특히 이들 기관들이 그들의 권한범위 내에서 정책을 집행함으로써 실제 집행과정에서는 많은 재량권을 갖게 된다. 때문에 집행에 필요한 세부집행계획은 대부분 이들 집행기관들이 결정한다. 그리하여 이들이 시민에게 미치는 영향의 범위나 정도는 재량권을 어떻게 행사하느냐에 따라 크게 달라질 수 있다. 그러므로 이들 집행기관의 행태를 분석하는 것은 매우 중요한 일이다. 그러나 모든 정책이 반드시 기존의 행정기관에 의해서 집행되는 것만은 아니다. 때로는 기존의 행정기관이 아닌 정책집행을 위한 새로운 기관이 창설되기도 한다. 이렇게 행정기관이 정책을 집행하지만, 실제 정책집행과정에서는 오히려 행정기관에 대해 영향을 끼치고 압력을 행사하는 개인 및 집단이 적지 않다. 그리하여 여기서는 우선 정책집행에 공식적 권한을 가진 행정기관과 국회 및 법원을 검토하고 그 다음에 압력단체 기타 사회조직 등의 순서로 검토하기로 한다.

Ⅰ. 행정기관

1. 의 미

행정기관이란 '국가발전을 위해 정책을 결정하고 집행하는 공공기관으로서, 일정한 기준에 따라 행정수반의 직속 하에 설치된 모든 행정조직'을 의미한다. 이러한 행정기관들은 평소에는 각자 자기고유의 업무영역에 관한 정책을 결정하고 집행하지만, 정부내 다른 부처나 기관에서 결정된 정책들도 집행해야 할 경우가 많다. 예컨대 경제관련 정책의 경우, 모든 경제부처 및 관련 기관들이 함께 집행에 참여해야 한다. 그러나 사실 많은 행정기관들은 그 구조나 운영방식, 정치적 지지, 전문기술 그리고 정책지향성(policy orientation) 등과 같은 여러 측면에서 상호 완전히 이질적인 경우가 많다. 따라서 두 개 이상의 정부부처나 관련 기관들이 집행에 참여해야 할 경우, 정책결정자는 어떤 기관을 집행기관으로 선정해야 할지 진지하게 검토해야 한다. 물론 정책집행을 맡을 적절한 행정기관이 없다고 판단될 경우 새로운 행정기관을 만들 수도 있다. 바람직한 정책결정도 중요하지만 집행을 담당할 행정기관을 정하거나 만드는 일도 매우 중요한 일이다.

그리고 정책을 집행할 행정기관의 성격에 따라 정책집행의 행태도 달라질 수 있기 때문에 정책에 영향을 미치려는 의도를 가진 사람들은 종종 정책결정과정 뿐만 아니라 정책을 집행하는 기관에 깊은 관심을 기울인다. 그것은 정책을 집행해야 할 기관의 능력이나 문제점들이 집행할 정책을 둘러싼 역학이나 갈등보다 더 중요할 수 있기 때문이다. 그러한 의미에서 정책집행을 위한 행정기관의 조직과 선정은 기술적인 것일 뿐만 아니라 정치적인 것이기도 하다.

2. 집행기관의 구성

공공정책은 그 자체가 스스로 집행력을 갖는 것은 아니다. 일단 결정된 대부분의 정책은 행정기관에 의해 집행되어져야 한다. 이미 결정된 정책집행에 대한 책임은 기존 행정기관이나 그 정책의 집행을 위해서 설립된 새로운 기관이 져야 한다. 여기서 효율적인 정책의 집행을 위해서는 기존 행정기관 뿐 아니라 정책집행을 위해 새로이 설립된 기관의 조직화 문제 및 그 구체화 문제를 살펴볼 필요가 있다. 즉 기존의 행정기관이나 새로이 설립된 기관을 불문하고 주어진 정책의 집행을 담당하는 행정기관은 우선 구조적인 분업체제 및 협조체제에다 정책집행에 필요한 자원을 동원하여 이들 자원을 적절히 배분해 나감으로써 정책의 효율적인 집행을 기대할 수가 있을 것이다.

다시 말하자면, 정책집행을 위해 우선 모든 행정기관은 횡적으로는 부처 간,

계선(line)과 막료(staff) 간, 공기업·위원회 등과 종적으로는 중앙과 지방 간, 계층 간의 협조 및 분업체제를 구성해야 하고 이렇게 형성된 분업체제에 인적·물적 자원 및 각종의 정보, 자료, 지식 등을 동원하고 상관이나 부하, 동료나 시민, 입법부나 이해관계자들과 나아가 정치적 지지도 획득하여 이를 적절히 배분해 나감으로써만이 정책결정자가 의도한 효율적인 정책의 집행을 수행할 수 있을 것이다.

3. 집행기관의 태도

정책집행의 중추적 역할을 담당하는 주체로서의 행정기관에 특히 유의해야 할 것은 행정기관의 정책에 대한 태도라고 할 수 있다. 즉 담당행정기관이 정책집행에 우호적 및 적극적 태도를 갖느냐 그렇지 않느냐에 따라 그 정책집행의 성패가 좌우될 수 있기 때문이다.

우리나라와 같은 단일정부형태를 취하고 모든 행정관료들이 행정수반이나 중앙부서의 장에 의해 임명되는 행정기관에서는 특별한 경우를 제외하고는 중앙행정기관에서 결정된 정책집행에 대해서는 적극적 태도를 보이고 있다. 그러나 미국과 같은 연방정부형태를 취하고 연방 및 주정부의 많은 기관장들이 선거에 의해 임명된 관료들일 경우 문제는 매우 다르게 나타나기도 한다. 선거에 의해 선출된 행정기관의 간부들은 비록 연방정부의 정책이 국가적 차원에서 합리적이고 발전적이라고 하더라도 만약 그 정책의 집행으로 인해 차기 선거에서 자기들이 낙선될 소지가 많다고 판단될 경우, 이들은 가능한 연방정책에 대해 비우호적 또는 소극적 태도를 취하게 되고 심지어는 그 정책의 집행을 거부하게 될지도 모른다. 정책집행의 주체로서 행정기관에 대한 연구는 이와 같은 상황이 가장 문제로 대두되는 분야이며, 정책이 의도한 성과를 달성할 수 없는 가능성도 바로 이러한 상황에서 나타날 수 있다.

Ⅱ. 국 회

국회(입법부)는 다양한 통로나 방법으로 행정기관의 정책집행에 관여하며 영향을 미친다. 법률의 제·개정, 예산결산의 심의·의결, 국정감사 등 다양한 방면에서 정책을 집행하는 행정기관을 견제하고 있다. 국회는 정책안을 의결함으로써 정책을 합법화시키며, 행정기관의 정책집행을 위한 각종의 행정규제에 대해 법률 적합성이나 위헌여부를 검토함으로써 규제한다. 그리고 정책집행 중 관료의 부정부패 등은 물론 정책집행 후 그 성패에 대한 책임문제에 관해서도 사후 관리를 함으로써 관료의 행위를 심리적으로 통제한다. 특히 미국의 경우 '국회에서의 정책결정'의 빈도가 높고 또 종종 국회에서 결정된 정책에 대해서는 그 집행의 방향을 상세하게 규정한다든가, 나아가 그 정책의 집행을 위한 자금사용에 관해서도 미리 국회에서 상세하게 규정함으로써 행정기관의 재량의 여지를 축소시키기도 한다. 그뿐만 아니라 많은 행정처분에 대해서는 상원에 승인을 받도록 규정함으로써 정책집행에 중대한 영향을 미칠 수 있는 제도적 장치를 마련하고 있다.

이처럼 국회는 행정기관의 정책집행에 대한 통제적 작용 외에도, 외교정책의 경우에는 국회가 직접 정책집행에도 참여하게 되며 정책집행의 주체가 되기도 한다. 즉 의원외교라 불리어질 수 있는 경우 뿐만 아니라 외교정책의 집행자로서 다수의 의원들이 참여하고 있는 것도 국회가 정책집행에 직접 관여함을 나타내는 것이다. 우리 헌법상에서 국회가 정책집행에 통제 및 영향을 미치고 있는 분명한 조항만을 찾아보면, 예산의 심의·확정권, 조약의 체결·비준권, 국정조사권, 정부위원 출석요구권, 탄핵소추권 등이 있다.

III. 법 원

법원(사법부)이 정책집행에 직접적으로나 간접적으로 참여하는 경우를 우리는 흔히 볼 수 있다. 직접적 정책집행작용이란 형식적으로는 행정적인 것이지만 실질적으로는 법원에서 다루어지는 것으로서, 예컨대 외국인의 귀화절차와 같은 것이나, 파산절차에 관한 관재인 관리, 이혼과 가족관계에 관한 법원의 기능을 말한다. 그리고 간접적 정책집행작용이란 행정기관의 명령, 규칙, 처분 등에 대한 사법해석이나 이들의 법률에 대한 위반여부를 최종적으로 심사할 수 있는 권한(대법원)행사, 위법·부당한 행정처분에 대한 행정소송, 법률집행과정에서 위반자, 위법자 또는 방해자들에 대한 제재조치수행 등을 말한다.

이처럼 법원은 어떤 정책이나 법률에 대해서는 그 집행의 주체자가 되기도 하고 때로는 조력자가 되기도 하지만, 법원은 그들의 결정을 통하여 특정한 정책의 집행을 촉진하거나 방해하거나 파기할 수 있는 힘을 가진다. 정책집행에 대한 법원의 간접적 작용으로는, 예컨대 국가경제정책이나 안보정책에 대한 반정부 내지 위법자 등에 대한 판결을 어떻게 하느냐에 따라 그 정책집행의 촉진자가 되기도 하며, 방해 혹은 파기자가 되기도 한다.

Ⅳ. 지방정부

지방정부는 중앙정부의 정책을 일선에서 집행하는 가장 대표적인 정책집행기관이다. 물론 중앙정부의 정책은 1차적으로 중앙부처와 그 소속기관들에 의해 집행되지만 정책수단을 대상집단에게 직접 적용하는 것은 중앙정부의 일선기관이나 지방정부의 몫이다. 지방자치제도가 실시되기 전까지는 지방정부는 중앙정부의 정책을 수동적으로 집행하는 기관이었다. 그러나 지방자치제도가 실시되고 지방정부가 주민의 직접선거에 의해 선출된 지역주민들의 대표로 구성됨에 따라 근래에 와서 지방정부는 과거처럼 일방적이고 맹목적인 정책집행기구의 성격에서 점차 벗어나고 있다. 물론 아직도 중앙정부의 중요한 정책집행기관은 지방정부임에 틀림없다. 그러나 많은 중앙정부의 고위공무원들은 아직도 지방자치제도가 무엇인지 잘 모르고, 자치제도가 시행되었음에도 불구하고 일방적으로 정책집행을 강요하는 시대착오적 행동을 보이고 있다. 그러나 지방정부의 의견을 청취하고 지방의 목소리를 정책결정이나 집행에 반영하려는 중앙부처의 고위공직자들이 늘어나고 있다. 앞으로 중앙정부는 지방정부에 대해 상호 협력과 지원이라는 관점에서 정책집행을 요구하고, 지방정부도 이러한 관점에서 정책집행에 임해야 할 것이다.

V. 압력단체

사회의 각종 이익단체들은 정신적이든 물질적이든 그들의 이익을 추구하기 위해 부단히 노력하고 있다. 각종 이익단체들이 정책결정과정에 참여하거나 접근함으로써 그들의 주장을 관철시키려는 노력은 결정과정에 국한되지 않고 결정된 정책의 집행과정에서도 나타난다. 정책집행과정에서는 필연적으로 그 정책의 집행을 위한 세부 입법이나 계획이 수립되어야 한다. 이때 그 입법이나 계획은 행정기관의 재량에 속하며, 이들의 압력단체들은 이 재량권을 가진 기관에 접근하여 그들의 주장을 관철시키려 하는 것이다. 역으로 정책집행기관은 그들의 정책을 효율적으로 집행하기 위한 수단으로서 유력한 압력단체들로 하여금 그들의 정책을 지지하게 함으로써, 혹은 그 정책의 집행에 대해 솔선수범하게 함으로써 이들의 도움을 받기도 한다. 예컨대, 우리나라의 경우 전국경제인연합회나 중소기업협동조합, 대한상공회의소, 무역협회 등의 경제단체는 국가의 경제정책의 방향을 때로는 그들에게 유리하게 건의하기도 하지만, 반면에 정부는 이미 수립된 경제정책의 집행을 위해 이들의 협조를 요청하기도 한다.

시민사회조직들도 정책집행과정에 직간접적으로 참여한다. 시민사회조직에는 민간영역에서 정부를 비판하고 공익을 추구하는 다양한 단체들이 있다. 그 중에서도 근래 그 활동과 영향력이 점차 증대되고 있는 소위 비정부조직이라는 NGO단체들이 주류를 이룬다. 이들은 정책집행과정에 참여하여 정책집행자들의 모든 행동을 감시하고 비판하거나 정책집행이 국민의 편에서 이루어지도록 노력한다. 그리하여 정책집행이 관료의 편의보다는 국민적 공익을 추구하도록 기능한다. 즉 집행계획의 내용, 집행을 위한 자원의 동원과 배분, 집행과정에서의 부작용, 정책내용의 문제점 등 다양한 분야에 걸쳐 감시하고 비판활동을 수행한다. 그러나 이러한 시민단체들이 국민다수의 공익이 아니라 단체 자신의 편향된 이념이나 왜곡된 특수 이익과 영합할 경우나 정치단체화 할 경우 시민사회에 미치는 피해는 심각해진다.

제 3 절 **정책집행의 과정**

Ⅰ. 의 미

정책집행의 과정이란 정책을 수립된 정책집행의 전략과 수단에 따라 단계적이고 순환적으로 수행해 나가는 과정이다. 정책집행의 과정은 행정과정 중 정책결정을 제외한 기획, 조직화, 동작화 등의 과정을 주요내용으로 한다. 물론 학자마다 정책집행과정을 보는 시각에 다소의 차이는 있다. 첫째, Jones는 정책집행과정을 해석단계, 조직화단계, 적용단계라는 3단계로 나누고 있다.[13] 여기서 해석단계란 정책의 내용을 수용하고 그것을 실현가능한 지침으로 바꾸어 나가는 과정을 말하며, 조직화단계란 정책프로그램을 실천에 옮기는데 필요한 조직을 구성하고 그 실현방법을 결정하는 과정이다. 그리고 적용단계란 서비스제공이나 금전적 수혜 등과 같은 프로그램의 목적달성을 위한 여러 수단을 제공하는 과정이다.

둘째, Rein & Rabinovitz는 지침개발단계, 자원의 배분, 감시과정 등의 3단계로 나누고 있다.[14] 여기서 지침개발단계란 정책의 집행에 필요한 사항, 정책집행의 기본방침 등을 규정하는 것으로서 정책결정자의 의지를 충분히 구현하도록 하는 단계이며, 자원배분단계는 정책집행에 필요한 예산을 확보하고 그 사용 시기에 관하여 교섭을 벌이는 단계이다. 그리고 감시과정은 정책집행과정에서의 모니터링, 감사, 평가 등을 실시해 나가는 과정을 말한다.

셋째, Ripley & Franklin은 정책집행과정을 자원의 확보, 해석 및 기획, 조직, 수혜 및 규제의 전달 등 4가지로 분류하고 있다.[15] 여기서 자원의 확보는 정책집행을 위해 그 담당기관이 필요로 하는 예산, 인력, 장비 등의 각종 자원을 확보해 나가는 것이며, 해석 및 기획이란 정책의 내용을 토대로 하여 구체적인 지침이나 규칙 등을 제정하는 등의 각종 집행계획을 수립하는 것이다. 그리고 조직은 집행기관을 구성하고 업무처리를 위한 세부규정을 설정하는 등 각종 활동을 조직화하는 것이며, 수혜 및 규제전달은 정책집행기관이 수혜집단에게 각종 서비스나 혜택을 제공하는 것은 물론 대상집단에게 각종의 규제나 통제를 가하는 것이다.

앞에서 살펴본 바와 같이 학자들 간에 정책집행과정을 파악하는 시각의 차이는 정책집행과정에 존재하는 여러 가지 중요한 국면들 가운데, 학자마다 나름대로 특히 어떤 부분을 강조하거나 부각시키고자 하는데서 기인하는 것이며 궁극적인 차이가 있는 것은 아니다.

II. 정책집행의 과정

정책집행의 과정은 정책집행의 개념에서도 밝힌 바와 같이 순차적이고 간단한 과정이 아니라 수많은 변수들이 동태적으로 작용하는 복합적이고 순환적인 과정이다. 또한 정책의 집행과정에서는 집행의 각 단계에 들어가기 전에 고려해야 할 사항들이 많다. 따라서 가능한 이들을 찾아내어 미리 검토하고 대비하거나 염두에 두어야 하는 것이다. 여기에 해당되는 요소들을 예시해 보면, 정책의 기준과 목표, 이용 가능한 자원, 정책집행담당기관과 타 기관과의 커뮤니케이션 및 협력관계, 정책집행기구의 성격, 정책집행의 정치·경제·사회적 환경, 그리고 정책집행자의 성향 등이 그것이며, 이들을 사전에 확인 및 조정함으로써 단계적으로 정책을 수행해 나가는데 많은 도움을 받을 수 있다.

그러나 여기에서는 정책집행의 가장 중추적인 부분에 해당하는 집행의 과정을 〈그림 8-1〉과 같이 집행계획의 작성, 집행기관의 조직화, 자원의 동원과 배

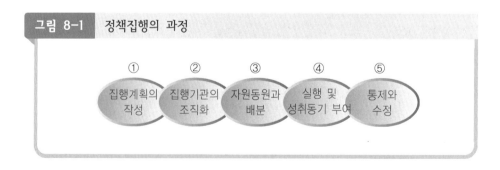

그림 8-1 정책집행의 과정

①
집행계획의
작성

②
집행기관의
조직화

③
자원동원과
배분

④
실행 및
성취동기 부여

⑤
통제와
수정

분, 실행 및 성취동기의 부여, 집행과정의 통제와 정책수정 등 5개의 단계를 중심
으로 간략하게 소개한다.

1. 집행계획의 작성

집행계획의 작성(planning)은 일정한 목표를 달성하기 위하여 최상의 이용 가
능한 미래의 방법과 절차를 의식적으로 개발하는 과정이다.[16] 정책이 목표달성을
위한 미래의 방향 또는 지침을 제시하는 것이라면, 집행계획의 작성이란 그 정책
을 보다 합리적이며 효율적으로 집행하기 위한 방법과 수단을 사전에 결정하는
기획과정이라고 할 수 있다. 결과적으로 양자는 목표 - 정책, 정책 - 계획, 계획 -
단위사업계획(프로젝트)이라는 상대적인 의미에서의 목표 - 수단의 관계에 있다고
할 수 있다. 그런데 여기서 집행계획의 작성이라는 기획과정은 정책을 집행하기
위한 보다 구체적인 전략과 전술을 준비하는 단계이므로 집행계획뿐 아니라 그
계획을 더욱 구체화시켜 나가는 프로그램과 프로젝트의 작성단계로 수행되어 나
간다. 이 경우에도 집행계획에 의해 단위사업계획이라고 불리는 프로젝트가 작성
되어야 하므로, 이들은 전체적으로 보아 목표 - 수단의 연쇄관계로 얽혀 있다고
볼 수 있다.

요컨대, 이러한 과정은 정책집행을 위한 일차적 단계로 목표달성을 위한 최
선의 방법, 수단, 절차, 시기, 대상, 전략 등을 구체적으로 결정하고 준비하는 과
정이다. 따라서 이 과정은 변동의 정도가 극히 심한 소용돌이 속의 현대사회에
가장 효과적으로 대처할 수 있는 인간적 노력을 기획하는 단계인 것이다. 그러나
아무리 최선을 다해 노력한다고 해도 실제 정책을 집행하는 단계에서는 예기치
못한 많은 문제들이 야기될 수 있다. 이와 관련한 유의사항을 요약하면 다음과
같다.

첫째, 집행계획은 필연적으로 국민의 일부나 특정 부분에 대해 혜택이나 손
실을 야기하게 되며, 그것의 내용이 보다 구체적으로 나타나기 때문에 피해를 받
게 될 입장에 있는 집단에 의해 반발에 부딪혀 집행이 난관에 봉착할 때가 있다.
그러나 이 경우 반대를 무마시키거나 완화시킬 수 있는 각종 전략, 즉 설득적 전

략, 강제적 전략, 규범적 전량 등을 동원해서 이를 해결해야 한다. 그리고 이러한 경우에는 자칫하면 정책이 의도하는 바를 간과하거나 방향감각을 상실해 버릴 수 있는 위험이 따를 수 있음을 유의해야 한다.

둘째, 계획이라는 것 자체가 원래 완벽하게 작성될 수 없을 뿐 아니라 최선을 다하더라도 새로운 예상외의 사태가 발생하므로 계획수정의 필요성이 나타나게 된다. 이때에도 보통은 여러 관계자들의 기대, 압력, 이해관계, 행정조직의 경직성 등으로 적시에 신축성 있는 수정이 간단하거나 용이하게 이루어지지는 않지만, 사태변화에 따라 정책의 의도를 구현할 수 있는 최선의 방법을 강구하여 적시에 적절한 수정이 이루어지도록 노력해야 한다. 다만 지나치게 빈번한 수정은 오히려 정책의 의도를 왜곡시킬 우려가 있으므로 세심한 주의를 기울여야 한다.

셋째, 그 외에도 인간의 미래예측능력의 한계, 정보나 통계자료의 제약, 시간 및 비용상의 제약 때문에 집행계획을 작성하는 데는 많은 어려움이 따르게 된다. 그러나 주어진 제약조건을 가능한 창의적이고 지속적인 노력을 통해 극복해 나가는 것이 필요하다.

2. 집행기관의 조직화

집행계획의 작성단계에 이어 그 다음으로, 누가 무엇을 가지고 어디에서 어떤 일을 담당해 나가야 할 것인가를 결정해야 하는 과정이 집행기관의 조직화이다. 계획에 의해 보다 체계화되고 구체화된 행동의 방향이나 내용들을 실제로 담당해 나갈 집행기구를 구성하는 단계이다. 이 단계에는 분업체계는 물론, 자원을 동원하고 배분하는 기능적 요소가 반드시 필요하게 되며, 따라서 고전적 행정학의 조직·인사·재무 행정의 대부분이 이 단계에 속하게 된다. 이 단계는 정책을 효율적으로 집행하기 위한 최적의 분업체계와 인적·물적 자원의 동원 및 배분이 가장 적절히 이루어져야 하는 과정이다.

여기서 분업체계란 정책집행을 위한 인간 상호 간의 협동체적 조직으로서 행정기관을 의미하며, 이것은 구조적 측면과 기능적 측면에서 검토되어야 한다. 우선 구조적으로 볼 때, 이것은 횡적 분업체계와 종적 분업체계로 조직되어야 하며, 이때 횡적 분업체계란 기관내부의 업무부서 결정이나 계선과 막료들과의 업무분담 및 협조체제의 형성 등을 포함한다. 그리고 종적 분업체계란 대내적으로는 기관내 상하계층 간의 업무분담 및 역할설정을 말하며, 대외적으로는 상급기관과의 관계나 하급기관과의 권한배분 등을 의미한다.

3. 자원의 동원과 배분

분업체제의 기능적인 측면을 보면, 정책집행에 필요한 자원을 동원하고 배분해야 하는 기능이 주요한 기능으로 나타난다. 이때 자원이란 인적·물적 자원은 물론이고 정보, 기술, 시간, 정치적 지지 등을 의미하며, 동원과 배분(mobilization and allocation)이란 이들 자원을 효율적으로 활용하기 위해 기관의 통일적인 관리통제 하에 집중시키는 것을 의미한다. 따라서 이 단계는 단지 정책집행기관의 구성 그 자체에만 국한되는 것이 아니고 실제 작업집단을 형성하고 업무를 분담시키며 여기에 자원을 동원하고 배분하는 등의 일이 이루어지는 과정이다.

여기서 한 가지 보다 구체적으로 검토해 볼 필요가 있는 것은 자원의 동원과 배분 방법이다. 동원과 배분의 대상을 우선 재원에 국한시켜 검토해 보면, 재원의 동원방법은 대내적인 민간저축과 정부저축의 방법 그리고 대외적인 외국의 원조나 외국으로부터의 차입방법 등이 있을 수 있다. 보다 구체적으로 정부기관의 국내적 재원동원을 살펴보면, 직접세와 간접세를 포함한 조세징수, 차입금 및 공채발행에 의한 정부신용차입, 전매, 수도, 철도, 전기사업에 의한 관업수입, 정부상위기관의 하위기관에 대한 교부금, 수익자 부담원칙에 의한 민간으로부터의 자원동원, 기타 각종의 재단법인 등으로부터의 동원방법이 있다. 한편 이들 동원된 자원을 배분하는 방법으로는 그 기준이 통제위주냐 능률위주냐 아니면 발전위주냐 등에 따라 품목별예산, 성과주의예산, 계획예산 등이 있다.

4. 실행 및 성취동기부여

정책을 효율적으로 집행하기 위해, 집행계획의 작성에 따라 방법과 절차가 결정되고, 무엇을 어떻게 해야 되겠다는 계획이 수립되면, 그 이후에는 인간의 협동체로서의 분업체제를 구성하고 여기에 자원을 동원하고 배분하는 과정이 진행된다. 실행 및 성취동기부여단계는 그 다음 단계로서, 정책집행을 담당하게 될 기관의 집행담당자들에 대한 사기와 교육훈련 등 유인과 자극을 통한 동기부여의 과정을 말한다. 과거 행정학에서는 정책을 집행하는 관료의 활동을 상급자의 지시나 명령에 의해 이루어지는 것으로 보고, 이 집행과정을 지시·명령 단계로 간주하였으나, 현대행정은 정책을 집행하는 관료의 활동이 수동적 또는 소극적으로 지시나 명령에만 따라 움직이는 것이 아니며, 관료의 자발적이고 창의적이며 적극적인 활동이 요구되는 것으로 보는데, 이를 동작화 혹은 동기부여과정이라고 한다.

정책을 집행하는 활동은 집행계획을 작성하고 집행기관을 조직하며 거기에다 인적·물적 자원을 동원·배분한다고 저절로 이루어지는 활동이 아니다. 설사 그렇게 된다고 하더라도 그것은 최소한의 기준만을 만족시키려는 소극적이고 수동적인 활동에 지나지 않을 것이다. 그러므로 집행활동의 수행 및 성취동기의 부여라는 단계는 정책집행기관의 정책활동을 활성화시켜 나갈 뿐 아니라 담당자들의 자발성과 창의성을 불러일으키고 동기를 부여해 감으로써 적극적인 정책집행활동이 실제로 전개되도록 하는 과정이다.

또한 동기부여 혹은 동작화의 대상을 기존에는 정책집행기관의 내부에 있는 구성원들에 국한시켰으나, 오늘날에는 행정의 일차적 관심이 정책집행을 통한 사회변화 및 국가발전에 있으므로 정책집행기관 외부의 환경이나 정책대상집단의 행동변화까지도 그 대상으로 고려해야 한다. 이 단계의 핵심은 정책집행기관의 구성원으로서 행정인이 어떻게 하면 정책집행과업을 수행하기 위한 적극적인 작업의욕을 갖게 할 수 있겠는가 하는 것이다. 이와 관련하여 동기부여이론이라는 이름으로 많은 연구가 진행되어 왔으며, 행정학에서도 심리학 등에서 연구된 여러 가지 이론들을 도입·적용하고 있다. 따라서 여기서는 이 동기부여이론들을 소개하는 것은 생략하기로 하고, 동기를 부여할 수 있게 하는 몇 가지 요인들을 살펴본다.

첫째, 공무원의 보수와 같은 연금제도 등을 들 수 있다. 공무원의 보수는 우선 대외적인 비교성과 대내적인 상대성이라는 2대 원칙에 입각하여 경제사정이나 생계비 등을 고려해야 하며, 나아가 능률이나 성과와 관련 적절한 수준으로 책정되어야만 한다. 또한 각종 연금제도를 실시함으로써 장래에 대한 안정감을 조성하게 될 때 공무원들의 작업의욕은 향상될 것이다.

둘째, 정책집행기관의 내부 구성원들 간의 원활한 인간관계가 형성되어야 한다. 즉 개인의 가치인정과 적절한 칭찬을 통해 근무의욕을 자극시키고, 성실한 직무수행과 장기근속을 통해 보수와 직급이 상승됨으로써 성공감을 갖게 하며, 경제적으로나 신분상으로 안정감을 조성함으로써 조직에 대한 귀속감을 갖게 하고, 조직구성원들의 적극적인 참여의식을 고취시킴으로써 사회심리적으로 만족감을 갖게 해야 한다.

셋째, 의사전달의 합리화의 문제이다. 이것은 조직내 구성원들 간의 수평적·수직적 의사전달을 합리화함으로써 동료 간은 물론 상급자와 하급자 간에 마찰이나 오해를 없애고 의사소통을 자유롭게 하여 사기를 진작시키는 것이 정책집행을 위한 담당자들의 동기를 부여하는 것이 된다는 것이다. 그리고 대민관계의 측면에서도 시민들과 의사교류를 원활히 함으로써 정부의 정책이나 사업에 대한 국민의 이해를 높이고 협력을 구할 수 있도록 해야 할 것이다. 이렇게 함으로써 특정 정책에 대한 대상집단으로부터의 저항을 사전에 완화 또는 제거시킬 수 있게 되는 것이다.

넷째, 교육훈련 및 승진, 전직 등과 같은 능력발전과 관련된 요소를 들 수 있다. 채용에 있어서 우수한 인재의 확보를 위해 노력과 함께 임용 후에도 관료의 계속적인 능력발전에 관심을 가지고 각종의 교육훈련을 실시하는 것이 요구된다. 그 이유는 정책을 효율적으로 집행하기 위해서는 우선 복잡하고 미묘한 정책결정자의 의도와 목적을 파악할 수 있는 여러 가지 뛰어난 지식, 기술 등을 습득해야 하기 때문이다. 특히 현대사회와 같이 기술혁신과 학문발전의 정도가 가속화되어 가고, 경제사정이나 사회적 여건들의 변화가 격심한 시기에는 현실적인 정책집행의 어려움과 정책목표의 구현이라는 상호 대립적인 성격의 문제들을 국가발전이라는 차원에서 적절히 조화시킬 수 있는 관료들의 능력이 절실히 요청되고 있다고 하겠다.

다섯째, 관료집단이나 행정기관 등 조직체를 움직여 나가는데 결정적 역할을 담당하는 리더십(leadership)의 문제를 들 수 있다. 여기서의 리더십이란 '어떤 집단이 공동으로 추구하는 목표를 달성하기 위하여 자발적이며 조직적인 노력을 동원하는 작용으로 지도자와 추종자의 관계에서 나타나는 영향력'을 말한다. 정책의 집행을 보다 효율화시키기 위해서는 집행을 담당할 지도자가 적절한 리더십을 발휘해야 할 필요가 있다. 오늘날과 같은 동태적인 사회에서 효율적으로 정책을 집행하기 위해서는, 집행기관의 내부적인 어려움을 적극적으로 극복해 나가는 것은 물론이거니와, 조직과 정책에 영향을 미치고 있는 환경적 요소들에 대해서도 이들을 주도적인 입장에서 변화 및 발전시켜 나가야 한다. 따라서 정책집행과정에서 정책의 효율적인 집행에 가장 큰 영향을 미치며, 구성원들의 동기부여에도 결정적인 역할을 하는 리더십의 문제가 크게 부각되고 있다.

5. 통제와 정책수정

현실적으로 정책의 집행은 가치관이나 교육수준이 각기 다른 수많은 행정관료들로 구성된 행정기관을 통해 이루어지는 것이므로 언제나 국민이 원하는 대로 또는 정책의 의도대로 움직여 지지 않는다. 그러므로 중요한 것은 아무리 세심한 주의와 최선을 다해서 집행활동을 수행한다고 하더라도 항상 본래의 정책의도대로 완전하게 집행된다고는 기대하기 어렵다. 그 이유는 정책집행의 주체가 기계가 아닌 인간이라는 점, 집행활동에 요구되는 충분한 자원을 항상 확보할 수 있는 것은 아니라는 점, 정책은 결정 당시의 상황이 집행 당시에 와서는 변화될 수 있다는 점 등의 여러 가지 요인들이 정책집행에 영향을 미치고 있기 때문이다.

따라서 정책이 집행되고 있는 과정에도 그 정책이 처음 의도한 바를 달성할 수 있도록 많은 변수들을 통제하고, 진행상황을 평가함으로써 집행의 효율성을 높이도록 노력해야 한다. 집행활동에서 발견되는 잘못은 즉시 이를 바로잡아야 하며, 저항이나 방해요소들을 발견하면 이를 제거해야 한다. 이러한 활동들을 일반적으로는 평가 및 시정조치, 혹은 통제라고 한다.

일반적으로 통제라고 하면 흔히 정책집행이 종료되고 정책의 평가가 끝난 다음에 이루어지는 것으로 본다. 그러나 정책과정에서 볼 때 통제는 사전통제, 과정통제, 사후통제로 나눌 수 있다.[17] 사전통제는 정책대안의 탐색·평가나 '정책결정체제에 대한 정책결정' 등과 같은 협의의 정책분석을 의미하며, 사후통제는 정책집행의 결과 발생한 성과평가나 시정조치를 의미한다. 그러나 과정통제는 집행과정의 통제와 정책수정단계에 해당된다.[18] 이 과정통제는 정책의 집행활동을 수시로 평가·분석하고 집행의 진척상황을 검토함으로써 발견된 잘못을 바로잡고, 효율적인 집행을 제약하는 요인들을 찾아 이들을 개선·보완시킴으로써 정책집행의 효율성을 제고시켜 나가는 활동을 내포하고 있다.

정책이란 시간의 경과와 함께 그 내용이 변화하거나 정책집행의 대상집단이 변화하거나 혹은 정책환경이 변화됨으로써, 본래 정책결정자가 의도한 정책의 목표를 달성하거나 정책내용을 구현하는 데는 여러 가지 차질이 일어날 가능성이 높다. 그렇지 않다고 하더라도 정책집행의 과정이 진행되는 중에 뜻하지 않은 반대나 저항에 부딪힐 수도 있으며 소요되는 자원이 부족함으로써 정책집행이 난관에 직면하게 되는 등 다수의 장애요소들이 정책집행을 제약하고 있다. 따라서 집행활동이 진행되고 있는 중에는 물론이고 집행준비단계에서나 마무리단계에서까지 집행결과가 본래의 정책의도와 일관성을 가질 수 있도록 집행관리자와 감독자들은 세심한 주의와 노력을 다해 집행활동을 효과적으로 통제해 나가야 한다. 또한 이 단계에서는 정책이 결정될 당시와 그것이 집행되는 시간 간에 간격이 있으므로 본래의 정책의도가 상황변동에 따라 변화되지 않을 수 없으므로 그 결과 야기되는 집행과정에서의 정책수정 등 정책변화까지 처리해야 한다.

III. 정책집행의 성격

지금까지 살펴본 정책집행은 그 기본시각을 행정과정의 입장에서 집행과정의 동태적 성격을 매우 단순화시켜 놓은 것이다. 그러나 실제 정책집행은 이보다 훨씬 복잡하고 동태적인 과정이며 어떠한 단계로 확연하게 구분 또는 규정할 수 없는 연속적이고 순환적인 과정이다. 이 집행과정은 직접 그 정책에 영향을 받게 되고 정책대상집단들과 집행기관을 둘러싸고 집행에 영향을 미치려는 정당, 국회, 압력단체, 법원, 대중매체, 시민집단 등이 상호 복합적으로 작용하는 정치적 과정이기도 하며, 정책집행기관의 상위기관과 하위기관, 기관 내 상위직과 하위직들 간의 수직적인 관료 특성과 개인적 또는 수평적인 관료의 특성들이 매우 복잡하게 이루어지는 행정적 과정이기도 한 것이다.

이러한 다양한 속성을 가진 정책집행의 과정은 그 집행과정에 작용하는 변수들에 따라 각각 상이한 모습으로 나타난다. 정책집행을 둘러싸고 있는 환경적 여건에 따라서도 그 과정은 달리 나타나게 되며, 정책의 종류나 내용이 다름에 따라서도 집행의 과정은 변화되고, 정책의 선행정책과정이 어떠했느냐에 따라서도 달라진다. 특히 집행에 직면한 정책이 어떠한 전력을 가졌는가에 따라서 정책집행과정이 달라지는 경우를 보면 예컨대, 정책의제채택과정에서나 정책결정과정에서 이 집행에 직면한 정책과의 경쟁에 패배했던 개인이나 집단들이 있다면 이들이 없는 경우에 비하여 그 집행과정은 달라질 것이며, 이들의 정책집행과정에서의 방해정도가 어떠하냐에 따라서도 그 과정은 다르게 된다. 또한 이들이 있을 경우, 즉 방해나 반대를 할 경우에는 동종의 정책, 유사한 내용을 가진 정책이라고 할지라도 그 과정은 이들이 없을 때와는 서로 상이해 질 수 있는 것이다.

정책집행과정의 성격을 상호적응과정, 순환과정, 새로운 정책의 결정과정, 정치과정, 복합적 종합과정이라는 다섯가지로 나누어 검토한다.[19]

1. 상호적응과정으로서의 성격

정책이 성공적으로 집행되기 위해서는 정책집행 담당자들이 우선 그 정책을 충분히 인식하고 그것에 적응해야 한다. 뿐만 아니라 집행을 담당하고 있는 행정기관의 구조적 요인도 정책의 내용이나 종류에 따라 효율적인 집행체제를 마련하기 위해 수정되어야 하며, 집행을 위한 계획 자체도 현지 실정에 적합하도록 적절히 수정되어야 한다.[20] 즉 정책집행이란 새로운 기법이나 계획의 직접적·직선적인 적용이 아닌 동태적이고 순환적인 상호적응과정인 것이다. 또한 정책집행의 효율성을 제고하기 위해서는 현지의 상황이나 참여자들이 서로 잘 적응되어야 할 뿐만 아니라 구체적인 프로젝트의 목표나 방법 역시 어느 정도까지는 현지의 실정에 맞도록 바뀌어야 한다. 이와 같이 정책집행과정은 정책집행자, 정책환경, 정책참여자들을 비롯하여 집행조직의 각종 상황요소에 변화가 일어나는 과정이며, 경우에 따라서는 정책검토나 구체적인 프로젝트의 방법이나 절차까지도 정책의 효율적 집행을 위해서는 수정할 수밖에 없는 상호적응의 과정인 것이다.

2. 순환과정으로서의 성격

정책집행은 정책결정 혹은 정책평가와 서로 분리·독립된 과정이 아니며, 각 과정은 상호 간에 밀접하게 관련되어 서로 영향을 주고받는 순환적 과정이다. 특히 정책의 전 과정이 상호 순환적·적응적 과정이라고 할 수 있는 것은 이 집행과정이 타 과정들을 연결해 주고 수정·보완해 주는 역할을 하고 있기 때문이라 할 것이다. 그러나 고전적인 정책연구에서는 정책과정의 각 단계를 서로 분립·독립되어 있으며, 그 진행순서도 정책결정-집행-평가-종결 등과 같이 일정한 시차를 두고 각 단계별로 순차적으로 진행되는 것으로 보았다. 따라서 각 단계에서 요구되는 지식, 기술, 정보도 다른 것으로 보고, 각 단계의 참여자들도 서로 다른 경험이나 학문적인 배경을 지닌 자들로 구성되는 경우가 많았다. 그러나 현실적으로 이들 각 단계들은 〈그림 8-2〉와 같이 서로 영향을 주고받는 순환적인 관계로 이루어진다.

정책결정에 의해 수립된 정책은 집행과정 중에 예기치 못한 사태가 발생하거나 집행상황이나 현지실정에 적응하기 위해서 재평가 및 재구성되기도 한다. 또한 집행활동은 언제나 평가를 의식하지 않을 수 없으므로 평가에 영향을 받으며, 평가는 다시 새로운 결정을 하게 하거나 결정을 변화시키고 다음의 정책결정에 환류되어 영향을 미친다. 이처럼 정책평가과정은 정책형성과정과 정책평가과정이 복합적으로 교류되고 있는 순환과정으로서의 성격을 지니고 있는 것이다.[21]

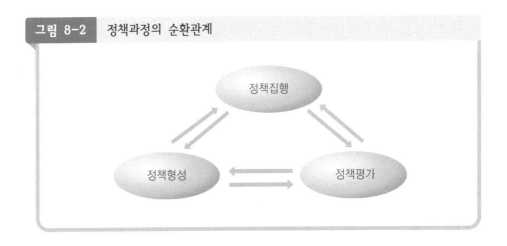

그림 8-2 정책과정의 순환관계

정책집행

정책형성

정책평가

3. 새로운 정책결정과정으로서의 성격

　'정책은 만들어지면서 집행되고 집행되면서 만들어진다'는 말이 의미하듯이 정책집행과정 속에는 정책이 수정되거나 보완되고 결국에는 새로운 정책이 형성되는 정책결정과정으로서의 성격도 내포되어 있다고 볼 수 있다. 특히 정책집행과정을 반복적 순환과정으로 파악하는 것도 정책이란 집행단계에서 재평가되고 수정됨으로써 그것을 새로운 정책결정으로 볼 수 있다는 관점을 대변하는 것이다. 물론 최선의 상태로 정책결정에 의해 수립된 정책을 본래의 목표와 의도대로 집행함으로써 최대의 성과를 가져올 수 있다면 매우 바람직하겠지만 현실적으로는 그것이 거의 불가능하다.

　현실적으로 볼 때, 정책결정단계에서 가장 합리적인 결정을 할 수도 없을 뿐 아니라 설사 그것이 가능하다고 하더라도 집행과정에서의 예기치 못한 상황변화에 적응하기 위해서는 정책결정단계에서 선택된 절차나 방법은 물론 경우에 따라서는 정책목표까지도 집행도중에 수정해야 할 때가 있다. Lindblom은 그의 저서 「정책결정과정(The Policy-Making Process)」에서 집행은 정도의 차이는 있으나 항상 정책을 결정하거나 정책을 수정한다고 주장하면서 그 근거로 미래예측의 불완전성과 정책결정자들의 능력부족 등을 제시하고 있다.[22] 정책결정과정에서는 모든 상황을 다 예측하고 검토할만한 구체적이고 상세한 결정을 내리기가 불가능하다.

이러한 정책결정의 이 불완전성으로 인해 정책집행자들에게 정책을 수정·보완할
수 있는 정책수정권을 부여하게 된다.

4. 정치과정으로서의 성격

정책의제설정이나 정책결정에서와 같이 정책집행에서도 공식적인 정책집행
기관을 둘러싸고 다양한 개인이나 집단이 참여하여 서로가 영향을 행사하려고 한
다. 이들은 각자 상이한 이해관계, 목적, 가치관 등을 가지고 상호경쟁과정을 통
해 자기들의 이익을 추구하기 위해 노력하는 것이다. 특히 이 과정은 정책당국과
국민이 직접 접촉하고 정책의 효과가 곧바로 나타나는 영역이기 때문에 자기들의
이익을 추구하기 위한 참여자들 간의 경쟁이나 대립, 그리고 이들과 정책당국 간
의 관계가 가장 복잡하고 동태적으로 작용하는 정치과정적인 성격을 지니게 된
다. 이와 같은 정책집행에서의 정치적 활동은 정책집행기관 내부의 구성원들 간
에 발생하는 것과 집행기관외부에서 집행기관에 영향력을 행사하려는 개인 및 집
단들 사이에서 발생하는 것으로 나누어 볼 수 있다.

첫째는 집행기관내부의 다양한 부서와 계층에 위치하고 있는 구성원들 간에
벌어지는 정치적 성격을 들 수 있다. 이들은 정책의 목표나 정책지시의 해석, 권
한과 업무의 분담, 한정된 인적·물적 자원의 확보, 기타 집행수단에 관한 의사결
정 등에서 각자의 이해관계를 위해 활동한다. 그 결과 상호 간에 경쟁, 갈등, 투쟁
등이 발생하며, 협상과 타협이 이루어지고 여러 가지 방법으로 각자의 요구를 충
족시켜 나가려고 하는 것이다.

둘째는 집행자와 집행기관을 둘러싸고 벌어지는 외부세력들과의 상호관계
에서 발생되는 정치적 성격을 들 수 있다. 정책은 그것이 합법성 또는 정당성을
확보하였다 하더라도 관련된 갈등이나 대립이 완전히 해소되었음을 의미하는 것
은 아니다. 많은 경우 정책은 목표도 분명하지 않고 경쟁적인 관련자들 간에 합의
도 보지 못한 채 입법과정을 통과해 합법화되기도 한다. 비록 정책결정과정에서
어느 정도 합의가 이루어졌다고 하더라도 일반적으로 여러 이해관계자들은 그 다
음 과정, 즉 정책집행과정에서도 참여를 지속한다. 그 결과 정책결정과정에서 형

성되었던 정치활동의 무대가 그 다음 단계인 집행과정으로 옮겨지게 되며, 이들은 자기들의 요구가 충족될 때까지 모든 정책과정을 통해서 계속적인 영향력을 행사하려고 한다.

따라서 집행과정에는 전 단계에서 활동을 벌여 왔던 개인 및 집단들은 물론 집행과정에 와서 처음으로 등장한 다른 이해관계자들이 함께 참여하여 경쟁과 갈등의 복잡하고 동태적인 양상을 연출해 내는 정치적 활동을 벌이게 된다. 결국 정책집행과정의 정치적 성격이 어떠하든 간에 정책집행담당자들은 다양한 참여자들의 요구를 조정 및 조화시키기 위해 이들의 주장을 설득하고 협상과 타협의 기술을 동원하여 원만하게 해결하면서도 집행의 효율성을 제고해 나가기 위해 최선을 다해야 한다.[23]

5. 복합적 과정으로서의 성격

위에서 살펴본 바와 같이 정책집행의 성격은 그 내용이나 단계가 매우 복잡하고 다양한 복합적 과정이다. 인적·물적 자원이나 조직구조상의 여러 요소들은 물론 정책을 둘러싼 정책환경적 요소들이 서로 복잡하게 관련되어 작용하고 있다. 또한 정책집행기관의 내부와 외부적인 여러 가지 영향요인들이 끊임없이 영향력을 행사해나가는 소용돌이과정이라고 하겠다. 그뿐만 아니라 앞에서 언급한 적응과정, 순환과정, 정치과정, 정책결정과정의 여러 성격을 함께 내포하는 통합적 과정이라고도 할 수 있는 것이다.

제 4 절 정책집행의 유형

정책과정이 계속되는 순환과정이라는 것은 이미 언급한 바 있다. 이처럼 정책과정의 한 단계인 정책집행과정은 정책결정과도 상호 관련 작용을 할 뿐만 아니라 정책평가과정과도 밀접한 관련이 있다. 이러한 관점에서 정책집행의 유형도 정책결정자와 정책집행자의 상호작용이라는 측면에서 뿐만 아니라 정책집행자와 정책평가자의 관계에 따라 나타나는 유형도 있을 수 있다. 정책집행의 유형에 관해서, McLaughlin은 상호적응, 흡수, 비집행이라는 3가지 유형으로,[24] Elmore는 체계관리모형, 관료과정모형, 조직발전모형, 갈등협상모형 등의 4가지로,[25] 그리고 Nakamura & Smallwood는 고전적 기술자형, 지시적 위임형, 협상형, 재량적 실험형, 관료적 기업가형 등의 5가지로 분류하고 있다.[26] 이들 중 McLaughlin, Nakamur & Smallwood 등은 그 분류기준을 정책결정자와 집행자 간의 관계를 중심으로 분류하였고, Elmore는 조직을 보는 관점을 중심으로 분류하였다. 이들이 제시하고 있는 정책집행의 유형을 간략하게 소개한다.

Ⅰ. 정책결정자와 집행자의 관계

1. 고전적 기술자형

정책집행의 고전적 기술자형(Classical Technocracy Type)이란 우선 정책결정자가 구체적으로 정책집행에 의해 달성되어야 할 목표를 수립한 다음, 이러한 목표를 달성하기 위하여 기술적 문제에 관한 권한을 정책집행자에게 위임하면, 정책집행자는 정책결정자가 수립한 권한의 범위 내에서 각종의 기술적 수단을 강구함으로써 정책을 실천으로 옮기는 형태의 정책집행을 말한다. 이러한 유형의 특징은, 정책결정자가 정책집행과정에 대해서 강력한 통제력을 행사하며, 집행자는 기술적인 문제에 관해서만 다소간의 재량권을 가질 뿐이다. 이러한 유형의 정책집행을 고전적 기술자형이라고 부르는 것은 '고전적 행정이론'이라는 개념과 그 의미가 같은 특징을 갖기 때문인 것으로 판단된다.

그러나 정책집행이라는 과정은 정책결정자가 도저히 상상할 수 없는 복잡한 요소들이 관련되어 있어서 시간의 경과와 함께 예상외의 문제가 야기될 소지가 항상 존재하고 있다. 정책결정자의 강력한 통제력 때문에 정책집행자들이 정책목표를 달성하는데 필요한 적절한 조치나 기술적 조절을 할 수 없다면, 그 정책은 본래 의도한 목표를 충분히 달성할 수 없으며 오히려 전혀 예기치 못한 새로운 문제로 고민하지 않을 수 없을지도 모른다.

2. 지시적 위임형

지시적 위임형(Instructed Delegation Type)이란 정책결정자가 수립한 목표에 정책집행자가 합의를 하고 정책결정자가 정책집행자에게 목표의 달성을 지시함에 있어 그 목표달성을 위해 요구되는 각종 집행권한을 광범하게 위임하는 형태의 정책집행을 말한다. 지시적 위임형의 특징은, 첫째, 정책결정자가 구체적인 목표를 수립할 뿐 아니라 정책집행자들은 이 목표의 필요성에 합의하고 수용하고, 둘째, 정책결정자는 집행자에게 목표의 지시와 동시에 그 달성을 위해 요구되는 각종 행정적 권한을 광범하게 위임하며, 셋째, 나아가 정책집행자는 이 목표달성에 필요한 기술적, 행정적, 협상적 능력을 보유하고 있을 뿐만 아니라 집행자들 상호 간에 협력도 가능하다는 것이다. 따라서 기술적 위임형은 고전적 기술자형보다는 정책결정자가 정책집행자에게 많은 권한을 위임하게 된다. 그러나 어디까지나 통제권을 가지고 집행자는 단지 수립된 목표의 달성에 필요한 수단만을 결정할 권한을 가진다는 점에서 다음과 같은 정책집행의 문제점이 제기될 수 있을 것이다.

첫째, 정책결정자는 정책집행자들이 그 목표달성을 위해 충분한 기술적 능력을 가진다고 가정하기 때문에 만약 집행자들이 그들의 과업을 수행하는데 필요한 전문성이나 기술을 보유하지 않는다면 집행상의 문제가 일어날 수 있다. 집행자들 상호 간에 목표달성을 위해 가장 적절한 수단이 무엇이냐에 관하여 갈등이나 분쟁이 일어날 수도 있다.

둘째, 이 유형에서는 그 기본적인 가정으로 정책결정자가 명확하고 정밀한 목표를 수립할 수 있다고 하지만, 정책결정자의 지시가 불명확한 경우 집행자들 상호 간에 정책결정자의 진의가 무엇이며 나아가 목표달성에 최적의 수단이 무엇인가에 관해서 분쟁이 발생할 수 있다.

3. 협상형

협상형(Bargaining Type)이란 정책결정자와 집행자 간에 정책목표나 그 목표달성을 위한 수단의 선택을 위해 상호 협상하는 형태의 정책집행방식이다. 먼저 이유형의 특징을 요약한다면, 정책결정자가 목표를 수립하나 정책결정자와 정책집행자가 그 목표나 목표달성을 위한 수단에 관하여 반드시 합의를 보고 있는 것은 아니다. 따라서 정책집행자들은 정책결정자와 같이 목표나 목표달성을 위한 수단에 관하여 협상한다. 앞의 고전적 기술자형이나 지시위임형의 경우에는 정책결정자와 집행자가 목표의 필요성에 관하여는 합의를 보이고 있었지만, 협상형은 그렇지 못하다는 데서 큰 차이가 있다. 이러한 협상형의 경우 정책집행은 결국 협상의 결과에 의존하겠지만, 그 협상은 정책결정자와 정책집행자 간에 어느 편의 힘이 더 강한가에 따라 달라진다. 만약, 정책결정자가 권력을 독점하고 있다면 비록 집행자가 싫어하더라도 그 정책의 집행을 강요받게 될 것이며 양자의 권력보유상황이 동등하여 균형을 이룰 때는 그 정책은 양자의 협상에 의한 타협에 의해 집행될 것이다. 그러나 집행자의 힘이 정책결정자보다 강력할 때는 그 정책은 집행력을 잃고 말 것이다.

4. 재량적 실험형

재량적 실험형(Discretionary Experimentation Type)이란 해결해야 할 중요한 정책문제가 야기는 되었으나 문제의 성격상 복잡한 요소가 관련되어 있을 뿐 아니라 문제해결을 위한 핵심을 명확하게 찾을 수 없기 때문에 정책결정자가 구체적인 정책을 결정하지 못하고 광범한 재량권을 집행자에게 위임하는 형태를 말한다. 이 유형의 특징을 요약하면, 첫째, 공식적 정책결정자는 추상적인 목표를 지지하거나 지식·정보의 부족 또는 기타 불확실성으로 인하여 구체적인 목표를 제시하지 못하며, 둘째, 정책결정자는 집행자가 목표를 구체화하고 목표달성을 위한 수단을 강구할 수 있도록 정책집행자에게 광범한 재량권을 부여하고, 셋째, 정책집행자는 이러한 과업을 수행할 것을 수락한다는 것이다.

이 경우는 정책집행자가 곧 정책결정자라고도 할 수 있기 때문에 이 유형의 집행이 순수한 정책집행인가라고 하는 의문도 가질 수 있다. 따라서 이와 같은 유형의 정책집행이 비합리적이며 실패가능성이 높다는 우려가 제기될 수도 있다. 그러나 우선 상위정책에서 하위정책으로 이행되는 가정에서 상위정책을 집행하는 수단으로서의 하위정책이 생겨날 경우가 있다. 이 경우 목표와 수단 간의 연계가 느슨해짐으로써 정책목표가 모호하게 될 수가 있다. 그 다음 리더십의 유형에서도 집행의 시기와 대상의 특성에 따라서는 민주형지도자보다는 오히려 자유방임형지도자가 요청되는 경우가 있다. 이처럼 위험률이 높거나 불확실성이 높은 정책분야에 대해서는 섣불리 정책을 결정할 것이 아니라 그 분야에 경험과 지식과 기술을 가진 집행자에게 정책결정에 관한 권한을 대폭 위임하는 것이 실패를 줄이고 집행을 성공적으로 유도할 수 있다는 점을 유의할 필요가 있다.

이 유형의 단점으로는 집행자가 전문성이나 지식이 부족한 경우 기술적 차질이 일어날 수 있고, 불명확한 정책으로 집행에 혼란이 일어날 수도 있다. 그리고 집행자에 의한 사술이나 조작이 있을 수도 있으며, 책임한계가 불분명하여 사후 책임추궁이 곤란한 경우가 많다는 것 등이다.

5. 관료적 기업가형

관료적 기업가형(Bureaucratic Entrepreneurs Type)의 정책집행이란 정책집행자가 정책결정자의 권력을 장악하고 정책결정과정을 지배함으로써 그들 자신이 정책목표나 그 목표달성을 위한 수단까지도 수립 및 확보하는 경우를 의미한다. 이 유형의 특징은, 첫째, 정책집행자가 그들의 정책목표를 수립하고 실력을 동원하여 공식적인 정책결정자로 하여금 이 목표를 수용하도록 종용하며, 둘째, 정책결정자와 협상하거나 집행자가 확보한 수단을 받아들이고, 셋째, 집행자가 이러한 목표를 달성할 것을 원할 뿐만 아니라 달성할 능력도 있다고 가정한다.

행정의 기능이 확대·강화·전문화되고 있을 뿐만 아니라 직업공무원제가 확고한 현대행정에 있어서는 정책집행에 있어서도 관료적 기업가형태를 가지는 정책집행의 경우를 종종 볼 수 있다. 이런 유형과 같이 정책결정권이 집행자로 넘어

가는 원인은 정책집행자가 정책결정에 필요한 정보를 창출하고 통제하는 경우이며, 관료제의 정착으로 인하여 정책결정자는 물러가나 집행자는 계속 남아 있는 경우이고, 정책집행자들 중에는 기업가적 소질이나 정치적 능력을 발휘하여 정책결정과정을 지배하는 자가 있기 때문이다.

II. 정책집행조직에 대한 관점

앞에서 설명한 Nakamura & Smallwood의 정책집행유형은 정책결정자와 정책집행자 간의 권력관계의 유형에 따라 분류한 것이다. 그러나 Elmore는 정책집행기관인 조직이나 집행 그 자체를 어떠한 관점에서 보느냐에 따라 정책집행과정에 대한 인식의 형태가 달라지는 것으로 보고 있다. 따라서 체제관리모형, 관료과정모형, 조직발전모형, 갈등협상모형 등의 4가지 모형을 제시한다.

1. 체제관리모형

체제관리모형(System Management Model)은 조직을 체제로 보고, 정책집행을 체제의 목표지향적인 활동으로 간주한다. 이 모형의 조직에 대한 기본관점은, 첫째, 조직은 합리적 가치를 극대화하고 수립된 목표를 달성하도록 운영되며 계층제의 원리에 따라 구성되어야 한다. 둘째, 최고관리층은 정책결정과 체제전반에 걸친 성과에 책임을 지며 할당된 과업과 목표를 통해 하위층을 통제한다. 셋째, 조직이 수행하는 과업의 성과를 극대화하기 위해서는 하위조직단위 상호 간에 권한과 책임이 적정하게 배분되어야 한다고 본다. 따라서 이 모형은 정책집행을 '주어진 정책의도를 정확히 반영할 수 있도록 세분된 목표의 집합체와 그것이 작용하는 동태적 과정'으로 본다.

이 모형의 관점에서 정책을 효과적으로 집행하기 위해서는, 정책의도를 정확하게 반영하는 세분된 과업과 목표가 있어야 하고, 과업과 성과를 판단하는 기준을 하위조직단위에 할당하고 배분하는 관리계획이 필요하며, 하위조직단위가 자신의 성과에 대해 책임을 질 수 있도록 하는 충분한 통제와 사회적 제재시스템을 구축해야 한다고 본다. 그러나 이 모형은 정책집행과 관련되는 상위계층이 많아지는 경우 관할영역을 초월한 통제가 어렵고, 규범적 성향이 농후하여 조직 내 갈등이 심하게 야기되는 경우 현실세계의 어려움을 설명하는 데는 한계가 있다.

2. 관료과정모형

관료과정모형(Bureaucratic Process Model)은 정책집행을 이례적인 재량을 통제하는 일상적이고 관례화된 과정으로 본다. 이 모형에 따르면, 조직은 이례적인 재량과 일상적인 관례의 2가지 속성을 지니며, 조직 내부의 세력은 특정 과업을 통제하는 하위단위로 분산되는 경향이 있다고 본다. 정책결정은 이례적인 재량을 통제하고 일상적인 관례를 변경하는 과업이며, 정책집행은 재량이 어디에 집중되어 있으며 어떠한 관례가 변경되는가를 확인하는 과업이다. 따라서 이 모형에서 정책집행은 재량의 소재를 파악하여 통제방안을 모색하고 관례화된 과정을 어떻게 정책목표에 부합되도록 변경시킬 수 있는지 그 방안을 찾아내는 것으로 본다.

이 모형은 하위단위의 일선관료들이 통제와 변화에 저항적이라고 보면서도 그것은 단순한 타성 때문이 아니라 현 상태를 그대로 유지하려는 동태적 보수성(dynamic conservation) 때문인 것으로 본다. 또한 이들이 주민들과 직접 접촉하는 데에는 재량의 한계가 있고, 정책결정자들과는 거리가 너무 떨어져 있다고 본다. 따라서 정책의 성패를 좌우하는 하위단위의 일선관료들을 계층제 내의 고위층이 제대로 통제하지 못한다고 보는데, 이 점이 오히려 이 모형의 장점이라고 본다. 그러나 이 모형은 정책집행과정을 향상시키는 명백한 대안을 제시하지 못한다거나 체제관리모형과 같이 규범적 성격이 강하다는 점, 그리고 정책결정에 대한 집행자의 영향력을 간과하고 있다는 단점을 지니고 있다.

3. 조직발전모형

조직발전모형(Organization Development Model)은 정책집행을 집행자가 정책을

결정하거나 결정에 참여하여 자신의 입장을 주장하는 참여적 과정으로 보고 있
다. 이 모형에 따르면, 조직은 개인의 사회심리적 기본욕구를 충족시키도록 기능
해야 하고, 조직은 조직구성원들 스스로의 개인적 통제와 결정에의 참여, 조직목
표에 대한 몰입을 극대화할 수 있도록 구성되어야 한다는 것이다. 즉 가장 바람직
한 조직구조는 계층제적 통제를 극소화하고, 모든 계층에게 의사결정에 대한 책
임을 적절히 분배할 수 있도록 구성하는 것이다. 또한 조직 내에서 얼마나 효과적
인 작업집단을 만들어 내느냐에 따라 구성원들 간에 개방적인 의사소통구조를 확
립하고, 신뢰와 지지에 바탕을 둔 인간관계를 형성하며 구성원들이 지닌 지식과
기술을 최대로 활용하고, 갈등을 효과적으로 관리할 수 있다고 본다. 따라서 정책
집행과정은 당연히 정책결정자와 집행자 간의 합의와 수용이라고 보는 것이다.

　이 모형은 기존의 관점과는 달리 정책결정이 조직의 하위단위에서도 이루어
질 수 있다는 점을 강조한다. 그리고 정책결정에 하위조직의 공직자들이 참여함
으로써 정책집행이 더욱 용이해진다고 보고 있다. 따라서 이 모형에서는 정책결
정과 정책집행의 영역과 그 경계가 그만큼 모호해 진다는 비판을 받을 수 있다.
이 모형에서는 정책의 흐름은 단순히 하향적인 것이 아니고 상호 교호적이며, 하
위층의 동기와 자아실현이 중요하고, 구성원들 간의 신뢰와 협조를 조성하는 조
직분위기는 집단적 문제해결과 개인의 성장과 직무만족에 유리하게 작용한다고
보며, 하위조직단위의 능력이 정책과 정책집행에 큰 영향을 미친다고 보고 있다.
그러나 이 모형은 조직 내의 갈등을 간과하고 있고, 권력적 요소와 정치변화의
문제를 소홀히 취급하고 있다는 비판을 받고 있다.

4. 갈등협상모형

　갈등협상모형(Conflict Negotiation Model)은 정책집행을 순환적으로 반복되는 갈
등과 협상의 과정으로 보고 있다. 이 모형은 조직은 권력행사와 자원배분과정에
서 상대적 이익을 추구하는 개인과 하위조직단위가 경쟁을 벌이는 갈등의 장이
다. 그리고 조직 내의 권력행사와 권한분포는 공식적 구조와 무관하게 언제나 불
안정하며, 개인과 하위조직단위들 간의 상대적 영향력은 부단히 변화한다. 또한

조직 내의 의사결정은 하위조직단위들 상호 간의 협상에 의해 이루어진다고 본다. 따라서 정책집행은 참여자들의 선호와 세력을 반영하는 협상을 통해 이루어지며, 이 협상은 협상과정에 참여하는 참여자들 간의 세력에 따라 결정된다.

갈등협상 모형은 협상의 형태를 이해하려면 갈등의 상대성을 파악해야 하고, 정책집행은 계층적 통제나 예견되는 관례변경, 그리고 집단의 동의 없이도 이루어질 수 있는 것이다. 또한 협상을 통해 얻은 결정은 문제를 완전히 해결했다고는 볼 수 없고, 언제나 갈등의 소지를 담고 있는 잠정적 해결에 지나지 않는다고 본다. 그러나 이 모형은 정책집행의 성패를 좌우하는 객관적 기준을 제시하지 못하고 오히려 혼란만 야기시킨다는 비판을 면하기 어렵다.

제 5 절 정책집행의 변수

어떤 현상을 야기하는데 영향을 미치는 주요 요인들을 변수라고 한다. 이런 맥락에서 정책집행의 변수란 효율적 정책집행 내지 성공적 정책집행에 영향을 미치는 요인들이라고 할 수 있다. 바꾸어 말하면, 정책이 의도한 바의 성과를 얻기 위해서 구체적으로 정책집행활동을 할 때 여기에 영향을 미치는 요인을 의미한다. 따라서 정책집행의 국면에서 중요한 영향을 미치고 있는 요인들을 정확하게 이해하기 위해서는 이들 변수 중에서도 실증적으로 검증된 중요한 변수를 선정하여 이들의 특징과 상호관계를 검토해 볼 필요가 있다.

이들 변수에 대한 견해는 학자의 시각에 따라 차이를 보이는데, 행정적인 시각에서 출발한 학자들은 집행조직내부의 변수 및 이와 직결되는 변수를 강조한다. 예컨대 Pressman & Wildavsky는 중간매개집단, 실현가능한 구체적인 수단, 지속적인 집행지도 등을 제시하고,[27] Edwards Ⅲ는 정책의 명확성과 일관성, 집행요원, 물적 시설, 집행권한, 집행자들의 성향, 집행조직의 구조(SOP) 등을 제시한다.[28] 그리고 Meter & Horn은 정책기준과 목표와 자원, 집행조직 간의 의사전달과 연계

활동과 유능한 집행요원, 사회, 경제, 정치적 요인 등을 들었고,[29] Nakamura &
Smallwood는 정책내용의 명확성, 정책결정자들의 행동, 정책집행조직의 구조, 규
범, 자원, 그리고 평가의 성격과 평가자의 영향 등을 들었다.[30] 그 외에도 백완기
교수는 리더십을 중심으로 한 조정·통합력, 조직성원의 자격능력 및 가치관, 분
업체계와 조직형태, 관리정향적 철학, 목표의 정확한 해석과 세분화과정, 업무스
케줄의 작성, 원활한 커뮤니케이션의 확보, 조직성원의 사기진작 등을 들었다. 이
처럼 정책집행에 영향을 미치는 요인들로는 여러 가지 요소가 있겠지만 여기서는
정책 자체의 요인, 정책집행체제의 내적 요인, 정책집행체제의 외적요인, 정책대
상집단의 요인 등으로 나누어 소개한다.

Ⅰ. 정책 자체의 요인

정책 자체의 요인은 정책결정과정에서 어떠한 성격의 정책을 결정하며, 결정
된 정책은 그 정책이 달성하고자 하는 정확한 목표를 제시하고 있는가라는 문제로
서, 주로 정책결정과정의 문제가 정책집행에 영향을 미치는 요인이라고 하겠다.

1. 정책의 성격

정책의 성공적 집행여부를 좌우하는 영향요인으로 우선 정책내용과 정책문
제의 성격을 들 수 있다. 즉 정책내용과 정책성격이 어떤가에 따라 정책집행의
성패에 큰 영향을 미친다는 것이다.

첫째, 그 정책이 규제하고자 하는 행태나 변화시키려고 하는 행태가 다양할
수록 효율적 집행은 어려워진다. 따라서 가능한 규제대상으로서의 행태나 변화대
상으로서의 행태는 단순하고 가벼운 것일 때 집행은 용이해진다.

둘째, 정책집행의 대상집단이 그 규모가 클수록 정책집행의 효율성을 제고하
기는 어려워진다. 즉 정책대상집단이 작고 격리되어 있는 경우에는 그 정책에 대
한 정치적 지지를 얻기가 용이하며, 따라서 그 정책이 이룩하고자 하는 목표의

달성이 쉬워진다.

셋째, 대상집단의 행태변화를 요구하는 범위가 넓고 그 정도가 심각할수록 그 정책은 집행에 많은 시간과 노력이 소요될 것이며, 효율성의 문제에는 어려움이 따를 것이다. 예컨대, 미국남부지방에 있어서 인종차별폐지정책은 백인들에게 요구하는 행태변화가 매우 큰 것이었기 때문에 그 정책목표달성에는 많은 대가를 지불해야 했다.

넷째, 정책의 집행으로 인해 발생된 변화에 대한 측정이 용이해야 하며 인과관계성립의 증명이 가능해야 한다. 예컨대, 대기오염규제정책을 집행함에 있어서 공장에서 배출되는 매연 속에 유황의 함유량이 대기 속의 아황산가스의 함유량을 증가시키고 나가가 국민보건에 해를 끼치는 것을 입증하여야 한다. 이를 위해 우선 대기오염을 측정할 수 있는 저렴하고 비교적 정확한 측정방법이 있어야 하고, 특정한 공정이 매연과 대기오염을 연결시키는 인과모형이 있어야 하며, 나아가 대기의 오염도와 그 지역주민의 건강 간에도 인과관계가 있어야 한다. 만일 합당한 인과모형이나 필요한 기술이 존재하지 않는 경우에는 정책집행에 많은 어려움을 야기할 수 있다.

이상과 같이 그 정책이 갖는 성격에 따라 정책집행의 난이도는 현격히 달라지는 것이다. 경우에 따라서는 그 정책에 대한 정치적 뒷받침이 감소됨으로써 정책의 목표가 무시되거나 수정되기도 하며, 그렇지 않다고 하더라도 정책목표의 달성에 많은 시간이 소요됨으로써 정책시한이 연장될 수밖에 없는 것이다.

2. 정책목표의 명확성

명확한 정책목표의 수립은 효율적인 정책집행을 위한 가장 중요한 전제조건이라고 할 수 있다. 이때 명확성(clearity)이란 무엇을 달성해야 할 것인가뿐만 아니라 어떻게 달성할 것인가에 관해서도 구체적이고 명백해야 함을 의미한다. 즉 정책의 목표들과 그러한 목표들을 달성하기 위한 수단들은 정책집행자들로 하여금 그들이 무엇을 해야 하는가를 알 수 있도록 가능한 최대로 간결하게 기술되어야 한다. 또한 정책집행을 위한 정책지시는 정책집행자의 임무를 명확히 하고 그들

의 정책집행의 성과를 측정함으로써 그 결과에 대한 집행자의 책임을 물을 수 있
는 것이어야 한다.

1) 목표의 명확성을 저해하는 요인

(1) 기술적 제약성

기술적 제약성(technical limitations)은 정책결정자가 어떠한 문제해결을 위해 행
해야 할 구체적인 수단을 알 수 없는 경우를 말한다. 즉 분명히 어떤 문제를 해결
을 해야 하지만 기술부족이나 지식부족으로 인하여 그것을 해결할 수 있는 방법
을 알지 못하는 경우이다. 학자에 따라서는 이와 같이 목표가 기존 지식을 앞지르
는 것일 때는 정책결정자는 정책을 수립하지 말아야 한다고 하지만 사실 정치분
야에 있어서는 국민의 요청이나 여론의 압력에 의해 실제로 그 정책의 효과나 성
과를 올릴 수 있는 정책수단보다는 장차 어떠한 수단을 취하겠다는 약속으로서의
성격을 갖는 정책을 채택하는 경우도 있다. 따라서 목표가 수단을 앞지르는 정책
의 수립이 무익한 것이라고는 할 수 없다. 이러한 정책들이 당장에는 목표달성을
위한 구체적 수단을 제시할 수 없다고는 하지만 최소한 장차 기술적으로 실현가
능한 해결방안의 모색을 위하여 사회의 자원을 동원하는 역할을 한다는 것이다.

(2) 개념적 복잡성

개념적 복잡성(conceptual complexity)이란 정책결정자들 상호 간에 해결하고자
하는 문제의 내용을 명확히 제시한다면, 정책결정자들은 해결하고자 하는 문제로
서의 목표와 그것을 달성하기 위한 수단 간에 적절한 관계를 정립하여 정책집행
의 지침을 마련할 수 있을 것이다. 그러나 문제의 제시가 불분명할 때는 정책집행
자는 선정된 수단이 해결하고자 하는 문제와 어떠한 관계가 있는지 단지 짐작 밖
에는 할 수 없다. 이처럼 해결하고자 하는 문제에 관한 정책결정자들 간에 합의가
되지 못하는 것은 그 문제가 안고 있는 개념이나 내용에 관해 각자의 해석이 일치
하지 못하는 데서 나온다. 이처럼 다양한 해석을 야기하는 요인으로는, 첫째, 개
개인의 개념이나 가치관의 차이에서 오는 개인적 요인이고, 둘째, 문제의 범위가
광범위함으로 인해 그 문제의 중요 요소에 대해 정치집단이나 개인 간에 상이한

견해가 나오는 경우이며, 셋째, 문제의 내용이 복잡하여 다양한 해석이 가능한 경우 등이 있다.

개념의 복잡성으로 동일한 문제를 두고 다양한 해석이 나올 수 있다는 점을 강조하는 예로, Lindblom은 미국 내에서 노상폭력이 증가하고 있는 사태의 원인을 법과 질서의 추락, 인종차별, 개혁의 속도에 의한 흑인들의 불만, 혁명의 선동, 저소득, 비교적 조용한 개혁운동의 주변에서 일어난 무법상태, 도시화의 부작용, 소외감 등 여러 가지로 볼 수 있다는 것이다.[31]

(3) 정치적 연합형태

정치적 연합형성(coalition building)은 정책을 요구하는 많은 사람들의 다양한 이해관계를 하나의 공통된 정책에 집결하려는 정책결정자들의 노력의 결과로 나타난다. 이처럼 정치적 연합형성에 관한 요구가 명확한 정책수립에 대한 요구와 상반됨으로써 정책목표의 명확성은 저해되기 마련이다. 의회에서의 정책결정은 상충되는 각종 이익집단들의 요구와 다양한 정치이론을 조화시키고 다양한 의원들의 선호를 융화시켜야 한다. 이를 위해서는 정책의 표현이 추상적이고 재분배적인 색채가 희박해 질수록 좋고, 그럴수록 그 정책에 합의할 수 있는 의원의 수가 늘어나게 된다.

정치적 연합형성은 결과적으로 정책의 목표를 불명확하게 함으로써 모호한 정책을 제시하게 되고, 이는 다시 대립되는 세력의 대결을 정책결정단계로부터 정책집행단계로 미루는 결과를 가져와서 정책집행에 어려움을 초래한다. 사실 연합형성은 다원적 사회에 있어서 정책수립을 위해서는 필요한 과정일지 모르나, 참여자들 간에 참된 의미의 합의를 필요로 하는 단계는 아니다. 그것은 정책결정자들이란 그것이 구체적으로 무엇을 의미하는지도 알지 못하고 추상적이고 일반적인 정책에 합의할 수 있기 때문이며, 정책집행과정에서 발생할 수 있는 해석상의 충돌의 소지가 정책결정과정에서 주어지게 되지만 정책결정자들은 그들의 이러한 행동이 어떠한 결과를 초래할지를 의식하지도 못하고 정책수립에만 급급한 경우가 허다한 것이다.

II. 정책집행체제의 내부적 요인

1. 재 원

정책집행에 영향을 미치는 자원으로는 인적 자원, 물적 자원(예산), 지식, 정보, 기술, 시간, 권한 등과 같은 수많은 요인들이 있다. 특히 Edward & Sharkansky는 인적 자원, 정보, 권한 등을 주요요인으로 제시하고 있다.[32] 그 중에서도 물적 자원으로서의 재원(financial resource)이 매우 큰 영향을 미친다는 것은 부인할 수 없는 사실이다. 그런데 이러한 재원은 정책집행자들의 의사와는 무관하게 대부분은 정책결정자들에 의해 책정되고 주어진다. 따라서 그 정책의 집행을 위한 재원이 충분히 확보되지 못한 경우는 그 정책은 효율적으로 집행될 수 없고 실패할 가능성이 높아지게 마련인 것이다. 아무리 훌륭한 또는 정책목표가 명확한 정책이라고 하더라도 그 집행을 위한 재원이 부족하면 비록 다소 모호한 정책이지만 그 정책을 위한 충분한 재원이 주어진 정책보다 훨씬 못한 것이다. 물론 정책에 따라서는 집행에 많은 자원을 요하지 않은 것도 있을 수 있다. 그러나 오늘날 대부분의 정책은 그 효율적 집행을 위해서는 방대한 재원과 첨단의 기술, 고도의 정보 등을 필수불가결의 요소로 하고 있다. 특히 사회간접자본시설의 설치를 그 내용으로 하는 정책의 경우에는 장기간에 걸쳐 대규모의 국가예산을 투자해야 하는 것들이 대부분이다.

2. 집행기관의 특성

1) 집행기관의 규모, 구조 및 성격

정책집행을 직접 담당하는 집행기관의 내부모형 및 이를 규율하고 있는 규정 나아가 담당 공무원들의 정책목표달성에 대한 태도 등이 정책집행에 커다란 영향을 미친다는 것은 주지의 사실이다. 정책에 따라서는 그 수립과정에서 집행을 위한 새로운 기관을 설립하는 경우도 있는데, 이때 미리 정책집행기관의 규정까지도 결정함으로써 정책집행의 효율화를 기하고자 하기도 한다. 그러나 대부분의 정책은 기존 행정기관을 통해 집행됨으로써 해당 집행기관의 내부규정에 의해 많은 영향을 받게 된다. 그리고 비록 정책집행담당기관의 규정이 정책목표달성에 용이하도록 제정되었다고 할지라도 집행담당기관의 공무원들이 정책목표에 적극 찬동하고 목표달성을 위하여 능동적으로 나서지 않을 때는 정책집행의 효율성을 기할 수 없다. 이는 해당 집행기관의 공무원들의 태도가 집행을 위해 적극적이고 능동적일 때는 규정 자체도 효율적인 집행에 유리하도록 개정해 나갈 수 있음을 의미하는 것이다.

정책집행의 효율성을 높이기 위해서는 어떤 새로운 정책이든 간에 그 정책에 대하여 호의적이거나 적어도 중립적인 견해를 지니고, 대상집단이나 다른 공무원들의 저항을 극복하고 목표달성을 강력히 추진할 집행자가 요구되는 것이다. 정책집행에 있어 그러한 조치를 취하기 위해 정책결정자들이 정책목표에 호의적인 기관이나 공무원에게 정책집행을 맡길 수 있는 방법으로는 다음과 같은 것이 있다.

첫째, 특정한 정책목표에 합치되는 정책정향(policy orientation)을 가지고 새로운 사업에 높은 우선순위를 부여할 용의가 있는 기관에 집행을 맡기든지 아니면 새로운 집행기관을 신설하는 방법이 있다. 이 경우 최선의 방법으로는 동 정책집행을 담당할 새로운 기관을 신설하는 것이다. 우리나라의 경우 과학기술진흥 및 사업을 위하여 과학기술처를 신설하였고, 공해방지를 위하여 환경청을 신설한 경우가 그 예라 할 수 있다. 한편 새로운 기관의 신설이 어려운 경우는 그 정책이 기관의 전통적인 방침과 일치한다고 설정하고 새로운 정책에 높은 우선순위를 부여할 사회적 평가가 높은 기존의 기관에 집행을 맡기는 방법도 있다. 과거 산림정책(산림녹화 10개년 계획)의 집행을 위해 산림청을 농림부 소속에서 내무부 소속으로 옮긴 것이 그 예라 하겠다.

둘째, 집행기관의 책임자들을 정책목표에 동조하는 사회적 계층에서 선정하는 방법이 있다. 이상과 같이 이론적으로는 정책목표에 호의적이며 능동적인 기관이나 공무원에게 그 집행을 맡길 수 있는 방법이 있지만 현실적으로는 많은 제약이 있으며 오히려 그 반대의 방향으로 집행을 맡기지 않을 수 없는 경우가 있다.

2) 집행기관 상호 간의 협조체계

정책집행에 관한 연구가 시작된 근본적 원인은 정책집행기관 상호 간의 관계가 정립되지 못하고 상호협조체계가 구축되지 못하여 정책집행에 많은 문제점이 발생했기 때문이다. 특히 불명확한 정책 및 모호한 국가목표 등으로 인한 것이나, 연방제 하에서 주정부나 지방자치단체가 누리는 자율성으로 인하여 많은 정책이 소기의 성과를 거두지 못하는 것을 흔히 볼 수 있다. 하나의 정책을 집행하기 위해서는 비록 그 정책을 전담한 기관은 하나 혹은 소수일지 모르나 그 정책의 집행에 협력해야 할 기관은 그보다 훨씬 많다. 정책의 집행과 관련된 기관을 보면 때로는 그 정책의 집행을 거부하려는 거부권행사기관이 있는가 하면, 그 정책의 집행 초점에 관해 사전에 상호 협력해야 하는 협의기관이 있고, 때로는 그 정책의 집행을 위해 위반자에게 대해 제재도 있을 수 있다.

3. 정책집행자의 리더십

정책집행기관의 책임자들이 정책목표의 달성을 위해 어느 정도 적극적인가, 즉 얼마나 열성을 보이며 얼마나 리더십을 발휘할 수 있느냐 하는 문제가 정책의 집행에 큰 영향을 미치는 요인이 된다. 정책집행기관의 책임자가 정책목표의 실현을 위해 보이는 적극적이고 열성적인 태도는 정책결정과정에 있어서 어떤 기관에게 집행을 담당시키며 이 기관의 책임자에 대한 선임방법은 어떻게 하느냐에 많이 의존한다. 그 외에도 관련 사회단체, 지배기관의 지원, 정책집행 공무원들의 직업관, 개인적 가치관 등에 의해서도 많은 영향을 받는다. 사전에 철저한 연구·검토 끝에 설치된 신설기관에게 정책집행을 맡길 경우, 일반적으로 정책집행 책임자의 적극성과 열의가 높아지게 되고, 이때 정책집행은 성공적인 확률이 높다. 그러나 이것도 일정한 시간이 경과되면 집행에 열의를 보이던 공무원들은 물러가고 안정을 바라는 다른 공무원들이 해당 기관으로 전입해 옴으로써 초기와 같이 정책집행에 적극적인 열의를 찾기 어렵고, 점차 일상 업무화해 버리고 말 우려가 있다.

아무리 정책목표의 실현을 위한 적극성이 강하다고 하더라도 이러한 목표의 달성을 위하여 이용 가능한 자원을 활용할 줄 아는 기술이 수반되지 않을 때에는 집행이 성공을 거두기가 어렵다. 일반적으로 '리더십'이라고 부르는 기술은 정책적 요소와 관리적 요소를 지닌다. 첫째, 리더십의 정치적 요소란 지배기관의 지원을 획득하고 정책의 반대자와 대상집단의 저항을 무마하며 관련단체의 도움을 받아내는 능력을 말한다. 둘째, 관리적 요소는 적절한 통제방법을 고안하여 예산집행의 효율을 높이고 공무원들의 사기를 앙양시키며 내부의 반대자들을 침묵시키는 능력 등을 지칭한다. 모든 사람이 리더십의 중요성을 인정하나 그것이 상황과 밀접한 관련이 있기 때문에 특정한 개인이 주어진 상황 하에서 리더십을 어느 정도 발휘할 수 있느냐 하는 것은 예측하기 어려운 경우가 많다.

4. 외부인의 참여정도

정책결정과정에 외부인사나 관련기관을 얼마나 참여시키느냐 하는 것이 나중에 정책집행을 함에 큰 영향을 미치게 될 뿐만 아니라 실제 정책집행에 참여하고 있는 관련기관의 범위나 정도에 따라서도 정책집행은 많은 영향을 받게 된다. 정책결정과정에서 미리 그 정책으로부터 혜택이나 손실을 입을 수 있는 대상집단이나 이해관계인은 물론이고 입법부나 사법부의 관련기관이나 관련자들을 참여시킴으로써 정책집행과정에서 발생할지 모르는 저항을 미리 무마하고 나아가 정책집행을 위한 업무협력체계를 구축할 수 있다.

또한 실제 정책을 집행함에 있어서도 가능한 범위 내에서 관련기관의 참여를 촉진시키고 그들에게 자율통제권을 부여함으로써 정책집행을 효율화하는데 많은 도움을 받을 수 있을 것이다. 예컨대, 공해방지정책의 경우 그 결정과정에서 뿐만 아니라 집행과정에서도 환경관련 단체들을 참여시킴으로써 그들로 하여금 직접 정책의 집행기능뿐 아니라 그 정책의 집행에 대한 주기적인 평가를 하게 한다거나 그 정책에 대한 통제권을 그들 단체의 장에게 부여함으로써 그 정책의 집행은 효율성이 제고될 수 있을 것이다.

Ⅲ. 정책집행체제의 외부적 요인

1. 사회·경제적 요인

정책집행에 제약을 가할 수 있는 중요한 요인으로서 사회·경제적 상황의 변화를 들 수 있다. 즉 정책에 대한 종래의 인지태도가 바뀌거나, 정책대상집단 간의 경제적 능력이나 사회·문화적 수준의 차이가 있을 경우에는 동일한 정책이라도 시기나 지역에 따라서 그 정책에 대한 집행이 보다 어려워 질 수도 있는 것이다. 뿐만 아니라 그 대상집단의 경제적 능력이나 국민경제에 미치는 영향 등에 따라서도 정책집행의 난이도는 달리 나타나며, 그 정책에 필요한 기술적 발달의 정도에 따라서도 그 집행은 많은 영향을 받게 된다.

첫째, 정책에 대한 정책대상집단의 인지태도의 변화로 인하여 정책집행에 영향을 미치는 경우는 예컨대, 우리나라의 경우 1970년대에는 고속도로 건설사업이 매우 중요한 것으로 생각되었으나, 1980년대에는 지하철건설사업이 더욱 중요한 것으로 바뀜으로써 고속도로건설보다는 지하철건설사업에 우선적으로 재원을 투입한 경우와 같은 것이다.

둘째, 정책대상집단 간의 사회·경제적 능력에 차이가 있으므로 정책집행에 영향을 미치는 경우로는 예컨대, 재정자립도가 현저히 차이가 있다든지 지역적 위치조건이 완전하게 동떨어진 두 개 이상의 지역에 대한 동일한 정책의 집행을 예상할 수 있을 것이다. 즉 서울, 부산 등과 같이 경제적, 지리적, 사회적 여건이 구비된 지역과 동해, 태백 등과 같이 모든 것이 불리한 지역들에 대하여 동일한 정책의 집행을 강요한다면 후자의 경우 오히려 주민들로부터 저항을 불러 일으켜 정책집행의 효율성을 저해할 충분한 소지가 있는 것이다.

셋째, 정책대상집단의 경제적 능력에 의해 정책집행에 영향을 미치는 것을 보면, 예컨대, 환경보존이나 소비자 보호와 같은 규제정책에 의한 경우 그 나라의 국민경제가 고도화되고 대상집단의 경제적 능력이 높을수록 정책의 집행이 용이해진다는 것이다.

넷째, 기술발달의 정도에 의한 정책집행에 영향을 미치는 것으로는 앞에서 지적한 바와 같이 예컨대, 석탄에서 유황을 추출할 수 있는 기술이 개발되어야만 화력발전소 등 석탄을 연료로 하는 업체에 대해 공해방지정책에 실효를 거둘 수 있는 경우와 같은 것이 있다.

2. 관심과 지지의 정도

정부의 정책은 대부분 국민 전체나 혹은 일부 계층을 대상으로 실시된다. 그 정책의 내용을 국민들이 얼마나 파악하고 있느냐에 따라 성패가 좌우될 수 있다. 따라서 정책의 성공적 집행을 위해서는 정책의 내용을 국민들에게 전파하는 매스컴의 지지와 협력이 절대적으로 요구된다. 우선 정책집행은 일반국민의 관심과 지지의 정도에 따라 많은 영향을 받는다. 정책에 대한 일반대중의 관심과 지지는 시간의 경과나 지역에 따라 변할 수 있으며 그 강도도 달라질 수 있다.

정책집행은 신문, 잡지, 라디오, TV 등 대중매체들에 의해서 많은 영향을 받는다. 때로는 이러한 개체들의 관심정도가 깊고 지속적이어서 그 정책의 집행에 크게 기여하기도 하고 경우에 따라서는 그 관심의 정도가 작아서 문제를 취급하는 빈도가 비지속적이며 단편적이고 곧 다른 문제로 관심을 돌려버림으로써 정책집행에 많은 지장을 주기도 한다. 전자의 예로 우리나라 중학교입시철폐정책을 들 수 있으며, 후자의 예로 공해방지정책이나 소비자보호정책 등과 같은 것을 들 수 있을 것이다.

이처럼 일반대중과 매스컴이 정책에 어느 정도 지속적인 관심을 나타내느냐 하는 것이 그 정책의 집행을 성공적으로 이끌 수 있느냐, 아니냐 하는 것과 직접 연관되어 있다고 할 수 있다. 그러나 정책에 따라서는 그 정책을 집행하기 전에 정책집행주체가 일반대중의 관심과 지지를 획득하기 위해 매스컴을 통해 그 정책을 홍보하거나 선전하는 경우도 있다. 이러한 정책은 보통 사전에 국민의 이해나 협조의 바탕 위에서만 효율적으로 집행될 수 있는 정책이라고 볼 수 있다.

3. 관련 단체의 지원

정책집행은 그 정책과 관련이 있는 단체의 지원이나 반대에 의해 많은 영향을 받는다. 전술한 바와 같이 국민대중이나 매스컴의 관심은 항상 보다 새로운 문제에 쏠리기 쉬우며 따라서 시간이 경과함에 따라 오래된 정책에 대한 관심은 희박해지기 마련인 것이다. 특히 이러한 경향은 정책의 유형 중 규제정책의 경우에서 많이 볼 수 있다. 어떤 특정한 정책의 지원자들은 이러한 국민대중과 매스컴 등의 지지와 관심의 유동성이나 가변성을 제거하고 이들의 지지와 관심을 지속적으로 유도하기 위해 이와 관련된 견실한 단체를 결성하여 당해 정책집행기관에 대해서는 물론 대통령, 의원 등에 대해서도 그들 단체의 많은 회원을 갖고 단결력과 전문성을 가진 단체임을 주지시킬 필요가 있다. 그리고 이러한 관련단체들이 지속적으로 그 정책의 집행에 적극성을 보이며, 소요 자원을 지원함으로써 그 정책의 집행을 용이하게 할 수 있으며, 그렇지 못할 경우 그 정책은 집행의 지지기반을 잃어 많은 어려움을 갖게 될 수도 있는 것이다.

그런데 이러한 단체들이 정책집행과정에 개입할 수 있는 방법은, 첫째, 정책집행기관의 결정안에 대해 지지의 의사를 보이거나 그 정책집행을 위한 자원을 뒷받침해 주는 경우와, 둘째, 집행기관의 성과를 비판하는 연구결과의 발표나 여론조성캠페인을 전개할 수 있으며 최후로는 대통령과 의회 등에 호소하는 방법 등도 활용할 수 있다. 예컨대, 규제정책에 대한 정책의 반대자들은 정책집행과정에 개입하여 그 정책의 집행을 제지해야 할 나름대로의 이유를 갖기 때문에 경우에 따라서는 그들은 전문가들을 동원하거나 충분한 자원을 가지고 정책집행기관에 대해 그들의 주장을 제시할 수 있다. 만일 정책자체가 아닌 정책집행을 위한 집행기관의 결정에 불만을 가질 때에는 상급기관 혹은 의회 혹은 여론에 그들의 주장을 호소하거나 제소할 수도 있는 것이다.

4. 통치기관의 지원

대통령, 의회 등과 같이 정책집행기관의 법적·재정적 자원을 장악하고 있는 통치기관(sovereigns)의 지지가 정책집행에 큰 영향을 미친다. 예컨대, 미국의 경우 연방정부가 정책을 수립하고 자원을 제공하나, 그 집행을 주정부나 지방자치단체가 담당하는 소위 정부간사업의 경우 가장 큰 문제점은 집행기관이 여러 개의 통치기관의 지시를 받아야 하고 때로는 이러한 지시들이 상호 모순된다는데 있다. 그런데 이러한 경우 집행기관은 자연히 장기간동안 그 기관의 법적·재정적 자원을 좌우할 수 있는 통치기관의 지시에 따르게 마련인 것이다. 보다 확실한 예로는 우리나라에 있어서 대통령이 특별한 관심을 가지는 정책의 집행이 순조로웠다는 것은 사실일 것이다. 즉 새마을사업이 그러했고, 경부고속도로건설사업 등이 그러한 예를 충분히 대변해 주고 있다.

IV. 대상집단의 성격과 태도

위에서 검토한 체제외적 요인 중 관련 단체들의 태도와는 달리 해당 정책집행에 직접적인 대상이 되고 있는 정책대상집단의 규모와 태도 등이 정책집행의 주요변수로 작용한다. 즉 그 정책을 통해 변화를 요구하는 대상집단의 성격이나 요구되는 행태변화의 정도에 따라 정책집행의 성패가 좌우될 수 있다.

1. 대상집단의 성격

정책을 통해 변화시키고자 하는 대상집단의 규모와 자원이 어떤가에 따라 정책집행은 영향을 받게 된다. 즉 대상집단의 구성원의 수와 전국적 분포정도, 대상집단의 리더십, 대상집단의 응집력, 구성원들의 전문성, 그 집단에 대한 사회적 평가와 지위 등에 따라 정책집행은 영향을 받게 된다. 그 대상집단의 구성원이 전국에 걸쳐 방대한 조직을 가지고 있거나 사회적 지명도가 높은 인사들이 다수 포함되어 있으며, 지도자를 중심으로 강력하게 체계화되어 있을 경우, 그리고 그 집단이 보유하고 있거나 동원할 수 있는 각종의 자원이 풍부할 때 그 집단은 정책집행에 불응할 가능성이 많고 그 반대의 경우 순응을 확보할 가능성이 높다. 정부

의 대기업에 대한 개혁정책이 지지부진한 것이나 노조에 대한 정리해고 정책도입
이 난관에 봉착해 있는 것 등을 그 예로 들 수 있을 것이다.

2. 요구되는 행태변화 정도

대상집단에 대해 요구하는 행태변화의 정도가 어떤가에 따라서도 정책집행
은 영향을 받게 된다. 즉 행태변화에 소요되는 자원 및 경비의 규모정도, 대상집
단이 경험한 과거의 정책에 대한 평가내용, 기타 사회경제적 요인 및 국민적 정서
와 사회적 분위기 등이 어떤가에 따라 정책집행의 내용이 달라진다. 일반적으로
특정한 정책집행에 순응하기 위해서는 조직이나 구성원들의 심각한 고통을 요구
하거나, 요구되는 비용이 과다한 경우, 그리고 과거에 경험한 유사한 정책에 대해
부정적인 경험을 가지고 있을 경우에는 그 정책에 대해서는 순응하기 보다는 불
응하거나 회피하려고 할 것이다. 예컨대 중소기업에 대한 공해방지시설의 요구에
불응하거나 회피하는 중소기업체들이나 정부에서 권장하는 농산물 장려정책에
농민들이 불응하는 경우 등이 일한 경우에 해당된다.

제 6 절 정책집행의 순응과 불응

Ⅰ. 순응과 불응의 의미

1. 순응과 불응의 개념

순응이란 행동규칙에 일치하는 특정 행위자의 모든 행동을 말하며, 그에 반
해 불응이란 그러한 규정과 일치하지 않는 행동을 의미한다.[33] 정책집행에 있어
서의 순응의 개념은 정책결정자가 정한 정책 및 지시사항에 대해 정책집행자가

일치되는 행동을 보일 뿐 아니라, 정책집행과정에서 집행자가 요구하는 사항에 대해 환경 및 대상집단이 일치된 행동을 나타내는 것이다. 정책집행에 있어서 순응이 중요한 이유는 정책이나 법률이 어떤 특정한 일을 아무리 금지시킨다고 해도 현장의 정책집행자들이나 정책대상자들이 이를 무시하고 순응하지 않는 경우 그러한 정책이나 법률은 아무런 의미를 지니지 못하기 때문이다. 정책집행에 대한 불응이란 정책집행자와 대상집단들의 행태가 정책의 내용 및 지침과 일치하지 않는 것을 의미한다. 따라서 순응을 확보하기 위해서는 정책이 명확해야 되고, 지속된 사회적 관습이 정책결정자나 정책집행자의 지위에서 크게 일탈하지 말아야 하며, 긍정적 또는 부정적인 제재가 가능해야 할 뿐만 아니라 불응과 환경적 조건에 대한 통제를 가할 수 있어야 한다.

2. 순응의 주체

정책집행과정에서 순응은 일차적으로는 집행을 담당하는 공무원, 즉 집행담당자가 정책에 순응하는 것이고, 다음은 정책대상집단이 순응하는 것이다. 순응의 주체는 기본적으로 두 개의 집단인데, 하나는 정책집행을 담당하는 중간매개집단과 직접 정책집행을 담당하고 있는 일선관료들이고, 다른 하나는 정책을 통해 그들의 의식이나 행태를 변화시키려는 정책대상집단이다.[34] 이들 두 집단의 순응이 없으면 정책집행은 실패하게 된다.

첫째, 정책집행에 개입하는 중간 매개집단과 일선집행담당자의 순응은 매우 중요하다. 중간 매개집단(intermediary group)은 공식적인 집행자가 아니지만 집행책임자나 기관을 대신하여 집행을 실제로 담당하고 있는 집단으로서 크게 두 가지 종류가 있다. 지방정부 등 하위 정부인데, 연방정부 또는 중앙정부의 어느 부처가 집행을 책임지고 있을 경우, 지방정부들이 여기에 해당된다. 그리고 행정조직의 말단에서 의료, 교육, 실업수당 복지비 등의 서비스를 직접 제공하거나 정책대상집단의 행동을 직접 규제하는 일선공무원들의 순응이 없으면 정책집행의 성공은 어려워진다. 일선 공무원들은 바로 정책집행과정에서 정책목표의 달성을 위해 정책수단을 직접 실현시키는 활동을 하기 때문이다.

둘째, 정책대상집단의 경우 이들의 순응은 성공적 집행을 위해서 무엇보다 중요하다. 특히 규제정책의 경우에는 이들의 순응이 더욱 중요하다. 주민들의 의식개혁을 위한 정책이나, 아파트가격상승의 억제를 위한 회사들에 대한 분양가 억제 등의 경우, 이들 대상집단들의 순응이 정책집행성공의 일차적 관건이다. 물론 대상집단이 순응한다고 해서 반드시 정책목표를 달성할 수 있는 것은 아니다. 정책대상집단의 착실한 순응이 있어도 정책목표가 달성되지 않는 경우도 있기 때문이다.[35]

3. 유사 개념

1) 복 종

복종(obedience)이란 '특정 상황에서 자기 자신과 동일시되는 권력이나 권위 있는 사람으로부터의 명령에 대한 순응'으로서 일반화된 행위규칙에 대한 반응을 의미한다. 복종은 그 내용에 따라 다시 합리적·이성적 복종과 맹목적 복종, 공리적 복종 등으로 구분된다. 복종은 복종하지 않을 경우 자신에게 돌아올 수 있는 각종의 제재나 불이익을 두려워하여 명령을 수용하는 의미를 강하게 내포하고 있다.

2) 동 조

동조(conformity)는 '외부로 명백히 나타나 있거나 잠재되어 있는 규범에 일치하는 방향으로 행동을 수정하는 것'을 말하며, 순응과 수락을 포함하는 개념이다. 즉 특정의 주장이나 주의 혹은 생각이 자신의 가치판단이나 신념체계에 적합하여 자신의 주장이나 행동을 그것과 함께 하는 것을 의미한다.

3) 수 용

수용(acceptance)이란 순응과 같이 외면적 또는 표면적 행동의 변화뿐 아니라, 내면적 가치체계까지도 변화되는 태도의 변화도 포함한다. 정책을 받아들여 정책의 요구나 내용대로 행동이나 생각을 변화시키는 것을 의미한다. Duncan은 순응과 수용과 구별하고 있는데,36 순응은 외면적 행동이 일정한 행동 규정(behavioral prescriptions)에 일치하는 것인데 비해서 수용은 외면적 행동의 변화만이 아니라 내면적 가치체계와 태도의 구체적 변화를 의미하는 것으로 설명한다.

4) 합 의

합의(consensus)란 '둘 또는 그 이상의 행위자들 간에 이루어지는 관점의 일치'를 뜻하는 것으로 인위적이고 의식적인 노력에 의해 조성된다.

Ⅱ. 순응과 불응의 발생요인

1. 순응의 발생요인

정책집행에 대한 대상집단의 순응이나 불응이 발생하는 요인은 여러 측면에서 파악되지만, 일반적으로 강제성 여부, 경제적 타산성, 규범성, 상황적 요인 등으로 구분할 수 있다. 여기서 강제적 순응이란 집행에 대해 불응할 경우에 가해질 것으로 예상되는 처벌 때문에 순응하는 것을 의미하며, 타산적 순응이란 경제적 이익이나 불이익을 기초로 순응하는 것을 말한다. 그리고 규범적 순응이란 법률이나, 정책의 정당성 내지 타당성에 기초하여 정부의 권위에 대한 존경과 의무감에 의해 순응하는 것이며, 상황적 순응이란 정책집행 당시의 사회적 분위기나 압력에 의해 순응하는 것을 말한다. 이러한 순응발생요인들을 보다 구체적으로 살펴보면 다음과 같다.

1) 정부의 정통성과 권위에 대한 신뢰

정부의 정통성은 특정 정권이 합법성과 신뢰성을 모두 갖추고 있을 때 부여된다. 즉 정부가 헌법과 법률에 위배되지 않게 구성되고, 관료들이 특정한 행위를 할 수 있는 적절한 권위를 지녔고, 정부의 행정과정이 올바르고 정당하게 진행되는 경우, 그 정부는 정통성을 갖게 되며 이러한 정통성이야말로 국민들로 하여금 정부의 결정이나 정책에 대한 순응을 하도록 하는 중요 요인이 된다. 정부의 정통성은 정부의 권위에 복종하게 되고 이로 인해 정부정책의 집행에 순응하게 되는 규범적 순응에 해당된다. 이때 권위란 정당성이 부여된 권력이라고 정의된다. 정책이 합법적인 정부기관에 의해 결정되고 정당성이 부여되면 정책에 권위가 부여되고 따라서 정책대상집단은 정책이 요구하는 바에 일치되게 행동하게 된다. 즉 사람들은 어떤 정책이나 그 집행에 대하여 그것이 정당한 것이라고 생각하여 그것에 복종하는 것이 당연하다고 믿게 될 때 순응이 나타난다. 이것은 위에서 설명한 규범적 순응의 한 유형에 해당된다고 볼 수 있다.

2) 합리적 · 의식적 설득

자신의 이익과 특정 정책이 상호 배치된다고 느끼는 사람들도 다른 사람들의 설득을 통해 그 정책이 합리적이고 필요불가결하여 정당한 것이라고 이해함으로써 순응하게 된다. 즉 정책을 추진하는 정부의 합리적이고 의도적인 설득을 통하여 비록 자신의 손해를 감수하고서라도 국가와 사회 전체의 이익을 위하여 그 정책을 수용할 때 순응이 발생하게 된다. 이것은 위에서 설명한 경제적 순응과 상황적 순응의 복합적 형태에 해당된다고 볼 수 있다.

3) 강제의 행사

특정 정책이 자신의 이익과 배치되거나 불만스럽기는 하지만 복종하지 않을 경우 벌금이나 구속, 기타 여러 가지 처벌을 받게 된다는 것 때문에 순응하게 되는 경우도 있다. 그러나 이와 같이 사람들이 처벌에 대한 두려움에도 불구하고 제재를 사용한다는 위협만을 가지고는 사람들로 하여금 계속적으로 정책에 대해 순응하게 할 수는 없는 것이다. 강제적 순응의 대표적인 형태라고 할 수 있다.

4) 이해관계

흔히 대부분의 사람들은 어떤 정책집행이 자신의 개인적 혹은 집단적 이익에 득을 가져다 줄 것으로 믿을 때 가장 잘 순응하게 된다. 즉 개인이나 집단이 정책규범이나 표준을 받아들이는 것이 이를 거부하는 것보다 직·간접적으로 이익을 얻는다고 생각할 경우, 정책에 순응하게 된다. 이것은 경제적 순응의 대표적인 형태에 해당된다.

5) 장기적 지속

어떠한 정책에 대해 초기에는 반발하고 불응하던 사람들도 그것이 장기간 지속적으로 집행되면 결국 그 정책에 순응하게 된다는 것이다. 그렇게 순응하는 데에는 여러 가지 이유가 있을 수 있다. 우선 그 정책에 대한 저항의 이유가 시간이 경과함에 따라 줄어들었기 때문일 수도 있으며, 시간경과로 인해 저항이 자신들에게 더욱 불리해진다고 판단한 경우, 그리고 시간의 흐름에 따라 그 정책에 익숙해져서 저항감이 줄어든 경우 등을 들 수 있다. 이것은 사회적 상황의 변화에 기인하는 것이므로 상황적 순응에 해당된다.

6) 정책환경의 압력

정부가 추진하려는 정책이 자신들의 이해관계에 손해를 가져올 우려가 있을 경우라도 국가와 사회가 처한 상황이나 정책환경이 그 정책의 추진을 불가피하게 한다고 판단할 경우에도 순응이 발생한다. 즉 개별 집단과 특정 지역의 이익이 사회 전체와 국가 전체의 발전논리에 순응하는 경우가 여기에 해당된다.

7) 전통이나 관습 및 관례

흔히 보통의 사람들은 정부의 정책에 대해 거의 무의식적으로 이를 수용하거나 혹은 정책에 대한 순응을 당연한 것으로 받아들이는 예가 많다. 특정 분야에 대해 전문성이 부족한 보통의 사람들은 정부가 하는 일에 대해 이를 습관처럼 받아들이는 경우가 있는가 하면, 정부정책에 반대하거나 비판할 만한 지적 능력이 없어 이를 수용하는 사람들이 있다. 어느 경우에나 정부정책에 대한 순응을 습관처럼 받아들이는 경우에 해당되는 것이다.[37]

2. 불응의 발생요인

정책집행에 대한 불응의 요인들은 대부분 위에서 설명한 순응의 요인들이 부정적으로 작용할 때 발생할 수가 있다. 예컨대 Anderson은 불응의 요인으로, 법과 가치 간의 갈등, 법조문의 애매성 및 복잡성, 대상집단에 대한 정책전달의 실패, 이기적 욕구 등을 들고 있다.[38] 이처럼 불응의 발생요인은 정책목표에 대한 가치의 갈등, 효과에 대한 의심, 불명료성, 권위의 결여 등과 같은 정책적 요인, 지적·육체적 능력부족, 자원의 활용 및 조달 능력부족 등과 같은 대상집단의 능력요인, 의사전달의 결여, 환경의 압력, 자연적 장애 등과 같은 상황적 요인 등 그 요인을 영역별로 구체적으로 분류하기도 하고, 전체적으로 기존 가치체계와의 대립, 금전적 욕심, 정책의 모호성 및 기준의 비일관성, 기술적 제약성, 개념의 복잡성, 의사전달체계상의 결함 등의 6가지로 분류하는 경우도 있다.[39]

종합해 보면 불응요인은, 첫째, 정책집행의 순응적 발생요인들이 부정적으로 작용함으로써 불응이 발생할 수 있다. 즉 위에서 설명한 정책집행에 대한 순응요인인 강제성, 경제적 이해관계, 규범성, 상황성 등이 정책집행에 대한 긍정적 형태로 나타나는 것이 아니라 부정적으로 나타남으로써 정책집행에 저항하게 되는 상태를 의미한다. 둘째, 어떤 정책이나 그 집행에 따른 요구가 정책집행자나 정책대상집단들이 공유하고 있는 사회의 가치체계, 도덕률, 신념 등과 갈등을 일으킬 경우 불응이 발생된다. 셋째, 어떤 정책에 복종하지 않음으로써 금전상의 이익을 얻을 수 있을 것이라는 욕심이 불응을 야기한다. 그리고 어떤 정책이 집행됨으로써 자기에게 손실이 발생되기 때문에도 불응이 발생된다. 다섯째, 정책의 목표나 내용이 모호하거나, 제시되는 정책집행기준이 서로 상반 또는 대립될 경우 정책집행자와 환경으로부터 불응을 받게 된다. 여섯째, 정책집행자의 능력부족, 자원부족, 정책 자체에 대한 회의적 평가, 정책결정자와 집행자, 정책집행자와 환경 간의 불신관계 등에 의해서 고의적으로 불응을 야기할 수 있다. 마지막으로, 기술적 제약성, 개념의 복잡성, 의사전달체계상의 결함 등에 의한 이유로 정책지시나 정책결정자의 의도를 정책집행자가 파악하지 못하거나, 정책의 목표와 내용, 정책집행의 내용 등을 파악하지 못해 불응이 발생할 수 있다.

Ⅲ. 주체별 불응형태

정책집행자나 정책대상집단이 정책집행에 불응하는 원인과 그것이 외부로 표출되는 구체적인 형태는 상호 밀접히 연결되어 있는데, 여기에서는 이를 같은 관점에서 불응의 형태로 파악한다.

1. 정책집행자의 불응형태

정책집행자가 정책집행에 불응하는 형태로는 의사전달의 왜곡, 지연 및 연기, 정책의 임의변경, 불이행, 정책의 무효화 등이 있다. 첫째, 의사전달의 왜곡은 정책집행자가 자신이 원하지 않은 정책지시나 관련정보를 하위 부서나 관련 타부서에 전달하지 않거나, 자신에게 유리한 것만을 선별하여 전달하고 책임회피를 위해 간접 전달토록 하는 등 의사전달체계를 왜곡시키는 불응형태이다. 둘째는 정책집행을 계속 유보해 두거나 연기함으로써 불응하는 경우이다. 비록 정책을 집행한다고 하더라도 그 속도를 매우 느리게 진척시켜 정책결정자가 바뀌면 그 집행을 종결시켜 버리는 불응형태이다. 셋째는 정책집행자가 주어진 재량권을 이용하여 정책목표나 내용을 임의로 변경시키거나, 정책집행수단의 선택 및 절차 등을 자신에게 유리하게 변경시키는 것이다. 넷째로 불이행은 이것은 정책을 집행해야 할 정책집행자가 처음부터 정책을 집행하지 않거나, 집행을 하는 시늉만 내고 실제로는 집행을 하지 않는 것을 의미한다. 물론 정책부집행의 배경에는 정책 자체에 대한 문제도 있을 수 있지만 정책집행자 자신의 이해관계와 관련된 것이 오히려 더욱 중요한 요인으로 작용할 수 있다. 다섯째는 정책집행자가 정책을 집행하려는 노력은 기울이지 않고, 그 정책을 무효시키거나 취소시켜버리려고 하는 형태의 불응이다. 즉 집행은 커녕 오히려 정책 자체를 없애버리려고 하는 경우이며, 불응의 가장 적극적 형태이다. 이러한 불응의 이유로는 전문적 판단이나 기술적 제약 등에 기인한다.

2. 정책대상집단의 불응형태

정책집행에 대한 불응이란 정책대상집단의 불응이 그 본질이다. 정책집행자의 불응은 사실 정책추진기관의 내부문제이다. 따라서 정책집행자의 불응은 그 원인과 대응조치도 비교적 용이하고 빨리 진행될 수 있지만 대상집단의 불응에 대해서는 원인파악과 대응조치가 그리 간단하지가 않다. 정책대상집단의 불응형태로는 회피, 형식적 순응, 지연반응, 반대 및 저항, 소송, 위장과 하위반응, 선택적 불응 등이 있다.

첫째, 회피는 정책집행에 대한 대상집단의 회피란 대상집단이 정책의 존재 자체를 외면하거나 정책에 대한 순응을 무시하는 것을 말한다. 즉 정책집행 그 자체를 모른척하거나 고의적으로 기피하는 반응을 나타내는 경우이다. 이러한 불응행태는 비교적 소극적인 불응으로 시간이 경과할수록 순응으로 돌아올 확률이 높다. 둘째, 형식적 순응이란 정책대상집단이 정책지시 등에 대해 매우 소극적으로 따르거나 불만을 표시하면서 마지못해 정책집행에 반응하는 경우를 의미한다. 외견상으로 볼 때 불응이라고 할 수 없을지 모르나 사실은 불응하고 있는 행태를 말한다. 셋째, 지연반응이란 정부의 정책집행에 대해 거부하거나 반대하지는 않지만 정해진 기간을 준수하지 않거나 기간연장을 요구하는 등의 불응행태를 의미한다. 예컨대 TV시청료 납부기간을 고의적으로 지키지 않고 경과함으로써 불만의사를 나타내는 경우이다. 넷째, 반대 및 저항은 이것은 정책의 전면적 거부나 취소 및 철회를 요구하는 불응형태이다. 집단행동, 즉 집단민원의 제기 혹은 집단시위, 집단적 서명운동 등 정책집행에 대한 거부 및 불응의사를 분명히 그것도 집단적으로 나타내는 경우가 많다. 가장 강력한 불응형태로 정책결정자와 집행주체들의 강력한 의지가 없으면 정책집행 그 자체를 무력화시킬 수도 있다. 다섯째, 소송은 정책대상집단들이 정부정책에 대해 그 위법 혹은 불법성을 주장함으로써 반대하는 경우의 불응이다. 즉 정책의 불법 혹은 위법성을 들어 소송을 제기하는 경우에 해당된다. 이러한 경우는 법원의 판단에 따라 순응과 불응이 분명하게 갈라진다. 여섯째, 위장과 허위반응은 정책당국이 대상집단들에게 요구하는 내용을 임의적으로 변경하거나 필요한 절차를 거치지 않음으로써 정책당국을 속이는 등의 불응형태를 말한다. 예컨대 과외금지정책에도 불구하고 불법비밀과외를 한다거나 가짜자격이나 면허증 혹은 영수증 등을 이용하여 불법이득을 얻는 경우가 여기에 해당된다. 일곱째, 선택적 불응은 정부당국의 정책지시에 대해 모든 내용을 전면적으로 거부하거나 반대하는 것이 아니라, 대상집단의 개별적 이해관계나 성향에 따라 일부는 수용하고 일부는 거부하는 경우가 여기에 해당된다.

IV. 순응확보의 전략과 수단

1. 순응확보의 전략

순응확보전략은 그 접근방법에 따라서 여러 유형으로 분류할 수 있는데, 여기서는 주로 순응의 기초와 관련하여 불응이 발생되는 요건을 완화하기 위한 방안이라는 관점에서 순응확보전략을 살펴보기로 한다. Johnson & Bond는 강제적 전략과 비강제적 전략으로 유형화하고 있으며, Balch는 정보전략, 촉진전략, 규제전략 및 유인전략으로 분류하고 있다.[40] 순응확보를 위한 기본적 접근방법으로서, 행동변화요구에 대해 순응주체가 어떤 이유로든 스스로 순응하도록 유도하는 방법과 순응주체의 의사와는 관계없이 외부의 영향력이나 힘에 의하여 강제적으로 순응결정을 하게 하는 방법인데, 전자를 비강제적 접근이라 하고 후자를 강제적 접근이라고 한다.

이러한 기본적인 순응확보를 위한 접근방법과 함께 순응확보의 전략유형을 결정해주는 기준은 그 전략이 기초하고 있는 순응기초요인이 무엇인가에 따라 유형화하고 있다. 즉 강제성, 이익성, 규범성 그리고 상황요인 중 어느 것에 그 기초를 두고 있는가에 따라서 유형화 될 수 있는데 강제적 접근은 강제성에 기초를 두고 있으며, 비강제적 접근은 이익성, 규범성 그리고 상황요인에 기초를 두고 있다.[41] 그리고 그 유형을 분류해 보면, 강제성에 기초를 두고 있는 대표적인 전략은 규제전략이라 할 수 있고, 이익성에 기초를 두고 있는 대표적 전략은 유인전략, 규범성에 기초를 두고 있는 전략의 대표적인 것은 설득전략, 상황요인에 기초를 두고 있는 전략은 촉진전략이라고 할 수 있다.

2. 순응확보전략의 유형

1) 설득전략

설득전략은 정책대상집단의 개별적 이성이나 정서에 호소하여 이성적·정서적 공감대를 형성함으로써 순응의 의무감을 갖게 하는 전략으로서 구체적인 수단은 계몽, 교육, 홍보, 상징조작 등을 들 수 있다. 설득전략이 의도하는 순응은 자발적 순응이며, 의존하고 있는 순응의 기초요인은 주로 규모성이다. 설득은 합의를 바탕으로 순응하도록 하는 것으로 자신의 입장을 분명히 하고 상대방의 판단력을 제고할 수 있는 분석을 해 보임으로써 행동변화에 대한 규범성의 인식도를 높여 주거나, 정서적인 면에 호소함으로써 심리적 변화를 야기하는 순응확보 메커니즘을 지니고 있다. 따라서 정책대상집단의 지배적인 순응결정유형이 적응적 결정인 경우에는 적합하나 계산적 결정인 경우에는 유효하다고 할 수 없다.

설득전략은 행동규정의 특성이 적극적 행동변화이든 소극적 행동변화이든 모두 사용될 수 있다고 볼 수 있으나 적극적 행동변화는 소극적 행동변화에 비해 대체로 순응비용이 크기 때문에 설득전략만으로는 순응확보가 어려울 수 있다. 설득전략이 사용될 수 있는 불응요인은 대체로 정책목표에 대한 가치갈등, 정책에 대한 의심, 대상집단의 태도요인 등이라 할 수 있다. 이상에서 살펴본 바와 같이 순응확보전략은 유형별로 순응확보 메커니즘, 적합한 행동규정의 특성 및 유효한 불응요인 등에서 차이를 보여주고 있다.

2) 촉진전략

촉진전략은 순응을 저해하는 장애요인을 완화시켜 자발적 순응을 촉진케 하는 전략으로서 정보제공, 시간절약, 기술지도, 교육자금지원, 자연적 장애의 제거, 절차의 간소화 및 자율화 등이다. 촉진전략은 자발적 순응이 용이하도록 도와주는 것이므로 촉진전략이 유효하기 위해서는 정책대상집단이 제공되는 수단을 이용하려는 욕구가 있어야 한다.

이 전략의 순응확보 메커니즘은 주로 정책대상집단의 순응비용을 감소시켜 순응을 용이하게 해주는 것이다. 따라서 금융지원과 같은 수단은 장기저리의 조건일 경우에는 유인이 될 수도 있으며 특별한 조건이 없는 경우에는 자금부담능력을 도와주는 것이 촉진전략의 한 수단이 된다. 이와 같이 촉진전략은 선택되는 수단에 따라 대상집단의 순응결정유형에 관계없이 사용될 수 있다. 교육, 정책기준의 명료화, 의사전달체제의 결함시정 등은 순응적 결정을 도와 줄 수도 있기 때문이다. 촉진전략의 경우는 주로 기술지도, 자금지원, 자연적 장애의 제거, 자동화 등과 같이 적극적 행동변화를 대상으로 하는 경우가 많으나 정보제공이나 교육 등과 같이 소극적 행동변화에도 사용할 수 있다. 촉진전략에 유효한 불응의 요인은 정책기준의 불명료성, 지적·기술적인 능력부족, 자금능력부족, 집행기관에 대한 적대적 관계, 의사전달의 결함, 환경적 압력이나 자연적 장애 등과 같은 요인이다.

3) 유인전략

유인전략은 정책에 순응하는 개인이나 집단이 불응하는 집단이나 개인에 비해 상대적으로 유리한 입장에 서게 하거나 특정의 혜택을 받도록 하는 전략으로서 자발적 순응을 유도하려는 전략이며, 구체적 수단으로는 조세혜택, 보조금, 보상금, 보험료감액, 특정의 자격부여 등을 사용하게 된다. 여기서 사용되는 유인(incentives)이 자발적 순응의 유발력을 어느 정도로 지니고 있는가에 그 성공여부가 달려 있다고 볼 수 있으며, 순응유발력의 정도는 정책대상집단이 그 유인에 대해서 부여하는 주관적 가치에 크게 의존될 수 있으므로 지나치게 자유방임적인 성질에 의존한다는 비판이 야기될 수도 있다.[42] 유인전략은 이익성에 기초를 두고 있으므로 순응확보의 메커니즘은 순응에 따른 이익의 증대이다. 따라서 정책대상집단의 순응결정이 계산적 결정인 경우에 유효한 메커니즘이라 볼 수 있고, 반대로 적응적 결정인 경우에는 큰 효과를 얻기가 어렵다. Handberg는 유인전략은 법률의 비도덕적인 측면(nonmoral aspects of law)에 가장 유효하다고 보고 있는데[43] 이는 도덕적 가치가 중시되는 결정에는 부적합을 의미해 준다고 볼 수 있다.

유인전략에 적합한 행동규정의 특성은 적극적 행동변화이다. 적극적 행동변화를 통한 순응확보에는 자발적 순응유발을 위한 적극적 동기부여가 중요하고 유인여부의 대상이 되는 행동은 불응행동이 아니라 순응행동이며 따라서 순응행동의 증명이 요구된다. 순응행동의 증명이나 그 실적관리가 용이하지 않는 소극적 행동변화에는 유인전략이 적합하지 못하다. 또한 유인전략을 통해 변화시킬 수 있는 불응요인은 이기적 욕구, 자원능력의 부족과 같이 순응에 따른 이익을 매력 없게 하는 요인들이다.

4) 규제전략

규제전략은 불응행위에 대해서는 벌금, 구속과 같이 처벌의 위협(threat of penalties)을 가함으로써 순응을 확보하려는 전략이다. 그 구체적인 수단에는 처벌, 벌과금, 격리, 자격·권리의 박탈 등 가장 보편적이고 다양한 수단들이 있다.

규제전략이 의도하는 순응은 비자발적 순응이며 의존하는 순응기초요인은 강제성이다. 강제적인 수단에 의해서 규제할 필요가 있는 경우로서는 불응 행동이 가져오는 사회적 해독이 처벌을 가하거나 규제할 필요가 있을 정도로 크고 일반적으로 규제의 필요성에 대해 합의가 이루어져 있는 경우이다. 그러나 불가피하게 규제에 의할 수밖에 없다고 판단되더라도 본질적으로 비자발적 순응을 확보하려는 의도가 있기 때문에 지속적인 순응확보의 효과를 얻기가 어렵다.

규제전략의 순응확보 메커니즘은 주로 불응비용을 증대시킴으로써 상대적으로 불응사익이 감소되게 하는 것과 위협에 의해 심리적 변화를 야기하는 것이다. 불응행동을 야기하는 사회적 해독이 큰 경우에는 대체로 규제에 의존하게 되는데, 사회적 해독이 큰 행동에 대해서는 대체로 금지와 같은 종결적 변화를 요구하게 되므로 소극적 행동규정으로 나타나게 된다. 또한 소극적 행동변화는 순응의 증명 또는 그 실적관리가 비교적 용이하며 경우에 따라서는 순응실적이 순응확보와 관련하여 의미가 없을 수도 있다.[44] 따라서 규제전략은 불응행위를 주 대상으로 하여 어떤 형식의 제재를 가하게 되므로 그 대상이 되는 불응행위의 증명과 불응실적의 관리가 용이해야 한다. 규제전략으로 치유가능한 불응요인은 불응의 이익에 대해서 매력을 느끼게 하는 이기적 욕구와 권위의 결여, 변화에 대한 저항 그리고 구속성에 대한 기피 등과 같이 타 전략에 의해 완화 또는 해소가 어려운 불응요인이라고 할 수 있다.

3. 순응확보의 수단

1) 교육과 정보

정책당국은 정책집행에 앞서 그 정책의 집행으로 인해 직접 영향을 받는 대상집단과 간접적 영향을 받는 일반대중들에게 집행될 정책의 내용과 수용태도와 방식 등을 알리고, 관련 정보를 제공할 필요가 있다. 뿐만 아니라 그 정책의 합법성과 정당성 그리고 필요성과 유익성 등을 교육함으로써 순응을 확보할 수 있다. 즉 정책을 집행한 이후 그 정책에 반발하는 자들에 대한 제재와 통제를 통해 강제적 순응을 확보하는 것보다, 정책을 집행하기 전에 그 정책에 대한 정보제공과 교육을 통해 사전 이해를 넓히고 동의를 확보함으로써 자발적인 순응을 유도하는 것이 정책집행의 효과를 높일 수 있다. 따라서 새로운 정책이 결정될 경우는 물론 특정한 정책이 집행 중에 수정·변화되었을 경우 대상집단과 관련되는 일반대중들에게 그 내용을 미리 전달해주어야 한다. 그러한 전달수단은 가능한 빠른 시간 내에 다수에게 정확하게 전달이 가능한 각종의 수단을 동원할 필요가 있다.

2) 선전과 홍보

선전이란 비합리적이며 비이성적인 감정에 호소하는 순응확보수단이며, 홍보란 객관적인 자료와 정보를 제고함으로써 정부의 기능에 대해 호감을 갖도록 함으로써 이성에 호소하는 합리적 순응확보수단이다. 경우에 따라서 정책당국은 그 정책으로부터 직·간접적인 영향을 받게 되는 대상집단과 일반대중들을 대상으로 선전을 하거나 홍보를 행하기도 한다. 전시동원정책의 경우 민족감정이나 국민감정을 자극하는 선전을 통해 정책집행에 대한 순응을 확보하기도 한다. 환경보호를 위해 산림이 홍수방지와 공해방지에 얼마나 큰 역할을 하는지, 정책당국의 이러한 산림녹화사업이 얼마나 소중하고 정당한 것인지 등을 홍보하기도 한다.

3) 보상 및 유인

정책당국은 정책집행에 순응하는 사람들에게 유형 무형의 각종 혜택을 제공하거나 제공하겠다는 유인을 부여함으로써 효과적으로 순응을 확보할 수 있다.

여기서 혜택이란 물질적 경제적인 것도 있을 수 있고, 비물질적 명예적 편의적인 것도 있을 수 있다. 전자의 경우 세금감면, 보조금지급, 장려금제공 등이 있을 수 있고, 후자의 경우 우대조치, 특별입장, 표창 및 명예부여 등이 있을 수 있다. 민주정부에서 효과적인 순응을 확보하기 위해서는 제재와 같은 강제적 수단보다는 보상과 같은 유인제공수단이 더욱 바람직한 수단일 것이다.

4) 불응요인의 제거

정책순응을 확보할 수 있는 가장 직접적이고 바람직한 수단은 정책집행에 대한 불응의 원인을 찾아내어 그것을 수정 또는 변경하는 것이다. 즉 문제가 되는 요인을 제거함으로써 불응을 순응으로 바꾸자는 것이다. 예컨대 세금납부과정에서 절차의 복잡성이 불응의 요인이라면 절차를 간소화함으로써 순응을 확보할 수 있을 것이고, 납부기일이 짧아서 문제라면 기간을 연장하도록 하는 조치를 취하는 것을 의미한다. 정책당국이 무리한 집행을 고집하여 강제적 수단을 남발하지 않고, 대상집단과 일반대중의 불응이유를 파악하여 불응요인을 제거하거나 수정함으로써 순응을 확보하는 것이 가장 바람직한 대응방식이라고 해야 할 것이다.

5) 제재수단의 사용

정책당국이 정책에 대한 순응을 확보하기 위하여 다양한 수단을 강구해 보았으나 순응이 효과적으로 확보되지 않을 경우, 정책당국이 동원할 수 있는 최후의 수단이 바로 이 제재(sanctions)수단을 사용하는 방법밖에 없다. 제재란 정책내용에 위반함으로써 집행을 방해하는 사람들에게 형벌이나 벌금 등 벌칙을 부과함으로써 불이익을 가하는 조치를 의미한다. 그러나 이러한 제재수단이 반드시 순응을 확보한다는 보장은 없다. 따라서 이러한 제재수단이 효과적인 순응을 확보하기 위해서는 정책위반자들에게 엄격한 제재가 가해져야 한다. 그러나 어느 정도의 제재가 적절한지 이것 역시 그렇게 간단하지가 않은 것도 사실이다.

제7절   정책집행과 정책변화

정책이란 아무리 완전하게 수립되었다고 하더라도 결코 완전할 수 없으며, 언제나 결정자의 의도대로 순차적이고 효율적으로 잘 집행되어 가는 것도 아니다. 그러나 정책결정의 순수합리모형을 전제로 하고 있는 전통적인 입장에서는 정책결정자가 합리적인 정책을 결정하는 것이 가능하다는 가정 하에 일단 결정자에 의해 정책이 결정되면 정책집행자는 결정자의 의도대로 기계적으로 정책을 집행해 나가는 것으로 보았다. 또한 정책결정자의 의도대로 정책을 집행해 나갈 수 있기 위해서는 정책목표나 정책지시가 구체적이고 간결하며 명확해야 하고, 그 수단은 엄격한 위계적 명령체계와 집행자의 재량권을 줄이는데 집중되어야 하는 것으로 생각하였다. 따라서 정책결정 이후에, 본래의 정책에 차질이 발생하면 그것을 원래의 정책의도에서 이탈된 것으로 보고 본래정책의 의도대로 환원시켜야 된다고 보았던 것이다.

한편, 정책에 대한 현실적·정치적 접근방법의 입장을 취하고 있는 많은 정책연구자들은 이러한 순수 합리주의적 정책결정의 입장을 비판하고 정책결정의 합리성에 한계가 있음을 강조하며 일단 정해진 목표나 수단도 계속되는 정책과정 속에서 재조정 혹은 수정되어야 한다고 주장한다. 요컨대 현실세계의 경우, 정책은 인간능력의 한계라든가 미래의 정책상황에 대한 불확실 문제, 지식과 정보 및 기술의 제약 때문에 미래를 예측하기가 어렵고, 그로 인해 정책결정에도 한계가 있기 마련이며 따라서 시시각각 변화되는 환경에 알맞게 적응해야 될 필요성이 있는 것이다. 또한 기술혁신의 속도가 급격한 현대사회에서는 어제의 정책결정 당시에는 상상도 못했던 기술들이 오늘에 와서는 실용화되는 단계에 이르게 됨으로써, 언제나 정책은 정책과정을 통해서 개발이나 수정 또는 보완될 수 있어야 한다.

이처럼 정책결정과정을 통해 수립된 정책이 정책집행과정 속에서 수정 또는 보완되거나 변화됨으로써 본래의 정책목표나 의도에 변화가 생기는 것을 정책변화라고 한다. 정책집행과정에서 발생되는 정책의 변화는 불확실한 미래상황의 변동이나 독특하고 구체적인 환경에 창의성 있게 적응하기 위해서 불가피한 것이며, 특히 정책이 집행되는 도중에 예기치 못한 사태가 발생했을 때 그 정책이 당해 집행기관은 물론 정책대상집단에게도 영향을 미치기 때문에 이들에게 잘 적응될 수 있도록 하기 위해서도 정책이 변화되는 것이 바람직한 것이다.45

Ⅰ. 정책변화의 형태

대부분의 정책은 그 집행과정에서 다소간에 변화되기 마련이며, 그러한 변화는 정책과정을 통해서 언제나 발생될 수 있다. 정책이 집행과정에서 변화되는 형태는 그 정책의 종류나 내용 등에 따라서는 물론 정책 자체의 성격에 따라서도 다양한 모습으로 나타난다. 또한 정책집행과정에서 작용하는 변수들에 의해서 더욱 많은 영향을 받음으로써 그 변환 유형은 매우 복잡하게 나타날 수가 있다. 이와 같이 정책집행과정에 처한 많은 정책들은 정책 자체의 요인과 집행관련 변수들이 서로 다양하고 동태적으로 관련되어 다양한 형태, 다양한 수준의 정책으로 변화되어 간다.46

이러한 정책변화의 형태와 정도는 너무나 다양하여 모든 유형의 변화모습을 일일이 다 검토할 수도 없다. 예컨대 그 변화형태가 집행기관이나 수단의 변화도 될 수 있고, 정책이 수정되는 경우도 있을 수 있으며, 정책목표가 바뀌거나 정책이 새로이 발명되거나 집행도중에서 정책이 중단되는 등, 다 열거할 수 없을 만큼 다양한 것이다. Hogwood & Peters는 정책변화의 유형으로 정책혁신, 정책승계, 정책유지, 정책종결의 4가지로 구분하고 있다.47 여기서는 정책집행과정에서 발생되는 정책변화의 형태를, 첫째, 정책의 부분수정, 둘째, 정책목표의 변동, 셋째, 정책의 혁신, 넷째, 정책의 중단, 다섯째, 정책유지 등으로 나누어 살펴보기로 한다.

1. 정책의 부분수정

정책의 부분수정은 정책집행과정에서 야기되는 여러 여건의 변화에 정책의 목표와 수단을 적응시킴에 있어 기존의 정책의도를 변경시키지 않는 범위 내에서 부분적으로 수정하는 형태의 정책변화를 의미한다. 여기에는 정책의 보완, 확대, 축소 등의 여러 가지 내용이 포함되는데, 정책의 보완이라는 것은 정책결정 당시에 발견하지 못한 오류나 미비점을 집행과정에서 발견하고 이를 바로잡아 고치거나 보충하는 것을 말하며, 정책의 확대란 이미 제시된 목표에 새로운 것을 추가하거나 목표의 범위를 넓히거나 정도를 강화시키는 것을 의미하고, 반대로 목표의 대상을 줄이거나 범위를 좁히거나 강도를 완화시키는 경우를 정책의 축소라고 한다. 이러한 정책의 부분수정은 정책집행과정에서 나타나는 정책변화의 가장 보편적인 형태이며 대부분의 정책변화는 이러한 유형에 속한다.

2. 정책목표의 변동

1) 정책전환

정책목표의 변동이란 특정한 정책이 가지고 있던 원래의 정책목표가 정책집행과정에서 변경되어 다른 목표를 갖게 되는 것을 말하며, 여기에는 정책목표의 전환과 정책목표의 승계라는 두 가지 형태가 있다. 정책목표의 전환(displacement)이란 본래 설정한 제1차적 목표, 즉 궁극적인 가치를 제2차적인 가치로 대체하는 것을 말하며, 예컨대 공식적인 목표 뒤에 숨겨두었던 실질적인 목표를 추구하는 경우가 그것에 해당된다. 그 외에도 정책집행기관이 기관내부문제에 지나치게 집착하거나 능률 등에 관심을 집중하다 보면 수단적인 것이 목표의 위치로 부상하게 되는 경우도 있는데 그것도 이 정책목표의 전환에 해당되는 것이다. 특히 정책의 목표가 지나치게 추상적이거나 모호한 경우 보다 구체적이고 명확한 하위목표를 추구함으로써 이러한 현상이 자주 나타난다.

2) 정책승계

정책의 승계(policy succession)라는 것은 정책집행과정에서 기존의 정책목표가 이미 달성되었거나 달성이 불가능하다고 판단되는 경우, 처음의 정책목표를 폐기하고 새로운 목표를 설정하는 것을 말한다. 이러한 정책의 승계가 발생되는 원인은 정책집행기관 자체를 유지시키려는 조직의 본능 혹은 행정관료적 이해관계 때문에 흔히 발생되고 있다. 정책승계는 다음과 같이 몇 가지로 분류하여 설명할 수 있다.

(1) 선형적 승계

선형적 승계(linear succession)란 가장 단순하고 전형적인 형태의 정책승계로, 이를 정책대체라고 하기도 한다. 이는 기존 정책수단이나 사업을 완전히 종결하고, 종전과 동일한 목표를 달성하기 위해 새로운 사업계획을 수립하는 것을 의미한다.[48] 기존 정책과 밀접한 관련을 맺고 있는 집단이 정책승계 결과 수혜집단이 되는 경우에 저항은 최소화될 수 있다.

선형적 승계는 정책환원, 정책재도입, 단절적 승계 등이 포함되는데, 여기서 정책환원[49]이란 '과거에 실시되었다가 종결된 정책을 일정기간 경과 후 다시 채택하는 것'이고, 정책재도입[50]은 '특정 정책을 비교적 짧은 기간 내에 규칙적·순환적으로 재도입하는 것'을 의미하며, 단절적 승계는 양자를 포괄하는 것이다.

(2) 정책통합

정책통합(policy consolidation)은 두 개 이상의 정책이나 사업계획이 완전히 또는 부분적으로 종결되고, 이와 유사한 정책목표를 추구하기 위해 새로운 단일의 정책이 제도화되는 것을 의미한다.[51] 통합은 정책의 하위수준인 사업수준에서 효과적으로 이루어질 수 있다. 이 경우 새로운 정책은 기존의 정책보다 다소 자원의 집중화를 기할 수 있다는 장점이 있으나 만약 둘 이상의 고객집단이 정책통합에 반대하기 위해 동맹을 맺게 되면 어려움이 생길 수도 있고, 흡수되는 사업기관의 반발도 있을 수 있다.

(3) 정책분할

정책분할(policy splitting)은 정책통합에 반대되는 개념으로 기존 정책이 두 개 또는 그 이상의 정책으로 분리되는 것을 말한다. 일반적으로 정책분할은 기존 정책을 보다 더 효율적으로 수행하기 위해 이뤄지며, 이 경우 대개 기존 조직이 두 개 이상의 조직으로 나눠진다. 분리됨에 따라 정책의 질적 변화가 나타나기도 하며 조직분할에 의해 분리된 기관은 동일 서비스를 제공하기 위해 공동협조를 계속 유지하기도 한다. 즉 특정 기능을 수행하기 위해 기존의 기구를 분할해도 계속해서 기존 정책에 대해 책임을 지며, 조직의 분립만으로 정책 자체가 종결되는 경우는 드물기 때문이다.

(4) 부분종결

부분종결(partial termination)은 기존 정책 중 일부는 계속 유지하면서 일부는 완전 종결시키는 경우이다. 정책의 부분종결은 정책의 양뿐만 아니라 질적 변화를 초래하므로 양적 축소만 의미하는 정책감축과는 다른 것이다. 부분종결은 정책을 일시에 전면적으로 종결시키게 되면 많은 저항에 부딪치게 되므로 점진적으로 정책을 종결시키기 위한 전단계로 이용되는 경우가 많다. 그러나 이도 기존 정책의 축소된 부분을 보완할 대안이 고려되지 않기 때문에 기존 정책과 관련된 고객, 서비스제공자, 입법가 등 관련자들로부터 강한 저항에 직면할 수도 있다.[52]

(5) 복합적 승계

앞서 살펴본 정책승계 유형들은 대부분이 이념형이며 비교적 단순한 범주이므로 실제 정책승계에서 발생하는 광범위한 특성들을 포괄하지 못한다. 복합적 승계(complex patterns of policy succession)는 정책분할, 정책통합, 부분종결 등 정책승계의 유형들이 복합적으로 나타나는 것을 의미한다. 정책분할과 정책통합이 결합하여 나타나는 형태의 정책승계나 정책분할과 정책통합이 부분적 종결과 결합해 나타나는 정책승계가 대표적 형태의 복합적 승계이다.[53]

3. 정책혁신

정책혁신(policy innovation)은 기존 정책이 해결하고자 하는 문제와 관련된 새로운 문제가 발견되었을 경우, 그 새로운 문제를 포함하여 새로운 해결방법을 강구하기 위해서 기존 정책의 목표, 수단, 그리고 집행기관 등을 변화시켜 정책을 재구성 혹은 재개발하는 것을 말한다. 정책혁신은 넓은 의미의 정책변동에 포함되지만 사실은 정부가 새로운 분야에 관여하는 것이기 때문에, 기존의 조직, 법률, 제도, 예산 등이 마련되어 있지 않을 뿐만 아니라 관련 정책도 없는 경우가 이에 해당된다. 따라서 전형적인 의미의 정책변동과 대비하여 볼 때, 완전히 무에서 유를 창조하는 것과 같다.54 정책혁신은 국내외 상황적 변화로 인해 새로운 사회문제가 발생하거나, 정책수혜자들의 강력한 요구가 있을 때 이루어지나 그 예는 많지 않다.

정책혁신이 정책승계와 다른 점은, 정책승계는 기존 정책이 다루었던 것과 동일한 문제나 대상을 위한 새로운 정책으로 대체되기 때문에 문제에 대한 정당성이 확보되어 있고 기존의 집행조직이나 수단을 그대로 개편해서 사용할 수가 있지만, 정책혁신은 기존의 정책과 다른 문제를 해결하기 위한 것이기 때문에 문제의 정당성을 확보해야 하는 어려움이 있고 그것이 집행을 위해서도 새로운 수단이나 조직을 필요로 하기 때문에 기존의 조직 또는 대상집단으로부터 저항이 심할 수 있다는 것이다.

4. 정책의 중단

1) 정책집행중지

정책집행과정에서 발생되는 또 다른 정책변화의 형태로 정책의 중단이라는 것을 들 수 있는데, 이것은 집행 중에 있는 정책이 도중에서 집행활동을 중지하는 것을 말한다. 즉 정책의 중단이란 집행 중에 있는 정책이 평가에 의하여 이미 그 목표를 달성했다고 판단되거나 아니면 목표의 달성이 거의 불가능하다거나 또는 정책지시나 수단이 오히려 그 정책이 구현하고자 하는 상태의 실현에 불필요, 부적합, 역기능적인 것으로 판단되는 경우, 그 정책의 집행을 집행도중에 중지시키는 것을 말한다. 이러한 형태의 정책변화에는 집행활동 그 자체를 정지시키고 더 이상 그 정책과 관련된 정책수행활동을 하지 않게 되는데, 이를 정책집행의 중지라고 한다. 다시 말해서, 정책과 관련된 정부나 집행기관의 활동이 중지되고 그로 인해 정책이 기능적으로 종결되는 것을 정책집행중지라고 한다.

2) 정책종결

정책종결이란 집행 중의 평가에 의해 그때까지 진행 중이던 계획이나 프로젝트 혹은 집행조직 등을 의식적으로 종결시키는 것을 의미한다. 앞의 정책집행의 중지를 정책기능의 종결이라고 한다면 정책종결은 정책집행의 구조적 종결이라 할 수 있다. 정책에 관련된 여러 활동을 수행하는 제도, 조직, 기관 등의 해체나 이들에 소요되는 자원공급을 줄이거나 중단하는 것 등을 구조적 종결로서의 정책종결이라고 할 수 있다. 그러나 여기서의 정책종결이란 정책과정상 정책집행이 완료되고 그것에 대한 평가가 이루어진 이후 정책과정의 맨 마지막 단계로서의 정책종결과는 다르다는 점을 유의해야 한다.

5. 정책유지

정책유지(policy maintenance)란 기존의 정책을 새로운 정책으로 대체하는 것이 아니라, 본래의 정책목표 달성을 위해 정책의 기본 골격은 유지하되, 상황의 변화에 따라 적응하는 것을 말한다. 외견상 정책변동에 포함되지 않은 것으로 보이나 넓은 의미의 정책변동에 포함시킬 수 있다. 정책유지는 공장생산라인의 유지보수에 비유할 수 있는데, 생산시설에 대한 유지보수가 적극적으로 이뤄지지 않으면 생산이 저하 또는 중단되고 제품의 질도 저하될 수 있다. 이와 마찬가지로 기존정책을 유지만 하려하는 경우도 상황변동에 따라 부분적 정책조정이 필요한 것이다.[55] 요컨대 목표의 변화는 없으나 목표달성의 수단에 부분적인 변화를 가져오는 것이다.

II. 정책변화의 원인

정책변화는 정책 자체, 정책환경, 정책체제, 시간 등 여러 요인이 작용함으로써 야기될 수 있으며, 이들은 개별적으로 작용하여 정책변화를 유발하기보다는 복합적으로 작용하여 영향을 미치게 된다.[56] 또한 정책 자체의 오류나 상황의 변화 등으로 정책목표 달성에 어려움이 있을 때, 의도한 목표의 달성을 위해서 정책변동이 일어난다. 여기서는 정책변화를 야기하는 요인을 아래와 같은 5가지를 중심으로 간략하게 살펴보기로 한다.

1. 정책환경적 요인

정책환경인 사회·경제가 변화하게 되면 정책문제의 변화가 일어나고, 정부가 그 해결을 필요로 하는 정책문제에 대한 인식의 변화가 있거나 정책체제에 대한 투입의 변화를 가져와 정책변화가 야기되는 것이다. 또한 자원의 변화와 정치체제에 대한 지지변화로 그동안 집행되어 온 정책문제의 우선순위가 바뀌고, 새로운 정책문제가 대두하여 정책의제가 되는 경우, 과거의 정책문제를 토대로 결정된 정책은 변화의 압력을 받아 정책변화가 일어난다. 환경변수 중 특히 중요한 것이 매스컴이다. 대중매체가 특정 정책에 대해 어떤 역할을 하느냐에 따라 정책의 운명에 영향을 미치게 된다. 매스컴은 정책과정의 참여자들에게 지식정보를 제공할 뿐만 아니라 정책에 대한 비판기능을 하기 때문에 정책변화를 유도하는 중요한 역할을 하게 된다.

2. 정책집행의 요인

정책변화에 영향을 주는 정책집행요인으로 집행조직의 약점과 정책집행의 순응확보의 실패로 정책집행이 제대로 이뤄지지 못하는 경우로 나눌 수 있다. 환경변화에 상응하는 문제해결능력이나 전문성이 부족하면, 정책집행능력이 감소하여 정책변화를 야기한다. 정책집행능력으로 소요재원의 확보가 필수적인데, 경제여건의 변화와 재정수입의 증감에 따라 정책의 확대 또는 축소가 불가피하게 된다. 정책집행의 순응과 관련하여, 정책대상집단과 정책집행자 두 집단의 순응이 없으면 정책집행이 실패하므로 정책을 종결시키거나 대체하는 등 적절한 대응이 필요하다.

3. 정책 자체의 요인

정책내용이 잘못 결정된 경우, 정책변화는 당연한 결과로 야기된다. 정책환경이 변화하고 정책 자체의 문제점이 나타나면, 자연히 그 정책에 대한 변화요구는 높아지게 된다. 바람직한 정책결정을 위해서는 정책문제의 올바른 파악이 필요하며 문제의 발생원인과 결과 등의 인과관계구조를 분석함으로써 가능한 정확하게 문제를 정의해야 한다. 그러나 정책문제정의는 사람에 따라 주관적이기 때문에, 정의가 잘못될 수도 있고 문제에 대한 인식이 변화될 수도 있다. 이 경우 정책관련자들은 정책변화를 주장하게 된다.

4. 관련집단의 요인

정책과정에 영향을 미치는 관련집단의 조직적 특성으로 피해집단의 규모, 문제해결 요구의 강도, 조직의 정치·사회적 역량 등을 지적할 수 있고, 규제정책의 경우 대상집단의 조직적 특성에 따라 집행의 성공여부도 달라질 수 있다. 정책변화의 과정은 관련집단들 간의 정치적 협상과정으로서, 특히 이익집단의 역할이 매우 중요하다. 정책관련집단은 정책결정과정에 이익투입이 좌절되거나 불완전할 경우, 집행과정에서 불응 및 정책변화를 주장해 정책에 영향을 미친다.

5. 정치체제의 요인

정치체제의 변화도 정책을 변화시키는데 상당한 영향을 미친다. 정책은 정치

적 산출물이므로 정치체제의 변동이 정책변화를 야기하는 주요한 요인으로 작용
하는 것은 극히 당연한 현상이다. 정책변화에 영향을 미치는 정치체제의 요소로
정책담당자, 정치체제의 규범과 분위기, 정치체제의 구조 등 세 가지로 요약할 수
있다. 정책담당자 특성으로 담당자의 능력, 성향 등이 있고, 정치체제의 규범과
분위기로는 정치이념과 정치행정문화 등이 있다. 정치체제의 구조는 정치체제의
'짜임새'로 정치과정의 활동 방법 및 양상에 영향을 미침으로써 간접적으로 정책
에 영향을 미친다.

III. 정책변화의 저항과 전략

1. 정책변화에 대한 저항

정책은 환경변화에도 불구하고 바뀌지 않아야 하는 것도 있지만, 대부분의
정책은 환경변화에 따른 적절한 대응으로서 변화한다. 그러나 정책현실은 여러
저항요인이 작용함으로써 필요한 만큼 정책변동이 이뤄지지 못하는 경우가 많다.
정책변화 중에 정책종결에 대한 저항이 가장 강력한데, 그것은 정책종결이란 정
책, 사업, 예산, 담당조직을 모두 없애는 것이기 때문이다.

1) 정책담당부서의 저항

정책의 변화는 바로 정책담당조직의 변동을 의미하므로 정책담당부서는 정
책변화에 강력하게 저항하게 된다. 조직의 저항은 유기체가 생명유지를 위해 결
정적 투쟁을 하는 것과 비슷하다. 바람직한 현상이라고 볼 수는 없지만 한번 형성
된 행정조직은 항구성을 갖게 되는 것도 바로 이러한 현상에서 비롯된다. 또한
해당 정책을 담당했던 행정조직은 정책의 종결을 회피하기 위해 목표가 달성된
후에도 유사한 목표를 설정하거나, 정책개발을 하거나, 다른 정책으로 대체하는
등 조직의 존립을 위해 노력하게 되는데, 이를 동태적 보수주의라고 한다.

2) 정책수혜집단의 저항과 정치적 연합

정책수혜집단은 자신의 기득권을 유지하기 위해 노력하는 성향을 갖고 있으며, 정책의 변화로 인하여 혜택이 없어지게 되는 것을 막기 위하여 다양한 수단을 동원한다. 예를 들자면, 담당조직이 중심이 되고 수혜집단과 정치인들이 정치적 연합을 형성하고 정책변화에 대항하여 투쟁하기도 한다.

3) 정치적 부담

정책변화에 따른 정치적 부담이 문제되어 정책변화에 저항하는 경우가 있다. 정책종결의 경우 정책담당자의 실패로 비춰질 수도 있고, 현재의 수혜자에게 제공되는 혜택의 중단을 초래하기도 하기 때문에, 정책과 관련된 정치인이나 행정부의 고위관료들은 정책변화를 통하여 자신들이 입게 될 정치적 부담을 염려하여 쉽게 정책을 변경 또는 포기하려 하지 않는다.

4) 법적 제약

정책의 종결이 법적 제약으로 인해 저항을 받는 경우가 있다. 정책종결을 위해 법률이나 규정의 수정이나 대폭적인 변경이 필요한 경우가 있고, 그 과정이 복잡하고 어렵기 때문이다.

5) 정책변화의 불합리성

정책변화 자체가 지니는 불합리성 때문에 정책변화가 어려운 경우도 있다. 정책변화로 인해 수혜자들에게 부여되던 혜택이 중단되면, 이는 혜택이 처음부터 없었던 것보다 더 심각한 결과를 초래할 수 있다. 또한 정책변화를 통해 문제가 개선될 것인지 확실하지 않거나 보다 나은 대안도 준비되지 않고서 막대하게 투입된 사회적 매몰비용을 그대로 포기하는 것은 바람직하지 못하다. 이러한 불합리성이 확인되면 관련자들은 언제든지 정책변화에 대해 저항하게 된다.

2. 합리적 정책변화를 위한 전략

1) 동태적 전략

정책변화로 인해 피해를 입는 정책담당자나 정책수혜집단에게 대가의 제공이나 구제 등의 방법이 필요하며, 정책변화의 필요성을 홍보해 해당 정책의 변화에 동조하는 세력의 확대를 꾀하는 것이 필요하다. 이때 담당자로 내부인사보다 외부인사가 더 적합한 경우가 많다. 한편 입법부의 유력한 지도자로부터 비공식적 승인을 유도해야 한다. 입법부는 정책변화에 관한 안건이 제출되면, 정책종결보다 정책의 수정, 조직의 개편 등을 추진할 가능성이 크다. 입법부의 의원들은 종결될 정책의 제안자인 경우가 많으므로, 정책종결은 행정부가 주도권을 쥐고 추진할 수밖에 없는데, 입법부로부터 얻어낼 수 있는 최선의 지원은 입법부의 지도자에게 비공식적 승인을 얻는 것이라 할 수 있다.[57] 그리고 정책변화의 목표를 명확히 하고 가급적이면 목표를 한정할 필요가 있다. 정책목표를 분명히 하고 한정시키게 되면 정책변화의 추진과정에서 반대세력을 줄이고 개선노력을 집중시킬 수 있게 된다.

2) 제도적 전략

이는 정책을 변화시킬 수 있는 제도적 장치를 마련하는 것으로 영기준예산과 일몰법이 있다. 영기준예산은 사업의 타당성을 먼저 검토한 후 예산을 배정하는 제도이고, 예산심사 때마다 다시 검토해서 타당성이 인정되지 못한 사업은 종결시킨다. 일몰법은 일정 정책을 결정할 때 그 정책을 일정 기간이 지난 후 평가해 타당성이 인정되면 계속하되, 그렇지 않으면 종결 또는 감축시키는 제도이다. 이러한 제도를 활용함으로써 행정기관의 예산을 절약할 수 있다.

오늘날 추진되고 있는 대부분의 정책은 과거에 이미 결정된 것이고, 현재 정책결정활동은 대부분 기존의 정책을 수정, 보완, 대체하는 것, 즉 정책변화에 관한 것이다. 환경의 변화가 급격하고 다양해짐에 따라 정책변화 또한 더욱 가속화될 것이다.

08 ‹‹‹ Notes

1 Jeffrey L. Pressman & Aron Wildavsky, *Implementation* (Berkeley: University of California Press, 1973), pp. 14-15.

2 Donald S. Van Meter & Carl E. Van Horn, "The Policy Implementation Process: A Conceptional Framework," *Administration and Society*, Vol. 6, No. 4 (Feb. 1975), p. 447.

3 Robert T. Nakamura & Frank Smallwood, *The Politics of Policy Implementation* (NY: St. Martins Press, 1980), p. 1.

4 Eugene Bardach, "On Designing Implementable Programs," in Fredrick S. Lane(ed.), *Current Issues in Public Administration*, 2nd ed. (NY: St. Martins Press, 1982).

5 Donald S. Van Meter & Carl E. Van Horn, *op. cit.*, p. 449.

6 허범, "1980년대를 위한 감축관리의 기본방향과 전략,"「성대논문집」(인문사회 제29집), (성균관대학교, 1981), pp. 226-227.

7 최봉기, "정책집행과정과 정책변화,"「사회과학논총」, 제5집 (계명대학교 사회과학연구소, 1987), p. 20.

8 중화인민공화국 정부를 공식적으로 인정한다는 닉슨 정부의 결정이나, 공식적 국기로서 영국의 상선기를 '단풍나무 잎' 기로 바꾼다는 캐나다의회의 결정 등이 그 예이다.

9 Jeffrey L. Pressman & Aron Wildavsky, *op. cit.*

10 Paul A. Sabatier & Daniel A. Mazmanian, "Policy Implementation," in Stuart Nagel(ed.), *Encyclopedia of Policy Studies* (NY: Marcel Dakker, 1983), pp. 143-169.

11 Erwin C. Hargrove, "Implementation," in H. George Frederickson & Charles R. Wise(ed.), *Public Administration and Public Policy* (Lexington, MA: D. C. Heath

and Company, 1977), pp. 3-13.

12 안해균, 「정책학원론」 (서울: 다산출판사, 1984), p. 392.

13 Charles O. Jones, *An Introduction to the Study of Public Policy*, 2nd ed. (North Scituate, MA: Duxbury Press, 1977), pp. 137-167.

14 Martin Rein & Francine F. Rabinovitz, "Implementation: A Theoretical Perspective," in Walter D. Burnham & Martha W. Weinberg(eds.), *American Politics and Public Policy* (Cambridge, MA: MIT Press, 1978), pp. 315-321.

15 Randal B. Ripley & Grace A. Franklin, *Bureaucracy and Policy Implementation*, 2nd ed. (Homewood: Dorsey Press, 1968), pp. 4-5.

16 Albert Waterston, *Development Planning* (Baltimore, MD: Johns Hopkins Press, 1965), p. 26.

17 최봉기, "정책정보의 기능과 가치평가," 「한국행정학보」, 제15호 (1981), p. 163.

18 최봉기, 전게서 (1987), p. 29.

19 상게서, pp. 31-33.

20 Milbrey W. McLaughlin, "Implementation as Mutual Adaptation: Change in Classroom Organization," *Teachers College Record*, Vol. 77, No. 3 (1976), pp. 339-351.

21 M. Rein & F. F. Rabinovitz, *op. cit.*, pp. 322-325.

22 Charles E. Lindblom, *The Policy-Making Process*, 2nd ed. (Englewood Cliffs, NJ: Prentice Hall, 1980), p. 165.

23 R. T. Nakamura & F. Smallwood, *op. cit.*, p. 27.

24 Milbrey W. McLaughlin, *op. cit.*, pp. 161-180.

25 Richard F. Elmore, "Organizational Model of Social Program Implementation," *Public Policy*, Vol. 26 (Spring, 1978), pp. 185-228.

26 R. T. Nakamura & F. Smallwood, *op. cit.*, Chapter 7.

27 J. Pressman & A. Wildavsky, *op. cit.*, pp. 87-162.

28 George C. Edwards Ⅲ, *Implementation Public Policy* (Washington DC: Congressional Quarterly Press, 1980).

29 D. Van Meter & C. Van Horn, *op. cit.* pp. 445-488.

30 R. T. Nakamura & F. Smallwood, *op. cit.*, pp. 31-44.

31 Charles E. Lindblom, *op. cit.*, p. 24.

32 George C. Edward Ⅲ & Ira Sharkansky, *The Policy Predicament* (San Francisco,

CA: Freeman, 1978), pp. 301-308.

33 유사한 정의로는 Oran R. Young, *Compliance and Public Authority: A Theory with International Applications* (Baltimore: Johns Hopkins University Press, 1979), pp. 4-5.

34 우리나라의 실증적 불응연구는 주로 정책대상집단에 관한 것이며, 일선기관에 관한 것은 발견하기 쉽지 않다.

35 John Brigham & Don W. Brown, "Introduction," in J. Brigham & D. W. Brown (eds.), *Policy Implementation: Penalties or Incentives* (Beverly Hills, CA: Sage Publication, 1980), pp. 10-12.

36 Jack W. Duncan, *Organizational Behavior*, 2nd ed. (Boston, MA: Houghton Mifflin Co., 1981), p. 192.

37 박호숙, "정책집행에 있어서 순응확보의 전략개발에 관한 연구" (서울대학교 행정대학원 석사학위논문, 1983), p. 31.

38 James E. Anderson, *Public Policy-Making*, 3rd ed. (NY: Holt, Rinehart, and Winston), pp. 104-105.

39 안해균, 전게서, p. 381.

40 Charles A. Johnson & Jow R. Bond, "Coercive and Noncorecive Abortion Deterrence Policies: A Comparative State Analysis," *Law and Policy Quarterly*, Vol. 2 (1980), pp. 106-122.

41 박재공, "정책집행에 있어서 대상집단의 순응확보에 관한 연구" (명지대학교 대학원 박사학위논문), 1987, pp. 45-58.

42 Roger Handberg, "Law, Coercion and Incentives," in John A. Brigham & Don W. Brown, *op. cit.*, pp. 103-111.

43 *Ibid.*, pp. 103-108.

44 살인 등과 같은 형법상의 금지에 대한 순응확보에서 불응실적은 유의미하나 순응실적은 별 의미가 없다.

45 최봉기, 전게서 (1987), p. 36.

46 Brian W. Hogwood & B. Guy Peters, "The Dynamics of Policy Change: Policy Succession," *Policy Science*, Vol. 14, No. 3 (1982), pp. 230-231.

47 *Ibid.*, pp. 220-235.

48 정부가 에너지 정책의 일환으로 석탄개발 정책을 천연가스 정책으로 대체하는 것과 같은 것이다.

49 올림픽기간 중 실시된 '10부제운행'을 걸프사태 이후 재도입하는 것이다.

50 부동산 투기의 과열, 부동산 경기의 위축에 따라 양도소득세의 세율을 증감하는 것이다.

51 해운정책과 항만정책을 통합하여 해운항만정책, 외교정책과 통일정책을 하나의 정책으로 통합한 북방정책 혹은 보안정책 등이 그 예이다.

52 노시평·박희서·박영미, 「정책학」 (서울: 학현사, 1999), p. 476.

53 상게서, p. 477.

54 상게서, pp. 470-471.

55 유훈, 「정책학원론」 (서울: 법문사, 1986), p. 367.

56 박해룡, "정책변동에 의거한 토지투기 규제정책에 관한 연구" (영남대 대학원 박사학위 논문, 1991), pp. 38-47.

57 Robert D. Behn, "Closing a Government Facility," *Public Administration Review* Vol. 38 No. 4 (July/August 1978). pp. 332-338.

제 9 장

정책평가

▶▶ 제2편 정책의 과정

제1절 정책평가의 의의와 필요성

　　정책평가(policy evaluation)란 정책이나 사업계획의 집행결과가 처음 의도한 정책목표를 실현하였는지, 당초 문제가 되었던 공공문제의 해결에 기여하였는지, 그리고 집행결과 어떤 파급효과와 부차적 효과를 야기했는지, 집행활동이 차질 없이 계획대로 실행되었는지 등을 체계적으로 분석하고 판단하는 활동을 의미한다. 즉 집행의 내용이나 집행의 효과 등을 검토, 사정, 판단하는 것을 의미한다.[1] 정책과정은 정책을 결정하고 집행하는 것만으로는 종결되지 아니하며, 그 내용과 결과를 재검토함으로써 보다 바람직한 정책효과를 기대할 수 있다. 흔히 정책평가는 정책집행의 다음 단계로서 집행결과에 대한 사후성과 내지 효과를 측정하는 의미로 사용되기도 하지만, 보다 넓게는 정책수요평가와 정책분석, 그리고 사후평가를 포함하는 개념으로 볼 수 있다.

　　오늘날 많은 정책담당자들이 자신의 정책이 평가되는 것을 기피하는 경향이 있음에도 불구하고, 정책평가의 필요성과 중요성은 날로 증대되어 가고 있다. 그것은 첫째로 정책이 처음 의도했던 대로 집행되었는지를 파악하기 위해서이며, 둘째로 정책과정의 모든 단계에 참여하여 활동하는 수많은 이해관계자들을 설득하여 그들의 지지를 받기 위해서는 정확하고 설득력 있는 정책평가가 필요하기 때문이고, 셋째로 정책집행에 사용된 방대한 자원이 효과성과 능률성 등 경제적 합리성에 따라 사용되었는지 그 여부를 평가해야 할 필요성이 있고, 넷째로 정부의 정책활동에 대한 관리적 책임을 확보하기 위해서도 정책평가의 필요성과 중요성은 점차 증대되고 있기 때문이다.

한편 이러한 정책평가의 중요성과 필요성에도 불구하고 현실적으로 정책평가는 여러 가지 이유로 실시되지 않는 경우가 많다. 설령 실시된다고 하더라도 그 결과에 대해서는 이를 적극적으로 받아들이려는 입장과 그렇지 못한 입장 간에 언제나 논란이 많다. 특히 특정 평가 등에서는 평가결과가 지나치게 평가자 중심으로 왜곡 평가되는 경우가 많아 평가 그 자체의 신빙성에 의문을 제기하는 경우도 적지 않다. 그러나 평가과정이나 그 참여자 그리고 그 결과에 부분적인 문제가 있다고 해서 평가작업 그 자체를 부정하거나 과소평가해서도 곤란할 것이다.

Ⅰ. 정책평가의 연구배경

정부가 추진하는 공공사업에 대한 평가가 정확하게 언제부터 이루어지기 시작하였는가를 파악하는 것이 쉬운 일은 아니다. 그러나 분명한 것은 국민들이 정부의 공공사업에 대한 결과에 대해 관심을 갖기 시작한 이후부터 이루어졌을 것이라는 것만은 틀림없을 것이다. 이렇게 볼 때 정책평가의 기원은 정부가 정책을 결정하고 집행하기 시작한 시기와 그 기원을 같이한다고 할 수 있을 것이다.[2] 그러나 막연한 결과나 그 영향에 대한 상식적인 정책평가가 아닌, 체계적이고 과학적인 정책평가는 비교적 근래에 와서 이루어졌다고 볼 수 있다.[3] 즉 정책평가에 대한 초기의 관심은 주로 정책효과의 발생여부에 대한 것으로서, 1950년대에 이미 많은 분야에서 과학적 방법을 적용하여 이를 추진하였다. 이때의 평가를 주도했던 학자들은 Camble, Cronbach, Stanley 등과 같은 심리학자, 교육학자들이 중심을 이루고 있었다. 그리고 이들은 통계학적 논리나 기법뿐 아니라 과학적인 방법이라고 볼 수 있는 실험적 방법과 이를 현실에 적용하기 위해 어느 정도 과학성이 약화되기는 하였지만 준실험적 방법 등을 이용하였다. 이러한 노력은 미국 연방정부의 대대적인 사회복지정책의 실시와 평가를 통한 정책의 실패를 확인하게 되면서, 정책평가가 정부와 사회로부터 본격적인 관심을 받게 되었다.

보다 구체적으로 살펴보면, 1960년대 중반부터 미국연방정부는 흑인폭동을 계기로 하류층의 인간다운 생활의 보장과 평등한 사회적 대우를 위해 많은 자금과 함께 진보주의적이고 인도주의적인 사업을 대대적으로 펼쳤다. 그러나 사전에 충분한 계획도 없는 상태에서 추진되었기 때문에 대부분의 계획이 실패로 돌아갔다. 특히 그 중에서도 비교적 큰 사업의 하나였던 국립무료유아원사업(Head Start Program)이 미국 연방정부의 전문연구소(오하이오대학과 웨스팅하우스 조사연구소의 합동)에 그 사업의 평가를 의뢰한 결과, 이 사업의 가장 중요한 목표인 어린이들의 지능 및 정서개발에 별다른 영향을 주지 못했다는 평가를 받게 되었다. 이러한 정부사업의 실패는 결과적으로 이 사업에 반대했던 보수주의자들에게 유사한 사업에 대한 비판의 명분을 제공하게 되었고, 그 결과 사회정책적 사업에 대한 대대적인 평가를 추진하게 되었으며, 일정한 조건에 해당되는 정부의 공공사업은 반드시 평가를 받도록 하였다.[4]

이러한 계기를 통해 정책평가의 필요성과 중요성에 대한 인식이 널리 보편화되었을 뿐만 아니라 정부정책은 물론 집행활동에 있어서 합리성과 신뢰성을 제고하는 데에도 기여해 왔다. 정부가 추진하는 사업, 즉 정책에 대한 평가는 그 정책의 사활은 물론 관련된 다른 부문에도 커다란 영향을 미치게 된다.

Ⅱ. 정책평가의 관점

정책평가는 그것을 어떠한 입장에서 파악하느냐에 따라 그 의미가 다르게 나타난다. 즉 평가를 일반 상식적 관점에서 파악하느냐 아니면 과학적 내지 체계적 평가의 관점에서 파악하느냐에 따라 다음과 같은 차이가 있다.

1. 상식적 평가

정책평가를 상식적인 의미로 본다면, 정부가 결정하고 추진하는 정책의 좋고 나쁨에 대해서 국민들 누구나 비판, 칭찬 등을 행하는 행위로 볼 수 있다. 이런 의미의 정책평가는 인류역사에 국가가 등장한 이후에 언제나 있어 왔다. 그러나 이 평가방법은 누구든지 자기가 편한 방법으로 과학적 방법, 주먹구구식 방법, 막연한 느낌, 뜬소문에 의존하는 방법 등을 사용한다. 그리고 이러한 정책평가는 정책수행기관에 대한 직접적 통제수단은 되지 못하지만 간접적 내지 정치적 통제수단으로서는 상당한 영향을 행사한다고 보아야 할 것이다.

2. 체계적·과학적 평가

체계적이고 과학적 방법에 의한 정책평가는 19세기 중반에 시작되었다는 지적이 있다. 이것은 총괄평가에 해당되는 것으로, 정책평가에 대한 초기의 관심은 주로 정책효과의 발생여부에 관한 것이었다. 이러한 총괄평가는 1950년대에 발전되어 많은 분야에서 과학적 방법을 적용한 평가가 이루어지게 되었다. 1960년대 후반에 접어들자 정책평가, 대부분의 경우 사업평가활동은 급속도로 활발하게 되었는데, 그 이유로는 첫째, 미국 연방정부에서 '위대한 사회'의 건설을 위하여 대대적으로 추진한 사업들이 의도했던 효과를 거두지 못하고 있다는 지적이 빈번하게 있었기 때문었고, 둘째, 1960년대 후반에 시도했던 PPBS 도입 실패에서 평가의 필요성이 절실하게 인식되었기 때문이었다. 그 후 1970년대에 폭발적으로 과학적인 정책평가가 증가되자 정책평가활동에 대한 연구, 즉 정책평가이론도 급속히 발전하게 되었다. 처음에는 총괄평가를 중심으로 시작되어 과정평가도 포함하게 되었다.

III. 정책평가의 개념

　　정책평가의 개념에 대한 학자들의 주장을 검토하면, 우선 Hatry & Winnie는 "특정한 정부의 사업이 국민에게 미친 모든 장단기적 효과에 관한 정보를 제공하기 위해 특정한 정부사업을 체계적으로 검토하는 것"이라고 하고,[5] Nachmias는 "진행 중인 사업이 달성하고자 하는 목표와 관련하여 그것이 대상집단에 미친 효과를 객관적, 체계적, 실증적으로 검토하는 것"이라고 한다.[6] 한편 Rossi & Freeman은 "사회적인 사업의 설계, 실시 및 효용측정을 위해 사회조사절차를 체계적으로 적용하는 것, 즉 사회조사방법론을 이용하여 각종 사회봉사사업들의 기획, 모니터링, 효과성 및 능률성을 판단·향상시키는 것"이라고 정의하고 있다.[7] 그리고 Epstein & Tripool은 "사업의 효과성과 능률성을 측정하는 과정"이라고 정의하고,[8] Wholey & Scanlon은 "진행 중인 사업이 그의 목표달성을 위해 어느 정도 효과적인가를 측정하고, 현재 사업의 효과가 다른 요인으로부터 받는 영향을 구별해 내기 위하여 조사설계의 원리에 의존하며, 현재의 사업운영방식을 수정하여 전체 사업의 효과를 향상시킬 것을 목적으로 한다"는 정책평가의 특징을 설명함으로써 그 개념을 규명하고자 한다.[9]

　　이러한 정책평가의 개념들을 그 범위를 중심으로 분류하면 협의와 광의, 그리고 최광의의 개념으로 구분할 수 있다. 첫째, 협의의 정책평가란 정책평가의 개념을 좁게 해석하는 입장으로서 정책평가란 정책이 결과한 사후 정책성과의 평가, 즉 정책의 효과평가를 의미한다고 볼 수 있다. 둘째, 광의의 정책평가란 평가의 대상을 성과나 영향에 한정시키지 않고 정책사업에 투입한 노력분석까지도 포함한다. 셋째, 최광의의 정책평가란 전체 정책체제에 대한 종합적 평가로 보고 있다. 그리고 종합적 평가를 사업의 각 처리과정에서 투입되고 산출되는 가치와 비용을 결정하는 것과 간접 서비스, 대안적 서비스, 그리고 보다 큰 사회적 환경에의 영향과 기여를 결정하는 것으로 파악하고 있다.

　　결국, 정책평가란 정책이 결정된 후 그 정책의 집행과정과 집행결과를 사후적으로 검토하는 활동이다. 즉 정책평가를 과정평가와 사후결과평가로 나눈다면,

일반적으로는 이 양자를 포괄하여 정책평가라고 한다.

Ⅳ. 정책평가의 필요성

정부업무에 대한 평가제도가 도입됨으로써 2002년부터는 모든 정부사업에 대한 평가를 의무화하였다. 정책이라는 이름으로 추진되는 정부사업은 방대한 국민세금을 그 재정적 기반으로 하고 있고, 그 영향범위가 광대하여 국민생활에 커다란 영향을 미친다. 따라서 평가를 통해 그 사업의 효율적 목표달성을 촉진시킬 수 있게 하려는 것이다.

1. 실패원인의 규명

많은 정책들이 정책결정자들이 의도했던 대로 집행되지 않으며 정책집행과정에 불응이 생기거나 정책변화가 발생하거나 집행되지 않아 정책의 실패사례가 현실적으로 나타나는 경우가 많다. 따라서 그 각각에 대한 원인규명을 위해서는 정책평가의 필요성이 대두된다. 과정평가든 사후 성과평가든 간에 평가결과는 문제점을 찾아 정책수정을 통해 집행을 효율화시키거나 다음 정책결정에 참고자료로 활용된다.

2. 관련변수의 증대

정책과정의 전 단계에 걸쳐 수많은 개인과 집단들이 참여함에 따라 정책과정의 양상이 매우 복잡해졌다. 이러한 현상은 단순한 과거경험이나 개인적 통찰력이 의존하여 정책의 효과를 판단하는 것을 불가능하게 하였다. 따라서 복잡한 정책과정에 대한 이해를 증진시키고 정책의 효과를 체계적 및 과학적으로 분석해 내기 위해서 정책평가의 필요성이 제고되었다.

3. 정부활동의 효율성 강조

정부활동의 원천은 국민이 낸 세금이다. 국민은 적은 세금을 내고 가능한 많은 서비스를 받고자 한다. 한정된 자원으로 가장 능률적으로 정책을 운영하여 최대의 서비스를 제공해야만 하는 정부는 자칫 계획과 집행의 미숙성 때문에 엄청난 재정적·시간적 노력과 자원의 낭비 및 손실을 가져올 수 있기 때문에 이를 관리하고 효율성을 높이기 위해 평가가 요구된다.

4. 책임확보 요구의 증대

오늘날에는 정책이나 프로그램을 결정하고 집행하는 행정가들의 책임은 단순한 회계책임을 넘어서 정책자체에 대한 책임, 관리책임 나아가서는 도덕적, 윤리적 책임으로까지 확대되어야 한다는 것이 지배적이다. 따라서 책임소재를 밝히고 책임을 묻기 위해 정책평가가 필요하다.

5. 자료 및 정보의 필요성

그 외에도 정책평가는 평가대상인 정책의 효과가 복잡하거나 관찰하기 어려울 때, 복합적 요인에 의해 영향을 받을 때, 차기 정책결정이 중요하거나 비용이 많이 들 때 집행된 정책에 대한 평가의 필요성 증대된다. 그리고 어떤 정책의 타당성에 관하여 다른 사람을 설득하고 지지를 얻기 위한 객관적 자료가 필요할 때도 정책평가의 필요성이 생긴다.

제 2 절   정책평가의 목적과 기준

Ⅰ. 정책평가의 목적

정책평가의 목적은 평가주체, 즉 평가자의 의도에 따라 다를 수 있지만 일반
적으로는 정책결정과 정책집행과정에 정보를 얻기 위해서, 정책과정상의 책임확
보를 위해서, 그리고 정책연구를 위한 이론형성에 도움을 받기 위해서 평가를 수
행한다.

1. 정책결정과 집행에 필요한 정보제공

정책을 평가하는 목적에는 여러 가지가 있지만 우선 정책평가를 통하여 나
타난 정보는, 첫째, 해당 정책이나 유사 정책의 계속적 추진여부를 결정하는데 필
요한 정보를 제공해 준다. 평가의 결과를 토대로 정책을 중단할 것인가, 아니면
유지하되 축소 혹은 확대할 것인가의 여부를 결정하는데 도움을 주는 정보와 자
료를 제공할 수 있다. 둘째, 정책의 내용수정에 필요한 정보를 제공해 준다. 정책
목표의 수정은 2개 이상의 정책목표들 중에서 보다 바람직한 목표를 우선하도록
조정하거나, 정책수단을 수정함에 따른 목표의 내용이 변경됨으로써 발생되는 목
표변동을 의미한다. 또한 정책목표와 수단의 수정 혹은 보완은 정책결정과정에서
예상했던 목표와 수단 등이 정책집행 후에 실제 어떻게 나타났는가를 검토함으로
써 그 결과를 토대로 이러한 작업이 가능한 것이다. 셋째, 보다 효율적인 집행전
략수립에 필요한 정보를 제공해 준다. 이는 집행과정의 검토와 집행활동의 점검
을 통하여 목표달성에 효과적인 정책수단을 발견하고 보다 능률적인 집행절차와
활동 등을 효과적으로 설계함으로써 가능해진다.

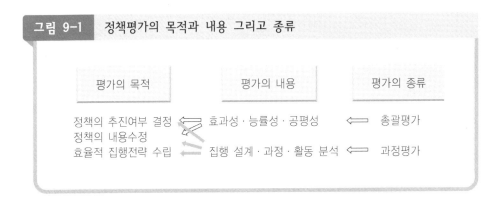

그림 9-1   정책평가의 목적과 내용 그리고 종류

평가의 목적		평가의 내용		평가의 종류
정책의 추진여부 결정	⇐	효과성 · 능률성 · 공평성	⇐	총괄평가
정책의 내용수정				
효율적 집행전략 수립	⇐	집행 설계 · 과정 · 활동 분석	⇐	과정평가

2. 정책과정상의 책임성 확보

정책평가의 또 다른 목적은 정책과정상의 책임성을 확보하는 것이다. 정책과정은 정책체제의 가장 핵심적 활동으로 이루어지고 있으며, 그 결과 정책체제를 관리 및 운영하고 있는 집단은 국민에게 책임을 져야 한다는 민주주의원리에 입각하고 있다. 책임확보를 도모한다는 정책평가의 목적은 크게 보면 정책체제의 환류기능의 핵심이 된다. 따라서 국민에 의해서 수행되는 정치체제의 담당자에 대한 통제기능에 속한다. 그런데 국민들이 이런 통제기능을 위해서 수행하는 정책평가의 대상은 정책효과 및 정책집행과정만이 아니라 정책의 전체 과정과 내용을 포함한다. 보다 구체적으로, 정책평가는 정책집행요원들의 집행활동이 법규나 회계규칙에 합치하도록 강제하여 법적 책임성을 확보하고, 관리자가 능률적·효과적으로 집행업무를 관리하여야 하는 관리상의 책임을 확보하며, 정책담당자가 일반국민에게 정책의 효과와 능률을 보장해야 하는 정치적 책임을 확보할 수 있게 해 준다.[10]

3. 이론형성을 통한 학문적 기여

일반적으로 하나의 정책은 그 속에 많은 인과관계에 대한 가설들을 포함하고 있다. 이들 중에는 기존 이론에서 나온 것도 있고, 정책입안자의 짐작이나 주관적 판단에 의하여 만들어진 것도 있다. 전자의 검증은 기존 이론의 수정 및 보완에 도움을 주고, 후자에 대한 검증은 새로운 이론을 형성시킨다. 다시 말해서, 정책과정에 대한 평가는 정책수단에서부터 정책결과에 이르는 인과경로를 검토 및 확인한다. 이것은 하나의 변수가 변화함에 따라 다른 변수나, 정책효과가 어떻게 변화하는가에 관한 가설을 검증하는 것이다. 이렇게 검증되어 타당성 있는 것으로 확인된 가설은 법칙이 되고 법칙들의 집합이 이론이 되므로 평가에 의한 이론구성이 가능해진다.

4. 비합리적 의도

정책평가는 언제 위와 같이 바람직한 목적을 위해서만 이루어지는 것은 아니다. 정책평가는 의사결정의 지연수단, 책임의 회피수단, 정책성공에 대한 홍보수단 등과 같은 비합리적 이유 때문에도 이루어질 수 있다고 한다.[11]

첫째, 많은 의사결정자들은 자신들의 결정을 지연할 목적으로 정책평가를 이용하기도 한다. 의사결정을 지연하기 위해서 각종 위원회를 구성하는 방법을 이용하기도 하지만 그보다 더 많은 시간을 요하는 정책평가를 발주함으로써 의사결정을 지연시키는 것이다. 둘째, 정책평가는 의사결정자들의 책임회피수단으로도 이용된다. 즉 경우에 따라 의사결정자들은 서로 대립되는 의견을 가진 두 집단 사이에서 의사결정을 해야 할 경우, 어떠한 의사결정을 한다고 하더라도 두 집단을 동시에 만족시킬 수가 없게 된다. 이때 책임을 회피하기 위하여 정책평가를 이용하게 된다. 정책평가결과에 따라 의사결정을 하게 됨으로써 의사결정의 책임을 정책평가결과로 돌리는 것이다. 셋째, 정책집행자가 자기책임 하에 실시되어 온 정책이 매우 성공적이었다는 사실을 알고 있을 경우, 이를 대외적으로 널리 알리기 위한 수단으로 정책평가를 이용하기도 한다. 정책집행자는 그 정책이 성공적이었다는 사실을 확인해 주는 평가결과보고서를 자신의 상관이나 정책의 운명을 좌우하는 다른 사람들에게 배포함으로써 그의 공적을 널리 홍보할 수 있기 때문이다.

II. 정책평가의 정치성

정책평가는 일반 정책기관의 평가활동, 중앙예산기관의 예산사정, 의회의 행정감독, 특별위원회의 구성, 연구기관, 언론기관, 전문가, 민간단체 등의 활동을 통하여 이루어진다. 정책의 평가는 그 역할이나 이해관계가 다른 사람들에 의하여 이루어지므로 정책평가는 정치성을 띠게 된다.[12] 즉 정책의 집행자와 평가담당자, 수혜자집단이나 전문가집단, 국회의원이나 지역사회 지도자 등의 관계유형에 따라 평가활동에 다양한 형태의 영향을 미치기도 하고 각종의 제약을 가하기도 한다. 따라서 정책평가는 경우에 따라서는 강한 정치적 성격을 지닌다는 것이다.

우선 정책평가자는 정책이 추구해야 될 가치와 목표를 분명히 하고, 이들과 실제 정책결과와의 정확한 비교평가를 위하여, 객관적이고 정확한 자료를 요구하거나 과학적이고 체계적인 방법을 택하게 되므로 자연 담당기관과 충돌하기 쉽다. 이들은 이러한 정책집행자들과의 대립과 분쟁을 피하기 위하여 스스로 평가의 의의와 효과를 자의적으로 판단하기가 쉽다. 그리고 정책집행자의 경우 언제나 좋은 평가를 원하므로 평가담당자들에게 좋은 자료만 제공하기 쉽고, 평가결과가 나쁘게 예측될 경우, 자료제공을 거절하거나 무관심해지고 평가자에게 위협을 느끼게 된다. 또한 이해관계자의 경우, 특정한 정책이나 사업을 지연 혹은 정당화시키고 책임을 전가하거나 옹호하기 위하여 평가를 할 수 있으며, 특정 집단의 정치적 지지를 얻어내기 위한 수단으로 정책평가를 이용할 수도 있다.

III. 정책평가의 기능

Dunn에 의하면 정책평가는 다음과 같은 몇 가지의 중요한 기능을 수행한다고 한다. 첫째, 정책평가는 공공활동을 통해서 가치, 욕구 그리고 기회가 달성된 성과에 관한 신뢰할 수 있는 정보를 제공한다. 둘째, 정책평가는 목적이나 목표의 선택에 내재하는 가치를 분류하고 비판하는 데에 공헌한다. 셋째, 평가는 문제구성 및 추진과 같은 다른 정책분석방법들의 적용에 기여한다. 즉 정책성과에 관한 부적절한 정보는 목표나 목적이 다시 정의되어야 한다는 것을 보여줌으로써 정책문제의 재구성에 기여한다. 넷째, 평가는 이전의 좋은 정책대안도 폐기되거나 새로운 것으로 대치되어야 한다는 것을 보여줌으로써 새로운 정책대안이나 수정된 대안의 정의에 기여한다.

Ⅳ. 정책평가의 기준

정책평가의 기준에 대해서 여러 학자들이 언급하고 있다. 먼저 Nakamura & Smallwood는 정책평가의 기준으로 정책목표의 달성, 능률성, 지지자의 만족 등 3가지를 제시하고 있다. 그리고 Suchman은 주로 보건프로그램의 성과를 평가하기 위한 기준으로서 노력, 성과, 적절성(adequacy), 능률성, 그리고 과정 등의 5가지를 들고 있다. 이에 비해서 Frohock은 명시적은 아니지만 정책평가의 기준으로서 형평성(equity), 능률성(efficiency), 파레토의 최적화 기준(Pareto Optimality), 그리고 공익(the public interest)의 4가지를 제시하고 있다. 그리고 Dunn은 정책분석의 입장에서 정책평가의 기준을 효과성, 능률성, 적절성, 형평성, 대응성, 그리고 적합성 등의 6가지를 제시하였는데, 이들에 관해 간략히 소개한다.

1. 효과성

효과성(effectiveness)이란 정책이 가치 있는 성과나 효과를 가져오는지에 관한 것이다. 효과성은 기술적 합리성과 밀접하게 연결되어 있으며, 생산, 서비스 또는 금전적 가치의 단위에 의해 측정된다.

2. 능률성

능률성(efficiency)은 주어진 수준의 효과성을 산출하기 위해 요구되는 노력의 양을 말한다. 능률성은 경제적 합리성과 동의어가 되며 효과성과 노력과의 관계이다. 그리고 능률성은 종종 산출이나 서비스의 단위에 대한 비용을 계산함으로써 결정되거나, 또는 비용 단위당에 해당하는 산물이나 서비스의 양을 계산함으로써 결정된다. 그리고 최소의 비용으로 최대의 효과를 달성하는 정책이 능률적이다.

3. 적절성

적절성(adequacy)은 문제의 해결정도를 의미하며, 문제를 일으킨 욕구, 가치, 기회를 만족시키는 효과성의 수준정도를 말한다. 적절성은 정책의 실시결과 당초의 문제가 어느 정도 해결되었는가에 관한 평가기준이며 적정성이라고도 한다.

4. 형평성

형평성(equity)은 법적·사회적 합리성과 밀접하게 연결되어 있으며, 사회 내의 상이한 집단 사이에 효과와 노력을 분배하는 것을 말하다. 형평성 있는 정책은 효과나 노력이 공평하고 공정하게 배분되는 것을 의미한다.

5. 대응성

대응성(responsiveness)은 정책이 특정 집단의 욕구, 선호, 그리고 가치를 충족시키는 정도를 말한다. 대응성 기준이 중요한 이유는 정책이 효과성, 능률성, 적절성, 형평성 등을 모두 충족시키면서도 정책의 수혜자집단의 실질적인 욕구를 충족시키지 못하는 경우가 있기 때문이다.

6. 적합성

적합성(appropriateness)이란 문제해결을 위해 사용한 수단이나 방법들이 바람직하게 채택되었는지를 평가하는 기준을 의미한다. 즉 정책목표의 내용면에서 가장 바람직한 목표, 즉 가장 중요하고 시급한 문제요소를 해결대상으로 채택하였는지를 평가하는 기준으로, 정책문제의 정의에 따라 달라질 수 있다.

제3절 정책평가의 종류와 방법

Ⅰ. 정책평가의 종류

1. 평가유형의 다양성

Suchman은 정책평가의 종류를 노력, 업적, 업적의 적절성, 능률성, 과정 등을 기준으로 다양하게 분류하고 있다. 즉 무엇을 평가할 것이냐를 중심으로 정책평가의 종류를 분류하고 있다.[13] 그리고 Wholey와 동료들은 평가의 대상을 중심으로 실질적인 영향평가, 사업계획전략평가, 과정 또는 관리의 평가, 단위사업계획평가 등으로 나누고 있고,[14] Dunn은 평가자의 정향, 정책활동의 통제정도를 중심으로 발전적 평가, 실험적 평가, 과정평가, 사후적 결과평가로 분류하고 있다.[15] 그 외에도 미국정책평가학회는 착수직전평가(front-end analysis), 평가성 사정, 과정평가, 효율성 또는 영향평가, 프로그램과 문제의 모니터링, 메타평가 등으로 분류한다.

2. 분류기준별 평가유형

1) 총괄평가와 과정평가

과학적인 정책평가가 1960년대부터 활발해지고 1970년대에 폭발적으로 증가되자 정책평가에 대한 연구의 유형도 다양해지게 되었다. 처음에는 총괄평가를 중심으로 시작되어 과정평가도 포함하게 되었다. 따라서 정책평가는 정책평가의 대상을 기준으로 할 때, 크게 두 가지 유형, 즉 총괄평가와 과정평가로 나누어진다.

첫째, 총괄평가(summative evaluation)란 정책의 집행 후에 과연 의도했던 정책효과가 발생했는지를 검토하는 것이다. 이 총괄평가는 정책효과만이 아니라 부수효과나 부작용까지 포함하여 정책이 사회에 끼친 영향이나 충격을 확인하려는 사실판단적 활동이다. 요컨대 총괄평가는 정책의 목표달성 정도인 효과성이 어느 정도인지, 정책목표달성을 위한 비용투입과 효과산출 간의 비율을 의미하는 능률성과 정책영향은 어떠한지, 그리고 정책효과와 비용이 사회적으로 공정하게 이루어지고 배분되었는지를 검토하는 형평성평가 등을 포함한다. 교통영향평가, 환경영향평가 등과 같은 정책영향평가 또한 총괄평가에 해당된다.

환경영향평가나 교통영향평가 등은 환경이나 교통에 현저한 영향을 미칠 우려가 있는 각종의 개발정책이나 사업을 계획할 때, 그 사업이 환경이나 교통에 미칠 영향을 미리 예측·분석하여 그 악영향을 제거하거나 완화시킬 수 있는 방안을 강구하는 것이라고 정의할 수 있다. 이렇게 볼 때 환경영향평가나 교통영향평가 등 정책영향평가는 엄격히 말해 정책집행과정이나 사후성과를 평가하는 일반적인 정책평가라고 하기보다는 정책집행을 하기 전에 정책대안탐색을 강구하는 정책분석에 더욱 가깝다고 할 수 있다. 이 경우 일반적인 정책분석과도 달라 정책대안이 개발정책이나 사업으로 한정되어 있다는 점이 특징이다.

둘째, 과정평가(process evaluation)란 정책집행이 어느 정도 진행되었거나 끝난 후에 정책집행과정에 나타난 집행계획, 집행절차, 투입자원, 집행활동 등을 검토하고 점검하여 바람직한 집행전략을 수립하는데 도움을 주는 평가이다. 과정평가는 집행과정을 검토하여 정책효과의 발생의 과정을 밝히고 바람직한 집행전략을 수립하는데 그 목적이 있다.

2) 총괄평가와 형성평가

평가의 시점을 중심으로 총괄평가와 형성평가(formative evaluation)로 분류할 수 있다. 총괄평가는 정책집행이 끝날 때 내리는 평가이며, 형성평가는 집행도중에 이루어지는 평가로서 집행과정에서 의도한 대로 추진되고 있는지를 파악함으로써 집행의 관리와 전략의 수정, 보완 등이 목적이다. 형성평가는 과정평가와 중복되는 것이 많다.

3) 내부평가와 외부평가

평가주체에 따라 내부평가와 외부평가로 분류할 수 있다. 내부평가는 자체평가라고도 하며 정책결정, 집행담당자들이나 체제 내부의 구성원들이 하는 평가이며, 담당기관 이외 외부인의 평가를 외부평가라고 한다. 한편, 정책의 집행담당자가 직접 평가를 수행하는 경우를 자체평가라 하고, 집행담당자를 제외한 정책책임기관 내부에서 평가를 수행하는 경우를 내부평가라고 구분하기도 한다.

4) 객관적 평가와 주관적 평가

사용되는 평가방법에 따른 분류로서, 객관적 평가는 과학적 방법이나 논리를 적용하는 평가이다. 이때 과학적 방법은 바로 과학적인 조사방법을 의미하게 되므로 과학적 정책평가는 과학적 조사방법을 동원하여 사실에 부합한 평가를 하려는 것이다. 따라서 구체적 사실, 즉 자료에 근거하고 실험설계 및 통계적 처리 등을 사용하여 체계적으로 수행되는 정책평가이다.

한편 주관적 평가는 평가자의 주관적인 느낌이나 생각에 의존하여 수행되며, 평가자의 수준이나 개인적 이해관계에 따라 평가결과에 차이가 날 수도 있다. 이러한 평가방법은 우리들이 일상생활에서 정책의 좋고 나쁨을 판단할 때에 흔히 사용하는 방법이다. 그러므로 실제와는 달리 '바람직한 것'으로 잘못 판단할 가능성을 언제나 지니고 있다는 약점 때문에, 객관적 정책평가가 보다 바람직한 것으로 간주되고 있다.

3. 기타 평가유형

1) 사전평가, 사후평가, 계속평가

사전평가란 정책집행이 이루어지기 전에 하는 평가로서 착수직전분석, 실행 가능성분석이라고도 한다. 평가의 대상이 될 결과가 발생하기 전에 이루어지는 프로그램의 분석을 평가라고 부를 수 있겠느냐는 의문을 제기하는 사람도 있으나, 전략평가나 사전평가도 평가의 개념에 포함시키는 사람이 많다. 사후평가란 집행이 이루어진 후에 실시되는 평가를 말한다. 계속평가란 사전에 프로그램의 개선을 위하여 평가를 실시할 뿐만 아니라 사후에 그 프로그램이 가치 있는 것이 었는가를 평가하는 것을 말한다.

2) 전략평가, 실적평가, 결과평가

전략평가란 설정된 목표를 최소의 비용으로 달성하기 위하여 어떤 전략을 채택할 것인가를 결정하기 위하여 사용되는 것이다. 전략평가는 목표달성에 이바 지할 수 있는 여러 가지 전략의 비용편익분석을 위시하여 프로그램설계의 검토, 인력소요, 재원배정 등을 포함하여 가장 소망스러운 전략을 선정하는데 필요한 모든 요소를 검토하는 것이다. 실적(performance)평가란 계획과 실적을 자원활용 측면과 생산 측면에서 대비해 보는 것이다. 그리고 결과(outcome)평가란 정책집행 의 결과를 평가하는 것이다.

3) 질적 평가와 양적 평가

질적 평가는 질적(qualitative) 자료를 이용하여 정책을 평가하는 것으로서, 인 터뷰, 관찰, 사례연구, 설문지나 각종 문서 등이 주로 활용된다. 이용되는 자료의 특성상 주관적 성격이 강한 평가방법이다. 한편, 양적(quantitative) 평가는 가장 많 이 사용되는 평가방법으로서, 표준화된 측정방법을 사용하여 과학화와 일반화의 정도를 제고한다. 통제집단을 이용한 실험설계가 주로 사용되며 효과성 측정에 특히 유용한 방법이다.

4) 산출평가, 성과평가, 영향평가

효과와 관련한 평가를 세분하면 산출평가, 성과평가, 영향평가로 나눌 수 있다. 이것은 정부프로그램의 효과를 산출, 성과, 영향으로 나눌 수 있다고 보기 때문이다. 산출이란 3가지 효과 중에서 가장 계량적으로 측정하기가 용이하며 가장 단기간에 나타나는 효과이다. 성과는 산출보다는 다소 계량화하기가 어려운 효과이며 보다 장기적인 효과라고 하겠다. 영향은 성과보다 더 오랜 후에 나타나는 효과이다. 일반적으로 정책의 집행과 영향 간에는 많은 시차가 있을 뿐만 아니라 양자 간의 인과관계의 규명에도 많은 어려움이 있으므로 3가지 평가 중에서 확인이 가장 어려운 평가방법이라고 하겠다.

5) 기술적 평가와 인과적 평가

원인과 결과의 관계의 규명 없이 사실의 열거에 그치는 평가를 기술적 (descriptive) 평가라고 한다. 사실의 열거에 그치지 않고 원인과 결과의 관계에 치중하는 평가를 인과적 평가라고 한다. 인과적 평가는 가치는 강조하지 않고 인과관계의 규명만을 중시한다.

6) 활동중심적 평가와 상호작용적 평가

활동중심적 평가는 결과의 활용에 초점을 둔 평가방법으로서 평가에 앞서 정책결정자와 정책평가로부터 도출된 정보의 활용자가 누구인가를 규명하고 그들의 요구를 염두에 두고 평가하는 것이다. 상호작용적 평가는 정책평가자와 정책집행자가 합동으로 수행하는 평가를 말한다. 그 외에도 평가대상과 평가방법의 매트릭스에 따라 다양한 평가유형이 있을 수 있다.

II. 정책평가의 방법

1. 정책평가의 타당성과 신뢰성

1) 정책평가의 타당성

정책평가의 방법은 정책의 유형과 성격, 내용 등에 따라 다양한 평가방법을 이용할 수 있다. 과학적인 방법과 비과학적인 방법이 있는데, 과학적이고 체계적인 평가방법이 특히 중요시 된다. 그것은 체계적이고 과학적인 방법만으로도 정책평가의 타당성을 상당한 정도 확보할 수 있기 때문이다. 여기서 정책평가의 타당성 내지 타당도란 이처럼 정책평가에 의하여 그 정책효과를 올바르게 판단하는 정도를 의미한다. 즉 정책목표와 정책수단 간에 존재하는 인과관계를 검증하고 정책이 집행된 후 의도한 효과가 어느 정도 발생하였는가의 여부를 판단하는 작업으로 그 정확성의 정도를 의미한다. 그리고 정책평가의 타당성은 외적 타당성과 내적 타당성으로 나누어진다.

(1) 내적 타당성

내적 타당성(internal validity)이란 정책이 집행된 이후에 일어나는 변화가 정책 때문인지 아니면 다른 요인 때문인지를 명백히 밝히는 것을 의미한다. 다시 말해서, 실제로 정책효과가 있었을 때 명백하게 있다고 판단하고, 효과가 없었을 때 없다고 분명히 밝히면 그 평가는 내적 타당성이 있는 것이다. 정책평가의 초점은 정책이 집행된 후에 정책효과가 있었는지의 여부를 판단하는데 있다. 그리고 이러한 목적은 내적 타당성이 확보된 평가에 의해서만 달성될 수 있다. 그러므로 정책평가를 위해 고찰된 모든 통계적·실험적 방법들은 내적 타당성을 제고하는데 그 목적을 두고 있다.

(2) 외적 타당성

외적 타당성(external validity)이란 어떤 상황에서 내적 타당성을 가진 정책평가가 다른 상황에서도 적용될 수 있을 것인가를 밝히는 것이다. 다시 말하자면, 어떤 상황 하에서 정책이 집행되고 나타난 정책효과를 정확하게 평가함으로써 내적 타당성이 있다고 판단된 경우, 이 판단이 다른 상황에서 정책을 집행하여 나타날 효과에 대해서도 그대로 적용이 되면 그 평가는 외적 타당성이 있는 것이다. 요컨대 특정 상황 하에서 타당한 평가가 다른 상황 하에서는 과연 얼마만큼 타당할 것인가 하는 것이 외적 타당성이다.[16]

2) 정책평가의 신뢰도

정책평가의 신뢰도란 평가결과가 어느 정도 믿을 만한가를 의미하며, 이것은 그 정책을 측정하거나 평가한 도구가 그와 유사한 다른 현상을 되풀이해서 적용되었을 때, 그 결과가 얼마나 일관성 있게 나타나는가의 정도를 통해서 파악된다. 즉 신뢰도란 동일한 측정도구를 반복해서 사용했을 때 동일한 결과를 얻을 확률을 나타내는 것이다. 아무리 정확한 자료와 평가설계를 이용하여 측정 또는 평가하였다고 하더라도 신뢰도가 낮다고 판단되면, 누구의 관심도 받을 수 없는 결과는 무용지물이 되는 것이다. 따라서 신뢰도를 높이는 방법을 강구하고 그것을 위협하는 요인을 제거해 나가야 한다. 정책평가에 있어 신뢰도를 위협하는 요인으로는, 정책평가대상자의 태도와 성향 및 그들의 상태, 관찰자의 영향, 상황적 요소, 측정도구의 문제, 측정 및 평가과정의 문제점 등을 들 수 있다.[17]

2. 정책평가의 방법

정책의 평가방법은 크게 과학적인 방법과 비과학적인 방법, 양적인 방법과 질적인 방법 등 다양하다. 여기서는 이처럼 다양한 평가방법 중에서 과정평가에 속하는 평가성 검토와 모니터링, 그리고 총괄평가에 속하는 진실험방법과 준실험방법 등에 관해서 살펴보기로 한다.

1) 평가성 검토

평가성 검토(evaluability assesment)는 정책이나 사업계획에 대한 본격적인 평가를 하기 전에 평가목적을 효과적으로 달성하기 위하여 실시하는 평가의 소망성과 가능성을 검토하는 일종의 예비평가이다. 즉 기술적으로 가능한 평가가 어느 정도까지 이루어질 수 있을 것인가, 어떠한 사업계획을 평가하여야 유용한 평가가 될 수 있는가, 영향평가를 실시해야 하는가 혹은 하지 말아야 하는가 등에 관한 평가를 의미한다. 이러한 평가성 검토는 평가대상이 되는 정책이나 사업계획의 특성, 평가소요예산의 제약, 평가결과의 이용자가 원하는 정보제공의 필요성 등 때문에 행해진다. 그리고 이러한 평가성 검토는, 평가대상이 되는 사업의 범위를 확정하고 사업모형(program model)을 파악하며, 평가 가능한 모형(evaluable model)을 작성하고, 평가성 검토 결과와 활용방안을 제시하는 등의 주요한 절차를 거쳐 이루어진다.

2) 모니터링

모니터링(monitoring)이란 정책이나 사업계획의 운용과 그 결과의 관계를 밝히기 위한 프로그램의 운영에 관한 정보의 수집 및 관리 활동이다. 모니터링은 프로그램이 당초 설계대로 운용되고, 구체적으로 명시된 대상집단에 도달되고 있는가를 검토하여 프로그램을 수정, 보완 활성화하는 집행모니터링과 프로그램의 성과를 사전에 설정한 성과나 기대한 성과와 비교함으로써 현재 상태에 대한 정보를 확보하여 프로그램 활동을 분석하는 성과모니터링으로 구분할 수 있다.

정책평가에 있어서 모니터링은 다음과 같은 기능을 수행한다. 첫째, 일치(compliance)기능이다. 모니터링은 사업계획과 관련된 관리자와 이해당사자들의 행동이 의회나 규제기관, 기타 정책전문기관에 의해 제시된 기준과 절차에 일치하는 지의 여부를 파악하게 해준다. 둘째, 감독(auditing)기능이다. 모니터링은 특정한 대상집단에게 분배하려고 의도한 자원과 서비스가 실제로 그들에게 도달했는가에 대해 알 수 있게 해준다. 셋째, 회계(accounting)기능이다. 모니터링은 장기간에 걸친 정책이나 계획의 집행(자원투입)으로 나타나는 사회경제적 변화(정책성과)를 설명해주는 정보를 생산하는 데 도움을 준다. 즉 자원의 투입에 대한 성과의 내용을 나타내는 기능을 한다. 넷째, 설명(explaining)기능이다. 모니터링은 정책과 계획의 결과가 왜 다르고 어떻게 운영되는가를 설명할 수 있도록 해준다.[18] 이러한 모니터링은 그것을 어디에 중점을 두느냐에 따라 프로그램 모니터링과 성과 모니터링 그리고 균형성분석 등으로 나누어진다.

(1) 집행 모니터링

이것은 프로그램의 집행을 위해 소요된 자원의 투입과 실제 이루어지고 있는 프로그램 활동을 측정하고, 그 측정결과를 기 설계 혹은 기대되었던 것과 비교함으로써, 이들 프로그램이 처음에 의도했던 대로 충실하게 집행되었는가의 여부를 알아보는데 주요 목적이 있는 모니터링이다.

(2) 성과 모니터링

이것은 프로그램에 대한 투입과 성과를 측정하고, 그 프로그램의 성과를 기 설계했거나 기대했던 성과와 비교한다. 이 비교를 통해 문제가 발견되었을 경우 그 원인을 찾아내어 시정함으로써 처음 의도하거나 기대한 성과를 달성하도록 하는 것을 목적으로 하는 모니터링을 말한다.

(3) 균형성분석

이것은 동일한 프로그램 내에서 사업단위들 간의 균형적인 추진여부, 프로그램과 관련된 타 사업추진의 적시성 여부, 그 내용의 적합성 등을 평가하는 것이다. 예컨대 하나의 프로그램을 서로 다른 기관에서 집행하는 경우, 각 기관에서 집행되고 있는 단위사업들의 집행과정의 균형성 여부를 평가하는 것이다. 따라서 이러한 균형성평가를 통해 문제점이 발견되면 이를 유관기관들이 서로 협의하여 조기에 조정하자는 데 균형성분석의 주요 목적이 있다.[19]

3) 진실험방법

진실험방법(true experimental method)은 실험대상을 무작위로 배정함으로써 실험집단과 통제집단의 동질성을 확보하여 행하는 사회실험방법을 의미한다. 다시 말해서, 이 실험방법은 실험의 대상이 되는 사람들로부터 무작위로 추출한 표본 집단을 실험집단과 통제집단으로 나누고 실험집단에는 프로그램을 집행하고 통제집단에는 집행하지 않는다. 그렇게 하여 두 집단의 결과를 비교함으로써 정책의 효과를 측정하는 방법을 말한다. 이 실험방법은 특정 정책의 순수한 영향인 순효과를 파악하는데 중점을 두며, 정책의 효과와 사회상황의 변화와의 인과관계에 관하여 매우 신뢰할 수 있는 증거를 제공한다.

그러나 이 방법은 통제집단이 스스로의 역할을 알면 오염되어 당초의 조건을 유지할 수 없고, 실험집단의 태도를 모방하는 효과가 나타날 수 있으며, 평가결과가 밝혀지는 데에는 많은 시간과 비용이 소요되고, 대상자들이 실험대상으로 관찰되고 있다는 사실을 알게 되면 평소와 다른 행동을 하게 될 수 있다는 등 여러 가지 문제점을 지니고 있다.

4) 준실험방법

변수 간의 인과관계를 밝히는데 있어 실험집단과 통제집단의 동질성을 확보하기가 어려운 경우에는 준실험방법(quasi-experimental method)에 의해서 정책평가를 하게 된다. 현실적으로 위의 진실험방법을 이용하는 데에는 현실적으로 여러 가지 어려움이 있다. 이처럼 진실험방법이 갖는 현실적, 기술적 문제를 완화하기 위한 방법으로 준실험방법이 많이 이용되고 있다. 이러한 방법으로는 시계열분석, 다중시계열분석, 이질통제집단분석 등이 있다.

제 4 절 정책평가의 절차

Ⅰ. 평가절차에 대한 견해

정책평가의 절차에 관해서도 학자마다 다양한 견해를 제시하고 있다. 몇 가지 견해를 소개하자면, Suchman은 정책평가의 핵심단계로서 목표의 규명, 문제의 분석, 활동의 기술과 표준화, 변화의 정도를 측정, 변화가 정책의 결과인지 또는 다른 원인의 결과인지에 관한 결정, 그리고 정책의 효과에 대한 검토 등의 여섯 단계를 제시하고 있다. 그리고 Nachmias는 정책평가의 과정으로서 모든 과학조사의 절차에서와 같이 일정하고도 지속적이고 상호 관련적인 여섯 단계를 다음과 같이 제시하고 있다. 즉 목표의 인식, 인과영향모형의 구성, 적절한 조사설계의 개발, 측정과 표준화, 자료수집, 그리고 자료의 분석과 해석이다.

한편 노화준은 정책영향평가를 기준으로 정책목표의 식별, 기준의 설정, 인과모형의 설정, 연구설계의 발전, 측정자료의 수집, 자료의 분석과 해석의 6단계로 나누고 있다.[20] 그리고 김명수는 정책의 효과뿐만 아니라 그 효과유무에 대한 이유까지 밝히고 포괄적 평가가 요망되어, 거기에 소요될 자원도 확보되어 있는 가장 이상적인 상황을 상정하였다. 이 경우 어떠한 종류의 평가부터 시작하여 평가작업을 진행시킬 것인가 하는 문제와, 그 경우 각종의 평가는 어떠한 순서에 의해서 이뤄질 것인가에 따라 단계구분을 하고 있는 것이 특징이다.

여기서는 이들 여러 학자들의 견해를 종합하여, 정책목표의 파악, 평가기준의 설정, 인과모형의 작성, 연구설계의 구축, 측정과 표준화, 자료수집, 자료의 분석과 해석 등으로 구분하여 살펴본다.

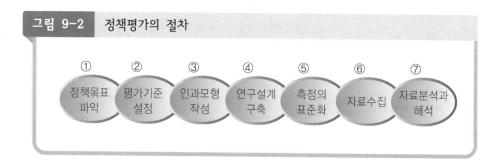

그림 9-2   **정책평가의 절차**

II. 정책평가의 절차

1. 정책목표의 파악

정책평가의 절차는 평가할 정책의 목표를 파악(goal identification)하는 작업으로부터 출발한다. 정책이나 사업의 목표가 애매모호하거나 산만하고 또는 다양할 경우 이 목표들이 달성된 정도를 평가하는 일은 매우 어렵다. 대부분의 경우 정책들이 애매모호하거나 산만하거나, 또는 다양한 목표를 지니는 경우가 많다. 이와 같이 정책의 목표가 명백하지 못하고, 한정되지 못하거나 또는 측정이 가능하지 않은 경우 과학적인 평가연구를 수행하는 것은 아무런 의미가 없다. 사업의 목적을 식별하는 데 도움이 되는 몇 가지 절차와 고려에 대해 살펴보면, 첫째, 정책목표를 당면한 목표, 중간목표, 궁극적 목표 등으로 구분하여 파악하는 것이 유용하다. 둘째, 사업의 주체에게 사업의 목적을 한정하도록 문의하고 요청하는 것이다. 셋째, 목표의 식별을 위해서 가장 중요한 것으로서는 사업의 초기 단계에 평가자가 사업관련자인 사업개발자나 사업집행자와 협조하는 것이다.

2. 평가기준의 설정

정책목표가 파악되고 난 다음에는 평가기준을 설정해야 한다. 모든 평가가 그러하듯이 평가에는 평가기준이 분명하고 적절하게 설정되어야 한다. 그렇지 않으면 동일한 결과를 놓고도 평가자마다 다른 평가를 가능케 하기 때문이다. 정책평가를 위한 평가기준은 정책목표의 상태에 따라 달라진다. 정책목표가 계량화가 곤란한 질적인 것일 경우 그것의 평가기준도 질적인 평가기준이 설정되어야 하며, 계량화가 가능한 목표일 경우에는 그 평가기준도 계량적인 것이어야 한다. 그러나 현실적으로는 이들 두 가지 기준이 복합되어 있기 때문에 그 기준 역시 질적인 것도 양적인 것을 혼용하고 있다. 예컨대, 질적 기준인 정치적 합리성으로서의 민주성, 대응성, 형평성 등이나 양적 기준인 경제적 합리성으로서의 능률성, 효과성, 생산성 등이 그것이다.

3. 인과모형의 작성

모형이란 현실세계의 단순화된 표현으로서 평가대상을 이해하기 쉽고, 체계적으로 설명 및 평가할 수 있게 해준다. 목표가 파악되고 나면 평가자는 정책이 목표를 어느 정도 달성했는가에 관한 증거를 제공할 수 있는 사실적 인과모형을 작성할 수가 있다. 인과모형은 영향모형이라고도 불리는 것으로서 특정의 정책이 사회구성원의 행태변화를 초래하는 과정을 인과적 논리체계로 설명하기 위한 과학적인 정책연구의 한 형태라고 할 수 있다. 즉 행태변화를 초래케 한 원인변수를 독립변수로, 결과변수를 종속변수로, 그리고 그 사이에 개재된 변수를 매개변수로 하여 모형화시킨다. 이때 정책은 독립변수, 정책수단은 매개변수, 그리고 결과나 영향은 종속변수가 된다.

4. 연구설계의 구축

이처럼 인과모형이 설정되고 그에 따라 가설들이 설정되면, 정책평가자는 자료를 수집하고 분석하는 과정을 계획하고 조직화해야 하는 데, 이 작업을 연구설계라고 한다. 연구설계가 구축되고 나면 정책집행의 결과 나타난 성과 및 영향자료의 수집, 측정, 분석, 그리고 해석의 과정을 구성하는 작업에 들어가게 된다. 그리고 평가자는 이 작업을 위해 이용 가능한 시간, 활용 가능한 자원과 그 제약, 정책과 관련된 주요 관련자들에 대한 접근 가능성 등을 참작하여 연구설계를 해야 된다.

5. 측정과 표준화

정책목표가 식별되고 기준 및 인과모형, 그리고 적절한 연구설계가 작성되고 나면, 정책목표의 달성도를 결정할 수 있는 측정의 표준이 마련되어져야 한다. 그러므로 정책목표는 계량적 측정이 가능할수록 평가가 용이하다. 측정에 있어서 가장 어려운 문제는 정책목표, 정책의 영향, 정책의 변수들을 식별하여 조작하고 양적 분석이 가능하도록 측정하는 것이라 하겠다.

6. 자료수집

정확한 정책평가를 위해서는 다양한 측면에서 정확한 자료들을 수집해야 한다. 때문에 정책평가에 이용되는 자료는 다양한 출처로부터 다양한 방법으로 얻어질 수가 있다. 정책평가에서 사용되어질 자료의 형태는 정책의 본질, 정책의 변수들, 그리고 평가설계 등에 따라 다르다. 따라서 평가자는 모든 자료들과 자료수집방법들의 장점과 단점에 관해 파악해 둘 필요가 있다. 질적 평가를 위해서는 설문조사나 면접조사를 통해 자료를 수집할 수가 있고, 양적 평가에는 통계 처리된 각종의 자료들을 수집해야 한다. 이때 어떠한 자료를 수집할 것이냐는 이미 앞에서 설정한 연구설계의 내용에 따라 다르게 된다. 이때 정책정보시스템이 어느 정도 잘 정비되어 있느냐에 따라 정확하고 적절한 정보를 수집할 수도 있고 그렇지 못할 수도 있다.

7. 자료의 분석과 해석

사회과학에서는 자료분석기법을 결정함에 있어 평가설계에 따라 하기도 하지만 관습에 의해서 하는 경우도 있다. 정책평가에서는 변화, 예측, 그리고 인과성이 주요 관심사이므로 회기분석이 적절하고 효과적인 기법이라 할 수 있다. 그리고 이와 같은 회기분석모형은 독립변수인 정책변수가 종속변수인 목표변수에 변화를 초래하고 또한 다른 정책변수에도 영향을 미치는 영향모형을 시험하는 기법으로 유용하다. 영향모형과 정책모형의 관점에서 평가연구의 발견사항을 해석함으로써 연구는 끝나게 된다.

제5절 정책평가결과의 활용

Ⅰ. 결과활용의 방식

어떠한 곳에 무슨 용도로 정책평가의 결과를 활용하는가에 대해서는 이미 정책평가의 목적에서 설명하였다. 정책평가의 결과는 정책의 진행상태를 점검하거나 집행전략이나 활동을 수정 혹은 보완하기 위하여, 그리고 정책종결 등에 필요한 정보를 얻기 위해 이용될 수가 있다. 뿐만 아니라 정책과정상의 책임확보나 정책연구의 이론형성에 활용되기도 한다. 일반적으로 정책평가결과는 정책평가자가 이를 주 활용하게 된다. 그러나 정책평가자와 평가결과의 자료이용자가 다른 경우도 많다. 예컨대 정책결정자나 정책집행자가 스스로 정책평가를 하는 경우, 그 평가결과를 성공적인 정책집행을 위해서 활용하겠지만, 대학교수, 전문가, 사회집단 등과 같은 제3자가 이를 이용할 경우 객관적이고 합리적인 활용이 문제로 제기될 수 있다. 즉 평가결과를 활용하는 사람이나 주체에 따라 아전인수격 해석이 가능하기 때문이다.

Rich에 따르면, 정책평가를 활용하는 방식은 도구적 이용과 관념적 이용이라는 두 가지로 구분될 수 있다.[21] 여기서 도구적 이용(instrumental use)이란 정책평가의 결과를 의사결정이나 문제해결을 위해서 이용하는 것을 말한다.[22] 그리고 관념적 이용(conceptual use)이란 정책결정이나 집행에 직접 그 결과를 활용하는 것이 아니라, 어떤 문제에 대한 정책결정자의 사고방식이나 관념에 변화를 일으켜서 간접적으로 영향을 미치게 하는 것을 말한다. 이 관념적 이용을 Weiss는 계몽적 이용(enlightenment use)이라고 한다.[23]

II. 결과활용의 제약요인

평가결과의 다양한 활용방법 중에서도 가장 바람직한 것은 원래 평가자가 의도한 대로 활용되고, 나아가 도구적 방법으로 활용되는 것이다. 그러나 현실적으로는 여러 가지 제약요인들로 인하여 바람직한 활용이 어려워진다. 이처럼 정책평가의 결과활용을 제약하는 요인들은 매우 다양하여 학자들에 따라 그 유형과 형태를 각기 다른 각도에서 설명하고 있다. 여기서는 평가결과의 신뢰성과 적실성, 결과자료의 표현 및 전달방식, 평가결과 이용자의 태도 등으로 나누어 살펴본다.

1. 신뢰성과 적실성 부족

여기서 신뢰성이란 평가결과를 이용하는 사람이 그 정책평가가 타당성 있게 이루어졌다고 믿는 것을 말한다. 즉 정책평가에 올바른 방법이 적용되고 정확한 자료가 이용되어 바람직하게 평가가 수행되었다고 믿으면 평가결과의 신뢰성이 높은 것이 된다. 그러나 평가결과의 활용자가 평가결과를 신뢰하느냐의 여부는 활용자가 이미 가지고 있는 편견이나 다른 정보 등에 의해 영향을 받게 된다. 이처럼 평가결과가 객관적으로 타당성이 높다고 하더라고 그것에 대한 신뢰성은 활용자에 따라 달라진다. 이러한 신뢰성의 문제가 평가결과의 활용을 제약하고 있는 것이다. 또한 평가결과의 적실성 여부도 결과이용을 제약하고 있다. 여기서 적실성이란 평가결과가 그것을 활용하려는 사람의 요구(need)를 충족하고 있어야 하고, 나아가 그것이 시간적으로 적절한 적시성(timeliness)이 있어야 함을 의미한다. 이처럼 평가결과는 그것을 이용하는 사람들이 그 결과의 타당성을 믿고, 그것의 적실성을 높이 평가할 때 비로소 그 활용이 활성화된다. 따라서 활용자가 그것을 활용하는 데는 그만큼 제약이 따른다는 것을 의미한다.

2. 전달 및 표현 방식의 난해성

정책평가의 결과는 그것이 전달되는 과정에 어떠한 장애요소가 개재되었느냐 혹은 어떻게 표현되느냐에 따라서 그 활용정도가 달라진다. 즉 전달방식과 표현방식과의 차이가 평가결과의 활용을 제약한다는 것이다. 우선 전달과정이나 방식의 경우를 보면, 정부부처 간의 할거주의적 구조나 단일 부처의 계층구조상의 문제 등이 평가결과의 전달에 대한 왜곡이나 부분 삭제 등의 문제를 야기할 수 있다는 것이다. 예컨대, 하의상달의 경우 하급자들에게 불리한 정보가 왜곡되거나 삭제될 수 있다는 것이다. 정책평가는 언제나 잘잘못을 분석한 내용을 포함하게 되므로 자신들에게 불리한 내용이 포함되어 있을 경우 이러한 왜곡과 삭제의 가능성은 더욱 증대된다. 다음으로는 결과의 표현방법의 잘못을 들 수 있다. 즉 사용자가 이해하기 어려운 방법이나 분석기법 등을 이용하고 전문용어(jargon)를 사용함으로써 이용자가 이를 이해하기 어렵게 표현되어 있으면 그 결과의 활용은 어려워진다. 알기 쉬운 방법, 간단하고 분명한 분석기법, 평범한 용어 등으로 정리된 평가결과가 되지 못하면 결과의 활용은 제약되지 않을 수 없을 것이다.

3. 이용자의 부정적 태도

평가결과의 이용을 방해하는 다양한 요인들 가운데 무엇보다도 가장 중요한 장애요소는 평가결과에 대한 이용자의 의도적인 외면이나 저항이다. 평가결과에는 언제나 과거 및 현재 상태에 대한 잘못을 지적하고 그 개선책을 담고 있다. 정책평가는 주로 정책결정자나 정책집행자가 이를 이용하게 되지만 그 속에는 결정자나 집행자의 잘못을 지적하고 있기 때문에 평가자체를 기피하거나 그것이 불가능할 경우 평가결과를 고의적으로 외면하고 그 평가결과에 대해 부정과 저항을 하게 된다. 따라서 평가결과에 대한 사용자의 이러한 행태를 제거하기 위해서는 정책평가의 시작부터 끝까지 이들을 평가자로 참여시킬 필요가 있다. 즉 평가결과의 사용자가 평가의 준비단계부터 참여하게 되면 조사방법이나 대상 등의 결정에 적실성을 높이고 의사전달을 쉽게 하며, 사용자의 적극적인 관심도 유도할 수 있기 때문이다.

4. 평가결과의 악용

이용자의 관심과 참여를 증대시키기 위해 이들을 지나치게 깊숙이 정책평가에 개입시키면, 이들 때문에 오히려 평가 그 자체는 물론 평가결과를 악용할 소지가 있다는 문제점이 제기된다. 그리고 이러한 사실이 알려지면 그 평가결과는 누구도 이용하지 않으려고 할 것이다. 대부분의 정책평가나 정책분석이 정책결정자나 집행자가 아닌 외부전문가들을 통해 이루어지는 것은 바로 이러한 현상을 방지하기 위해서이다.

그리고 평가결과의 이용자는 평가내용의 일부만을 발췌하거나 몇몇 부분을 삭제하고 나머지만을 가지고 선전홍보용으로 악용하기도 하고, 최악의 경우 평가결과를 정반대로 해석하여 선전하는 경우도 발생한다. 그러므로 진실로 중요한 것은 평가결과의 활용을 증대시키는 것보다 그것의 악용을 방지하는 것이다

III. 결과활용의 활성화 방안

많은 시간과 비용을 들여 어렵게 수행한 정책평가의 결과는 가능한 그 목적달성을 위해 최대한 이용되고 다용도로 활용될 수 있어야 한다. 이처럼 평가결과를 최대한 이용하기 위해서는 앞에서 언급한 장애요소들을 통제하거나 제거해야 한다. 그러기 위해서는 우선 정책평가자가 그러한 장애요소들을 극복하기 위해 부단한 노력을 경주해야 하고, 다음으로는 이용자의 저항을 극복하고 오용을 방지할 수 있도록 해야 할 것이다. 이를 좀 더 구체적으로 살펴보면 다음과 같다.

첫째, 정책평가자의 스스로의 노력으로 평가결과를 이용하는 사람의 욕구에 맞는 대상을 평가하되, 적실성 있고 올바른 방법과 정확한 자료로 평가를 수행하고 그 결과는 가능한 쉽게 이해될 수 있도록 보고해야 된다.

둘째, 정책평가의 출발단계에서부터 평가결과의 이용자를 참여시키도록 하

고, 이용자로 하여금 정책평가에 대한 이해를 증진시키도록 노력해야 한다. 또한 이용자의 욕구를 파악하고 이를 반영함으로써 평가결과에 대한 저항을 감소시켜 나가야 한다.

셋째, 엄중하고 공정한 권위 있는 평가담당기관을 설립하고 체계적이고 합리적으로 운영 및 관리해 나가야 한다. 따라서 평가기관이 독립적으로 운영됨으로써 평가의 비판적 특성을 살리면서도 평가결과가 악용되지 않도록 해야 하는데, 이를 위해서는 우선 자체평가가 아니라 제3자 평가가 되어야 한다. 그리고 고도의 전문지식과 평가역량을 갖춤으로써 올바른 평가결과를 산출할 수 있어야 하고, 결과에 저항하는 이용자를 억누를 수 있는 공식적 권한을 가지고 있어야 한다.

제 6 절　정책평가의 한계

정부가 추진하는 공공정책의 영역이 확대되고, 예산규모가 늘어나는 등 그 영향력이 증대되어 감에 따라 그 효과성(목표달성의 정도)에 대한 평가에 대해서도 관심이 증대해 왔다. 그리하여 근래에는 많은 정부의 정책들이 평가를 받고 있지만 평가과정에 대한 어려움이나 판단의 곤란성 그리고 평가결과에 대한 불신 등으로 정책평가작업이 활성화되고 있지는 않다. 특히 이러한 사실은 정책평가작업 그 자체가 현실적으로나 정치적으로 다음과 같은 문제점을 가지고 있기 때문이다.[24] 첫째, 정책평가는 광범하고 복잡한 문제에 대해 제한된 해답만 제시할 뿐이며, 언제나 정책결정자의 주관적 판단이 개입될 여지를 남겨두게 된다. 둘째, 사업관리자들은 당장의 문제에 대처하기 위해 평가를 통해 즉시 그 해답을 구하지만, 평가자들은 자신들의 방법과 절차에 따라 항상 정교한 평가를 하고자 함으로써 자신들의 주장을 굽히려 하지 않는다. 셋째, 평가자들은 실제상황에 쉽게 적용할 수 있는 언어로 표현하지 않고 그들의 전문용어로 표현하기 때문에 평가결과에 대한 의사전달에 문제가 야기될 수 있다. 넷째, 종종 평가결과를 어떻게 판단할 것인가의 문제가 있다. 병에 술이 반병밖에 남아있지 않다고 할 수도 있고, 반병이나 남아 있다고 할 수도 있는 것이다. 다섯째, 정책평가는 정책 그 자체를 의도하지 않은 방향으로 변모시킬 수도 있다. 즉 자신들의 행동이나 업무가 평가받고 있다는 사실을 알 경우, 직원들의 행동은 평소와는 전혀 다르게 반응할 수가 있기 때문이다. 그럼에도 불구하고 근래에는 다양한 이론과 방법론적 기법들이 발달되어 정책평가작업도 그 수준이 상당히 향상된 것만은 사실이다.

그러나 이처럼 정책평가는 근래 과학기술의 발달과 계량적 기법의 발달에도 불구하고 다음과 같은 한계를 면할 수 없다. 첫째, 정책목표를 명확히 파악하기가 어렵다는 점, 둘째, 실험적 평가방법을 이용하는 과정에서 통제집단의 설정에 한계가 있다는 점, 셋째, 행정관리의 비효율성, 그리고 넷째, 규범적 평가의 불가피성 등이 그것이다. 다음에서는 이들 각각에 대해 검토해 보기로 한다.

Ⅰ. 정책평가의 한계

1. 목표파악과 효과측정의 곤란

정책평가는 목표의 달성도를 측정하는데 중점을 두는 것이므로 무엇이 정책의 목표인가 혹은 달성효과를 어떻게 측정하느냐 등 매우 복잡한 문제가 제기된다. 첫째, 복수의 목표를 가진 정책이 많고, 목표를 명확하게 판단하기 곤란하며, 경우에 따라서는 하나의 정책에 상호 모순되는 2개 이상의 목표가 들어 있을 수도 있다. 둘째, 복수의 목표나 다원적 목표가 존재하는 경우, 공무원, 수익자, 납세자 혹은 국회의원 등 각자의 입장에 따라 그 중요도가 달라질 수 있으며, 목표의 서열화가 어렵다. 셋째, 시간이 경과함에 따라 목표의 변동이 있을 수 있다. 넷째, 정책목표가 정치적 타협이나 흥정의 결과로서 설정됨으로써 의식적으로 목표를 불명확하게 하는 경우가 있다. 다섯째, 행정기관도 정책목표를 명확하게 하기보다 애매하고 추상적으로 제시하려는 경향이 있다.

2. 통제집단 설정의 한계

정책에 의하여 특정한 서비스를 제공받는 실험집단과 제공받지 않는 통제집단을 설정하여 서비스의 제공 이전과 이후의 양 집단 변화를 비교함으로써 정책의 효과를 측정하는 방법이 많이 사용되지만 이 방법에도 다음과 같은 문제점이 있다. 첫째, 정책의 대상영역이 너무 넓은 경우에는 통제집단의 설정이 용이하지 않다는 점, 둘째, 통제집단에 소속함으로써 동등한 서비스를 받을 권리를 가진 주민 간에 차별을 초래하여 반발을 일으키기 쉽다는 점, 셋째, 통제집단이나 실험집단의 구성원이 줄어드는 경우에는 본래의 집단특성을 유지하기 어렵다는 점 등이 그것이다.

3. 관리도구로서의 비효율적 활용

정책에 대한 평가활동은 그 자체가 행정관리기능이며 평가기능의 합리성 여부는 평가결과의 가치나 효과성을 좌우하게 된다. 정책의 집행자와 평가자 간의 갈등도 효과적인 관리기능을 통하여 어느 정도 해소시킬 수 있다. 조직 내에 있어서의 평가담당자의 위치 내지 역할, 특히 결정권자와의 관계는 중요한 의미를 가진다. 대부분의 관리자는 평가를 관리도구로서 효과적으로 활용하지 못하고 있으며, 목표와 수단관계의 명확한 설정보다 책략의 방편으로 평가에 대하여 애매한 태도를 취하는 경우가 있다.

4. 규범적 평가의 불가피성

정책의 평가는 비용효과분석의 계량적 차원을 넘어서 사업계획의 타당성·소망성 등 질적인 평가가 요구된다. 그러나 이러한 평가는 불가피하게 객관성이 없는 규범적 정책평가 내지 정치적 평가로 연결되기 쉽다. 이러한 경우 정책의 효과성을 객관적으로 분석하려는 평가 자체의 성격이 애매하게 될 우려가 높다. 또한 평가의 참여자 간에 평가의 규범적 전제에 대한 기본적인 의견일치가 곤란한 경우에도 평가에 혼란을 초래하게 된다.

5. 방법론상의 불일치

정책평가에 어떠한 방법론을 사용했느냐에 따라 그 성과평가에 상이한 결과를 야기할 수 있다는 비판이 제기되고 있다. 현실적으로도 같은 평가대상을 놓고도 이를 어떤 방법론으로 어떻게 평가하느냐에 관해서는 평가자들 간에도 상당한 이견이 존재하기 때문이다. 예컨대 제시된 방법론의 기본철학에 대한 의견 불일치, 제시된 방법론의 유용성에 대한 의견의 불일치, 나아가 적용성 및 강조점 등에 대한 불일치 등이 정책평가를 곤란하게 한다. 이러한 불일치는 제시된 방법론이 대상 정책사업을 정확하게 평가할 수 있겠는가 하는 현실적용의 문제점과 그러한 방법론에 따른 결과가 현실적으로 얼마나 정확한 평가를 가능케 하는가의 문제와도 관련되어 있다.

6. 정책영향의 광범위성

정책집행활동은 정책이 의도하는 대상집단은 물론 그 이외의 집단에게까지도 그 영향이 확산된다. 따라서 그 정책의 효과를 대상집단에 국한해서 평가해야 하는가 아니면 기타 영향을 받은 집단도 정책평가에 포함할 것인가의 문제가 제기되며, 대상집단이 아니면서 영향을 받아 변한 다른 집단들의 변화결과는 무엇으로 평가해야 할 것인가의 문제도 제기된다. 물론 대부분의 정책평가에서는 긍정적 효과는 물론 당연히 부정적 효과도 포함시켜 평가해야 하겠지만 그러한 부정적 효과가 밝혀지지 않았거나 평가자의 눈에 띄지 않았을 경우에는 어떻게 할 것인가의 문제도 생긴다. 예컨대 복지정책은 수혜집단인 빈곤층뿐 아니라 매개집단인 관료집단과 피해집단인 납세자들에게도 영향을 미친다. 또한 대부분의 정책은 그 영향의 효과가 장기간에 걸쳐 광범위하게 일어난다. 그리고 이러한 영향 간에는 상호 관련성이 존재하기 때문에 그 효과를 정확하게 판단하기가 쉽지 않다.

제 7 절 한국정부의 정책평가

Ⅰ. 정부업무평가기본법의 의의

정부의 정책과 각종 사업이 국민생활에 미치는 영향력이 점차 커져가고 정부정책에 동원되는 공적 자원의 규모가 방대해짐에 따라 정부사업에 대한 평가의 중요성이 크게 부각되어 왔다. 지난 1961년 정부업무에 대한 평가제도가 도입된 이후, 그동안 우리나라의 행정기관에서도 다양한 평가제도를 운영해왔으며, 최근에는 단순한 점검이나 지도 등도 평가라는 이름을 붙일 정도로 평가가 다양해지고 있다. 이처럼 평가라는 이름으로 취해지는 조치들이 증대되는 것은 각종의 평가가 업무의 생산성을 높이는데 크게 기여했다는 사실을 증명하고 있다. 그러나 이러한 평가작업이 가져오는 긍정적인 효과의 이면에는 평가에 소요되는 시간과 비용 등 평가에 소요되는 행정부담과 낭비적 요소들이 적지 않다는 부수적 문제점들을 안고 있었다. 따라서 이러한 평가제도를 안정적인 틀 위에서 효율적으로 운영될 수 있도록 법제화시키는 일이 시급하였고, 2001년의 「정부업무 등의 평가에 관한 기본법」과 현재의 「정부업무평가기본법」은 이러한 배경 하에 탄생된 것이다.

물론 정부가 이 법률을 어떻게 집행하고 활용할 것인가에 따라 정부업무 등에 관한 평가작업의 성패가 좌우되겠지만, 이 법률을 통하여 우리의 평가제도를 보다 신뢰성 높은 제도로 정착시켜 나가야 할 것이다. 그리하여 궁극적으로는 작고 강한 정부를 구축할 수 있도록 평가제도를 통해 정부개혁을 촉진시키고 행정의 생산성을 제고해 나가야 할 것이다. 물론 지나치게 평가를 강조하여, 평가를 위한 평가나, 평가가 오히려 생산성을 저해하는 우를 범하는 일이 없도록 유의하지 않으면 안 될 것이다.

II . 정부업무평가기본법의 목적과 체제

1. 정부업무평가기본법의 제정목적

이 법률은 2001년의 「정부업무 등의 평가에 관한 기본법」을 폐지하고, 2006 년에 4월에 새로 제정하였고, 같은 해 9월에 일부 개정되었다. 이 법률은 정부업 무평가에 관한 기본적인 사항을 정함으로써 중앙행정기관, 지방자치단체, 공공기 관 등의 통합적인 성과관리체제를 구축하고, 자율적인 평가역량을 강화시킴으로 써 국정운영의 능률성과 효과성 및 책임성을 향상시키는 데 목적을 두고 있다.

2. 통합적 정부업무평가제도의 구축

이 법률은 중앙정부 및 그 소속기관에 대한 업무평가를 통합하여 실시하도 록 하는 통합적 평가제도를 구축하도록 하였다. 따라서 첫째, 중앙행정기관 및 그 소속기관에 대한 평가는 이 법률의 규정에 의하여 통합하여 실시되어야 하고, 이 경우 통합 실시되는 평가의 범위에 관하여 필요한 사항은 대통령령으로 정하도록 하였다. 둘째, 중앙행정기관의 장은 법률 또는 대통령령에 근거하지 아니하고는 다른 평가대상기관의 정책 등에 대하여 평가하지 못하도록 하였다. 셋째, 그러나 예외적으로 업무의 특성이나 평가시기 등으로 통합하여 평가를 실시하기가 곤란 한 경우에는 동법 제9조의 규정에 의한 정부업무평가위원회와 미리 협의하여 별 도로 평가를 실시할 수 있도록 하였다. 단 이 경우 지체 없이 그 평가결과를 위원 회에 제출하도록 요구하고 있다.

3. 성과관리체계의 구축

이 법률은 정부의 통합적인 성과관리체제를 구축하고, 자율적인 평가역량을 강화시키기 위해 성과관리의 원칙, 성과관리전략계획, 성과관리시행계획 등을 수 립하여 실시하도록 하였다.

1) 성과관리의 원칙

제4조에서 성과관리는 첫째, 정책 등의 계획수립과 집행과정에 대하여는 자율성을 부여하고 그 결과에 대하여는 책임이 확보될 수 있도록 실시해야 하며, 둘째, 정부업무의 성과·정책품질 및 국민의 만족도가 제고될 수 있도록 실시해야 한다는 원칙을 제시하고 있다.

2) 성과관리전략계획

중앙행정기관의 장은 소속기관을 포함한 당해 기관의 전략목표를 달성하기 위한 중·장기계획, 즉 성과관리전략계획을 수립하도록 하였다. 이 경우 중앙행정기관의 장은 성과관리전략계획에 이와 관련이 있는 다른 법령에 의한 중·장기계획을 포함할 수 있도록 하였다. 또한 성과관리전략계획에 당해 기관의 임무·전략목표 등을 포함하여야 하고 최소한 3년마다 그 계획의 타당성을 검토하여 수정·보완 등의 조치를 취하도록 하였다. 나아가 성과관리전략계획에 「국가재정법」 제7조의 규정에 따른 국가재정운용계획을 반영하도록 하였고, 또한 성과관리전략계획을 수립한 때에는 이를 지체 없이 국회 소관 상임위원회에 보고하도록 하였다. 그리고 지방자치단체의 장 및 공공기관의 장도 동법의 관련 규정에 근거하여 성과관리전략계획을 수립할 수 있도록 하였다.

3) 성과관리시행계획

중앙행정기관의 장으로 하여금 성과관리전략계획에 기초하여 당해 연도의 성과목표를 달성하기 위한 연도별 성과관리시행계획을 수립·시행하도록 하였다. 성과관리시행계획에는 당해 기관의 임무·전략목표, 당해 연도의 성과목표·성과지표 및 재정부문에 관한 과거 3년간의 성과결과 등이 포함되도록 하였다. 이 경우 성과지표는 가능한 한 객관적·정량적으로 성과목표를 측정할 수 있도록 설정하되, 객관적·정량적으로 설정하기가 어려운 경우에는 다른 형태로 작성하도록 하였다. 또한 성과관리시행계획을 수립한 때에는 이를 지체 없이 국회 소관 상임위원회에 보고하도록 하였고, 성과관리시행계획에 대한 이행상황을 분기별로 점검하도록 하였다.

한편 국무총리는 중앙행정기관의 성과관리 실태 및 그 결과가 자체평가 및 특정 평가에 반영되도록 해야 하고, 지방자치단체의 장 및 공공기관의 장은 중앙행정기관의 성과관리시행계획에 기초하여 지방의 성과관리시행계획을 수립·시행할 수 있도록 하였다.

Ⅲ. 정부업무평가제도의 주요내용

1. 정부업무평가의 원칙

정부업무를 평가함에 있어서는 그 자율성과 독립성이 보장되어야 하며, 객관적이고 전문적인 방법을 통하여 결과의 신뢰성과 공정성이 확보되도록 해야 한다. 그리고 정부업무평가의 과정은 가능한 평가대상이 되는 정책관련자가 참여할 수 있는 기회가 보장되고 그 결과가 공개되는 등 투명하여야 한다.

2. 정부업무평가기본계획의 수립

국무총리는 위원회의 심의·의결을 거쳐 정부업무의 성과관리 및 정부업무평가에 관한 정책목표와 방향을 설정한 정부업무평가기본계획을 수립하여야 한다. 그리고 정부업무평가기본계획에 동법 제8조 제2항에 제시되어 있는 각 사항을 포함하여야 하고 최소한 3년마다 그 계획의 타당성을 검토하여 수정·보완 등의 조치를 하여야 한다. 또한 국무총리는 정부업무평가기본계획에 기초하여 전년도 평가결과를 고려하고 평가대상기관의 의견을 들은 후 위원회의 심의·의결을 거쳐 매년 3월말까지 정부업무평가에 관한 연도별 정부업무평가시행계획을 수립하고, 이를 평가대상기관에 통지하여야 한다. 그리고 정부업무평가기본계획 및 정부업무평가시행계획을 수립한 때에는 국무회의에 보고하여야 한다.

3. 정부업무평가위원회의 설치와 운영

동법은 정부업무평가의 실시와 평가기반의 구축을 체계적·효율적으로 추진하기 위하여 국무총리 소속 하에 정부업무평가위원회를 두도록 하였다. 그리고 동위원회의 임무를 동법 제9조 제2항에 제시된 업무를 심의·의결하도록 하였다. 또한 위원회는 위원장 2인을 포함한 15인 이내의 위원으로 구성토록 하였고, 위원장은 국무총리와 동법 제10조 제3항 제2호에 해당되는 자 중에서 대통령이 지명하는 자가 되도록 하였다. 위원의 경우, 첫째, 행정자치부장관·기획예산처장관·중앙인사위원회위원장·국무조정실장, 둘째, 일정한 자격요건을 갖춘 자[25](제10조 제3 항 제2호) 중에서 대통령이 위촉하는 자로 하였다.

그리고 위원회의 사무를 처리하기 위하여 국무조정실 소속공무원 중에서 국무총리가 지명하는 간사 1명을 두도록 하였다. 공무원이 아닌 위원의 임기는 2년으로 하되, 1차에 한하여 연임할 수 있도록 하였으며, 위원회의 회의는 재적위원 과반수의 출석으로 개의하고 출석위원 과반수의 찬성으로 의결하도록 하였다. 위원은 직접적인 이해관계가 있거나 공정을 기할 수 없는 현저한 사유가 있는 경우에는 그 사안에 한하여 심의·의결할 수 없으며, 스스로 그 사안의 심의·의결에서 회피할 수 있도록 하였다.

위원장은 필요한 경우에 관계중앙행정기관의 장이 위원회에 출석하여 발언할 수 있으며, 위원회의 심의·의결사항 중 자체평가 및 특정평가에 관한 안건을 미리 검토·조정하고 위원회로부터 위임받은 사항을 처리하기 위하여 위원회에 실무위원회를 둘 수 있도록 하였다. 그리고 위원회 및 실무위원회의 구성·운영 등에 관하여 필요한 사항은 대통령령으로 정하도록 하였다.

4. 권한의 위임

국무총리·중앙행정기관의 장 및 지방자치단체의 장은 평가의 객관성과 전문성의 제고를 위하여 필요한 경우에는 평가업무의 일부를 평가에 관한 전문연구기관에 위탁할 수 있다. 뿐만 아니라 국무총리는 특정평가의 효율적인 실시를 위하여 필요한 경우에는 이 법에 의한 권한의 일부를 대통령령이 정하는 바에 따라 관계중앙행정기관의 장에게 위임할 수 있다.

Ⅳ. 정부업무평가의 종류 및 절차

1. 자체평가

1) 중앙행정기관의 자체평가

첫째, 자체평가를 위한 운영위원회를 구성하고 운영해야 한다. 즉 중앙행정기관의 장은 그 소속기관의 정책 등을 포함하여 자체평가를 실시하여야 하고, 이를 위해 자체평가조직 및 자체평가위원회를 구성·운영하여야 한다. 이 경우 평가의 공정성과 객관성을 확보하기 위하여 자체평가위원의 3분의 2 이상은 민간위원으로 하여야 한다. 자체평가위원회의 구성·운영에 관하여 필요한 사항은 대통령령으로 정한다.

둘째, 자체평가계획을 수립해야 한다. 중앙행정기관의 장은 정부업무평가시행계획에 기초하여 당해 정책 등의 성과를 높일 수 있도록 매년 자체평가계획을 수립하여야 한다.

셋째, 자체평가의 절차를 준수해야 한다. 즉 중앙행정기관의 장은 당해 연도의 주요 정책 등에 대한 자체평가계획을 수립하여 매년 4월 말까지 위원회에 제출해야 하고, 전년도의 추진실적을 기준으로 자체평가를 실시하고 그 결과를 매년 3월 말까지 위원회에 제출하여야 한다. 중앙행정기관의 자체평가의 절차 등에 관하여 필요한 사항은 대통령령으로 정한다.

넷째, 자체평가에 대한 재평가의 문제이다. 국무총리는 중앙행정기관의 자체평가결과를 확인·점검 후 평가의 객관성·신뢰성에 문제가 있어 다시 평가할 필요가 있다고 판단되는 때에는 위원회의 심의·의결을 거쳐 재평가를 실시할 수 있도록 하였다.

다섯째, 중앙행정기관의 장은 그 소속기관 중 규모 및 업무의 특성 등에 비추어 성과관리 및 평가를 자체적으로 수행하게 할 필요가 있는 소속기관에 대하여는 스스로 성과관리 및 자체평가를 할 수 있게 하였다.

2) 지방자치단체의 자체평가

지방자치단체의 장은 그 소속기관의 정책 등을 포함하여 자체평가를 실시하여야 한다. 이 경우 자체평가조직 및 자체평가위원회를 구성·운영하여야 한다. 그리고 평가의 공정성과 객관성을 담보하기 위하여 자체평가위원의 3분의 2 이상은 민간위원으로 위촉하여야 한다.

또한 지방자치단체의 장은 정부업무평가시행계획에 기초하여 소관 정책 등의 성과를 높일 수 있도록 매년 자체평가계획을 수립하여야 한다. 그리고 행정자치부장관은 평가의 객관성 및 공정성을 높이기 위하여 평가지표, 평가방법, 평가기반의 구축 등에 관하여 지방자치단체를 지원할 수 있도록 하였다. 그 밖에 지방자치단체의 자체평가의 대상 및 절차 등에 관하여 필요한 사항은 지방자치단체의 장이 정하도록 하였다.

2. 특정평가

1) 특정평가 사항

국무총리는 정부업무평가시행계획에 특정평가에 관한 다음의 사항을 반영하여야 한다. 당해 연도 특정평가의 기본방향에 관한 사항, 당해 연도 특정평가의 대상에 관한 사항, 특정평가의 방법에 관한 사항, 특정평가결과의 활용 및 조치에 관한 사항, 그 밖에 특정평가에 관한 주요 사항 등이 그것이다.

2) 특정평가의 절차

국무총리는 2개 이상의 중앙행정기관 관련 시책, 주요 현안시책, 혁신관리 및 대통령령이 정하는 대상부문에 대하여 특정평가를 실시하고, 그 결과를 공개하여야 한다. 그리고 특정평가를 시행하기 전에 평가방법·평가기준·평가지표 등을 마련하여 특정평가의 대상기관에 통지하고 이를 공개하여야 한다.

특정평가를 위하여 특정평가의 대상기관에 필요한 자료를 요구하거나 평가업무 수행자로 하여금 특정평가 대상기관을 방문하여 평가에 관한 자료를 확인·점검하게 할 수 있다. 특정평가결과에 대하여 위원회가 의결한 때에는 이를 특정평가 대상기관에 통보하여야 한다. 그 밖에 특정평가의 절차에 관하여 필요한 사항은 대통령령으로 정하도록 하였다.

3. 국가위임사무 등에 대한 평가

지방자치단체 또는 그 장이 위임받아 처리하는 국가사무, 국고보조사업 그 밖에 대통령령이 정하는 국가의 주요시책 등 국가위임사무에 대하여 평가가 필요한 경우에는 행정자치부장관이 관계중앙행정기관의 장과 합동으로 평가를 실시할 수 있다.

행정자치부장관은 지방자치단체를 합동평가 하고자 할 경우, 정부업무평가위원회의 심의·의결을 거쳐야 한다. 그리고 지방자치단체에 대한 합동평가를 실시한 경우, 그 결과를 지체 없이 동 위원회에 보고하여야 한다. 행정자치부장관은 지방자치단체에 대한 합동평가를 효율적으로 추진하기 위하여 행정자치부장관 소속 하에 지방자치단체합동평가위원회를 설치·운영할 수 있다.

그러나 중앙행정기관의 장은 국가위임사무 등에 대하여 업무의 특성·평가 시기 등으로 인하여 합동평가가 아닌 별도의 평가를 실시하여야 할 불가피한 사유가 있을 경우, 평가대상·방법 등에 관하여 위원회와 협의를 거쳐 이를 평가할 수 있다. 이 경우 그 평가결과를 지체 없이 위원회에 제출하여야 한다. 지방자치단체합동평가위원회의 구성·운영 및 국가위임사무 등의 평가에 관한 절차는 대통령령으로 정한다.

4. 공공기관에 대한 평가

공공기관에 대한 평가, 즉 공공기관평가는 공공기관의 특수성, 전문성을 고려하고 평가의 객관성 및 공정성을 확보하기 위하여 공공기관 외부의 기관이 실시하도록 하였다. 그리하여 공공기관이 동법 제22조 제2항의 각호에 의한 평가[26]를 실시한 경우에는 이를 이 평가기본법에 의해 실시한 공공기관평가로 간주한다고 하였다. 공공기관평가를 실시하는 기관은 미리 그 평가계획을 정부업무평가위원회에 제출하여야 한다. 동 위원회는 제출된 평가계획에 대하여 의견을 제시할 수 있다. 공공기관평가를 실시한 기관은 그 결과를 지체 없이 정부업무평가위원회에 제출하여야 한다. 그리고 평가대상이 아닌 공공기관에 대하여는 소관 중앙행정기관의 장이 평가계획을 수립하여 평가를 실시할 수 있도록 하였다.

Ⅴ. 정부업무평가 기반구축과 결과활용

1. 정부업무평가기반의 구축

1) 기반구축의 지원

정부는 평가역량의 강화를 위하여 필요한 조직과 예산 등을 최대한 지원하도록 하였다. 그리고 중앙행정기관·지방자치단체 및 공공기관에 대한 평가의 제도적 정착 및 활성화를 위하여 평가방법과 평가지표를 개발·보급하는 등 필요한 조치와 지원을 시행하여야 하였다. 또한 정부로 하여금 평가와 관련된 기관에 대한 지원방안 및 평가에 관한 전문인력을 효율적으로 활용하기 위하여 필요한 방안을 강구하여야 하였다.

2) 평가예산의 지원

중앙행정기관의 장은 정책 등의 평가에 소요되는 적정비용을 포함하여 관련 예산을 요구하도록 하였다. 그리고 지방자치단체도 정책 등의 평가에 소요되는 적정비용을 예산에 반영하도록 하였다. 정부업무평가위원회는 평가비용의 확보를 위하여 필요할 때에는 기획예산처장관에게 예산지원에 관한 의견을 제시할 수 있도록 하였다.

3) 평가제도 운영실태의 확인 및 점검

국무총리는 평가제도의 운영실태를 확인 및 점검하고, 그 결과에 따라 제도 개선방안의 강구 등 필요한 조치를 할 수 있게 하였다.

2. 평가결과의 활용

1) 평가결과의 공개 및 보고

국무총리·중앙행정기관의 장·지방자치단체의 장 및 공공기관평가를 실시하는 기관의 장은 평가결과를 전자통합평가체계 및 인터넷 홈페이지 등을 통하여 공개하여야 한다. 그리고 국무총리는 매년 각종 평가결과보고서를 종합하여 이를 국무회의에 보고하거나 평가보고회를 개최하여야 한다. 뿐만 아니라 중앙행정기관의 장은 전년도 정책 등에 대한 자체평가결과(위원회에서 심의·의결된 것)를 지체 없이 국회 소관 상임위원회에 보고하여야 한다.

2) 평가결과의 예산·인사 등에의 연계·반영

중앙행정기관의 장은 평가결과를 조직·예산·인사 및 보수체계에 연계·반영하여야 하며, 평가결과를 다음 연도의 예산을 요구할 때에도 반영하여야 한다. 그리고 기획예산처장관은 평가결과를 중앙행정기관의 다음 연도 예산편성 시에 이를 반영하여야 한다.

3) 평가결과에 따른 자체 시정조치 및 감사

중앙행정기관의 장은 평가의 결과에 따라 정책 등에 문제점이 발견될 때에는 지체 없이 이에 대한 조치계획을 수립하여 당해 정책 등의 집행중단·축소 등 자체 시정조치를 하거나 이에 대하여 자체감사를 실시하고 그 결과를 위원회에 제출하여야 한다.

4) 평가결과에 따른 보상

중앙행정기관의 장은 평가의 결과에 따라 우수사례로 인정되는 소속 부서·기관 또는 공무원에게 포상, 성과급 지급, 인사관리상의 우대 등의 조치를 하고, 그 결과를 위원회에 제출하여야 한다. 정부는 정부업무평가의 결과에 따라 우수기관에 대하여 표창수여, 포상금 지급 등의 우대조치를 할 수 있다.

09 ‹‹‹ Notes

1 James E. Anderson, *Public Policy-Making*, 3rd ed. (NY: Holt, Rinehart, and Winston, 1984), p. 134.

2 노화준, 「정책학원론」 (서울: 박영사, 1995), p. 447.

3 정책평가가 하나의 학문적 영역으로서 자리를 잡게 된 것은 3가지 서로 다른 독자적 지적(학문) 연구의 흐름이 점진적으로 축적되어 온 결과라고 볼 수 있다. 이들 연구에 관해서는 Orville F. Poland, "Program Evaluation and Administrative Theory," *Public Administration Review*, Vol. 34, No. 4 (July/August 1974), pp. 333-338; 노화준, 전게서, pp. 447-452 참조.

4 이러한 사조에 힘입어 Reagan과 같은 보수주의자 대통령까지 당선되게 된 것이며, 1980년대를 거쳐 오늘날에 이르기까지 미국 정치에 큰 영향을 미치고 있다.

5 Harry P. Hatry, Richard E. Winnie & Donald M. Fisk, *Practical Program Evaluation for State and Local Government Officials* (Washington DC: The Urban Institute, 1973), p. 8.

6 David Nachmias, *Public Policy Evaluation: Approaches and Methods* (NY: St. Martin's Press, 1979), p. 4.

7 Peter H. Rossi & Howard E. Freeman, *Evaluation: A Systematic Approach*, 2nd ed. (Beverly Hills, CA: Sage Publication, Inc., 1982), p. 20.

8 Irwin Epstein & Tony Tripool, *Research Techniques for Program Planning, Monitering and Evaluation* (NY: Columbia University Press, 1977), p. 111.

9 Joseph S. Wholey, John W. Scanlon, Hugh G. Duffy, James F. Fukumoto & Leona M. Vogt, *Federal Evaluation Policy: Analyzing the Effects of Public Programs* (Washington DC: Urban Institute, 1970), p. 23.

10 정정길, 「정책학원론」 (서울: 대명출판사, 2002), p. 709.

11 Carol H. Weiss, *Evaluation Research: Method of Assessing Program Effectiveness* (Englewood Cliffs, NJ: Prentice Hall, 1972), pp. 11-12; 김명수, 「공공정책평가론」 (서울: 박영사, 1987), pp. 14-15.

12 Carol H. Weiss, "The Politicization of Evaluation Research," *Journal of Social Issues*, Vol. 26, No. 4 (Autumn, 1970), p. 58.

13 Edward A. Suchman, *Evaluative Research* (NY: Russell Sage Foundation, 1967).

14 Joseph S. Wholey *et al., op. cit.*

15 William N. Dunn, *An Introduction to Public Policy Analysis* (NJ: Prentice Hall, 1991).

16 이것은 과학에서 어떠한 사물이나 현상이 지배하고 있는 법칙이나 원리를 발견하여 그와 유사한 다른 사물이나 현상을 설명하거나 이해하는데 적용하는 것처럼, 시공을 초월하여 적용될 수 있는 일반이론의 가능성을 찾아내는 것이라고 하겠다.

17 노화준, 「정책평가론」 (서울: 법문사, 1988), pp. 230-231.

18 John D. Waller, D. M. Kemp, J. W. Scanlon, F. Tolson, & J. S. Wholey, *Monitoring for Government Agencies* (Washington DC: The Urban Institute, 1976), p. 5.

19 노화준, 전게서(1988), pp. 128-165.

20 상게서, pp. 73-74.

21 Robert F. Rich, "Uses of Social Science Information by Federal Bureaucrats: Knowledge for Action vs. Knowledge for Understanding," in Carol H. Weiss(ed.), *Using Social Research in Public Policy Making* (Lexington, MA: Lexington Books, 1977), p. 210; 정정길, 전게서, pp. 773-774.

22 예컨대, 새로 개발된 감기약이나 암치료제가 실제 평가를 해보니 감기나 암치료에 효과가 없다는 평가결과를 보고, 그 약의 사용을 중단하는 경우가 여기에 해당된다.

23 Carol H. Weiss, "Research for Policy's Sake: The Enlightenment Function of Social Research," *Policy Analysis Vol. 3 No. 4* (Fall, 1977). pp. 531-545.

24 박성복·이종열, 「정책학원론」 (서울: 대영문화사, 1993), p. 602.

25 이에 해당하는 자로는, 평가관련 분야를 전공한 자로서 대학이나 공인된 연구기관에서 부교수 이상 또는 이에 상당하는 직에 있거나 있었던 자, 1급 이상 또는 이에 상당하는 공무원의 직에 있었던 자, 그 밖에 평가 또는 행정에 관하여 가목 또는 나목의 자와 동등한 정도로 학식과 경험이 풍부하다고 인정되는 자 등이다.

26 「정부투자기관 관리기본법」 제7조의 규정에 의한 평가, 「정부산하기관 관리기본법」 제

11조의 규정에 의한 평가, 「기금관리기본법」제12조의 규정에 의한 평가, 「과학기술기본법」제32조 제2항의 규정에 의한 평가, 「지방공기업법」제78조의 규정에 의한 평가, 「정부출연연구기관 등의 설립·운영 및 육성에 관한 법률」제28조의 규정에 의한 평가, 「과학기술분야 정부출연연구기관 등의 설립·운영 및 육성에 관한 법률」제28조의 규정에 의한 평가, 「지방자치단체출연 연구원의 설립 및 운영에 관한 법률」제10조 제3항 제4호의 규정에 의한 평가 등이 그것이다.

제10장

정책종결

▶▶ 제2편 정책의 과정

제1절 정책종결의 의미와 필요성

Ⅰ. 정책종결 연구의 배경

1. 정책종결에 대한 관심

정책종결(policy termination)이란 정책집행을 통해 정책목표를 달성함으로써 지금까지 추진해 오던 정책의 집행을 종료시키는 것을 말한다. 물론 정책종결은 반드시 정책이 의도한 최초의 목표를 달성했기 때문에 종결하는 것은 아니다. 경우에 따라서는 정책목표가 달성되지 않아도 종결시키는 경우가 있는가 하면, 목표가 달성되었거나 목표달성이 불가능함에도 종결시키지 않고 계속 추진되는 경우도 있다. 이와 같은 정책종결에 관해서는 한동안 연구의 불모지라고 할 정도로 관심과 연구가 적었다. 그 이유에 대해 Jones는 "학자들은 잘 발생하지 않는 사건에 대해서는 별로 관심을 갖지 않기 때문"이라고 주장하였다.[1] 그러나 근래에 와서 정책종결에 관한 연구에 관심을 표명하는 학자들이 늘어나기 시작했다. 그렇다면 그동안 정책종결에 관한 연구가 적었던 이유를 다음과 같이 몇 가지로 요약해 볼 수 있다.

첫째, 정책종결은 부정적인 의미를 함축하고 있는 까닭에 정책종결에 관한 연구를 기피해 왔기 때문이다. 그러나 과거에 실패를 의미했던 이혼, 파산, 퇴직 등을 근년에 와서 새롭고 창조적인 시작의 기회로 보게 되었는데, 동일한 이유가 정책 또는 조직의 종결에도 적용되게 되었다는 것이다. 둘째, 정책을 종결시키고 새로운 정책을 추진하기 위해서는 많은 비용을 감당해야 했기 때문이었다. 물론 비용 이외에도 대체할 새로운 정책에 대한 자신도 없었기 때문이었다. 셋째, 일반적으로 기존의 정책을 종결할 경우 그 정책으로부터 혜택을 받아오던 집단들로부터 거센 저항을 받기 때문에 저항극복에 자신이 없거나 저항극복을 위한 비용이나 노력을 많이 기울여야 했기 때문이었다. 넷째, 정책종결에 관한 그동안의 사례나 연구가 많지 않아 거기에서 일반이론을 추출하기가 어려웠기 때문이었다. 다섯째, 점증주의적 관점에서 볼 때 특정 정책의 종결시점을 결정하기가 쉽지 않기 때문이었다.

정책종결에 관한 연구는 1970년대 중반 이후 주로 미국에서 시작되었으며, 정책종결과 기존의 정책을 다른 정책으로 대체(replacement)시키는 정책승계(policy succession)가 핵심을 이룬다. 시간적으로 뒤늦었지만 학자들이 정책종결 분야에 관심을 갖게 된 데에는 다음과 같은 두 가지의 이유를 들 수 있다. 첫째, 이론적 이유로서 사업계획에 대해 불리한 평가가 나오는 경우 이 사업계획은 폐지되거나 또는 대체되어져야만 한다는 것이다. 둘째, 예산절약을 원하는 정치적 분위기가 정부로 하여금 기존의 활동으로부터 철수하거나 또는 비용이 보다 덜 드는 활동으로 전환하도록 압력을 가하게 된다는 것이다. 그리고 이와 같은 정책의 종결이나 승계 가운데 어느 하나도 발생하지 않을 경우 기존의 정책은 자연적으로 계속될 수밖에 없으므로 정책유지(policy maintenance)의 상황이 된다. 이와 같은 정책유지는 관성(inertia)이나 신중한 결정, 그리고 종결이나 승계의 제안이 실패하는 경우 등을 통해서 발생한다.[2]

2. 정책종결 연구의 배경

1) 정책종결 연구의 지체

정책종결은 문제의 제기에서 시작된 정책과정이나 정책순환이 정책의제설정과 정책결정, 정책집행 그리고 정책평가로 이어진 후 맨 마지막에 나타나는 단계이다. 정책종결에 관한 연구 역시 정책과정의 다른 단계들에 비해 본격적인 연구시점이 매우 늦은 편이다. 그것은 정책과정 중에서 현실적으로 정책종결이라는 사실이 빈번하게 발생되지 않기 때문이다.

정책종결이라는 현상이 이처럼 흔히 발생되지 않는 이유는 다음과 같다. 첫째, 정책을 종결시키기 위해서는 많은 비용이 들고, 그렇다고 새로운 정책을 시작하는 데는 막대한 비용이 들기 때문이다. 둘째, 정책종결에 대한 저항이 심하기 때문에 이를 극복하기 위한 노력이 너무 많이 든다는 것이다. 셋째, 정책 관련자들은 정책을 종결시킴으로써 과거의 잘못을 시인해야 할 경우가 있는데, 이때 이를 잘 수용하려 하지 않는 경향이 있기 때문이다. 넷째, 기존의 정책을 대체할 새로운 대안에 대한 확신이 없기 때문이다. 다섯째, 정책을 종결시킬만한 정치적 요인이 부족하다는 것을 들 수 있다.[3]

여러 가지 이유 때문에 일단 시작된 정책은 좀처럼 종결되지 않으며, 심지어는 정책평가에 의해서 심각한 문제점이 발견된 경우에도 정책 관련자들은 좀처럼 정책의 종결을 결정하지 못하여 정책이 계속되는 경우가 많다. 결국 정치적으로나 이념적인 측면에서의 상당한 지원을 얻고 난 후에야 정책을 종결하기도 한다. 이처럼 종결시켜야 할 정책을 종결시키지 못함으로써 발생되는 문제점에 대한 연구가 정책의 다른 분야보다 늦어짐으로써 정책종결에 유용한 지식과 정보를 제공하지 못한다는 반성이 결국 정책종결에 관한 연구를 자극하게 되었다고 할 수 있다.

2) 정책종결 연구의 배경

(1) 미국의 국내자원 위기

정책종결에 대한 연구가 활발히 추진된 곳은 미국이었으며, 그 시기는 1970

년대 중반에서 1980년대 중반까지의 시기였다. 미국의 경우, 1970년대에 접어들어 자원부족의 위기에 직면하였다. 미국은 1960년대까지의 풍요로운 시기를 마감하고 정치·경제적 위상이 국제적으로 크게 도전을 받게 되었다. 그때까지 자원의 풍요를 구가하던 미국이 에너지를 비롯하여 여러 부문에 걸친 자원의 한계를 드러내게 되었고, 이것이 정부의 관리나 정책에 큰 영향을 미치게 되었던 것이다. 요컨대, 미국 내에서 정책종결에 관한 연구가 진행되게 된 것은 이처럼 한정된 자원의 효율적 관리를 위한 노력의 일환이었으며, 방만하게 추진되었던 국내정책의 재검토과정에서 야기된 현상이라고 할 수 있다. 한편, 전후 초강대국의 지위가 월남전 패전과 미군철수로 크게 손상되었고, 1970년대 초와 중반에 야기되었던 국제석유파동과 중동전쟁은 미국의 정치·군사적·경제적 지위를 크게 약화시켰다. 또한 미국의 국내정책도 사회복지정책의 강화요구 등에 따라 재조정되어야만 할 입장에 처했다.4

이처럼 미국이 국내외적 상황에 직면하면서 기존 정책에 대한 전면적인 재검토와 비효율적 정책에 대한 중단이나 종식과 관련된 연구를 추진하게 된 것이다. 정부가 자원부족의 위기에 대처하는 방안으로서 기존의 프로그램을 축소시키거나 폐지함에 따라서 학자들은 이를 감축관리(cutback management), 정책종결(policy termination), 혹은 재정위기의 정치경제라는 이름으로 논의하기 시작하였다.5 정책종결과 유사한 연구로서 이미 활발하게 이루어진 분야는 감축관리, 일몰법, 영기준예산, 정부연구사업 및 조직쇠퇴 등이다.

(2) 예산확보의 곤란과 정부지출의 축소

1970년대 이후 미국연방정부는 자원부족의 영향으로 정부의 예산확보가 어려움을 겪게 되자 긴축재정을 편성하면서 예산제도를 개편하여 OMB나 PPBS 그리고 ZBB 등 새로운 예산제도의 도입을 시도하였다. 한편 주정부나 지방정부, 특히 New York을 포함한 대도시 지방정부는 도시경제침체로 인한 조세기반이 취약해짐으로써 더욱 심각한 재정위기에 봉착하게 되자 정부지출을 과감히 축소하기에 이르렀다.

한국의 경우, 이미 1970년대 이전부터 자원과 재정의 심각한 결핍이 있었지만, 이에 관해서는 주로 예산에 국한되어 논의되었다. 최근 정책종결이란 개념이 도입되어 이의 정책적 분석과 평가의 중요성이 강조되고 있긴 하지만 아직도 그 정도가 미흡하며, 더구나 정치·경제적 시각에서의 정책종결에 관한 연구와 분석은 그 빈도가 높지 않은 실정이었다.[6] 특히 한국의 경우 1960년대 이래 근대화와 산업화 정책을 추진하면서 성장지향적인 정책을 추진하는데 정부정책의 초점이 맞추어졌기 때문에 기존 정책을 축소시키거나 종결시키는 데에는 큰 관심을 기울이지 못하였다. 단지 1980년대 이후 부분적으로 정책평가활동이나 영기준예산제도(ZBB)의 시행과정에서 유사한 형태의 활동이 일부 있었을 뿐이다.

(3) 문민정부 출범과 규제개혁 추진

한국은 김영삼 대통령의 문민정부가 들어선 이래 권위주의의 청산작업, 행정기구개혁, 작은 정부의 지향, 구조조정 등 국정전반에 걸친 개혁을 추진해왔다. 따라서 한국에서의 정책종결 연구는 한국정부의 정책종결 실무에 이론적인 토대를 제공하게 되었다. 정책종결의 개념을 기능, 조직, 정책, 사업 등의 종결이라는 광의로 이해하여 한국에서의 정책종결 논의는 더욱 근본적인 변화를 지향할 필요가 있었다. 따라서 권위주의 정부기구의 개폐와 복지기능의 확대, 정부의 경제개입축소 등은 정부기능 및 조직의 종결문제와 연결되어 왔다. 특히 문민정부 이래 시행 중인 각종 규제완화와 축소, 각종 제도의 개혁과 민영화 등도 정책종결과 관련되는 정책들이었다.

지식정보시대의 정부는 새로운 정부기능의 정립을 위해 정책종결의 대상이 무엇인가를 밝혀야 하고, 이를 어떻게 종결시키는 것이 효과적인지를 체계적으로 연구하여야 한다. 이렇게 볼 때, 한국의 정책연구영역에서 정책종결의 범위와 가치는 그리고 필요성은 매우 높다고 할 것이다. 단지 미국과 같이 안정된 민주체제 하에서 발전된 종결이론을 한국에 적용하는 데에는 적실성이 문제가 될 수도 있다. 따라서 한국의 정책종결은 정책평가나 정책분석과 같은 정책적 차원과 국내외 정치·경제적 요인과 정부의 정치적 역학관계를 동시에 고려해야 한다는 점에서 미국과는 그 성질이 다르다고 할 수 있다.[7]

Ⅱ. 정책종결의 개념과 필요성

1. 정책종결의 개념

1) 개념 규정

정책종결의 개념 규정은 학자들에 따라 다소간의 차이가 있지만 그 본질적 내용은 대동소이하다. Brewer에 따르면 정책종결이란 "기능장애를 일으키거나 번거롭고, 시대에 뒤떨어지거나 불필요하게 과도한 정책이나 사업을 조정하는 것"이고,[8] Hogwood & Peters는 "정책이나 사업계획 또는 조직을 대체함이 없이 폐지시키는 것"이라 규정하고 있다.[9] 그리고 이들은 정책이 종결됨으로써 이 정책분야에 대해서 더 이상 정부의 관심이나 행위를 필요로 하지 않고 민간부분으로 전환된다고 한다. 한편 deLeon은 정책종결을 "정책과정의 최종단계로서 특정한 정부기능과 사업계획, 정책, 그리고 조직이 신중하게 종결되고 중지되는 것"이라고 한다.[10]

그 외에도 정책종결을 '역기능적이거나 중복되거나 낡았거나 불필요한 정책과 프로그램을 정비하는 것'이라고 정의하며, '특정한 정부기능·프로그램·정책·조직을 의도적으로 종식시키거나 중지하는 것'이라고도 하고, '기존정책의 의도적인 종식을 결정·집행하는 것'이라고 정의하고 있다. 결국, 정책종결이란 현재까지 집행되어 온 기존의 정책을 중단 혹은 완결시키는 단계로서 정책과정이 끝나게 되는 것을 의미한다. 여기서는 정책종결의 개념을 '특정한 정책을 의도적으로 종결시키거나 중단하는 것'이라고 정의한다.

2) 유사 개념

(1) 감축관리

공공부문의 관리에 감축관리문제가 등장한 배경은 주로 자원부족현상에서 찾을 수 있다. 감축관리란 '자원소비를 낮추고 조직활동을 줄이는 방향으로 조직의 변혁을 유도하는 것'이다. 감축관리와 정책종결을 동일한 개념으로 보는 사람도 있으나 개념상 양자는 구별되어야 한다. 첫째로, 정책의 종결을 기능, 조직, 정책, 사업 등의 종결을 포함하는 넓은 뜻으로 해석할 때에는 양자의 개념에 유사한 점이 많으나, 일반적으로 정책을 기능, 조직, 정책, 사업 등까지를 포함하는 넓은 개념으로 보기는 어려우므로 양자를 동일한 개념이라고 하기에는 문제가 있다. 둘째로, 정책종결은 정책을 종식시키거나 중지시키는 것을 의미하는데 반해, 감축관리는 기능, 기구, 인력, 정책 등을 종식시키거나 폐지하는 것뿐 아니라 규모를 줄이는 것까지 포함한다. 간단히 말해서, 감축관리는 정책종결보다 넓은 개념이라고 할 수 있다.

(2) 조직의 쇠퇴

조직론에서 말하는 조직의 쇠퇴(organizational decline)란 조직의 인력, 이윤, 예산, 고객 등의 규모를 감축하거나 조직이 침체하는 것을 말한다. 즉 조직의 쇠퇴는 조직의 감축(cutback)과 침체(stagnation)를 포함하는 개념이라 할 수 있는데, 조직의 침체는 반드시 수입의 감소를 수반하는 것이 아닌 반면, 조직의 감축은 항상 수입의 감소를 초래한다. 이와 같이 조직의 쇠퇴를 볼 때, 이는 정책의 종결보다 넓은 개념일 뿐만 아니라 감축관리보다도 광범위한 개념이라 할 수 있다. 위에서 말한 조직의 감축은 감축관리와 동일한 개념으로서 의도적으로 조직의 인력, 이윤, 예산, 고객 등을 줄이는 것이지만, 조직의 침체는 비의도적인 현상이라 할 수 있을 것이다.[11]

(3) 일몰법

일몰법(sun-set law)이란 미국 콜로라도 주에서 1976년에 채택된 방법으로서 일종의 한시입법이다. 이 방법은 하나의 정책종결을 가져오게 하는 일몰기준과 일출기준을 체계화한 것으로서 당초부터 규정된 기간의 범위 내에서 사업이나 행정기관의 존속 필요성을 검토하며, 만일 필요성이 없는 경우에 자동적으로 사업을 중지시키고 기관을 폐지하는 방법이다.

2. 정책종결의 원인

어떠한 정책이든 중단 없이 영원하게 추진될 수는 없다. 그 기간이 길든 짧든 간에 그 끝은 있기 마련이다. 그러나 그동안 추진해 오던 정책을 종결하는 데에는 많은 저항이 따르기 때문에, 저항극복에 대해서도 충분한 연구와 대책이 있어야 한다.12 기존의 정책을 종결하는 이유가 그 정책을 지속할 정당성이나 필요성이 사라진 것, 즉 정책목표달성 혹은 정책문제해결 등이라고 하더라도 그것을 종결시키는 것에 대해서는 저항이나 반대가 적지 않다. 어떠한 정책이든 그동안 추진하던 정책을 종결할 경우 이와 관련된 많은 개인이나 집단들로부터 강력한 저항을 받게 된다. 그렇지만 이러한 저항을 극복하고 정책을 종결해야 하지 않으면 안 되는 이유가 있다.

deLeon은 정책종결의 이유를 예산부족, 능률성 저하, 정치적 이념의 변동 등과 같은 세 가지를 제시하고 있다.13 이처럼 정책종결은 자원부족에 따른 예산확보의 어려움과 같은 경제적 문제 때문일 수도 있고, 국내외적 정책환경의 변화나 정치체제 내지 집권세력의 변화 등과 같은 정치적 문제 때문일 수도 있으며, 정책을 추진하는 행정기관의 내부적 요인 때문일 수도 있다. 그 외에도 어떤 정책이 사회적, 윤리적 문제를 불러일으킴으로써 종결문제가 부각될 수도 있다.

1) 정책의 존립기반 상실

정책은 정통성이나 존립기반을 상실했을 때 종결하지 않을 수 없게 된다. 예컨대 도심지역과 농촌지역의 초등학교 적령아동의 감소로 농촌초등학교의 폐쇄는 그 좋은 예가 될 수 있을 것이다. 정통성의 상실로 인한 정책의 종결은 예외도 있겠지만 대체로 감축형에 해당되는 경우가 많다. 그러나 우리가 여기서 주의할 것은 정통성의 상실이 반드시 정책의 종결을 가져오지는 않는다는 것이다. 정통성의 상실에 의하여 존재의미가 없어진 정책이나 조직도 생존을 유지하고 있는 경우를 우리는 많이 볼 수 있기 때문이다.

2) 환경의 지원능력 쇠퇴

정책을 지원하는 환경의 능력이 저하되어서 정책을 현행수준에서 유지할 수 없을 때 발생하는 것이다. 즉 환경으로부터 그 정책의 집행을 지원하는 기반이나 에너지 또는 윤리성 등을 확보할 수 없을 때는 정책을 종결시킬 수밖에 없어진다. 이러한 상황에서 조직이 택할 수 있는 방법에는 두 가지가 있다. 첫째는 조직이 다른 생태적 지위를 찾는 것이며, 둘째는 조직의 규모를 감축하는 것이다. 전자의 경우 기존 추진정책의 대부분을 종결시켜야 하지만, 후자의 경우 기존의 정책 중 그 일부를 종결시킴으로써 조직의 활로는 찾으려 하는 것이다.

3) 정책기관의 내부적 취약성

내부적인 요인의 하나로서 정책추진기관의 내부적 취약성을 들 수 있다. 즉 정책추진기관에 대한 정부의 지원이 약화되거나 축소됨으로써 정책을 더 이상 추진할 수 없을 정도로 예산이 감축되거나 인원의 축소 내지 기구의 감축 등이 있을 경우에는 정책집행이 중단되거나 종결시켜야 한다. 다시 말해서, 이는 정치적 환경으로부터의 기구감축 요구에 대한 기구 자체의 저항력이 약한 경우에 야기된다. 이러한 조직의 취약성의 원인에는 여러 가지가 있겠으나 규모의 왜소, 내부의 갈등, 리더십의 변동, 전문성 기반의 결여, 좋은 이미지 제시의 부족 등을 들 수 있다.

4) 조직 위축의 관리

위축현상은 모든 조직에서 찾아 볼 수 있겠지만 중앙정부나 지방정부에서는 조직의 위축이 빈번하게 발생할 수 있다. 민간 기업에서는 조직의 위축이 일어나면 영업실적의 감소가 발생하여 이를 쉽게 감지할 수 있어서 이에 적절히 대처할 수 있으나, 공공조직은 성격상 조직의 문제와 그 책임의 소재를 즉시 파악할 수 없는 경우가 대부분이다. 한편, 공사부문을 막론하고 조직의 관리층은 성장지향적인 성향을 갖는 반면 쇠퇴에 관해서는 관심을 두지 않을 뿐 아니라, 그 가능성을 인정하는 데도 매우 인색하다. 심지어 이러한 현상을 애써 외면하려는 경향을

보이는 것이 일반적 추세이다. 그러나 어떠한 조직이든 성장의 가능성만큼 쇠퇴의 가능성도 존재하는 것이 현실이며, 따라서 이를 인정하고 수용해야 한다. 정책종결은 이처럼 조직이 위축 내지 쇠퇴함으로써 조직의 감축이나 폐지와 함께 그것이 추진하던 정책도 중단 혹은 폐지되는 것을 말한다.

5) 행정권 통제의 필요성

행정권의 지나친 성장은 관료제의 지나친 비대화를 초래할 수 있다. 관료제의 성장이나 팽창은 관료제의 권력 확대를 의미하며, 이는 행정기관의 활동영역의 확장을 의미한다. 행정기관이 자신의 사업 책임을 확장시키려는 경향을 '관료제적 제국주의'라고 부르기도 한다.[14] 이와 같이 거대한 관료제의 등장은 사회를 관료제에 의한 지배사회로 전락시킬 위험이 있으며, 관료제에 대한 외부통제의 가능성이 점차 낮아지고 있어서 관료제에 대한 통제의 필요성이 요구되고 있다. 행정기관의 관장 아래에 있는 정책과 사업의 감축·폐지는 이런 요청에 부합되는 것이라 할 수 있다.

6) 정부기능의 변천

정책은 국가발전의 전략적 관리수단이다. 그러나 정부의 기능은 시대에 따라 변화한다. 따라서 특정 시대의 정부기능은 시대가 바뀜에 따라 변화하지 않을 수 없다. 지금까지 정부의 기능이었던 부문이 민간으로 위탁 혹은 이양되어야 할 경우, 기존의 정부정책을 종결시켜야 할 필요가 있는 것이다. 즉 정책종결은 어떤 활동영역을 공공부문으로부터 민간부문으로 이전시키는 것을 포함한다. 발전도상국의 사회에 있어서는 민간부문이 취약하고 새로운 정책적 모험에 소극적이라는 점과 민간부문이 활발하다고 하더라도 국민전체의 이익을 위한 자원개발 필요성, 소외계층에 대한 참여기회 제공의 필요성, 민간에서 경시되는 분야에 대한 정부관여의 필요성 등이 주요한 정부기능의 동인으로 작용했다.[15] 즉 행정이 환경에 적극적으로 영향력을 행사함으로써 사회변동을 유도하게 되었고, 이런 과정은 행정활동의 증대와 행정권의 질적·양적 팽창을 수반했던 것이다. 그러나 초기에는 행정의 간섭이 사회변동의 촉진역할을 했지만 자생적 발전과 변동이 가능한 단계에 도달한 경우 행정의 간섭은 발전경로를 왜곡시키거나 장애가 될 수 있다. 따라서 정책은 간섭하지 않아도 되는 분야로부터 투자효율이 높은 다른 분야로 그 기능영역을 바꿔 미래사회를 위한 발전을 유도해 나가야 한다.

제2절 정책종결의 접근방법과 유형

Ⅰ. 정책종결의 제안자와 접근방법

1. 정책종결의 제안자

정책종결의 제안자란 기존의 정책을 중단 혹은 종결시켜야 된다고 주장하며, 이를 공식적으로 제안하는 사람을 말한다. 즉 '정책종결의 주체로서 기존 정책의 종결에 찬성하여 정책을 종결시킬 것을 제안하는 사람'을 말한다. 흔히 정책종결은 개인이나 집단 또는 이들의 연합으로서 제안자와 반대자들 간에 벌어지는 정치적 투쟁의 산물이라고 할 수 있다. 정책종결의 내용을 보다 정확히 이해하기 위해서는 종결에 관련된 사람들을 충분히 연구할 필요가 있고, 이를 위해서는 정책종결의 제안자들과 함께 반대자들에 대해서도 면밀하게 분석해 볼 필요가 있다. 다음은 Behn이 제시하는 정책종결제안자의 유형에 대해 간략히 살펴본다.[16]

1) 기존 정책의 반대자

정책종결을 제안하는 사람들 중에는 우선 기존 정책의 집행을 반대하는 사람들이 있다. 즉 이들은 현재 집행 중인 정책을 비합리적이고 바람직하지 못한 정책으로 간주함으로써 정책에 반대하고 그것을 종결시킬 것을 제안하는 사람들이다. 이들은 주로 현재 정책의 집행으로 피해를 입는 사람들이며, 설령 당장은 피해를 보지 않는다고 하더라도 장차 피해가 예상될 경우에는 정책집행에 반대하고 종결을 주장하게 된다. 이들은 종결제안자들 중에서 정책종결을 가장 적극적으로 주장하는 사람들에 해당된다.

2) 정부자원의 절약가

정부자원의 절약가란 정부의 자원을 능률적으로 사용하기 위해서 기존 정책의 종결을 제안하는 사람들을 말한다. 이런 부류의 사람들은 먼저 정부자원을 기존의 정부기능 중 그 우선순위, 즉 중요하다고 간주되는 기능부터 우선 사용하도록 자원의 재할당을 강조하는 사람들이다. 요컨대 이들은 한정된 정부자원으로 증가하는 국민적 수요에 이를 효율적으로 배분하기 위해 기존 정책의 종결을 주장하는 사람들이다. 물론 이들 중에는 반드시 새로운 정책을 위해서가 아니라고 하더라도 정부기능을 축소함으로써 정부의 비용을 경감시키는데 관심이 많은 사람들도 있다.

3) 정책개혁가

정책개혁가는 현재의 정책을 종결시키는 것이 새로운 정책의 채택과 집행을 위한 전제조건이 된다고 믿는 사람들을 말한다. 기존 정책이 수립될 때까지는 존재하지 않았던 새로운 기술이 개발되었거나, 기존 정책이 보다 창의적이고 새로운 정책의 수립과 집행을 방해하고 있다고 믿는 사람들이 여기에 해당된다. 이들 정책개혁가는 정책종결을 제안하는 사람들 중에서도 가장 온건한 부류에 해당된다.

2. 정책종결의 접근방법

정책종결을 설명함에 있어서 학자들에 따라 접근방식을 다양하게 제시하고 있다. 관리기법적 접근방법, 정책지향적 접근방법, 정치경제학적 접근방법 등으로 분류하는 학자들도 있지만,[17] 여기서는 정책추진기관의 구조·기능적 관점에서 구조적 접근방식, 기능적 접근방식, 종합적 접근방식 등의 3가지 유형으로 나누어 소개한다.[18]

1) 구조적 접근방법

정책목표를 달성하기 위해 활동하는 정책추진기관, 즉 조직이나 기구가 불필요하게 많거나 다른 기구와 중복되거나 통일성이 결여될 때는 해당 기관들을 축소 또는 개편할 필요가 있다. 이런 방법에는 예산, 인력 등의 자원을 감축시키는 방법, 조직이 담당하고 있는 정책이나 사업을 다른 조직에 이전시키는 방법, 조직의 존속기간을 미리 정해 놓거나 태스크포스,[19] 프로젝트팀,[20] 매트리스조직[21] 등과 같은 임시조직을 만들어 목적달성 후에는 자연히 종결되도록 한시적 조직을 만드는 방법 등이 있다.

2) 기능적 접근방법

정책이나 사업을 종결시키기 위해서는 정책이나 사업을 집행하는데 필요한 인력과 예산을 합리적 수단과 기준을 설정하여 감축시켜 나가야 한다. 인력을 감축시키는 방법으로는, 연장자를 먼저 감축시키는 방법, 고용동결, 일정비율의 감축, 생산성을 기준으로 감축시키는 방법 등이 있는데, 어느 경우에나 형평성과 효율성이 문제가 된다. 그리고 예산을 감축시키는 방법으로는, 기존의 사업을 계속적으로 평가하는 영기준예산(ZZB), 일정기간이 지나면 행정기관이나 사업을 자동적으로 폐지시키는 일몰법 등이 있다.

3) 종합적 접근방법

정책종결을 실시할 때는 기능적 접근방법과 구조적 접근방법을 별개로 적용하기보다는 두 가지 접근방법을 종합적으로 적용시키는 것이 보통이다. 그것은 정부사업이나 그것을 담당하는 기구와는 밀접한 관계가 있기 때문이다.

II. 정책종결의 유형

정책은 종결되는 이유, 즉 그 원인에 따라 여러 가지 유형으로 나타난다. 그리고 정책종결의 전략 내지 접근방법에 따라서도 달라진다. 즉 정책종결은 종결되는 대상, 범위, 기간 등이 달라짐에 따라 그 형태가 달라진다. 다음에서는 이들 각각에 대해 간략히 소개한다.[22]

1. 대상별 유형

정책집행을 위해서는 그 정책이 의도하고 있는 기능이 현실화되어야 한다. 그리고 그 기능을 수행하기 위해서는 여러 가지 정부기관이 존재해야 하며, 그 기관들은 전체 정책수행을 위해 기능별로 세분된 구체적인 정책을 수행하는데, 이들 정책은 다시 여러 개의 세부사업을 내포하고 있다. 따라서 넓은 의미의 정책종결이란 정책기능의 종결, 추진기관의 활동종결, 개별정책의 추진종결, 개별사업의 종결로 구분될 수 있다.[23]

1) 정책기능의 종결

정책기능이란 정책을 통해 국민에게 제공하는 공공서비스이다. 예컨대, 정부가 추진하는 물가안정이라든지, 국토방위 등이 그것들이다. 물가안정을 위해서 정부 내의 여러 기관들이 업무를 수행하고, 이들 조직은 목표달성을 위해 여러 가지 정책들과 사업들을 수행한다. 정부가 수행하는 기능은 국민들이 정부의 정책수행을 필요로 해서 국민적 합의가 형성된 것이거나 정부의 정책방향 또는 기조논리와 관련된다. 따라서 기능의 종결은 그 하위차원인 조직이나 정책의 종결보다는 이루어질 가능성이 희박하다. 정권의 변동이나 큰 사회적 변환이 있을 경우에 기능의 종결이 될 가능성이 많고, 기능의 종결은 그 하위조직과 정책의 종결을 수반할 가능성이 많다.

2) 추진기관의 활동종결

정책추진기관은 단일기관일 수도 있지만 대부분의 경우 여러 개의 기관이 공동으로 하나의 정책을 추진하는 경우도 많다. 정책종결이란 정책집행에 종사한 정부기관이 그 집행활동을 중단하거나 종결함으로써 정책은 종결된다. 정부의 기관은 특정한 목적을 달성하기 위해 결성되지만 그 속성상 일단 목적을 달성해도 다른 목표를 승계하여 그 활동을 계속하려 하거나 오히려 그들의 활동영역을 더 확장시켜 나가려 한다. 따라서 기능의 종결과 같이 기관의 완전한 폐지는 그렇게 흔하게 나타나지는 않는다. 기관의 완전한 폐지보다는 다른 기관과 통합하든지, 기존 기관을 분리하는 형태로 활동이 변경됨으로써 종결되는 경우가 많다.

3) 개별정책의 종결

기관들은 특정한 문제를 해결하기 위해 여러 가지 개별정책을 수행한다. 정책의 수행을 통해 해결하려는 문제가 완전히 해결되었거나 해결하고자 하는 문제가 변경된다면 조직은 이 정책을 다른 정책으로 폐지하거나 대치시킨다. 정책의 종결은 그것을 추진하는 기관의 종결보다는 여러 면에서 용이하다고 볼 수 있다. 그 이유는 기관이 자신의 폐지보다 자신이 수행하는 여러 정책 가운데 하나인 일부를 종결시켜서 자신의 위기를 넘기려 하고, 정책은 기관처럼 이것을 지지해주는 후원자 확보가 어려우며, 다양한 목표를 갖는 조직과는 달리 단일 목표를 가지므로 평가가 용이하기 때문이다.

4) 개별사업의 종결

여러 가지 종결 가운데에서도 사업의 종결은 가장 용이하다고 할 수 있다. 사업들은 문제에 가장 접근하고 있기 때문에 그 대상 국민들에게 직접적으로 영향을 느끼게 하고 반응하게 하며 평가도 즉각적으로 받게 된다. 또 사업의 종결은 그 상위차원인 정책의 수정과 대치 등에 의해서 쉽게 이루어질 수 있다. 특히 능률성 차원에서 문제시되는 정책의 부분을 수정할 때 이 부분은 바로 사업의 종결인 것이다.

2. 범위별 유형

정책종결은 관련한 기능과 기관을 비롯한 모든 것이 다 종결되는 완전종결과 정책의 부분들이 통합되거나 조정 또는 대치되는 형태의 부분종결로 이루어진다.

1) 완전종결

완전종결은 정책에 관련된 폐지와 예산의 동결 등과 함께 기존 조직이 창출하는 효과까지도 전부 종식시키는 경우에 해당한다. 완전종결은 정책의 당위성 차원에서의 문제발생시 예측해 볼 수 있는 형태이다. 즉 정책의 기조논리에 변화가 생겼을 경우에 해당한다. 기조논리를 변경할 경우, 그 하위차원의 조직이나 정책이 아무리 능률적이라 해도 소용이 없기 때문이다. 예를 들어, 산아제한을 하는 것이 옳은지 아닌지를 판단하는 것이 당위성 차원이고, 그러한 당위성의 가치관의 결집을 통한 방향설정이 기조논리라면, 산아제한을 위해 무엇을 어떻게 할지를 고려하는 것이 실현성과 능률성 차원이다. 여기에는 당위성 차원에서 산아제한이 나쁜 것이라고 판단되면, 설령 산아제한을 할 수 있고 또 아주 쉽게 할 수 있는 방법까지 확보하고 있다고 해도 그것은 아무 소용이 없다. 다시 말해서 정책의 기조논리가 정당성을 잃으면 이것을 수행하던 조직과 정책, 사업 모두 폐지되는 경우가 생기는 것이다. 그런데 정책의 기조논리는 이미 많은 사람들의 동의를 바탕으로 존재하는 경우가 많기 때문에 혁명과 같은 과정을 통한 정권의 변동을 제외하고는 급속히 순간적으로 변화하는 경우는 흔치 않다.

2) 부분종결

정책종결은 대부분 부분종결(partial termination)의 형태로 나타난다. 즉 수행되고 있는 기능이 수정 또는 보완되거나 조직의 개편이나 통합 등을 통해 보다 더 효율적으로 만들거나, 아니면 특정 정책이나 사업을 더 능률적인 것으로 수정하는 것들이 대부분이기 때문이다. Brewer & deLeon은 정책종결의 정도에 따라 완전종결과 부분종결로 나누고, 후자를 다시 대체형, 합병형, 분리형, 점감형, 단절형 등의 5가지 유형으로 세분화하고 있다.[24]

첫째, 대체(replacing)형이란 낡은 오래된 것을 동일한 정도로 수요와 욕구를 충족시킬 수 있는 새로운 내용으로 대체하는 유형이다. 이는 혁신의 결과로 보통 일어나며 비능률적·비효과적인 낡은 기술과 절차를 새롭게 바꾸는 형태이다.

둘째, 합병(consolidating)형은 기업분야에서 규모의 경제나 능률적 통제를 위해 빈번히 기업합병이나 기업운영 집중화를 추구하는 것과 같이, 정책이나 사업도 통합되어 부분적으로는 종결되는 경우를 말한다. 정책합병과 더불어 기존 정책을 몇 개로 분리시켜 정책의 수혜대상집단도 재조정하여 이들의 저항을 약화시키면서 서서히 종결시키는 형태를 말한다.

셋째, 분리(splitting)형은 기존의 정책을 몇 개로 분리시키고, 정책대상집단도 재조정하여 이들의 저항을 약화시키면서 서서히 종결시키는 형태의 종결이다.

넷째, 점감(decrementing)형이란 미국과 같은 안정된 정치체제 하에서는 가장 보편적인 유형으로 예산감축이나 사업조정과 같은 방식으로 서서히 정책과 제도를 재구성하면서 종결시키는 형태이다.

다섯째, 단절(discontinuing)형은 오래된 정책을 새로운 정책으로 대치시키되 그 목표와 수요도 변화하면서 종결되는 유형이다. 예컨대 미국의 육군기병대를 해체하고 헬리콥터부대를 창설한 사례를 그 예로 들 수 있다.

3. 기간별 유형

정책종결의 유형은 앞의 분류 이외에 종결이 이루어지는 기간에 따라 다음과 같이 3가지로 분류할 수 있다. 즉 Bardach는 정책종결에 소요되는 시간에 따라 폭발형, 점감형, 혼합형 등으로 나누고 있다.[25]

1) 폭발형

가장 일반적인 정책종결의 유형으로서 특정한 정책이 일시에 종식되거나 중지되는 것을 말한다. 우리나라에서 1981년 말에 이루어진 행정개혁위원회와 기획조정실의 폐지는 폭발형에 속한다고 할 수 있다. 이 유형의 정책종결은 단일적인 권위 있는 결정에 의하여 이루어지는데, 이러한 결정이 내려지기까지는 일반적으로 장기간에 걸친 정치적 투쟁이 선행된다고 볼 수 있다. 즉 다양한 집단의 토론과 찬반논의가 이미 이루어진 가운데 최후에 일인자가 최종결정을 하는 형태로 이루어진다. 따라서 폭발형은 종결이 일어날 가능성을 미리 예측할 수 있는 상황에서 이루어지는 것이 보통이다. 이 형태는 결정이 일시에 일어나므로 충격이 있을 수도 있지만 점진적 종결형보다는 종결을 집행하기가 쉽다.

2) 점감형

점감형은 일시에 정책에 관련된 모든 것을 종식시키는 것이 아니라 정책에 관련된 장기간에 걸쳐 점진적으로 조직을 축소시키거나 필요한 자원과 예산 등을 점차적으로 감소시켜나가는 것이다. 미국의 월남전의 종결이 그 대표적인 예라 할 수 있으며, 미국의 일부 주의 정신병원의 폐쇄도 이 유형에 속한다고 하겠다. 장기간에 걸친 예산의 점차적 감축과 환자의 감소로 주립정신병원이 폐쇄되는 경우가 있다고 한다. 이것은 폭발형 종결이 정책에 관련된 구성원이나 조직에게 강력한 충격을 주는 것과는 달리 미리 종결에 대한 준비를 하게 해준다. 다만 이 경우는 정책종결을 집행하는데 시간이 많이 걸리므로 종결과정 동안 종결이 흐지부지될 가능성이 높다.

3) 혼합형

비교적 단기간에 걸친 의도적으로 집행된 단계적인 정책종결을 말하는 이 혼합형은 흔히 볼 수 있는 정책종결의 유형은 아니다. Bardach에 따르면, 폭발형이나 점감형에 비하여 좋은 성과를 거둘 수 있다는 것이다. 미국항공우주국의 대학연구 지원사업의 종결이 좋은 예라고 할 수 있다. Johnson대통령과 항공우주국장의 타협에 의하여 이 지원사업은 3년간에 걸쳐 단계적으로 종결되었던 것이다.

제3절	정책종결의 기준과 전략

Ⅰ. 정책종결의 기준

정책종결에 고려되는 기준을 크게 경제적 효율성과 정치적 타당성으로 구분해 볼 수 있다. 정책종결에 따르는 저항을 극복하기 위하여 경제적 효율성을 표방한 경우가 많지만, 실제로는 그 이면에 다른 정치적 이해관계가 얽혀 있는 것이 일반적이다.

1. 경제적 효율성

단순히 경제적 효율성이란 투입 대 산출의 비율을 극대화하는 것을 의미한다. 이를 다른 말로 표현하면, 비용 대 편익의 비율을 극대화하는 것이다. 그러나 한 정책의 종결 여부를 경제적 효율성에 비추어 결정하기란 쉽지 않다. 그리고 실제도 거의 그렇게 이루어지고 있지 못하는 실정이다. 왜냐하면 투입과 산출의 경제적 계산이 불가능한 경우가 많기 때문이다.

2. 정치적 필요성

정책종결에는 다양한 이해가 서로 상반되어 충돌을 일으키는 경우가 많다. 따라서 정책종결을 단순히 경제적 효율성의 측면에서 본다면 온전히 그 실체를 파악하기가 어렵다. 어떤 정책의 종결이 단순히 경제적 측면만을 고려할 경우에는 합리적일 수 있지만, 사회적 형평성이나 경제적 이해득실의 경중을 따진다면 오히려 합리적이 아닐 수도 있다. 영세민 취로사업을 예로 들어 보면, 취로사업의 성과가 경제적인 측면에서 효율성이 낮을 수 있지만, 그 대상의 소득수준을 고려한 고용기회 증대라는 측면에서는 사업의 타당성이 있을 수 있다. 따라서 정책종결을 결정할 때 우선적으로 고려되어야 할 점은 이로 인한 사회적 형평성과 대상집단의 성격이다.

한국의 경우, 그동안 여러 차례 대대적인 정책종결이나 기구축소의 경험이 있었다. 이러한 논의 배경의 한 특징은 정책종결이 정권교체와 시기적으로 밀접히 관련이 있다는 것이다. 이는 정책종결이 정치성을 내포한다는 것을 반증한다. 또한 실질적인 정책이나 사업의 종결을 고려한 것이 아니라 단순한 정책기구의 축소에 그친 점이 특징으로 지적될 수 있다.[26] 이로써 알 수 있는 것은 정책종결이나 기구축소가 사업성과의 면밀한 분석이나 평가에 따라 이루어지고 있는 것이 아니라 정치적 필요성에 의해서 다루어지고 있다는 점이다.

정책종결의 기준을 고려할 때, 어려운 문제로 대두되는 것은 효율성과 형평성의 관계이다. 미국의 경우 주로 정책종결로 가장 심하게 타격을 입은 집단은 빈곤계층과 장애자, 그리고 노인들이었다. 또한 감축에 있어 가장 최근 고용인부터 먼저 해고시키는(last-in, first-out) 기준을 적용함으로써 초임자에게 불리하며 정치적으로 세력이 약한 대상에게 더 많은 감축을 시행하는 것이 일반적이다. 여기서 경제적인 생산성 기준이 이러한 정치적 의도를 가장하는데 사용되기도 한다.

II. 정책종결의 전략

광의의 정책종결의 전략은 2가지로 나누어서 생각할 수 있다. 첫째는 앞에서 언급한 바와 같이 정책의 종결을 저해하는 요인이 많으므로 비록 그 정책이 역기능적이거나 불필요한 정책이라 할지라도 이를 종결시키기에는 어려움이 많다. 따라서 이러한 난관을 극복하고 어떻게 하면 정책을 종결시킬 수 있느냐 하는 것에 관심을 두고 있는 사항이다. 둘째는 일단 정책의 종결이 결정된 후에 끝맺음을 어떻게 하느냐 하는 사후관리문제로서 프로젝트관리(project management)의 연구자들이 관심을 두고 있는 사항이라 하겠다.

1. 종결 전략

1) 충분한 사전준비

특정 정책의 종결을 발표하기 위하여서는 종결의 필요성이나 이유에 대한 충분하고 완전한 준비가 이루어져야 한다는 것이다. 이러한 준비 없이 조기에 정책의 종결이 누설되는 경우에는 예고제의 경우와 같은 결과가 초래될 수 있는 것이다. 정책에 대한 관련자들의 찬반을 묻는 예고제는 새로운 정책의 채택을 위해서는 필요한 조치일 수도 있다. 새로운 정책의 장단점에 관해서 관련자뿐 아니라 일반대중의 견해를 들을 수 있으며, 종결과 관련하여 문제가 많고 반대가 거세다고 판단될 때에는 철회할 수 있는 이점이 있기 때문이다. 그러나 기존 정책의 종결은 이와 같은 예고제가 불필요한 저항만 강화시킬 수 있다는 이유로 반대하는 자들도 있다.

2) 동조세력의 확대

정책의 종결을 이룩하기 위해서는 특정 정책의 종결에 동조하는 세력의 확대를 꾀하는 것이 필요하다. 특별한 경우를 제외하고는 일반대중이 특정한 정책의 종결에 관심을 가지기는 어려우며, 정책의 종결여부는 관심을 가진 대중(attentive public)에 의하여 결정되는 것이 보통이다. 따라서 정책의 종결에 반대하는 세력에 저항하기 위해서는 정책종결의 동조세력을 확대하는 것이 필요하다는 것이다.

3) 정책의 폐해요소 공개

특정한 정책의 종결에 동조하는 세력을 구축하고 확대해가기 위해서는 그 정책의 폐해적인 요소를 노정시키고 주의를 환기시키는 것이 무엇보다도 필요하다. 한편, 비효과적인 정책은 수정될 수 있으며, 비능률적인 정책은 활성화될 수 있다. 낙후된 정책은 근대화될 수 있으며, 중복된 정책은 병합이 가능하다. 이처럼 정책들이 지닌 결함을 시정하기 위한 방안에는 여러 가지가 있다. 개선된 관리방법, 새로운 접근방법, 훈련된 인력의 배치, 보다 철저한 감독, 예산지원의 확대 등이 활용될 수 있다. 따라서 비능률적이고 비효과적이며 낙후되고 중복된 정책을 종결시키는 일은 동조세력을 얻기가 용이하지 않다.

4) 타협의 배격

특정 정책의 폐해가 제시된다 하더라도 모든 관계자가 폐해에 대해서 합의에 도달하기는 어렵다. 그러한 폐해가 그 정책이 가져다주는 보다 큰 혜택의 대가라고 생각될 수 있는가 하면, 특정 정책의 혜택을 유지하고 폐해를 제거하기 위하여 정책의 수정으로 족하며 정책의 종결에까지 이를 필요가 없다는 주장도 나올 수 있다. 모든 정치적 갈등에서 볼 수 있는 바와 같이, 정책의 종결을 위한 투쟁에 있어서도 타협이란 많은 경우 생존을 위한 전술로 사용된다. 따라서 정책의 종결을 이룩하기 위해서는 타협을 배격해야 한다는 것이다.

5) 외부인사의 기용

정책의 종결은 용이하게 이루어지는 것이 아니다. 정책의 폐해를 널리 알리고 종결의 동조세력을 규합할 사람이 필요한데, 이러한 종결담당자는 내부인사보다 외부인사가 적임인 경우가 많다. 다시 말해서, 관리자의 경질이 종결을 촉진하는 경우가 많은 것이다. 외부인사들은 인기가 없는 발언을 하기가 용이하며, 내리기 어려운 지침을 하달하여 정책의 종결을 이룩할 수 있다는 것이다.

6) 입법부와의 관계개선

정책의 종결에 관한 안건은 관계 상임위원회나 세출위원회의 관계 분과위원회의 표결에 붙여질 가능성이 많은데, 이러한 위원회의 유력한 의원은 종결의 대상이 되는 정책의 제안자인 경우가 많다. 한편, 입법부는 본질적으로 타협이 체질화되어 있는 조직이다. 따라서 어떤 정책의 종결에 관한 안건이 상정되면 정책의 종결보다는 정책의 수정, 조직의 개편이 이루어질 가능성이 더 크다는 것이다. 이러한 이유로 입법부의 유력한 지도자의 비공식적인 승인이 정책의 종결에 관해서 입법부로부터 얻을 수 있는 최선의 지원이다.

7) 단기적 대가의 지불

경우에 따라서는 정책을 종결하는 것이 유지하는 것보다 더 많은 경비가 소요되기도 한다. 그러나 바람직하지 못한 정책을 종결시키기 위해서는 이러한 단기적 비용을 지불할 필요가 있다. 즉 정책의 종결은 퇴직금의 지급, 대체정책소요경비 등으로 단기적인 절약을 위한 방안으로서는 실효가 없을지 모르나, 장기적인 안목에서 볼 때 정책종결의 좋은 전략이 될 수 있다는 것이다.

8) 정책수혜자에의 대가제공

정책의 종결로 피해를 입는 공무원이나 수혜자를 완전히 무마한다는 것은 불가능한 일이지만, 일부의 피해자는 퇴직금 등으로 그들이 입는 피해를 어느 정도 감소시킬 수는 있다. 우선 그 정책의 집행을 담당하던 공무원들에게는 퇴직금을 주거나 새로운 보직을 줄 수 있을 것이다. 이것만 가지고는 그들의 피해를 완전히 보상하기는 어렵다고 하더라도 정책담당자들의 문제는 그렇게 심각한 것이 아니다. 보다 어려운 문제는 그 정책의 수혜자들을 어떻게 무마하느냐 하는 것이다. 대부분의 경우 수혜자들은 정책의 종결을 차별대우로 본다. 따라서 금전적인 보상에 의한 무마란 불가능한 것이다. 그러나 특정 정책의 종결이 타당성이 높은 경우 수혜자들이 보상금을 받아들일 가능성이 높다. 그리고 이러한 보상금의 지급은 일반대중에게 특정 정책의 종결이 차별대우가 아니라는 인상도 줄 수 있다.

9) 새로운 정책채택의 제시

앞에서 언급한 바와 같이 종결은 부정적인 인상을 함축하고 있는 까닭에 정치지도자들은 정책의 종결이라는 부담을 원하지 않는다. 따라서 기존의 정책을 종결시키는 것이 새로운 정책채택의 전제조건이라면, 기존 정책의 종결을 내세우는 것보다 새로운 정책의 채택을 앞세우는 것이 필요하다는 것이다. 대부분의 정책의 쇄신은 여러 가지 측면을 지니고 있으므로 어떤 정책의 변경이건 가장 정치적 지원을 많이 받을 수 있는 측면을 내세우는 것이 바람직하다는 것이다.[27]

10) 종결목표의 한정

특정 정책의 종결은 그 목표에 따라 종결담당자(terminator)에게 여러 가지 동기여부가 가능하다. 해독을 끼치는 정책인 까닭에 종결시키기를 원하는 경우가 있는가 하면, 비능률적이며 효율성이 낮은 까닭에 종결시키기를 원하는 경우도 있을 것이다. 개혁자들은 보다 나은 정책을 도입하기 위하여 낙후된 정책을 종식시키기를 원하기도 한다. 정책을 종결시킬 때에는 가급적 목표를 한정시키는 것이 반대세력을 최소한으로 줄이므로 정책종결을 달성하는데 도움이 된다.

2. 사후관리 전략

위에서 정책종결의 반대를 극복하고 정책의 종결을 이루기 위해서는 어떠한 전략이 필요한가를 살펴보았다. 여기에서는 정책종결이 결정된 후에 정책을 효율적으로 종결시키기 위해서 어떠한 조치가 필요한가를 살펴본다.

1) 종사자의 정서적 문제의 처리

정책종결이 결정된 후라고 할지라도 정책집행의 관리자의 추종자들에 대한 권한에는 변동이 없다. 다만 상황의 변동에 적절히 적응만 하면 된다. 정책종결과 관련된 종사자의 정서적 문제는 미래에 대한 불안, 집단의식의 상실, 업무수행에 대한 흥미의 상실, 재배치의 문제 등이라 하겠다. 이에 대처하기 위해서는 다음과 같은 조치가 강구될 필요가 있다.

(1) 목표의 확인

정책의 종결 자체가 하나의 독립된 프로젝트(project)라는 것을 분명히 할 필요가 있다. 정책의 종결을 위한 작업에 프로젝트명을 부여하는 관리자도 있다. 종결작업에 착수할 때, 직원회의를 개최하여 질서 있는 종결이라는 목표를 분명히 해 두는 것이 필요하다.

(2) 일체감의 부여

정책의 종결을 담당하는 팀(team)에게 일체감을 부여하는 조치가 필요하다. 인원이 많은 때는 뉴스레터(newsletter) 등의 발간도 바람직할 것이다.

(3) 빈번한 회합의 개최

원활한 커뮤니케이션과 일체감의 부여 등을 위하여 빈번하게 회합을 가지는 것이 필요하다. 장기간에 걸친 공식적인 회의보다는 비공식적이고 짧은 회합을 빈번히 개최하는 것이 바람직하다.

(4) 관리자의 순시

정책의 종결작업에 종사하는 모든 직원을 한자리에 모으는 일이 불가능한 경우가 많다. 사무실이 여러 곳에 분산되어 있거나 작업관계로 동시에 집합하기가 어려운 경우 등이 있으므로 관리자가 직접 현장을 순시하는 것도 바람직하다.

(5) 합리적 감축인력의 활용

정책의 종결에 따라 감축되는 인력의 활용을 위한 합리적인 조치가 필요하다. 사기업의 경우와는 달라 정부부문에서는 정책이 종결되었다하여 거기에 종사하던 공무원을 감원하기는 어려운 경우가 많을 것이다. 따라서 잉여인력의 활용을 위한 계획을 조속히 수립하여 이를 관련 공무원들에게 주지시킬 필요가 있다.

2) 수혜자의 정서적 문제의 처리

정책의 종결이 결정되면 수혜자들은 그 정책에 대해서 관심을 잃게 되며 관리자의 수혜자에 대한 영향력은 급격히 감소된다. 관리자는 수혜자들이 받을 수 있는 잔여혜택을 제공하고 종결 후에 일어날 모든 문제에 대한 처리가 완벽하게 이루어지도록 조치해야 한다.

제 4 절 정책종결과정의 역동성과 저항극복

Ⅰ. 정책종결과정의 역동성

정책종결과정은 그 주체가 사람이든 조직이든 간에, 또 어떤 이유를 갖고 있든 간에 서로의 의견이 첨예하게 대립되어 표출되면서 복잡한 정치적 과정을 연출한다. 따라서 정책종결과정에 개입하는 주체들은 어떤 이유를 가지고 참여하며, 어떤 방법으로 그들의 의사를 달성하려 하는지에 대해 살펴볼 필요가 있다.

1. 정책종결의 주장자

정책의 종결을 주장하는 사람들의 유형은 매우 다양하지만 Bardach에 의하면 다음의 3가지 유형으로 이해할 수 있다.[28]

첫째, 정책에 반대하는 사람들인데, 이들은 기존 정책을 그들의 가치관에 비추어 볼 때 그릇된 것이라고 생각하는 사람들이다. 이들은 수행되고 있는 정책이 자신들의 정치·경제·사회적 이해관계와 상반될 때 해당 정책의 종결을 주장하는 주체가 된다. 둘째, 경제적 관점에서의 정책종결주장자들로 이들은 정부가 수행하는 기능과 정책 등을 전체적으로 살펴보고, 이들 가운데 우선순위가 낮은 것을 자원의 재배분이란 측면에서 감소시키려 하는 집단이다. 따라서 이들은 어떤 정책의 좋고 나쁨을 따지기보다는 우선 고려해야 할 가치관, 즉 당위성, 실현성, 능률성, 민주성 등을 설정하고 이를 기준으로 가장 덜 중요하다고 생각되는 것을 종결시키려 한다. 셋째, 개혁가들로 이들은 정책의 종결이 다른 좋은 대체 정책의 채택과 집행을 위한 전제조건이 된다고 생각하는 사람들이다.

집행되고 있는 정책에 의해서 불이익을 받고 있는 집단은 우선 이 정책에 대해서 반대자의 입장에 선다. 그들이 정책종결을 주장하는 이유는 사실상 그들이 그 정책으로부터 불이익을 받는데 있다. 그 정책으로부터 이들은 비슷하게 불이익을 받고 있는 사람들끼리 압력단체를 구성하여 정책을 집행하는 조직에 그 정책을 수정하거나 폐지하도록 압력을 가하고 정치권에 로비를 함으로써 정책을 종결하도록 한다. 또 이들은 단순한 경제학자들이나 개혁론자들의 이론과 주장의 도움을 받아 정책종결을 추진시키려 한다.

한편, 정책을 처음 입안한 사람이나 조직은 그들이 처음 의도했던 대로 정책이 집행되지 않을 때 경제학자나 개혁론자의 입장에서 정책종결을 주장할 수도 있다. 이들은 정책에 대해서 아주 전문적인 부분까지도 잘 파악하고 있으며, 기존 정책의 문제점 등에 대해서도 논리 정연한 논거를 가지고 종결을 주장한다.

2. 정책종결의 반대자

정책의 종결에 반대하는 집단은 두말할 필요도 없이 기존 정책으로부터 이익이나 혜택을 받는 개인 및 집단이다. 우선 기존 정책으로부터 혜택을 입는 대상집단은 정책을 계속 유지하도록 압력을 행사하게 된다. 정책을 수행함에 필요한 전문지식과 기술을 제공하는 전문가들과 관료들 역시 정책으로 인해서 이익을 보는 집단이며, 이들도 정책종결에 반대하게 된다. 따라서 이들은 조직적으로 반대하는 활동을 하게 된다. 정책을 수행하고 있는 조직은 내적으로 수행하는 정책의 불합리한 부분을 합리적으로 고치고 새로운 방법을 개발하려고 노력한다. 조직들은 정책이 폐지되면 불이익을 받는 내용을 대상집단이나 국민에게 홍보함으로써 이들로 하여금 정책종결에 반대하게 만들거나, 기존 정책으로 이미 혜택을 입고 있는 집단을 동원해서 종결에 대한 반대연합을 구성한다.

결국 정책종결을 주장하는 집단이나 반대하는 집단이나 서로 첨예하게 서로의 주장을 표출시키며 대립하게 되고 서로의 입장을 관철시키려는 이들의 활동은 복잡한 정치적 과정의 성격을 지니게 된다. 이 가운데 더 많은 사람들의 지지를 받는 주장이 달성되거나, 권력구조에 따라서는 최고 정책결정권자의 결정에 따라서 정책의 종결이나 유지의 여부가 결정되는 것이다. 이때에 서로의 주장이 옳음을 설득하기 위해서 정책논쟁 분석이 도움을 줄 수도 있다.

시작이 있으면 끝이 있어야 한다. 정책과정도 문제의 제기에 의하여 정책이 형성되어 집행되고 평가가 이루어지면 반복, 수정, 또는 폐지를 결정하는 종결단계가 있어야 한다. 그러나 과거에는 정책의 종결을 언급하는 사람이 많지 않았다. 근래에 와서 감축관리, 조직의 쇠퇴에 관한 연구 등과 보조를 맞추어 정책의 종결에 대해서 관심을 표명하는 학자들이 늘어나기 시작했다. 정책종결이 비교적 새로운 분야이며, '감축관리,' '조직의 쇠퇴' 등과 함께 자원부족 시대에 처한 우리에게 많은 시사를 주는 분야로 간주되기 때문이다.

II. 정책종결에 대한 저항과 극복

1. 정책종결에 대한 저항의 원인

정책종결은 정치적 과정으로 이에 따른 이해득실이 관련 집단이나 개인에 따라 다르게 미치기 때문에 그들 사이의 갈등과 저항이 발생한다. 따라서 모든 방법을 동원하여 이에 저항하려 한다. 첫째, 정치가나 조직의 책임자가 자신의 조직이 감축 또는 폐쇄될 경우 이를 자신의 실패로 간주해 저항하게 된다. 둘째, 정책종결의 합리성과 형평성이 결여되는 경우 저항이 야기된다.[29] 셋째, 정책종결로 인해 직간접적으로 피해를 입게 되는 계층은 이에 필사적으로 저항하게 된다.[30]

정책종결로서 어떤 정책을 축소 또는 폐지하거나 조직을 감축 폐쇄할 경우 그에 관한 직원들과 수혜자들은 생활 근거를 잃어버리거나 곤경에 처하기 때문에 가능한 모든 수단과 방법을 동원하여 이를 필사적으로 저지하려고 한다. 예를 들면 문민정부 하에서의 체육청소년부의 폐지로 인한 이해관련자들의 반발이나, 농산물 보호정책의 종결로 인한 수입 개방정책으로 말미암아 피해를 보는 집단들, 특히 농민들의 심한 반발을 들 수 있다. 정책종결에 대한 이와 같은 저항의 원인을 좀 더 구체적으로 살펴보면 다음과 같다.[31]

1) 심리적 저항

정책을 새로 시작하기는 쉬워도 이들을 종결하거나 축소하는 데는 심리적으로 저항감이 커서 쉽게 종결하기가 어렵다. 이로 인해 사업이나 정책을 끝내야 하는데도 끝내지 못하는 경우가 많다. 심리적인 저항감으로 인해 마땅히 끝냈어야 할 사업이나 정책을 끝내지 못한 예로 제1차 대전의 기병대를 들 수 있다. 기관총과 고성능대포 등의 보급으로 기병대의 효용이 격감했음에도 불구하고 많은 국가의 군사전문가들이 기병대에 대한 애착을 버리지 못했으며, 따라서 미 육군에서는 제2차 대전 중에도 기병대가 존재했던 것이다.

2) 관성과 항구성

원래 정책이나 조직은 변동과 종결에 대해 상당한 저항력을 가지고 있으며, 환경에 대한 적응력을 갖고 있으므로 쉽게 소멸되지 않는다. 이러한 정책의 관성이나 조직의 항구성 등이 정책종결에 대한 저항요인이 되고 있다.

3) 동태적 보수주의 성향

정책이나 조직은 동태적인 실체이다. 정책이나 사업의 목표가 달성되었거나 환경적 요인으로 목표달성이 불가능한 경우, 새로운 목표를 발견하거나 환경개조를 시도한다. 이러한 현상을 동태적 보수주의(dynamic conservatism)라고 부른다. UN군의 한국전 참전의 목표는 공산당을 남한으로부터 축출하는데 있었지만, 이런 목표가 달성되자 맥아더장군은 공산군을 한반도에서 몰아낸다는 새로운 목표를 수립하였고, 이런 목표에 따라 UN군이 38선을 넘어 북한으로 진격한 것이 대표적인 예이다.

4) 정치적 연합

정책종결의 저해요인으로 정책이나 조직이 종결의 위협에 직면하면 조직내부와 외부집단들이 그들의 힘과 전술을 동원하여 종결을 반대하는 것이 일반적인 현상인데, 조직내부의 세력과 외부의 세력이 연합전선을 형성하면 그 힘이 막강해진다. 정책종결을 반대하기 위해 형성되는 연합전선의 동조자는 경우에 따라서 다른 정부부처, 국회 상임위원회, 다른 국가의 정부일 수도 있다.

5) 다양한 법적 제약

정책이나 사업의 종결 그리고 조직의 감축은 관련된 다양한 법적인 제약으로 인해 저항을 받는 경우가 많다. 특히 정책이나 조직이 법률의 규정에 의해 추진되거나 설치 및 운영되는 경우 그 기관을 폐지시키기는 용이하지 않다. 미국에서는 법원의 개입이 종결을 어렵게 만드는 경우가 많은데, Nixon대통령이 대통령령으로 경제기획처의 폐지를 결정하자 이 기관 소속공무원들은 법원에 제소하여 대통령령의 취소결정을 얻어냈던 것이다.

6) 높은 종결비용

정책이나 사업을 중단 혹은 종결하거나 조직의 기능을 감축시키는 데는 많은 비용을 필요로 한다. 경제적 비용뿐만 아니라 정치적 희생을 요구하는 경우가 많다. 우선 정책결정자들이나 집행자들이 정책의 실패를 인정해야 하는데, 실패를 자인하는 경우가 흔하지 않다. 또한 정책이나 사업을 종결하거나 감축하기 위해서는 새로운 대안을 제시해야 하는 경우가 많지만 대안의 제시가 어렵거나 비용을 유발하는 경우가 많아 저항요인으로 작용한다. 예컨대, 원자력발전의 비판자들이 원자력발전을 적극적으로 반대하지 못한 것은 원자력을 대신할 공해가 없는 에너지자원을 제시하지 못하기 때문이다.

2. 정책종결에 대한 저항의 극복전략

어떤 형태로든 정책종결이 시도되면 이로부터 피해를 입게 되는 대상은 가능한 한 모든 수단을 동원하여 이를 방해하려 노력할 것이다. 여기서는 정책종결에 저항하는 세력들에 대응하는 저항의 극복전략을 소개한다.

1) deLeon의 전략

deLeon은 첫째, 정책종결을 끝이 아닌 시작으로 인식시킬 것, 둘째, 정책분석가가 정책평가단계에 특별한 관심을 기울여 정책종결 전략과 수단의 효과적인 것을 찾아낼 것, 셋째, 정치행정이나 주요 인사의 변동과 같은 '정치적 맥락'으로 간주될 수 있는 종결환경의 '자연적 성숙시기'를 최대한 활용할 것 등을 지적한다.[32]

2) Behn의 전략

Behn은 구체적인 전술에 초점을 두고 종결전략들로서, 시험적인 관측기구의 배격, 정책종결에 대한 지지 세력의 확장, 종결대상인 정책의 유해성 폭로, 정책의 폐단폭로에 이념적 측면활용, 타협의 배격, 종결담당자에 외부인사 기용, 기존 정책의 지지자가 많은 의회의 의결 회피, 의회의 고유권한 침해 금지, 단기적 종결비용의 증가 감수, 기존 정책수혜자에 대한 대가 지불, 종결의 강조 대신 쇄신의 채택을 강조, 필수적인 사항에 국한된 종결 등을 제시한다.[33]

3) Bardach의 전략

Bardach는 정책종결 추진조건들로서, 행정에서의 변화유도, 자신의 미래 삶의 희망에 대한 많은 시민들의 낙관적인 기대가 흔들리는 혼란기의 조성, 기존 정책의 기반이 되는 이념의 비판과 비정당화, 기존 정책의 지배적인 흐름의 완화와 개별정책과의 단절, 기존 정책의 궁극적인 종결을 위한 정책설계가 적시에 기존 정책들을 완전히 폐지시키거나 변형시킬 것이라는 믿음을 가지게 할 것 등을 제시하고 있다.[34]

4) Spirer의 전략

Spirer는 정책종결의 효율적 집행전략을 프로젝트 관리의 관점에서 제시하고 있다.[35] 첫째, 정책종결에서 발생되는 문제를 분류한다. 문제를 크게 정서적 문제와 지적 문제로 나누고, 정서적 문제는 다시 구성원 문제와 수혜자 문제로 나누어 이들 문제의 관리전략을 제시한다. 둘째, 종사자의 정서적 문제를 처리한다. 조직이나 정책의 종결은 그 조직에 종사하는 사람들에게 정서적 불안과 집단소속감 상실 직무수행에 대한 흥미상실 등의 문제를 유발한다. 이를 새로운 목표확립, 일체감 부여, 빈번한 회의개최, 관리자의 순서, 감축인력의 합리적 재활용 등을 통해 해소하도록 한다. 셋째, 정책종결에 따라 수혜자들의 잔여혜택을 제공하는 등의 조치로 수혜자들의 정서적 문제를 해결한다. 넷째, 정책유형별로 정책종결에 따른 세부적인 문제들을 정책의 성격에 따라 지적 문제의 관점에서 처리하여 파생된 문제를 체제분석기법 등을 활용하여 해결토록 한다.

10 <<< Notes

1　Charles O. Jones, *An Introduction to the Study of Public Policy*, 3rd ed. (Belmont, CA: Wadsworth, 1984), p. 236.

2　김병진, 「정책학개론」 (서울: 박영사, 1989), pp. 466-467.

3　Eugene Bardach, "Policy Termination as a Political Process," *Policy Sciences*, Vol. 7, No. 2 (June 1976), pp. 123-132.

4　김석준, "Peter deLeon의 정책종결이론," 오석홍 외, 「정책학의 주요이론」 (서울: 경세원, 2000), p. 605.

5　정책과정에서 정책종결을 주요 단계로 구분한 최초의 학자는 Harold D. Lasswell이고, 보다 더 구체적으로 이론화시킨 사람들은 그의 제자인 Garry Brewer, Peter deLeon 등이다. 이들 외에도 Eugene Bardach, Pobert D. Behn, Herbert Kaufman, Charles Levine, David Whetten 등이 정책종결에 대해 부분적으로 논의하였지만 정책종결의 대표적인 학자는 P. deLeon이라고 할 수 있다.

6　허범, "정책종결의 본질과 전략," 「사회과학: 성대 논문집」, 제17집(성균관대학교 사회과학연구소, 1979); 허범, "기본정책의 관점에서 본 한국행정의 감축관리," 김운태 외, 「한국정치행정의 체계」 (서울: 박영사, 1982).

7　김석준, 전게서, p. 645.

8　Brian W, Hogwood & L. A. Gunn, *Policy Analysis of Real World* (NY: Oxford University Press, 1984), pp. 241-338.

9　Brian W. Hogwood & B. Guy Peters, *Policy Dynamic* (NY: St. Martin's Press, 1983), p. 16.

10　Peter deLeon, "Public Policy Termination: An End and a Beginning," *Policy Analysis*, Vol. 4 (Jan. 1977), pp. 369-392.

11 유훈, 「정책학원론」 (서울: 법문사, 1986), pp. 400-401.

12 정호신, "정책종결에 관한 연구," 「장안논총」, 제9집 (장안전문대, 1989), pp. 427-428.

13 Peter deLeon, "Policy Evaluation and Program Termination," *Policy Studies Review*, Vol. 2, No. 4 (May 1983), pp. 631-647.

14 Matthew Holden Jr., "Imperialism in Bureaucracy," *American Political Science Review*, Vol. 60 (Dec. 1966), pp. 943-951.

15 Geroge F. Gant, *Development Administration: Concepts, Goals and Methods* (Madison: University of Wisconsin Press, 1979), pp. 326-327.

16 Robert D. Behn, *Termination: How the Massachusetts Department of Youth Services Closed the Public Training Schools* (NC: Duke University, Institute of Policy Sciences and Public Affairs, 1975), Chap. 1; Eugene Barach, *op. cit.*, p. 126.

17 박성복·이종열, 「정책학원론」 (서울: 대영문화사, 1993), pp. 632-634.

18 박동균, 「정책학입문」 (서울: 홍익출판사, 1999).

19 태스크포스(task force)는 2차 세계대전 중에 특정 목적이나 임무를 수행하기 위해 임시로 편성된 기동부대를 말하는 것으로 조직의 특정한 목적이나 임무를 수행하기 위해 각 조직 내에 필요한 전문가를 차출하여 입체적으로 편성한 공식조직을 말한다.

20 특정한 목적을 달성하기 위해 일시적으로 조직 내의 인적, 물적 자원을 결합하는 것이다. 이 조직은 시간적으로 한정된 프로젝트의 해결을 위해 만들어지는 임시조직이며, 계선조직의 기능을 대체하는 것이 아니라 보완하는 성격을 갖는다.

21 이것은 인사, 회계, 예산 등의 기능적 조직과 프로젝트팀의 장점을 결합한 것으로 환경변화에 적절히 대응할 수 있는 신축성은 없으나 안정된 조직기능을 유지하는 기능적 조직과 신축성과 자율성 속에서 전문성과 혁신성을 도입할 수 있는 '프로젝트팀'의 장점을 살린 조직이다.

22 허범, 전게서, p. 91; 곽효문, 「정책학원론」 (서울: 학문사, 1995), pp. 597-602.

23 Peter deLeon, "A Theory of Policy Termination," in Judith V. May & Aaron B. Wildavsky(ed.), *The Policy Cycle* (Beverly Hills: Sage Publications, 1978), pp. 283-286; Garry D. Brewer & Peter deLeon, *The Foundations of Policy Analysis* (Homewood, IL: The Dorsey Press, 1983), pp. 394-396.

24 Brewer & deLeon은 부분종결의 종류를 대체(replacing), 통합(consolidating), 분할(splitting), 점진적 감축(decrementing), 단절(discontinuing) 등의 다섯 가지로 설명하고 있다. G. D. Brewer & P. deLeon, *op. cit.*, pp. 396-398; 김석준, 전게서, p. 608.

25 Eugene Bardach, *op. cit.*, pp. 126-136.

26 김성준, 「감축행정관리에 관한 연구」(서울대학교 행정대학원 석사학위논문, 1984), p. 78.

27 Robert D. Behn, *op. cit.*

28 Eugene Bardach, *op. cit.*, pp. 126-127.

29 Brewer & deLeon는 더 구체화하여, 제도·구조적 요인, 정치적 측면, 경제적 고려, 심리적 저항, 윤리·도덕적 문제, 이념적 측면과 신념문제, 법적 제약 등을 제시했다. G. D. Brewer & P. deLeon, *op. cit.*, pp. 398-410.

30 Arthur M. Okun, *Equity and Efficiency: The Big Tradeoff* (Washington DC: Brookings Institution Press, 1975).

31 Peter deLeon, *op. cit.*, pp. 286-293.

32 G. D. Brewer & P. deLeon, *op. cit.*, pp. 396-398.

33 Robert D. Behn, "How to Terminate Public Policy," *Policy Analysis*, Vol. 4, No. 3 (1978), pp. 394-410.

34 Eugene Bardach, *op. cit.*, p. 130.

35 Herbert F. Spirer & David H. Hamburger, "Phasing Out the Project," in David I. Cleveland & William R. King(eds.), *Project Management Handbook* (NY: Van Nostrand Reinhold Co., 1983), p. 248.

참고문헌

▶▶ 정책연구

Ⅰ. 국내문헌

강근복, "한국에 있어서 사회경제적 쟁점의 정책의제형성과정에 관한 연구," (성균관대학교 대학원 박사학위논문, 1985).

강 민, "한국공공정책 결정의 갈등 모형 시론,"「한국행정학회보」제8권 제1호(1974), pp. 199-216.

강신택,「사회과학연구의 논리」(서울: 박영사, 1981).

강원택,「한국의 선거정치: 이념, 지역, 세대와 미디어」(서울: 푸른길, 2003).

곽효문,「정책학원론」(서울: 학문사, 1995).

곽효문,「행정학요론」(서울: 백제출판사, 1991).

관악행정학회,「행정과 가치」(서울: 법문사, 1988).

구광모,「대통령론」(서울: 고려원, 1984).

김광웅, "현명한 결정, 실효 없는 정책: 서울시 인구분산 정책사례,"「행정논총」제22권 제2호 (1984), pp. 2064-2097.

김광웅,「행정과학서설」(서울: 박영사, 1983).

김규정,「행정학연구」(서울: 법문사, 1990).

김규정,「행정학원론」(서울: 법문사, 1998).

김명수,「공공정책평가론」(서울: 박영사, 1987).

김병국·권오철, "지방자치단체 역량평가를 위한 지표개발에 관한 연구: 내부조직역량 평가 체계구축을 위한 시론,"「한국지방자치학회보」제11권 제4호 (1999), pp. 53-73.

김병준, "정책집행연구의 비판적 고찰,"「한국행정학보」제18권 제2호 (1984), pp. 479-492.

김병진,「정책학개론」(서울: 박영사, 1989).

김석준, "Peter deLeon의 정책종결이론," 오석홍 외,「정책학의 주요이론」(서울: 경세원, 2000).

김성준, "감축행정관리에 관한 연구," (서울대학교 행정대학원 석사학위논문, 1984).

김수영,「정책학원론」(서울: 법지사, 1992).

김영종,「복지정책론」(서울: 형설출판사, 1988).

김영평, "정책연구의 성격과 범위,"「한국행정학회보」제18권 제1호 (1984), pp. 91-102.

김운태 외 공저,「한국정치행정의 체계」(서울: 박영사, 1982).

김인철, "정책학의 자리매김을 위하여,"「한국정책학회보」제11권 제1호 (2002), pp. 343-346.

김종범,「과학기술정책론」(서울: 대영문화사, 1993).

김태룡,「행정이론」(서울: 대영문화사, 2007).

김행범, "실증적 정책집행에 관한 연구,"「한국행정학보」제29권 제4호 (1995), pp. 1441-1462.

김혜정·이승종, "지역시민사회의 역량과 지방정부의 정책혁신,"「한국행정학보」제40권 제4호 (2006), pp. 101-126.

노시평·박희서·박영미,「정책학」(서울: 학현사, 1999).

노화준,「정책분석론」(서울: 박영사, 2003).

노화준,「정책평가론」(서울: 법문사, 1988).

노화준,「정책학원론」(서울: 박영사, 1998).

류지성,「정책학」(서울: 대영문화사, 2007).

문태현, "글로벌화와 정책결정체제의 대응,"「한국정책학회보」제7권 제3호 (1998), pp. 261-286.

문태현,「글로벌화와 공공정책」(서울: 대명출판사, 1999).

문태훈,「환경정책론」(서울: 형설출판사, 1997).

박경효, "정책집행측면에서 본 한국가족계획 사업실적의 결정요인,"「한국행정학보」제24권 제2호 (1990), pp. 1003-1019.

박광국, "정책학의 발전을 위한 제언,"「한국정책학회보」제11권 제1호 (2002), pp. 347-351.

박동균,「정책학입문」(서울: 홍익출판사, 1999).

박동서, 「한국행정론」 (서울: 법문사, 1989).

박동서, 「한국행정의 발전」 (서울: 법문사, 1980).

박상호, "SNS의 여론형성과정과 참여행태에 관한 고찰,"「한국언론정보학보」제58권 제2호 (2011), pp. 55-73.

박성복·이종열, 「정책학강의」 (서울: 대영문화사, 2004).

박성복·이종열, 「정책학원론」 (서울: 대영문화사, 1993).

박세일, 「법경제학」 (서울: 박영사, 2000).

박재공, "정책집행에 있어서 대상집단의 순응확보에 관한 연구" (명지대학교 대학원 박사학위논문, 1987), pp. 45-58.

박정식·윤영선, 「통계학개론」 (서울: 다산출판사, 1980).

박해룡, "정책변동에 의거한 토지투기 규제정책에 관한 연구," (영남대학교 대학원 박사학위논문, 1991).

박호숙, "정책집행에 있어서 순응확보의 전략개발에 관한 연구," (서울대학교 행정대학원 석사학위논문, 1983).

박호숙, "지방자치, 경쟁과 협력의 조화가 관건,"「지방자치」, 통권 제65호 (서울: 현대사회연구소, 1994. 2), pp. 92-93.

박흥식, "한국정책연구의 이론과 현실, 그리고 적실성간의 부정합성에 대하여,"「한국정책학회보」제11권 제1호 (2002), pp. 337-341.

백승기, 「정책학원론」 (서울: 대영문화사, 2005).

백완기, 「행정학」 (서울: 박영사, 1997).

서울대학교 교육연구소, 「교육학용어사전」 (서울: 하우동설, 2011).

서울대학교 행정대학원 행정조사연구소, 「한국의 정책사례집」 (서울: 법문사, 1989).

소순창, "지방정부의 혁신역량의 지표개발에 관한 기초연구,"「한국사회와 행정연구」제16권 제4호 (2006), pp. 117-138.

송희준, "정책연구의 내용과 성격,"「한국정책학회보」제1권 제1호 (1992), pp. 63-84.

송희준·박기식, "지식정보사회의 정부 역할: 시장과 정부, 그리고 네트워크 가버넌스,"「한국행정학회 Conference 자료: 지식정부 구현을 위한 전략과 과제」 (2000), pp. 189-205.

안병만, 「한국정부론」 (서울: 다산출판사, 1999).

안해균, 「정책학원론」 (서울: 다산출판사, 1984).

안해균, 「정책학원론」 (서울: 다산출판사, 1998).

안해균, 「현대행정학」 (서울: 다산출판사, 1982).

오석홍, 「조직이론」 (서울: 박영사, 1990).

오석홍·김영평, 「정책학의 주요이론」 (서울: 경세원, 1993).

유훈 외 공저, 「정책학개론」 (서울: 법문사, 1978).

유 훈, 「정책학원론」 (서울: 법문사, 1986).

윤영진·김태룡, 「새행정이론」 (서울: 대영문화사, 2002).

윤재풍 외 공역, 「행정학」 (서울: 박영사, 1987).

이달곤 외, 「정책사례연구」 (서울: 대영문화사, 2006).

이대희 역, 「정책분석론」 (서울: 대영문화사, 1984).

이대희, 「정책가치론」 (서울: 대영문화사, 1991).

이상안, "정책대상집단의 규제불응요인 분석," (서울대학교 행정대학원 박사학위논문, 1989).

이승종·윤두섭, "지방정부의 역량에 관한 개념화 연구,"「한국지방자치학회보」제17권 제3호 (2005), pp. 5-24.

이종수, "정책체제의 특성을 기준으로 살펴본 한국 정책 60년,"「한국정치학회·한국행정학회 2008년도 합동 기획세미나」(2008. 9), pp. 203-232.

이종수, "한국지방정부의 혁신에 관한 실증분석: 혁신패턴, 정책행위자 및 영향요인을 중심으로,"「한국행정학보」제38권 제5호 (2004), pp. 241-258.

이주희, 「초일류 자치단체를 만들자」 (서울: 한국지방자치연구원, 1996).

이철수, 「사회복지학사전」 (서울: Blue Fish, 2009).

이태규, 「군사용어사전」 (서울: 일월서각, 2012).

이해영, "1950~70년대의 정책학의 역사,"「한국정책학회보」, 제12권 제2호 (2003), pp. 259-283.

이해영, 「다차원 정책론」 (서울: 법문사, 2001).

이해영, 「정책학신론」 (서울: 학현사, 1997).

정정길, "정책과 제도의 변화과정과 인과법칙의 동태적 성격,"「한국정책학회보」, 제11권 제2호 (2002), pp. 255-272.

정정길, "정책학의 내용과 한계(I),"「행정논총」, 제24권 제1호 (1986), pp. 129-150.

정정길, "한국에서의 정책연구,"「한국정치학회보」, 제13집 (1979), pp. 137-154.

정정길, "행정과 정책연구를 위한 시차적 접근방법: 제도의 정합성 문제를 중심으로,"「한국행정학보」, 제36권 제1호 (2002), pp. 1-19.

정정길, 「정책결정론」 (서울: 대명출판사, 1988).

정정길, 「정책과정과 정책문제채택」 (서울: 박영사, 1982).

정정길, 「정책학원론」 (서울: 대명출판사, 2002).

정정길 · 김명수, "정책학개론,"「한국행정학보」, 제19권 제2호 (1985), pp. 2056-2080.

정정길 · 최종원 · 이시원 · 정준금 · 정광호, 「정책학원론」 (서울: 대명출판사, 2011).

정준금, "시차적 접근을 통한 정책과정의 동태적 이해: 환경정책을 중심으로,"「한국정책학회보」, 제11권 제2호 (2002), pp. 273-293.

정호신, "정책종결에 관한 연구,"「장안논총」, 제9집 (장안대학, 1989), pp. 423-442.

최길수, "지방분권시대에 있어서 자치역량개발에 관한 연구: 종합적 접근,"「한국거버넌스학회보」 제12권 제1호 (2005), pp. 41-165.

최길수, "지방정부의 자치역량강화에 관한 연구,"「한국지방자치학회 학술대회발표논문집」 (2005), pp. 411-445.

최봉기 외, 「행정학」 (서울: 법문사, 1995).

최봉기, "정책의제채택에 관한 변수분석,"「한국행정학보」, 제19권 제1호 (1985. 6), pp. 223-241.

최봉기, "정책정보의 기능과 가치평가,"「한국행정학보」, 제15호 (1981), pp. 157-172.

최봉기, "정책집행과정과 정책변화,"「사회과학논총」, 제5집 (계명대학교 사회과학연구소, 1987), pp. 19-39.

최봉기, 「정책의제형성론」 (서울: 일신사, 1988).

최봉기, 「지방자치론」 (서울: 법문사, 2006).

최성모 · 송병주, "정책집행의 정치적 성격과 특징: 의약분업정책을 중심으로,"「한국행정학보」, 제26권 제3호 (1992), pp. 771-977.

최송화, "법과 정책에 관한 연구: 시론적 고찰,"「서울대학교 법학」, 제26권 제4호 (1985), pp. 81-95.

하태권 외, 「현대한국정부론」 (서울: 법문사, 1998).

한국교육심리학회, 「교육심리학용어사전」 (서울: 학지사, 2000),

한상우 · 최길수, "지방정부의 행정역량개발에 관한 연구,"「정책분석평가학회보」 제16권 제1호 (2006), pp. 183-207.

한영환, 「국가발전과 행정」 (서울: 아세아문화사, 1989).

허 범, "기본정책의 관점에서 본 한국행정의 감축관리," 김운태 외, 「한국정치행정의 체계」 (서울: 박영사, 1982), pp. 273-302.

허 범, "정책종결의 본질과 전략,"「사회과학: 성대 논문집」, 제17집 제1호 (성균관대학교 사회과학연구소, 1979), pp. 91-109.

허 범, "정책학의 이상과 도전,"「한국정책학회보」, 제11권 제1호 (2002), pp. 293-312.

II. 외국문헌

Allison, Graham T. *Essence of Decision: Explaining the Cuban Missile Crisis* (Boston, MA: Little Brown and Co., 1971).

Almond, G. A. & Sidney Verba. *The Civic Culture* (Boston, MA: Little Brown and Co., 1965).

Almond, Gabriel A. & G. Bingham Powell, Jr. *Comparative Politics: System, Process and Policy*, 2nd ed. (Boston, MA: Little Brown and Co., 1978).

Almond, Gabriel A. "A Developmental Approach to Political System," *World Politics*, Vol. 17, No. 2 (1965), pp. 1183-1214.

Anderson, James E. *Public Policy-Making* 3rd ed. (NY: Holt, Rinehart, and Winston, 1984).

Bachrach, Peter & Morton S. Baratz. "Decisions and Nondecisions: An Analytical Framework," *American Political Review*, Vol. 57, No. 3 (1963), pp. 632-642.

Bachrach, Peter & Morton S. Baratz. "Two Faces of Power," *American Political Review*, Vol. 56, No. 4 (1962), pp. 947-952;

Bachrach, Peter & Morton S. Baratz. *Power and Poverty* (NY: Oxford University Press, 1970).

Baker, Robert F., Richard M. Michaels, & Everett S. Preston. *Public Policy Development* (NY: John Wiley & Sons, 1975).

Banfield. Edward C. "Policy Science as Metaphysical Madness," in Robert A. Goldwin (ed.). *Bureaucrats, Policy Analysts, Statesman: Who Leads?* (Washington DC: American Enterprise Institute for Public Policy Research, 1980), pp. 1-12.

Bardach, Eugene. "On Designing Implementable Programs," in Giandomenico Majone & E. S. Quade (eds.). *Pitfalls of Analysis* (NY: John Wiley, 1980), pp. 138-158.

Bardach, Eugene. "Policy Termination as a Political Process," *Policy Sciences*, Vol. 7, No. 2 (June 1976), pp. 123-131.

Behn, Robert D. "A Symposium: Leadership in an Era of Retrenchment," *Public Administration Review*, Vol. 40 (Nov./Dec. 1980), pp. 603-626.

Behn, Robert D. "Closing A Government Facility," *Public Administration Review*, Vol. 38, No. 4 (July/August 1978). pp. 332-338.

Behn, Robert D. "How to Terminate Public Policy," *Policy Analysis*, Vol. 4, No. 3

(1978), pp. 394-410.

Behn, Robert D. *Termination: How the Massachusetts Department of You Services Closed the Public Training School*s (NC: Duke University, Institute of Policy Sciences and Public Affairs, 1975).

Biller, Robert P. "On Tolerating Policy and Organizational Termination: Some Design Considerations," *Policy Sciences*, Vol. 7, No. 2 (1976), pp. 133-149.

Birkland, Thomas A. *An Introduction to the Policy Process* (NY: M. E. Sharp, Inc., 2001).

Boyler, Richard & Donald Lemaire (eds.). *Building Effective Evaluation Capacity* (London: Transaction Publisher, 1999).

Bozeman, Barry. *Public Management and Policy Analysis* (NY: St. Martin's Press, 1979), pp. 60-80.

Brewer, Garry D. & Peter DeLeon. *The Foundation of Policy Analysis* (Homewood, IL: The Dorsey Press, 1983).

Brigham, John & Don W. Brown. "Introduction," in John Brigham & D. W. Brown (eds.). *Policy Implementation: Penalties or Incentives* (Beverly Hills, CA: Sage Publication, 1980), pp. 7-17.

Brigham, John A. & Don W. Brown (eds.). P*olicy Implementation: Penalties or Incentives* (Beverly Hills, CA: Sage Publication, 1980).

Brizius, Jack A., David Osborne, & Mark G. Popovich. *Creating High-Performance Government Organizations* (San Francisco, CA: Jossey-Bass Publishers, 1998).

Burnham, Walter D. & Martha W. Weinberg (eds.). *American Politics and Public Policy* (Cambridge, MA: MIT Press, 1978).

Charlesworth, James C. (ed.). *Contemporary Political Analysis* (NY: Free Press, 1967).

Cleveland, David I. & William R. King (eds.). *Project Management Handbook* (NY: Van Nostrand Reinhold Co., 1983).

Cobb, Roger W. & Charles D. Elder. *Participation in American Politics: The Dynamics of Agenda-Building*, 2nd ed. (Baltimore, MD: Johns Hopkins University Press, 1983).

Cobb, Roger W., Jennie-Keith Ross, & Marc H. Ross. "Agenda-Building as a Comparative Political Process," *American Political Science Review*, Vol. 70, No. 1 (March 1976), pp. 126-138.

Cohen, Michael D., James G. March, & Johan P. Olsen. "A Garbage Can Model of Organizational Choice," *Administrative Science Quarterly*, Vol. 17, No. 1 (March 1972), pp. 1-25.

Cyert, Richard M. & James G. March. *A Behavioral Theory of the Firm* (NY: Prentice Hall, 1963).

Dallmayr, Fred R. "Critical Theory and Public Policy," *Policy Studies Journal*, Vol. 9 (1981), pp. 522-534.

deLeon, Peter. "A Theory of Policy Termination," in Judith V. May & Aaron B. Wildavsky (eds.). *The Policy Cycle* (Beverly Hills, CA: Sage Publications, 1978), pp. 279-300.

deLeon, Peter. "Policy Evaluation and Program Termination," *Policy Studies Review*, Vol. 2, No. 4 (May 1983), pp. 631-647.

deLeon, Peter. "Public Policy Termination: An End and a Beginning," *Policy Analysis*, Vol. 4 (January 1977), pp. 369-392.

Deutsch, Karl W. *Politics and Government*, 2nd ed. (Boston, MA: Houghton Mifflin, 1974).

Dewey, John. *The Public and It's Problems* (Denver, CO: Alan Swallow, 1927).

Dror, Yehezkel. "Muddling Through-Science or Inertia?" *Public Administration Review*, Vol. 24, No. 3 (September 1964), pp. 153-157.

Dror, Yehezkel. *Design for Policy Sciences* (NY: American Elsevier Publishing Co., 1971).

Dror, Yehezkel. *Policy Making under Adversity* (New Brunswick, NJ: Transaction, Inc., 1986).

Dror, Yehezkel. *Public Policy Making Reexamined* (San Francisco, CA: Chandle Publishing Co., 1983).

Dror, Yehezkel. *Ventures in Policy Science: Concepts and Application* (NY: American Elsevier Publishing Co., 1971).

Duncan, Jack W. *Organizational Behavior*, 2nd ed. (Boston, MA: Houghton Mifflin Co., 1981).

Dunn, William N. *An Introduction to Public Policy Analysis* (Englewood Cliffs, NJ: Prentice Hall, 1991).

Dunn, William N. *Public Policy Analysis* (Englewood Cliffs, NJ: Prentice Hall, 1981).

Dye, Thomas R. *Understanding Public Policy*, 10th ed. (Englewood Cliffs, NJ: Prentice Hall, 2002).

Dye, Thomas R. *Understanding Public Policy*, 5th ed. (Englewood Cliffs, NJ: Prentice Hall, 1984).

Easton, David. "The New Revolution in Political Science," *American Political Science Review*, Vol. 63, No. 4 (December 1969), pp. 1051–1061.

Easton, David. *A System Analysis of Political Life* (NY: John Willey & Sons, 1965).

Easton, David. *The Political System* (NY: Alfred A. Knopf, Inc., 1953).

Edwards Ⅲ, George C. & Ira Sharkansky. *The Policy Predicament* (San Francisco, CA: Freeman, 1978).

Edwards Ⅲ, George C. *Implementation Public Policy* (Washington DC: Congressional Quarterly Press, 1980).

Elmore, Richard F. "Organizational Model of Social Program Implementation," *Public Policy*, Vol. 26 (Spring, 1978), 185–228.

Epstein, Irwin & Tony Tripool. *Research Techniques for Program Planning, Monitoring and Evaluation* (NY: Columbia University Press, 1977).

Eyestone, Robert. *From Social Issues to Public Policy* (NY: John Wiley & Sons, 1978).

Frederickson, H. George & Charles R. Wise (eds.). *Public Administration and Public Policy* (Lexington, MA: D. C. Heath and Co., 1977).

Frederickson, H. George & Jocelyn M. Johnston. *Public Management Reform and Innovation: Research, Theory, and Application* (AL: University of Alabama Press, 1999).

Frederickson, H. George. *New Public Administration* (AL: The University of Alabama Press, 1980).

Frey, Frederick W. "Comment: On Issues and Non-issues in the Study of Power," *American Political Science Review*, Vol. 65, No. 4 (December 1971), pp. 1081–1101.

Gamson, William A. *Power and Discontent* (Homewood, IL: Dorsey, 1968).

Gant, Geroge F. *Development Administration: Concepts, Goals and Methods* (Madison, WI: University of Wisconsin Press, 1979).

Garson, G. David (ed.). *Handbook of Public Information System* (NY: Marcel Dekker, Inc., 2000).

Gerston, Larry N. *Making Public Policy: From Conflict to Resolution* (Glenview, IL:

Pearson Scott Foresman and Company, 1983).

Goldwin, Robert A. (ed.). *Bureaucrats, Policy Analysts, Statesman: Who Leads?* (Washington DC: American Enterprise Institute for Public Policy Research, 1980).

Gunn, Lewis. "Why Is Implementation So Difficult?" *Management Service in Government*, Vol. 33 (November, 1978), pp. 169-176.

Hall, Robert E. & Marc Lieberman. *Microeconomics: Principles and Applications* (Mason, HO: Thomson Learning, 2008).

Handberg, Roger. "Law, Coercion and Incentives," in John A. Brigham & Don W. Brown (eds.). *Policy Implementation: Penalties or Incentives* (Beverly Hills, CA: Sage Publication, 1980), pp. 103-111.

Hargrove, Erwin C. "Implementation," in H. George Frederickson & Charles R. Wise (eds.). *Public Administration and Public Policy* (Lexington, MA: D. C. Heath and Co., 1977), pp. 3-13.

Hatry, Harry P., Richard E. Winnie, & Donald M. Fisk. *Practical Program Evaluation for State and Local Government Officials* (Washington DC: The Urban Institute, 1973).

Hirschman, Albert O. "Policymaking and Policy Analysis in Latin America-A Return Journey," *Policy Sciences*, Vol. 6, No. 4 (1975), pp. 385-402.

Hofferbert, Richard I. The Study of Public Policy (Indianapolis, IN: Bobbs-Merril' Co., 1974).

Hogwood, Brian W. & B. Guy Peters. "The Dynamics of Policy Change: Policy Succession," *Policy Science*, Vol. 14, No. 3 (1982), pp. 230-231.

Hogwood, Brian W. & B. Guy Peters. *Policy Dynamics* (NY: St. Martin's Press, 1983).

Hogwood, Brian W. & Lewis A. Gunn. *Policy Analysis for the Real World* (NY: Oxford University Press, 1984).

Holden Jr., Matthew. "Imperialism in Bureaucracy," *American Political Science Review*, Vol. 60 (December 1966), pp. 943-951.

Hollis, Guy, Guail Ham, & Mark Ambler (eds.). *The Future Role and Structure Of Local Government* (Harlow, Essex: Longman, 1992).

Hunt, Michael H. & O'Toole, Barry J. Reform, *Ethics and Leadership* (Aldershot, NH: Ashgate, 1998)

Ingralham, Patricia W., James R. Thompson, & Ronald P. Sanders. *Transforming*

Government (San Francisco, CA: Jossey-Bass, Inc., 1998).

Johnson, Charles A. & Jow R. Bond. "Coercive and Noncorecive Abortion Deterrence Policies," *Law and Policy Quarterly*, Vol. 2 (1980), pp. 106-122.

Jones, Charles O. *An Introduction to the Study of Public Policy*, 2nd ed. (North Scituate, MA: Duxbury Press, 1977).

Jones, Charles O. *An Introduction to the Study of Public Policy*, 3rd ed. (Belmont, CA: Wadsworth, 1984).

Khun, Thomas S. *The Structure of Scientific Revolutions* (Chicago, IL: University of Chicago Press, 1962).

Lane, Fredrick S. (ed.). *Current Issues in Public Administration*, 2nd ed. (NY: St. Martins Press, 1982).

Lasswell, Harold D. "Policy Orientation," in Daniel Lerner & H. D. Lasswell (eds.). *Policy Sciences: Recent Developments in Scope and Method* (Stanford, CA: Stanford University Press, 1951), pp. 3-15.

Lasswell, Harold D. "Policy Science" in David E. Sills (ed.). *International Encyclopedia of Social Sciences* (NY: Macmillan, 1968), Vol. 12, pp. 181-189.

Lasswell, Harold D. "The Political Science of Science: An Inquiry into the Possible Reconciliation of Mastery and Freedom," *American Political Science Review*, Vol. 50 (1956), pp. 961-979.

Lasswell, Harold D. *A Preview of Policy Sciences* (NY: American Elsevier Publishing Co., 1971).

Lasswell. Harold D. & Abraham *Kaplan. Power and Society: A Framework for Political Inquiry* (New Haven, CT: Yale University Press, 1950).

Lerner, Daniel & H. D. Lasswell (eds.). *Policy Sciences: Recent Developments in Scope and Method* (Stanford, CA: Stanford University Press, 1951).

Lester, James P. & Joseph Stewart, Jr. *Pulbic Policy: An Evolutionary Approach*, 2nd ed. (Baltimore, CA: Wadsworth, 2000).

Levine, C. H., R. W. Backoff, A. R. Cahoon, & W. J. Shffin. "Organization Design: A Post Minnowbrook Perspective for the New Public Administration," *Public Administration Review*, Vol. 35, No. 4 (July/August 1975), pp. 425-435.

Levine, Charles H., B. Guy Peters, & Frank J. Thompson. *Public Administration: Challenges, Choices, Consequences* (Glenview, IL: Foresman and Co., 1990).

Lewis A. Froman, Jr., *The Congressional Process: Strategies, Rules, and Procedures* (Boston, MA: Little Brown & Co., 1967).

Liebowitz, Jay (ed.). *Knowledge Management Handbook: Collaboration and Social Networking*, 2nd ed. (NY: CRC Press, 2012).

Lindblom, Charles E. *The Intelligence of Democracy: Decision Making through Mutual Adjustment* (NY: The Free Press, 1965).

Lindblom, Charles E. *The Policy Making Process*, 2nd ed. (Englewood Cliffs, NJ: Prentice Hall Inc., 1980).

Lipsky, Michael. *Protest in City Politics: Rent Strikes, Housing and the Power of the Poor* (Chicago: Rand McNally, 1971).

Lloyd, Iris. "Don't Define the Problem," *Public Administration Review*, Vol. 38, No. 3 (May/June 1978), pp. 283–286.

Lowi, Theodore J. "Decision Making vs. Policy Making: Toward an Antidote For Technocracy," *Public Administration Review*, Vol. 30, No. 3 (May/June 1970), pp. 314–325.

Lowi, Theodore J. "Four Systems of Policy, Politics and Choice," *Public Administration Review*, Vol. 32, No. 4 (July/August 1972), pp. 298–310.

Mack, Ruth P. *Planning on Uncertainty: Decision Making in Business and Government Administration* (NY: John Wiley & Sons Inc., 1971).

Majone, Giandomenico & E. S. Quade (eds.). *Pitfalls of Analysis* (NY: John Wiley & Sons, 1980).

March. James G. & Hebert A. Simon. *Organizations* (NY: John Wiley & Sons, 1958).

May, Judith V. & Aaron B. Wildavsky (eds.). *The Policy Cycle* (Beverly Hills, CA: Sage Publications, 1978).

Mazmanian, Daniel A. & Paul A. Sabatier. *Implementation and Public Policy* (Lanham, MD: University Press of America, 1989).

McLaughlin, Milbrey W. "Implementation as Mutual Adaptation: Change in Classroom Organization," *Teachers College Record*, Vol. 77, No. 3 (1976), pp. 339–351.

Meehan, Eugene J. *Ethics for Policymaking: A Methodological Analysis* (Westport, CT: Greenwood Press, 1990).

Mitchell, Joyce M. & William C. Mitchell. *Political Analysis and Public Policy* (Chicago, IL: Rand McNally, 1969).

Mood, Alexander M. *Introduction to Policy Analysis* (NY: North-Holland, 1983).

Nachmias, David. *Public Policy Evaluation: Approaches and Methods* (NY: St. Martin's Press, 1979).

Nagel, Stuart S. (ed.). *Encyclopedia of Policy Studies* (NY: Marcel Dakker, 1983).

Nagel, Stuart S. (ed.). *Policy Studies Review Annual*, Vol. 1 (Beverly Hill, CA: Sage Publications, 1977).

Nakamura, Robert T. & Frank Smallwood. *The Politics of Policy Implementation* (NY: St. Martins Press, 1980).

Nigro, Felix A. *Modern Public Administration* (NY: Harper & Row, 1965).

Novick, David. *Efficiency and Economy in Government through New Budgeting and Accounting Proceduess* (Santa Monica, CA: The Rand Corporation, 1954).

Okun, Arthur M. *Equity and Efficiency: The Big Tradeoff* (Washington DC: Brookings Institution Press, 1975).

Osborne, David & Ted Gaebler. Reinventing Government (NY: Addision-Wesley Publishing Co., 1992).

Ostrom, Vincent & Elinor Ostrom. "Public Choice: A Different Approach to the Study of Public Administration," *Public Administration Review*, Vol. 31, No. 2 (March/April 1971), pp. 203-216.

Ostrom, Vincent. *The Intellectual Crisis in American Public Administration* (Birmingham, AL: University of Alabama Press, 1973).

Palumbo, Dennis J. *Public Policy in America: Government in Action* (San Diego, CA: Harcourt Brace Jovanovich Publishers, 1988).

Peters, B. Guy & Jon Pierre (eds.). *Handbook of Public Policy* (CA: Sage Publication, 2006).

Pirages, Dennis. *Managing Political Conflict* (NY: Praeger Publishing Co., 1976).

Poland, Orville F. "Program Evaluation and Administrative Theory," *Public Administration Review*, Vol. 34, No. 4 (July/August 1974), pp. 333-338.

Poland, Orville F. "Program Evaluation and Administrative Theory," *Public Administration Review*, Vol. 34, No. 4 (July/August, 1974), pp. 333-338.

Pressman, Jeffrey L. & Aron Wildavsky. *Implementation* (Berkeley, CA: University of California Press, 1973).

Prest, A. R. & R. Turvey. "Cost-Benefit Analysis: A Survey," *Economic Journal*, Vol.

75, No. 300 (December 1965), pp. 683-735.

Presthus, Robert. *Public Administration*, 6th ed. (NY: The Ronald Press Co., 1975).

Quade, Edward S. *Analysis for Public Decision*, 2nd ed. (NY: North Holland, 1982).

Ranney, Austin. "The Study of Policy Content: A Framework for Choice," in Austin Ranney (ed.). *Political Science and Public Policy* (Chicago, IL: Markham Publishing Co., 1986), pp. 3-21.

Rein, Martin & Francine F. Rabinovitz. "Implementation: A Theoretical Perspective," in Walter D. Burnham & Martha W. Weinberg (eds.). *American Politics and Public Policy* (Cambridge, MA: MIT Press, 1978), pp. 307-335.

Rich, Robert F. "Uses of Social Science Information by Federal Bureaucrats: Knowledge for Action vs. Knowledge for Understanding," in Carol H. Weiss (ed.). *Using Social Research in Public Policy Making* (Lexington, MA: Lexington Books, 1977), pp. 199-211.

Ripley, Randall B. & Grace A. Franklin. *Bureaucracy and Policy Implementation*, 2nd ed. (Homewood, IL: Dorsey Press, 1968).

Ripley, Randall B. & Grace A. Franklin. *Policy Implementation and Bureaucracy* (Chicago, IL: Dorsey Press, 1986).

Robinson. James A. & R. Roger Majak. "The Theory of Decision-Making," in James C. Charlesworth (ed.). *Contemporary Political Analysis* (NY: Free Press, 1967), pp. 175-188.

Rossi, Peter H. & Howard E. Freeman. *Evaluation: A Systematic Approach*, 2nd ed. (Beverly Hills, CA: Sage Publications, 1982).

Rubin, Bernard. *Political Television* (Belmont, CA: Wadsworth Publishing Co., 1976).

Sabatier, Paul A. & Daniel A. Mazmanian. "Policy Implementation," in Stuart Nagel (ed.). *Encyclopedia of Policy Studies* (NY: Marcel Dakker, 1983), pp. 143-169.

Sackman, Harold. *Delphi Critique* (Lexington, MA: D. C. Heath and Company, 1975).

Salisbury, Robert A. "The Analysis of Public Policy: A Search for Theories and Roles" in Austin Ranney (ed.). *Political Science and Public Policy* (Chicago, IL: Markham, 1968), pp. 151-175.

Schattschneider, Elmer E. *The Semisovereign People: A Realist's View of Democracy in America* (Hinsdale, IL: The Dryden Press, 1975).

Schuler, Douglas & Peter Day (eds.). *Shaping the Network Society: The New Role of*

Civil Society in Cyberspace (Cambridge, MA: MIT Press, 2004).

Self, Peter. *Administrative Theories and Politics: An Inquiry into the Structure and Processes of Modern Government* (London: George Allen and Unwin, 1972).

Shafritz, Jay M. & Albert C. Hyde. *Classics of Public Administration* (Chicago, IL: The Dorsey Press, 1987).

Sharkansky, Ira. *Public Administration: Policy Making in Government Agencies* (Chicago, IL: Markham, 1970).

Simon, Herbert A. "Decision Making: Rational Nonrational, and Irrational," *Educational Administrative* Quarterly, Vol. 29, No 3 (1993), pp. 392-411.

Simon, Herbert A. *Models of Man* (NY: John Wiley and Sons, 1957).

Simth, Thomas B. "The Policy Implementation Process," *Policy Sciences*, Vol. 4 (June, 1973), pp. 197-209.

Spirer, Herbert F. & David H. Hamburger. "Phasing Out the Project," in David I. Cleveland & William R. King (eds.). *Project Management Handbook* (NY: Van Nostrand Reinhold Co., 1983), pp. 231-250.

Stokey, Edith & Richard Zeckhauser. *A Primer of Policy Analysis* (NY: W. W. Norton and Co., 1978).

Suchman, Edward A. *Evaluative Research* (NY: Russell Sage Foundation, 1967).

Van Horn, Carl E. *Policy Implementation in the Federal System: National Goals and Local Implementation* (Lexington, MA: D. C. Health and Co., 1979).

Van Meter, Donald S. & Carl E. Van Horn. "The Policy Implementation Process: A Conceptional Framework," *Administration and Society*, Vol. 6, No. 4 (February 1975), pp. 445-488.

Vaupel, James W. "Muddling Through Analytically," in Stuart S. Nagel (ed.). *Policy Studies Review Annual*, Vol. 1 (Beverly Hill, CA: Sage Publications, 1977), pp. 44-66.

Waldo, Dwight. "What is Public Administration?" in Jay M. Shafritz & Albert C. Hyde (eds.). *Classics of Public Administration* (Chicago, IL: The Dorsey Press, 1987), pp. 232-233.

Waller, John D., D. M., Kemp, J. W. Scanlon, F. Tolson, & J. S. Wholey. *Monitoring for Government Agencies* (Washington DC: The Urban Institute, 1976).

Waterston, Albert. *Development Planning* (Baltimore, MD: Johns Hopkins Press, 1965).

Watson, Stephen R. & Dennis M. Buede. *Decision Synthesis: The Principles and Practice of Decision Analysis* (Cambridge: Cambridge University Press, 1989).

Weimer, David & Aidan R. Vining. *Policy Analysis: Concepts and Practice* (Englewood Cliffs, NJ: Prentice Hall, 1992).

Weiss, Carol H. (ed.). *Using Social Research in Public Policy Making* (Lexington, MA: Lexington Books, 1977).

Weiss, Carol H. "Research for Policy's Sake: The Enlightenment Function of Social Research," *Policy Analysis*, Vol. 3, No. 4 (Fall, 1977). pp. 531-545.

Weiss, Carol H. "The Politicization of Evaluation Research," *Journal of Social Issues*, Vol. 26, No. 4 (Autumn, 1970), pp. 57-68.

Weiss, Carol H. *Evaluation Research: Method of Assessing Program Effectiveness* (Englewood Cliffs, NJ: Prentice Hall, Inc., 1972).

Wholey, Joseph S., John W. Scanlon, Hugh G. Duffy, James F. Fukumoto, & Leona M. Vogt. *Federal Evaluation Policy: Analyzing the Effects of Public Programs* (Washington DC: Urban Institute, 1970).

Wildavsky, Aaron. *Speaking Truth to Power: The Art and Craft of Policy Analysis* (Boston, MD: Little Brown and Co., 1979).

Young, Oran R. *Compliance and Public Authority: A Theory with International Applications* (Baltimore, MD: Johns Hopkins University Press, 1979).

찾아보기

ㄱ

가산성	277
가의제	137
가치재	38
가치재의 공급	37
가치주입	148
가치지향적 연구	100
가치판단	16
가치함축성	8
간접적 분쟁	177
갈등협상모형	325, 331
감축관리	428, 430
강요의제	137
강제성	9
강제적 순응	348
개념적 복잡성	335
개인적 결정	193
객관적 평가	391
게임규칙	258
게임이론	278

결과평가	392
결정과정중심의 연구	93
결집과 조직화	151
경제적 실현가능성	231
경제적 인간	253
경제적 합리성	227, 244
경제적 환경	54
경합성	31
경험재	35
경험적·실증적 연구	104
계획예산제도	302
계몽적 이용	403
고급공무원	75
고전적 기술자	325
공공문제	133
공공선택모형	252
공공재	31, 32, 253
공공정책연구	107
공동결정	193
공사문제의 구별	184

공식의제	136, 153
공식의제화 전략	167
공식적 참여자	73
공익	197
공익적 가치	89
공익지향적 연구	100
공중의제	135, 136, 137, 153
공중의제화 전략	165
과정통제	319
과정평가	390
관념적 이용	403
관례적 결정	194
관료과정모형	325, 330
관료적 기업가형	325, 328
관료정치모형	254, 257, 258
구성정책	18, 19
구체화 단계	157
국가목표	87
국가자원	87
국내적 환경	59
국민생활	88
국제적 환경	61
국회	307
국회의원	76
권력구조	179
권위	349
권한의 집중화	114
귀납적 방법	222
규범실현	22
규범적 기준	197
규범적 순응	348
규범적·처방적 연구	106

규제전략	357
규제정책	18, 20
균형성분석	397
근본적 결정	240
긍정적 외부효과	33
기술적 실현가능성	231
기술적 제약성	335
기술적 평가	393
기술적 합리성	231

ㄴ

내부접근모형	156
내부평가	391
내적 타당성	394
네트워크 거버넌스	40
네트워크 사회	92
능률성	228, 388

ㄷ

단독결정	193
대안의 결과예측	220, 221
대안의 스크린	219
대안의 실현가능성	219
대안의 예비분석	219
대안탐색	284
대응성	95, 229, 388
대중매체	57
대통령	73
대표	151
델파이 기법	281
도구적 목표	12
도구적 이용	403

도구주의 115
도덕적 해이 36
동원모형 156
동조 347
동태성 70
동태적 보수성 330
동태적 사회 89

ㄹ

리더십 318

ㅁ

만족모형 140, 237
매몰비용 266
매스컴의 활용전략 169
매트리스조직 437
맥락성 96
모니터링 396
목표−수단의 계층 12
목표의 명확화 283
무의사결정의 수단 147
무의사결정의 원인 146
무의사결정이론 145
무의사결정전략 171
무임승차 32
무형의 환경 54
문제 102, 132
문제성 있는 선호 251
문제의 명확화 전략 168
문제의 사회쟁점화 153
문제의 심각성 209
문제의 우선순위 결정 130

문제의 접근경로 156
문제의 정의 205
문제의 파악 203, 283
문제인지 151
문제정의 151
문제정의의 정치성 206
문제정의의제 137
문제정의의 주관성 206
문제정의의 중요성 206
문제정의의 특성 206
문제지향성 96
문제해결 23
문제해결중심사회 91
문제해결지향성 11
문제해결지향적 연구 99
문화환경적 요인 180
미래예측방법 217
미래지향성 8
민주성 228
민주적 정책참여 130

ㅂ

발전 41
방관적 전략 163
배분적 정의 230
배제성 31
백색테러리즘 148
법원 77, 308
법적 실현가능성 232
벤치마킹 218
변동유발 24
변동지향성 95

변화가능성   10
변화지향성   9
보이는 손   28
보이지 않는 손   28
보존주의   198
복종   347
부분종결   364, 440
부정적 외부효과   33
분권적 사회   90
분배정책   18, 21
분업체계   314
분할성   277
불명확한 기술   251
불완전 정보   35
불응   346
불확실성   224
불확실성의 대처방안   225
비가치재   38
비공식적 참여자   78
비공식 정부   57
비용편익분석   268, 272
비용편익분석의 장점   274
비용편익분석의 한계   274
비용효과분석   274
비정형적 결정   192

ㅅ
사건인지   150
사유재   31
사전통제   319
사전평가   392
사회경제적 여건   55

사회구성원의 정향   181
사회문제   132, 133
사회문제의 성격   181
사회문제의 인지   153
사회문제화   139
사회안정화   24
사회이슈   133
사회인구학적 환경   53
사회적 손실   34
사회적 쟁점   133, 134
사회적 형평성   95
사회환경   53
사후통제   319
사후평가   303, 392
산출   44, 46
산출평가   393
3종오류   208, 209
상관관계분석   280
상대적 우월성   219
상위목표   12
상징정책   18, 20
상호작용적 평가   393
상호적응과정   320
상황분석   283
상황분석전략   169
상황적 가치   199
상황적 순응   348
상황적 요인   181
생산성   228
선택의제   137
선택활동   140
선형계획   276

선형계획법	268
선형성	277
선형적 승계	363
설계활동	140
설득전략	355
성과관리시행계획	413
성과관리의 원칙	413
성과관리전략계획	413
성과 모니터링	397
성과평가	393
소극적 의제설정억제전략	169
소득 재분배	38
수용	347
수직적 형평성	229
수평적 형평성	229
순수합리모형	283
순응	345
순응확보	13
순응확보전략	354
순환과정	321
순환성	71
시간성	72
시간적 실현가능성	232
시민단체	59, 83
시민사회조직	310
시장개입	31
시장실패	30
시장의 내재적 결함	31
시장의 외재적 결함	31, 37
신뢰도	395
신제도론자	144
신행정론	94

실적평가	392
실제정책결정단계	244
실질적 불확실성	224
실행가능성분석	392
실현가능성	230
쓰레기통모형	250

ㅇ

야경국가	29
양면성	10
양적 평가	392
억제전략	160
언론기관	57
X - 비효율성	34, 35
Allison모형	254
엘리트	245
엘리트모형	245
엘리트이론	143
여론	200
역량증진전략	161
역의 선택	36
연구설계의 구축	401
연구유형의 조합	110
연역적 추론	222
연합모형	249
영기준예산	428, 437
영기준예산제도	429
영향평가	393
영화게임	279
예견	222
오류의 발생원인	289
OMB	428

완전종결	440	일반국민	58
외부경제	33	일반변수	172, 178
외부불경제	33	일반시민	82
외부주도모형	156	일시적 참여	251
외부평가	391		
외부효과	33	ㅈ	
외적 타당성	394	자기발견적 방법	270
요구	45	자료수집	402
운영연구	268	자료의 분석	402
운영의제	137	자연적 독점	34
위기적 결정	194	자연환경	52
위대한 사회	94	자원의 동원전략	168
위장합의	148	자유방임주의	29
유대강화전략	169	자체평가	391, 416
유인전략	356	재량적 실험형	325, 327
유형의 환경	55	재분배정책	18, 22
의사결정	15, 188	쟁점	153
의사결정의 유형	189	쟁점의 공식의제화	153
의사결정이론	140	쟁점의 공중의제화	153
의제목록	136	적극적 의제설정추진전략	168
의제설정과정	157	적실성	95
의제채택	152	적절성	388
의제화억제전략	170	적합성	389
의제화의 주체	136	전략적 결정	192
의회의 제3원	57	전략평가	392
이슈공중	133	전문가	81
이익단체	310	전문직업적 이유	98
이익집단	56	전술적 결정	193
이익집단	80	전지의 가정	235
인과모형의 작성	401	점감형	442
인과적 평가	393	점증모형	140, 239
일몰법	428, 431, 437	점증주의	141

접근전략	162	정책과정의 특성	70
정당	56, 78	정책과정의 합리성	97
정무관	74	정책기능	438
정보관리체제	283	정책내용에 관한 연구	110
정보비용	35	정책내용에 관한 지식	97
정보의 비대칭성	35	정책네트워크	218
정보제공	383	정책대상	14
정부귀속과정	150	정책대상집단의 불응	353
정부실패	40	정책대안의 결과	220
정부실패의 원인	40	정책대안의 사전탐색	130
정부업무평가기본법	411	정책대안의 원천	215
정부업무평가위원회	412	정책대안의 탐색·개발	214
정부의 선택권	186	정책델파이	217, 223, 281
정부의제	136	정책목표	11, 212
정의의 주관성	117	정책목표의 명확화	212
정책결과	15	정책목표의 변동	213
정책결정	68, 187	정책목표의 설정	208
정책결정단계	244	정책목표의 우선순위	210
정책결정에 대한 정책	96	정책목표의 적절성	210
정책결정의 과정	202	정책목표의 적합성	210
정책결정의 기능적 활동	137	정책목표의 파악	400
정책결정의 기준	196	정책문제	135
정책결정의 변수	194	정책변화	361
정책결정의 유형	191	정책분류	17
정책결정자	180, 195	정책분석	107, 269
정책결정자의 재량권	137	정책분석의 목적	269
정책과정	65	정책분석의 역할	285
정책과정에 관한 연구	109	정책분석의 절차	282
정책과정에 관한 지식	97, 108	정책분석의 특성	270
정책과정에 필요한 지식	107	정책분할	364
정책과정의 유형	66	정책비용	48, 220
정책과정의 참여자	72	정책산출	15

정책성과 15

정책수단 13

정책승계 363, 364, 426

정책연구 86

정책연구에 대한 비판 114

정책연구의 과제 120

정책연구의 대상 102

정책연구의 목적 97

정책연구의 방법 104

정책연구의 배경 92

정책연구의 역할 89

정책연구의 위상 113

정책연구의 유용성 118

정책연구의 유형 106

정책연구의 정체성 119

정책연구의 패러다임 99

정책연구의 필요성 86

정책연구의 한계 115, 117

정책영향 15

정책오류 287

정책유지 366, 426

정책의 개념 3, 6

정책의 구성요소 11

정책의 기능 22

정책의 사회변동기능 116

정책의 성격 7

정책의 유형 17

정책의제 127, 135, 137

정책의제설정 68

정책의제설정과정 149

정책의제설정과정의 경로 135

정책의제설정의 변수 172

정책의제설정의 중요성 128

정책의제설정의 특성 129

정책의제설정전략 160, 162

정책의 제약요소 50

정책의제의 개념 127

정책의제의 양상 131

정책의제의 유형 136

정책의제형성과정 139

정책의 주체 7

정책의 한계 116

정책이념 199

정책전환 362

정책종결 70, 366, 425, 428

정책종결의 기준 443

정책종결의 원인 432

정책종결의 전략 444

정책종결의 제안자 435

정책지침결정단계 244

정책지향 93

정책집행 69, 299

정책집행의 과정 311

정책집행의 변수 332

정책집행의 성격 319

정책집행의 유형 325

정책집행자 305

정책집행자의 불응 352

정책집행중지 365

정책철학 198

정책체제 42, 43, 46, 195

정책체제의 능력 179

정책체제의 이념 178

정책추진기관 438

정책통합	363	제한된 합리성	118, 237
정책평가	69, 376	조직과정모형	249, 254, 256
정책평가의 목적	383	조직발전모형	325, 330
정책평가의 오류	287	조직의 쇠퇴	431
정책학	93, 107	종합학문적인 성격	115
정책혁신	365	주관적 평가	391
정책환경	43, 44, 195	주도적 전략	164
정책환경의 요구	49	주도집단	182
정책환경의 유형	51	주민참여	95
정책환경의 지지	50	주의집중활동	140
정책효과	16, 48, 220	준실험방법	398
정치경제학	253	중개주의	198
정치성	9, 71	지방정부	77, 309
정치적 경쟁과정	129	지속의제	137
정치적 목적	98	지시적 위임형	325, 326
정치적 실현가능성	232	지식인	81
정치적 연합형성	336	지연반응	353
정치적 합리성	228, 244	지엽적 결정	240
정치적 환경	53	지지	45
정치체제	139	지침제공	23
정치행정문화	54	진실험방법	397
정형적 결정	192	진입단계	158
제4부 권력	58	질적 평가	392
제3영역	59	집단모형	246
제2종 오류	288	집단이론	142
제1종 오류	288	집단자유토의	215, 217, 223
제기단계	157	집단적 결정	193
제도모형	248	집단적 사고	264
제도의제	136	집합모형	250
제도이론	144	집행가능성	230
제재	359	집행계획의 작성	313
ZBB	428	집행과정중심의 연구	93

집행기관의 조직화 314

집행 모니터링 397

ㅊ

착수직전분석 392

채택가능성 230

책임성 확보 384

처방적·맥락적 연구 101

청산행렬 278

체계관리모형 325

체제 42

체제관리모형 329

체제모형 247

체제문지기 139

체제분석 268, 270

체제의제 136

체제이론 139

초합리성 244

촉매변수 172, 173

촉매변수의 종류 175

촉매변수의 측정 173

촉발장치 133, 134

촉진전략 355

총괄평가 390

최적모형 96, 140, 243

추출정책 18, 20

추측 223

측정과 표준화 401

ㅌ

타당성 394

타산적 순응 348

탐색재 35

태스크포스 437

토의의제 136

통제 319

투사 222

투입 44, 45

특정평가 417

ㅍ

파급효과 253

파레토최적 30

파레토 최적기준점 253

파생적 외부효과 40

패러다임 99

편견의 동원 146, 147, 148

평가기준의 설정 400

평가성 검토 396

평균적 정의 230

폭발형 441

표준운영절차 250, 256

프로그램목록 256

프로젝트팀 437

PPBS 428

피해집단 209

ㅎ

하위목표 12

학문적 기여 384

학문적 이유 97

학제적 연구 101

합리모형 140, 235

합리모형의 유용성 235

합리모형의 한계　　　　　236
합리성　　　　　　　96, 226
합리적 인간　　　　　　253
합리적 행위자모형　　　255
합리주의　　　　　　　198
합의　　　　　　　　　348
행동경로　　　　　　　258
행동규칙　　　　　　　250
행동의제　　　　　　　136
행동지향성　　　　　　　9
행정부의 우위　　　　　114
행정적 실현가능성　　　231
행정책임　　　　　　　95
행태과학　　　　　　　270
행태주의　　　　　　　94
현실적 기준　　　　　　199
협력사회　　　　　　　91
협상의제　　　　　　　137
협상형　　　　　325, 327

형성평가　　　　　　　391
형식적 순응　　　　　　353
형평성　　　　　229, 388
혼합모형　　　　　140, 242
확률적 불확실성　　　　224
확산단계　　　　　　　158
확산전략　　　　　　　161
환경　　　　　　　　　43
환경의제　　　　　　　136
환류　　　　　　　44, 47
활동중심적 평가　　　　393
회귀분석　　　　　　　280
회사모형　　　　　　　249
효과성　　　　　227, 387
후경험재　　　　　　　36
후기행태주의　　　　　94
후속정책과정에 영향　　131
후원적 전략　　　　　　164

저자 소개(가나다 순)

이 동 수
숭실대학교 영어영문학과(문학사)
미국 Syracuse University 대학원 졸업(행정학 석사, MPA)
미국 University of Southern California 대학원 졸업(행정학 박사, Ph.D)
현재 계명대학교 사회과학대학 행정학과 교수

공무원의 리더십과 리더유효성에 대한 자타평가의 남녀차이 분석
인구통계학적 요인에 따른 자타평가 불일치에 대한 경험적 연구: 리더십평가를 중심으로
한국의 행정문화와 리더십
한국 행정조직의 리더십에 대한 평가일치와 리더효과성
경쟁가치모형을 적용한 중앙행정조직 관리자의 리더십 분석
경쟁가치모형을 이용한 한국 행정조직문화의 진단 외 다수

최 봉 기
중앙대학교 법학과 졸업(법학사)
서울대학교 행정대학원 졸업(행정학 석사)
중앙대학교 대학원 행정학과 졸업(행정학 박사)
미국 미주리주립대학교 정치학과 객원교수 역임
계명대학교 행정학과 교수 역임
현재 계명대학교 행정학과 석좌교수
지방행정고등고시 및 입법고시 출제위원 역임
대한지방자치학회 회장, 한국정부학회 회장 및 동 편집위원장 역임
계명대학교 대학원 원장, 정책대학원 원장, 사회과학대학 학장 역임

정책학개론, 한국지방자치론, 새행정학, 정책의제형성론 외 다수
한국정부의 정책의제형성에 관한 연구
중앙과 지방의 정부간 갈등실태와 합리적 조정방안
지방의정기능효율성제고를 위한 지방의원의 역할쇄신과 자질함양
중앙정부의 지방분권추진실태와 지방정부의 대응정책과제
지방의회의원의 전문성제고방안에 관한 연구 외 다수

정책연구

초판인쇄	2015년 2월 16일
초판발행	2015년 2월 26일

공저자	이동수·최봉기
펴낸이	안종만

편 집	김선민·김효선
기획/마케팅	박세기
표지디자인	홍실비아
제 작	우인도·고철민

펴낸곳	(주) **박영사**
	서울특별시 종로구 새문안로3길 36, 1601
	등록 1959. 3. 11. 제300-1959-1호(倫)
전 화	02)733-6771
f a x	02)736-4818
e-mail	pys@pybook.co.kr
homepage	www.pybook.co.kr
ISBN	979-11-303-0166-2 93350

copyright©이동수·최봉기, 2015, Printed in Korea

정 가   29,000원